C·H·Beck
PAPERBACK

Ein deutscher Sieg war schon nach dem Scheitern der Westoffensive im Herbst 1914 in weite Ferne gerückt. Doch gibt es nicht nur Sieg oder Niederlage. In seinem dicht argumentierenden, auf zahlreichen neuen Archivrecherchen basierenden Buch zeigt Holger Afflerbach, dass ein Unentschieden das logische Ergebnis des Ersten Weltkriegs gewesen wäre – wenn die deutsche Führung nicht schwere Fehler begangen hätte. Eine packende Erzählung dieses vierjährigen Ringens, das den europäischen Kontinent in den Abgrund riss.

«Ein anregendes und spannend zu lesendes Buch.»
Markus Pöhlmann, *Damals*

«Eine fundamentale Infragestellung der heutigen geschichtspolitischen Wahrnehmung des Ersten Weltkrieges.» Herfried Münkler, *Die ZEIT*

Holger Afflerbach lehrt als Professor für Europäische Geschichte an der Universität Leeds. Er ist Autor zahlreicher Studien zum Ersten Weltkrieg und zieht in diesem Buch die Summe seiner jahrzehntelangen Forschungen. Bei C.H.Beck liegt von ihm vor: «Die Kunst der Niederlage» (2013).

Holger Afflerbach

AUF MESSERS SCHNEIDE

Wie das Deutsche Reich den Ersten Weltkrieg verlor

C.H.Beck

Gewidmet meinem Großvater, Dott. Antonio Saviano (1900–1943), Arzt, Autofreund, Bonvivant. Er war zu jung, um sich als Freiwilliger melden zu können, fälschte daher seine Geburtsurkunde, angeblich, um einem Priesterseminar zu entkommen, und kämpfte dann während des Ersten Weltkriegs in der italienischen Armee.

Mit 40 Abbildungen und 11 Karten (© Peter Palm, Berlin) und 5 Tabellen

1., durchgesehene Auflage in Beck Paperback. 2022

www.chbeck.de
Gesetzt aus der Adobe Garamond und der Univers
bei Fotosatz Amann, Memmingen
Druck und Bindung: Druckerei C.H.Beck, Nördlingen
Umschlaggestaltung: Rothfos und Gabler, Hamburg
Umschlagabbildung: Kaiser Wilhelm II. an einem westlichen Kriegsschauplatz, 1916
© bpk / Otto Haeckel
Gedruckt auf säurefreiem, alterungsbeständigem Papier
(hergestellt aus chlorfrei gebleichtem Zellstoff)
Printed in Germany
ISBN: 978 3 406 77743 1

myclimate

klimaneutral produziert
www.chbeck.de/nachhaltig

Inhalt

III. Nemesis: Die Niederlage der Mittelmächte und die Zerstörung des alten Europa

Anhang

Einleitung

Am 26. Oktober 1918 meldete sich der schwedische Militärattaché, Oberst Nils Adlercreutz, beim Chef des deutschen militärischen Nachrichtendienstes, Oberstleutnant Nicolai, der, wie viele andere Europäer in diesen Monaten, grippekrank im Bett lag. Adlercreutz entschuldigte sich bei Nicolai, der für die Betreuung der ausländischen Militärattachés zuständig war, für sein ungewöhnliches, aber dringendes Anliegen. Das, «was er jetzt tue, entspräche zwar nicht seinen Pflichten als neutraler Militärattaché, nachdem er aber vier Jahre lang unseren militärischen Kampf miterlebt habe, fühle er sich als Soldat und Kamerad verpflichtet zu sprechen. Er beschwöre mich, dass wir die Waffen nicht niederlegen, er kenne die Berichte seiner Kameraden aus Paris und London. Ich frage nicht nach Einzelheiten, entnehme aber aus seinen Andeutungen, dass in beiden Hauptstädten und Regierungen dieselben inneren Schwierigkeiten gegen die Fortsetzung des Krieges beständen, wie bei uns und der feindliche Kampfwille vor dem Zusammenbrechen gegenüber der auch ihnen drohenden bolschewistischen Gefahr stehe, wenn Deutschland festbliebe.» Nicolai dankte dem schwedischen Obristen für seine Intervention, doch sie käme zu spät, «da Ludendorff heute Vormittag entlassen sei».[1]

Sicherlich war Ende Oktober 1918 ein später und exzentrischer Moment, die deutsche Führung zu weiterem Widerstand aufzufordern. Doch Adlercreutz war nicht der einzige, der meinte, Deutschland müsse und dürfe noch nicht aufgeben. Walther Rathenau, Chef der AEG, zeitweise Leiter der Kriegsrohstoffabteilung im preußischen Kriegsministerium und später Außenminister der Weimarer Republik, träumte in diesen Tagen von einer «levée en masse», von einem Wiederaufflammen des deutschen Widerstandsgeists.[2] Regierung und Oberste Heeresleitung diskutierten in sich jagenden Sitzungen die Möglichkeit zu weiterem Widerstand. Selbst in diesem dramatischen Augenblick, in dem Reiche und Millionenheere zerfielen und die kriegführenden Gesellschaften vor der Revolution standen, gab es bei vielen intelligenten und kritischen Zeitgenossen Zweifel, ob das Deutsche Reich militärisch besiegt sei, ob die deutsche Führung nicht zu früh die Nerven verloren habe und alle Mittel zum erfolgreichen Widerstand tatsächlich erschöpft waren. Diese Zweifel sollten, in Form der Dolchstoßlegende, später noch geschichtsmächtig werden und viel Schaden anrichten.[3]

Der Unglaube des Herbstes 1918, dass Deutschland den Krieg verloren habe, spiegelt die Tatsache wider, dass die Zeitgenossen einen anderen Ausgang erwartet hatten. Selbst jene, die als Pessimisten oder Realisten galten, wurden von der Heftigkeit und Plötzlichkeit des Zusammenbruchs überrascht. Die Gegner hatten sich noch einige Monate zuvor «mit dem Rücken zur Wand» gesehen,[4] und der Sozialdemokrat Philipp Scheidemann, dessen Name das Synonym für einen Verständigungsfrieden war, hatte Anfang 1917 seiner Überzeugung Ausdruck verliehen, dass Deutschland bis Kriegsende seine militärische Überlegenheit werde behaupten können.[5]

Die historische Perspektive veränderte das Urteil. Die Niederlage der Zentralmächte im Herbst 1918 wirkt in der Rückschau wie das hochwahrscheinliche Resultat des Krieges, als Sieg der bei weitem stärkeren Partei. Die wahre Frage des Ersten Weltkriegs laute, wie der amerikanische Historiker Jay Winter urteilte, warum Deutschland und seine Verbündeten überhaupt so lange durchhalten konnten.[6] Aus der Erfahrung zweier verlorener Weltkriege heraus wirkt die Idee, dass Deutschland über Jahre hinweg für praktisch unbesiegbar gehalten wurde, fast lächerlich. Die Kritik an diesem Glauben ist auch durchaus berechtigt; wir blicken auf ein katastrophales Scheitern der deutschen Politik und nichts kann und darf diese Erkenntnis verwässern. Und doch ist unsere Sicht unausweichlich durch die Erfahrung der Weltkriege geprägt. Die Idee, dass Deutschland den Ersten Weltkrieg verlieren musste und dass dies sehr früh feststand, ist unhistorisch und lenkt von dem Faktum ab, dass der Krieg sehr lange «auf Messers Schneide» stand und auch anders hätte ausgehen können. In welchem Umfang dies der Fall war, ist eine zentrale Frage dieses Buches. Hier sollen zwar nicht mit «was wäre, wenn»-Argumenten unfruchtbare Gedankenspiele getrieben werden, etwa in dem Stil von Schriften der Zwischenkriegszeit wie dem Buch des Generals Max Hoffmann mit dem bezeichnenden Titel «Der Krieg der versäumten Gelegenheiten».

Sein sehr lange offenes Ergebnis – so meinte beispielsweise der britische Premierminister David Lloyd George in seinen Memoiren, dass der Krieg leicht anders hätte ausgehen können[7] – ist aber unverzichtbar, um die Radikalisierung des Krieges zu verstehen und die faktische Unmöglichkeit eines akzeptablen Friedens; die Härte der Sieger und gleichzeitig die fehlende Bereitschaft des Verlierers, das Ergebnis zu akzeptieren.

Daran knüpfen sich eine ganze Reihe von weiteren Fragen, nämlich die nach den militärischen Operationen, die nach den Kriegszielen und die nach einem Kompromissfrieden. Standen die deutschen Kriegsziele einem politischen Kriegsende im Weg, als sich zeigte, dass der Krieg militärisch nicht schnell zu entscheiden war? Was wollte die deutsche Gesellschaft durch den Krieg politisch erreichen? Hierauf kann es keine einzelne Antwort geben, nur Antworten, die sowohl die sich oft widersprechenden Entscheidungszentren des kaiserlichen Deutschland in den Blick nehmen als auch die sich wandelnden militärischen und politischen Umstände dieser viereinhalb Jahre Krieg berücksichtigen müssen, um Brüche, Entwicklungslinien und auch Kontinuitäten aufzeigen zu können. Um die deutsche Gesellschaft besser fassen zu können, habe ich auf Hans-Ulrich Wehlers Modell der «Herrschaftszentren» zurückgegriffen, also Kaiser und Hof, Reichskanzler und Diplomatie, den Reichstag, auch als Spiegel der deutschen Öffentlichkeit, und das Militär, vor allem die OHL und die Marineführung.[8] Auch Wehlers Vorstellung vom «polykratischen Chaos» erwies sich als hilfreich.

Natürlich spielt das militärische Geschehen bei der Frage, wie und warum das Deutsche Reich den Ersten Weltkrieg verlor, eine zentrale Rolle. In diesem Buch geht es daher auch um Schlachten und ihre Folgen, es geht um strategische Weichenstellungen und ihre Gründe, ihre Befürworter und Gegner; es geht darum, wie die Beurteilung militärischer Möglichkeiten durch die verschiedenen Herrschaftszentren die politischen Ziele beeinflusste und umgekehrt, und auch, wie sich die politischen und militärischen Strukturen des Deutschen Reiches und die individuellen Besonderheiten einzelner Hauptakteure auf diese Strategie auswirkten.

Ich glaube, ein Buch über einen kriegführenden Staat, das mit der nationalen notwendigerweise nur einer Teilperspektive auf das fast globale Geschehen folgt, rechtfertigen zu können, obwohl ich keinesfalls bestreite, dass Krieg grundsätzlich hochgradig interaktiv ist und daher nach einem inter- oder transnationalen Ansatz verlangt, wie ihn beispiels-

Abb. 1 Wilhelm II. – das Symbol des deutschen Imperialismus

weise Jay Winter, Hew Strachan, David Stevenson, Adam Tooze oder Jörn Leonhard in ihren Geschichten des Ersten Weltkriegs umgesetzt haben.[9] Und doch halte ich eine «nationale» Perspektive für legitim und erkenntnisbringend. Sie war schließlich die der damals Handelnden und erlaubt uns daher die Rekonstruktion und damit das Verstehen ihrer Entscheidungen. Verstehen bedeutet selbstverständlich nicht Billigung und darf auch nicht mit dem Versuch der Entlastung gleichgesetzt werden.

Die Beschränkung auf das Deutsche Reich erlaubt außerdem einigermaßen detaillierte Antworten auf die Frage nach den Kriegszielen. Den politischen Willen «der» deutschen Gesellschaft des Ersten Weltkriegs zu ermitteln, ist unmöglich. Das Deutsche Reich hatte 1914 etwa 65 Millionen Einwohner und hob während des Krieges über 13 Millionen Soldaten aus. Die Zahlen allein machen deutlich, dass es letztlich nur darum gehen kann, Eindrücke aus den Quellen zu verdichten und Plausibilitäten anzubieten. Es geht darum zu zeigen, wie bestimmte Ansichten entstanden, sich durchsetzten und im politischen und militärischen Handeln niederschlugen. Oder, wie Thomas Nipperdey gesagt hätte, es geht auch darum, die «Nebenstimmen» und die «Hauptstimmen» zu unterscheiden, und das in einem gewaltigen Chor, der eine solche Unterscheidung unterschiedlicher Stimmen ungeheuer erschwert.[10] Hier könnte eine endlose theoretische Literatur, angefangen bei Jürgen Habermas, herangezogen werden, um der Frage nach dem politischen Wollen und dem kommunikativen Handeln intellektuellen Glanz zu verleihen.[11] Letztlich wird in diesem Buch aber mit dem Werkzeug des Historikers operiert, der versucht, aus möglichst vielen unterschiedlichen Quellen wie Tagebüchern, Briefen, Parlamentsreden, amtlichen Schreiben militärischer und ziviler Herkunft, Autobiographien und bisweilen auch Photographien eine möglichst dichte Beschreibung der damaligen Vorgänge und ein möglichst plausibles Bild der Entscheidungsvorgänge und des «Willens» der Mehrheit, oder der sich durchsetzenden Minderheit, zu rekonstruieren.[12]

Das wissenschaftliche Motiv für dieses Buch ist, dass die Standardinterpretation der deutschen Politik und Strategie im Ersten Weltkrieg meines Erachtens in die Irre geht und einer Korrektur bedarf; einer Korrektur, die übrigens schon mehrfach von hochkompetenten Wissenschaftlern wie etwa Georges-Henri Soutou versucht wurde, ohne dauerhafte Erfolge gegen den Mainstream zu erzielen.[13] Dieser Konsens geht in die Richtung, in der Nachfolge Fritz Fischers dem Deutschen Reich weitausgreifende imperiale Pläne zuzuschreiben, die es in diesem Krieg habe verwirklichen wollen, und an denen es, vor allem unter der praktisch diktatorischen Führung der Militärs, allzu lange festhielt. Vor allem in der angelsächsischen Literatur scheint mir diese Sicht der Dinge fest verankert und hat die Funktion eines dominanten Narrativs und auch einer Sinnstiftung des Ersten Weltkriegs. Wenn das Deutsche Reich abenteuerliche Eroberungspläne hatte, dann war es im Interesse der Freiheit und der Menschheit unbedingt notwendig, diese zurückzuschlagen.

Diese Fragen wurden vor Jahrzehnten erregt diskutiert, vor allem im Umfeld der Fischer-Kontroverse.[14] Diese brachte auch die Bücher hervor, die bis heute die Standardwerke zum Thema sind. Es handelt sich um Fritz Fischers «Griff nach der Weltmacht», das zentrale Buch über deutsche Kriegsziele, und Gerhard Ritters «Staatskunst und Kriegshandwerk». In vier Bänden untersuchte Ritter das Verhältnis von Politik und Militär in Deutschland; zweieinviertel der Bände beschäftigen sich, als Gegenwerk zu Fischer konzipiert, mit dem Ersten Weltkrieg. Beide Bücher sind exzellente Forschungsleistungen, aber zeitgebunden; Ritters Werk wird von Historikern sogar als «weitgehend vergessen» bezeichnet.[15] Die dichte und auch feindselige Debatte führte selbst bei den Protagonisten zu

Ermüdungserscheinungen. Gerhard Ritter klagte kurz vor seinem Tod, ihm hänge «das Herumstreiten mit Fischer zum Halse heraus».[16] Und spätestens ab Mitte der 1970er Jahre geriet das so heißdiskutierte Thema der deutschen Kriegsziele und politischen und militärischen Strategie zunehmend außer Sicht. Vielleicht galt es nach den jahrzehntelangen kolossalen Forschungsanstrengungen als ausgeforscht. Vielleicht spielte auch eine Rolle, dass die erwähnten Werke bereits auf ungewöhnlich dichten Studien und Quelleneditionen basierten, von denen Teile schon in der Zwischenkriegszeit publiziert worden waren. Damit schienen Forschungen zu grundsätzlich anderen Fragen, wie etwa der Sozialgeschichte des Krieges, dringender als weitere Studien zu den Themen Strategie, Kriegsziele und Politik. Von dort entwickelte sich das Interesse an der Mentalitäts- und Alltagsgeschichte, an der Kulturgeschichte, der Geschichte der Heimat und der Frauen im Ersten Weltkrieg, der Minderheiten und Deserteure und schließlich am Konzept der «Gewaltgeschichte».[17]

Diese Forschungen haben eine Reihe interessanter und innovativer Studien hervorgebracht und viele neue Sichtweisen auf das Geschehen eröffnet. Doch sie liefern in zunehmender Ausschließlichkeit die Geschichte von «Opfern» des Krieges. Was die «Verantwortlichen» angeht, die politischen und militärischen Entscheidungsträger, leben wir von Forschungen, die inzwischen fast sechzig Jahre alt sind. Ihr Alter allein wäre ein unzureichender Grund, sich diesem Thema wieder zuzuwenden. Doch stehen uns heute auch eine Reihe zusätzlicher Quellen zur Verfügung, die ergänzende Einblicke ermöglichen. Ich möchte hier beispielsweise die Lyncker-Kriegsbriefe hervorheben, die ein ganz ausgezeichneter Seismograph für die Stimmungen und Hoffnungen in der deutschen Führung sind, sowie die bisher unveröffentlichten Aufzeichnungen von Oberstleutnant Nicolai, dem Chef des militärischen Geheimdienstes.

Hinzu kommen aber auch neue Sichtweisen und Deutungen der politischen und strategischen Weichenstellungen Deutschlands im Ersten Weltkrieg, die nicht mehr vom «irae et studio» der Zeitgenossen geprägt sind. Der Erste Weltkrieg ist inzwischen Geschichte; eine sehr unglückliche, aber eine vergangene; und es geht nicht mehr um Schuldzuweisungen oder deren Abwehr, sondern um das Verstehen, wie es dazu kommen konnte und warum sich der Krieg so entwickelte, wie er es tat.

Dieser Konflikt hätte als Remis enden können und, wie ich hier darlegen werde, fast müssen, und die deutsche Führung musste schwere Fehler begehen, um ihn zu verlieren. Diese Fehler, und ihr Kontext, werden hier analysiert. Dabei sollen die Zusammenhänge zwischen politischen und strategischen Entscheidungen und den Überzeugungen der deutschen Gesellschaft herausgearbeitet werden. Dies wird deutlich machen, wie zentral der knappe Ausgang des Krieges für die weitere Entwicklung des 20. Jahrhunderts war.

I

HYBRIS: IM BEWUSSTSEIN DER STÄRKE

1

Der Weg in den Krieg

Und wenn die Welt voll Teufel wär
und wollt uns gar verschlingen,
so fürchten wir uns nicht so sehr,
es soll uns doch gelingen.

Martin Luther, Eine feste Burg ist unser Gott

Am 31. Juli 1914, nach der Ausrufung des «Zustandes drohender Kriegsgefahr», eilte der bayerische Militärbevollmächtigte in Berlin, General v. Wenninger, ins Kriegsministerium. «Überall strahlende Gesichter, Händeschütteln auf den Gängen, man gratuliert sich, daß man über den Graben ist. Gerüchte von dem Ultimatum auch an Frankreich – einer meint, ob dies denn nötig sei, sich auch Frankreich aufzupacken, das sich doch wie ein Karnickel drücke; General v. Wild meint: ‹Nur wir möchten die Brüder doch auch dabei haben.›»[1] Ähnliche Siegesgewissheit beseelte offenbar die gesamte Führungsspitze der Armee. Der kaiserliche Flügeladjutant Max von Mutius, der an den entscheidenden Beratungen um Krieg und Frieden Ende Juli und Anfang August 1914 teilgenommen hatte, schrieb in seinen Erinnerungen: «Über die weiteren Chancen und die Dauer des Krieges zerbrach ich mir absichtlich nicht den Kopf. Dass wir ihn aber schließlich irgendwie gewinnen würden, das war glücklicherweise unser aller Überzeugung.»[2]

Der Leichtsinn, mit dem diese Soldaten den Ausbruch eines Weltkriegs bejubelten, wirkt umso erstaunlicher, als niemand sich über die

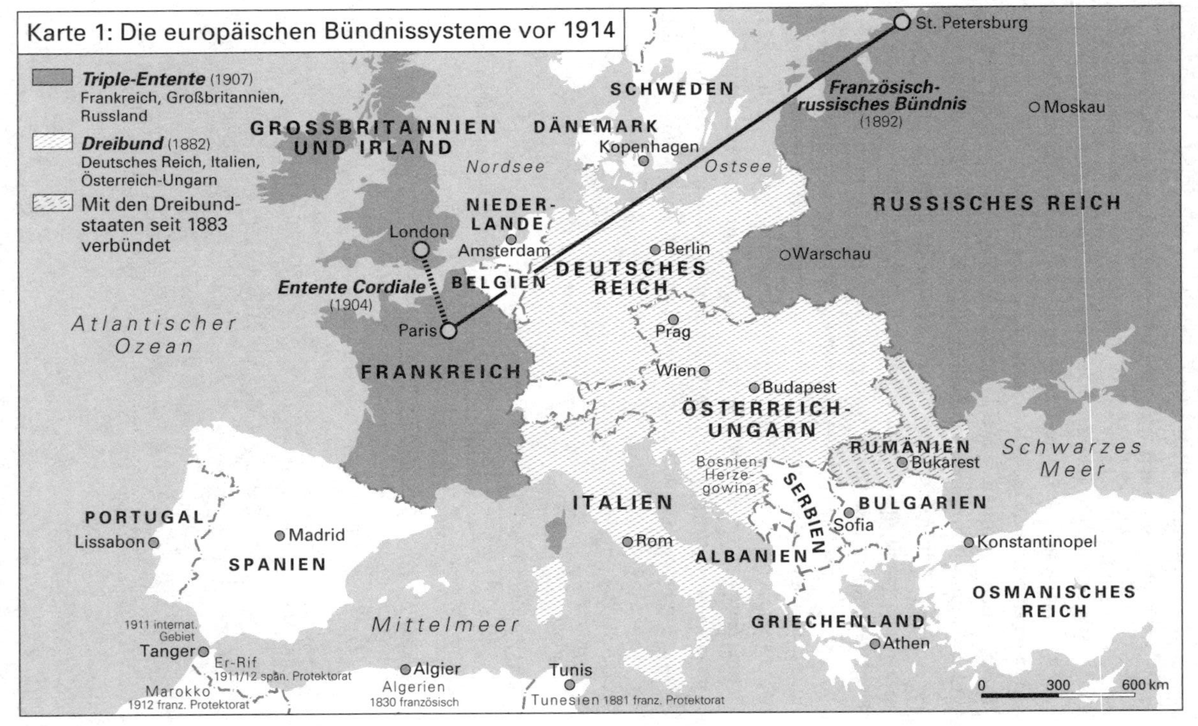

Karte 1: Die europäischen Bündnissysteme vor 1914

Ausmaße des kommenden Krieges täuschen konnte. Ein Weltkrieg war von vielen Zeitgenossen als europäische Katastrophe gefürchtet worden.[3] Das war auch nicht verwunderlich angesichts der Ausmaße des kommenden Konflikts. Schon seit den 1870er Jahren glaubten militärische Planer, Politiker und auch die breitere Öffentlichkeit, dass ein zukünftiger Krieg in Europa sich nicht begrenzen lassen, sondern eine kontinentale Auseinandersetzung werden würde. Der sozialdemokratische Abgeordnete Georg Ledebour stellte im Juni 1913 im Reichstag fest, es sei seit Jahrzehnten eine selbstverständliche Tatsache, dass ein Krieg, sollte er ausbrechen, ein europäischer Koalitionskrieg sein werde.[4] Die Ursachen dafür waren die europäische Machtdynamik und vor allem die sich gegenüberstehenden Allianzsysteme, nämlich der Dreibund zwischen dem Deutschen Reich, Österreich-Ungarn und Italien von 1882 und seine in der Sprache der Zeit als britisch-französisch-russischer «Dreiverband» oder «Triple Entente» bezeichneten Gegner. Es handelte sich dabei um ein Geflecht aus Allianzen und Absprachen, das aus der französisch-russischen Allianz von 1892, der französisch-britischen Entente Cordiale von 1904 und einem britisch-russischen Vertrag von 1907 bestand.

Doch die Größe des Konflikts war nur ein Aspekt, der eigentlich abschreckend hätte wirken müssen. Hinzu kamen die waffentechnischen Entwicklungen in den Jahrzehnten vor 1914, die Erfindung von Flugzeugen und U-Booten, die Einführung von Lastwagen und Funk, vor allem die gewaltige Steigerung der Feuerkraft durch verbesserte Artillerie, durch Maschinengewehre (im deutschen Heer 1901 eingeführt[5]) und mehrschüssige Magazingewehre. Sorgfältige Untersuchungen des Kriegsbilds vor 1914 und Auswertungen der militärischen Fachzeitschriften dieser Zeit haben ergeben, dass die Experten die technischen Entwicklungen richtig einschätzten und verstanden, was die Steigerung der Feuerkraft für das Gefecht der Zukunft bedeuten würde.[6] Ein Kontinentalkrieg zwischen den europäischen Allianzen würde wegen des Standes der Waffentechnik und der Größe der aufeinanderprallenden Heere kein «frisch-fröhlicher Krieg», sondern eine verheerende Katastrophe sein. So unterschiedliche Zeitgenossen wie Marx' Weggefährte Friedrich Engels, der Sozialdemokrat August Bebel und der Generalstabschef Helmuth v. Moltke (der Ältere) sahen voraus, dass jeder europäische Krieg ein gewaltiger Kontinentalkrieg sein werde, in dem Millionenheere jahrelang gegeneinander kämpfen würden.

Und doch jubelten die Soldaten des Kriegsministeriums bei der Mobilmachung; vielleicht auch, weil sie geglaubt hatten, ihre militärische Karriere ganz im Frieden verbringen zu müssen und einen Krieg nicht mehr erleben zu dürfen. Aus der Einsicht in die Größe und Vernichtungskraft eines Zukunftskrieges wurden nämlich zwei gegenläufige Folgerungen gezogen, die letztlich beide dazu beitragen sollten, den Krieg auszulösen. Die erste war ein weitverbreitetes Gefühl, dass eine solch apokalyptische Auseinandersetzung zwar eintreten könne, aber, wegen ihrer Unkontrollierbarkeit, wohl nicht so leicht eintreten werde.[7] Der polnische Bankier Ivan Bloch schrieb ein mehrbändiges Buch über die Auswirkungen des modernen Krieges, die er für so vernichtend ansah, dass er Kriege zwischen den Großmächten für politischen Selbstmord hielt.[8] Im Tenor ähnliche politische Arbeiten erschienen bis 1914 mehrere. 1910 publizierte Norman Angell eine Schrift mit dem Titel «The Great Illusion», in der er es für unmöglich erklärte, dass es in einem modernen Krieg einen Sieger geben könne; sie wurde sofort in mehrere Sprachen übersetzt. Der deutsche Diplomat Richard v. Kühlmann gab 1913 ein Buch mit der Titel «Deutsche Weltpolitik und kein Krieg» heraus, in dem er jede nationale Notwendigkeit für einen Krieg verneinte.[9] Der Sekretär von Reichskanzler v. Bethmann Hollweg, Kurt Riezler, verfasste ein Büchlein «Grundzüge der Weltpolitik in der Gegenwart».[10] Dieses im Herbst 1913 geschriebene Werk vertrat die Ansicht, dass trotz starker nationalistischer Tendenzen ein großer Krieg zwischen den europäischen Bündnissystemen unwahrscheinlich, ja wegen der verheerenden Konsequenzen eines großen Krieges praktisch unmöglich sei. «Die Bündnissysteme verdunkeln also jede Kalkulation und sind schon deshalb eminent friedenserhaltend.»[11] Diese Erwartung senkte das Risikobewusstsein, was sich während der Julikrise fatal bemerkbar machen sollte.

Die zweite Folgerung ging in die entgegengesetzte Richtung. Sie verkannte nicht, dass ein europäischer Kontinentalkrieg extreme Gefahren mit sich bringen würde, suchte ihn aber trotzdem führbar zu machen. Viele Soldaten und Politiker der Epoche glaubten, dass der Krieg ein permanentes Element der Politik sei und daher ein unentrinnbares Schicksal. Auf ewigen Frieden zu vertrauen, schien naiv und gefährlich; daher war es notwendig, sich der Herausforderung zu stellen, auch einen europäischen Kontinentalkrieg vorzubereiten, ihn führen und gewinnen zu können. Trotz der Gefahren und Unwägbarkeiten brannten viele Soldaten darauf, sich dieser Probe zu stellen; und die Armeen des kaiserlichen Deutschland strotzten vor Selbstbewusstsein, sie letztlich zu bestehen.[12] Der größte Teil dieses optimistischen Glaubens an das eigene militärische Können basierte auf vergangenen Erfolgen, vor allem dem Sieg von 1871 gegen Frankreich. In den Einigungskriegen hatte sich gezeigt, dass Preußen/Deutschland seinen Nachbarn Österreich und Frankreich in einer isolierten Auseinandersetzung militärisch eindeutig überlegen war – und zwar zahlenmäßig wie auch methodisch, unter anderem durch systematische Generalstabsarbeit und geschickten Einsatz der Eisenbahn bei Aufmarsch und Mobilisierung. Selbstverständlich gab es immer wieder auch warnende Stimmen, sich nicht zu sehr auf Erfolge der Vergangenheit zu verlassen. Generalstabschef Graf Waldersee schrieb 1891: «Man lebt von unseren Erfolgen von 1870, hat die Zuversicht, daß unsere Armee jeder anderen überlegen ist, und weiß natürlich die Verhältnisse dieser anderen Armeen nicht richtig zu beurteilen.»[13] Dieses Überlegenheitsgefühl wurde in der Regierungszeit Wilhelms II. durch ein rasantes Wachstum von Bevölkerung und Industrieproduktion weiter angeheizt. Das Kaiserreich war, nach Russland, 1914 die bevölkerungsstärkste Nation in Europa mit etwa 65 Millionen Einwohnern, während Frankreich, als wahrscheinlicher Hauptgegner, in seinem Wachstum stagnierte und nur vierzig Millionen Einwohner hatte.

Die deutsche Öffentlichkeit fühlte sich als militärische Hegemonialmacht Europas. Das lag teilweise an einem «Kanonen-, Soldaten- und Schiffezählen», also dem Ressourcenvergleich Deutschlands mit seinen wahrscheinlichen Gegnern,[14] nämlich dem russisch-französischen Zweibund. Es basierte aber auch auf dem gewaltigen Rückhalt, den die Armee in der deutschen Bevölkerung besaß, und dem Vertrauen in die Kompetenz der militärischen Führung. Die Streitkräfte wurden nicht als notwendiges Übel akzeptiert, sondern waren Gegenstand des Stolzes und der Verehrung; eine Haltung, die auch als wilhelminische Militärfreudigkeit oder -frömmigkeit beschrieben wurde.[15] Das Phänomen des «Folkloremilitarismus» war zeitgenössisch und nicht auf Deutschland beschränkt,[16] hier aber doch besonders ausgeprägt. Das Militär gehörte zum Leben fast aller Männer des Kaiserreichs, denn zum aktiven Militärdienst kam der Reservistenstatus. Die regional organisierten Kriegervereine waren mit fast drei Millionen Mitgliedern die größte Massenorganisation des Kaiserreichs, größer als alle Parteien, größer als die Gewerkschaften.[17]

Der Glaube an die Notwendigkeit einer starken Armee zur Landesverteidigung und der Stolz auf die erfolgreiche Streitmacht, die die deutsche Einheit in drei siegreichen Kriegen erkämpft hatte, gehörten zum Zeitgeist. Dieses übersteigerte Selbstbewusstsein, das sich auch in einem kulturellen Überlegenheitsgefühl äußerte, war in den Augen kritischer Zeitgenossen und erst recht aus späterer Sicht das Resultat ungerechtfertigter Hybris. Friedrich Nietzsche kritisierte in seinen «Unzeitgemäßen Betrachtungen», es sei «der Exstirpation des deutschen Geistes zugunsten des ‹Deutschen Reiches›» gleichgekommen.[18] Auch andere prangerten den Militärgeist an. Die Sozialdemokraten bemängelten die schroffen Klassenstrukturen der Armee und favorisierten eine anders organisierte Verteidigung (ein Milizheer). Und doch dominierte insgesamt, wohl auch bei der Wählerschaft der SPD, der Glaube, dass diese vom Volk getragene Armee jeder Widrigkeit zu trotzen in der Lage sein würde. Oft finden sich in den Quellen aus jener Zeit die zuversichtlichen Lutherworte «Und wenn die Welt voll Teufel wär … es soll uns doch gelingen».[19]

Hinzu kam das Vertrauen des Militärs, auch die Probleme, die durch den Fortschritt der Waffentechnik und die Ausweitung des Krieges durch die europäischen Bündnissysteme zu erwarten waren, lösen zu können. Die militärischen Planungen für den Kriegsfall waren in den ersten Jahren nach der Reichseinigung noch von einem Geist des Realismus geprägt gewesen. Der ältere Moltke (Generalstabschef bis 1890) hatte das Deutsche Reich auf einen Zweifrontenkrieg vorbereitet, in dem er in der Defensive bleiben wollte, ohne aber offensive Teilschläge auszuschließen. Das bedeutete gleichzeitig den Verzicht auf eine rasche Entscheidung oder einen militärischen Totalsieg, den Moltke für unwahrscheinlich hielt. Er verwies auf die Schwierigkeiten, die Deutschland nach dem Sieg bei Sedan 1870 gehabt habe, den Deutsch-Französischen Krieg zu Ende zu bringen, nachdem die französische Feldarmee bereits fast vollständig vernichtet worden war. Moltke wollte den Krieg nach begrenzten Schlägen durch Separatfrieden beenden,[20] was trotz seiner Warnungen vor der Leidenschaftlichkeit des Volkskriegs von der optimistischen Erwartung ausging, dass ein solcher Kompromissfriede zu erreichen sein würde.

Dies war ein realistisches Szenario, aber auch ein unattraktives. Moltkes zweiter Nachfolger, Alfred Graf Schlieffen (Generalstabschef 1891–1906), veränderte den Kriegsplan in drastischer Weise, und zwar in einer, die ihn zum Heros des Generalstabs machen sollte. Anders als Moltke besaß er zwar nicht den Nimbus des erfolgreichen Feldherrn der Einigungskriege, aber er erwarb sich den Ruf einer gewaltigen strategischen Autorität, weil er neue und originelle Antworten auf die Herausforderungen des modernen Krieges gefunden zu haben schien. Auch Schlieffen verkannte nicht die Probleme, die durch die Fortschritte der Waffentechnik entstanden; diese begünstigten die Defensive und drohten einen Angriff ungeheuer zu erschweren. Ebenso wie die Kriegsgegner, die einen großen Krieg für Selbstmord hielten, hatte auch er die Auswirkungen der gewaltig gesteigerten Feuerkraft nicht übersehen. Zudem führte er, ähnlich wie Bloch, in seiner Schrift «Der Krieg der Gegenwart» aus, dass durch die Vernetzung der modernen Volkswirtschaften ein langer Krieg zum Zusammenbruch der Gesellschaften führen müsse. Seine Schlussfolgerungen waren aber andere: Sein Anliegen war nicht die Kriegsvermeidung, sondern den Krieg durch Weiterentwicklung der Taktik und Strategie wieder führbar zu machen. Deshalb legte er großen Wert auf vergleichsweise kurze, entscheidende Operationen, und deshalb suchte er eine lange und ausgedehnte Auseinandersetzung, wie sie der ältere Moltke hatte kommen sehen, zu vermeiden.[21] Er modifizierte deshalb die deutschen Kriegsplanungen entscheidend und entwickelte die strategischen Dispositionen, die seinen Namen tragen.

Die Anpassungen erfolgten zunächst aus technischen Gründen. Neue russische Fortifikationen erschwerten die von dem älteren Moltke geplanten begrenzten Offensiven gegen das Zarenreich. Hinzu kam die Einsicht, dass das Gelände im Osten ungünstig war und ein rascher Erfolg unvollständig bleiben musste, da sich die Russen immer ins Landesinnere zurückziehen konnten. Schrittweise veränderte Schlieffen daraufhin die Kriegspläne. Die Truppen, die er im Westen aufmarschieren lassen wollte, wurden immer umfangreicher – auf Kosten der Stärke im Osten. Schlieffen erhöhte das Verhältnis von Truppen im Westen und Osten von 2:1 auf 4:1, um schließlich bei 8:1 zu landen.[22] Zwar ließ er auch weiterhin einen Ostaufmarsch bearbeiten, aber zunehmend wandte er sich dem Problem der Entscheidungsfindung im Westen zu. Kriegsgeschichtliche Studien, etwa über die Überflügelungsschlacht bei Cannae oder die Missachtung der Neutralität Dritter in der Schlacht bei Ulm durch Napoleon, bestärkten ihn in der Absicht, den Gegner durch Überflügelung zu schlagen, im Kriegsfall die Entscheidung im Westen zu suchen und dabei auch die Neutralität Luxemburgs, Belgiens oder der Niederlande zu verletzen, um die Franzosen ausflankieren und den Frontalangriff vermeiden zu können. Die Entwicklung erfolgte schrittweise. Im Jahre 1897 gab Schlieffen erstmals den Gedanken auf, den Durchbruch an der stark befestigten französischen Ostgrenze zu versuchen, und schlug vor, durch Belgien zu marschieren.[23]

Wenn alles wie geplant gelaufen wäre, hätte Deutschland an jeder Front mit zahlenmäßiger Überlegenheit operieren können: zuerst im Westen, und wenn die langsam mobilisierenden Russen schließlich im Feld standen, würden die Truppen aus dem Westen bereits wieder verfügbar sein und in den Osten transportiert werden können. Schlieffen wollte den Sieg – das war wohl das Bestechendste an seinem Plan – durch größere Zahlen auf dem Schlachtfeld erreichen.[24] Und doch war sein Konzept extrem waghalsig, da es keinerlei Spielraum ließ; alle Operationen mussten wie die Räder eines Uhrwerks ineinandergreifen, andernfalls war das Scheitern vorprogrammiert. Es wurde von den Generalstabsoffizieren aber enthusiastisch akzeptiert, weil sie glaubten, dass Schlieffen die Antwort auf die gewaltigen Herausforderungen des modernen Krieges und die spezifischen Probleme des Zweifrontenkrieges gefunden hatte. Auch ein erfolgreicher Angriff schien auf diese Weise möglich. Für ihn war der Flankenangriff die Lösung des Problems, ja die Quintessenz der gesamten Kriegskunst: «Der Angriff gegen die Flanke ist der wesentlichste Inhalt der ganzen Kriegsgeschichte.»[25] Moltke hatte nur eine strategische Defensive an beiden Fronten angeboten, Schlieffen offerierte die Möglichkeit zum Totalsieg; zuerst über Frankreich, dann würde, zusammen mit Österreich, der Kampf gegen Russland folgen, der dann zwar vielleicht lange dauern, aber kein existentielles Problem mehr darstellen würde.[26]

Schlieffens Wirkung auf die Führungsspitze der deutschen Armee resultierte auch daraus, dass er ein anspruchsvoller Vorgesetzter war, der gerade ehrgeizige und intelligente Offiziere zu Höchstleistungen anspornte. Er arbeitete sehr viel – «Erholung und Zerstreuung kannte er nicht»[27] – und forderte sehr viel, nämlich dass die Offiziere des Generalstabs in ihrer Rolle ebenso aufgingen wie er in seiner als dessen Chef. «Es war schwer, ihm zu genügen; wenige Menschen waren ihm fleißig genug. Über viele sprach er sich scharf und sarkastisch aus. … Wer aber sein Vertrauen errungen hatte, stand fest in seiner Gunst.»[28] Schlieffen war bisweilen intellektuell brillant, oftmals überraschend und originell; er konfrontierte seine Offiziere mit einer Vielzahl von Aufgaben, Kriegsfällen, Übungen;

er testete seine Gedanken und ihre Reaktionen. Der nach ihm benannte Plan, der Westangriff, vor allem in seiner letzten Form von 1906,[29] war allerdings mit vielen Schwächen behaftet. So waren die deutschen Armeen, nach Schlieffens eigener Ansicht, um 24 Divisionen (also um deutlich mehr als 300 000 Mann) zu schwach,[30] um den Angriff auf der ganzen Front lückenlos von der deutschen Grenze durch Belgien bis zur Küste vortragen und dann nach Süden und Südosten einzuschwenken, Paris einschließen und die französische Armee an der Grenze einkreisen und vernichten zu können. Auch stellte sich eine Reihe logistischer Fragen, auf die der Plan keine wirkliche Antwort hatte.[31] Deshalb ist auch die These geäußert geworden, dass der Schlieffen-Plan gar nicht existiert habe im Sinne eines Konzepts, von dem sein Schöpfer glaubte, es solle und müsse so in die Realität umgesetzt werden; stattdessen habe es sich um ein Gedankenspiel, um eine Option gehandelt, die teilweise auch dem Zweck diente, auf die zahlenmäßige Vermehrung der Armee drängen zu können.[32]

Hinzu kam auch noch der politische Nachteil, den Krieg mit der Verletzung neutraler Staaten beginnen zu müssen; eine Sorge, die aber mehr die Nachwelt als die planenden Zeitgenossen belastete.[33] Zwar hatte Moltke kurz vor seinem Tode, als Schlieffen in einer Denkschrift von 1891 die Idee eines Angriffs durch Belgien anklingen ließ, gegenüber Waldersee sein Entsetzen zum Ausdruck gebracht.[34] Ansonsten wurde der Neutralitätsbruch im Generalstab mit den militärischen Chancen verrechnet, die sich daraus gegen Frankreich ergaben, und ohne große Diskussion akzeptiert. Ähnliche Debatten waren in anderen Staaten anders verlaufen. Auch der französische Generalstab hatte erkannt, dass es militärisch vorteilhaft wäre, die deutschen Befestigungen zu umgehen und durch Belgien anzugreifen. Der französische Generalstabschef Joseph Joffre hatte im Januar und Februar 1912 die Vorteile eines Angriffs durch Luxemburg und Belgien unterstrichen[35] und am 9. Januar 1912 von seiner Regierung verlangt, im Kriegsfall die belgische Neutralität verletzen zu dürfen; dies war ihm aber unter Hinweis auf die Haltung Großbritanniens untersagt worden. Anders als in Deutschland siegten hier politische Erwägungen. Der französische Historiker Georges-Henri Soutou hat geurteilt, dass Frankreich den Ersten Weltkrieg an diesem Januartag 1912 gewonnen habe.[36]

Der Schlieffen-Plan war Ausdruck eines sehr weitgehenden Vertrauens in die eigenen Fähigkeiten. Da stellt sich die Frage, wie er mit der Realität, etwa den geheimdienstlichen Informationen über die gegnerischen Armeen, in Übereinstimmung gebracht wurde. Die Militärs fanden in der Flut nachrichtlichen Materials immer neue Argumente, die sie in ihrem Glauben an die deutsche Überlegenheit bestärkten. Dies kann zumindest von Frankreich gesagt werden, das in ganz besonderer Weise im Mittelpunkt des deutschen Interesses stand. Frankreich war von Schlieffen und auch von Moltke dem Jüngeren, der als Schlieffens Nachfolger den Generalstab ab 1906 leitete, als Deutschlands gefährlichster Gegner ausgemacht worden.[37] Doch wiesen deutsche Manöverbeobachter, Militärattachés und auch die Bearbeiter im Generalstab auf die zahllosen Schwächen hin, die ihnen bei den Franzosen auffielen. Aus den Beobachtungen der großen französischen Manöver wurde die Schlussfolgerung gezogen, dass die Führung zu vorsichtig und schematisch im Kampf vorgehe und nicht genug Initiative entfalte;[38] aus dem französischen Festungsbau, dass der Feind defensiv bleiben wolle; aus der ungewöhnlich weitgehenden Ausschöpfung der französischen Wehrkraft[39] und der stagnierenden Bevölkerung, dass es dem Feind an personellen Reserven für einen längeren Krieg fehlen werde und daher mit seinem raschen Zusammenbruch gerechnet werden könne. Dies ging Hand in Hand mit prinzipieller Hochachtung vor den Franzosen. Moltke der Jüngere glaubte beispielsweise, dass sie intelligente, gut ausgebildete und von glühender Vaterlandsliebe beseelte Soldaten seien. Doch seien sie nervös und ihre Moral würde schnell kollabieren, ihre Armee in der Niederlage auseinanderbrechen.[40] Die größte Angst hatte die deutsche Armeeführung vor einem geordneten Rückzug der französischen Armee tief ins Landesinnere, etwa an die Loire; das würde eine rasche Entscheidung an dieser Front sehr erschweren.[41]

Dies zeigt, wie die Nachrichten vom Gegner in ein insgesamt doch sehr optimistisches Bild eingepasst wurden. Diese Beobachtung lässt sich überall machen. General v. Kuhl, einer der begabtesten Schüler Schlieffens, behauptete in einer Schrift von 1920, dass der Generalstab viele der Probleme richtig erkannt und keinesfalls unterschätzt habe. Aus seinen apologetischen Ausführungen wird deutlich, dass man in der Tat eine große Menge an detaillierten und oft auch zutreffenden Informationen über den Gegner zusammengetragen und die zahlenmäßige Überlegenheit der gegnerischen Koalition richtig eingeschätzt hatte. Kuhl entwarf aber ein dunkles Bild schwerer Bedrohung, der das Deutsche Reich nicht habe ausweichen können, und kam zu folgendem positiven Endurteil: «Kam es aber zum Kriege, so war es besser, der Generalstab ging mit Optimismus als mit Pessimismus ins Feld. Was uns an Zahl fehlte, mussten wir durch die Tüchtigkeit der Truppe zu ersetzen suchen. Es war die beste Armee, die Deutschland je gehabt hat, mit der es 1914 ins Feld zog.»[42] Und er stellte fest: «Dass es kein Krieg werden würde wie 1866 gegenüber den schlecht geführten Österreichern, und wie 1870, wo wir eine nicht unbeträchtliche Überlegenheit besaßen, wussten wir. Um einen ‹frischen fröhlichen› Krieg handelte es sich nicht. Wir gingen einen schweren Gang, aber mit Begeisterung und Vertrauen.»[43] Der Blick auf die deutschen Intellektuellen zeigt ein ähnliches Bild. Hans Delbrück hoffte, «Gott möge uns und die Kulturwelt bewahren vor diesem Kriege»,[44] aber sollte er doch kommen, wollte er ihn gewinnen. Der Historiker Friedrich Meinecke schrieb: «Wir wollen den Frieden, aber wenn uns der Krieg durch unabweisbare Notwendigkeit aufgedrängt wird, dann wollen und müssen wir siegen, um jeden Preis und unbedingt und mit dem äußersten Aufgebot der Volkskraft.»[45]

Was oft zusammenging, war eine eigenartige Mischung aus festem Siegeswillen und dem gleichzeitigen Bewusstsein, dass der Krieg eine Katastrophe sein werde. Natürlich hätte der Generalstab eine überlegenere und sehr viel professionellere Haltung gezeigt, wenn er die Politiker dringend vor den großen Gefahren eines Kontinentalkrieges gewarnt und empfohlen hätte, den Krieg zu vermeiden. Hier spielte auch eine soziale Komponente mit; die Militärs verlangten von sich selbst Kriegsfreudigkeit, umso mehr deshalb, weil andere dies auch taten. Der spätere Staatssekretär im Auswärtigen Amt, Gottlieb v. Jagow, hatte 1911 geschrieben, dass Soldaten bis zu einem gewissen Grade immer den Krieg herbeisehnten, und angefügt: «Soldaten, die nur für Frieden schwärmen, sind ein Unding.»[46] Eine Politik der konsequenten Kriegsvermeidung zu empfehlen, wäre demnach unsoldatisch erschienen, hätte dem Selbstverständnis des Generalstabs widersprochen und außerdem die Frage aufgeworfen, ob das Land kriegsbereit sei. Sollte diese verneint werden, wäre es als schweres Versagen der militärischen Planer empfunden worden – auch vor dem Hintergrund ständig steigender Rüstungslasten, die in den deutschen Heeresvorlagen von 1911 und 1913 neue Gipfel erreichten.[47] Das Eingeständnis, nur «bedingt abwehrbereit» zu sein, sollte noch zwei Weltkriege später die sogenannte Spiegel-Affäre auslösen können. Außerdem glaubte der Generalstab fest daran, dass er die Frage von Krieg und Frieden nicht in der Hand habe und letztlich abhängig vom Gegner sei, der schlechte Absichten habe.

Die Personifizierung der Ansichten und Widersprüche der Zeit war der Generalstabschef von 1914, der jüngere Moltke. Er erkannte einige der Risiken und vor allem die unkalkulierbare Dauer eines Kontinentalkrieges. Er sprach während der Julikrise 1914 sogar von dem «schrecklichen Krieg, ... der die Kultur fast des gesamten Europas auf Jahrzehnte hinaus vernichten wird».[48] Er schwankte unter dem Gewicht dieser gewaltigen Verantwortung, so dass der preußische Kriegsminister v. Falkenhayn seine «Stimmungswechsel» «kaum oder gar nicht» erklärbar fand.[49] Doch wenn es wirklich hart auf hart kam und sich plötzlich Möglichkeiten zu zeigen schienen, den Frieden zu erhalten, wurden Moltkes gewaltige Kriegslust und auch feste Siegesgewissheit deutlich. Dies war am 1. August 1914 der Fall, als es für einen Augenblick so aussah, als könne zumindest der Krieg im Westen vermieden und Frankreich und England neutral gehalten werden, und der Kaiser ihm für einige Stunden die Ausführung des Westangriffs untersagte. Moltke reagierte hysterisch, aus Sorge um seinen detaillierten Aufmarschplan, aber auch, weil er plötzlich annehmen musste, der gesamte, für sicher gehaltene Krieg könne vermieden werden. Er sagte: «Das habe ich immer gefürchtet, wir hätten den Feldzug nach beiden Fronten gewonnen.» Oder: «Jetzt fehlt nur noch, dass auch Russland abschnappt.»[50]

Moltke glaubte, dass Deutschland den Krieg gewinnen werde, was aber nicht heißt, dass er die Gefahren der Ausweitung des Konflikts übersehen hätte. Andere, wie etwa der preußische Kriegsminister Erich v. Falkenhayn, hatten den Krieg heiß ersehnt, aber bereits Jahre zuvor festgestellt, dass von einer europäischen Auseinandersetzung die USA und Japan profitieren würden.[51] Bei ihm waren soldatischer Aktivismus und das Gefühl, der Aufgabe gewachsen zu sein, stärker als nüchterne Überlegung. Berufssoldaten mussten außerdem befürchten, in der ersehnten Auseinandersetzung ihr Leben oder ihre Gesundheit zu verlieren. Dies spielte aber keine Rolle und wurde verdrängt, obwohl in dem sozialdarwinistisch angehauchten Vokabular der Zeit ständig vom «Kampf ums Dasein» oder «Vernichtungskrieg» die Rede war. So schrieb der kaiserliche Generaladjutant, Moriz v. Lyncker, am 11. September 1914, an dem Tag, an dem sein Sohn Niklas den Soldatentod starb: «Wir wußten ja vorher, daß dieser Krieg ein Vernichtungskrieg sein würde; doch aber glaubt der Einzelne gern, daß er und die seinigen verschont bleiben würden. Diesen Glauben hatte auch ich, und nun hat es uns so hart getroffen.»[52]

Die deutsche militärische Führung hielt den Krieg für machtpolitisch unvermeidlich, ersehnte ihn sich individuell als soldatische Bewährungsprobe und glaubte gleichzeitig, dieser schwierigen Aufgabe des Zweifrontenkriegs gegen Russland und Frankreich gewachsen zu sein. Sie meinte, in einer solchen Auseinandersetzung, wie Falkenhayn in einer paradigmatischen Äußerung sagte, trotz aller Vorbereitungen und Vorteile der Gegner, «in the long run doch oben [zu] bleiben».[53] Einige Planer, wie Moltke der Jüngere, drängten sogar auf baldigen Krieg unter Hinweis darauf, dass die deutsche Armee aufgrund der russischen Aufrüstung in der Zukunft die Fähigkeit zum Sieg verlieren könne; dies senkte seine Hemmungen während der Julikrise des Sommers 1914 weiter ab, wenn dies nicht ohnehin nur das Argument eines Militaristen war, seinem Kriegswunsch einen rational vermittelbaren Anstrich zu geben.

Auch die politische Führung des Deutschen Reiches ging zumindest am Anfang der Julikrise davon aus, die große Auseinandersetzung gewinnen zu können. Reichskanzler v. Bethmann Hollweg sagte am 8. Juli 1914, etwas mehr als eine Woche nach dem Auslöser der Krise, nämlich der Ermordung des österreichischen Thronfolgers Franz Ferdinand in Sarajevo, zu seinem Sekretär, Kurt Riezler: «Kommt der Krieg aus dem Osten, so dass wir also für Oesterreich-Ungarn und nicht Oest[erreich]-Ungarn für uns zu Felde zieht, so haben wir Aussicht, ihn zu gewinnen. Kommt der Krieg nicht, will der Zar nicht oder rät das bestürzte Frankreich zum Frieden, so haben wir doch noch Aussicht, die Entente über diese Aktion auseinanderzumanoevrieren.»[54] Sollte die Krise, so könnte Bethmanns Haltung zusammengefasst werden, in einen Krieg eskalieren, könne (und werde) Deutschland ihn gewinnen. Sollte der Konflikt hingegen vermieden werden, bot sie eine Chance, die gegnerische Koalition zu spalten und damit einen zunehmenden Alpdruck der deutschen Außenpolitik, nämlich die diplomatische Isolation, zu überwinden. Dieses Kalkül ist von Andreas Hillgruber vor Jahrzehnten als «Theorie des kalkulierten Risikos» bezeichnet worden.[55]

Dieses Risiko einzugehen, war natürlich ein gewaltiger Fehler, zumal Bethmann Anfang Juli 1914 «nur» mit einem Krieg gegen die russisch-französische Allianz rechnete und sich für diesen Fall, mit einiger Berechtigung, gute Siegeschancen ausrechnete. Der Krieg sollte sich aber nicht auf diese Gegner beschränken lassen. Auch bestand im Sommer 1914 kein Grund, es überhaupt so weit kommen zu lassen und «den Sprung ins Dunkle» zu riskieren.[56] Zwar war die militärpolitische Lage im Jahre 1914 aufgrund des europäischen Wettrüstens gespannt, und die zeitgenössische Diskussion war von dem Gefühl, diplomatisch isoliert zu sein («Einkreisung»[57]), und von der Furcht vor dem russischen Wachstum und dem Gegensatz zwischen «Germanen» und «Slawen» dominiert. Und doch hatte Deutschland, wie zumindest der Industrielle Hugo Stinnes und später auch Ferdinand Foch meinten, infolge seiner industriellen Dynamik und seines großen Bevölkerungszuwachses durch Abwarten mehr zu gewinnen als die eher stagnierenden Gesellschaften Frankreichs und Großbritanniens; und ähnlich hatte sich im Frühjahr 1914 auch der Staatssekretär des Auswärtigen Amtes,[58] Gottlieb v. Jagow, geäußert, als Moltke vom Präventivkrieg redete.[59]

Die Julikrise ist von Christopher Clark in seinem Buch «Die Schlafwandler» als das «komplexeste Ereignis … womöglich bislang aller Zeiten» bezeichnet worden.[60] Sie soll hier nicht nochmals nacherzählt werden.[61] Um den Konflikt zu verstehen, bedarf eine Frage aber der Klärung: Was sollte der Krieg, was war sein politischer Zweck? Dazu muss analysiert werden, was die deutsche Regierung im Juli 1914 antrieb. Nach Clausewitz ist der Krieg die Fortsetzung der Politik mit anderen Mitteln. Demnach endete die politische Krise des Juli 1914 nicht im August mit dem Kriegsausbruch, sondern transformierte sich und ging, in ihrer neuen Form als bewaffnete Auseinandersetzung, bis in den Herbst 1918 weiter. Doch der Erste Weltkrieg zeigt, dass diese Formel von Clausewitz zu kurz greift.[62] Denn war dieser Konflikt wirklich die Fortsetzung der Politik, das heißt politisch geplant, oder handelte es sich nicht eher um ein «schlafwandeln» in den Krieg, ein katastrophales Entgleisen der Politik, einen gescheiterten politischen Bluff, oder, um Lloyd George zu zitieren, ein planloses Hineinschliddern in den Krieg?[63] Das Erste, nämlich eine klare Planung des Krieges, hat der Hamburger Historiker Fritz Fischer in seinem zweiten großen Buch «Krieg der Illusionen» von 1966 unterstellt; seine These von einer konsequenten deutschen Kriegsplanung seit dem «Kriegsrat» 1912 hat sich aber nicht durchgesetzt und besitzt heute nur noch wenige Anhänger.[64]

Sicher wollten alle Staaten während der Julikrise etwas erreichen, das sie auf politischem Wege nicht durchsetzen konnten und zu dessen Realisierung sie nun Krieg führen mussten; und eine zentrale Rolle spielte für alle Großmächte die Bündnissicherung. Im deutschen Fall ging es um Österreich-Ungarn. Der habsburgische Vielvölkerstaat wollte die serbische Regierung, die er hinter dem Attentat von Sarajevo vermutete, zur Rechenschaft ziehen, damit zugleich alle Nationalstaaten, die Ansprüche auf sein Staatsgebiet erhoben, dauerhaft einschüchtern und sich auf diese Weise innen- und außenpolitisch stabilisieren. Deutschland wiederum, das sich in den letzten Jahren vor 1914 zunehmend politisch isoliert gefühlt hatte, wollte seinen wichtigsten Bundesgenossen vor dem innenpolitischen Zerfall retten. Die Regierung in Berlin hielt den österreichischen Schritt gegen Serbien für legitim und notwendig und gewährte deshalb ihre Unterstützung. Die anderen Staaten wollten das hingegen nicht zulassen. Wenn also der ursprüngliche und direkte Anlass genommen wird, ging es beim Ersten Weltkrieg um die Frage, ob Österreich-Ungarn die widerstrebende serbische Regierung für die unterstellte Mittäterschaft an dem Attentat in Sarajevo durch einen Krieg zur Verantwortung ziehen durfte. Allerdings war schon gleich zu Beginn des europäischen Krieges offensichtlich, dass Anlass und Folgen in einem grotesken Missverhältnis standen. Dies sorgte dafür, dass die serbische Frage für den Rest des Krieges zwar nicht verschwand, aber zweitrangig wurde. Warum musste also ein Weltkrieg geführt werden? Was versprach sich die deutsche Politik davon?

Auf diese Frage gab es unterschiedliche und sich verändernde Antworten. Um beim Reichskanzler anzufangen: Bethmann Hollweg war der Hauptverantwortliche für die deutsche Politik in der Julikrise und schaffte es, die anderen Verantwortlichen im ersten Teil der Krise, der sich von der Ermordung Franz Ferdinands am 28. Juni 1914 bis zur Übergabe des österreichischen Ultimatums an Serbien (am 23. Juli) erstreckte, vom Entscheidungsgang weitgehend auszuschließen. Bethmann wurde von kritischen Köpfen seiner Umgebung wegen seines Verstandes und seiner verantwortungsvollen und gravitätischen Persönlichkeit sehr verehrt; gleichzeitig war er aber, wenn auch vielleicht nicht der «Hitler des Jahres 1914»,[65] doch eine der fatalsten Figuren der deutschen Geschichte. Von nicht zu unterschätzender Bedeutung für sein Handeln im Sommer 1914 könnte gewesen sein, dass er Anfang Mai Witwer geworden war und ihm der Tod seiner Frau verständlicherweise sehr nachhing.[66] Der große Ver-

Abb. 2 Reichskanzler Theobald v. Bethmann Hollweg in der Uniform eines Majors der Reserve

lust beeinträchtigte vielleicht auch seine Einschätzung der politischen Großwetterlage. Anfang Juli 1914 sah er alles schwarz in schwarz, und zwar in jedem Lebensbereich. Seine eigenen besseren Einsichten fatalistisch vor dem Schicksal, vor Ressortzuständigkeiten und vor überzeugteren Gegenspielern zu beugen, war ohnehin ein gewaltiger und wohl der größte Fehler dieses Politikers.[67]

Was wollte Bethmann während der Julikrise erreichen? Er wollte dem österreichisch-ungarischen Verbündeten helfen, sich gegen die nationalistische Unterminierung durch Serbien zu behaupten und war deshalb bereit, die als legitime Notwehrmaßnahme angesehenen österreichischen Schritte diplomatisch abzustützen. Er erkannte die Gefahr, dass ein Krieg der Österreicher gegen Serbien in einen Kontinentalkrieg eskalieren könne, rechnete sich in diesem, wie erwähnt, auch gute Siegeschancen aus, glaubte aber nicht wirklich an eine Eskalation. Negativ wirkte sich aus, dass sein eigener Pessimismus und Fatalismus von seiner Umgebung nicht abgefedert wurde. Die wichtigste, wenn auch umstrittene Quelle für seine Beschlussfassung und Ziele während der Julikrise sind die Aufzeichnungen seines Sekretärs Kurt Riezler.[68] Bethmann überraschte ihn am 7. Juli 1914 in einem nächtlichen Gespräch auf seinem Landsitz Hohenfinow mit einem düsteren Panorama der Situation: «Österreich immer schwächer und unbeweglicher; die Unterwühlung von Norden und Südosten her sehr weit fortgeschritten. Jedenfalls unfähig, für eine deutsche Sache in den Krieg zu ziehen.» «Eine Aktion gegen Serbien kann zum Weltkrieg führen.» «Die Zukunft gehört Rußland, das wächst und wächst und sich als immer schwererer Alb auf uns legt.» «Der Kanzler sehr pessimistisch über den geistigen Zustand Deutschlands. Elender Niedergang der politischen Oberfläche.» Riezler versuchte nicht einmal, dem offensichtlich sehr gedrückten und pessimistischen Bethmann entgegenzutreten: «Die geheimen Nachrichten, die er mir mitteilt, geben ein erschütterndes Bild … Ich ganz erschrocken, so schlimm sah ich [die Lage] nicht an.»[69] Und obwohl Riezler in seinem eigenen, 1914 erschienenen Buch die Überzeugung bekundet hatte, dass ein Krieg zwischen den Großmächten selbstzerstörerisch und deshalb unwahrscheinlich sei, widersprach er Bethmann nicht und versuchte auch nicht, dessen Fatalismus aufzubrechen und ihm eine positivere Deutung der politischen Lage zu geben.

Der pessimistische Bethmann arbeitete während der Julikrise mit den Beamten des Auswärtigen Amtes, mit dessen Leiter, dem Staatssekretär Gottlieb v. Jagow, und Unterstaatssekretär Arthur Zimmermann, zusammen, und es scheint zwischen ihm und seinen wichtigsten Mitarbeitern keine widerstreitenden Konzepte gegeben zu haben. Dies betraf vor allem die entscheidende Frage, ob die österreichisch-ungarische Regierung ermuntert werden sollte, gegen die Serben vorzugehen. Bethmann war unsicher, ob sich Kaiser Franz Joseph zum Handeln entschließen würde. In der ersten Julihälfte 1914, in der die Entscheidung über Krieg und Frieden von der deutschen Führung durch Einwirkung auf die Österreicher noch maßgeblich hätte bestimmt werden können – eine Warnung an Wien, dass eine Aktion gegen Serbien kein Bündnisfall sei, hätte wohl genügt –, glaubten weder Bethmann noch seine engsten Mitarbeiter an die Eskalation.[70] Erst in den letzten Julitagen wurde dem Kanzler schlagartig bewusst, dass aufgrund der harten Haltung der anderen Mächte ein großer Krieg bevorstand; schlimmer noch, dass auch England auf Seiten der Gegner eingreifen und damit das gesamte Kriegskalkül verändern würde.[71]

Plötzlich begann er verzweifelt gegenzurudern, wurde dann aber durch die russische Mobilmachung und das Drängen der deutschen Militärs überspielt und orakelte vom Kriegsausbruch als «einem Fatum, größer als Menschenmacht».[72] Der Krieg war aber kein Fatum, sondern das Ergebnis eines komplexen politischen Interaktionsprozesses. Die Lawine konnte Bethmann alleine Ende Juli 1914 nicht mehr stoppen; aber den Schneeball, der dann zur Lawine werden sollte, den hatte er mit zu formen geholfen. Das wusste er; als er vor den Fraktionsvorsitzenden des Reichstags am 3. August 1914 seine Rede zum Kriegsausbruch, die er am nächsten Tag vor dem Plenum halten wollte, vorlas, wurde seine Stimme «tonlos», als er von seinem «reinen Gewissen» sprechen wollte.[73] Anfang August 1914 stand Bethmann vor einem politischen Scherbenhaufen. Er bot dem Kaiser seinen Rücktritt an, den dieser ablehnte: «Sie haben mir die Geschichte eingebrockt, nun müssen Sie sie auch ausfressen.»[74]

Der Kaiser und seine Umgebung hatten Bethmann während der Julikrise im Wesentlichen seine Politik machen lassen. Wilhelm II. hatte allerdings auf die große Linie Einfluss genommen. In den ersten Tagen nach dem Attentat presste er auf eine harte Reaktion gegen Serbien, maßregelte alle, die auf Mäßigung drangen, wie etwa den deutschen Botschafter in Wien, Heinrich v. Tschirschky und Bögendorff, bramarbasierte heftig («Mit den Serben muß aufgeräumt werden, und zwar bald!»),[75] und versicherte dem k.u.k. Botschafter in Berlin, Layos Graf v. Szögyény, am 5. Juli 1914, dass Österreich «selbst im Falle einer ‹ernsten europäischen Komplikation› auf die Unterstützung Deutschlands rechnen könne». Dies gelte besonders «betreffend einer Aktion … gegenüber Serbien. Nach seiner Ansicht muß aber mit dieser Aktion nicht zugewartet werden. Rußlands Haltung werde jedenfalls feindselig sein, doch sei er hierauf schon seit Jahren vorbereitet, und sollte es zu einem Krieg zwischen Österreich-Ungarn und Rußland kommen, so können wir davon überzeugt sein, daß Deutschland in gewohnter Bundestreue an unserer Seite stehen werde.»[76] Direkt anschließend fuhr Wilhelm II. auf Nordlandfahrt. Noch vor seiner Einschiffung prahlte er in einem Gespräch mit Krupp, er werde den Krieg nicht scheuen und diesmal nicht «umfallen».[77]

Doch die martialische Sprache täuschte. Wie die Quellen zeigen, glaubten weder Wilhelm II. noch seine Umgebung, dass viel passieren würde. Der kaiserliche Generaladjutant v. Plessen notierte nach der Sitzung des 5. Juli 1914: «S.M. liest uns einen Brief des Kaisers von Österreich und ein Memoire des Öst[erreichischen] Auswärt[igen] Ministers, Grafen Berchtold, vor, wonach die Öst[erreicher] sich zum Kriege gegen Serbien vorbereiten und zuvor Deutschlands sicher sein wollen. Der Reichskanzler u[nd] der Staatssekretär erscheinen auch. Bei uns herrschte die Ansicht, daß die Österreicher je früher je besser gegen Serbien losgehen und daß die Russen – obwohl Freunde Serbiens – doch nicht mitmachen.»[78] Mit dieser Einschätzung Russlands lagen die Anwesenden, von denen andere, wie Kriegsminister v. Falkenhayn, sogar bezweifelten, dass die Österreicher überhaupt irgendetwas unternehmen würden, grundfalsch.[79] Doch damit waren die Dinge nun ins Rollen gekommen. Während der Kaiser noch in Norwegen war, übergab Giesl, der österreichisch-ungarische Gesandte in Belgrad, ein Ultimatum, das von der serbischen Regierung nicht vollständig akzeptiert wurde, woraufhin Österreich-Ungarn die diplomatischen Beziehungen abbrach und am 28. Juli Serbien den Krieg erklärte.

Als Wilhelm II. nach seiner Rückkehr aus dem Urlaub erkannte, dass die Krise in einen Krieg zu eskalieren drohte, versuchte er plötzlich gegenzuhalten. Er stellte fest, die serbische Antwort sei doch ausreichend und, angesichts der Kurzfristigkeit, eine große Leistung gewesen; eine solche Note hätte er niemals durch eine Mobilmachung beantwortet.[80] Wilhelm II. dachte an Kompromissvorschläge wie den «Halt in Belgrad» – Österreich-Ungarn solle die serbische Hauptstadt, damals direkt an der Grenze gelegen, als Faustpfand besetzen, aber nichts weiter tun und dann verhandeln – eine Idee, die Bethmann mit Verzögerung auch nach Wien weitergab.[81] Der Kaiser schwankte zwischen seinem Wunsch, den Krieg zu verhindern, und militaristischem Großsprechertum hin und her. Seine Umgebung hielt ihn auf Kriegskurs. Der preußische Kriegsminister Erich v. Falkenhayn notierte am 28. Juli 1914: «[Der Kaiser] hält wirre Reden, aus denen nur klar hervorgeht, daß er den Krieg jetzt nicht mehr will und entschlossen ist, um diesen Preis selbst Österreich sitzen zu lassen. Ich mache ihn darauf aufmerksam, daß er die Angelegenheit nicht mehr in der Hand hat.»[82] Noch am 1. August versuchte Wilhelm II., als es für einen Augenblick infolge einer Meldung aus Großbritannien so aussah, als würden die Engländer und Franzosen neutral bleiben, den Krieg auf Russland zu beschränken und damit zumindest in seiner Größe zu begrenzen.[83] Für ihn endete die Julikrise dann mit einem nervösen Zusammenbruch und völliger Konzeptlosigkeit. Er wusste nicht, was der Krieg sollte, den er mit herbeigeführt hatte, wenn auch eher grob fahrlässig als willentlich.

Die Ziellosigkeit sollte, um dies vorwegzunehmen, sein gesamtes Verhalten im Kriege prägen. Der Kaiser verbrachte die nächsten vier Jahre in einer unharmonischen und kontrastreichen Stimmung aus Großsprecherei, Verzagtheit und Langeweile; er enervierte seine Umgebung durch nervöse, endlose Aufschneidereien, suchte Zerstreuung und floh dann ins Anekdotische. Wenn unangenehme Dinge zu besprechen waren, wich er dem oft aus, indem er pausenlos selbst redete und andere nicht zu Wort kommen ließ.[84] Er war gelegentlich richtiggehend peinlich durch unangebrachte bombastische Phantastereien vor unangenehm überraschtem Publikum, und manchmal wiederum komplett entmutigt, so dass seine Ratgeber ihn mühsam wiederaufrichten mussten. Seine Umgebung ging teilweise dazu über, ihm gute und schlechte Nachrichten nur fein dosiert weiterzugeben, um spontane Überreaktionen zu verhindern.[85] Ein immer wiederkehrender Gedanke Wilhelms II. war, dass der Krieg ein Kampf des Kaisertums gegen die Demokratie und den angelsächsischen Materialismus sei; gelegentlich verband er ihn mit grandiosen Eroberungsabsichten und der Forderung, dass am Ende die Feinde vor der Kaiserstandarte niederknien müssten.[86] Doch all dies wurde von wenigen ernst genommen und auch vom Kaiser nicht in Form eines konsistenten Programms vertreten. Seine Umgebung stellte übereinstimmend fest, dass Wilhelm II. sich nach dem Frieden sehnte, wenn auch hauptsächlich seiner eigenen Person und seiner Bequemlichkeit wegen. Das Hauptproblem des Kaisers war seine Inkonsistenz, seine Oberflächlichkeit und seine stark ausgeprägte Neigung, schwierigen Entscheidungssituationen auszuweichen. Und doch war Wilhelm II. zu keinem Zeitpunkt des Ersten Weltkriegs eine «quantité négligeable». Bei ihm liefen, durch die Verfassung bestimmt, letztlich alle Entscheidungen zusammen. Nur er konnte die Strategie koordinieren, vor allem dann, wenn politische und militärische Führung ihre Konzepte nicht in Übereinstimmung bringen konnten und eine Entscheidung zwischen den Ressorts gefordert war. Seine labile Verfassung war daher für das Deutsche Reich ein gewaltiges strukturelles Problem.

Auch ein wohlwollender Beurteiler des Kaisers wird schwer an dem Urteil des Chefs seines Militärkabinetts, General v. Lyncker, vorbeikommen, der im Mai 1917 feststellte: «Der großen Aufgabe ist er nicht ge-

Abb. 3 Der Kaiser und seine Umgebung, rechts hinter Wilhelm II. hervorschauend Hans v. Plessen, der zweite rechts vom Kaiser Moriz v. Lyncker, der dritte von rechts in der Marineuniform Admiral v. Müller.

wachsen, weder mit Nerven noch mit Intellekt.»[87] Gleichzeitig aber war es schwierig, den Kaiser, der trotz seiner Fehler eine sehr dominante Persönlichkeit war, einfach beiseitezuschieben. Als er während des Krieges klagte, er sei nur noch ein Schattenkaiser, meinte seine Frau ironisch: «Ja, Du und ein Schatten!»[88] Das war nicht nur die Ermunterung der treu ergebenen Ehefrau für ihren angeschlagenen Gemahl (das auch); es entsprach den Tatsachen. Der Kaiser war kein Komplettausfall. Er konnte es nicht sein, weil er in vielen Fragen zwischen den Ressorts einfach entscheiden musste; weil er, mit seinen Kabinetten, die Macht über Ernennung und Entlassung der zentralen Entscheidungsträger, darunter des Reichskanzlers und des Generalstabschefs, hatte und behielt. Der Kaiser war, mangels konsequent durchdachter und klarer eigener Vorstellungen, nicht der dominante politische und militärische Führer Deutschlands, der er gerne gewesen wäre und den viele Zeitgenossen in ihm vermuteten. Er und seine Kabinettschefs waren aber gewissermaßen der Personalvorstand des Deutschen Reiches und gleichzeitig die zentrale strategische Entscheidungsinstanz. Außerdem war Wilhelm II. zwar in vielem schwankend und inkonsequent, aber nicht darin, dass er Kaiser war und bleiben wollte. Er konnte sich bis ganz zum Schluss selbst gegenüber schwierigen Gesprächspartnern behaupten. Im Übrigen hat Wilhelm II. während des Krieges, wie noch zu zeigen sein wird, oft katastrophal, aber verschiedentlich auch ganz vernünftig interveniert.[89]

Immerhin hatte der Kaiser einen der größten oratorischen Erfolge seiner dreißigjährigen Regierungszeit, als er zum Kriegsausbruch mehrere Reden hielt, in denen er unter stürmischem Jubel die berühmten Worte sprach: «Ich kenne keine Parteien mehr, ich kenne nur noch Deutsche», und auch feststellte: «Uns treibt nicht Eroberungslust».[90] Das waren in der Stimmung des frühen August 1914 symptomatische Sätze – die Interpretation des Krieges als legitime Verteidigung gegen einen Angriff von außen. Das deutsche Volk und seine politischen Vertreter, nämlich die Parteien des Reichstags, um neben Reichskanzler, Auswärtigem Amt und Kaiser auch das nächste bedeutsame politische Entscheidungszentrum zu nennen, gaben der Regierung ihre volle und einstimmige Unterstützung, da auch sie Deutschland angegriffen sahen von der Entente – zunächst von Russland, das von Frankreich unterstützt wurde, und dann von England. Dieses wurde sehr bald schon von der deutschen Öffentlichkeit als eine Art Hauptfeind angesehen, als das sich durch besondere Heimtücke auszeichnende Zentrum der gegnerischen Koalition, das letztlich auch für den Krieg verantwortlich sei, da es seine Verbündeten nicht gestoppt, sondern sogar noch vorangetrieben habe. Man vermutete, dass England den Krieg von langer Hand vorbereitet habe, um einen missliebigen und zu stark gewordenen Konkurrenten aus dem Weg zu räumen.[91] Der Historiker Karl Alexander von Müller notierte: «Ich erinnere mich nur als Zeitgenosse an die Empfindung des deutschen Volkes beim Ausbruch dieses ersten Weltkrieges: sie war aufs tiefste und ehrlichste getragen von dem Bewußtsein, einen aufgedrungenen Verteidigungskrieg zu führen, einen aufgezwungenen Krieg gegen eine unerhörte Übermacht von Gegnern.»[92] Die Zustimmung zum Krieg und den gesamten flankierenden Maßnahmen, zu denen ein Kredit von fünf Milliarden Mark gehörte, fiel den Linksparteien und ganz besonders den Sozialdemokraten trotzdem bitter schwer.[93] Es gelang dem rechten Parteiflügel der SPD aber, in der innerparteilichen Diskussion die Oberhand zu gewinnen und einen regierungsstützenden Kurs durchzusetzen. Letztlich wurde die Sozialdemokratische Partei, die immerhin seit den Wahlen von 1912 die stärkste Fraktion des Reichstags stellte, von einer gewaltigen Woge der öffentlichen Meinung aus ihrer bisherigen Fundamentalopposition ins Regierungslager hinübergespült. Die große Mehrheit des deutschen Volkes glaubte, dass es sich gegen einen feindlichen Angriff zur Wehr setzen müsse, und das auch könne. Dies plausibel gemacht zu haben und Zweifel an der deutschen Politik in der Julikrise gar nicht erst aufkommen zu lassen, war ein Erfolg der Regierung. Viele Reichstagsabgeordnete kritisierten zwar die überaus mangelhafte diplomatische Vorbereitung des Konflikts, und der Kriegseintritt Englands vergrößerte die Sorgen weiter. Alle, so schrieb der liberale Reichstagsabgeordnete Conrad Haußmann, gäben zwar zu, dass die Lage viel ungünstiger sei, als man sich das habe vorstellen können, «aber der Gedanke, wir werden mit allem fertig, sie sollen nur kommen, entfaltet sich mit suggestiver Macht».[94]

Wenn gefragt wird, was die deutsche Regierung, also Kaiser und Reichskanzler, und was das deutsche Volk und seine politischen Vertreter, nämlich die Parteien des Reichstags, Anfang August 1914 durch den Krieg erreichen wollten, so zeigt sich als gemeinsamer Nenner die Bereitschaft, einen Verteidigungskrieg zu führen. Es gab kein verbindliches Eroberungsprogramm und kein gemeinsames politisches Ziel außer der Selbstbehauptung, die auch das Hauptthema der kaiserlichen Ansprachen gewesen war und die für die SPD während des gesamten Krieges in der Kriegszielfrage verbindliches Programm bleiben sollte. Als offizielles Ziel des Krieges war nur die Antwort auf das zu erkennen, was die überwältigende Mehrheit der Deutschen im August 1914 als frevelhaften Angriff der Entente empfand. Dies war natürlich eine sehr einseitige und fehlerhafte Sicht auf die Julikrise.

Hierbei handelt es sich, was ausdrücklich betont werden muss, nur um eine Momentaufnahme. Der uneinheitliche, mit viel Sorge gemischte Enthusiasmus bei Kriegsausbruch – Theodor Heuss schrieb, er wolle die Stimmung statt mit dem Wort «Begeisterung» lieber als «willigen Ernst» bezeichnen[95] – zog seinen Hauptimpuls nicht aus einem Eroberungskonsensus, dem allseits ersehnten «Griff nach der Weltmacht», sondern aus der ungeheuer kompakten kollektiven Entschlossenheit, die Gefahr gemeinsam abzuschlagen. Die chronisch miteinander verfeindeten und koalitionsunfähigen Parteien des Reichstags hatten sich unter dem Schatten der äußeren Bedrohung zu Burgfrieden und Gemeinsamkeit zusammengerauft und damit einen besonderen Augenblick erzeugt, in dem die tiefe Fraktionierung der wilhelminischen Gesellschaft überwunden schien.[96] Das war wichtig für den Krieg, und es zeigt die solidarisierende Bedeutung, die das Argument der nationalen Verteidigung für die Zeitgenossen hatte. Hier bleibt festzustellen, dass andere und sehr viel aggressivere Kriegsziele noch kommen sollten, aber als eine nachträgliche Ziel- und Sinngebung, und sie fügten dieser inneren Einheit dann gewaltigen Schaden zu. Der Burgfrieden basierte auf dem kollektiven Einverständnis, alle politischen und sozialen Differenzen im Augenblick der Gefahr ruhen zu lassen und den aufgezwungenen Verteidigungskrieg siegreich zu beenden. Dieser Konsensus hielt nur begrenzte Zeit. Expansive Kriegsziele, die von der politischen Rechten und Teilen der Mitte entwickelt wurden, unterminierten die Idee des Verteidigungskrieges. Zudem stellte die politische Linke den innenpolitischen Status quo mit zunehmender Kriegsdauer in Frage und verlangte nach umfassenden Reformen, darin ihre Politik der Vorkriegszeit wieder aufgreifend.

Neben Kanzler, Kaiser und Parteien spielte natürlich auch das Militär, obwohl nach Clausewitz nur das Instrument der Politik, eine wichtige Rolle bei der Formulierung des Kriegszwecks. Doch auf militärischer Seite gab es ebenfalls keine Strategie, zumindest keine in dem modernen Sinne einer ideologisch-politischen Gesamtkonzeption, wie etwa Andreas Hillgruber das Konzept der Strategie definiert hat.[97] Es gab allerdings, wie der Historiker Hew Strachan schreibt, vor 1914 in keinem europäischen Staat ein so umfassendes Verständnis von Strategie.[98] Jedenfalls besaß der deutsche Generalstab eher einen Operationsplan als eine Strategie, und die deutschen Kriegsministerien – neben dem preußischen das bayerische, sächsische und württembergische – hatten zurückhaltende und höchst unvollkommene Vorbereitungen zur wirtschaftlichen Kriegführung getroffen.[99] Der Operationsplan des Generalstabs war losgelöst von der politischen Planung, übrigens auch von dem der Marine, und sah die Invasion Belgiens, die Überflügelung der französischen Feldarmee und deren Vernichtung vor. Er wirkte in seiner Umsetzung schwerlich wie eine Verteidigungsstrategie. Wenn die deutsche politische Führung mit dem Ziel angetreten wäre, Europa erobern und die deutsche Hegemonie errichten zu wollen, dann hätte die militärische Planung nicht anders aussehen können als die tatsächliche des Sommers 1914: Zuerst sollte Frankreich militärisch vernichtet und danach, im Verbund mit den Österreichern, Russland geschlagen werden; damit wäre das gesamte festländische Europa unter deutsche Kontrolle gebracht worden. Und genau so sollten die deutschen Absichten im Ausland und ganz besonders von der gegnerischen Allianz interpretiert werden; sie wurden natürlich nicht nur an den Worten, sondern vor allem an den militärischen Taten gemessen. Insofern bestand zwischen der deutschen Politik und der militärischen Strategie im ersten Kriegsmonat ein von den deutschen Zeitgenossen nicht erkannter Gegensatz, der im Ausland jedoch klar wahrgenommen wurde und zu einer vollständig anderen Interpretation des Krieges führte. Die Idee, dass Deutschland für seine Selbstverteidigung kämpfte, war schwer nach außen zu vermitteln, während deutsche Truppen durch Belgien und Nordfrankreich stürmten. Es war kein Wunder, dass überall die Vorstellung vom «preußischen Militarismus» entstand, der nach der Vorherrschaft in Europa greife.[100]

War dem so, zumindest in der militärischen Führung? War dies ein Kampf um die deutsche Hegemonie in Europa? Helmuth v. Moltke, der Chef des Generalstabs, schwankte unter dem Gewicht seiner ungeheuren Verantwortung. Aber letztlich wollte er den Krieg, ohne sich zu verhehlen, dass er Europa nicht viel Gutes bringen würde. Seine Begründungen waren sämtlich strategischer Natur und gingen in die Richtung eines Präventivkriegs gegen die gewaltig aufrüstende Entente. Erich v. Falkenhayn, der preußische Kriegsminister, hatte hingegen schon seit Jahren den Krieg herbeigesehnt, weil er seinen soldatischen Aktionismus nicht zügeln konnte und nur Verachtung für die Existenz eines «Friedenssoldaten» hatte.[101] Auch hier sehen wir ein Doppelgesicht. Falkenhayn war nicht nur, wie erwähnt, der Ansicht, dass von einem großen europäischen Krieg einzig die USA und Japan profitieren würden.[102] Der italienische Militärattaché, Graf Calderari, berichtet auch, dass er, als Ende Juli 1914 der Enthusiasmus der Bevölkerung mit dem von 1870 verglichen wurde, nur trocken feststellte: «Der war damals aber berechtigt!»[103] Also gab es nach Falkenhayns Ansicht Ende Juli 1914 keinen Grund zum Jubeln? Ein weiteres Indiz für diesen Skeptizismus war, dass er als preußischer Kriegsminister versuchte, alle Kriegsfreiwilligen möglichst schnell einzustellen, bevor der Enthusiasmus «verraucht» sei.[104] Falkenhayn selbst war der Kriegsausbruch mehr als recht, er genoss das Ereignis und sagte am 4. August 1914 zum Reichskanzler: «Wenn wir auch darüber zu Grunde gehen, schön war's doch.»[105] Falkenhayn schuf sich durch solche Bemerkungen und seinen schnoddrigen Humor eine Reihe erbitterter persönlicher Feinde, die ihm frivole Leichtfertigkeit unterstellten; zu diesen sollte neben Bethmann Hollweg auch der bayerische Kronprinz Rupprecht gehören.[106] Im Übrigen war Falkenhayns Enthusiasmus – ein nichtpolitischer, ein soldatischprofessioneller Kriegswunsch – in den Führungsetagen der deutschen Armeen (und vielleicht auch in den unteren Rängen) offenbar weitverbreitet.[107] Die militärische Führung glaubte an den Erfolg und der politische Zweck hätte sich dann wie von selbst ergeben; es ist sicher, dass die Militärs für diesen Fall hegemoniale politische Pläne favorisiert und auch massiv eingefordert hätten, aber dies war schon Folge und nicht Ursache des Konflikts.

Was also wollte Deutschland durch den Krieg erreichen? Die Militärs wollten ihr Können unter Beweis stellen und waren insgesamt siegesgewiss. Die Politiker und Diplomaten sahen, dass ihre Politik katastrophal entgleist war, und suchten nun das Beste aus der Situation zu machen. Der Kaiser wusste nicht, worum es ging; am Anfang dominierte bei ihm Entrüstung über die Ermordung seines Kollegen und Freundes Franz Ferdinand, am Ende Sorge und Ratlosigkeit. Er verpflichtete in gutgeschriebenen Reden sein Volk auf einen Verteidigungskrieg und innere Einheit. Das deutsche Volk und die Parteien glaubten, einen aufgezwungenen Verteidigungskrieg führen zu müssen, der sie aber fast überall tief in Feindesland führen sollte. Es gab kein kohärentes und von allen Instanzen gebilligtes politisches Konzept außer dem Minimalkonsens der Selbstbehauptung und eine militärische Strategie, die diesen Konsens Lügen zu strafen schien.

In den Beratungen von Ende Juli 1914 hatte die militärische Führung somit nicht zu Unrecht den Eindruck einer «gänzlichen Kopflosigkeit der politischen Leitung» gewonnen.[108] Tatsächlich sind durch die von der deutschen Politik nicht ernsthaft erwartete Eskalation der Julikrise in einen Weltkrieg mehrere schwere Fehler zu erklären, die sich für den weiteren Verlauf des Krieges als große Belastung erweisen sollten. Der erste war die fehlende Mobilisierung der deutschen Bündnispartner. Bismarck hatte den Dreibund für unbesiegbar gehalten,[109] und ähnlich hatte sich der jüngere Moltke geäußert, als er seinem italienischen Kollegen, General Alberto Pollio, im April 1914 schrieb: «Wenn Italien, Österreich und Deutschland sich offen und ehrlich die Hand reichen, können sie einer Welt von Feinden getrost die Stirn bieten.»[110] Doch der Dreibund trat nicht geschlossen in den Krieg ein, da die deutsche und österreichische Führung den italienischen Verbündeten über ihre diplomatischen Schritte gegen Serbien nicht informiert hatten, in der wohl berechtigten Erwartung, die Regierung in Rom werde durch unbequeme Forderungen das diplomatische Manöver erschweren oder sogar zu blockieren versuchen. Hierin spiegelte sich die tatsächliche Erwartungshaltung der Regierungen in Berlin und Wien wider; sie glaubten, es werde nicht zum großen Krieg kommen und daher sei es nicht erforderlich, Italien einzubinden. Die Österreicher befürchteten außerdem, dass Italien bei einem Konflikt mit Serbien eine Kompensation für sich fordern würde, die jedoch der gesamten österreichischen Zielsetzung in der Julikrise, nämlich der Einschüchterung aller nach dem Nationalstaatsprinzip definierten Ansprüche auf das eigene Territorium, strikt zuwiderlief. Als Ende Juli die Dinge dann immer mehr auf den großen Krieg zu drifteten und deutsche wie österreichische Diplomaten in Rom vorstellig wurden, verweigerte sich Italien, formal absolut korrekt, unter Verweis auf die Defensivklauseln des Dreibundvertrags.[111] Aus ähnlichen Gründen blieb Rumänien, ein weiterer Verbündeter der Zentralmächte, neutral.

Tabelle 1: Die Friedensstärke der europäischen Armeen 1904–13 (Offiziere und Mannschaften, in Tausenden)

	GB	Frankreich	Russland	Österr.-Ungarn	Deutschland	Italien
1904	209	575	1900	362	607	221
1905	214	595	1900	362	610	221
1906	197	590	1000	362	614	250
1907	179	602	1000	367	617	250
1908	183	611	1000	366	619	ca. 247
1909	182	567	1209	369	610	ca. 247
1910	182	574	1303	371	610	239
1911	183	594	1345	353	613	254
1912	193	611	1332	391	646	256
1913	192	ca. 700	1300	—	782	256

Quelle: Herrmann, Arming of Europe, S. 234; Stevenson, Armaments, S. 132

Tabelle 2: Die Kriegsstärke der Dreibundstaaten und der Entente 1911

	Armeekorps	Divisionen	Gesamtstärke
Deutschland	26	90	3 479 000
Österreich-Ungarn	16	57,5	2 025 000
Mittelmächte insgesamt	42	147,5	5 504 000
Italien	12	37	1 200 000
Dreibund insgesamt	54	184,5	6 704 000
Frankreich	21	70	3 348 000
Russland	37	137	3 750 000
Zweibund insgesamt	58	207	7 098 000
England	–	7	350 000
Entente insgesamt	58	214	7 448 000

Quelle: Reichsarchiv, Kriegsrüstung, Band 2, Tabelle 15

Wenn das Deutsche Reich einen kontinentalen Krieg von langer Hand geplant hätte, so wie das Fritz Fischer in seinem zweiten großen Buch behauptet hat, wäre es, wenn man nicht vollkommene Inkompetenz der Handelnden unterstellt, das absolute Minimum gewesen, sich dazu der Mithilfe der Verbündeten zu versichern.[112] Zwar gab es viele skeptische Ansichten über die italienische Leistungsfähigkeit bei deutschen Politikern und Militärs, die hier, der Kürze halber, in Bismarcks Bonmot zusammengefasst werden sollen: «Italien alleine zählt nicht; Italien hat Appetit, bevor ihm Zähne gewachsen sind.»[113] Trotzdem war es alles andere als gleichgültig, was die sechste europäische Großmacht im Kriegsfall machte, und tatsächlich war bis 1914 offenbar mit italienischer Mithilfe gerechnet worden, da in Moltkes Aufmarschanweisungen mehrere italienische Divisionen am Oberrhein eingeplant worden waren, und das, obwohl Generalstabschef Pollio gewarnt hatte, Italien sei, da es noch an den

Nachwirkungen des Libyenkriegs leide, bis auf Weiteres nicht in der Lage, im Kriegsfall Truppen nach Deutschland zu entsenden. Moltke und der Generalstab waren zwar skeptisch, auch was den militärischen Wert des Verbündeten anging, und doch vertrauten sie darauf, dass Italien mitziehen würde.[114] Gerade weil die Entente in den letzten Jahren vor dem Krieg infolge der großen französischen Rüstungsanstrengungen und der russischen Aufrüstung[115] eine gewisse zahlenmäßige Überlegenheit erreicht hatte, wäre es entscheidend darauf angekommen, das eigene Bündnis vereint zu wissen, als der Krieg ausbrach.

Ohne Italien und Rumänien, dessen Heeresstärke fünf Korps und zwei Kavalleriedivisionen betrug, kämpfen zu müssen, minderte die deutschen Siegeschancen beträchtlich, noch bevor der erste Schuss abgefeuert worden war.[116] Doch gesellte sich ein zweites Faktum hinzu, das universell und vollkommen zu Recht als kapitaler Fehler Deutschlands schon in den ersten Kriegstagen gewertet wird: die Verletzung der belgischen Neutralität. Belgien wurde nach dem deutschen Kriegsplan als Durchmarschland im Westen gebraucht, weigerte sich aber, Deutschland den Durchmarsch zu gewähren.

Dass es dazu kommen konnte, lag daran, dass die deutschen Stellen von einem anderen Szenario ausgegangen waren, als sie von Belgien die Durchmarschrechte verlangten. Zwar hatte der Generalstab die Operationen in Belgien, vor allem die beschleunigte Wegnahme der Schlüsselfestung Lüttich, im Detail geplant. Und doch hatte die deutsche Regierung gehofft, Belgien werde sich mit symbolischem Widerstand begnügen.[117] Dies war nicht so abwegig, wie es aus der Rückschau scheint. So verhielt sich nämlich Luxemburg, der andere neutrale Staat, den deutsche Truppen direkt bei Kriegsausbruch besetzten. Hier hatte sich die Regierung auf einen diplomatischen Protest beschränkt. Großherzogin Marie Adelheid hatte deutschen Truppen mit ihrem Auto die Straße versperrt – und es bei dieser symbolischen Widerstandshandlung bewenden lassen. Die Herrscherfamilie blieb im Land.[118] Ähnliches hatte die deutsche Regierung auch für Belgien angenommen. Bethmann Hollweg sagte am 2. Dezember 1914 im Reichstag, er habe Anfang August 1914 gehofft, die belgische Regierung werde sich entschließen, «das Land zu schonen und sich unter Protest auf Antwerpen zurückzuziehen».[119] Wäre es so gekommen, hätte sich die belgische Frage auch international ganz anders dargestellt. Doch Belgien wehrte sich tapfer und die vorbereiteten Pläne für einen Handstreich auf Lüttich traten in Aktion.

Da Deutschland sich nicht bremsen ließ, trat Großbritannien auf den Plan, das sich als Beschützer der von den Großmächten garantierten belgischen Neutralität ausgab. Als die deutsche Führung, als Bethmann Hollweg schließlich begriff, dass Großbritannien in den Krieg eintreten würde, versuchte sie gegenzusteuern und vielleicht den ganzen Krieg zu vermeiden,[120] aber da waren ihr die Dinge durch das österreichische Ultimatum an Serbien und dessen Ablehnung, durch das Drängen des an seinen engen Zeitplan gebundenen Militärs[121] und die russische Generalmobilmachung aus der Hand geglitten. Bethmann hatte Anfang August halbherzig versucht, den Militärs den Bruch der belgischen Neutralität zu untersagen;[122] dann bemühte er sich in der Diskussion mit dem britischen Botschafter, Großbritannien vom Kriegseintritt zurückzuhalten; er versprach die Unversehrtheit des französischen Besitzstandes, zumindest in Europa,[123] und in seiner Erregung sprach er davon, dass der belgische Vertrag doch nur ein «Fetzen Papier» sei, «a scrap of paper», der es nicht rechtfertige, dass Deutschland und Großbritannien miteinander in Krieg gerieten.[124] Tatsächlich hatte Preußen im Jahre 1839 den Vertrag, in dem die Großmächte die belgische Neutralität garantiert hatten, mit unterzeichnet. Bethmann Hollweg leugnete nicht, dass der Überfall auf Belgien ein Unrecht war; er definierte es aber als einen Akt nationaler Notwehr, eine Ansicht, die in Deutschland weithin geteilt wurde. Im Dezember 1914 widerrief Bethmann seine Auffassung vom «Unrecht», da in Belgien Dokumente gefunden worden seien, die beweisen würden, dass das Land in Wahrheit gar nicht wirklich neutral gewesen sei und mit Großbritannien kooperiert habe.[125]

Die deutsche Politik wurde durch die Verletzung der belgischen Neutralität schwer belastet; ein Fehler, den die Militärs zu verantworten hatten, aber auch die Politiker, die ihnen den Einmarsch in Belgien nicht kategorisch untersagt hatten. Nun mussten sie nicht nur gegen Russland und Frankreich, sondern gegen einen zusätzlichen kleinen, aber tapferen und einen weiteren, sehr großen und mächtigen Gegner kämpfen, nämlich gegen Belgien und Großbritannien. Den Krieg gegen Russland und Frankreich allein hätten die Zentralmächte mit großer Wahrscheinlichkeit gewonnen. Doch Großbritanniens Kriegseintritt am 4. August 1914 machte, wie Kriegsminister v. Falkenhayn zu einem amerikanischen Diplomaten sagte, einen ungeheuren Unterschied, sowohl was die Kriegsdauer angehe, die er auf drei bis vier Jahre schätzte, als auch vielleicht für den Ausgang.[126] Die britische Intervention entschied auch über die Haltung Italiens. Bei Abschluss des Dreibunds im Jahre 1882 hatte der damalige italienische Außenminister, Pasquale Stanislao Mancini, dem Vertrag die sogenannte «Mancini-Deklaration» angehängt, die besagte, dass sich der Dreibund keinesfalls gegen Großbritannien richten dürfe.[127] Zwar war bei einer späteren Vertragsverlängerung die Klausel entfallen, nicht aber die ihr zugrunde liegenden Tatsachen. Italien war, bei seinen langen Küsten und der britischen Seeherrschaft im Mittelmeer, nicht in der Lage, gegen England Krieg zu führen; und an diesem Faktum hatte sich auch über dreißig Jahre später nichts geändert.

Großbritannien wäre zwar mit großer Wahrscheinlichkeit ohnehin in den Krieg eingetreten, aber hätte Deutschland nicht durch die Invasion Belgiens den Kriegsgrund geliefert, wären für den interventionistisch gesinnten Außenminister Sir Edward Grey und das Foreign Office sehr viel größere innenpolitische Widerstände zu überwinden gewesen. Grey wollte zu seinen kontinentalen Verpflichtungen stehen; in seinen Augen war der britische Kriegseintritt die praktisch unausweichliche Konsequenz des ausbrechenden Kontinentalkriegs und der bestehenden bündnispolitischen Konstellationen des Jahres 1914, und nicht etwa nur eine Reaktion auf die deutsche Invasion in Belgien. Das britische Kalkül ging in eine Richtung, die Sir Eyre Crowe am 25. Juli 1914 so formuliert hatte: «Sollte der Krieg kommen und England beiseitestehen, wird eines der folgenden zwei Dinge geschehen: a) Entweder Deutschland und Österreich-Ungarn siegen, zerstören Frankreich, und demütigen Rußland. Wie wird dann ein England ohne Freunde dastehen? b.) Oder Frankreich und Rußland siegen. Wie wird dann ihre Haltung gegen England sein? Was ist mit Indien und dem Mittelmeer?»[128] So sahen Sir Edward Grey und seine Mitarbeiter im Foreign Office die Dinge. Aus dieser Warte hatte Großbritannien durch die Neutralität nichts zu gewinnen, wenn auch später Historiker wie Niall Ferguson fragten, ob sie Großbritannien nicht die beste Möglichkeit geboten hätte, sein Empire zu erhalten.[129] Von Grey wurden Anfang August 1914 in einer großen Rede zwei zwingende Gründe für den Kriegseintritt formuliert: Der erste war eine Verletzung der belgischen Neutralität durch Deutschland und der zweite ein Angriff auf die schutzlose französische Küste. Im Jahre 1912 hatten sich Großbritannien und Frankreich darauf geeinigt, dass die französische Flotte sich im Mittelmeer konzentrieren und die britische Flotte die atlantische Verteidigung übernehmen würde.[130] Die deutsche Führung hatte in den letzten Julitagen allerdings Großbritannien goldene Brücken zu bauen versucht und versprochen, im Fall der britischen Neutralität die französische Atlantikküste nicht anzugreifen.[131]

Alle diese Fragen verloren durch die deutsche Invasion Belgiens an Bedeutung. Deutschland hatte sich international ins Unrecht gesetzt und den britischen Interventionisten den Kriegsgrund geliefert. Dieser völkerrechtswidrige Akt erzeugte schon in den ersten Tagen des Krieges eine überaus schlechte Presse für Deutschland, und dies blieb nicht auf die Feindstaaten beschränkt, sondern umfasste die gesamte neutrale Welt. Die Schlacht um «hearts and minds», um die Weltmeinung, verlor Deutschland schon in diesen Tagen. Wenig später kamen noch die «Belgian atrocities» hinzu, massive Übergriffe der unerfahrenen und nervösen deutschen Truppen gegenüber Zivilisten. Die belgische Bevölkerung war über den deutschen Einmarsch natürlich empört und wehrte sich; wohl auch durch Aktionen, die am besten als Partisanenkrieg zu beschreiben sind. Die deutschen Soldaten wussten sich in Belgien in Feindesland und wurden bisweilen von belgischen Freischärlern angegriffen. Bei überzogenen Abwehraktionen gegen reale und manchmal vielleicht auch nur eingebildete Beschießungen und Überfälle aus dem Hinterhalt kamen Tausende von Zivilisten ums Leben. Große Kulturdenkmäler, wie die Bibliothek in Löwen, wurden durch Brandstiftung vernichtet.[132]

Die Empörung über den deutschen Einmarsch in Belgien war und ist vollkommen berechtigt – und doch sei hervorgehoben, dass Durchmarschplanungen durch neutrale Länder vor 1914 eine beliebte Generalstabsarbeit waren und keinesfalls ein deutsch-französischer Sonderfall. Was den deutschen Fall besonders macht, ist, dass hier den Militärs durch die politische Führung erlaubt wurde, ihre Planungen in die Tat umzusetzen. Was das angeht, war der sofort erhobene Vorwurf des deutschen «Militarismus» berechtigt. Nicht nur die Gegner, sondern auch die Neutralen kritisierten das deutsche Vorgehen und warfen dem Deutschen Reich den Bruch internationaler Verträge vor. Das von der deutschen Führung vorgebrachte Notwehrrecht konnte niemanden überzeugen, denn in Not waren alle kriegführenden Parteien gleichermaßen. Deutsche Intellektuelle und Professoren versuchten hier auszugleichen, indem sie sich mit dem Pamphlet «Es ist nicht wahr» gegen diese Vorwürfe wandten. Sie argumentierten aber so ungeschickt – sie versuchten, den Vorwurf des Militarismus ins Positive zu kehren, statt ihn abzustreiten –, dass sie das deutsche Ansehen noch weiter beschädigten, statt die Vorwürfe zu entkräften. Die dilettantischen Bemühungen der deutschen Regierung und auch der deutschen Intellektuellen, international Verständnis für ein deutsches Recht auf Notwehr zu wecken, vergrößerten den Schaden, weil sie den Eindruck erzeugten, dass nicht nur die Reichsleitung, sondern auch die Größen des deutschen Geisteslebens bereit waren, die Rechte neutraler Staaten mit Füßen zu treten.

Im August 1914 war der große Krieg da. Die Zweibundmächte standen im Kampf gegen eine unerwartet große Koalition; Großbritannien war auf Seiten der Gegner; der Dreibundpartner Italien verweigerte die Bündnishilfe unter Hinweis auf den defensiven Charakter der Allianz; Belgien verwehrte den Durchmarsch nach Frankreich und kämpfte tapfer gegen die deutschen Invasoren. Das bewusste Ausspielen der militärischen Option hatte nicht nur die gesamte Entente, sondern auch die öffentliche Meinung in wichtigen neutralen Staaten – hier sind vor allem Italien und die USA zu erwähnen – gegen die Mittelmächte mobilisiert. Darüber hinaus war die diplomatische Vorbereitung infolge des Zeitdrucks der militärischen Planungen, aber auch zunehmender Kopflosigkeit der politischen Führung mangelhaft. Fürst Hatzfeld sagte kurz nach Kriegsausbruch zu Graf Lerchenfeld: «Wenn unser Auswärtiges Amt es sich zur Aufgabe gesetzt hat, alle Gegner Deutschlands zu gleicher Zeit vor die Klinge zu bringen, so hat es diese Aufgabe glänzend gelöst.» Drastischer drückte sich der Kaiser aus: «Die Verbündeten fallen schon vor dem Kriege von uns ab, wie die faulen Äpfel! Ein totaler Zusammenbruch der auswärtigen deutschen bzw. auch österreichischen Diplomatie. Das hätte vermieden werden müssen und können!»[133] Diese diplomatische Katastrophe blieb natürlich nicht ohne Auswirkungen auf die Aussichten, den Krieg militärisch zu gewinnen – und doch sah es in den ersten Monaten des Krieges so aus, als wenn den deutschen Armeen genau dies gelingen würde.

2

«Es kann kaum noch schief gehen»: Der Schlieffen-Plan und sein Scheitern

Die Aufzeichnungen Schlieffens sind zu Ende und damit auch der Witz Moltkes.

Erich v. Falkenhayn, 10. September 1914

Während die Schlacht um die Weltmeinung für das Deutsche Reich von Anfang an einen schlechten Verlauf nahm,[1] begannen die militärischen Operationen zunächst sehr vielversprechend. Die Mobilmachung klappte reibungslos und war für die Zeitgenossen ein Beweis für die mustergültige militärische Effizienz, die sie erwartet hatten. Das Friedensheer wurde durch die Aufstockung der vorhandenen Einheiten und die Aufstellung der Reserve innerhalb weniger Wochen nach der Mobilmachung auf insgesamt 3,82 Millionen Mann gebracht (119 754 Offiziere und 3 702 696 Unteroffiziere und Mannschaften).[2] Um diese gewaltige Aufgabe erfüllen zu können, mussten über drei Millionen Reservisten innerhalb von wenigen Wochen eingezogen sowie ausgerüstet, die Truppen und ihr Gerät dann in die grenznahen Bereitstellungsräume gebracht werden. Das war nur möglich, weil der gesamte Bahnverkehr in Deutschland von den Militärs übernommen worden war. Der Chef des Feldeisenbahnwesens, Oberst Wilhelm Groener, setzte die minutiösen Pläne des Generalstabs in die Tat um. 20 800 Mobilmachungstransporte beförderten bis zum 21. August 2 070 000 Mann, 118 000 Pferde und 400 000 Tonnen

Material.[3] Diese organisatorische Leistung, an der der Generalstab und die Kriegsministerien beteiligt waren, funktionierte ohne Stockungen oder größere Probleme. Generalleutnant v. Falkenhayn zeigte als Beweis für den störungsfreien Ablauf der Mobilmachung Anfang August Besuchern stolz seinen aufgeräumten Schreibtisch im Kriegsministerium.[4]

Allerdings wurde Anfang August 1914 nicht jeder Soldat, der wehrpflichtig war oder eine militärische Ausbildung besaß. Das galt für alle europäischen Mächte und so auch für das Deutsche Reich, in dem die Landsturm- bzw. Wehrpflicht vom vollendeten 17. bis zum vollendeten 45. Lebensjahr galt. 1 398 000 ausgebildete Soldaten konnten nicht einberufen werden; hinzu kamen noch 5,47 Millionen unausgebildete, aber wehrpflichtige Männer.[5] Auf dieses Reservoir wurde im Lauf des Krieges dann immer rücksichtsloser zurückgegriffen. Zwischen 1914 und 1918 wurden in Deutschland über 13 Millionen Mann eingezogen.[6]

Das deutsche Heer war ein heterogener Organismus. Es war ein Kontingentsheer, das im Kriegsfall unter dem Oberbefehl des Kaisers stand, aber neben den preußischen auch eigenständig organisierte bayerische, württembergische und sächsische Truppen umfasste. Es war in Feldheer und Besatzungsheer aufgeteilt. Das Feldheer, also das mobile Heer, das die Operationen im Feld durchzuführen hatte, besaß etwa 84 000 Offiziere und 2 313 000 Unteroffiziere und Mannschaften.[7] Das Besatzungsheer, das aus weitgehend immobilen Einheiten, Festungsbesatzungen, Behörden und Ausbildungseinheiten bestand, hatte ca. 38 000 Offiziere und 1,5 Millionen Mann.[8] Aber das deutsche Heer war nicht nur landsmannschaftlich und in Feld- und Besatzungsheer gegliedert, sondern hatte auch sehr ungleichmäßig ausgestattete Einheiten. Zu den voll ausgerüsteten Verbänden des aktiven Heeres, das in 25 Armeekorps (mit je 2 Divisionen) gegliedert war, kamen noch 14 Reservekorps, die weniger Artillerie, technische Truppen und Nachschubeinheiten hatten, und Landwehrverbände, die nochmals deutlich schlechter mit Artillerie und Unterstützungseinheiten ausgestattet waren, keine Maschinengewehre besaßen[9] und meist nur über Soldaten älterer Jahrgänge verfügten.[10]

Die deutschen Angriffe bei Kriegsbeginn sollten eine von den Alliierten nicht erwartete Wucht entfalten, weil die Reservekorps von Anfang an als praktisch vollwertige Einheiten eingesetzt wurden und damit die zahlenmäßige Stärke des Feldheeres direkt um ein Viertel vergrößerten.[11] Dies schien notwendig, um die größere Mannschaftsstärke der Entente ausgleichen und an den entscheidenden Stellen ein numerisches Übergewicht herstellen zu können. Immerhin waren die Gegner den Mittelmächten zahlenmäßig um fast die Hälfte überlegen (9,37 Millionen gegen 6,32 Millionen Mann).

Tabelle 3: Die Kriegsstärke der Mächte 1914 (nur Landstreitkräfte)

	Einwohnerzahl In Millionen	Ges. Kriegsstärke der Heere	Davon Feldheer	Gesamtzahl der Ausgebildeten	Inf./ Kav.-div.	Gesch.	Flugzeuge
Deutschland	67	3 823 000	2 398 000	4 900 000	96/11	5699	232
Österr.-Ungarn	51,3	2 500 000	1 421 000	3 034 000	52/11	3684	79
Mittelmächte:	**118,3**	**6 323 000**	**3 819 000**	**7 943 000**	**148/22**	**9383**	**311**
Frankreich (ohne Marokko)	39,6	3 580 000	1 867 000	4 980 000	83/10	4032	156
Russland	173,3	4 800 000	3 420 000	6 300 000	114,5/28	6796	263
Großbrit.	45,3	350 000	155 000	1 000 000	6/1	552	130
Serbien	4	300 000	240 000	400 000	12/1	466	–
Montenegro	0,3	40 000	25 000	60 000	–	100	–
Entente:	**262,5**	**9 070 000**	**5 707 000**	**12 740 000**			
Belgien		0,3	117 000	?	6/1	348	48
Entente und Belgien		9 370 000	5 824 000	12 740 000	221,5/41	12294	597

Aus: RA, Kriegsrüstung und Kriegswirtschaft I, S. 221; Deutschland im ersten Weltkrieg I, S. 306.

Die deutsche Führung vertraute jedoch darauf, dass die Gegner den eigenen Truppen zumindest qualitativ unterlegen waren. Bei einigen, wie etwa dem bayerischen General v. Wenninger, schlug das in offene Hybris um, und er sah Mitte August 1914 «die deutschen Soldaten … überall minderwertige[n] Armeen gegenüber».[12] Auch in der militärischen Fachwelt war die «Qualität des deutschen Heeres von 1914» als «außerordentlich hoch» bewertet worden.[13] Tatsächlich war es gut ausgebildet und ausgerüstet. Dies kann auch an Zahlen festgemacht werden, so etwa an der großen Menge von Unteroffizieren im deutschen Heer, im Schnitt doppelt so viele wie in der französischen Armee. Sie waren lange und, im internationalen Vergleich, aufwändig ausgebildet worden und sollten während des Krieges «einen erheblichen Beitrag zur Stabilität deutscher Truppen im Gefecht» leisten.[14] Auch die materielle Ausrüstung, wie die feldgraue Uniform und die Bewaffnung, war im internationalen Vergleich gut. Die deutschen Armeen waren mit einem zuverlässigen Infanteriegewehr (dem Mauser Modell 98) ausgestattet, das auch noch im Zweiten Weltkrieg zur Standardbewaffnung deutscher Truppen gehören sollte. Alle 218 Infanterieregimenter des Feldheeres hatten spezielle Maschinengewehrkompanien. Sie waren mit jeweils sechs Exemplaren des Standard-Maschinengewehrs 08 ausgestattet, das allerdings mit seinem Dreifuß 31 kg wog und daher pferdebespannt ins Feld zog. Die Artillerie entsprach dem Standard der Zeit, wenn auch das französische Feldgeschütz, die berühmte 75 mm Kanone, ihrem deutschen Gegenstück, dem 7,7 cm Feldgeschütz, ballistisch weit überlegen war.[15] Dafür verfügten die Franzosen aber nicht über Haubitzen, also Steilfeuerwaffen, mit denen ca. 25 Prozent der deutschen Batterien ausgestattet waren und auf die es im Belagerungs- und Stellungskrieg vorrangig ankommen sollte.[16] Bei der Kavallerie waren, zumindest qualitativ, die Briten führend.[17]

Alle Armeen der Zeit litten darunter, dass die Nachrichtenübermittlung im Bewegungskrieg angesichts der Entfernungen und Truppenmassen unzureichend war; der technische Fortschritt, nämlich das Funkwesen, bot hier noch keine voll ausgereiften Lösungen an. Die althergebrachten Methoden der Nachrichtenübermittlung, wie Meldereiter, wurden daher mit den Funkverbindungen parallel verwendet.[18] Natürlich war Funk, gerade bei mobiler Kriegführung, das im Prinzip weit überlegene System. Aber es gab nur wenige Funkgeräte, und sie waren sperrig und äußerst störanfällig. Trotz vorhandener Codierungsmöglichkeiten wurden auf allen Seiten Nachrichten oft im Klartext gefunkt, die dann vom Gegner mitgelesen werden konnten. Dies war ein struktureller Nachteil für Angreifer, da die Verteidiger auf das Telefonnetz oder auch auf Feldtelefone zurückgreifen konnten und die Funkgeräte nicht unbedingt brauchten. Dies sollte bei den Offensiven des Spätsommers 1914 noch zu massiven Problemen führen. Alle kriegführenden Staaten hatten auch Luftstreitkräfte, Flugzeuge und, im deutschen Fall, Zeppeline.

An der Westfront traten sieben deutsche Armeen zum Angriff an, die über insgesamt 78 Infanterie- und zehn Kavalleriedivisionen verfügten (insgesamt ca. 1,6 Millionen Mann), während die 8. Armee in Ostpreußen 14 Divisionen umfasste.[19] Weitere Kräfte waren zunächst in Norddeutschland zur Abwehr einer eventuellen britischen Landung stationiert. Die 1. Armee befand sich am äußersten rechten Flügel, daran schlossen sich links die 2. bis 7. Armee an. Der rechte Flügel – 1. bis 3. Armee – hatte eine Stärke von ca. 700 000 Mann und bestand aus den besten Einheiten des deutschen Heeres.[20] Die 6. und 7. Armee – über 300 000 Soldaten[21] – standen beide unter dem Befehl des bayerischen Kronprinzen Rupprecht am äußersten linken Flügel und hatten die deutschen Gebiete in linker Anlehnung an die Schweizer Grenze vor französischen Angriffen zu schützen. Der linke Flügel sollte im Wesentlichen verteidigen und gleichzeitig die französischen Truppen an der Grenze binden; der Offensivflügel durch Belgien schwenken, nach Nordfrankreich einfallen, nach Osten drehen und die an der deutschen Grenze aufmarschierten französischen Armeen im Rücken fassen.

Die Führung der Operationen hatte der schon mehrfach erwähnte Generaloberst Helmuth v. Moltke, der Neffe des älteren Moltke. Schon vor seiner Ernennung zum Generalstabschef hatte es Bedenken gegeben, ob er diesen Posten würde ausfüllen können. Er selbst hatte Zweifel an seiner Befähigung geäußert und 1906 zu Reichskanzler Bernhard v. Bülow gesagt, er sei für «die Aufgabe des Feldherrn im Kriege … zu schwerblütig, zu bedächtig und zu bedenklich, zu gewissenhaft, wenn Sie wollen … Ich habe keine Neigung, auch nicht das Temperament zum Hasardieren.»[22] Abgesehen davon, dass die Quelle – Bülows Erinnerungen – bisweilen unzuverlässig ist, waren diese Selbstzweifel Moltkes eher seiner vornehmen Art geschuldet und sollten nicht darüber hinwegtäuschen, dass er von glühendem Ehrgeiz besessen war und den Posten angestrebt hatte.[23] Zwar war Moltke ein guter Organisator und hatte auch die Kai-

Karte 2: Der deutsche Angriff im Westen 1914
NIEDERLANDE
Nordsee
Rotterdam
Dortmund
Duisburg
Essen
Krefeld
Antwerpen
belgische Armee
DEUTSCHES REICH
dt. 1. Armee
Maastricht
Nieuport
Ostende
Gent
Köln
Dünkirchen
Flandern
Aachen
Brüssel
Rhein
Ypern
Schelde
Lüttich
dt. 2. Armee
Koblenz
Calais
Lille
Mons
Namur
Mosel
BELGIEN
Ourthe
Artois
Maubeuge
dt. 3. Armee
Cambrai
Le Cateau-Cambrésis
LUXEMBURG
Oise
Maas
Somme
St. Quentin
dt. 4. Armee
Sedan
Luxemburg
Roye
La Fère
Laon
Diedenhofen
dt. 5. Armee
Soissons
Metz
Lothringen
dt. 1. Armee
dt. 2. Armee
Reims
dt. 5. Armee
Ourcq
dt. 3. Armee
Verdun
dt. 6. Armee
Oise
Châlons-sur-Marne
3. Armee
Saar-burg
St.-Gond-Sümpfe
6. Armee
dt. 4. Armee
Nancy
Marne
Seine
Paris
Toul
9. Armee
4. Armee
2. Armee
britisches Expeditionskorps
5. Armee
Seine
Marne
Épinal
dt. 7. Armee
FRANKREICH
Mülhausen
Langres
1. Armee
Belfort
deutscher Vormarsch
1 Erste Phase
2 Zweite Phase
alliierte Offensiven und Rückzüge
alliierte Stellungen am 5. September 1914:
französische Stellung
britische Stellung
belgische Stellung
militärische Befestigung
Dijon
Besançon
0 50 100 km

sermanöver sehr verbessert und realistischer gestaltet, er war aber infolge einer Herzschwäche gesundheitlich so angeschlagen, dass er im April 1913 zu seinem behandelnden Arzt sagte: «Nach Ihrer Ansicht, Doktor, könnte ich ja nicht Chef des Generalstabs bleiben.»[24] Von seiner schlechten Gesundheit abgesehen, die ihn während des ersten Teils der Julikrise nach Karlsbad zur Kur zwang und wegen der er auf seinem Weg ins Feld von seiner Frau begleitet wurde, war er ohnehin kein ruhiger und ausgeglichener Charakter, sondern schwankend in seinen Stimmungen und gelegentlich hysterisch nervös.[25] Dies war schon während der Julikrise allen Beteiligten aufgefallen. Nicht ohne Grund hatte der Chef des Militärkabinetts, General v. Lyncker, der für die Besetzung – und gegebenenfalls auch Ab- und Ersetzung – des Generalstabschefs zuständig war und dem Kaiser entsprechende Vorschläge machen musste, sich schon Anfang August 1914 nach potentiellen Nachfolgern umgesehen. Diese sollten in der Lage sein, bei einem etwaigen Zusammenbruch Moltkes seine Funktion sofort zu übernehmen.[26] Moltke fehlten die Intuition, das sichere Urteil und auch die Rücksichtslosigkeit, über die ein Oberbefehlshaber verfügen sollte. All dies war eine gewaltige Hypothek für einen Generalstabschef, der sich anschickte, einen äußerst komplexen und riskanten Plan in die Tat umzusetzen. Erschwerend kam hinzu, dass ihm ein guter zweiter Mann oder ein Stab fähiger Berater fehlten, die seine Schwächen hätten kompensieren können.[27] Diejenigen, die dafür institutionell in Frage kamen, erfüllten diese Kriterien nicht. Gerhard Tappen, damals Oberstleutnant und Chef der Operationsabteilung des Generalstabs, war ein gefährlicher Optimist, der immer das Günstigste als gegeben ansah. Er war nach einem späteren Urteil nur eine «gänzlich unfähige Registratoren-Natur»[28] und nicht in der Lage, zu führen.[29] Oberstleutnant Hentsch, ein weiterer Mitarbeiter des Generalstabs, sagte später, Tappen «habe z. B. den Vogel, die Dinge vor seinen eigenen Mitarbeitern geheimzuhalten. Wenn einer von uns ins Zimmer kommt, dreht er seine Karte zu! Er gehört zu den Leuten, in deren Händen sich jeder gesunde Gedanke in Unsinn verwandelt.»[30] Tappen war wohl willens, aber nicht in der Lage, seinem nervösen Chef in kritischen Entscheidungssituationen sinnvoll zu assistieren, und das traf auch auf die anderen Mitarbeiter Moltkes zu, auf Dommes, den Chef der politischen Abteilung des Generalstabs, und auf den Generalquartiermeister v. Stein, der außerdem durch seine anderen Aufgaben voll ausgelastet war. Bei einem hochkomplizierten und gefährlichen Manöver wie dem Schlieffen-Plan – oder wie auch immer das Unternehmen genannt werden soll, denn schließlich war der Plan zwischen 1906 und 1914 mehrfach erheblich modifiziert worden[31] – wäre es aber auf eine entschlossene und zielbewusste Führung entscheidend angekommen; auf den «modernen Alexander», um mit Schlieffen zu reden, der seine Armeen von seinem Schreibtisch aus sicher führte.

Allerdings machte auch die Gegenseite schwere Fehler, die anfänglich sogar den deutschen Plänen in die Hände spielten. Joseph Joffre, der französische Generalstabschef, war, anders als Moltke, ein extrem durchsetzungsfähiger Oberbefehlshaber, folgte dafür aber einem katastrophalen Feldzugsplan, der praktisch sofort komplett scheiterte.[32] Der französische Plan XVII sah vor, die deutsche Front nördlich von Verdun und Metz und zwischen Metz und den Vogesen anzugreifen. Immerhin war der Plan kongruent mit der politischen Zielsetzung Frankreichs, nämlich der Rückeroberung der verlorengegangenen Provinzen Elsass und Lothringen. Der Nachteil war, dass die französischen Armeen gegen die starke deutsche Festungslinie anrennen mussten. Die Grenze begünstigte die Verteidiger schon durch die Geographie und war außerdem auf beiden Seiten durch massive Fortifikationen so verstärkt worden, dass vor dem Krieg sowohl deutsche als auch französische Planer die gegnerischen Festungen unter Verletzung der luxemburgischen und belgischen Neutralität umgehen wollten. Schlieffen und Moltke hatten sich mit diesem Plan durchgesetzt, Joffre war er untersagt worden.[33] Er wollte aber auf den Angriff nicht verzichten und folgte darin dem inzwischen durch die technische Entwicklung überholten Glauben seiner Zeitgenossen an die Überlegenheit der Offensive. Hinzu kam noch der Irrglaube, dass dem französischen Soldaten der Angriff mehr als die Verteidigung liege.[34] Hier sei zu Joffres Verteidigung aber festgestellt, dass dieses Konzept der «offensive à outrance» den Beifall der politischen Führung gefunden hatte.[35] Doch der Angriff der französischen 1. und 2. Armee bei Saarburg und Mörchingen vom 20. bis 22. August 1914, an dem insgesamt zehn Korps und einige unabhängige Divisionen teilnahmen (ca. 450 000 Mann), wurde abgeschlagen.[36] Es handelte sich um zwei aufeinanderprallende Angriffsunternehmungen, die in zahlreiche Einzelgefechte zerfielen. Die Angriffe wurden beidseitig sofort aufgegeben, sobald sie auf starken Widerstand des Gegners und vor allem auf stark ausgebaute Linien stießen.[37] Auch eine französische Offensive in das deutsche Zentrum in den Ardennen, das

Joffre für schwächer hielt, als es war, schlug fehl.[38] Die deutschen Truppen waren in dem hügeligen Gelände im Vorteil, da sie Steilfeuerwaffen besaßen, die ihnen hier Feuerunterstützung geben konnten; die französischen Truppen hatten nur ihre Feldkanonen, die in diesem Gelände weit weniger brauchbar waren. Am 24. August musste Joffre das Scheitern seiner Angriffe eingestehen. Die Alliierten waren nun definitiv in die Defensive zurückgeworfen.[39] Die französischen Verluste waren schwer; 40 000 Soldaten verloren in den Grenzschlachten ihr Leben. Am 29. August 1914 betrugen die französischen Verluste bereits 260 000 Mann, davon 75 000 Tote.[40]

Die Abwehr französischer Angriffe an der gemeinsamen Grenze oblag dem deutschen linken Flügel, der 6. und 7. Armee unter dem Kommando des bayerischen Kronprinzen Rupprecht. Diese Truppen waren sehr viel reichlicher bemessen als das, was Schlieffen für diesen Zweck erübrigen wollte; er hatte die Franzosen sogar etwas nach Deutschland einbrechen lassen wollen, um sie fest zu binden. Kronprinz Rupprecht und sein Stabschef, Krafft von Dellmensingen, hatten sich im Gegenteil dazu entschlossen, selbst offensiv zu werden, was auch den reichlich unklaren Direktiven des Generalstabs entsprach. In den Anweisungen, die Kronprinz Rupprecht und sein Stab bei der Übernahme des Kommandos vorfanden, waren sogar noch italienische Einheiten aufgeführt, über die er natürlich nicht verfügen konnte.[41] Auch war unklar und interpretierbar, ob er sich offensiv oder defensiv verhalten sollte; die Frage konnte er eigenständig entscheiden. Bei dem im August 1914 herrschenden Geist der Offensive war nicht verwunderlich, dass die 6. Armee ihre Aufgabe durch den Angriff zu lösen suchte. Hinzu kam, dass der Kronprinz und General Krafft von Dellmensingen[42] gerade als Bayern zum Sieg beitragen und nicht alles «den Preußen» überlassen wollten. Am linken deutschen Flügel entwickelten sich bald schon heftige Gefechte, da beide Seiten gleichermaßen angriffen. Die deutschen Truppen blieben siegreich, warfen die Franzosen und folgten in Siegesstimmung dem weichenden Feind auf Straßen, die von zurückgelassenem militärischen Gerät übersät waren. Moltke meinte: «Man soll einer siegreichen Armee nicht in den Arm fallen» und ließ die Truppen des Kronprinzen weiter angreifen.[43] Als das Oberkommando der 6. Armee beim Generalstab anfragte, ob nach der Abwehr der französischen Angriffe die Truppen, wie in den Aufmarschanweisungen vorgesehen, an den rechten Flügel abtransportiert werden sollten – Züge standen dafür schon bereit –, kam die Antwort, man solle stattdessen die «Verfolgung Richtung Epinal» aufnehmen.[44] Das bedeutete den Auftrag, den Durchbruch durch die französische Festungslinie zu erreichen und somit den Boden für eine doppelte Umfassung der französischen Armee zu bereiten.

Dies war jedoch ein widersinniges Unternehmen. Die Undurchdringlichkeit des französischen Festungsgürtels war schließlich der Grund für den politisch so ungeheuer nachteiligen Durchmarsch durch Belgien gewesen – und dies sollte plötzlich nicht mehr gelten? Tatsächlich mühten sich die Truppen umsonst ab; und die Schlachten bei Nancy und Epinal endeten Anfang September erfolglos.[45] Hier zeichneten sich schon die Schwierigkeiten des Stellungskrieges deutlich ab. Krafft v. Dellmensingen schrieb am 6. September 1914: «Hier steht eine große Artilleriemasse im Kampf gegen eine Feldstellung. Eine ebenbürtige feindl[iche] Art[illerie] ist nicht vorhanden und trotzdem hält der Gegner noch seine Stellungen. Man fasst sich an den Kopf, ob das möglich ist. Das ist entgegen allem, was man im Frieden vorausgesagt hat.»[46] Die Armeeführung wollte aber noch am 8. September den Angriff fortsetzen, und Rupprecht reiste sogar zu einer Besprechung zu Moltke ins Hauptquartier.[47] Hier wäre es zweifellos besser gewesen, frühzeitig Truppen abzuziehen, um diese entweder auf dem rechten Flügel oder aber an der Ostfront zu verwenden, statt sie in sinnlose Angriffsunternehmungen zu investieren, die von den Franzosen mit zahlenmäßig schwächeren Truppen sicher abgewehrt werden konnten. Dies wurde im Hauptquartier auch vom preußischen Kriegsminister Erich v. Falkenhayn kritisiert, der am 27. August zu einem durchreisenden Offizier sagte: «Wenn wir nicht sofort alles, was irgend entbehrlich ist, aus der Lothringer Front herausziehen und an den rechten Flügel werfen, dann wird es uns schlecht gehen.»[48] Und doch glaubte auch er fest an den Sieg. Er schrieb am gleichen Tag in sein Tagebuch: «Ich bin keinen Augenblick im Zweifel, daß die Deutschen gegen gewaltige Überlegenheit die Oberhand behalten werden.»[49]

Warum wurden die Truppen vom linken Flügel nicht rechtzeitig verlegt? Vielleicht aus der Befürchtung heraus, dass sie dann im entscheidenden Moment der Schlacht weder am rechten noch am linken Flügel kämpfen, sondern in der Bahn sitzen würden; wahscheinlich aber aus Hybris – der Gegner schien geschlagen, vielleicht war der Durchbruch nun doch möglich. Zu erklären ist diese Siegeszuversicht und die Entschließungen, die auf sie zurückzuführen sind, nur durch den kollektiven wie irrtümlichen Eindruck, der Krieg sei nach den Grenzschlachten gewonnen und die deutschen Truppen in breiter Front in der Verfolgung des bereits geschlagenen Feindes.[50] Es schien, als ginge es nun darum, «Franzosen zu jagen».[51] «Optimisten» glaubten schon am 19. August, dass die «große Einkesselung der Franzosen» nach 14 Tagen erledigt sein werde.[52] Selbst ein relativ nüchterner Soldat wie der Chef des Feldeisenbahnwesens, Oberst Wilhelm Groener, schrieb am 22. August 1914 aus dem Großen Hauptquartier (damals noch in Koblenz, am 11. September wurde es nach Luxemburg verlegt), «daß die Entscheidung [im Westen] bereits gefallen» sei.[53] Und General v. Lyncker, ein Teilnehmer des Krieges von 1870/71 und weithin als Skeptiker bekannt, verkündete am 23. August: «Inzwischen haben wir südlich und auch nördlich Metz 2 große Erfolge errungen. Der Generalstab rechnet, daß der Kronprinz von Bayern[54] mindestens 8, und unser Kronprinz Wilhelm von Preußen[55] vielleicht 6 französische Armee-Korps geschlagen hat und nun verfolgt und abdrängt. Man glaubt 2/3 der ganzen französischen Armee schon geschlagen zu haben, während auf unserer Seite 11 Armee-Korps überhaupt noch nicht im Feuer waren. Unser Hauptschlag, der im Norden kommen soll, steht noch bevor.»[56] Ähnlich heißt es einen Tag später: «Von den Vogesen bis zur Sambre ist Alles in siegreichem Vorrücken, an manchen Stellen langsam und mit schweren Opfern. Wenn nicht Alles trügt, kann in einigen Tagen der Hauptfeldzug gegen Frankreich entschieden sein.»[57] Und so ging es weiter mit den Siegesmeldungen: Einen Tag später fielen Maubeuge und Namur in deutsche Hände, und auf dem rechten Flügel war die Heereskavallerie dabei, den Feind im Rücken zu fassen. Die Stimmung im Hauptquartier näherte sich dem Überschnappen. Lyncker kommentierte die Ereignisse am 25. August: «Unerhörte Erfolge! Und das Alles 3 Wochen nach dem 1t Mobilmachungs Tag! Gott sei gelobt und gepriesen!»[58] Und am 27. August: «Die hochgespannte Erwartung hält hier noch immer an, wenn man nun auch an dem endlichen Erfolg der deutschen Waffen nicht mehr zweifeln kann.»[59] Die hypertrophe Stimmung gipfelte am 28. August in seinem Ausruf: «Es kann kaum noch schief gehen.»[60]

Dieser Siegesüberschwang – Groener schrieb später: «Wir alle waren (damals) benommen»[61] – wurde von Moltke geteilt. Er verkündete den Sieg in den Grenzschlachten «mit Tränen in den Augen»,[62] und diese Stimmung sollte auch seine Anordnungen in diesen Tagen beeinflussen.

Einerseits gingen die Befehle nun auf eine generelle Verfolgung des Feindes hinaus, denn nicht nur die Truppen am rechten, sondern auch die am linken Flügel und im Zentrum stürmten dessen Armeen hinterher. Gleichzeitig wurden 6 ½ Ersatz-Divisionen, die zur Hälfte für Ostpreußen, zur anderen Hälfte für den rechten Flügel zur Sicherung des Hinterlands in Belgien vorgesehen waren, an den linken Flügel verlegt, um diesen für den Angriff zu stärken.[63] Der rechte Flügel wurde außerdem am 25. August durch die Abgabe von zwei Korps, dem Gardereservekorps und dem XI. Armeekorps, nach dem Osten geschwächt. Im Siegesrausch glaubte Moltke diese Truppen entbehren zu können.[64] Seine Dispositionen liefen insgesamt auf eine beträchtliche Schwächung des rechten Flügels hinaus, die sich rächen sollte. Die Ursache für all diese Entscheidungen war immer die gleiche: Zu viele Soldaten im Großen Hauptquartier und auch bei den vorwärtsstürmenden Armeen glaubten, der Westfeldzug sei bereits gewonnen und die Ereignisse von 1870 hätten sich wiederholt. Gleichzeitig begannen auch viele berufene und unberufene Personen, darunter der Zentrumsabgeordnete Erzberger, aber auch alle möglichen Gruppierungen und Verbände, sich Gedanken über die Kriegsziele für den Fall des scheinbar nahen Sieges zu machen. Das später berühmteste dieser Programme war die Denkschrift, die wahrscheinlich Kurt Riezler für Bethmann Hollweg entworfen hat und die unter dem Namen «Septemberprogramm» Berühmtheit erlangte.[65] In diesem Programm wurden als Richtlinien für die Verhandlungen über einen Frieden die Schwächung Frankreichs durch eine große Kriegsentschädigung und Abtretung von Gebieten wie dem Erzbecken von Briey gefordert, so dass es «als Großmacht nicht wieder erstehen kann», außerdem die Herabdrückung Belgiens zu einem deutschen Vasallenstaat, die Annexion Luxemburgs und die Zurückdrängung Russlands sowie die Brechung seiner Herrschaft «über die nichtrussischen Vasallenvölker». Überdies sollten die deutschen Kolonien in Afrika zu einem zusammenhängenden mittelafrikanischen Kolonialreich erweitert werden. Das Herzstück des Programms war eine europäische Wirtschaftszone unter deutscher Führung, die auch neutrale Staaten wie die Niederlande umfassen sollte.

Dieses Programm ist von Fritz Fischer zu Recht als Beispiel beklemmender Maßlosigkeit der deutschen imperialistischen Ziele charakterisiert worden. Dieses Europa eines deutschen Sieges wäre nicht eine vorgezogene Europäische Union gewesen, wie der britische Historiker Niall

Ferguson schrieb,[66] sondern ein System, das sich nur nach vermeintlichen deutschen Interessen gerichtet hätte. Bethmann selbst schrieb am 16. September, dass sich der angestrebte Wirtschaftszusammenschluss «nicht auf Basis einer Verständigung gemeinsamer Interessen, sondern nur bei einem eventuell von uns zu diktierenden Frieden unter dem Druck politischer Überlegenheit» erreichen lasse.[67] Der Plan wäre demnach für die anderen Nationen, wie beispielsweise die Franzosen und Belgier, inakzeptabel gewesen. Dieses imperiale Programm charakterisiert nicht die deutschen Pläne während des gesamten Krieges, ist aber eine vielsagende Momentaufnahme. Es entsprach der Siegesstimmung des frühen September 1914. Radikale Annexionsforderungen kamen nicht nur von den Alldeutschen, sondern auch aus der politischen Mitte des Reichstags, von Verbänden und einflussreichen Einzelpersonen, vom Kaiser und Hof, und vom Kanzler. Auch die militärische Führung forderte Annexionen. Moltke verlangte am 7. September, dass jeder Friede «mit den beispiellosen Opfern in Übereinstimmung stehen» müsse.[68] Doch es war zu früh, wie auch Falkenhayn auf eine Eingabe des Abgeordneten der Zentrumspartei Matthias Erzberger antwortete, das Fell des noch nicht erlegten Bären zu verteilen.[69] Das Programm wäre nur durch einen vollständigen deutschen Sieg durchsetzbar gewesen, und dieser rückte, während das Septemberprogramm geschrieben wurde, in weite und schließlich unerreichbare Ferne.

Das militärisch entscheidende Geschehen fand auf dem rechten Flügel statt. Die Flügelarmeen waren zahlenmäßig sehr stark. Die 1. Armee unter dem Befehl Generaloberst v. Klucks umfasste 320 000 Mann; die 2., unter Bülow, 260 000 Mann, die 3. (v. Hausen) auch noch 180 000 Mann. Diese Verbände trafen auf insgesamt ca. 250 000 belgische, französische und britische Soldaten,[70] als sie in Belgien einfielen. Ein erster kritischer Punkt war die Maasfestung Lüttich, ein durch zwölf größere Forts gesicherter Knotenpunkt, der durch 24 000 Mann unter Führung von General Léman verteidigt wurde. Nach den Plänen des Generalstabs musste die Festung im Handstreich genommen werden; davon hing der gesamte weitere Vormarsch nach Westen, nach Frankreich hinein, ab. Die Bedeutung Lüttichs war gewachsen, weil der Generalstab in den letzten Jahren vor 1914 auf die von Schlieffen vorgeschlagene gleichzeitige Invasion der Niederlande verzichtet hatte, wodurch der weit nach Süden reichende «Maastrichter Zipfel» umgangen werden musste und

Lüttich eine Schlüsselfunktion zukam. Die Festung, die modernsten Ansprüchen nicht genügte, wurde von schweren deutschen und österreichischen Haubitzen – der legendären «Dicken Bertha» und dem 30,5 cm Skoda-Mörser – beschossen. Bei der Einnahme von Lüttich, die der 2. Armee oblag, spielte erstmals in diesem Krieg Erich Ludendorff eine zentrale Rolle. Der General hatte an den Aufmarschplanungen in den letzten Jahren vor 1914 als Gehilfe Moltkes mitgearbeitet und wohnte dem Angriff nun als Oberquartiermeister der 2. Armee bei. Er war dort, wie er später in einem seltenen Anfall von Selbstironie anmerkte, eigentlich nur als «Schlachtenbummler» ohne Befehlsgewalt; er sollte die Kämpfe der sechs angreifenden Infanteriebrigaden im Auftrag seiner Armeeführung mitverfolgen.[71] Doch Ludendorff griff mehrfach äußerst geistesgegenwärtig in die Kämpfe ein. Er übernahm bei einem chaotisch verlaufenden Nachtgefecht die Führung einer Brigade, deren Befehlshaber gefallen war, und zeigte ungewöhnlichen Mut, als er einen zusammengewürfelten Stoßtrupp im feindlichen Kugelhagel voranführte.[72] Schließlich schlug er in Lüttich an das Tor der Zitadelle, die sich ihm ergab; er hatte fälschlich angenommen, sie sei bereits von deutschen Truppen besetzt. Die belgischen Verteidiger, die zahlenmäßig überlegen waren, hatten eine Reihe schwerer Fehler gemacht; so überschätzte der belgische Befehlshaber, General Léman, die Stärke der Angreifer beträchtlich. Und trotzdem wäre der Handstreich gegen Lüttich fast misslungen. Ludendorff hatte durch sein persönliches Eingreifen wesentlich zum Erfolg beigetragen und wurde dafür als einer der ersten Soldaten des Ersten Weltkriegs mit dem Pour le Mérite ausgezeichnet.[73]

Nachdem Lüttich genommen war, stürmten die deutschen Armeen durch Belgien nach Nordfrankreich vor, siegten bei Namur gegen die Franzosen, bei Mons und Le Cateau gegen die Engländer, wobei vor allem die am äußeren rechten Flügel marschierenden Verbände der 1. und der 2. Armee enorme Marschleistungen absolvieren mussten. Die 1. Armee marschierte für drei Wochen im Schnitt 23 Kilometer pro Tag.[74] Der Gegner zog sich zurück; die Franzosen wurden durch die deutsche Stärke überrascht, die dadurch möglich geworden war, dass, wie erwähnt, in dieser Schlacht die Reserveformationen als vollwertiger Heeresteil eingesetzt wurden. Auch funktionierte die Kooperation zwischen belgischen, französischen und britischen Truppen nicht gut; so zog sich die französische 5. Armee unter Führung von General Lanrezac zurück, ohne es ihrem

Nachbarn, dem britischen Expeditionskorps unter Führung von Sir John French, mitzuteilen, was dessen Position unhaltbar machte und langandauernde Verstimmung auslöste.[75] Die Belgier zerstörten beim Rückzug einen Teil ihrer Eisenbahnen, deutsche Eisenbahntruppen waren allerdings rastlos bei der Arbeit, die Strecken zu reparieren und wieder nutzbar zu machen.[76] Insgesamt funktionierte dies so gut, dass der Vormarsch der deutschen Armeen durch Nachschubschwierigkeiten zunächst nicht allzusehr behindert wurde, obwohl nur ein kleiner Teil (400 von 2500 Meilen) des belgischen Schienennetzes für ihren Nachschub zur Verfügung stand.[77]

Nach Clausewitz wird der Angreifer immer schwächer, je weiter er vorrückt; dies galt auch für die deutschen Armeen im August und September 1914. Ein wesentliches Kriterium für jedes weitere Vordringen war die Lösung der Nachschubfrage. Der Nachschub des rasch vorrückenden Millionenheeres konnte nur durch die Eisenbahn sichergestellt werden, und die Truppen durften sich nicht zu weit von den Eisenbahnendpunkten entfernen.[78] Am 6. September befand sich die 1. bis 3. Armee zwischen 136 und 168 Kilometer jenseits der Eisenbahnendhaltestellen, von denen aus der Nachschub dann anders, durch LKWs oder mit Pferdefuhrwerken, transportiert werden musste.[79] Schlieffen hatte eine Operation ersonnen, die nicht nur politisch höchst problematisch war, sondern sich zudem bei einer begrenzten Zahl verfügbarer Bahnlinien totlaufen musste. Die deutschen Nachschubeinheiten litten Mangel an Pferdefutter und auch an Veterinären und hatten deshalb hohe Verluste an Tieren.[80] Die deutsche Armee verfügte 1914 nur über etwa 3700 Lastwagen, von denen Anfang September schon über 60 Prozent wegen technischer Defekte ausgefallen waren.[81]

Der britische Historiker Hew Strachan nannte die logistische Seite des Schlieffen-Plans deshalb auch schlicht «Unsinn».[82] Doch trotz dieser Schwierigkeiten funktionierten Vormarsch und Nachschub bis Anfang September ausreichend. Die vorwärtsstürmenden deutschen Armeen trieben die Feinde vor sich her. Die Jahreszeit – bei gerade eingebrachter Ernte – ermöglichte es den Truppen, Vorräte aus dem Lande zu requirieren. Die Franzosen, Briten und Belgier verloren Gelände und konnten die Deutschen nicht zum Stehen bringen; sie wurden aber auch nicht geschlagen und zogen sich ohne Panik geordnet zurück. Moltke war einer der Ersten, der begriff, dass der Erfolg nicht so sicher war, wie das Ende

August viele in ihrem Siegestaumel geglaubt hatten. Er war aber an vielem von dem, was nicht nach Plan lief, selber schuld. Er scheute sich, wohl aus Zweifel an seinem eigenen Urteilsvermögen, den Armeeoberkommandos strikte Orders zu geben.[83] Dann schreckte er davor zurück, einmal gegebene Anweisungen zu widerrufen, auch wenn dies durch neue Informationen gerechtfertigt gewesen wäre. Hier bemühte er das Sprichwort «ordre, contre-ordre, desordre»; er befürchtete, durch sich widersprechende Befehle die Lage zu verwirren.[84] Am 4. September 1914 sagte er zu Helfferich, dass zwar die deutschen Vortruppen fünfzig Kilometer vor Paris stünden, «aber .... wir haben in der Armee kaum mehr ein Pferd, das noch eine andere Gangart als Schritt gehen kann. ... Wir wollen uns nichts vormachen. Wir haben Erfolge gehabt, aber wir haben noch nicht gesiegt. Sieg heißt Vernichtung der Widerstandskraft des Feindes. Wenn sich Millionenheere gegenüberstehen, dann hat der Sieger Gefangene. Wo sind unsere Gefangenen? Einige zwanzigtausend in der Lothringer Schlacht, da noch zehntausend und dort vielleicht noch zwanzigtausend. Auch die verhältnismäßig geringe Zahl der erbeuteten Geschütze zeigt mir, daß die Franzosen sich planmäßig und in Ordnung zurückgezogen haben. Das Schwerste steht uns noch bevor!»[85]

Moltkes Pessimismus stand im Widerspruch zu seinen eigenen, sehr viel optimistischeren Aussagen nur wenige Tage zuvor und zur Stimmung des gesamten Heeres und der Führung, die Ende August und bis in den September 1914 hinein glaubten, den Westfeldzug und damit den ganzen Krieg schon gewonnen zu haben. Das kollektive Selbstbewusstsein der deutschen Armee war schon vor Ausbruch des Krieges beträchtlich gewesen, und die reibungslose Mobilmachung hatte es weiter gesteigert. Nun fühlten sich die Truppen und die Führung auch durch die Tatsache bestätigt, dass sie den Feind Hunderte von Kilometern vor sich hertreiben konnten, ohne dass dieser sie zum Stehen bringen konnte. Auch die gewonnenen Grenzschlachten schienen zu zeigen, dass alles so lief, wie es insgeheim fast jeder erwartet hatte. Allerdings war dies ein Trugbild. Auf der Gegenseite behielt Joseph Joffre die Übersicht. Er war ein Mann mit Nerven aus Stahl, dem auch die Anspannung weder Appetit noch Schlaf störte. Nach den schweren (und selbstverschuldeten) Rückschlägen in den ersten Wochen des Krieges hatte er sich ein immer zutreffenderes Bild von den deutschen Absichten gemacht und beschlossen, den deutschen rechten Flügel durch eine neuaufzustellende Armee in der Flanke

Abb. 4 Der legendäre 42 cm Mörser «Dicke Bertha» an der Westfront. Das Geschütz erwies sich als sehr erfolgreich bei der Niederkämpfung von Sperrforts.

zu fassen. Die dafür benötigten Einheiten zog er aus Lothringen ab, wo Kronprinz Rupprecht mit seinen nun zahlenmäßig überlegenen Armeen weiter angriff. Doch waren die französischen Befestigungen so stark, dass sie auch von schwächeren Truppen sicher gehalten werden konnten. Diese neue französische Armee (die 6. Französische, unter Befehl von General Maunoury) formierte sich nun bei Paris. Eine wichtige Rolle spielte auch, dass der britische Kriegsminister, Lord Kitchener, den Oberbefehlshaber des britischen Expeditionskorps, Feldmarschall John French, eindringlich ermahnt hatte, mit den Franzosen eng zusammenzuarbeiten und alles zu tun, um eine französische Niederlage abzuwenden.[86]

Die bisherigen deutschen Erfolge waren dadurch möglich geworden, dass die Franzosen in den Grenzschlachten sehr unklug angegriffen hatten, und dass der in Belgien vorrückende deutsche rechte Flügel zahlenmäßig erheblich stärker war als die gegen ihn kämpfenden französischen, belgischen und britischen Truppen. Dieser Vorteil ging allmählich verloren. Der rechte Flügel wurde dadurch geschwächt, dass Truppen (das III. Reservekorps) zur Belagerung von Antwerpen – hierhin hatten sich große Teile der belgischen Armee zurückgezogen – und von Maubeuge (das VII. Reservekorps) abgezogen und schließlich sogar, wie erwähnt, zwei Korps an die Ostfront verlegt wurden. Gleichzeitig verstärkten sich die Franzosen durch die Truppenverlegungen von ihrem rechten zum äußersten linken Flügel. Daher veränderte sich das zahlenmäßige Verhältnis der gegeneinander kämpfenden Truppen, die sich am deutschen rechten Flügel gegenüberstanden, immer weiter zu deutschen Ungunsten. Während der Schlacht bei Mons und Namur ab dem 23. August hatte die Überlegenheit des deutschen rechten Flügels (1. bis 3. Armee) noch «mehr als hundert Bataillone und 175 Batterien», also etwa 90 000 Mann und über 1000 Geschütze betragen. Dieses Verhältnis drehte sich nun um. In der ersten Septemberwoche waren die an ihrem linken Flügel kämpfenden französischen Einheiten (9., 5. und 6. Armee) und das britische Expeditionskorps dem deutschen rechten Flügel (1., 2. und die Hälfte der 3. Armee) «um rund 200 Bataillone (also nahezu 200 000 Mann) und 190 Batterien überlegen».[87] Bei rechtzeitiger Verlegung von Truppen vom linken Flügel wäre es vielleicht möglich gewesen, ein zahlenmäßiges Gleichgewicht behaupten zu können.

Hinzu kam, dass die Truppen am äußersten rechten Flügel, die Soldaten als auch die Pferde, durch die extremen Marschleistungen vollkommen ermattet waren. Dies ging den Franzosen und Engländern allerdings genauso, und die zunehmende Munitionsknappheit betraf ebenfalls alle Heere gleichermaßen. Die französischen Vorräte an Artilleriemunition gingen in schreckerregender Geschwindigkeit zur Neige. Obwohl sich die Waage gegen sie zu neigen begann, waren die deutschen Truppen immer noch hochmotiviert und siegesgewiss. Die französische Regierung verließ Paris und siedelte am 2. September nach Bordeaux über.[88] Doch die deutschen Truppen marschierten südöstlich an Paris vorbei, um die französische Feldarmee im Rücken zu fassen. Obwohl die französische Hauptstadt nicht von starken Verbänden verteidigt wurde, wäre der Versuch einer Belagerung und Einnahme mit den zur Verfügung stehenden Truppen der 1. Armee aber ohnehin aussichtslos gewesen.

Durch sein Schwenkmanöver setzte sich der deutsche rechte Flügel nun der Gefahr eines Flankenstoßes aus, der am 6. September 1914 auch tatsächlich begann. Dies wurde im deutschen Hauptquartier von Tappen zunächst mit Optimismus quittiert: «Na, endlich kriegen wir sie zu fassen.»[89] Doch in Wahrheit wurde die am äußersten rechten Flügel marschierende 1. Armee, die ohnehin von ihrem Oberbefehlshaber, Generaloberst v. Kluck, und seinem Stabschef, Generalmajor v. Kuhl, viel zu weit vorangetrieben worden war in der Hoffnung, das vor ihnen liegende britische Expeditionskorps umfassen und vernichten zu können, durch diese Offensive äußerst gefährdet.[90] Im letzten Moment erkannten Kluck und Kuhl die Gefahr eines massiven Angriffs auf ihre rechte Flanke und warfen ihre Truppen herum, um ihn zu parieren. Durch dieses Manöver aber konnte die 1. Armee an der Schwenkbewegung der anderen Armeen nicht mehr teilnehmen. Dadurch entstand eine sich rasch verbreiternde Lücke zwischen ihr und der 2. Armee, die schließlich vierzig Kilometer betrug und nur mühsam durch Heereskavallerie gedeckt werden konnte. Der Gegner war nur unvollständig informiert, aber langsam begannen britische und französische Einheiten in die Lücke vorzustoßen. Hinzu kam, dass sich die französische Überlegenheit bei der Feldartillerie massiv auswirkte und der deutschen Infanterie große Verluste zufügte.[91] Der 1. Armee drohten Abschnürung und Vernichtung; dadurch wäre dann auch der gesamte deutsche rechte Flügel zum Rückzug gezwungen worden.

Die OHL in Luxemburg, etwa 300 Kilometer vom Schauplatz der Schlacht entfernt, war inzwischen ohne Meldung von den Flügelarmeen und in wachsender Sorge. Das Informationschaos war umso größer, als auch die Oberkommandos der 1. und 2. Armee sträflicherweise nicht wirklich miteinander kooperierten, obwohl sich die jeweiligen Oberquartiere in Montmart (AOK 2) und Mareuil (AOK 1) nur etwa 55 Kilometer voneinander entfernt befanden.[92] Hinzu kam, dass beide Oberbefehlshaber und ihre Stabschefs, also Kluck und Kuhl einerseits, Bülow und Lauenstein andererseits, sich in ihren strategischen Prioritäten voneinander unterschieden. Kluck und Kuhl waren Optimisten und wagemutige Draufgänger, Bülow und Lauenstein eher zurückhaltend und außerdem weit mehr auf den Zusammenhalt der Armeefronten und den Flankenschutz bedacht.[93] In dieser Situation entsandte Moltke den Chef der Nachrichtenabteilung, Oberstleutnant Hentsch, einen sehr befähigten Offizier, mit Weisungen an die Front, die später zu einem Ehrengerichtsverfahren sowie zu unendlichen Kontroversen führen sollten. Hentsch besuchte zuerst die 5., 4., 3. und 2. Armee, wo er übernachtete. Der Oberbefehlshaber der 2. Armee, v. Bülow, war wegen der Lücke zwischen seiner Armee und der 1. Armee begreiflicherweise sehr besorgt. Hentsch, Bülow und dessen

Stabschef Lauenstein stimmten offenbar überein, dass die Lage dann gefährlich werden würde, wenn die Engländer die Marne überschritten und in die Lücke vorstießen. Dann würde, da Reserven nicht zur Verfügung standen, die Lücke nur durch einen Rückzug zu schließen sein. Am nächsten Tag reiste Hentsch zur 1. Armee weiter, wo er ein angriffslustiges Armeeoberkommando vorfand. Kluck und Kuhl fühlten sich erfolgreich in der Abwehr und wollten den Angriff fortsetzen; ihre Truppen hatten sich in den laufenden Gefechten durchsetzen können.

Doch am 9. September 1914 hatte der Oberbefehlshaber der 2. Armee, Bülow, seinen Truppen bereits den Befehl zum Rückzug an die Aisne gegeben. Auch die 1. Armee musste sich daraufhin, da in unhaltbarer isolierter Lage, zurückziehen, und dem folgten später, anders als Hentsch es für notwendig empfunden hatte, auch die 3. bis 5. Armee.

In diesen Septembertagen wurde der Rückzug zuerst für eine vorübergehende Maßnahme gehalten, die auch im Großen Hauptquartier umstritten war. Bei den Lagebesprechungen ab dem 8. September kam es anders als üblich zu Diskussionen über die Vorgehensweise; Moltke befürwortete die Rücknahme der Truppen, er sah die 1. Armee schon «im Rücken gefaßt und völlig aufgerieben».[94] Tappen sprach sich dagegen aus, und so auch der kaiserliche Generaladjutant v. Plessen, der in den Ereignissen an der Marne nur einen «kleinen Echec» sah.[95] Der Kaiser schlug am 12. September nach Moltkes Vortrag «mit der Faust auf den Tisch und verbittet sich jedes weitere Zurückgehen», ohne die Anwesenden damit sonderlich beeindrucken zu können.[96] Allerdings war die Euphorie des August nun in Katzenjammer und scharfe Kritik am Generalstab umgeschlagen. Diese zeigte sich auch im späteren historischen Urteil. Otto v. Moser schrieb, dass «in den der Marne-Schlacht vorausgegangenen drei Wochen im Deutschen Großen Hauptquartier bei Haupt und Gliedern der unleugbarste und schlimmste militärische Dilettantismus am Werke war».[97] Auch Kronprinz Rupprecht empfand Moltkes Führung als «dilettantisch» und kritisierte ebenfalls dessen Mitarbeiter, die «die Mängel ihres Chefs nicht ersetzen» könnten.[98] So konnte es jedenfalls nicht weitergehen, und der erste notwendige Schritt war, den Generalstabschef auszutauschen. Moltke war ganz offensichtlich überfordert, gesundheitlich angeschlagen und am Ende seiner Nerven; er selbst schrieb am 9. September 1914: «Die schreckliche Spannung dieser Tage, das Ausbleiben von Nachrichten von den weit entfernten Armeen, das Bewußtsein dessen, was auf dem Spiel steht, gehen fast über meine Kräfte. Die furchtbare Schwierigkeit unserer Lage steht oft wie eine schwarze Wand vor mir … Wir müssen ersticken in dem Kampf gegen Ost und West.»[99] Moltke konnte seine Aufgabe nicht mehr länger wahrnehmen, wenn auch manche, wie etwa der Generaladjutant v. Plessen, der Ansicht waren, dass Moltke zwar nervös sei, aber nicht in einem Umfang, der seine sofortige Ablösung erfordere.[100] Am 14. September 1914 wurde der preußische Kriegsminister v. Falkenhayn zunächst inoffiziell beauftragt, die Leitung der Operationen zu übernehmen. Moltke und Falkenhayn standen von nun an beide in den Besprechungen, und Falkenhayn sprach, während Moltke schwieg.

Die ältere Literatur sah in der Marneschlacht die zentrale Wendemarke des Krieges. Wäre das deutsche Heer weiter vorgedrungen, wäre der Krieg anders verlaufen und der Westfeldzug gewonnen worden. Die Rücknahme des rechten Flügels und das dadurch bedingte Scheitern des deutschen Angriffsplans sei operativ unnötig gewesen, da die 1. und 2. Armee in ihren Gefechten siegreich geblieben waren. Der unnötige Rückzug habe Deutschland um den Sieg gebracht.[101] So sieht die öffiziöse deutsche Darstellung des Reichsarchivs zwei Hauptgründe für die Niederlage: Eine ganze Reihe militärischer Fehler Moltkes in der Führung der Armeen und dessen seelischer Zusammenbruch.[102] Beides ist wichtig, reicht aber nicht entfernt aus, um das Geschehen zu erklären.

Ob es notwendig war, die 1. und 2. Armee zurückzunehmen, darüber können die Meinungen geteilt sein. Wenn dies unterblieben wäre, hätte fraglos ein sehr großes Risiko vor allem für die 1. Armee bestanden, das sich leicht zu einer Katastrophe für den ganzen rechten Flügel hätte ausweiten können. Bülow meinte hinterher, die 1. Armee zurückzunehmen, sei unvermeidlich gewesen, weil sie sonst umfasst worden wäre.[103] Andererseits waren die britischen und französischen Angriffe von der 1. Armee abgeschlagen worden. Das feindliche Vorgehen war zunächst sehr langsam und vorsichtig gewesen und dessen Führung im Unklaren über die Größe der Lücke in der deutschen Front.[104] Groener hielt es später für wahrscheinlich, dass die 2. Armee den Gegner im Rücken gefasst und in die Arme der 1. Armee hineingetrieben hätte. Wären die Briten vorgerückt, hätten sie damit ihr Schicksal besiegelt und wären umso sicherer umfasst worden.[105] Auch war die Stimmung bei den Franzosen begreiflicherweise sehr gespannt; der lange Rückzug zehrte an den Kräften und noch mehr an den Nerven.[106] Zudem gab es noch am 4. September in der französischen Armee Befürworter eines weiteren Rückzugs an die Seine; zu ihnen gehörte Berthelot, einer der engsten Mitarbeiter Joffres.[107] Autoren der Zwischenkriegszeit nahmen den Zusammenbruch der französischen 6. Armee – ihr Oberbefehlshaber Maunoury weinte und musste von Gallieni getröstet werden – als mathematisch sicher an, wäre die deutsche Armee nicht zurückgenommen worden.[108] Doch kann dagegen zu Recht eingewendet werden, dass die deutschen Truppen ihrerseits erschöpft und zahlenmäßig unterlegen waren.[109]

Die Marneschlacht markierte das Ende des stürmischen deutschen Vormarsches, der nun unvermittelt zum Stehen gekommen war. Und nicht nur das; gleichzeitig wurde offensichtlich, dass der Bewegungskrieg zu erstarren begann und die Truppen sich eingruben. Dies lag aber nicht nur am Ausgang der Marneschlacht. An Teilen der Front prägten die Schützengräben schon seit Ende August das Bild; zum Zeitpunkt der Marneschlacht reichten sie, wenn auch noch nicht in der stark ausgebauten späteren Form, von der Schweizer Grenze bis nach Verdun. Als die deutschen Armeen auf die Aisne zurückgingen und sich dort eingruben, verlängerte sich diese Linie um weitere hundert Kilometer.[110] Und als die Franzosen dort nachdrängten, kam es zur ersten Schützengrabenschlacht dieses Krieges. In den nächsten Wochen sollten sich diese Linien weiter nach Westen ausdehnen und schließlich den Kanal erreichen. Die Rückzugsbewegung umfasste schließlich alle Armeen, die 1. bis 5., aber an der Aisne konnten die Deutschen mit den Truppen, die durch den Fall Maubeuges frei geworden waren, die Lücke schließen und die Front konsolidieren.[111] Die Alliierten konnten den deutschen Rückzug auch deshalb nicht zu eigenen Erfolgen nutzen, weil ihre Truppen ebenfalls durch die vorangegangenen Marschleistungen tief erschöpft waren.[112]

Wenn der deutsche Rückzug nicht erfolgt wäre und, was wahrscheinlich ist, die deutsche 1. und vielleicht auch 2. Armee dennoch nicht von britischen und französischen Einheiten eingekesselt worden wären, dann hätten sich die Kämpfe trotzdem festgerannt. Es hätte sich vermutlich eine Schützengrabenlinie herausgebildet, die fünfzig bis sechzig Kilometer weiter südlich quer durch Frankreich verlaufen wäre. Das von deutschen Truppen kontrollierte französische Gebiet wäre dann deutlich weiträumiger gewesen. Die deutschen Armeen hätten sich zwischen Paris und Verdun einrichten und diese beiden zentralen Punkte fortdauernd bedrohen können. Der Preis wäre gewesen, dass sie auf die zur Verteidigung glänzend geeigneten Höhenlinien an der Aisne hätten verzichten müssen.[113] Die Wahrscheinlichkeit, dass der Bewegungskrieg sich fortgesetzt hätte, ist dagegen nicht hoch. Dies lag nicht nur an den Kampfbedingungen, sondern auch an den logistischen Voraussetzungen; die deutschen Armeen waren so weit von den Eisenbahnendpunkten entfernt, dass weiteres Vordringen ernste Vorsorgungsprobleme mit sich gebracht hätte. Außerdem war, wie erwähnt, die anfängliche zahlenmäßige Überlegenheit des deutschen rechten Flügels verlorengegangen. Darüber hinaus verfügten die Franzosen und Engländer über ein funktionierendes Eisenbahnnetz, auf dem sie ihre Truppen auf ihren linken Flügel verschieben und nach Belieben Schwerpunkte bilden konnten. Das Einzige, was ihre Vorteile hätte zunichtemachen können, wäre eine Panik der britischen oder französischen Truppen gewesen. Doch danach sah es nicht aus; Joffre war die Ruhe und Zuversicht in Person.

All dies zusammen genommen zeigt, dass die Marne gar kein wirklicher Wendepunkt war, an dem ein guter Plan jämmerlich scheiterte und der sichere Sieg den deutschen Händen entrissen wurde.[114] Sie war aber der Punkt, an dem die eklatanten Schwächen des deutschen Angriffsplans ganz offensichtlich wurden und auch nicht mehr durch den unvergleichlichen Elan der deutschen Truppen, die auch am Tage des Rückzugs «in bester Stimmung und durchaus kampffähig» gewesen sein sollen,[115] überdeckt werden konnten. Das Scheitern des Blitzkriegskonzepts warf natürlich sehr gravierende Fragen auf, die auch Moltke klar sah. Kronprinz Rupprecht notierte am 16. September 1914 in seinem Kriegstagebuch: «Moltke soll neulich fast die ganze Nacht mit Dommes zusammen gesessen sein, sich über alle Welt beklagt und von einem verlorenen Feldzug gesprochen haben.»[116] Moltke hatte die Größe des Fehlschlags begriffen und die Notwendigkeit, nun eine völlig neue Strategie entwickeln zu müssen – vor allem, weil die Lage im Westen ungeklärt war, während stärkere Truppen an der Ostfront gebraucht wurden.

3

Tannenberg und der Aufstieg Hindenburgs

> Der Kerl ist ein zu trauriger Genosse,
> dieser große Feldherr und Abgott des Volkes …
> Mit so wenig eigener geistiger und
> körperlicher Anstrengung ist noch nie
> ein Mann berühmt geworden.
>
> *Max Hoffmann über Hindenburg, 18. August 1916*

Im Mai 1914 hatte Moltke seinem österreichischen Kollegen Conrad v. Hötzendorf gegenüber verkündet, dass er «hoffe, sechs Wochen nach Beginn der Operationen in Frankreich fertig zu sein, oder wenigstens so weit, dass wir unsere Hauptkräfte gegen Osten verschieben können».[1] Dieser Zeitpunkt war Mitte September gekommen, obwohl im Westen alles in der Schwebe hing. Tatsächlich hatte sich die Situation an der Ostfront inzwischen bedrohlich entwickelt – was bei dem Stärkeverhältnis kein Wunder war. Eine einzige deutsche Armee, unter dem Befehl von Generaloberst von Prittwitz und Gaffron, sollte Ostpreußen gegen zwei russische Armeen verteidigen. Die Russen hatten eine mehr als doppelte Übermacht, obwohl ihre Hauptmacht gegen die österreichisch-ungarische Armee kämpfte.[2] Die Österreicher vertrauten auf einen raschen deutschen Sieg im Westen und darauf, dass deutsche Truppen dann in den Osten verlegt und ihnen zu Hilfe kommen würden.

Auch die Habsburgermonarchie musste mit einem Mehrfrontenkrieg rechnen, und deshalb hatte der österreichische Generalstab ein kompliziertes Mobilisierungssystem mit mehreren «Staffeln» für die unterschiedlichen Kriegsfälle und Fronten ausgearbeitet, so eine Staffel für den Balkan, eine andere für die Russlandfront und eine dritte Staffel, die für Schwerpunktbildungen zur Verfügung stehen sollte. Im Wesentlichen sollte diese Gliederung ermöglichen, flexibel auf die jeweiligen Lagen zu reagieren. Allerdings entschied sich Generalstabschef Franz Freiherr Conrad v. Hötzendorf, dann doch an beiden Fronten gleichzeitig anzugreifen und sowohl gegen Serbien, was schon aus politischen Gründen notwendig schien, als auch gegen Russland vorzugehen. Natürlich waren beide Offensiven dann nicht so stark, wie sie hätten sein müssen. Außerdem war die k.u.k. Armee sowohl zahlenmäßig als auch von der Ausrüstung her schwächer als die der anderen Großmächte, die im Sommer 1914 in den Krieg zogen. Ein guter Gradmesser sind die Militärausgaben. Das Deutsche Reich hatte in den letzten zwölf Vorkriegsjahren etwa 3000 Mark pro mobilgemachtem Soldaten ausgegeben, Frankreich 2600 Mark; Österreich-Ungarn hingegen nur 1400 Mark.[3] Eine gewaltige Hypothek war auch die Person des Generalstabschefs.[4] Conrad v. Hötzendorf wurde von Zeitgenossen als ein «Phantast und Projektemacher»[5] beschrieben, und außerdem war er ein ausgesprochener Kriegshetzer. Vor 1914 hatte er ununterbrochen auf Krieg gedrängt und unermüdlich Angriffspläne gegen alle Feinde der Monarchie und auch gegen das verbündete Italien propagiert.[6] Der Krieg fand ihn aber nicht so gut vorbereitet, wie man es bei diesem Programm eigentlich hätte erwarten dürfen, doch das hielt ihn von weiterem Pläneschmieden nicht ab. Conrad neigte dazu, die Leistungsfähigkeit seiner Truppen zu überschätzen, und daher scheiterten seine kühnen Ideen regelmäßig bei der Übersetzung in die Wirklichkeit. Das war schon bei den Offensiven des Spätsommers 1914 der Fall. Der Angriff gegen Serbien unter Führung von Feldmarschalleutnant Potiorek schlug fehl, da er zu schwach bemessen war, und die österreichischen Truppen mussten sich aus serbischem Gebiet rasch wieder zurückziehen.[7] Im Nordosten erzielten die k.u.k. Armeen zunächst einige Erfolge, so etwa bei Krasnik (22.-25. August), und Komorow (26.–31. August), sie wurden aber bei Złoczów (26.-27. August) geschlagen und mussten sich dann zurückziehen. Lemberg wurde am 30. August von den Russen besetzt, und die Österreicher waren in der Folge gezwungen, große Teile Galiziens und der Bukowina zu räumen. Das österreichische Heer verlor bei diesen Operationen 350 000 Mann.[8] Conrad machte für den Rückschlag auch die Deutschen verantwortlich, die ihm, anders als versprochen, nicht rechtzeitig geholfen hätten.

Die Kampfhandlungen an der österreichischen Ostfront endeten im Herbst 1914 mit einem klaren russischen Erfolg. Die Deutschen waren nicht für Conrads extravagante Angriffsplanungen verantwortlich, profitierten aber davon, dass die Russen ihre Kräfte teilen mussten. Die russische Führung stand ebenso wie die deutsche und österreichische Armee vor einem Zweifrontenproblem und löste diese Frage ebenso unzweckmäßig wie die Österreicher. Im Zusammenhang der Gesamtkriegführung der Entente wäre ein massiver Angriff auf die Deutschen bei gleichzeitiger Defensive an der österreichischen Front sinnvoll gewesen. Dieser hätte die Franzosen entlastet. Die Russen wurden dementsprechend von Franzosen und Engländern gleichermaßen gedrängt, die Deutschen möglichst rasch und möglichst massiv anzugreifen, um es ihnen unmöglich zu machen, sich auf den Westen zu konzentrieren und dort möglicherweise die Kriegsentscheidung herbeizuführen. Die Ermahnungen fielen insofern auf fruchtbaren Boden, als ein Vormarsch nach Ostpreußen beschlossen wurde, und zwar zwei Wochen, bevor die Truppen regulär einsatzbereit waren. Die russische Strategie wurde allerdings durch die Kommandostruktur belastet. Im russischen Oberkommando (Stawka) in Baranowichi, dessen führende Figur der Oberquartiermeister General Danilow war, vergifteten Intrigen zwischen Kriegsminister Suchomlinow und dem nominellen Oberbefehlshaber der russischen Armee, dem Großfürsten Nikolai, die Atmosphäre und erschwerten die Entwicklung einer kohärenten Strategie.

Die russische Armee wurde in zwei ungleiche Hälften aufgeteilt, die «Fronten» genannt wurden und im Grunde große Heeresgruppen waren. Die wirklich bedeutsamen Entscheidungen wurden von den Befehlshabern dieser «Fronten» gefällt, die in großer Unabhängigkeit von der Stawka operieren konnten.[9] Die «Nordwestfront» wurde durch Jakow Zhilinski befehligt; seine drei Armeen mussten gegen die Deutschen vorgehen. Die «Südwestfront» mit vier Armeen war stärker und wurde durch Nikolai Iwanow befehligt; sie operierte gegen Österreich-Ungarn.[10] Die Frage, an welcher Front der Hauptstoß erfolgen sollte, wurde schließlich dahingehend beantwortet, dass an beiden Fronten gleichermaßen anzugreifen sei.[11] Statt an einer Front defensiv zu bleiben und an der anderen alle Kräfte auf einen wuchtigen Schlag zu konzentrieren, entschied man

Abb. 5 Der österreichisch-ungarische Generalstabschef Conrad v. Hötzendorf vor einer Karte in seinem Arbeitszimmer: Karl Kraus hatte für diese gestellten Fotographien des Strategen vor der Karte nur bitteren Hohn übrig.

sich also für zwei getrennte und entsprechend schwächere Offensiven – die schlechteste aller möglichen Lösungen.

Obwohl die russische Armee mehr Truppen gegen Österreich-Ungarn konzentrierte, da sie dort auch auf den Hauptteil der österreichischen Armee traf, hatte sie an der deutschen Front immer noch eine bedeutende zahlenmäßige Überlegenheit. Die 8. Armee in Ostpreußen schien kaum in der Lage, die Provinz effektiv zu verteidigen; aber das war auch in den Planungen gar nicht vorgesehen. Sie sollte den russischen Vormarsch nur verzögern und gegebenenfalls auf die Weichsel zurückgehen, also die Lage in der Schwebe halten, bis die Verstärkungen aus dem Westen einträfen. Was dann geschehen sollte, war nur ansatzweise skizziert. Wahrscheinlich hätten deutsche und österreichische Verbände den Planungen und militärischen Übungen der Vorkriegszeit folgend versucht, Russisch-Polen durch Vorstöße von Norden und Süden abzuschneiden, den Russen damit empfindliche Verluste zuzufügen und sie friedensbereit zu machen.

Doch unerwartet schnell hatten die Russen ihre Mobilmachung abgeschlossen und rückten auch wegen des französischen Drängens in Ostpreußen ein.[12] 10 ½ deutsche Infanterie-Divisionen standen hier gegen 19 russische, die außerdem noch über mehr Artillerie verfügten.[13] In Zahlen ausgedrückt, bedeutete dies, dass 173 000 deutsche Soldaten es mit

485 000 Russen aufnehmen mussten – dies entsprach einer deutlichen russischen Überlegenheit von 2,8:1.[14] Die ersten Kämpfe bei Gumbinnen brachten gemischte Ergebnisse; ein anfänglich erfolgreicher Vorstoß gegen die 1. russische Armee wurde von Prittwitz abgebrochen. Die deutschen Truppen zogen sich in westlicher Richtung zurück, und die Russen folgten. Die russische «Dampfwalze» rollte nach Ostpreußen hinein. In der Zivilbevölkerung brach Panik aus. Mehr als 800 000 Deutsche verließen ihre Häuser und flohen westwärts.[15] Es spielten sich Szenen ab, die sich 1945 in weit größerem Maßstab wiederholen sollten: Lange Flüchtlingstrecks, Karren voll mit Gepäck und hastig zusammengesammelten Haushaltsgütern und manchmal sogar noch mitgeführtes Vieh verstopften die Straßen, und bisweilen gerieten die Fliehenden zwischen die Fronten. Kosaken plünderten und zerstörten 34 000 Häuser. Die russischen Soldaten verhielten sich bei ihrem Einmarsch ähnlich wie die deutschen Truppen in Belgien[16] und verbreiteten Angst und Schrecken.

Das Armeeoberkommando war sich unsicher, ob es Ostpreußen verteidigen könne oder ob nicht sogar Schlesien bedroht sei. In einem kritischen Moment am 20. August 1914 teilte Prittwitz dem Generalstab mit, dass er seine Truppen auf die Weichsel zurückziehen wolle. Dies war nur ein Moment, denn sein Armeestab arbeitete bereits an einem Angriffsplan, der die Lage vollkommen verändern sollte. Doch Moltke reagierte diesmal schnell und entschieden.[17] Er beschloss, seinen fähigsten Stabsoffizier, Erich Ludendorff, den Helden von Lüttich, als Stabschef zur 8. Armee zu entsenden, um die Lage zu stabilisieren. Doch es gab ein Problem: Ludendorff galt als schwierig und Prittwitz auch. Deshalb musste auch Prittwitz ausgetauscht werden, was ungewöhnlich war; normalerweise wurde es aus Prestigegründen peinlich vermieden, den Oberbefehlshaber einer Armee abzulösen, und solche Wechsel auf die Person des Stabschefs beschränkt, der in der Armeeführung meist die eigentliche militärische Arbeit zu erledigen hatte. Ludendorff hatte nicht die Anciennität und den Dienstgrad, um eine Armee selbst befehligen zu können; deshalb suchte das Militärkabinett einen neuen Armeebefehlshaber, der mit diesem brüsken Charakter zusammenarbeiten konnte und ihm in seine Entschlüsse nicht hineinreden würde.[18] Das Militärkabinett fällte die folgenschwere Entscheidung, für diese Aufgabe den pensionierten General Paul v. Hindenburg aus dem Ruhestand zurückzuberufen. Die Entscheidung für Hindenburg fiel, weil «man von seinem Phlegma absolute Untätigkeit erwartete, um Ludendorff völlig freie Hand zu lassen».[19] Beide trafen sich dann im Sonderzug nach Ostpreußen, in den Hindenburg in der Nacht zum 23. August in Hannover zustieg. Am nächsten Nachmittag trafen sie im Hauptquartier der 8. Armee in Marienburg ein. Inzwischen hatte der Stab der 8. Armee, vor allem der 1. Generalstabsoffizier des Stabes, Oberstleutnant Max Hoffmann,[20] eine Operation gegen die Russen ausgearbeitet. Diese basierte teilweise auf Vorkriegsübungen, in denen einstudiert worden war, die Besonderheiten des ostpreußischen Kriegsschauplatzes auszunutzen, um einen überlegenen russischen Angreifer zu schlagen.

Eine zentrale Rolle spielte der russische Vormarsch, der durch die Geographie Ostpreußens behindert wurde. Die 1. russische (Njemen) Armee, an deren Spitze General Rennenkampf stand, rückte gegen Königsberg vor. Eine weitere Armee, die 2. (Narew) Armee, befehligt durch General Samsonow, stieß von Süden her in nordwestlicher Richtung nach Ostpreußen hinein mit dem Ziel, den Verteidigern Ostpreußens in den Rücken zu fallen. Das hätte, im Falle des Gelingens, die 8. Armee von ihren westlichen Verbindungen abschneiden können. Die beiden russischen Armeen wurden aber während ihres Vormarschs durch die Masurischen Seen getrennt. Wenn eine von ihnen im richtigen Augenblick angegriffen wurde, wäre die andere unfähig, sofort zu helfen. Darauf und auf die rasche Verlegbarkeit der eigenen Truppen dank der Eisenbahn, baute der deutsche Plan auf, sich voll auf die Armee Samsonows zu konzentrieren und zu versuchen, sie zu vernichten, bevor Rennenkampf eingreifen konnte.[21]

Der Plan war riskant – sollten Rennenkampfs Truppen, denen nur ein ganz dünner Schirm deutscher Truppen gegenüberstand, der Nachbararmee in Eilmärschen zu Hilfe kommen, dann drohte der 8. Armee die Einschließung, die sie Samsonows Truppen zugedacht hatte. Max Hoffmann hatte aber als Militärbeobachter während des Russisch-Japanischen Krieges gehört, dass sich Samsonow und Rennenkampf nach der Schlacht von Mukden auf einem Bahnsteig gestritten hatten. Er vermutete daher, dass die Zusammenarbeit zwischen ihnen nicht sehr eng sein würde.[22] Hinzu kamen die Probleme, die den russischen Truppen aufgrund ihres hastigen Vormarsches entstanden waren.[23] Hier bietet sich eine Parallele zu den deutschen Schwierigkeiten im September 1914 in Nordfrankreich: Die Kooperation der beiden russischen Armeen funktionierte nicht, und die

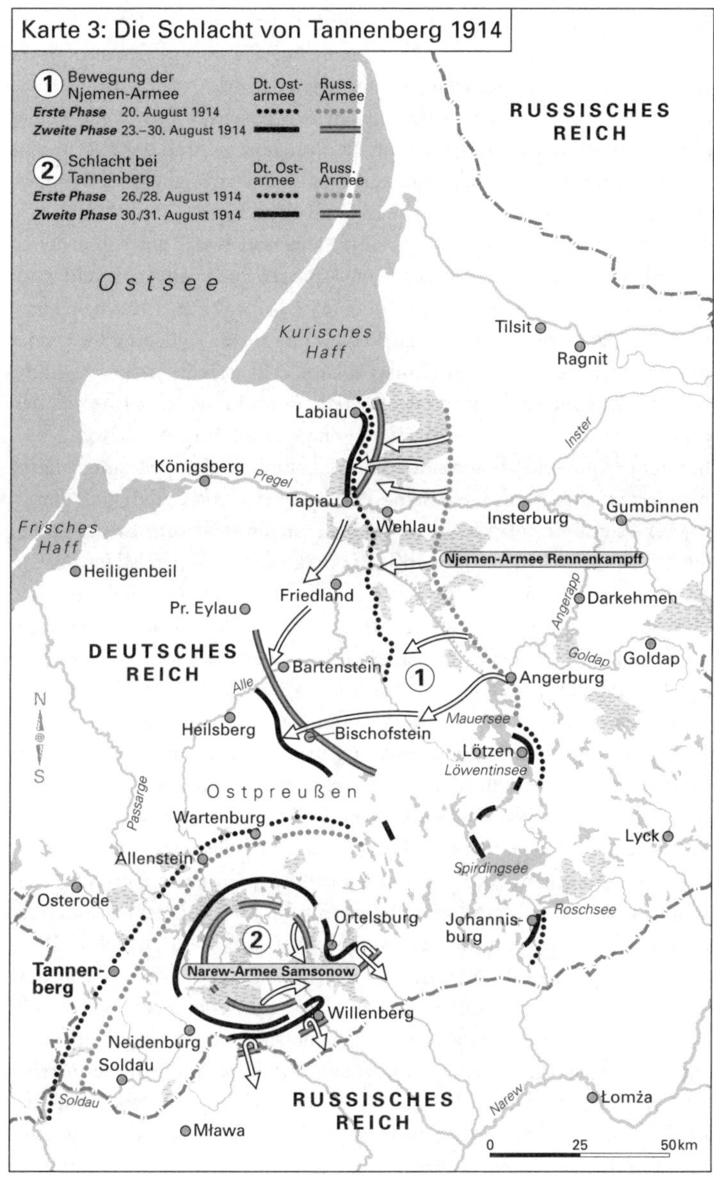
Karte 3: Die Schlacht von Tannenberg 1914
1 Bewegung der Njemen-Armee
Dt. Ost-armee
Russ. Armee
Erste Phase 20. August 1914
Zweite Phase 23.–30. August 1914
2 Schlacht bei Tannenberg
Erste Phase 26./28. August 1914
Zweite Phase 30./31. August 1914
RUSSISCHES REICH
Ostsee
Kurisches Haff
Tilsit
Ragnit
Labiau
Inster
Königsberg
Pregel
Tapiau
Wehlau
Insterburg
Gumbinnen
Frisches Haff
Njemen-Armee Rennenkampff
Heiligenbeil
Friedland
Angerapp
Darkehmen
Pr. Eylau
DEUTSCHES REICH
Goldap
Bartenstein
Angerburg
Alle
Mauersee
Heilsberg
Bischofstein
Lötzen
Löwentinsee
N
S
Passarge
Ostpreußen
Wartenburg
Lyck
Allenstein
Spirdingsee
Osterode
Ortelsburg
Roschsee
Johannis-burg
Tannen-berg
Narew-Armee Samsonow
Willenberg
Neidenburg
Soldau
Soldau
RUSSISCHES REICH
Narew
Łomża
Mława
0 25 50km

Russen hatten in Ostpreußen ähnliche Probleme wie die Deutschen an der Marne. Sie waren auf Funkverkehr angewiesen und der erfolgte in Klartext und wurde vom Gegner mitgelesen, wobei es fraglich ist, wie entscheidend das für den Ausgang der Schlacht war.[24] Die Verteidiger hingegen konnten auf das Telefonnetz und, ganz zentral, auf gute Eisenbahnverbindungen zurückgreifen, die es ihnen ermöglichten, Truppen rasch zu verschieben.

Neben guter Stabsarbeit von Hoffmann und Ludendorff und neben den soldatischen Leistungen der Armee spielten auch gewaltige Fehler des Feindes und eine große Portion Glück eine Rolle.[25] Die deutschen Truppen, die Samsonows Armee angriffen, waren dieser zahlenmäßig immer noch unterlegen – 153 000 deutsche kämpften gegen 191 000 russische Soldaten.[26] Aber sie konnten große Teile der feindlichen Armee in den masurischen Sümpfen und Seen zwischen Ortelsburg-Neidenburg-Hohenstein einkesseln. Während sich die deutschen Truppen zum Angriff formierten, ließ Samsonow seine Armee weiter vorrücken, und damit marschierte sie immer weiter in die Falle hinein. Mit zum Erfolg trugen auch die eigenmächtigen Vorstöße des preußischen Generals Hermann v. François bei, der mit seinem Korps zuerst später als befohlen angriff und dann einen weiteren Befehl ignorierte, seinen Angriff anzuhalten; dadurch trug er auf ungeplante, aber wirkungsvolle Weise zum Erfolg der Einkreisung bei.[27] Als General Samsonow seinen Irrtum einsah, war es zu spät; er erschoss sich in seiner Verzweiflung, und sein Stab floh zu Fuß zurück über die Grenze. Etwa 30 000 russische Soldaten waren gefallen, 92 000 gefangen genommen,[28] mehrere Hundert Kanonen und Maschinengewehre vom Feind erbeutet worden. Die deutschen Verluste betrugen dagegen nur etwa 12 000 Mann, ein Zehntel der russischen.[29]

Die Schlacht wurde als ein Musterbeispiel einer Vernichtungsschlacht nach dem Vorbild von Schlieffen und der Schlacht bei Cannae angesehen.[30] In einem zweiten Anlauf versuchte die 8. Armee im September 1914, auch die Njemen-Armee zu vernichten. Doch dies gelang nicht vollständig. Die «Schlacht bei den Masurischen Seen» wurde nur ein Teilerfolg, da es Rennenkampf gelang, seine Armee durch rechtzeitigen Rückzug zu retten, wenn auch mit beträchtlichen Verlusten.[31] Weitere Operationen im Herbst, so ein Vormarsch gegen Warschau, der die bedrängten Österreicher entlasten sollte, endeten ebenfalls ergebnislos, und die deutschen Truppen mussten sich wieder zurückziehen. Die

Russen drangen sogar wieder nach Ostpreußen ein und konnten erst 1915 endgültig vertrieben werden.

Die Vernichtung der 2. russischen Armee und die Zurückdrängung der 1. russischen Armee waren beeindruckende Siege. Hindenburg and Ludendorff hatten sich bewährt und wurden als Retter Ostpreußens gefeiert; sie bauten den um ihre Person entstehenden Nimbus zielstrebig weiter aus. Das Feldherrnduo hatte ein bemerkenswertes Talent zur Selbstdarstellung. Hindenburg war ein schwerfälliger und bequemer Mann und weder körperlich noch geistig sehr beweglich. Er erwies sich aber als ein wahrer Meister darin, sich öffentlich als Feldherr zu vermarkten.[32] Der erste Schritt dazu war die Namensgebung der Schlacht. In ersten Kommuniqués wurde sie als die «Schlacht in Ostpreußen», «Schlacht um Allenstein» oder «Schlacht bei Gilgenburg-Ortelsburg»[33] bezeichnet. Doch sollte dem Sieg gegen die Russen, der ohnehin sofort hymnisch gefeiert wurde, auf Initiative des Feldherrnduos ein anderer, ein hochsymbolischer Name gegeben werden. Hindenburg und Ludendorff schlugen Wilhelm II. vor, sie «Schlacht bei Tannenberg» zu nennen, nach der Niederlage des Deutschen Ordens gegen eine polnisch-litauische Armee im Jahre 1410.[34] Dies war ein geradezu genialer Reklamecoup, der die Vermarktung des Erfolgs entscheidend beförderte.

Der Grund lag im Zeitgeist. Im 19. Jahrhundert, vor dem Hintergrund zunehmender Nationalitätenkonflikte zwischen Deutschen und Polen, war diese Schlacht von Nationalisten aller Seiten zu einem Symbol des ewigen Kampfes der Germanen gegen die Slawen umgedeutet worden. Deutsche Historiker wie Heinrich v. Treitschke solidarisierten sich mit dem Deutschen Orden, der vorher in der historischen Erinnerung eher skeptisch beurteilt worden war, und polnische Intellektuelle empfanden die Schlacht als Schicksalsstunde ihres Volkes und Hoffnung für die Zukunft. Vier Jahre vor Ausbruch des Ersten Weltkrieges wurde in Krakau der fünfhundertste Jahrestag der Schlacht von Grunwald (wie die Schlacht auf Polnisch hieß) zelebriert, und 150 000 Polen aus den drei Regionen des geteilten Landes – mehr, als Krakau damals Einwohner hatte – nahmen an den Feiern teil. Hindenburg und Ludendorff griffen daher mit ihrem Namensvorschlag ein zeitgenössisches Thema wirkungsvoll auf. Am 30. August 1914 bat Hindenburg den Kaiser in einem Telegramm, «diese Schlacht Tannenberg zu nennen».[35] Keine Rolle spielte, dass das moderne und das mittelalterliche Schlachtfeld nur sehr ungefähr überein-

Abb. 6 Die polnische Bevölkerung des geteilten Landes beging die Fünfhundertjahrfeier der Schlacht von Grunwald (= Tannenberg 1410) in Krakau im Jahre 1910.

stimmten. Hindenburg schrieb jedenfalls: «Bei Tannenberg wurde 1410 das Ordensheer von den Polen und Litauern vernichtet. Jetzt, nach 504 Jahren, kam die Revanche.»[36]

Hindenburg wurde als der Befreier Ostpreußens gefeiert, der das Land vor barbarischer Invasion gerettet habe. Die russische Besetzung war eine traumatische Erfahrung gewesen,[37] und die lokalen Behörden Ostpreußens sandten Hunderte von Berichten über die Verwüstungen an das kaiserliche Zivilkabinett; in diesen Schreiben bekundeten sie auch ihre Dankbarkeit für die Errettung.[38] Die Verehrung für Hindenburg kannte schon bald keine Grenzen mehr. Doch nicht allen fiel es leicht, in den Jubel einzustimmen, denn Ludendorff war der strategische Kopf, und Hindenburg hatte zum militärischen Erfolg praktisch nichts beigetragen, ja sogar noch kurz vor der Schlacht Verwandte auf einem Familiengut in der Nähe des Schlachtfelds besucht.[39] Max Hoffmann, der vollkommen überarbeitet war und im August 1914 keine zwei Stunden am Stück hatte schlafen können, stellte nur verächtlich fest: «Der Kerl ist ein zu trauriger Genosse, dieser große Feldherr und Abgott des Volkes … Mit so wenig eigener geistiger und körperlicher Anstrengung ist noch nie ein Mann berühmt geworden.»[40]

Doch Hoffmann war eine Einzelstimme, und Hindenburg ließ sich den Rummel um seine Person gerne gefallen. In Deutschland begann ein wahrer Hindenburgkult. Aus dem Retter Ostpreußens wurde das allseits gefeierte militärische Genie, von dem sich große Teile des deutschen Volkes strategische Wunderdinge erhofften. Wenn Charisma bedeutet, dass ein Führer das Unmögliche möglich zu machen verspricht, wurde Hindenburg zur charismatischen Führerfigur des Deutschen Reiches im Ersten Weltkrieg. Aus dem «Retter Ostpreußens» wurde der «Schrecken unserer Feinde» oder, zusammen mit Ludendorff, «der geniale Heerführer».[41]

Was erstaunen mag, ist, dass auch jene, die es besser wussten, dem Mythos zuarbeiteten. Hier ist in allererster Linie zu fragen, warum Ludendorff, ein schwieriger und extrem ehrgeiziger Mann, sich mit der Aufgabenverteilung abfand, dass er die Arbeit und Hindenburg den Ruhm hatte. Ludendorff war eine ausgesprochen kantige und selbstbewusste Persönlichkeit und hatte eine sehr direkte Art. Wenn ihm etwas dringend war, kannte er keinen Respekt und keine Rücksichten. Davon waren, wie Oberstleutnant Nicolai, der Chef des militärischen Nachrichtendienstes, behauptete, nur zwei Personen ausgenommen: der Kaiser und Hindenburg.[42] Ludendorff akzeptierte Hindenburg, da dieser eine Eigenschaft hatte, die ihm fehlte: Er konnte seiner Umgebung ein gewaltiges Vertrauen einflößen.[43] Der große, massige, väterliche Hindenburg mit seinem kantigen Kopf und seiner freundlichen und trotzdem respektgebietenden Persönlichkeit hatte die Aura unbedingter Verlässlichkeit, die Ludendorff, bei aller Tüchtigkeit, fehlte. Hindenburg war selbst jenen, die ihn kritisch sahen, sympathisch.[44] Nach dem Krieg drückte sich Ludendorff so aus: «Er sei von ihnen beiden wohl der allein zum Handeln Fähige gewesen, habe aber nicht das dafür notwendige Vertrauen des Volkes besessen.»[45] Tatsächlich hätte Ludendorff allein niemals die Stellung erlangen können, die er im Laufe des Krieges gewinnen sollte, wenn er nicht durch Hindenburg gedeckt worden wäre. Ludendorff war schließlich nicht der einzige befähigte Stabsoffizier in Deutschland. Als militärisch ähnlich talentiert wurden etwa v. Seeckt, v. Loßberg, v. Kuhl oder v. Schulenburg angesehen. Hinzu kam, dass Ludendorff als extremer Charakter galt und von manchen für einen rabiaten und «für das Narrenhaus reifen» Egoisten gehalten wurde, der «geistig nicht normal» sei.[46] Er hätte niemals einer breiten Öffentlichkeit das Vertrauen und die Sicherheit vermitteln können wie Hindenburg. Das Vertrauen seiner Soldaten und seines Volkes zu haben, war aber für einen militärischen Führer eine Grundvoraussetzung des Erfolges. Wie Moltke der Jüngere schrieb, war Vertrauen «eine Riesenkraft».[47] Daran gemessen spielte es eine sekundäre Rolle, ob Hindenburg zu Ludendorffs strategischen Entscheidungen in militärtechnischer Hinsicht etwas beitrug oder nicht. Er selbst reklamierte später, dass seine monumentale Ruhe seinen nervösen Untergebenen in entscheidenden Momenten, auch während der Schlacht von Tannenberg, gestützt habe.[48] Während des Krieges beschränkte Hindenburg seine Interventionen aber auf Formalien. Er unterschrieb nichts, ohne vorher zu fragen: «Ist der General auch einverstanden?» Sachliche Änderungen nahm er nicht vor, gab keine eigenen Hinweise, machte höchstens redaktionelle Änderungen und begnügte sich dann damit, Schriftstücke mit seiner imposanten großen Unterschrift zu verzieren.[49]

So hatte der Sieg von Tannenberg mehrere äußerst gravierende Folgen, die über die Geschichte des Ersten Weltkriegs hinausreichen. Einerseits gab er den Deutschen die Zeit, die Verteidigung im Osten erfolgreich zu organisieren und den Russen den Vormarsch nach Westen zu verwehren. Andererseits begann hier der Hindenburgkult, mit massiven Auswirkungen auf die weitere Geschichte des Ersten Weltkriegs und auch der Weimarer Republik. Drittens änderte sich die Einschätzung Russlands; aus der «Dampfwalze», aus dem unbesiegbaren «Koloss» im Osten wurde ein Gegner, dessen Niederringung möglich schien.[50] Dieser Wandel war umso erstaunlicher, wenn er mit der Stimmung Bethmanns in Hohenfinow und seiner Sorge über die russische Bedrohung verglichen wird. Angst vor Russland war ein zentrales Motiv gewesen, das, nach Aussage des Riezler-Tagebuchs, den Reichskanzler und den Generalstabschef zu ihrer riskanten Politik in der Julikrise 1914 veranlasst hatte. Umso seltsamer mutet es an, dass eine einzige gewonnene Schlacht, bei weiterhin großer zahlenmäßiger Überlegenheit der russischen Armee, die im Übrigen gegen die verbündeten Österreicher im Jahre 1914 große Erfolge erzielen konnte, das Bild der «Dampfwalze» ins Wanken bringen und durch die Vorstellung vom «Koloss auf tönernen Füßen» ersetzen konnte.

Symptomatisch für den Tenor des Stimmungsumschwungs ist ein Bericht des Kriegsberichterstatters der «Frankfurter Zeitung», Theodor Behrmann, vom Abmarsch der fast 100 000 russischen Soldaten, die

Ende August 1914 in Ostpreußen in deutsche Gefangenschaft geraten waren: «Die endlosen Reihen russischer Gefangener, die immer und immer wieder an mir vorbeidefilierten, boten ein derart eintöniges Bild stupiden Jammers, daß mich schließlich schier ein Gefühl wehen Mitleides mit diesem lebenden Kanonenfutter umschlich. Gott weiß, es waren weder gefangene Löwen noch in die Falle gegangene Wölfe, die ich da vor mir sah – ich mußte unwillkürlich an Tolstois ‹Cholstomjer› denken, das müde, abgeplackte, bis zu den Rippen abgemagerte Pferd, das trüben Auges um sich blickt auf dem Wege zur Abdeckerei. ... Der russische Bauer ... ist seinem ganzen Urwesen nach weder Held noch Ritter; er kämpft nicht, er mordet bloß – daher sein Versagen in der Feldschlacht, daher auch seine Heimtücke, seine sinnlosen Greueltaten...» Russland habe, so Behrmann, seit den Niederlagen im Russisch-Japanischen Krieg erkennbar nichts dazugelernt, der gesamte Organismus des russischen Heeres sei morsch. Er behauptete, dies schon seit langem so gesehen zu haben.[51] Doch war die russische Kampfkraft nur wenige Wochen zuvor in den Kreisen der obersten politischen und militärischen Verantwortlichen des Deutschen Reiches, von Moltke und Bethmann, ganz anders beurteilt worden.

Vielleicht lag es gerade an dieser Gemengelage, der Furcht vor russischer Überlegenheit, der traumatischen Erfahrung der russischen «Dampfwalze» und der wie ein plötzlicher Lichtstrahl wirkenden Vorstellung russischer Schwäche, dass die politische Führung des Deutschen Reiches nach Tannenberg zunehmend darauf aus war, den russischen Koloss durch Abtrennung seiner Randvölker in seine Bestandteile zu zerlegen und das Deutsche Reich dadurch für die unabsehbare Zukunft vom Alptraum des russischen Drucks zu befreien.[52]

4
Das europäische Patt

> Wir haben ein Recht zu tiefer Erbitterung über die bösartige Verleumdung durch unsere Gegner.
>
> *Friedrich Meinecke, 1914*

Am 14. September 1914 hatte der preußische Kriegsminister Erich v. Falkenhayn faktisch die Führung des deutschen Generalstabs übernommen, auch wenn der Wechsel offiziell erst im November 1914 bekanntgegeben wurde, und sich Moltke bis dahin der Illusion hingab, er würde die Führung zurückerhalten. Damit war ein General an die Spitze gelangt, der im Generalstab als Außenseiter galt. Falkenhayns Karriere war ungewöhnlich verlaufen, und dies beeinflusste auch seine Stellung in der Armee. Bis er Hauptmann wurde, war seine Laufbahn typisch gewesen für einen begabten preußischen Offizier – junkerliche Herkunft, Erziehung im Kadettenkorps, Kriegsakademie, anschließend Kompaniechef. Dann aber hatte er den Abschied genommen und war 1896 als Militärberater nach China gegangen. Nach der Jahrhundertwende diente er dort im Stab der Ostasiatischen Besatzungsbrigade und kehrte schließlich nach Deutschland zurück, wo er eine Blitzkarriere machte, die 1913 mit der Ernennung zum preußischen Kriegsminister einen ersten Höhepunkt erreichte.

Als Militärberater nach China zu gehen war ein so ungewöhnlicher Schritt, dass später die abenteuerlichsten Vermutungen angestellt wurden, was Falkenhayn dazu bewogen haben könnte. Anders als die Zeitgenossen glaubten, handelte es sich nicht um eine Flucht aus dem Dienst

Abb. 7 Falkenhayn im Generalstab in der Präfektur in Mézières. Von links nach rechts: Adolf Wild v. Hohenborn, später preußischer Kriegsminister; Falkenhayn; Tappen, der Chef der Operationsabteilung; General Eugen Ritter von Zoellner, Chef des Stabes des Generalquartiermeisters; Oberst Wilhelm Groener, der Feldeisenbahnchef.

wegen irgendwelcher Verlegenheiten, um einer Entlassung zuvorzukommen, sondern um eine ganz offizielle und von den vorgesetzten Stellen befürwortete Entsendung nach China. Die deutsche Führung wollte zu jenem Zeitpunkt dort eine deutsche Militärmission aufbauen. Dieses Projekt scheiterte zwar infolge eines russischen Einspruchs, aber Falkenhayn und ein weiterer Offizier wurden als Instrukteure an eine neuzugründende Militärakademie nach Wuchang entsendet.[1] Falkenhayn war durch Langeweile – er hatte eine ausgesprochene Abneigung gegen den soldatischen Routinebetrieb –, durch das hohe Gehalt, das er in chinesischen Diensten bekommen sollte, sowie durch die ausdrückliche Unterstützung des Kaisers zu diesem Schritt veranlasst worden. Die Zeitgenossen konnten sich den untypischen Karriereschlenker hingegen nur durch Spielschulden erklären, die Falkenhayn zum Verlassen des Dienstes genötigt hätten, und während des Ersten Weltkriegs geisterten absurde Gerüchte durch die Armee, Falkenhayn sei ein «Spieler» – bisweilen sogar «Hazardspieler»[2] – und habe Millionenschulden.[3] Falkenhayn wurde von seinen Gegnern erfolgreich als «nicht einwandfreier Charakter» diffamiert, der von «krankhaftem Ehrgeiz» besessen sei.[4]

Das Geheimnis seines Aufstiegs lag in Wahrheit darin, dass er ein Mann des Kaisers war und wohl als dessen liebster Generalstabschef bezeichnet werden kann. Er hatte früh in seiner Laufbahn zuerst den Prinzen Heinrich und dann den Kaiser selbst beeindrucken können. Das Militärkabinett, also General v. Lyncker und sein Gehilfe, Oberst v. Marschall, wussten dies und teilten den positiven Eindruck. Sie hatten Falkenhayn deshalb schon im August 1914 als Reservekandidaten aufgebaut für den Fall, dass Moltke die Nerven versagen sollten.[5] Mitte September war es dann so weit. Moltke machte auf jeden, der mit ihm zu tun hatte, einen «mitgenommenen», ja «kranken» Eindruck, und das Gefühl, er müsse dringend abgelöst werden, war übermächtig. Die Kritik an seiner Operationsführung war inzwischen ganz offen und allgemein geworden. Am 14. September bekam Moltke die Ordre, sich krank zu melden, und Falkenhayn übernahm, offiziell nur vorübergehend in Wahrheit endgültig, die Operationen.

Falkenhayn war, wie auch seine Gegner zugeben mussten, im Auftreten brillant. Allgemein wurde anerkannt, dass er die schwierige Persönlichkeit des Kaisers glänzend zu nehmen verstand. Dieser verabscheue lange Vorträge, aber Falkenhayn verstehe es meisterhaft, ihm die Dinge «im Gesprächstone mit Anekdoten gewürzt» vorzutragen.[6] Tatsächlich hielt der Kaiser seinen Generalstabschef für einen «ganz hervorragenden General».[7] Falkenhayns Gegner kommentierten dies ähnlich, wenn auch im Tenor anders: «Leider hält der Kaiser große Stücke auf Falkenhayn, dessen elegante Erscheinung und Redegewandtheit ihn fesselt.»[8] Die Allianz zwischen Wilhelm II. und Falkenhayn war von zentraler Bedeutung, weil die Rückendeckung des Kaisers Falkenhayn gegen starke Opposition bis August 1916 im Amt halten sollte. Dass er von Anfang an ein Kandidat des Kaisers und des Militärkabinetts und nicht des Generalstabs und der Armee war, erwies sich für seine Reputation jedoch als abträglich.

Falkenhayn hatte noch als Kriegsminister die unzweckmäßige Stärke des linken Flügels bemängelt und gefordert, den Großteil dieser Truppen sofort an den rechten Flügel zu ziehen. Seine Aufgabe war nun, die Lage zu reparieren. Ob dies überhaupt möglich sei, war im September 1914 noch nicht die zentrale Frage, denn nach wie vor überwog im Großen Hauptquartier der Optimismus. Falkenhayn glaubte, dass die Entscheidung wie bisher im Westen gesucht werden müsse. Er sah ohnehin, wie viele andere in der deutschen Führung, in England den Hauptfeind und das politische Zentrum der gegnerischen Koalition. Jedenfalls wollte er nicht den Handlungsschwerpunkt an die Ostfront verlegen; umso weniger deshalb, da Ludendorff nach der Schlacht bei Tannenberg mit den vorhandenen Kräften auszukommen meinte[9] und größere Operationen, etwa mit den Österreichern, warten mussten, bis die Lage im Westen entschieden war. Falkenhayn glaubte, dass durch die Verstärkung und Verlängerung des rechten Flügels das Festlaufen zu verhindern war und die gegnerischen Truppen doch noch überflügelt werden könnten. Er verlegte deshalb die 6. Armee, die bislang die Franzosen am deutschen linken Flügel in Lothringen angegriffen hatte, ganz nach Westen und warf im Oktober auch mehrere neu aufgestellte Reservekorps an diese Front. Die Grundidee, den Gegner zu überflügeln, hatten aber auch die Engländer und Franzosen, so dass aus den Angriffen und Gegenangriffen im Wesentlichen ein immer weiteres Ausgreifen nach Westen in einen bisher von Kampfhandlungen nicht berührten Raum wurde. Die Alliierten versuchten, so viel belgisches Territorium zu retten wie möglich und die in Antwerpen eingeschlossenen belgischen Streitkräfte zu entsetzen. Falkenhayn hingegen ging es zunächst weniger um den Besitz der Kanalküste,[10] denn sein Ziel war größer. Er wollte nicht eine gute Ausgangsbasis für einen langen Krieg sichern, sondern die Entscheidung im Westen erzwingen. Die Ausweitung der Kämpfe führte jedoch schließlich dazu, dass die deutschen Truppen am 19. Oktober 1914 Nieuport an der belgischen Kanalküste erreichten.[11] Beide Seiten glaubten zu diesem Zeitpunkt noch, durch die Überflügelungsversuche eine Entscheidung des Krieges erzwingen zu können.[12] Sie warfen ihre Armeen in die Schlacht, kaum dass sie verfügbar waren. Der Kampf schien auf Messers Schneide zu stehen und damit größte Eile geboten. Hier wurde hastig entschieden, auch aus Angst, die Angriffe würden sich, falls man zu lange warte, festrennen und im Schützengrabenkrieg erstarren. Auch erfolgten im September noch Angriffe an anderen Frontabschnitten, obgleich diese gegen die festen gegnerischen Positionen nicht gut vorankamen und bald schon zugunsten der Angriffe auf dem rechten Flügel aufgegeben wurden.

Bei diesen Offensiven wurden große Fehler gemacht. Der schwerste war, im Oktober und Anfang November 1914 Ypern anzugreifen und den Angriff dann noch mehrfach zu wiederholen, zuerst in Hoffnung auf einen Durchbruch, später nur, um eine Frontbegradigung zu erreichen und die Angriffe mit einem Erfolg abschließen zu können. Hier wurden auch neu aufgestellte, ganz unzureichend ausgebildete und bewaffnete Reservekorps von Falkenhayn eingesetzt; sie erlitten hohe Verluste,[13] die wohl geringer gewesen wären, wenn diese neuen und unerfahrenen Truppen zuerst an ruhigen Frontabschnitten eingesetzt und stattdessen kampferprobte und voll ausgerüstete Einheiten auf diesem schwierigen Schlachtfeld verwendet worden wären. Doch das hätte wiederum Zeit für die Verlegung erfordert. Der späterhin berüchtigte Einsatz der neuen Regimenter in Flandern kostete furchtbare Verluste und ist als Langemarck-Mythos in die deutsche Militärgeschichte eingegangen; von glühendem Patriotismus erfüllte Kriegsfreiwillige seien das Deutschlandlied singend beim Sturm auf die gegnerischen Stellungen gefallen.

Im Hauptquartier begriff man den Misserfolg nur sehr langsam, weil die gesamte Führung lange an der Idee der deutschen Überlegenheit festhielt. Der Generaladjutant des Kaisers, Generaloberst v. Plessen, schrieb am 28. September 1914: «Unser rechter Flügel vermag unbegreiflicherweise der Franzosen dort nicht Herr zu werden. 5 Armeekorps von uns können die Franzosen nicht definitiv schlagen, obwohl dieselben nicht in der Überzahl an dieser Stelle.»[14] Ähnlich drückte sich am 11. November General v. Lyncker aus: «Unsere Lage ist im Großen Ganzen unverändert; es geht langsam vorwärts bei Ypern, das eigentlich von 3 Seiten völlig umstellt ist. Man wundert sich, daß die Franzosen noch immer so gut fest halten. Es sind tapfere Leute, die sich gut schlagen. Aber die Unsrigen sind auch über alles Lob erhaben. Mit Gesang ziehen sie in die Schlacht.»[15]

Mitte November 1914 begriff Falkenhayn, dass die Angriffe definitiv gescheitert waren. Die Aufgabe, die er nach dem Ausscheiden Moltkes übernommen hatte, nämlich den Westangriff doch noch zum vollen Erfolg zu bringen, war wohl unlösbar gewesen, wenn dies aus der Rückschau überhaupt zu beurteilen ist. Die Stärkeverhältnisse sprachen nicht zu deutschen Gunsten und auch nicht die Verkehrsverbindungen. Die Franzosen und Engländer hatten bessere Bahnen für die Truppenverschiebungen auf ihrem linken Flügel, während die Deutschen durch das nur teilweise nutzbare belgische Bahnsystem behindert wurden. Außerdem war das Überraschungsmoment unwiderruflich dahin. An allen Fronten, auch in Flandern, begannen die Truppen sich einzugraben. Der Schützengrabenkrieg war nun die Realität und die Wahrscheinlichkeit, dass es wieder zum Bewegungskrieg kommen würde, gering. Wenig später sollte der italienische Militärattaché in Berlin, Oberstleutnant Bongiovanni, nach Rom berichten, dass an der Westfront «vani e terribili holocausti di vite umane» – ein sinnloser und schrecklicher Holocaust menschlicher Leben – stattfinde.[16]

Als Mitte November die Angriffe schließlich eingestellt wurden, war die Kritik an Falkenhayns bisheriger Führung allgemein. Fast alle warfen dem Generalstabschef vor, dass er die Angriffe bei Ypern zu lange fortsetzen ließ und damit die enormen Verluste, gerade unter den unzureichend ausgebildeten Kriegsfreiwilligen, zu verantworten habe. Es wäre sicher besser gewesen, die Angriffe entweder ganz zu unterlassen oder früher einzustellen und dann entweder zur Defensive überzugehen oder die Truppen an die Ostfront zu schicken, was Falkenhayn auch mit einiger Verzögerung tat. Nicht wenige wussten es besser, wenn auch meist im Nachhinein. Kronprinz Ruppecht bemängelte Falkenhayns Führung in Flandern, und Feldeisenbahnchef Groener warf ihm später vor, dass er fehlerhaft operiert habe; er hätte im großen Stil zurückgehen und gleichzeitig alle Truppen zusammenfassen sollen, um dann einen neuen wuchtigen, wohl entscheidenden Schlag zu führen.[17] Kronprinz Rupprecht unterschlug den Anteil seines eigenen Armeestabes an dem Desaster, und Groeners Kritik verkannte sowohl die neuartigen Kampfbedingungen als auch, dass die Truppenstärken, die Zeit und die Verkehrswege in diesem Fall klar für die Entente arbeiteten. Und trotzdem: Falkenhayn war Generalstabschef und trug damit die Verantwortung für das furchtbare Debakel; die Kritik an seiner Führung während der Schlacht um Ypern sollte ihn nie wieder loslassen.

Hier muss auch ein Umstand des Ersten Weltkriegs hervorgehoben werden, der bis heute unser Verständnis dieses Konflikts prägt. Soldat war nicht gleich Soldat, und zwischen den Kriegserlebnissen der Frontsoldaten und denen der hohen Offiziere gab es Riesenunterschiede. In diesem Krieg existierten, noch mehr als in anderen Konflikten, militärische Parallelwelten, nämlich einerseits die der Generalstäbe, die, einer hochgradig interaktiven Handlungslogik folgend, bisweilen in nervöser Hast durch schnelle Maßnahmen zu retten versuchten, was oft nicht mehr zu retten war, und andererseits die der Soldaten, die von den Generalstäben in diese mörderischen Kämpfe hineingeführt wurden. Die Erfahrungen der beiden Gruppen hätten unterschiedlicher kaum sein können. Stress und

Überarbeitung dominierten den Alltag der einen, unerträgliche Lebensumstände und Todesgefahr den der anderen Seite. Das, was die Frontsoldaten während der Angriffe bei Ypern zu erdulden hatten, war ungeheuer. Selbst der Kriegsverherrlicher Adolf Hitler, Soldat in der 6. bayerischen Reservedivision, die vor Ypern kämpfte, schrieb später: «Das war der Beginn. So ging es nun weiter Jahr für Jahr; an Stelle der Schlachtenromantik aber war das Grauen getreten.»[18] Aus dem Gegensatz zwischen den Soldaten und den Generalstäben wurde später der vollkommen verständliche und wohl unvermeidliche Hass der Front auf die Generäle, der im britischen Fall zu dem Spruch «Lions led by donkeys» führte. Die Kritik der Soldaten an ihrer Führung war, nach den Erfahrungen von Ypern, jedenfalls verständlich und berechtigt.

Der Wettlauf zum Meer war unentschieden ausgegangen, hatte aber fast ganz Belgien unter deutsche Kontrolle gebracht, was militärisch wie wirtschaftlich von erheblicher Bedeutung war. Auch war ein Teil der Kanalküste erobert worden und konnte von der Marine als Basis für den Seekrieg verwendet werden. Und trotzdem saß der Schock in der deutschen Armee tief. Der Westangriff war definitiv fehlgeschlagen, die Verluste waren gewaltig und schreckerregend, und gleichzeitig war offen, wie es strategisch weitergehen sollte. Das, was unser Bild vom Ersten Weltkrieg prägt, begann im Herbst 1914 – als der Bewegungskrieg im Westen aufhörte und sich eingegrabene Millionenheere von der Nordsee bis zur Schweizer Grenze gegenüberstanden. Später neigten viele Soldaten dazu, den Bewegungskrieg zu verherrlichen und den Stumpfsinn des Stellungskampfes zu beklagen, aber dies war eher ein Element der Psychologie, des Gefühls, durch eigene Aktion die Entscheidung herbeiführen zu können, als eine korrekte Reflexion über die Gefahren, denen sie ausgesetzt waren. Der Bewegungskrieg hatte große Opfer gekostet, sehr viel schwerere als später der Grabenkrieg. Die französische Armee hatte bis Januar 1915 528 000 Verluste erlitten, davon 265 000 Tote. Die kleine britische Armee hatte bis November 1914 fast 90 000 Mann verloren, die große russische 1,8 Millionen Mann, von denen fast 400 000 tot waren und 486 000 in Kriegsgefangenschaft. Die Österreicher hatten 1,25 Millionen Soldaten verloren und die deutsche Armee etwa 800 000 Mann, von denen 116 000 gefallen waren.[19] Dieser gewaltige Aderlass führte dazu, dass keine dieser Armeen wirklich noch die war, die im Sommer 1914 in den Krieg eingetreten war.[20] Ein Prozess des militärischen Verschleißes hatte eingesetzt, der sich während des Krieges natürlich weiter fortsetzte. Hinzu kam Ende 1914 noch der allseitige akute Munitionsmangel, der weitere Angriffsaktionen verhinderte.

Es war im Spätherbst 1914 eindeutig, dass auf weitere Erfolge im Westen nicht mehr gehofft werden durfte. Das Wagnis des Schlieffen-Plans hatte sich nicht ausgezahlt. Nun war es die Aufgabe der militärischen Führung, neue Lösungen zu finden. Erst in diesem Moment begann die Größe der allumfassenden Krise von Staat und Gesellschaft, die wir den Ersten Weltkrieg nennen, den politisch und militärisch Verantwortlichen in Deutschland ansatzweise bewusst zu werden. Bisher hatte die Erwartung dominiert, dass ein rascher Sieg die Antwort auf alle vom Krieg aufgeworfenen Fragen sein werde. Doch nun war dieser Sieg in weite Ferne gerückt und vielleicht sogar unerreichbar, obwohl die deutschen Armeen überall auf feindlichem Boden standen und große Erfolge errungen hatten.

Die deutsche Öffentlichkeit kannte das vollständige Bild nicht. Versuche des Generalstabs, Rückschläge einzugestehen, waren von Bethmann untersagt worden; er wollte einer Entmutigung vorbeugen und sorgte sich um die Kriegsstimmung.[21] Die deutsche Öffentlichkeit war weder mutlos noch verzagt; sie sah die deutschen Armeen siegreich und tief in Feindesland stehend. Zwar hatte sie begriffen, dass die Kampfbedingungen des Krieges unerhört hart waren, und zwar viel härter als vermutet, und dass die Opfer ebenfalls alle Erwartungen überstiegen. Der Krieg würde Weihnachten nicht vorbei sein und nicht mit dem erwarteten raschen Sieg enden. Doch all das bedeutete nicht, dass die Heimat, dass die Journalisten, dass die Abgeordneten des Reichstags wirklich begriffen, wie ungeheuer kritisch die Situation war.

Natürlich waren die Entbehrungen und Opfer, die dieser Konflikt forderte, bald offenbar und wurden für Soldaten wie auch für Zivilisten jeden Tag drückender. Doch der Erste, der das ungeheure Dilemma erkannte, in dem das Deutsche Reich nun steckte – vielleicht nicht in seinem vollen Umfang, aber doch weit genug; der erkannte, dass das Deutsche Reich den Krieg auch verlieren könne –, war der Generalstabschef, Erich v. Falkenhayn. Geschmäht wegen der ungeheuren Verluste vor Ypern, für die er verantwortlich gemacht wurde – manche nannten ihn den «Verbrecher»[22] –, und innerlich verunsichert, wenngleich auch niemandem einen Blick in sein Inneres erlaubend, dachte Falkenhayn über Auswege aus der verfahrenen militärischen Situation nach und kam zu

Abb. 8 Die Karikatur zeigt das Selbstvertrauen der Zentralmächte in den ersten beiden Kriegsjahren.

einigen Schlussfolgerungen, die sich im weiteren Verlauf des Krieges als vollkommen zutreffend erweisen sollten: Er glaubte, nach dem Festrennen im Westen habe Deutschland nicht mehr die Kräfte für einen Entscheidungsschlag, und zwar weder im Westen noch im Osten. Es könne aber standhalten und durch begrenzte Schläge versuchen, den Gegner mürbe zu machen und zum Einlenken zu zwingen. Falkenhayn kannte auch das Gegenargument, dass in einem solchen Zermürbungskrieg die Zeit für den Gegner arbeiten würde, der dann Zeit habe, seine weltweiten Ressourcen zu mobilisieren, während die Mittelmächte durch die britische Blockade[23] von den Weltmärkten abgeschnitten wurden. Die Gefahren dieser Entwicklung waren vielfach. Die deutsche Führung musste befürchten, dass die Feindstaaten ihr bislang nicht einmal ansatzweise ausgeschöpftes militärisches und wirtschaftliches Potential bei langer Kriegsdauer zur vollen Entfaltung bringen würden. Beispielsweise war zu befürchten, dass die Russen ihre bislang nur sehr unvollständig mobilisierte männliche Bevölkerung voll heranziehen und damit Millionen weiterer Soldaten ins Feld führen könnten. Weit drückender noch war die Sorge vor einem Wirtschaftskrieg; die Entente war den Mittelmächten ökonomisch deutlich überlegen und hatte Zugang zu den Weltmärkten, während die Mittelmächte abgeschnitten waren. Schließlich drohte noch eine weitere Gefahr. Großbritannien hatte keine Wehrpflichtarmee und nur ein kleines Heer; sollte es aber seine Bevölkerung nach dem Vorbild der Kontinentalmächte mobilisieren, statt sich auf den Seekrieg und limitierte Unterstützung der Franzosen zu Lande zu beschränken, drohte ein neues Millionenheer auf dem Schlachtfeld aufzutauchen. Dieses Argument wurde jedoch 1914 noch nicht als drückend empfunden, da die deutschen Planer annahmen, Großbritannien würde die sämtlichen nationalen Traditionen zuwiderlaufende Wehrpflicht nicht einführen und lieber seine kontinentalen Verbündeten für sich kämpfen lassen.

Falkenhayn sah jedenfalls die Gefahr, dass sich die Mittelmächte in einem langgezogenen Kampf mit der Entente «langsam erschöpfen» würden. Er suchte am 18. November 1914 das offene Gespräch mit Bethmann Hollweg und schenkte ihm reinen Wein ein. Die Armee sei ein «zerbrochenes Instrument», auf eine militärische Kriegsentscheidung nicht zu hoffen, und gleichzeitig bestehe die Gefahr, dass sich die Mittelmächte in einem langen Krieg schneller verausgabten als die Entente. Deshalb müsse mit den Gegnern eine politische Lösung gesucht werden. Falkenhayn verlangte, mit Russland und Frankreich Separatfriedensverhandlungen zu beginnen, und schlug entsprechend milde Friedensbedingungen vor – er wollte von beiden Staaten kein Land, nur eine Kriegsentschädigung, und er war offenbar bereit, auf dieser nicht zu insistieren. Er wollte dann, falls notwendig, den Krieg gegen Großbritannien allein fortsetzen, unter Zuhilfenahme der U-Boote.[24]

Dieses Programm war letztlich unrealistisch, da sich die alliierten Mächte im Abkommen von London am 5. September 1914 verpflichtet hatten, keinen Seperatfrieden zu schließen.[25] Wenn überhaupt, wären Frankreich und Russland wohl nur um den Preis von Gebietsabtretungen dazu zu bringen gewesen. Und doch, in diesem Augenblick den Verzicht auf alle Annexionen vorzuschlagen und auf die Notwendigkeit politischer Lösungen zu verweisen, war ein Schritt in die richtige Richtung, auf dem ihm andere Mitglieder der Führungsschicht erst Jahre später, nämlich ab Spätherbst 1916, und andere niemals gefolgt sind. Dass der Krieg militärisch verloren gehen könne, setzte sich als Massenerkenntnis in Deutschland erst mit der Niederlage selbst, in den allerletzten Tagen des viereinhalbjährigen Krieges, durch.

Gleichzeitig aber gab es nur geringen Verhandlungsspielraum für einen politischen Kompromiss zwischen den kämpfenden Parteien. Was nämlich praktisch alle Deutschen verkannten – Politiker, Militärs, Industrielle, Intellektuelle, die Bevölkerung und wohl selbst die politische Linke –, war, wie sehr sich das Deutsche Reich bei seinen Feinden, aber auch im neutralen Ausland infolge seiner Kriegführung in den ersten Monaten des Weltkriegs diskreditiert hatte. In britischen, französischen und belgischen Augen war das Deutsche Reich ein aggressiver Friedensbrecher, und der Beweis war die Frontlinie, die tief in belgischem und französischem Gebiet verlief. In Belgien allein waren aus Furcht vor Partisanen über 5000 Zivilisten ermordet und die Bibliothek in Löwen und die Tuchhalle in Ypern zerstört worden.[26] Viele Einwohner waren vor der deutschen Armee geflohen, und Ende 1914 lebten 1,5 Millionen Belgier fern ihrer Heimat.[27] Auch in Nordfrankreich waren die Verwüstungen groß; so war beispielsweise die Kathedrale von Reims schwer beschädigt worden.[28] Die Versuche deutscher Intellektueller, den Vorwürfen gegen den deutschen Militarismus in einem öffentlichen Manifest entgegenzutreten, waren so ungeschickt, dass sie das Gegenteil des Gewünschten erreichten. Deutschland galt als barbarisch, und deshalb fiel der englische Propagandaname «the huns» international auf fruchtbaren Boden, während die abwertende Bezeichnung «les boches» – die Schlächter – in Frankreich weithin gebraucht wurde. Nicht nur die Propaganda und die Nationalisten, sondern auch die Philosophen und Intellektuellen beider Seiten droschen verbal aufeinander ein, und in manch englischer Propagandaschrift wurde behauptet, die deutsche Kultur sei durch das skrupellose Machtdenken von Nietzsche, Treitschke und Bernhardi vergiftet worden.[29] Das hatte eine schon in der Sprache sichtbare Verhärtung der Ansichten zur Folge, als deren Endresultat die Zeitgenossen beispielsweise in Frankreich einen «Ozean des Hasses» gegen Deutschland konstatierten. Ein ähnlicher Abgrund negativster Leidenschaften öffnete sich in Deutschland gegen England («Gott strafe England»). Ein atmosphärisches Detail mag die Emotionen und den Hass illustrieren. Der Kaiser hatte sich am 31. Oktober 1914 bei einem Frontbesuch freundlich mit zwei englischen Gefangenen unterhalten. Dieses ritterliche Verhalten wurde von der Umgebung aber scharf kritisiert und sein Generaladjutant, Generaloberst v. Plessen, musste ihm zwei Tage später mitteilen, sein Verhalten sei tief bedauert worden, weil «der Hass gegen diese Nation, auf deren Antrieb so viel Herzeleid und Kummer über unser Vaterland kam, zu gross» sei.[30]

Bei den Gegnern des Deutschen Reiches war es ähnlich. Praktisch ab Kriegsbeginn war bei den Alliierten die Absicht zu beobachten, den deutschen Angreifer zu strafen und in seiner militärischen Stärke zu schwächen, um einer Wiederholung des soeben Erlebten vorzubeugen. Die französische Haltung war schon vor 1914 in die Richtung gegangen, dass, sollte es zum Krieg kommen, die Wiedereroberung Elsass-Lothringens Kriegsziel sein müsse. Die französische Führung war entschlossen, das Unrecht von 1871 auszumerzen und das Verlorene zurückzugewinnen. Die «Desannexion» wurde zum unwandelbaren Programm der Franzosen, auch des Parlaments, und während des Krieges war in der französischen politischen Öffentlichkeit lediglich strittig, ob die Grenzen Frankreichs nicht noch weiter nach Osten verlagert werden sollten, etwa durch die Annexion des Saarlands oder durch direkte oder indirekte Kontrolle der gesamten linksrheinischen Gebiete des Deutschen Reiches.[31] Großbritannien insistierte auf der Preisgabe und Entschädigung Belgiens als unwandelbarer Minimalforderung, und später kamen noch erhebliche koloniale Forderungen auf deutsche – und türkische, dazu später mehr – Kosten hinzu.[32] Doch den Briten ging es vor allem darum, den «preußischen Militarismus» zu vernichten. Dieses Ziel, das vor allem in der zweiten Kriegshäfte zum Schlagwort wurde, war sehr vage und gleichzeitig allumfassend. Es erforderte rein praktisch den vollständigen militärischen Sieg, da nur dieser den Militarismus zerstören konnte, der mit dem Nimbus deutscher Unbesiegbarkeit gleichgesetzt werden kann.[33] Gelegentlich wurde es mit der Notwendigkeit begründet, dass nur der militärische Sieg über das Deutsche Reich das europäische Gleichgewicht wiederherstellen könne.

Der deutsche Bewegungsspielraum beim Ausstrecken von Friedensfühlern war mithin nicht besonders groß. Genauer gesagt war er eigentlich nicht vorhanden, wenn wir nicht heutige, sondern zeitgenössische Parameter und die Mindestkonditionen der Deutschen selbst gelten lassen. Als solche könnten die Ansichten des Generalstabs oder des Auswärtigen Amtes genommen werden. Wenn es um die Meinungen der Bevölkerung geht, sind allerdings die politischen Willensbekundungen der im Deutschen Reichstag vertretenen Parteien aufschlussreicher. Diese sprachen sich während des gesamten Krieges konstant, so etwa 1917, gegen eine

Abtretung deutscher Gebiete aus.[34] Es bestand zwar bei den Alliierten kein wirklicher Konsens über ihre Kriegsziele – so erklärte die britische Regierung erst 1917, dass sie die französische Forderung nach der Preisgabe Elsass-Lothringens unterstütze –, aber letztlich waren sie sich einig genug. Dies betraf vor allem die französische und russische Regierung, die sich beide auf der Basis ihrer jeweiligen Maximalziele verständigten und dies nochmals im Frühjahr 1917, als die Lage in Russland bereits katastrophal war, bekräftigten.[35] Die russische Regierung wollte Russisch-Polen um die deutschen und österreichisch-ungarischen Teile Polens erweitern und machte auch umfangreiche Ansprüche auf osmanisches Gebiet geltend. Die Annexionswünsche der anderen Mächte waren alle mehr oder weniger gut begründet. Die französische Regierung konnte beispielsweise darauf verweisen, dass Elsass-Lothringen im Jahre 1871 gegen den Willen der Bevölkerung annektiert worden und nun schon über vierzig Jahre im unnatürlichen Status eines «Reichslandes» verblieben war, da sich die deutschen Behörden offenbar auf die Loyalität der Elsässer nicht verlassen wollten und ihre Germanisierungspolitik fehlgeschlagen war.

Mit jedem Tag, den der Krieg länger dauerte – im Schnitt kostete jeder einzelne Tag über 9000 Soldaten und Zivilisten das Leben[36] –, wurde der Rechtfertigungsdruck für die Opfer größer und dies heizte den Annexionismus an. Die Opfer müssten sich gelohnt haben, und es sei Verrat an den Gefallenen, ohne Gewinn aus dem Krieg heimzukehren. Dies galt natürlich auch in Deutschland, wo schon seit Ende August 1914 Politiker und selbsternannte Patrioten eine ganze Welle von Eroberungsprogrammen verfasst hatten, von denen das berühmteste das wahrscheinlich von Kurt Riezler verfasste Septemberprogramm von 1914 ist, das unter anderem die Errichtung eines deutsch kontrollierten Mitteleuropas vorsah.[37] Auch in der deutschen Führung herrschte die Ansicht, dass Deutschland keineswegs ohne Siegespreis den Krieg beenden dürfe. General v. Lyncker, schmerzgebeugt über den Verlust seines Sohnes an der Front, schrieb am 12. November 1914: «Unser Volk will auch keinen faulen Frieden, sondern dabei recht viel gewinnen. Da heißt es weiter kämpfen, so lange es geht.»[38] Der Mechanismus war in Deutschland und allen anderen kriegführenden Staaten der gleiche. Was sich in Deutschland als zusätzliches Problem auftat – und zwar als Problem, das bis Kriegsende nicht wirklich gelöst wurde –, waren neben den Kriegszielen, die aufgrund der Zensur nicht offen diskutiert werden konnten und damit in vielen Fällen eine Papierübung blieben, auch die irrigen Vorstellungen, die die Befürworter eines Verständigungsfriedens über die gegnerische Kompromissbereitschaft hatten. Die Forderungen der anderen Mächte ließen sich unmöglich mit einem Kompromissfrieden vereinbaren, und ein Status quo ante, also das, was die großzügigsten Befürworter eines Verständigungsfriedens in der linken SPD favorisierten, war letztlich nicht verhandlungsfähig. Dies greift den Dingen vor, war aber ein Strukturelement, das die innenpolitischen Debatten in Deutschland in den folgenden Jahren bis zum Zerreißen der Gesellschaft belasten sollte. Letztlich zu glauben, dass es nur auf Deutschland ankomme, das auf Eroberungswünsche verzichten müsse und dann würde alles gut, war die Schwäche aller, die den Ausspruch des Kaisers «Uns treibt nicht Eroberungssucht» vom August 1914 bewusst wörtlich nahmen und daran festhielten. Um den Preis des Status quo war bei der militärischen und politischen Lage, die sich im Herbst 1914 ergeben hatte, kein Verständigungsfrieden zu erhalten.

Doch dem Reichskanzler, der sich im November 1914 mit Falkenhayns Forderungen nach politischen Schritten und Annexionsverzicht konfrontiert sah, ging es nicht um den Status quo oder gar Abtretungen, sondern im Gegenteil darum, dass der Krieg sich gelohnt haben und dass er dem Volk einen Siegespreis, also Territorialgewinn, für seine Opfer präsentieren müsse. Als Ziele boten sich Teile von Belgien an, nämlich Lüttich und die flandrische Küste, die Armee und Marine als «Sicherung» für den Fall künftiger Kriege behalten wollten, sowie das Erzgebiet von Longwy-Briey, an dessen Annexion Hindenburg sogar noch im Herbst 1918 festhalten wollte, sowie Grenzkorrekturen im Osten, die unter dem Stichwort des «polnischen Grenzstreifens» in die Geschichte eingegangen sind.[39] Außerdem, da war sich Bethmann mit Jagow und Zimmermann einig, musste der Krieg auch machtpolitisch Sinn gemacht haben, indem er die Triple-Entente sprengte. Nichts von dem konnte erreicht werden, wenn Deutschland jetzt um einen Separatfrieden bettelte. Der Kanzler fokussierte vor allem auf Gewinne im Osten, um Russland einzudämmen. Statt Falkenhayns Vorschlag, politische Auswege aus dem Krieg zu suchen, innerlich zu akzeptieren und sich zu eigen zu machen, hoffte er lieber auf einen Führungswechsel in der Armee. Hindenburg und Ludendorff standen ab Spätherbst 1914 bereit, an die Spitze des Generalstabs zu treten und den ihnen verhassten Falkenhayn abzulösen, dem sie vorwarfen, ihnen aus Eifersucht die für einen großen militärischen Erfolg gegen die Russen notwendigen Truppen vorzuenthalten. Ludendorff bedrängte die Regierung auch telefonisch, und obwohl Bethmann das nicht gefiel, dachte er doch an einen Chefwechsel.[40] Er unternahm auch nichts in Richtung auf einen Separatfrieden, und es war der reine Zufall, dass nur wenige Wochen nach dem Gespräch mit Falkenhayn ein dänischer Vermittlungsfühler, der später als «Andersen-Mission» in die Geschichte eingegangen ist, den Weg zu einem Separatfrieden mit Russland zu eröffnen schien. Diese Chance zurückzuweisen, traute sich Bethmann dann doch nicht, wenn er die Angelegenheit auch ostentativ lustlos betrieb und hoffte, sie werde im Sande verlaufen.[41] Die Sondierungen sollten im Frühjahr 1915 am Zar scheitern, der jeden Separatfrieden als unehrenhaft von sich wies.[42]

Die Andersen-Mission war der Erste einer ganzen Reihe von Separatfriedensfühlern, die während des Krieges von den Mittelmächten ausgestreckt wurden. Sie blieben eklatant erfolglos; pure Episoden, in denen Unterhändler mit unklaren Vollmachten versuchten, mit den Vertretern der Gegenseite ins Gespräch zu kommen. Diese Methoden scheiterten zumeist an der fehlenden Verhandlungsbereitschaft der Gegenseite; sie waren aber auch, wie der ausbleibende Erfolg zeigte, offensichtlich ungeeignet, einen Weg aus diesem täglich totaler werdenden Krieg zu eröffnen. Es bleibt aber festzuhalten, dass gerade im deutschen Auswärtigen Amt viele Diplomaten glaubten, nur in diesen Mitteln der Geheimdiplomatie eine Lösung für das Problem, wie dieser Krieg zu beenden sei, finden zu können.[43] Auch wenn diese Fühler keinen Erfolg hatten, zeigen sie doch, dass die deutsche und auch die österreichisch-ungarische Diplomatie immerhin versuchten, einen politischen Ausweg aus dem Krieg zu finden.

Die deutsche Lage war im Herbst 1914 kritisch, es drohten unmittelbare Gefahren und noch größere in der Zukunft. Die Verfahrenheit und Sinnlosigkeit dieses Krieges begann sich den ersten Zeitgenossen mitzuteilen; die übergroße Mehrheit sah sich aber in einem aufgezwungenen Verteidigungskrieg gegen einen selbstgerechten und gefährlichen Feind. Und trotzdem wäre die Vorstellung, dass das Deutsche Reich den Ersten Weltkrieg an der Marne oder im Herbst 1914 bereits verloren hatte, irreführend. Die Situation, in der sich Europa im Herbst 1914 befand, war die eines Patts; der Stellungskrieg ergab sich aus dem damaligen Stand der

Waffentechnik und den im Wesentlichen ausgeglichenen Kräften. Keine der beiden Seiten besaß eine hinreichende Überlegenheit, um den Gegner bezwingen zu können. Das Deutsche Reich und das verbündete Österreich-Ungarn führten den Kontinentalkrieg nun so, wie ihn der ältere Moltke geplant hatte: Die Armeen waren zwischen den beiden Fronten aufgeteilt und leisteten dem Gegner erfolgreich Widerstand, besaßen aber nicht die Kraft zum Entscheidungsschlag. Militärisch vorteilhaft war, dass die deutschen Armeen tief in gegnerischem Gebiet standen. General v. Lyncker stellte schon Ende September 1914 fest: «Immerhin stehen wir mit einer siegreichen Armee, die sich nicht so leicht zurückdrängen läßt, doch im Herzen von Frankreich, und wollen doch mal erst sehen, wer uns da wieder herausbringen will.»[44] Er und andere wiederholten diese Erkenntnis unzählige Male in den kommenden Monaten. Neben dem Druck, den dies auf die Gegner ausübte, sorgte es auch dafür, dass die Verwüstungen des Krieges der Heimat erspart blieben. Darüber hinaus war die Besetzung Belgiens auch wirtschaftlich von großer Bedeutung – so waren große Mengen an Rohstoffen in deutsche Hand gefallen, deren Sicherung eines der Motive für die Gründung der «Kriegsrohstoffabteilung» gewesen war, und die Besetzung der gerade industriell bedeutenden nördlichen Provinzen Frankreichs schwächte dieses in ökonomischer Hinsicht erheblich.[45] Die alliierte Blockade, die ab Herbst 1914 Deutschland vom Weltmarkt abschnitt, konnte keine rasche Wirkung entfalten.[46] Allerdings drohte, wie Falkenhayn feststellte, bei langer Kriegsdauer die Gefahr, dass die Mittelmächte kriegswirtschaftlich von der Entente so überflügelt werden würden, dass dieser der Sieg automatisch zufallen musste.

Die deutsche Strategie lief seit den Eröffnungen Falkenhayns im November 1914 darauf hinaus, einen Erschöpfungskrieg so lange durchzuhalten, bis der Gegner nachgab, den man selbst nicht bezwingen konnte. Populär war diese Idee nicht. Der «Ermattungskrieg» wurde in der militärischen Führung als Bankrotterklärung angesehen, als ideen- und konzeptionslose «Wurschtelei», die für die Mittelmächte zu nichts führen würde. Noch war der Glaube, dass strategisches Geschick die Sache wenden könne, weit verbreitet. Am 2. März 1915 notierte Kronprinz Rupprecht nach einer Besprechung mit Falkenhayn: «Sehr erschreckte mich seine Äußerung, daß es auf beiden Fronten zu einem Bewegungskriege nicht mehr kommen werde. … Wer nichts wagt, der nichts gewinnt, sagt das Sprichwort, und wie soll der Krieg eine für uns entscheidende Wendung nehmen, wenn wir uns auf die strategische Defensive beschränken? Mir gefällt Falkenhayn immer weniger. Er ist voll hastiger Unruhe, ein Mann der kleinen Mittel, aber nicht der großen Ziele, geneigt, seine Maßnahmen von jenen des Gegners abhängig zu machen, anstatt diesem das Gesetz zu diktieren.»[47]

Die Ermattungsstrategie hatte in der Tat ein logisches Problem: Der Gegner hatte mehr Ressourcen und musste daher von einer langen Kriegsdauer profitieren. Falkenhayn hatte dieses Problem erkannt und deshalb auf Separatfrieden gedrängt; doch solange die Politik ihm nicht helfen konnte, blieb nur die Verteidigung. Schon in der Julikrise hatte sich die militärische Führung mit Blick auf die Mobilisierung unter gewaltigem Zeitdruck gesehen.[48] Auch die Westoffensive war auf rasche Erfolge angelegt. Der Zeitdruck war auch unter den vollkommen gewandelten Umständen ein prägendes Element des deutschen strategischen Denkens. Es war zwar anders als in der Julikrise, es ging nun um einen längeren Zeitraum und um die Befürchtung, von der stärkeren Gegnerkoalition schließlich erdrückt zu werden, wenn der Krieg zu lange weiterlaufe. Später sollte sich noch die Angst vor der Revolution im Inneren dazugesellen. Das Gefühl, die Zeit arbeite gegen Deutschland und deshalb müsse man die Entscheidung irgendwie herbeizwingen und könne sie nicht der Zukunft überlassen, sollte sich während des Krieges konstant bemerkbar machen und eine ganze Reihe spektakulärer strategischer Fehlentscheidungen provozieren; es ging mit dem Glauben an die eigene militärische Überlegenheit eine höchst widersprüchliche Partnerschaft ein.

Im November 1914 war es das Naheliegendste zu versuchen, erst einmal die eigenen Kräfte zu vermehren. Das Deutsche Reich hatte, wie auch die anderen Staaten, in den ersten Monaten Hunderttausende von Kriegsfreiwilligen eingestellt und damit die Streitkräfte ruckartig vergrößert. Doch das allein konnte nicht genug sein, um das Patt zu brechen; alle weiteren personellen oder wirtschaftlichen Mobilisierungsmaßnahmen, auch die auf Seiten der Entente, würden Monate oder gar Jahre brauchen, bevor sie voll ausgeformt sein konnten. Der naheliegendste Schritt, mit dem die beiden Seiten jetzt versuchten, das Patt zu brechen, war das Ringen um die europäischen Neutralen.

Den ersten Erfolg konnten dabei die Zentralmächte verzeichnen. Am 1. November 1914 trat das Osmanische Reich an ihrer Seite in den Krieg ein. Der Zeitpunkt mag verwundern – war doch der deutsche Westangriff bereits festgelaufen und ein rascher Sieg der Mittelmächte unwahrscheinlich geworden. Auch hatte das Land gerade zwei Kriege – den Libyenkrieg gegen Italien von 1911/12 und den Ersten Balkankrieg 1912 – verloren. Die Osmanen waren nach Ansicht aller in- und ausländischen Beobachter tief erschöpft, und ihre Armee brauchte eine lange Phase der Reorganisation.

Der Kriegseintritt war ein Entschluss der osmanischen Regierung, der in der Rückschau wie ein katastrophale Fehlentscheidung wirkt und im Endresultat auch nur als solche gewertet werden kann. Der Schritt wird aber erheblich verständlicher, wenn man ihn aus der türkischen Perspektive der letzten Jahre vor 1914 betrachtet.[49] Die türkische Regierung hatte sich, spätestens seit der Bosnischen Annexionskrise 1908/09, einer stets wachsenden außenpolitischen Bedrohung gegenübergesehen. Im 19. Jahrhundert hatte sie oft Hilfe gefunden, als Russland ihr große Stücke ihres Territoriums abnehmen wollte, so etwa 1853, als sich ein osmanisch-russischer Krieg durch die Intervention Großbritanniens und Frankreichs zum Krimkrieg ausweitete und zu einer russischen Niederlage führte, oder nach dem Russisch-Türkischen Krieg von 1877, der ebenfalls eine massive diplomatische Intervention der Großmächte zu türkischen Gunsten provozierte. Doch diese internationale Unterstützung war in den letzten Jahren vor 1914 vollkommen verschwunden.

Italien hatte 1911 das Osmanische Reich angegriffen, um ihm Libyen abzunehmen, und niemand war den Türken diesmal zu Hilfe gekommen. Im Gegenteil, während dieser Krieg noch andauerte, hatten sich die Balkanstaaten verbündet, im Herbst 1912 gemeinsam das Osmanische Reich angegriffen und ihm fast seine gesamten europäischen Gebiete abgenommen. Danach sah es so aus, als wenn die Großmächte auch den asiatischen Besitz des Osmanischen Reiches untereinander aufteilen wollten.[50] Eine Allianz mit einer oder mehreren Großmächten schien eine Lösung dieses Dilemmas zu bieten; die außenpolitische Isolation schien hingegen tödlich. Eine solche Allianz wurde mit dem Deutschen Reich im Juli 1914 unterzeichnet. Hinzu kamen auch noch andere Argumente, die weit in die Vergangenheit zurückreichten, so etwa die Kapitulationen, die Ausländern im Osmanischen Reich rechtliche und finanzielle Privilegien einräumten, und die vom Ausland kontrollierte Staatsschuldenverwaltung, die Administration de la Dette Publique Ottomane, eine britisch-französisch dominierte Einrichtung, die seit dem Staatsbankrott 1875 einen

Abb. 9 Karikatur aus dem «Kladderadatsch» im Oktober 1911: Das Osmanische Reich erhielt, anders als bisher, keine Unterstützung der Großmächte, in diesem Fall gegen den italienischen Angriff auf seine libyschen Provinzen.

Großteil der türkischen Staatseinkünfte kontrollierte. Die osmanische Führung war, was die Ökonomie anging, im Würgegriff der industrialisierten Länder, und fühlte sich als Opfer des internationalen Systems. Im August 1914 beschlagnahmte die britische Regierung auch noch zwei Schlachtschiffe, die auf türkische Rechnung auf britischen Werften gebaut worden waren; mit ihnen hatte die türkische Marine die griechische Seeherrschaft ausbalancieren wollen. Die Beschlagnahme erregte großen Unmut in der Türkei, da der Kaufpreis, etwa sechs Millionen Pfund, durch öffentliche Spendenaktionen aufgebracht worden war. Als bei Kriegsausbruch das deutsche Mittelmeergeschwader, bestehend aus dem Schlachtkreuzer *Goeben* und dem kleinen Kreuzer *Breslau*, in Konstantinopel einlief und formal an die türkische Regierung übergeben wurde, neigte sich das Pendel weiter auf die deutsche Seite.

Trotz alledem war der türkische Kriegseintritt noch nicht ausgemacht, und auch nicht, dass er auf deutscher Seite erfolgen würde. Doch im November 1914 setzten sich die prodeutschen Kräfte in der Regierung, vor allem Enver Pascha und Talaat Pascha, durch.[51] Die deutsche Seite war erfreut über die Verstärkung, wenn auch manche, so etwa Botschafter Wangenheim, geglaubt hatten, die türkische Neutralität sei für Deutschland vorteilhafter.[52] Die deutsche politische und militärische Führung hatte gemischte Erwartungen an die osmanische Hilfe, die sich in drei großen Hoffnungen und einer großen Befürchtung zusammenfassen lassen. Erstens hoffte sie, der Sultan würde als Oberhaupt der islamischen Welt den «heiligen Krieg» (djihad) ausrufen und die muslimischen Untertanen der britischen und französischen Kolonialreiche zum Aufstand bewegen.[53] Im Jahr 1914 war nicht das Osmanische Reich, sondern das Britische Empire der Staat mit der größten muslimischen Bevölkerung. Der Chef des kaiserlichen Militärkabinetts, General v. Lyncker, schrieb am 2. November 1914: «Von der Türkei hofft man besonders den Aufstand des Islam, und vielleicht eine direkte Einwirkung auf Rußland durch Landung im Schwarzen Meer.»[54] Die deutsche Regierung setzte auf Erhebungen in Ägypten und Indien.[55] Um es vorweg zu sagen: Dies sollte nicht in Erfüllung gehen. Der Erste Weltkrieg war kein Religionskrieg, und auch das Osmanische Reich kämpfte, wie der Chef der Militärmission in Konstantinopel, General Liman v. Sanders, zutreffend bemerkte, nicht für den Islam gegen Andersgläubige, sondern Seite an Seite mit zwei christlichen Kaiserreichen.[56]

Zweitens hofften die Diplomaten des Auswärtigen Amtes, der türkische Kriegseintritt werde sich günstig auf die Haltung der Balkanneutralen auswirken, auf Bulgarien, Rumänien und Griechenland. Sie waren der Ansicht, dass diese Länder auf der deutschen Seite in den Krieg eintreten oder zumindest dauernd neutral bleiben würden.[57] Und drittens gab es die Erwartung, die Türken würden die Entente angreifen und dadurch deren Kräfte binden.[58] Manche hofften sogar, die Osmanen würden zum Suezkanal marschieren, diesen erobern und sperren. Ein solcher Vorstoß fand auch tatsächlich statt, die türkischen Truppen erreichten im Februar 1915 den Suezkanal, konnten sich aber nicht halten und mussten sich wieder zurückziehen.

Alle diese Hoffnungen wurden aber von der großen Sorge überschattet, dass das Osmanische Reich gar nicht in der Lage sein werde, diesen Krieg militärisch und ökonomisch durchzustehen. Die militärische Effizienz der Türken wurde 1914 allgemein als sehr niedrig eingeschätzt, und zwar wegen der im Ersten Balkankrieg erlittenen Niederlagen. Die deutsche Militärmission in Konstantinopel glaubte Anfang 1914, dass das Osmanische Reich mindestens zehn Friedensjahre brauche, um sich von den Verlusten zu erholen. Ein neuer Krieg würde hingegen, so wurde befürchtet, zum raschen und vollständigen türkischen Zusammenbruch führen. Die Feldstärke der türkischen Armee wurde auf nur 200 000 Mann geschätzt.[59] Die deutschen Offiziere in der Türkei beschrieben übereinstimmend den Zustand der türkischen Truppen als katastrophal; der Armee würde es an allem fehlen, an Geschützen, Gewehren, Uniformen, Munition und Transportmitteln; auch könnten 95 Prozent der Soldaten weder lesen noch schreiben. Es mangele an Unteroffizieren, und gleichzeitig klagten die Offiziere der Militärmission über die Faulheit, die Korruption, den Mangel an Energie und gutem Willen der türkischen Offiziere. Es ist übrigens bezeichnend, dass sich in diesen Urteilen nicht nur die typische Überheblichkeit wilhelminischer Offiziere ausdrückte, sondern auch osmanische Kritiker sehr ähnlich klingende Vorwürfe an ihre eigene Armee richteten.[60] Moltke hatte am 13. März 1914 seinem österreichisch-ungarischen Kollegen Conrad v. Hötzendorf geschrieben: «Die Türkei ist militärisch eine Null. Die Berichte unserer Militärmission lauten geradezu trostlos. Die Armee ist in einer Verfassung, die jeder Beschreibung spottet. Wenn man früher von der Türkei als dem kranken Mann sprach, so muß man jetzt schon von dem sterbenden sprechen. Sie hat keine Lebenskraft mehr und befindet sich unrettbar im Zustand der Agonie.»[61]

Dieses Argument – dass man vom sterbenden Mann am Bosporus nicht viel erwarten dürfe – dominierte letztlich die deutschen Einschätzungen im November 1914. Dies zeigt auch ein Kommentar Lynckers vom 10. November 1914: «Eben war der Türkische Botschafter [Mahmud Mukhtar Pascha] bei mir; ich sprach mit ihm über die Operationen der Türken. Nun das sieht allerdings sehr schlecht aus; vor 4 Monaten glauben sie nicht über den Suez-Kanal zu kommen; und in Klein Asien macht sehr bald Eis und Schnee allen Operationen ein Ende. Die helfen uns also gar nicht. Wir stehen nach wie vor allein da. Es ist lediglich vielleicht eine politische Hilfe, militärisch bedeutet es nach Ansicht eines auch hier anwesenden deutschen Offiziers, der zur Militärmission gehört, 1 Prozent unserer eigenen Kraft. Na! Das ist so gut wie Nichts.»[62]

Das war, wie sich im Lauf des Krieges herausstellen sollte, eine grobe Fehleinschätzung.[63] Die militärische Leistung des Osmanischen Reiches übertraf alle Erwartungen – und zwar sowohl die der deutschen wie der alliierten Seite, und das, obwohl der Zustand der Armee zweifellos vieles zu wünschen übrigließ und Infrastruktur sowie Wirtschaft den Osmanen das Führen eines totalen Krieges eigentlich nicht gestatteten. Der britische General Sir Ian Hamilton, der 1915 die Truppen vor Gallipoli kommandieren sollte, sagte später vor dem Untersuchungsausschuss der Dardanellenkommission über die türkischen Soldaten: «Um die Wahrheit zu sagen, ich ahnte nicht einmal annähernd, als wie gut sie sich erweisen würden.»[64]

Die Unterschätzung der Osmanen ist eines der interessantesten Phänomene des Ersten Weltkriegs und besonders der Kämpfe bei Gallipoli im Jahr 1915. Hier können wir eine Parallele zum Zweiten Weltkrieg ziehen: 1940/41 glaubte jeder, die deutschen ebenso wie die britischen, französischen und amerikanischen Militärexperten, dass die Rote Armee schwach sei und einem deutschen Angriff nicht widerstehen könne, und zwar wegen ihrer schwachen Leistung im Krieg gegen Finnland im Winter 1939/40. Die Rote Armee war dann weit leistungsfähiger als angenommen. Ähnliches trifft auf die osmanische Armee zu. Der amerikanische Historiker Edward Erickson meint sogar, sie sei in den ersten Jahren des Krieges nicht nur genauso gut, sondern sogar besser gewesen als ihr britischer Gegner, vor allem deshalb, weil sie aus ihren Niederlagen im Balkankrieg gelernt und drastische Reformen durchgeführt hatte. Zudem erwies sich die deutsche Militärhilfe als erfolgreich.[65] Was das Bild sicher sehr verzerrt hatte, war die Fehlinterpretation der türkischen Leistungen im Balkankrieg. Die Osmanen hatten diesen gegen eine numerische Übermacht verloren, aber an verschiedenen Stellen, so etwa bei der Verteidigung von Jannina oder der Çatalca-Linie vor Konstantinopel, auch äußerst harten und erfolgreichen Widerstand geleistet. Die Balkanstaaten wussten das und waren daher auch in ihrer Beurteilung der osmanischen Leistungsfähigkeit sehr viel zurückhaltender als die Großmächte.[66] Griechische und bulgarische Experten hielten einen Angriffserfolg gegen die Dardanellen deshalb auch nur dann für möglich, wenn der Angriff die Türken komplett überraschen würde.[67]

Hinzu kam, dass die Türken trotz ihrer Ausrüstungsmängel im November 1914 etwa 500 000 Mann an die Front schicken konnten. Diese Zahl erhöhte sich während des Krieges. Zwar schlugen mehrere türkische Angriffe fehl, so etwa der gegen den Suezkanal oder in Armenien. Einige waren sogar schwere Rückschläge, wie etwa ein Angriff auf die Russen, der in der Niederlage von Sarıkamış endete.[68] Insgesamt aber, und darauf kam es aus der deutschen Perspektive an, band das Osmanische Reich an seinen verschiedenen Fronten etwa 1,5 Millionen britischer, französischer und russischer Soldaten, die sonst an anderen Kriegsschauplätzen in Europa gegen die Deutschen oder Österreicher hätten kämpfen können – eine Zahl, die während des Krieges natürlich schwankte. Vom Sommer 1916 an sandten die Türken sogar Truppen nach Mazedonien und nach Galizien, um dort den Österreichern zu helfen.[69] Der türkische Beitrag war alles zusammengenommen von großer militärischer Bedeutung für Deutschland. Wahrscheinlich übertrieben Lloyd George und Ludendorff, als sie meinten, der osmanische Kriegseintritt habe den Krieg um zwei Jahre verlängert, aber auch der britische Historiker David Stevenson hält die Intervention der Osmanen für die bedeutsamste nach der amerikanischen von 1917.[70] Wenn hier auch an dieser Einschätzung massive Zweifel angemeldet werden müssen – dazu unten mehr[71] –, soll die Bedeutung keinesfalls in Abrede gestellt werden. Die türkische Stärke betrug nicht, wie Lyncker geglaubt hatte, etwa ein Prozent der deutschen, sondern schätzungsweise etwa zehn Prozent. Sie kann vielleicht mit dem verglichen werden, was Großbritannien aus seinem Kolonialreich an militärischer Unterstützung herausziehen konnte.[72]

In militärischer Hinsicht war also der türkische Kriegseintritt für Deutschland eindeutig vorteilhaft, obwohl er eine Reihe äußerst komplizierter logistischer und politischer Fragen aufwarf. Er hatte aber auch mehrere gewaltige Nachteile. Der Krieg weitete sich aus und radikalisierte sich weiter. Die osmanischen Massaker an den Armeniern 1915 hätten im Frieden in dieser Form wohl nicht stattgefunden und waren eine Folge des Krieges. Das Osmanische Reich, das schon vorher Ziel imperialistischer Begehrlichkeiten gewesen war, wurde nun ganz offiziell auf das Kriegsziel-Menü der Entente gesetzt. Für den Rest des Krieges planten sie dessen Aufteilung, und zwar auch in den Momenten, in denen sie noch am ehesten an einen Kompromiss dachten, wie etwa um die Jahreswende 1917/18.[73] Die Osmanen sollten zumindest alle nicht-türkischen Gebiete verlieren. Die Frage nach der Zukunft ihres Reiches drohte jeden Friedenschluss weiter zu erschweren. Ein Kompromissfrieden rückte für das Deutsche Reich nun in noch weitere Ferne, es sei denn, man scherte sich nicht um Solidarität mit dem Bundesgenossen und verkaufte die Türkei an die gegnerische Koalition.

Und doch überwogen in der kritischen Situation des November 1914 die Vorteile. Der türkische Kriegseintritt war umso wertvoller, als die Offensive im Westen festgerannt war und ein Angriff, den «Ober Ost» gegen Warschau geführt hatte, letztlich nicht durchdrang und mit dem Rückzug der deutschen Truppen endete. Auch im Osten kamen die Dinge für den Augenblick zum Stillstand. In dieser Situation begann die Haltung einer anderen neutralen Macht die strategische Diskussion zu dominieren – Italien.

5

Eine Strategie des Durchwurschtelns? Das Kriegsjahr 1915

> Die Österreicher wollen nicht, sind so hochmüthig und borniert; besonders der alte Kaiser und der s[o] g[enannte] Hochadel. Wie sie sich den Krieg mit Italien denken, weiß man nicht; man meint, sie wollten lieber «mit Ehren» untergehen, und uns mitreißen in ihren Abgrund. Nette Aussicht das!
>
> *Moriz v. Lyncker, 6. März 1915*

Die Frage, was das neutrale Italien machen werde, wurde in den ersten Monaten des Jahres 1915 zum dominierenden Thema in allen militärischen und politischen Überlegungen der deutschen Führung. Ihr ging aber eine vehemente, völlig anders geartete Strategiedebatte voraus. Um die Jahreswende 1914/15 tobte ein erbitterter Streit, in dem alle Probleme zusammenkamen – die Kriegslage, persönliche Unverträglichkeiten sowie unterschiedliche politische und strategische Konzepte. Die wichtigsten Kontrahenten waren Bethmann Hollweg und das Auswärtige Amt, Falkenhayn, Hindenburg und Ludendorff sowie der gestürzte Moltke, der, gewissermaßen von außen, in die Auseinandersetzungen eingriff und sie sogar initiierte.

So wie die Führungskrise ablief, verschmolz das persönliche Element mit den ungeheuer drängenden politischen und militärischen Problemen. Es ging um die Frage, ob Falkenhayn der richtige Mann auf seinem Posten war, und gleichermaßen um die militärische Schwerpunktbildung in den kommenden Monaten. Falkenhayn hatte, wie erwähnt, im November 1914 nach einem Separatfrieden verlangt und kam immer wieder auf diese Idee zurück, während Bethmann und das Auswärtige Amt ihr mit gewaltiger Reserve gegenüberstanden, da sie so keine Chance sahen, irgendeines ihrer Kriegsziele, sei es die Spaltung der Entente, sei es Landgewinn, erreichen zu können. Gleichzeitig meinte Moltke, der inzwischen die Leitung des Stellvertretenden Generalstabs in Berlin übernommen hatte und sich der abwegigen Hoffnung hingab, in sein Amt zurückberufen zu werden, seinem Nachfolger schwere Fehler vorwerfen zu können. Mit der Ansicht, dass Falkenhayn die Westoperationen im Herbst 1914 nicht gut geleitet habe, stand Moltke nicht allein da; sie wurde ziemlich einhellig von der gesamten deutschen Führung, von Militärs und Zivilisten gleichermaßen, geteilt. Einige Kritiker hatten im Herbst 1914 andere militärische Operationen vorgeschlagen, wie etwa der Oberbefehlshaber der 6. Armee, Kronprinz Rupprecht, die aber wohl ebenso wenig zu einem durchschlagenden Erfolg geführt hätten wie Falkenhayns Maßnahmen.[1] Andere Kritiker urteilten ex post, wie etwa Bethmann Hollweg. Am bedeutsamsten erwies sich die Opposition von Hindenburg, der inzwischen zum Oberbefehlshaber der deutschen Streitkräfte im Osten geworden war («Ober Ost»), und vor allem Ludendorffs. Sie hatten im Herbst Operationen gegen die russische Armee unternommen und waren bis kurz vor Warschau gekommen, mussten sich dann aber wieder zurückziehen. Sie erhoben nun den massiven Vorwurf gegen Falkenhayn, dass er ihnen aus Eifersucht auf ihre Erfolge nicht genug Truppen zur Verfügung gestellt, damit große Erfolge im Osten sabotiert und stattdessen diese Einheiten nutzlos bei Ypern verheizt habe. Dieser Vorwurf war mit der klaren Forderung verbunden, dass der Schwerpunkt der Operationen nun in den Osten verlegt und ihrer Leitung anvertraut werden solle. Diese Forderung war umso dringender, als Falkenhayn, in seiner Eigenschaft als preußischer Kriegsminister, im November 1914 die Aufstellung von vier neuen Korps angeordnet hatte, die im Januar 1915 verwendungsbereit sein würden.[2]

Hindenburg und Ludendorff versprachen sich von einer Operation gegen die Russen die Entscheidung; sie wollten von Norden vorstoßen, sich östlich von Warschau mit den von Süden angreifenden Österreichern treffen und damit Russisch-Polen und die dort stationierten zaristischen

Truppen abschneiden. Außerdem wollten sie einen Wechsel in der Person des Generalstabschefs. Die Allianz zwischen Hindenburg, Ludendorff, Bethmann und ihren Mitarbeitern, zu denen auch der eine praktisch eigenständige Mittlertätigkeit betreibende Major v. Haeften gehörte, versuchte sogar, die Kaiserin und weitere Mitglieder der kaiserlichen Familie miteinzubeziehen, um zum Erfolg zu kommen. Am Ende scheiterte sie in der Hauptsache, da sich der Kaiser eindeutig und massiv für Falkenhayn aussprach, der auch vom Militärkabinett volle Unterstützung erhielt.[3] Falkenhayn musste das Kriegsministerium abgeben, das Wild v. Hohenborn übernahm. Der Großteil der neuen Korps wurde dann tatsächlich nach Osten geschickt, aber das war bereits eine autonome Entscheidung Falkenhayns gewesen, die parallel zu dem Vorstoß seiner Gegner, aber nicht wegen diesem erfolgte. Die persönlichen Beziehungen zwischen ihm und «Ober Ost» erreichten einen ersten, katastrophalen Tiefstand, der so weit ging, dass Ludendorff sich weigerte, im selben Zug mit Falkenhayn zu fahren.[4] Er führte auf Dauer zur Kommunikationsunfähigkeit zwischen dem Generalstabschef und «Ober Ost». Ludendorff gab später offen zu, Falkenhayn das Leben absichtlich sauer gemacht zu haben, und Falkenhayn hielt Ludendorff für «geistig nicht normal».[5]

Die Zangenoperation, die dann im Februar 1915 in Zusammenarbeit mit den Österreichern durchgeführt wurde, lief aber nicht so wie geplant. Zwar konnten die deutschen Truppen wieder Erfolge vermelden und in der «Winterschlacht in Masuren» 90 000 Gefangene machen, aber die Österreicher blieben stecken, auch durch hohen Schnee behindert, und Anfang März 1915 musste der Angriff eingestellt werden. «Ober Ost» war für den Augenblick kleinlaut. Max Hoffmann musste nun zugeben: «Vollständig niederzuwerfen ist das russische Heer nicht»,[6] und Falkenhayn, der von Anfang an die Erfolgsaussichten des Angriffs bestritten hatte, fühlte sich bestätigt und war nun noch weniger als zuvor geneigt, seine Pläne von «Ober Ost» beeinflussen zu lassen.

Triumphgefühle kamen im Generalstab aber nicht auf, dafür war die Kriegslage nicht sicher genug. Immerhin hatte die Westfront in den ersten Monaten des Jahres 1915 schweren französischen Angriffen standgehalten, die mit großer zahlenmäßiger Überlegenheit geführt worden waren – örtlich mit sechsfacher und stellenweise sogar 16-facher Überlegenheit![7] Der Ausgang dieser Kämpfe bestätigte die Falkenhayn-Doktrin von der Unmöglichkeit des Durchbruchs im Stellungskrieg.

Abb. 10 Giftgas wird abgeblasen und wälzt sich auf den Gegner zu. Um unabhängig vom Wind zu werden, wurde Giftgas später mit Artilleriemunition verschossen.

Im Frühjahr 1915 kam es zum ersten größeren Einsatz von Giftgas an der Westfront. Seit Kriegsausbruch hatten beide Seiten mit Gas experimentiert, auch um eine Alternative zu haben, sollte die Munition zur Neige gehen, was im Herbst 1914 allen Seiten zu drohen schien. Außerdem bot sich hier ein Kampfmittel an, das die in Schützengräben verschanzten Soldaten, anders als Beschuss durch Artillerie, Gewehre und Maschinengewehre, doch erreichen konnte. Die Franzosen probierten Tränengas aus, als vergleichsweise harmlose Variante. Auf deutscher Seite wurde zuerst mit Tränengas, dann mit Chlorgas experimentiert. Hier waren Major Bauer vom Generalstab und der Chemiker Fritz Haber führend, die auch den offenbar anfänglich zögernden Falkenhayn überzeugten.[8] Der erste größere Einsatz erfolgte am 22. April 1915 an der Westfront. Aus 6000 Stahlflaschen wurden 150 Tonnen Chloride abgelassen, die auf einem Streifen von ca. sechs Kilometer Breite mehrere Tausend gegnerische

Soldaten umbrachten oder kampfunfähig machten.[9] Doch Kräfte, die Überraschung des unvorbereiteten und wehrlosen Gegners auszunutzen, fehlten.

Später wurde Giftgas, um vom Wind unabhängig zu sein, meist durch Granaten verschossen, auch in Kombination aufeinander abgestimmter Giftgase. Sie wurden zu einer weiteren ungeheuren Belastung der Soldaten an der Front, auch wenn durch konventionelle Granaten sehr viel mehr Soldaten starben als durch Giftgase (ca. 90 000; etwa eine Million Verwundete); doch der Tod, den vor allem auf die Lungen wirkende Giftgase wie Phosgen brachten, war furchtbar und wurde von Wilfred Owen in seinem Gedicht «Dulce et Decorum est» auf eindringliche und erschütternde Weise geschildert.

Im Westen blieb das deutsche Heer im ganzen Jahr 1915 in der Defensive. Der deutsche Teil der Ostfront war im Wesentlichen stabil; Teile Ostpreußens waren zwischenzeitlich wieder von den Russen besetzt und dann zurückerobert worden. Allerdings wollte Hindenburg die vier neuen Korps nicht wieder herausgeben; sonst müsse er sich auf die Weichsel zurückziehen.[10] Sehr kritisch allerdings stand es um die österreichische Ostfront. Die galizische Festung Przemysl war im November 1914 von den Russen eingekesselt worden. Langsam gingen nun die Vorräte zur Neige. Alle Entsatzangriffe waren im meterhohen Schnee steckengeblieben. Im deutschen Hauptquartier wurde ununterbrochen über die «jammervollen» und «erbärmlichen» Österreicher geklagt.[11] Die russischen Armeen waren zwar ebenfalls erschöpft, trotzdem presste die russische Führung in den Karpaten, um nach Ungarn einzubrechen und der Habsburgermonarchie den Todesstoß zu versetzen. In dieser Situation stand es auf Messers Schneide. Sollten die Österreicher zusammenbrechen, war der Krieg auch für Deutschland verloren. Es kam also alles darauf an, diesen Zusammenbruch zu vermeiden.

Denn die österreichische Bedrängnis drohte nicht nur in eine militärische, sondern auch in eine politische Katastrophe zu münden. International wurde der baldige Zusammenbruch der Habsburgermonarchie erwartet, und alle Staaten, die Ansprüche auf österreichische Gebiete hatten, blieben davon nicht unbeeindruckt. Hier sind vor allem Italien und Rumänien zu erwähnen. Beide Staaten waren seit den 1880er Jahren mit den Mittelmächten verbündet, orientierten sich aber nun zunehmend in Richtung Entente. Um von dem größeren der beiden Staaten, dessen weiteres Verhalten die gesamte deutsche Führung von Januar bis Mai 1915 fast exklusiv beschäftigen sollte, zu sprechen: Italien war seit 1882 Mitglied im Dreibund, war aber bei Kriegsausbruch neutral geblieben, da der casus foederis nur im Fall eines gegnerischen Angriffs galt, und einen solchen sah die Regierung in Rom, mit einiger Berechtigung, im Juli 1914 nicht als gegeben an.[12] Nach anfänglichem massiven Unwillen hatten sich die Dreibundpartner, eher aus Notwendigkeit denn aus Enthusiasmus, dieser Interpretation gebeugt. Dann begannen sie, der Neutralität des Landes, das sich wegen der britischen Seeherrschaft im Mittelmeer unmöglich gegen Großbritannien wenden konnte, sogar positive Seiten abzugewinnen, auch wegen der Importmöglichkeiten, mit denen die britische Blockade umgangen werden konnte. Doch zeigte sich ab Spätherbst 1914, in der Situation des immer offensichtlicheren europäischen Patts, dass sich die italienische Führung nicht mit einer reinen und für das Land ergebnislosen Neutralität zufriedengeben würde. Unter Heranziehung und Fehldeutung von Artikel VII des Dreibundvertrags, der die deutsche Seite schon im Sommer 1914 ihre Zustimmung gegeben hatte, verlangte sie von Österreich-Ungarn zuerst nur vorsichtig, dann immer nachdrücklicher eine Kompensation für Gewinne auf dem Balkan – Gewinne, die Österreich, nach dem Fehlschlag der Offensiven gegen Serbien, noch gar nicht gemacht hatte. Doch es ging hier natürlich nicht um die Buchstaben und den ursprünglichen Sinn des Dreibundvertrages, sondern darum, dass die italienische Führung die historische Chance nutzen wollte, ihre nationale Einigung zu vervollständigen und das bisher österreichische Trentino und vielleicht auch Triest zu erwerben.

Dass die Regierung in Wien strikt gegen diese Abtretung war, versteht sich von selbst. Sie hatte den Krieg begonnen, um einen Nationalstaat, der Ansprüche auf ihr Territorium hatte, in die Schranken zu weisen; jetzt einem anderen Nationalstaat Territorien nach dem Nationalitätenprinzip abzutreten, widersprach der Staatsidee der Monarchie und der Logik, die Österreich-Ungarns Regierung zum Kriegsentschluss gebracht hatte. Der Vielvölkerstaat konnte, wenn er seine Existenz nicht in Frage stellen wollte, dieses Prinzip nicht anerkennen; umso weniger, als auch Rumänien Ansprüche auf das von Rumänen bewohnte Siebenbürgen, das zu Ungarn gehörte, erhob. Die deutsche Führung hatte, geprägt von ihrem nationalstaatlichen Selbstverständnis, hingegen heimliches Verständnis für die italienische Forderung und begann frühzeitig ihren Bündnispartner zu bedrängen, den Italienern doch entgegenzukommen und das Trentino abzutreten.

Außenminister Graf Berchtold sah im Januar 1915 ein, dass es aus Selbsterhaltungstrieb wohl tatsächlich notwendig war, in der Trentinofrage nachzugeben und ein schmerzliches Opfer zu bringen. Dies führte aber nur zu seiner Absetzung, und sein Nachfolger Burián dachte zunächst nicht daran, den Italienern entgegenzukommen. Stattdessen wollte er ihnen demonstrieren, dass ihre Forderung zu Unrecht bestehe.[13] Damit versetzte er die einsichtigeren Mitglieder seines eigenen Apparates und vor allem die deutsche Führung, die begriffen hatten, dass es in dieser Frage entweder ein österreichisches Entgegenkommen oder aber Krieg mit Italien geben würde, in zunehmende Verzweiflung. Am 6. März 1915 schrieb Lyncker: «Die Verhandlungen mit Österreich, Italien kommen nicht vom Fleck. Die Österreicher wollen nicht, sind so hochmüthig und borniert; besonders der alte Kaiser und der s[o] g[enannte] Hochadel. Wie sie sich den Krieg mit Italien denken, weiß man nicht; man meint, sie wollten lieber ‹mit Ehren› untergehen und uns mitreißen in ihren Abgrund. Nette Aussicht das!»[14]

Die Deutschen, und zwar sowohl der Reichskanzler und die Diplomatie – der frühere Reichskanzler Fürst Bülow wurde als Sonderbotschafter nach Rom entsandt – als auch Falkenhayn, bedrängten ihre jeweiligen österreichisch-ungarischen Partner, doch Konzessionen zu machen, und Anfang März war die Not so weit gestiegen, dass die Regierung in Berlin bereit war, eventuell den Österreichern ein Stück Schlesiens zu überlassen, um ihnen die Abtretung des Trentino zu erleichtern.[15] Dieses «Schlesische Angebot» hätte bei Bekanntwerden mit Sicherheit einen Aufschrei des Entsetzens in Deutschland provoziert. Die Stimmung wird charakterisiert durch einen Tagebucheintrag des kaiserlichen Generaladjutanten v. Plessen, der am 5. März 1915 notierte: «Ich suche Falkenhayn auf: Was sind für Abmachungen mit Österreich im Gange bezügl[ich] Abteilung des Trentino an Italien? Antwort: ‹Um den gänzlich ablehnenden Kaiser Franz Joseph zu gewinnen, will man ihm als compensation ein Stück «Schlesien» offerieren und zwar 30 000 Einwohner.› Als ich bei diesem Gedanken meine ganze Entrüstung kundgab, behauptete F[alkenhayn] aus wirtschaftlichen Gründen könnten wir es mit Italien und Rumänien nicht zum Bruch kommen lassen, andernfalls würde Deutschland verhungern! Übrigens sei die neueste Version, dass Österreich zur Abtretung des Trentino mit Italien in Verhandlungen einzutreten bereit sei, wenn ihm der Kreis Sosnowice[16] garantiert würde. – Das können wir mit gutem Gewissen tun, während durch Abtretung eines Stückes Preussen unser ganzes Vaterland empört und S.M. mit Reichskanzler in die schwerste Bedrängnis geraten würde!»[17] Die Wiener Diplomaten führten ähnliche Argumente ins Feld und sagten, es könne von ihnen nicht erwartet werden, dass sich die Monarchie die Kompensation für Italien aus ihrem eigenen Fleisch schneide.[18]

Vielleicht hätte ein rechtzeitiges österreichisches Einlenken, vielleicht hätte das «Schlesische Angebot» den Kriegseintritt Italiens verhindern und den Zentralmächten helfen können, den Krieg mit einem erträglichen Frieden abzuschließen. Doch als die Österreicher sich entschlossen hatten, gegen Überlassung des russischen Kohlenbeckens von Sosnowice den Italienern das Trentino abzutreten, war es bereits zu spät. In Italien führte Antonio Salandra die Regierung; sein Außenminister war seit November 1914 Sidney Sonnino, der in seiner langen Parlamentarierlaufbahn immer ein prononcierter Dreibundbefürworter gewesen war. Doch Sonnino war kein dogmatischer triplicista, sondern ein starrer Nationalist. Er gewann in den ersten Monaten des Jahres 1915, auch als Resultat der Verhandlungsführung Buriáns, den Eindruck, dass von Österreich nichts zu erhoffen war. Er wandte sich deshalb an die Entente, und als Österreich dann plötzlich echte Verhandlungsbereitschaft zeigte, liefen bereits die Verhandlungen mit London und Paris, die in den folgenden Monaten in dem Bieterkrieg, der sich entwickelte, auf österreichische Kosten mehr anbieten konnten als Österreich auf seine eigenen.

Der italienische Entscheidungsprozess hat eine hochinteressante innenpolitische wie gesamteuropäische Komponente, die hier nur gestreift werden kann. Italien war wie ein Versuchslabor für die europäische Kriegsstimmung vor 1914, die letztlich nur dann wirklich schlüssig untersucht werden kann, wenn das im Sommer 1914 allseits dominierende Gefühl, einen gerechten Verteidigungskrieg zu führen, herausgerechnet werden kann – und das war in Italien der Fall. Die breite Mehrheit der Italiener war neutralistisch und wollte keinen Krieg, und das galt auch für die Mehrheit der Abgeordneten und besonders für Giovanni Giolitti, den wahren Herrscher des Parlaments, der aber in diesen Monaten in der Opposition war und Salandra und Sonnino gewähren ließ, weil er glaubte, dass Wien nur auf äußersten Druck reagieren würde. Giolitti schätzte, anders als Salandra und Sonnino, und auch als Generalstabschef Cadorna, die Belastung des drohenden Krieges realistisch ein. Er irrte aber in einem anderen Punkt, als er in den entscheidenden Monaten des Jahres 1915 glaubte, die Regierung verhandle hart, würde es aber nicht zum Äußersten kommen lassen. Doch in einem politischen Zusammenwirken mit dem König, den Links- und Rechts-Irredentisten und Polit-Aktivisten wie Gabriele D'Annunzio und dem abtrünnigen Sozialisten Benito Mussolini, deren Anhänger die Straßen terrorisierten, führten Salandra und Sonnino das widerstrebende Land in den Krieg, und das, obwohl Österreich-Ungarn seine Angebote immer weiter erhöht und schließlich auch öffentlich gemacht hatte. Am 26. April 1915 schlossen Premierminister Salandra und Außenminister Sonnino mit den Alliierten den Pakt von London ab, der Italiens Kriegseintritt innerhalb eines Monats vorsah. Am 3. Mai 1915 kündigte Italien den Dreibund, am 23. Mai erklärte es Österreich-Ungarn den Krieg.

Dieser offen aggressive Akt erwies sich für die italienische innere Einheit als fatal. Es gab keine breite Kriegsbegeisterung. Die Armee, die immer noch durch den Libyenkrieg angeschlagen war, hatte Ausrüstungsmängel. Die italienische Offensive entfaltete sich langsam und wurde von den Österreichern grenznah gestoppt. Es folgten zwölf Isonzoschlachten, die dem üblichen Schema der Schlachten des Ersten Weltkriegs entsprachen und, bis auf die letzte, kaum Geländegewinne bei horrenden Opfern brachten. Die ersten elf Schlachten allein kosteten über 720 000 österreichische und italienische Soldaten das Leben;[19] die zwölfte sollte für Italien ein episches Desaster werden.[20]

Die italienische Intervention war einer der zentralen Wendepunkte des Ersten Weltkriegs, obwohl sie, anders als Salandra und Sonnino zuversichtlich gehofft hatten, nicht in kurzer Zeit die Kriegsentscheidung herbeiführen sollte. Hätte die italienische Regierung sich für die Neutralität entschieden, wären über eine Million Menschen am Leben geblieben, die an dieser neuen Front sterben sollten. Gleichzeitig bedeutete der Kriegseintritt Italiens für die Zentralmächte eine ungeheure Belastung, die sich auf längere Sicht sehr nachteilig bemerkbar machen sollte. An dieser Front wurden zu Beginn etwa 400 000 österreichisch-ungarische Soldaten gebunden; der deutsche Beitrag war in den ersten Jahren bescheiden und beschränkte sich zunächst auf das neuaufgestellte Alpenkorps unter General Krafft v. Dellmensingen, das grenznah stationiert wurde, aber nicht auf italienisches Gebiet vordringen durfte. Die Zahl der an der italienischen Front gebundenen Soldaten sollte später in den Millionenbereich gehen – und dies waren Truppen, die sonst an der West- oder Ostfront oder auf dem Balkan hätten kämpfen können.

Ebenso wie bereits der türkische Kriegseintritt erschwerte auch der italienische jede politische Kompromisslösung des Krieges, wie die österreichisch-ungarische und auch die britische Regierung 1917 feststellen sollten. In London waren große Neigungen vorhanden, mit den Österreichern einen Separatfrieden abzuschließen. Dies scheiterte an mehreren Faktoren. Der bedeutendste unter ihnen waren die starren italienischen Kriegszielforderungen, die Österreich nicht erfüllen konnte oder wollte.[21]

Die fortdauernde italienische Neutralität hätte für die Mittelmächte den Sieg oder ein Remis bedeuten können.[22] Andererseits hätte der italienische Kriegseintritt auch sofortige verheerende Folgen für die Zentralmächte haben können, so wie die italienische Regierung es eigentlich erhofft hatte. Dass dies nicht eintrat, hatte mit den parallelen Ereignissen an der Russlandfront zu tun, die die gesamte strategische Lage des Krieges geändert hätten – wenn Italien nicht eingegriffen und damit das Patt um drei Jahre verlängert hätte.

Um die Gesamtlage und die strategischen Entscheidungen des Frühjahrs 1915 vollständig verstehen zu können, ist es notwendig, in der Zeit wieder etwas zurückzugehen. Eines der Ergebnisse der deutsch-österreichischen Offensiven des Winters 1914/15 und ihres Festlaufens war, dass die von den Russen eingekesselte galizische Festung Przemysl, die von einer Besatzung von etwa 130 000 Mann verteidigt wurde, nicht entsetzt werden konnte.[23] Przemysl war isoliert und von den Russen eingeschlossen worden, als sich die Österreicher in die Karpaten zurückziehen mussten. Eine erste Belagerung war durch einen Vorstoß wieder aufgehoben worden; doch seit dem 11. November 1914 war die große, von General Kusmanek befehligte Festung dauerhaft eingeschlossen worden. Przemysl war so stark, dass die Russen, denen es an Belagerungsartillerie fehlte, es nicht stürmten, sondern darauf warteten, dass der Besatzung Nahrung und Munition ausgehen würden. Die Garnison von Przemysl war durch ihre schiere Größe benachteiligt. Zeitgenössischen Beobachtern zufolge hätte die Hälfte der Truppen ausgereicht, die Festung effektiv zu verteidigen, und die riesige Besatzung musste schließlich auch versorgt werden.

In den ersten Monaten des Jahres 1915 blieben alle Entsatzversuche der Österreicher im hohen Schnee stecken und kamen nur auf etwa fünfzig Kilometer an Przemysl heran. Im Februar war es offensichtlich, dass die Festung nicht mehr entsetzt werden konnte. Der Generalstab informierte Kusmanek, den «Löwen von Przemysl», dass keine weiteren Vorstöße geplant seien. Deshalb ließ der General, als seine Vorräte zur Neige gingen, die Ausrüstung zerstören und kapitulierte schließlich am 22. März 1915.[24] Die Besatzung fiel in russische Kriegsgefangenschaft, und der amerikanische Kriegskorrespondent Stanley Washburn beschrieb die langen Reihen von österreichisch-ungarischen Gefangenen, die, von den Russen kaum bewacht, in Richtung Lemberg marschierten.[25] Die Bilder von den österreichischen Gefangenen, die in breiten Strömen zurückgeführt wurden, diskutierte man sogar in Amerika. Die Stimmung in Österreich fiel auf ein dramatisches Tief. Przemysl wird das «Stalingrad des Ersten Weltkriegs» genannt, und mit der Depression im Deutschland des Jahres 1943 lässt sich auch die Stimmung in der Habsburgermonarchie im Frühjahr 1915 vergleichen.

Die Kapitulation von Przemysl hätte tatsächlich der zentrale Wendepunkt dieses Krieges werden können, und zwar sowohl vom Militärischen als auch vom Symbolischen her. Die öffentliche Meinung in Österreich-Ungarn war denkbar niedergeschlagen und deprimiert; der Fall von Przemysl schien der Anfang vom Ende der Habsburgermonarchie zu sein. Die Deutschen sahen mit Entsetzen, wie kraftlos ihr Bundesgenosse agierte, und befürchteten für den Fall eines österreichischen Zusammenbruchs das Schlimmste auch für sich selbst. Die Entente und die Neutralen glaubten ebenfalls, nun gehe es mit der Donaumonarchie zu Ende; die Russen, obwohl ermattet, pressten in den Karpaten vorwärts. Nicht zufällig intensivierten sich Ende März auch die Verhandlungen Italiens mit der Entente; die Regierung in Rom fällte ihre Entscheidung, in den Konfikt einzugreifen, in den Wochen, in denen die galizische Katastrophe international die Diskussion dominierte. In diesen Wochen stand der Krieg für die Zentralmächte auf Messers Schneide.

Doch der Fall von Przemysl wurde nicht zum Gnadenstoß für die Habsburgermonarchie. Die Zentralmächte konnten in den darauffolgenden Wochen dieses Schicksal durch eine glückliche strategische Entscheidung abwenden, die durch die beiden dominierenden Entwicklungen – die Schwäche der österreichischen Ostfront und die drohende

Haltung Italiens – förmlich erzwungen wurde. Das Ergebnis war die Planung der Schlacht von Gorlice-Tarnow – einer Schlacht, die heutzutage in Deutschland fast vergessen ist, die aber eine der Entscheidungsschlachten des Ersten Weltkriegs war und deren politische Auswirkungen weit über diesen hinausreichen. Sie ist unbekannter als die Schlacht bei Tannenberg oder die Brussilow-Offensive, aber mindestens so wichtig wie diese und wahrscheinlich noch folgenreicher. Denn die Schlacht von Gorlice-Tarnow stand am Anfang einer Entwicklung, die mit der eigentlich paradoxen parallelen Niederlage der drei gegeneinander kämpfenden polnischen Teilungsmächte endete. Ohne sie wäre Polen, das als unabhängiger Staat 1795 zu existieren aufgehört hatte, am Ende des Ersten Weltkriegs wohl nicht wiederbegründet worden. Die Schlacht ließ die Zentralmächte nicht den Krieg gewinnen – obwohl auch das nun in den Bereich des Möglichen rückte –, aber sie gestattete es ihnen, noch mehr als drei Jahre lang weiterzukämpfen, und das trotz der italienischen Intervention. Für Russland war die Schlacht der Anfang vom Ende, und das, obwohl das Zarenreich militärisch und kriegswirtschaftlich noch einen eindrucksvollen Endspurt hinlegte.[26]

Die Planung der Offensive wurde durch die Umstände erzwungen, und sie war nicht als Entscheidungsschlacht angelegt. Österreichs Schwäche im Osten und die drohende Haltung Italiens waren die Gründe, aus denen Falkenhayn sich schließlich zum Eingreifen entschloss. Er hatte ursprünglich nur geringe Neigungen, sich an der österreichischen Ostfront zu engagieren, da er die Westfront für den entscheidenden Kriegsschauplatz hielt und mit seinen knappen Heeresreserven geizte. Er war ein «Westerner», so wie dies, im britischen Fall, Sir Douglas Haig war. Falkenhayn hatte auch gute Argumente, der Westfront eine absolute Priorität zu geben. Ein feindlicher Durchbruch drohte hier den sofortigen Verlust des Krieges nach sich zu ziehen, und die Westfront war unter dem konstanten Druck eines zahlenmäßig weit überlegenen Feindes. Und zusätzlich bestürmten der Reichskanzler und das Auswärtige Amt Falkenhayn im Frühjahr 1915, Serbien zu erobern, um die Nachschubwege in die Türkei unter Kontrolle zu bekommen; dies wurde umso dringender, als im März 1915 die alliierten Angriffe auf die Dardanellen begannen und die osmanischen Verteidiger knapp an Munition waren.[27] Alle diese Probleme mussten nun in den Hintergrund treten, um den Österreichern zu helfen; erstens um den Zusammenbruch des Hauptverbündeten zu verhindern, zweitens um die Italiener und Rumänen vom Eingreifen abzuhalten. Falkenhayn hielt vor allem den Kriegseintritt Italiens für eine Katastrophe, die die sichere Niederlage der Zentralmächte zur Folge haben musste, und befand sich darin in seltener Einigkeit mit seinem österreichisch-ungarischen Kollegen, Conrad v. Hötzendorf.[28]

Doch die Frage war, wie diese Stabilisierung der österreichischen Ostfront gelingen konnte. Nachdem sie Przemysl erobert hatte, versuchte die russische Armee die österreichische Karpatenfront zu durchbrechen und dann in Ungarn einzufallen. Conrad v. Hötzendorf bat dringend um limitierte deutsche Hilfe, um seine Front zu stabilisieren. Aus deutscher – also aus Falkenhayns – Perspektive gab es verschiedene Möglichkeiten, die Österreicher zu unterstützen. Eine wäre gewesen, Conrads Wünschen einfach nachzukommen und mit den verlangten Kontingenten, etwa zwei oder vier Divisionen, die Front dort zu stärken, wo es notwendig war. Falkenhayn lehnte dies ab. Dies würde seiner Ansicht nach Stückwerk bleiben und nur dazu führen, dass seine Reserven auf Nimmerwiedersehen divisionsweise in der österreichischen Front verschwinden würden. Er wollte anders vorgehen und begann, die Möglichkeiten für eine begrenzte deutsche Offensive auszuloten, die, anders als bei den bisherigen Angriffen, nicht auf eine weiträumige Umkreisung und Einschnürung russischer Verbände abzielte, sondern diese frontal angreifen sollte. Die Aufgabe dieser Offensive sollte ein begrenzter Vorstoß sein, der den russischen Druck mindern und es erlauben sollte, die Angriffsarmee nach dem Erreichen des Angriffsziels abziehen und anderweitig verwenden zu können. Sie würde also in die deutsche Heeresreserve zurückkehren und nicht permanent an der österreichischen Front gebunden bleiben.

Eine von Falkenhayns Hauptsorgen war und blieb der Einsatz von Heeresreserven und deren späterer Verbleib. Er geizte aus gutem Grund mit seinen Reserven. Sie waren die Grundvoraussetzung für jede Form operativer Planung, und Reserven, vor allem das Neubilden von Reserven, waren das Kardinalproblem des Generalstabs, der schließlich in einem Mehrfrontenkrieg einem zahlenmäßig weit überlegenen Gegner gegenüberstand. Die Heeresreserve war im Frühjahr 1915 wieder stark zusammengeschrumpft, weil die neuen Verbände von Hindenburg und Ludendorff in der Winterschlacht in Masuren eingesetzt und auch nicht zurückgegeben worden waren. In dieser Verlegenheit hatte das preußische Kriegsministerium einen Ausweg aufgezeigt, um eine neue Reserve zu bilden. Es schlug vor, die Westfront umzubilden und die Zahl der Regimenter pro Division von vier auf drei zu reduzieren, also ein Regiment herauszuziehen und die verbleibenden durch Zuteilung neuer Mannschaften und zusätzlicher Artillerie zu verstärken. Aus den herausgezogenen Regimentern konnten dann neue Divisionen gebildet werden. Dies wurde durchgeführt, wenn auch nicht ohne Reibungen, denn manchem Armeeoberkommando mussten die Regimenter einzeln entwunden werden. Unter Verzicht auf Überdehnung des Prinzips wurden so vierzehn neue und sofort einsatzfähige Divisionen gewonnen. Damit konnte im Westen kein großer Angriff unternommen werden. Falkenhayn hatte Operationsstudien für die Westfront in Auftrag gegeben, die aber sämtlich seine Skepsis bestätigt hatten. Sie waren zu dem Ergebnis gekommen, dass für eine erfolgversprechende Operation an der Westfront mindestens dreißig Divisionen benötigt wurden. Damit stand die neue Heeresreserve für andere Aufgaben zur Verfügung, für Angriffe an der Ostfront oder auf dem Balkan.[29]

Falkenhayn begann zu überlegen, wo und wie er an der österreichischen Ostfront aktiv werden sollte, um den Österreichern zu helfen und die russische Offensivkraft zu reduzieren. Oberst v. Seeckt, der in der Schlacht noch eine bedeutsame Rolle spielen sollte, erklärte später Falkenhayns Entscheidung. Ein Angriff am deutschen Teil der Ostfront hätte den Österreichern keine Entlastung gebracht. Der östliche Teil der österreichischen Ostfront empfahl sich nicht wegen schlechter Verkehrsverbindungen. Ein Angriff in den Karpaten drohte, keine rasche Entscheidung zu bringen. Deshalb drängte sich das Zentrum der russischen Front als Angriffsziel förmlich auf. Seeckt meinte später, der ideale Angriffspunkt habe sich dem Betrachter der Ostkarte wie von selbst angeboten.[30] Der gesamte Generalstab stimmte darin überein, dass die Operation sinnvoll war; strittig war nur der genaue Angriffspunkt, entweder eher nördlich zwischen Pilica und Weichsel, oder eher südlich zwischen der Weichsel und den Karpaten. Falkenhayn diskutierte diese Frage mit Wild von Hohenborn und mit dem Oberquartiermeister, General v. Freytag-Loringhoven, der das Angriffsgebiet genau kannte, sowie mit dem Chef der Operationsabteilung des Generalstabs, Gerhard Tappen; sie überzeugten ihn, dass die südliche Lösung besser sei. Der Angriffspunkt bei Gorlice, in Richtung Sanok, war in der Tat ideal, da die Russen einem erfolgreichen Vorstoß wenig entgegensetzen konnten und die deutschen Flanken beim Vorrücken im Süden durch die Karpaten und im Norden durch die Weichsel gedeckt wurden. Kriegsminister Wild v. Hohenborn, mit dem Falkenhayn den Angriffsentwurf diskutierte, meinte später, das Ziel der Offensive sei gewesen, in den Rücken der russischen Karpatenfront zu stoßen und diese dadurch zum Zusammenbruch zu bringen. Dies würde den Rückzug der russischen Armee erzwingen, was umso nachhaltiger sein würde, da ihre rückwärtigen Verbindungen schlecht waren und ihre Umgruppierung damit aufwendig und kompliziert sein würde.

Der Angriff, den Falkenhayn plante, sollte demnach den archimedischen Punkt der russischen Front treffen und sie zu einem Rückzug zwingen. Gerade weil der ideale Angriffspunkt so offensichtlich war, ist es nicht verwunderlich, dass hinterher mehrere deutsche und österreichische Offiziere die Vaterschaft des Unternehmens für sich reklamierten. Doch wie immer in der Militärgeschichte, ist zu fragen, warum der Gegner, warum die Russen die sich abzeichnende und so offensichtliche Bedrohung ignorierten. Die Frage ist umso drängender, als die russischen Verbände in den Karpaten durch die harten Kämpfe schon ernsthaft geschwächt waren und der deutsche Generalstab, um die Italiener zu beeindrucken, zuletzt Informationen über den bevorstehenden Angriff gezielt öffentlich machte. Trotzdem unternahm das russische Oberkommando nichts; obwohl auch von österreichischen Deserteuren gewarnt,[31] unterschätzte es die Gefahr. Es gab den eigenen Angriff in den Karpaten nicht auf, von dem es hoffte, er werde, erst recht zusammen mit dem für Mai erwarteten italienischen Angriff von Südwesten, die Österreicher zum Zusammenbruch bringen und damit kriegsentscheidend sein. Russische Truppen wurden sogar aus Galizien in die Karpaten verlegt, um den Angriff dort zu stärken. Der Kommandeur der 3. russischen Armee, General Dmitriew, wusste, dass seine Armee angegriffen werden würde. Aber das russische Oberkommando, das bisher an der österreichischen Front durch Siege verwöhnt worden war und die Entscheidung erzwingen wollte, fühlte sich allzu sicher, während die deutschen und österreichischen Angriffsvorbereitungen auf Hochtouren liefen. All das wirkte zum Vorteil von Falkenhayns Angriffsplan. Die Front in Galizien war ein schwacher Punkt der russischen Front und die Stawka unternahm nichts, um ihn zu stärken.

Mitte März 1915 hatte Falkenhayn Oberst v. Loßberg, einen der tüchtigsten Offiziere der Operationsabteilung des Generalstabs, gebeten, die Durchbruchsmöglichkeiten im Raum Gorlice zu prüfen, und er ließ die Eisenbahnabteilung den Transport von vier Armeekorps nach Gorlice vorbereiten.[32] Er ließ auch durch den deutschen Militärbevollmächtigten in Österreich-Ungarn, General v. Cramon, in größter Heimlichkeit Informationen über den Zustand der Straßen in der Angriffszone und über die russische Armee sammeln. Cramon berichtete ihm am 8. April 1915, dass die «russische Armee [...] einem mit Überlegenheit [...] geführten Stoß nicht gewachsen ist».[33] Cramon glaubte, dass vier Armeekorps für die Aufgabe voraussichtlich genügen würden.

Falkenhayn hatte seinen österreichisch-ungarischen Kollegen Conrad v. Hötzendorf über diese Absichten bis zum 13. April 1915 nicht informiert; und zu diesem Zeitpunkt rollten bereits die Truppentransporte und Munitionszüge Richtung Gorlice.[34] Er hatte ihn aus Geheimhaltungsgründen so lange im Ungewissen gelassen; außerdem wollte er den Druck auf die Österreicher nicht mindern, um sie gegen Italien nachgiebiger zu machen. Conrad war natürlich über die Hilfszusage erfreut, was ihn aber nicht daran hinderte, sofort die Kommandofrage aufzuwerfen. Er wollte die Truppen, die an seiner Front kämpften, auch befehligen. Nach zähen Diskussionen einigten sich Falkenhayn und Conrad, dass die neu aufgestellte 11. deutsche Armee, die von Generaloberst v. Mackensen und seinem Stabschef, Oberst v. Seeckt, befehligt wurde, unter nominellem östereichischen Oberbefehl stehen sollte. Mackensen wurde auch die 4. k.u.k. Armee unterstellt.

Falkenhayn gab der Operation ein begrenztes Ziel; er wollte Westgalizien von den Russen befreien und bis zum Lupkow-Pass vorstoßen. Dieses Ziel wirkt bescheiden, vor allem, wenn es mit den späteren Erfolgen der Operation verglichen wird. Aber Falkenhayn – und nicht nur er – hatte das Gefühl, mit der Offensive in Galizien ein großes Risiko einzugehen. Der Generalstab musste schließlich nicht nur Italien, sondern auch die Westfront im Auge behalten. Der Generaladjutant des Kaisers, Generaloberst v. Plessen, notierte nach dem Kaiservortrag am 10. April 1915: «Falkenhayn bringt eine neue Verstärkung von Ost mit 4 A[rmee] K[orps] in Anregung u[nd] z[war] eine Offensive in den Rücken der Russen auf dem rechten Weichselufer, den Nordrand der Karpaten entlang. Eine forsche Unternehmung. Werden wir dadurch im Westen nicht zu schwach?»[35] Im Mai 1915 standen dort 1,9 Millionen deutsche 2,45 Millionen britischen und französischen Soldaten gegenüber,[36] und es ist verständlich, dass Falkenhayn sich um die Festigkeit der Westfront sorgte. Doch auch an der Ostfront sah es nicht viel besser aus. Hier kämpften etwa 1,8 Millionen Russen gegen 1,3 Millionen Soldaten der Zentralmächte. Wenn dann auch noch der Balkan und die drohende Haltung Italiens in Rechnung gestellt werden, wird klar, dass die Abstellung von Kräften für einen größeren Angriff ein erhebliches Risiko darstellte. Es gelang den Verbündeten aber, bei Gorlice eine lokale Überlegenheit herzustellen. Falkenhayn und Conrad hatten 17 Infanterie- und 3½ Kavalleriedivisionen zusammengezogen, die auf 15½ Infanterie- und zwei Kavalleriedivisionen der 3. russischen Armee trafen. In Zahlen war die Übermacht noch deutlicher: 357 400 deutsche und österreichisch-ungarische Soldaten griffen 219 000 Russen an. Die Zentralmächte hatten auch sehr viel mehr Artillerie, eine Überlegenheit, die schlachtentscheidend sein sollte: 334 schweren Geschützen konnten die Russen nur vier entgegensetzen, 96 Minenwerfern keinen einzigen.[37] Außerdem litten die Russen unter Munitionsmangel, vor allem durch Desorganisation in ihrer Logistik; die Munition war nicht da, wo sie gebraucht wurde. Am Morgen des 2. Mai 1915 feuerte die Artillerie der Angreifer für vier Stunden und die russische konnte nicht antworten. Die russischen Truppen in den Gräben wurden schwer getroffen, noch bevor die Infanterie angriff. Diese musste die punktuell harte russische Abwehr überwinden, konnte aber in drei Tagen drei russische Verteidigungslinien überrennen und weit vorstoßen. Die russische Verteidigung wurde durch die Anordnungen der Stawka behindert, die Rückzüge verbot, da sie nur an einen lokalen Misserfolg glaubte. Diese Annahme hielt sich in der russischen Armee sehr lange, und die Größe der Niederlage kam ihr nur sehr langsam zu Bewusstsein.[38] Der Kommandeur der 3. russischen Armee, General Dmitriew, hatte vorgeschlagen, seine Truppen hinter den San zurückzunehmen. Dem nicht zu folgen war ein großer Fehler. Die 11. Armee rückte bis Mitte Mai um 180 Kilometer vor, und die Russen verloren bis dahin 210 000 Mann, darunter 140 000 Kriegsgefangene.[39] Russische Verstärkungen wurden divisionsweise in die Schlacht geworfen, gingen aber in dem Chaos des Rückzugs unter.

Wilhelm II. nannte den Sieg von Gorlice ein napoleonisches Konzept, und Falkenhayn erhielt den Schwarzen Adler Orden. Die Schlacht

Karte 4: Gorlice-Tarnow und der Krieg im Osten 1915
SCHWEDEN
RUSSISCHES REICH
Windau
Kurland
Riga
Mitau
Libau
Dünaburg
Litauen
Ostsee
Memel
Tauroggen
Lauenstein
Naratsch-See
Tilsit
Kaunas
Wilna
Gumbinnen
Königsberg
Olita
Minsk
dt. 10. Armee
Danzig
Suwałki
Lötzen
Ostpreußen
Lyck
Grodno
dt. 8. Armee
Baranowitschi
Graudenz
Tannenberg
Białystok
DEUTSCHES REICH
Thorn
Ostrolenka
dt. 12. Armee
Pripjet
Bug
Pinsk
Pripjet-Sümpfe
Warschau
Brest-Litowsk
Posen
dt. 9. Armee
Polen
Warthe
Lodz
Iwangorod
Oder
Lublin
Kowel
Woyrsch
Rowno
Breslau
Luck
Zamość
Dubno
Schlesien
Weichsel
K.u.K. 1. Armee
Tarnów
Lemberg
Krakau
Tarnopol
K.u.K. 4. Armee
Przemyśl
Teschen
Mackensen
Gorlice
Stryj
Galizien
K.u.K. 3. Armee
Dukla-Pass
Karpaten
K.u.K. 2. Armee
ÖSTERREICH-UNGARN
Süd-Armee
Czernowitz
Pflanzer-Baltin
RUMÄNIEN
Theiß
Wien
Donau
Angriff auf Warschau durch die Mittelmächte (Sept.–Nov. 1914)
Kampflinie der Verbündeten Ende April 1915
Offensiven der Mittelmächte April bis September 1915
Frontverlauf in der Winterstellung 1915/16
Frontverläufe 1915
a Ende Mai
b Anfang Juni
c Anfang Juli
d Anfang August
e Mitte August
f Anfang September
g Mitte September
0 50 100 150 km
N
S

war unbestreitbar ein großer Erfolg, der sehr bald schon über die ursprünglich geplante taktische Entlastung für die Österreicher hinauswuchs und strategische Dimensionen annahm. Auch die psychologischen Auswirkungen waren bedeutsam, vor allem für die Österreicher. General v. Cramon schrieb später: «Nur wer die tiefe Depression nach der Karpatenschlacht miterlebt hat, kann so recht aus Herzensgrund empfinden, was Gorlice bedeutete: die Befreiung von schier unerträglichem Druck, ein Aufatmen nach schwerster Sorge, wiedererwachte Hoffnung und lockende Siegesaussicht.»[40]

Der Sieg von Gorlice kam aber zu spät, um die italienische Entscheidung zum Kriegseintritt noch beeinflussen zu können. Der italienische Botschafter in London, Imperiali, hatte am 26. April 1915 den Vertrag unterzeichnet, in dem Italien sich zum Kriegseintritt binnen eines Monats verpflichtete. Dies war nur sechs Tage vor der Schlacht bei Gorlice. Doch Salandra, Sonnino und Generalstabschef Cadorna unterschätzten die Aufgabe, die auf sie zukam, ohnehin in einer derartigen Weise, dass fraglich ist, ob die sich ändernde strategische Situation sie hätte stoppen können. Sie glaubten, der Krieg werde nur einige Monate dauern. Das sollte ein gewaltiger Irrtum sein, und der Sieg von Gorlice trug entscheidend dazu bei. Er gab den Zentralmächten die Möglichkeit, auf die italienische Herausforderung zu reagieren. Da die italienische Armee nur langsam kriegsbereit wurde, konnte sie zunächst durch relativ bescheidene Kräfte, nämlich 14 Divisionen, aufgehalten werden, die nach Gorlice zur Verfügung standen. Auf längere Sicht war die italienische Intervention trotzdem fatal.[41]

Die Offensive erreichte schon am 10. Mai 1915 ihr ursprüngliches Ziel, den Lupkow-Pass. Die Dinge gingen aber so gut, dass Falkenhayn und Conrad sich entschlossen, den Angriff weiterlaufen zu lassen. Das deutsche Hauptquartier wurde am 8. Mai von Charleville-Mézières nach Pleß in Schlesien verlegt, um den entscheidenden Operationen näher zu sein. Der Fortgang der Offensive ist leicht zu beschreiben: Die von Mackensen und Seeckt geführten deutsch-österreichisch-ungarischen Angriffsarmeen stießen weiter in nordöstlicher Richtung vor. Den Russen gelang es nicht, sie zu stoppen, und die russische Karpatenfront musste zurückgenommen werden. Przemysl und Lemberg wurden im Juni 1915 zurückerobert. Schließlich endeten die Operationen mit einer erneuten Zangenbewegung gegen Russisch-Polen. Hindenburg und Ludendorff griffen von

Norden an, Mackensen kam von Süden. Der Vormarsch erreichte einen vorläufigen Höhepunkt mit der Einnahme von Warschau am 5. August 1915.

Als die russische Führung die Größe des feindlichen Erfolgs endlich erkannte, beschloss sie, die Armee durch einen entschlossenen Rückzug zu retten. Sie setzte sich vom Feind ab und begann den «großen Rückzug» – sie gab Russisch-Polen, Litauen und Kurland auf. Sie rettete ihre Armee vor der Vernichtung durch rücksichtslose Preisgabe von Gelände. Sie hinterließ «verbrannte Erde» und führte auch einen Teil der Bevölkerung zurück. Das Elend von Millionen von Flüchtlingen – 3,3 Millionen folgten der russischen Armee 1915 auf ihrem Marsch nach Osten – sollte die innenpolitischen Probleme im Zarenreich noch gewaltig beeinflussen und wesentlich zu der inneren Stimmung beitragen, die schließlich zur Revolution von 1917 führte.[42] Die russische Armee war stark geschwächt: Von Mai bis September 1915 hatte sie 1,4 Millionen Mann verloren; vom Ausbruch des Krieges bis Ende 1915 sogar schon 2,2 Millionen.[43] Russland war zwar noch nicht ausgeschaltet, weder militärisch noch wirtschaftlich, aber doch stark angeschlagen.

Die Operationen im Juli 1915 hatten auch einen erneuten bitteren Zwist in der deutschen Führung ausgelöst. Hindenburg und Ludendorff hatten behauptet, durch eine sehr weit angesetzte Zangenbewegung gegen Russisch-Polen die gesamte russische Armee schlagen zu können, während Falkenhayn eine sehr viel kleinere Zangenbewegung bevorzugte und sich damit durchsetzte. Er hatte festgestellt, dass die Russen sich zurückzogen, um jeder Umfassung zu entgehen; dass sie dazu «das weite Rußland» nutzen konnten und dass sie außerdem noch über bessere Bahnverbindungen verfügten. Hindenburg hatte in den entscheidenden Besprechungen erklärt, es sei «Gefühlssache», welcher Angriff der bessere sei, und es Falkenhayn damit leichtgemacht, seine Meinung durchzusetzen. Ludendorff tobte im Sommer 1915 vor Hass gegen Falkenhayn und behauptete, hier sei ein entscheidender Sieg verschenkt worden.[44]

Während militärisch die Dinge sehr gut liefen – umso mehr deshalb, weil auch die Türken an den Dardanellen aushielten und im Herbst 1915 die Westfront einem massiven französischen Angriff in der Champagne standhielt –, konnten sie politisch nicht in der Weise ausgenützt werden, wie Falkenhayn, hier in enger Absprache mit seinem österreichisch-ungarischen Kollegen Conrad, es sich erhofft hatte. Beide hatten ihren Regierungen dringend empfohlen, die militärischen Erfolge nicht etwa für Eroberungen zu nutzen, sondern Russland einen großzügigen Separatfrieden anzubieten. Die Chancen, dass Russland auf diese Avancen einging, standen aber nicht gut. Der Zar hatte auf den erwähnten dänischen Vermittlungsfühler und das Angebot eines Separatfriedens im Frühjahr 1915 geantwortet: «My reply can only be a negative one.»[45] Die beiden Generäle befürworteten neue Angebote an Russland, den Verzicht auf Landforderungen oder Kriegsentschädigungen, und sogar das Angebot freier Durchfahrt durch die Dardanellen.[46] Aber die russische Regierung zog dies nicht einmal in Erwägung. Für sie war der Status quo ante unattraktiv; sie fühlte sich durch das Abkommen von London ihren Verbündeten verpflichtet und hatte für den Fall des Sieges große Gewinne zu erwarten. Der Hauptgrund war aber, dass sich die russische Regierung und Armee nicht geschlagen fühlten. Zwar hatten die Zentralmächte große Erfolge gehabt und Russisch-Polen und Kurland erobert, doch beides war, in den Augen der zaristischen Führung, nicht Russland im eigentlichen Sinn und nur ein vorübergehender Erfolg des Gegners. Sie erinnerte sich an die Invasionen Karls XII. oder Napoleons; der französische Kaiser hatte sogar Moskau erobert und trotzdem den Feldzug verloren. Sie glaubte – darin übrigens Falkenhayn ähnlich –, dass die Weite des russischen Raumes sie vor einer entscheidenden Niederlage schützte, denn die Zentralmächte konnten nicht ganz Russland erobern. Falkenhayn sagte, er könne dem Gegner nicht «unbegrenzt nachlaufen», vor allem nicht bei der andauernden Mehrfrontenbedrohung. Clausewitz hatte in «Vom Kriege» zwei Voraussetzungen für russische Siege benannt, nämlich erstens eine entschlossene Regierung und zweitens das loyale Volk.[47] Hierin lag die Gefahr. Die russische Regierung machte sich kein zutreffendes Bild über die wachsende Kriegsmüdigkeit im Land und wie sehr sie in den Augen des russischen Volkes durch die fortdauernden Niederlagen an Ansehen verloren hatte. Überdies griff die Idee um sich, dass das Zarenreich, als multinationaler Staat, einem kompakten Nationalstaat, wie dem Deutschen Reich, unterlegen sei. Jedenfalls verpasste das Zarenreich 1915 eine exzellente Gelegenheit, den Krieg zu erträglichen Bedingungen zu beenden und damit die Katastrophe, in die er münden sollte, zu vermeiden. Doch zu groß war die Angst, dann von den Westmächten isoliert zu sein und vollständig von der Gnade eines dominanten und herrschsüchtigen Deutschland abzuhängen.[48] Für die Zentralmächte hätte ein Separatfrieden mit Russland bedeutet, den Ersten Weltkrieg mindestens als Remis abschließen zu können.

Die russische Halsstarrigkeit hatte Auswirkungen auf die deutsche Haltung. Die Idee, die deutsche Ostgrenze militärisch zu verbessern und den «polnischen Grenzstreifen» zu erwerben, gewann an Boden. «Ober Ost» begann, das Baltikum zu erobern, in dem es eine dünne deutsche Oberschicht gab; der Wunsch wuchs, es zu behalten, und Ludendorff sprach von seinem «Königreich». Die Militärverwaltung im Bereich von «Ober Ost» machte die eroberten Landstriche im Baltikum erbarmungslos den deutschen Erfordernissen dienstbar. Und da Russisch-Polen nun erobert war, gab es die große Verlockung für die Führung der Mittelmächte, die «polnische Karte» zu spielen, also Russisch-Polen eine Form von Unabhängigkeit vom Zarenreich zu versprechen und die Polen als Bündnispartner gegen die Russen zu gewinnen. Das war riskant, da ein solcher Schritt jede Verständigungsmöglichkeit mit Russland blockieren musste. Napoleon hatte die Polen benutzt, aber Frankreich, anders als das Deutsche Reich und sein Verbündeter Österreich-Ungarn, hatte nicht zu den polnischen Teilungsmächten gehört. Ein unabhängiges Polen musste sofort die Frage nach der Zukunft der preußischen und österreichischen Teile Polens aufwerfen.[49]

Der deutsche Vormarsch brachte die Soldaten in engeren Kontakt mit den ostmitteleuropäischen Gebieten und ihren Bewohnern. Wie fast alle Quellen zeigen, war der Eindruck mehrheitlich negativ; die Soldaten beklagten sich über den Dreck und die Unordnung in den fremden Gebieten.[50] Trotzdem sollten die sich aufdrängenden Parallelen zum Verhalten der Wehrmacht im Zweiten Weltkrieg nicht zu weit gezogen werden. Ein Unterschied war beispielsweise, dass die deutschen Soldaten des Ersten Weltkriegs sich gegenüber der jüdischen Bevölkerung freundlich verhielten, schon allein, weil sie eine gemeinsame Sprache teilten.[51]

***

Während die Mittelmächte im Osten vordrangen und Russland schwere Niederlagen hinnehmen musste, waren die Westmächte nicht untätig geblieben. Im ersten Halbjahr 1915 hatte vor allem Großbritannien seine

Energien in einen Angriff gegen das Osmanische Reich gesteckt. Zuerst wurden die Dardanellen beschossen, dann, am 18. März 1915, versuchte ein britisch-französischer Flottenverband sie zu durchfahren, scheiterte aber an einer Minensperre und an dem Feuer der Küstenverteidigung. Die Flotte weigerte sich, den Angriff zu wiederholen; daher erfolgte am 25. April 1915 eine Landung am Südende der Halbinsel Gallipoli, die allerdings ufernah festrannte. Obwohl die Abwehr dieser Angriffe die Türken große Verluste kostete, blieben die Erfolge für den Angreifer sehr begrenzt. Die Verteidiger befürchteten trotzdem das Schlimmste, umso mehr deshalb, weil es in der Munitionsversorgung bei der Dardanellenverteidigung Engpässe gab. Diese waren aber, anders als der wortmächtige Hauptbefürworter des Angriffs, Winston Churchill, in seinen Memoiren behauptete, letztlich nicht entscheidend.[52] Es gab zwar Knappheit bei schweren Kalibern, die gebraucht wurden, um Schlachtschiffe zu bekämpfen, aber die mittleren und leichten Geschütze, die Minensucher abwehrten und damit die entscheidende Minensperre intakthielten, waren ausreichend versorgt. Auch die Munition für die Handfeuerwaffen der türkischen Truppen war mehr als ausreichend vorhanden. Die deutsche Führung – die Diplomaten mehr als die Militärs – war trotzdem sehr besorgt, dass der alliierte Angriff gelingen und die Dardanellen erobert werden könnten, dann Konstantinopel fallen und die Türkei kapitulieren würde und dass dies dann die Balkanneutralen bewegen würde, auf Seiten der Entente in den Krieg einzutreten. Um das zu verhindern, sollten Rüstungsgüter und Munition in die Türkei geliefert werden. Doch dies war das Problem: Serbien, das von den Österreichern nicht hatte erobert werden können, sperrte die Donau, und das neutrale Rumänien gestattete keinen Transit von Kriegsgerät. Deshalb bestürmte das Auswärtige Amt den Generalstab, den Verbindungsweg in die Türkei freizukämpfen, etwa durch die Eroberung der «serbischen Nordostecke». Aber Falkenhayn ließ sich durch diese Forderungen nicht aus dem Gleichgewicht bringen. So gerne er dort auch angreifen wollte, beschloss er dann doch, das Schwergewicht auf den Operationen gegen Russland zu lassen. Er wurde darin von Enver bestärkt, der ebenfalls die Entscheidung auf den Schlachtfeldern in Europa erwartete und meinte, die Dardanellen würden halten.

Jeder, der das Gelände auf Gallipoli besichtigt hat, wird die Zweifel teilen, ob der Flottenvorstoß und auch die Landung und Eroberung der

Halbinsel jemals hätten gelingen können.[53] Wenn überhaupt, dann wären sehr viel stärkere Streitkräfte erforderlich gewesen. Was die alliierten Planer nicht in Rechung gestellt hatten, war, dass ein Angriff auf die Dardanellen und damit mittelbar auf Konstantinopel die osmanische Führung förmlich dazu zwang, alles einzusetzen, was sie hatte, und ein Durchbruch nur für den Fall des kompletten türkischen Zusammenbruchs zu erwarten war. Auch war die Steilküste, an der die alliierten Truppen im April 1915 landeten, wenig geeignet für eine rasche Entfaltung der Kräfte. Eine spätere Landung an der Suvla Bay im August 1915 hätte größere Erfolge haben können, wäre sie vom alliierten Befehlshaber Stockport entschlossener ausgenutzt worden. Auf britischer, australischer und neuseeländischer Seite, wo es für die Schlacht von Gallipoli, auch wegen des Einsatzes der ANZAC-Truppen («Australian and New Zealand Army Corps»), bis heute ein starkes Interesse gibt, wird viel über versäumte taktische Möglichkeiten diskutiert. Doch auch im allerbesten Fall hätten die Alliierten nur einen Teil der Halbinsel Gallipoli erobern und sich dann mit den Türken die Kontrolle über den Dardanellenausgang teilen können. Dieser allerbeste Fall war mit den bereitgestellten Mitteln aber praktisch nicht zu erreichen und hätte auch nur einen kleinen Teil der Hoffnungen realisiert, die sich an das Unternehmen geknüpft hatten.

An der erfolgreichen Verteidigung hatte die deutsche Unterstützung einen maßgeblichen Anteil. Ihr Leiter war General Liman v. Sanders, der Chef der Militärmission in Konstantinopel. Er hatte ein mobiles Verteidigungskonzept entworfen, das wesentlich zum Erfolg beitrug.[54] Auch einige Hundert deutsche Berater leisteten einen Beitrag; sie organisierten die Munitionsproduktion in Konstantinopel und auch die Verteidigung an den Dardanellen, so etwa die Minensperren und Küstenbatterien. Den Blutzoll trugen aber die Osmanen; der Standhaftigkeit von Hunderttausenden von türkischen Soldaten und der rücksichtslosen Entschlossenheit ihrer Befehlshaber, die keine Opfer scheuten, war die erfolgreiche Abwehr zu verdanken. Hier spielte auch Kemal Bey, der spätere Atatürk, eine wichtige Rolle.

Die Dardanellen hielten und auch die anderen Fronten der Türkei. Hier entstand in diesen Monaten aber ein anderes Problem, das zwar mit der militärischen Entwicklung zusammenhing, aber sich zunehmend und schließlich in katastrophaler Weise moralisch und humanitär auswirkte. Die osmanische Regierung verdächtigte die christlichen Armenier der Kollaboration mit den Russen und begann, sie aus den grenznahen Gebieten auszusiedeln. Aus der Verlegung wurde, teils geplant und teils durch mangelhafte Organisation der Umsiedlungsmärsche, ein glatter Völkermord, der erste große Genozid des 20. Jahrhunderts. Hunderttausende, vielleicht sogar über eine Million Armenier fielen dem Hunger, den Strapazen oder sogar den gezielten Tötungen durch staatlich organisierte Banden zum Opfer. Dieser Völkermord war für Wien und Berlin ein moralisches Dilemma und eine gewaltige Verlegenheit. Der türkische Verbündete ließ sich nicht in seine inneren Angelegenheiten hineinreden und gleichzeitig wurde er als Partner im Krieg gebraucht. Einige, wie der Zentrumsabgeordnete Matthias Erzberger, engagierten sich zugunsten der Armenier. Manche Historiker erheben den Vorwurf, deutsche Offiziere hätten sich an den Vorgängen beteiligt;[55] die deutsche Haltung im Großen war aber strikt ablehnend, und später vermochten die deutschen Stellen sogar eine Wiederholung ähnlicher Vorgänge, diesmal mit jüdischen Siedlern in Palästina, zu verhindern.[56] Die Armeniergreuel waren nicht nur für die Osmanen, sondern auch für die mit ihnen verbündeten Zentralmächte eine große Belastung, die weiter dafür sorgte, jede Friedensmöglichkeit auf Basis eines Kompromisses zu erschweren.

Nachdem die Operationen in Russland zu einem Ende gekommen waren, wandten sich die Zentralmächte schließlich doch Serbien zu, um dem osmanischen Verbündeten noch wirkungsvoller Hilfe leisten zu können. Die Vorbedingung einer erfolgversprechenden Operation gegen Serbien war aber das Mitwirken Bulgariens, da für diesen Zweck nach wie vor nicht genug Truppen vorhanden waren. Im Ringen um den bulgarischen Kriegseintritt waren die Zentralmächte im Vorteil, so wie die Entente im Falle Italiens im Vorteil gewesen war. Die Regierung in Sofia wartete auf eine Gelegenheit, Serbien die Gewinne, die es im Zweiten Balkankrieg auf bulgarische Kosten gemacht hatte, wieder abzunehmen. In dem Bieterkrieg um Bulgarien hatten deshalb die Mittelmächte von Anfang an die besseren Chancen, da die serbische Regierung zu freiwilligen Abtretungen nicht bereit war; diese wären aber wohl der einzige Weg gewesen, den bulgarischen Kriegseintritt zu verhindern oder das Land für die Entente zu gewinnen. Die Mittelmächte konnten hingegen auf serbische Kosten sehr viel großzügiger sein. Trotzdem dauerte es bis zum Spätsommer 1915, bis sich die Bulgaren unter dem Eindruck der insgesamt beeindruckenden militärischen Leistungen der Mittelmächte an allen Fronten zum Kriegseintritt entschlossen.

Serbien hatte sich 1914 gegen zwei österreichisch-ungarische Offensiven tapfer und erfolgreich verteidigt; gegen den kombinierten Angriff deutscher, österreichisch-ungarischer und bulgarischer Truppen war es aber machtlos. Im Oktober 1915 begann die Offensive. Die serbische Armee, die ihr Land nicht verteidigen konnte, schlug sich durch Albanien an die Adria durch und wurde zuerst nach Korfu und dann nach Saloniki gebracht, wo sie neu formiert wurde. Die serbische Regierung kämpfte zwar weiter, aber nur vom Exil aus; das Land geriet vollständig unter die Kontrolle der Mittelmächte, und damit war auch der Verbindungsweg nach Konstantinopel frei. Die Entente musste nun befürchten, dass die Deutschen per Eisenbahn schwere Belagerungsartillerie nach Gallipoli bringen würden. Das wäre für die alliierten Brückenköpfe auf der Halbinsel eine tödliche Bedrohung gewesen. Auch dies veranlasste die Entente, ihre Stellungen auf Gallipoli zu räumen; ihr ungestört verlaufender Rückzug war der einzige militärisch erfolgreiche Teil dieser ansonsten gescheiterten Expedition. Im Januar 1916 verließen die letzten alliierten Truppen Gallipoli. Das Jahr 1915 endete somit mit einem unbestreitbaren großen Erfolg der Zentralmächte. Russland hatte schwere Niederlagen erlitten und Polen aufgeben müssen; Serbien und Montenegro waren erobert und damit ein ursprüngliches Kriegsziel Österreich-Ungarns erreicht worden. Die Italiener waren grenznah aufgehalten worden, und im Westen war es den Engländern und Franzosen nicht gelungen, in großen Offensiven die deutschen Stellungen zu durchbrechen.

Auch außerhalb Europas wurde noch gekämpft, obwohl der Widerstand der deutschen Schutztruppe in den Kolonien gegen eine große Übermacht aussichtslos war. Deutsch-Südwestafrika wurde von südafrikanischen Truppen überrannt und musste sich im Juli 1915 ergeben. In Kamerun wurde bis Februar 1916 gekämpft. Nur die Schutztruppe in Deutsch-Ostafrika unter Führung v. Lettow-Vorbecks hielt weiter durch.[57] Diese Kämpfe hatten militärisch keinen oder nur geringen Einfluss auf die Ereignisse in Europa, wohl aber politisch; die deutsche Führung befürchtete, dass sie ihre vom Gegner besetzten Kolonien nach Kriegsende nicht zurückerhalten würde, und meinte deshalb, sie in Verhandlungen durch europäische Faustpfänder freipressen zu müssen. Dies sollte die Kriegszieldiskussion in Deutschland noch unheilvoll belasten.[58]

6

«Eine barbarische Rohheit ohne Gleichen»: Blockade, U-Boot-Krieg und der Kampf um die amerikanische Neutralität

Ihr seid nicht neutral. Ihr nehmt Partei.

Der US Secretary of State,
William Jennings Bryan, zu Wilsons Kabinett, 1. Juni 1915

Während zu Lande verlustreiche Kämpfe tobten, blieb die große Seeschlacht aus. Dabei war die Schlachtflotte der Stolz Wilhelms II. und des kaiserlichen Deutschland gewesen. Sie war 1914 zur zweitgrößten Marine der Welt herangewachsen, was eine erstaunliche Leistung darstellte angesichts der kurzen Bauzeit – die erste Flottennovelle war 1898 verabschiedet worden – und des beschränkten Etats. Dies zeugte für die technischen Fähigkeiten des Admirals v. Tirpitz, des Vaters der Schlachtflotte. Man ist versucht zu sagen: Leider war er als Flottenbauer und Organisator sehr begabt; denn mit der Flotte wuchs auch der politische Schaden, und der Krieg sollte ihre weitgehende militärische Nutzlosigkeit erweisen.[1]

Denn was unternahm die Schlachtflotte im Krieg? Die Antwort ist: Zunächst nicht viel; sie blieb, gezwungenermaßen, relativ passiv. Die Ursache dafür war, dass sie der Royal Navy zahlenmäßig deutlich unterlegen und gleichzeitig für ein strategisches Szenario gebaut worden war, das in dieser Form im Krieg nicht eintrat. Die Zielsetzung des Flottenbaus war eindeutig antibritisch gewesen, obwohl Admiral v. Tirpitz sich sehr viel

Mühe gegeben hatte, seine wahren Ziele zu vernebeln. Er spekulierte darauf, dass im Kriegsfall mit Großbritannien – wobei er eigentlich glaubte, ein solcher werde nicht eintreten, somit war sein Flottenbau eher eine Strategie des Kalten Krieges gewesen[2] – die Engländer versuchen würden, die deutschen Häfen zu blockieren. Dies hatte sein Vorbild in den Napoleonischen Kriegen, als britische Schiffe in Sichtweite vor den französischen Häfen gelegen und jeden Schiffsverkehr unterbunden hatten, und dies entsprach auch dem geltenden Seerecht. Gegen Napoleon war diese Maßnahme wirksam gewesen; die französische Handelsflotte war am Ende der Napoleonischen Kriege praktisch nicht mehr existent.[3] Eine solche Blockadetechnik war auch im amerikanischen Bürgerkrieg und im Russisch-Japanischen Krieg angewandt worden. Sie war aber im Zeitalter der Mine und des U-Boots für Überwasserschiffe sehr gefährlich geworden. Außerdem hätte die deutsche Hochseeflotte die dann notgedrungen geographisch weitverteilt vor den deutschen Häfen liegenden Blockadeeinheiten der Royal Navy mit ihrer geballten Kraft und damit lokaler Überlegenheit angreifen und ihr empfindliche Verluste zufügen können. Diese hätten dann vielleicht ausgereicht, das maritime Stärkeverhältnis allmählich auszugleichen und dann schließlich die Entscheidungsschlacht wagen zu können. Sowohl die deutsche als auch die britische Führung glaubten übrigens, dass ein entscheidender deutscher Sieg in einer Seeschlacht gleichbedeutend mit dem Gesamtsieg im Kriege sein würde.

Diese Argumente waren in London natürlich durchgespielt und es war über Alternativen nachgedacht worden. Eine theoretische Möglichkeit wäre die U-Boot-Blockade der deutschen Häfen gewesen; doch die Royal Navy verfügte dafür nicht über genug U-Boote.[4] Schon Jahre vor Ausbruch des Krieges wurde deshalb der Plan gefasst, stattdessen das Seerecht zu brechen und eine weite Blockade zu verhängen.[5] Die gesamte Nordsee wurde einfach abgesperrt. Am 2. November 1914 erklärte London die Nordsee zum Kriegsgebiet.[6] Großbritannien sperrte den Seeverkehr im Norden, zwischen Schottland und Norwegen («Northern Patrol»), und im Süden, entlang des Ärmelkanals. Der Schiffsverkehr nach Deutschland kam in der Nordsee sehr weitgehend zum Erliegen. Über 3000 alliierte und neutrale Schiffe wurden 1915 und 1916 abgefangen und durchsucht.[7]

Dieser britische Schritt hatte natürlich massive Auswirkungen für die betroffenen Neutralen und auch auf die deutschen seestrategischen Pläne.

Die Niederlande, Dänemark, Norwegen, Schweden und die USA protestierten energisch gegen diesen völkerrechtswidrigen Schritt, und London musste darauf Rücksicht nehmen. Die Sperre wurde zwar nicht aufgehoben, aber es wurde erklärt, ihr Ziel sei nicht, die deutsche Bevölkerung auszuhungern, sondern Kriegsmaterial abzufangen.[8] Die britische Blockade – eine «restricted blockade», die nur Konterbande abfing – war am Anfang nicht sehr effektiv, da die Deutschen über die Neutralen am Weltmarkt weiter teilnahmen und über diese sogar von britischen Firmen weiter beliefert wurden.[9]

In den letzten Jahren vor 1914 hatte die britische Führung übrigens noch sehr viel radikalere Maßnahmen erwogen. Darunter war das Konzept eines Wirtschaftskrieges, das vorsah, Deutschland sofort nach Kriegsausbruch von allen seinen Handels- und Finanzbeziehungen abzuschneiden und damit die deutsche Wirtschaft zum Zusammenbruch zu bringen. Dieses Konzept hatte sich aber in der britischen Führung nicht durchsetzen können.[10] Die Diplomaten opponierten gegen zu weitgehende Eingriffe, die die Neutralen noch mehr gegen Großbritannien aufgebracht hätten, und außerdem wurde auf britische Handelsbeziehungen mit dem Kontinent Rücksicht genommen. Das führte jedoch dazu, dass die Zentralmächte über die Neutralen sogar von Großbritannien indirekt weiter beliefert wurden. Die Franzosen bemängelten dies im Juni 1915 und verlangten, die britischen Exporte an die Neutralen auf dem Vorkriegsniveau zu deckeln.[11] Insgesamt ist fraglich, ob ein ganz radikaler und sofortiger ökonomischer Boykott technisch möglich gewesen wäre und ob er Großbritannien politisch und ökonomisch nicht mehr geschadet hätte als seinen Gegnern.

Die britische Grand Fleet jedenfalls war bei Ausbruch des Krieges nach Scapa Flow im Norden Schottlands verlegt worden, um die Sperre abzustützen und auch, um die britische Flotte vor deutschen U-Boot-Angriffen zu schützen. Was konnte die deutsche Schlachtflotte nun machen? Nicht viel; sie durfte nicht riskieren, zu weit in den Atlantik oder die Nordsee hinauszudampfen, da sie für die Schlachtentscheidung in deren Zentrum entwickelt worden war. Die deutschen Linienschiffe waren zwar gut durchkonstruiert und sehr standfest, hatten aber nur eine begrenzte Reichweite. Hinzu kam das ungeheure Risiko, dann irgendwo in der Nordsee oder dem Nordatlantik auf die gesamte Grand Fleet zu treffen.

Abb. 11
Die deutschen Schlachtkreuzer unternahmen 1914/15 mehrere Raids an der britischen Ostküste, um Teile der Grand Fleet herauszulocken. Dies geschah nicht; stattdessen erzeugten die deutschen Bombardements, wie hier die auf Scarborough, nur große Erbitterung in der britischen Bevölkerung.

Die Marine suchte nicht die Entscheidungsschlacht mit den Engländern, da sie sich zahlenmäßig zu deutlich unterlegen wusste. Großbritannien verfügte bei Kriegsausbruch über 22 moderne Linienschiffe vom Typ Dreadnought, und 13 weitere waren im Bau; hinzu kamen neun Schlachtkreuzer und 40 Vor-Dreadnoughts. Das war eine deutliche Überlegenheit zu Deutschlands 15 Dreadnoughts, fünf weitere waren im Bau, hinzu kamen fünf Schlachtkreuzer sowie 22 Vor-Dreadnoughts.[12] Das Verhältnis von 31:20 bei modernen Großkampfschiffen war ungünstig und verschlechterte sich durch die größere Zahl fortgeschrittener Neubauten während des Krieges weiter. Tirpitz behauptete zwar später, auf eine Seeschlacht gedrängt zu haben. Die Wahrheit war hingegen, dass er im Großen Hauptquartier vor der Marneschlacht erklärt hatte, es sei besser, die Marine für den Friedensschluss zu erhalten – zu groß war also in seinen Augen die Gefahr einer Niederlage.[13] Die Marine versuchte nicht einmal, die – allerdings sehr gut gesicherten – britischen Truppen- oder Materialtransporte über den Kanal nachhaltig zu stören. Darin drückte sich auch ein erstaunliches strategisches Neben- statt Miteinander zwischen Heer und Marine aus und der Mangel einer Gesamtstrategie. Stattdessen nutzte die Schlachtflotte die Verlegung der Grand Fleet in den hohen Norden zu einigen spektakulären, wenn auch militärisch komplett wirkungslosen Raids an der unverteidigten britischen Ostküste. Die Küstenorte Scarborough, Hartlepool und Whitby und später auch Yarmouth wurden bombardiert, ohne dass diese Provokation zu mehr führte als zur maßlosen Erbitterung der britischen Bevölkerung.

Die Flotte war aber nicht vollkommen erfolglos. Sie war zwar von der Royal Navy vom Weltmeer abgeschnitten worden, aber es gelang ihr, die russische Flotte und damit auch Russland selbst ebenso zu isolieren, wie Deutschland von Großbritannien isoliert wurde. Die Ostsee wurde von der deutschen Marine beherrscht und die Einfuhren aus Skandinavien, vor allem die Erzeinfuhren aus Schweden, waren niemals ernstlich gefährdet. Die Flotte zeigte auch Mut und Todesverachtung. Das Ostasiengeschwader besiegte am 1. November 1914 bei Coronel sogar ein britisches Geschwader und wurde dann selbst – wie die Zeitgenossen hervorhoben, mit wehender Flagge – am 8. Dezember 1914 bei den Falklandinseln versenkt.[14] Ein größeres Gefecht bei der Doggerbank endete mit dem Untergang eines deutschen Schlachtkreuzers. Die Taten des kleinen Kreuzers *Emden* im Pazifik und einiger anderer Kreuzer, darunter auch armierter Passagierdampfer wie der *Kronprinz Wilhelm* des Norddeutschen Lloyd, machten den Engländern zwar Sorgen, waren aber letztlich Nadelstiche und nicht mehr. Ein erfolgreicher Kreuzerkrieg war gegen Grossbritannien bei dem Mangel an Stützpunkten und angesichts des enormen Kohleverbrauchs der damaligen Kriegsschiffe nicht möglich.

All das hatte keine wirkliche Bedeutung für die strategische Lage. Immerhin sollte die Schlachtflotte am 31. Mai 1916 in der Schlacht am Skagerrak einen Tüchtigkeitsbeweis ablegen.[15] Sie versenkte in dieser größten Seeschlacht der Geschichte deutlich mehr Schiffe der zahlenmäßig weit überlegenen Engländer, als sie selbst verlor. Admiral Scheer war dann aber doch froh, die Schlacht abbrechen und nach Hause dampfen zu können. Er teilte dem Kaiser im Juli 1916 seine Einschätzung mit, dass die Schlachtflotte die englische Überlegenheit nicht brechen könne: «Ein sieghaftes Ende des Krieges in absehbarer Zeit kann nur durch das

Abb. 12 Der Schlachtkreuzer *SMS Seydlitz* nach der Skagerrakschlacht. Die deutschen Schiffe waren sehr standfest. *Seydlitz* hatte während der Schlacht 21 schwere Treffer und einen Torpedotreffer erhalten und schleppte sich mit 5300 Tonnen Wasser im Schiff in den Hafen zurück. Allerdings fielen dieses und andere Schiffe wegen der Reparaturen für Monate aus.

Niederringen des englischen Wirtschaftslebens erreicht werden, also Ansetzen des Unterseebootes gegen den englischen Handel.»[16]

Die Blockade war ein gewaltiger Schlag für die Flotte, die ihre Ohnmacht eingestehen musste. Es war für die anglophobe Führung des wilhelminischen Deutschland schwer zu ertragen, dem «Hauptfeind England» so ohnmächtig gegenüberzustehen. Die Heuchelei Londons schien außerdem zu offenkundig. Großbritannien war wegen des Bruchs der belgischen Neutralität in den Krieg eingetreten, also zur Ahndung eines Rechtsbruchs. Und nun verstieß es selbst mit der rechtswidrigen Absperrung der Nordsee gegen bestehendes Recht. Diesen Akt des Feindes wollte die Marineführung aber nicht einfach so hinnehmen. Sie holte zum Gegenschlag aus und erklärte ab dem 14. Februar 1915 die Gewässer um Großbritannien zum Kriegsgebiet, in dem U-Boote feindliche Schiffe warnungslos im Unterwasserangriff versenken würden. Die Sperre wollte sie mit einer allerdings sehr kleinen und für diesen Zweck absolut nicht ausreichenden Zahl von zwanzig U-Booten errichten.[17]

Abb. 13 Otto Weddigen und U 9 erzielten den ersten spektakulären Erfolg der U-Boot-Waffe, die Versenkung der Panzerkreuzer *Aboukir*, *Cressy* und *Hogue* am 22. September 1914. 1463 britische Seeleute starben. Otto Weddigen wurde zum Seehelden. Er wurde am 18. März 1915 mit seinem neuen U-Boot, U 29, von *HMS Dreadnought* durch Rammstoß versenkt.

Die Idee des U-Boot-Krieges war zuerst dem Führer der U-Boote, Korvettenkapitän Hermann Bauer, gekommen, der seinen Vorgesetzten, Admiral Hugo v. Pohl (den Chef des Admiralstabs), überzeugt und dann auch den zuerst noch vorsichtigen Tirpitz (in seiner Funktion als Staatssekretär des Reichsmarineamtes) gewonnen hatte.[18] Jener hatte im Dezember 1914 dem amerikanischen Journalisten Wiegand ein Zeitungsinterview gegeben und darin beklagt, dass die USA nichts gegen die englische Absperrung der Nordsee unternähmen. Doch Deutschland könne zurückschlagen und den U-Boot-Krieg gegen alle feindlichen Handelsschiffe eröffnen, die Großbritannien ansteuerten. «Wir können», so sagte Tirpitz, «jedes englische oder alliierte Schiff torpedieren, das sich einem britischen Hafen nähert.»[19] Damit war ein Gedanke in der Welt, der in Deutschland für jahrelange Auseinandersetzungen sorgen und große Hoffnungen wecken sollte. Denn man hoffte nun, über eine Waffe zu verfügen, die den deutschen «Hauptfeind» empfindlich treffen und zum Einlenken zwingen könne.[20]

Doch hatte die kaiserliche Marine nicht die nötigen Mittel. Tirpitz hatte nämlich vor 1914 keinesfalls besonderes Gewicht auf die Entwicklung der U-Boot-Waffe gelegt, und die Marine besaß bei Kriegsausbruch lediglich 28 U-Boote, von denen nur zehn mit Dieselmotoren und die anderen mit lauten und stark qualmenden Petroleummotoren ausgerüstet waren.[21] Demgegenüber verfügte die britische Marine über 73 U-Boote.[22] Dafür war aber einem deutschen U-Boot der erste große Erfolg des Ersten Weltkriegs beschieden. Am 22. September 1914 versenkte U 9, befehligt von Otto Weddigen, die drei britischen Panzerkreuzer *Aboukir*, *Cressy* und *Hogue* in der südlichen Nordsee. Die drei Schiffe sanken und nahmen 1467 Mann mit sich. Das schreckliche Schauspiel mitanzusehen löste bei der U-Boot-Besatzung Beklemmungen aus, hielt aber Weddigen nicht davon ab, ein Schiff nach dem anderen zu torpedieren.[23] Der Erste Seelord, Admiral «Jacky» Fisher, klagte, durch U 9 mehr Matrosen verloren zu haben «als Lord Nelson in all seinen Schlachten zusammen».[24] Damit hatte sich erstmals das Potential der Waffe gezeigt und Otto Weddigen wurde, wie auch sein Boot, zur deutschen Heldenikone. «Von da an war der U-Boot-Krieg nicht mehr aus dem Herzen der Nation zu reißen.»[25]

Der im Februar 1915 beginnende Handelskrieg mit U-Booten war eine Repressalie und eine Antwort auf die britischen Maßnahmen. Er entsprach der antienglischen ideologischen Voreingenommenheit der deutschen Führung und gleichzeitig sollte er die Neutralen abschrecken und davon abhalten, britische Häfen anzulaufen. Doch war die angedrohte und praktizierte warnungslose Torpedierung von Schiffen durch getauchte U-Boote eine äußerst fragwürdige und ihrerseits völkerrechtswidrige Maßnahme, die von Anfang an gewaltige Friktionen mit den Neutralen hervorrief. Italien, Spanien, die Niederlande und die skandinavischen Länder protestierten nachdrücklich gegen die deutsche Ankündigung der U-Boot-Blockade.[26] Besonders massiv antwortete die amerikanische Regierung und kündigte sofort an, sie würde das Deutsche Reich für alle Zwischenfälle und eventuelle Verluste amerikanischer Menschenleben voll verantwortlich machen. Doch war bei den deutschen Diplomaten der Eindruck entstanden, der Protest werde keine praktischen Auswirkungen haben, da die amerikanische Öffentlichkeit absolut kriegsunwillig sei («We want to stay out of everything») und auch die politischen Führer des Landes schwach, ideen- und initiativlos seien.[27]

Großbritannien reagierte auf die deutsche U-Boot-Sperre mit einer Verschärfung der eigenen Blockade; am 11. März 1915 wurde in London verkündet, dass nun der gesamte Warenverkehr von und nach Deutschland abgefangen werde, nicht nur Konterbande. Der U-Boot-Krieg hatte für diese Maßnahme den sehr willkommenen Anlass geliefert.[28] Dies wiederum rief heftigen Unwillen in den USA hervor, wo man sich über die britische Arroganz beklagte und die Einschränkung des Warenverkehrs mit den Mittelmächten als völkerrechtswidrig ansah. Das war sie auch, und geschäftsschädigend war sie außerdem. Es wurden in der amerikanischen Öffentlichkeit schon Vergleiche mit dem Krieg von 1812 gezogen, in dem ähnliche britische Maßnahmen den Krieg zwischen den USA und Großbritannien ausgelöst hatten. Am 18. März 1915 schrieb die Zeitschrift «American», «dass nun, nach mehr als hundert Jahren, unsere Nation sich denselben Anmaßungen, denselben Dekreten und Anordnungen, denselben unverschämten Angriffen, denselben inakzeptablen Beschlagnahmen seiner friedlichen Handelsschiffe ausgesetzt sieht, die unsere Väter zu heißer Empörung und zum Krieg gebracht haben».[29] Führende Politiker wie die Senatoren Walsh und Smith verlangten sogar, als Repressalie ein Exportembargo gegen die Alliierten zu verhängen.[30] Der Staatssekretär des Inneren, Franklin Knight Lane, schrieb: «Die Engländer benehmen sich wirklich nicht gut. Sie halten unsere Schiffe auf, sie haben das internationale Recht umgeschrieben. Jeden Tag ... kochen wir vor Zorn über die verrückte Vorgehensweise Englands.»[31] Hier eröffnete sich eine Chance für die deutsche Führung, diese Empörung auszunutzen und auf einem entscheidenden Kriegsschauplatz des Ersten Weltkriegs, nämlich in der Schlacht um die öffentliche Meinung in den USA, auf britische Kosten einen Vorteil zu erringen. Die amerikanischen Sympathien für Deutschland hatten wegen des Einmarschs in Belgien und der anhaltenden Diskussion über die «Belgian atrocities» deutlich gelitten.

Die deutsche Pressearbeit in den USA war zu diesem Zeitpunkt sogar recht geschickt. Sie konzentrierte sich auf die Gruppen innerhalb der USA, bei denen auf positive Resonanz zu rechnen war – zum Beispiel bei Amerikanern mit revolutionärer und damit antibritischer Tradition, bei Baumwollpflanzern, die durch das britische Embargo betroffen waren, bei antibritischen Iren, antirussischen Juden, und natürlich auch bei den Deutschamerikanern.[32] Selbstverständlich gab es Grenzen: Die Sympathie der amerikanischen Mehrheit war auf Seiten der Alliierten, der Engländer und Franzosen (wenn auch nicht der Russen), denen sie sich sowohl kulturell als auch in der Rechtstradition näher fühlte.[33]

Präsident Woodrow Wilson protestierte zwar gegen die britischen Eingriffe, aber nicht mit letzter Entschlossenheit. Er vermied ultimative Forderungen, gerade aus der Angst heraus, der diplomatische Konflikt könne wie 1812 zum Krieg mit Großbritannien führen.[34] Hinzu kam der deutsche U-Boot-Krieg, der ihm und seiner Regierung bald schon sehr zu schaffen machte. Er sorgte ganz unvermeidlich für Zwischenfälle, die beide Länder immer mehr entfremdeten. So kam bei der Versenkung des britischen Liners *Falaba* am 28. März 1915 der Ingenieur Leon Chester Thrasher ums Leben. Am 28. April 1915 wurde das amerikanische Schiff *Cushing* durch ein Flugzeug angegriffen[35] und am 1. Mai 1915 der amerikanische Tanker *SS Gulflight*, der mit seiner Ölladung unterwegs nach Rouen war, von einem deutschen U-Boot torpediert. All das sorgte bereits für Spannungen, wurde aber vollkommen überschattet von der Versenkung des britischen Schnelldampfers *Lusitania*. Er wurde am 7. Mai 1915 durch das deutschen U-Boot U 20 unter dem Befehl von Kapitänleutnant Schwieger torpediert. 1198 Passagiere fanden den Tod, unter ihnen waren 124 Amerikaner.[36] Der Anblick der ertrinkenden Menschen – das Schiff sank nach einer großen Explosion, deren Ursache bis heute strittig ist – war so schrecklich, dass Schwieger es nicht mit ansehen konnte und den Untergangsort verließ.[37]

Die USA wurden nun von einer gewaltigen Welle stürmischer Entrüstung heimgesucht. Die Wirkung des Untergangs der *Lusitania* wurde durch einen weiteren Coup der britischen Propaganda vergrößert. Am 12. Mai 1915, nur fünf Tage nach dem Untergang, wurde der sogenannte Bryce-Report gleichzeitig in dreißig verschiedenen Sprachen veröffentlicht; er dokumentierte, scheinbar streng objektiv, mit mehrhundertfachen Zeugenaussagen deutsche Gräuel in Belgien. All das schien ein schlüssiges Bild deutschen Barbarentums zu ergeben. Der deutsche Bankier Bernhard Dernburg, ein ehemaliger Staatssekretär, der in den USA bis zu diesem Zeitpunkt erfolgreich Vorträge für die deutsche Sache gehalten hatte, versuchte, die Versenkung als rechtmäßig zu verteidigen. Er machte sich damit so verhasst, dass er das Land verlassen musste. Tatsächlich war der deutsche Standpunkt – dass der Dampfer, der Munition geladen hatte, in einer deklarierten Kriegszone unterwegs gewesen war und daher die Schuld an seinem Untergang nicht das U-Boot, sondern die Schifffahrts-

Abb. 14 Cunard warb für Transatlantikreisen, und die deutsche Botschaft in Washington warnte auf der gleichen Seite die Amerikaner davor, sich mit dem Schiff in ein Kriegsgebiet zu begeben.

linie traf und auch die Passagiere, die trotz deutscher Warnung auf dem Schiff reisten – in der emotionalen Stimmung nicht zu vermitteln.

Die Verteidiger des deutschen Vorgehens – zu ihnen gehörte beispielsweise der deutsch-amerikanische Publizist George Sylvester Viereck, der die deutsch-amerikanische Wochenzeitschrift «The Fatherland» herausgab – wiesen darauf hin, dass der Passagierdampfer Munition transportiert habe, was stimmte. Diese sei explodiert und deshalb sei der Dampfer auch so schnell gesunken. Auch gaben sie zu bedenken, dass die *Lusitania* mit einem Staatszuschuss gebaut worden war, um im Kriegsfall als Hilfskreuzer verwendet zu werden; sie sei bewaffnet gewesen und habe kanadische Truppen transportiert (Letzteres stimmte nicht).

Deutsche Diplomaten verwendeten für die öffentliche Meinung in den USA den Ausdruck «hysterisch» – die Amerikaner seien von ihrer kühlen Geschäftsmäßigkeit plötzlich verlassen worden.[38] Alle, die auf deutscher Seite versuchten, das Problem rein legalistisch zu sehen, kamen gegen den empörten Vorwurf nicht an, dies sei ein barbarischer Akt und ein kaltblütiger Mord an Zivilisten, an Frauen und Kindern. Den Deutschen schien es, so sahen dies die Amerikaner, an Empathie zu fehlen, und dies war ein weiterer Beweis des ihnen von alliierter Seite unterstellten Barbarentums. Allerdings herrschte sogar im deutschen Hauptquartier blankes Entsetzen über die Nachricht. Am 9. Mai 1915 schrieb Lyncker seiner Frau: «Der große Englische Personen Dampfer Lusitania ist gesunken. Mine oder U-Boot? 1300 Menschen sollen ertrunken sein; Reisende keine Soldaten. Was für ein Krieg ist das?!»[39] Das Unbehagen an dieser Art der Kriegführung, das auch die U-Boot-Besatzungen oft teilten, hielt an. Im Januar 1916 sagte Wilhelm II., «daß die großen Passagierschiffe voller Frauen und Kinder zu torpedieren eine barbarische Rohheit ohne Gleichen ist, womit wir den Haß und die giftige Wut der ganzen Welt gegen uns aufbringen».[40] Die Entscheidung für oder gegen den U-Boot-Krieg sei schwierig, denn «andererseits müsse er sich fragen: Könne er es entgegen den Ratschlägen seiner militärischen Ratgeber verantworten, aus Humanitätsrücksichten den Krieg in die Länge zu ziehen und soundso viel brave Landwehrleute mehr zu opfern? Er stehe vor dem schwersten Entschluss seines Lebens.»[41]

Die deutsche Führung war schockiert, das traf aber noch mehr auf die amerikanische Regierung zu, die sich nach der Versenkung der *Lusitania* vor einer schweren Krise sah. Sie musste, angesichts der gewaltigen öffentlichen Empörung, irgendwie reagieren. Doch wie? In den Monaten zuvor hatten sich alle, die zur Umgebung des Präsidenten gerechnet werden müssen – dazu gehörten vor allem der Secretary of State William Jennings Bryan, dessen Stellvertreter, Robert Lansing, sowie Wilsons persönlicher Berater, Colonel Edward House –, für die Beibehaltung der Neutralität ausgesprochen. Bryan war neutral und Pazifist, die beiden anderen hatten sehr deutliche Sympathien für die Entente. Im Frühjahr 1915 wollten sie alle aber verhindern, dass die USA in den Konflikt hineingezogen würden.[42] Präsident Wilson selbst sah die Dinge sehr ähnlich. Er war im August 1914 besorgt gewesen, der Krieg werde mit einem raschen und vollständigen deutschen Sieg enden – er teilte also die allgemeinen Erwartungen[43] –, und ließ angesichts dieser Perspektive deutliche Vorbehalte gegen die deutsche Politik, ja sogar gegen die deutsche Kultur erkennen. Er gab sich aber Mühe, seine Emotionen zu kontrollieren.[44] Als sich in Europa der Stellungskrieg herausgebildet hatte und es damit zum Patt kam, gelangte Wilson im Dezember 1914 zu einem neutraleren Urteil und glaubte, die Schuld am Kriege könne nicht nur einer Seite angelastet werden. Auch sah er nun den besten Ausgang des Krieges in Europa darin, dass keine Seite gewinne, denn das eröffne die Chance auf einen gerechten und dauerhaften Frieden und entspreche auch am ehesten den amerikanischen Interessen. Sollte eine Seite den Sieg davontragen, wäre hingegen die Gefahr groß, dass sich daraus ein ungerechter Friedensschluss und damit neuer Konfliktstoff ergebe. Er meinte aber, dass selbst ein Sieg der Alliierten den Interessen der USA nicht unbedingt schaden würde.[45] Er war also neutral, wünschte einen Frieden ohne Sieg, auf jeden Fall aber keinen Sieg der Zentralmächte. Im Übrigen empfand Wilson gegen Kriege einen aufrichtigen und starken Abscheu.[46] Er erinnerte sich an seine Kindheit in Georgia während des Bürgerkriegs, den er auf der Seite der Verlierer miterlebt hatte. Seine Heimat war, so erinnerte er sich Jahrzehnte später, ein «erobertes und verwüstetes Land» gewesen. Wilson war skeptisch gegenüber großen Worten, dem Krieg, seinen Zerstörungen und auch dem Prozess der Versöhnung.[47] Er sah die Chance und Aufgabe der USA, und damit auch seine eigene, darin, in dem Konflikt zu vermitteln und durch eine Reform des internationalen Systems den Weg in eine bessere Zukunft zu weisen.[48] Auf seine Vermittlerrolle und die Idee des «Friedens ohne Sieg» sollte er in den kommenden Jahren immer wieder zurückkommen.

Als er die Nachricht von der Versenkung der *Lusitania* erhalten hatte, reagierte er zunächst wie unter Schock stehend. Er folgte zwei Tage lang seiner Wochenendroutine und spielte Golf, ohne sich zu äußern. Sein Außenminister William Jennings Bryan, ein überzeugter und ehrlicher Neutraler, der die USA aus dem Krieg heraushalten und zwischen den kriegführenden Mächten vermitteln wollte,[49] schlug vor, nicht nur gegen die deutsche U-Boot-Kriegführung und die Versenkung der *Lusitania*, sondern auch die vorangegangenen völkerrechtswidrigen Blockadepraktiken Großbritanniens einzuschreiten und beide Seiten gleichermaßen zur Ordnung zu rufen. Er wollte außerdem verbieten, dass Schiffe mit kritischer Ladung amerikanische Passagiere transportieren durften, denn dadurch würden die Passagiere zu lebenden Schutzschilden für Konterbande.[50] Hätte er sich mit dieser Linie durchgesetzt, wäre der *Lusitania*-Zwischenfall mit einem deutschen diplomatischen Erfolg ausgegangen.[51] Bryan, meist nur der «great commoner» genannt, war selbst dreifacher Präsidentschaftskandidat gewesen und ein sehr populärer Politiker.[52] Er wollte den diplomatischen Bruch mit den Deutschen vermeiden und eine neutrale und unparteiische Haltung beibehalten. Seine Position hätte sich durchsetzen können, denn auch andere Mitglieder des Kabinetts befürworteten eine Anordnung, Fahrten auf Schiffen der kriegführenden Parteien zu untersagen.[53] Und dies wiederum hätte wahrscheinlich den Ausgang des Ersten Weltkriegs verändert.

Die amerikanische Öffentlichkeit, und auch der Präsident, waren jedoch der Ansicht, nun gehe es weniger um die Frage der Gleichbehandlung der kriegführenden Parteien in Europa als um einen massiven Protest gegen mörderische deutsche Praktiken. Auch gemäßigte Amerikaner waren der Ansicht, das Deutsche Reich stelle sich offenbar außerhalb von Sitte und Moral, und die belgischen Greuel und die Versenkung der *Lusitania* seien deutliche Beweise dafür, die nicht einfach wegdiskutiert werden könnten.[54] Es sei eine harsche Aufforderung an Berlin fällig, den U-Boot-Krieg zu unterlassen. Wilson ließ sich in dieser Angelegenheit mehr von Robert Lansing als von dessen Chef Bryan beraten. Er beschloss, von den Deutschen zu verlangen, den U-Boot-Krieg einzustellen; eine gleichzeitige Note an England lehnte er ab, ohne sie prinzipiell für später auszuschließen.

In den Sitzungen, die sich anschlossen, fühlte sich Bryan, nicht zu Unrecht, vom Präsidenten übergangen. Er konnte darauf hinweisen, dass die USA weder kriegswillig noch kriegsfähig waren. Die Amerikaner wollten nicht kämpfen und nicht in den europäischen Krieg verwickelt werden.[55] In den erregten Debatten rief Bryan im Kabinett aus: «Ihr seid nicht neutral. Ihr nehmt Partei.» Wilson antwortete kalt: «Mister Secretary, Sie haben kein Recht zu einem solchen Urteil. Wir versuchen alle neutral zu bleiben, trotz schwerer Probleme.»[56]

Es war wohl so, dass beide gleichermaßen recht hatten. Das amerikanische Kabinett war voreingenommen und versuchte doch, neutral zu bleiben. Wilson hatte Vorbehalte gegen den deutschen Militarismus und auch gegen den britische Navalismus; sein tatsächliches Ziel war, die USA ohne eigene Kriegsbeteiligung zur vorherrschenden Macht zu machen.[57] Bryan zog die Konsequenzen und trat zurück; er wurde durch seinen bisherigen Stellvertreter Lansing ersetzt, der eine ausgesprochen proalliierte Haltung vertrat und hartnäckig auf einen späteren Kriegseintritt der USA hinarbeitete.[58] In einem Notenwechsel, der sich über den Sommer 1915 hinzog, verbat sich die amerikanische Regierung das warnungslose Torpedieren von Schiffen, bezeichnete das deutsche Vorgehen als gegen internationales Recht verstoßend, lehnte das von der deutschen Diplomatie verlangte Junktim zwischen U-Boot-Krieg und Blockade ab und verlangte die Einstellung der deutschen Versenkungspraxis. In Deutschland waren viele anderer Ansicht. Eine Flut von Rechtsgutachten wurde erstellt, und 21 Rechtsgelehrte erklärten die Versenkung der *Lusitania* für rechtens und dem Völkerrecht entsprechend.[59] Die Parteiführer der Konservativen, des Zentrums und der Nationalliberalen und auch einige Zeitungen verlangten, gegenüber den USA nicht nachzugeben.[60] Nach heftigen Debatten zwischen Bethmann Hollweg, der von Falkenhayn unterstützt wurde, und der Marine setzte sich der Erstere durch.[61] Tirpitz und der Chef des Admiralstabs, Bachmann, reichten ihr Abschiedsgesuch ein, das der Kaiser barsch abschlug: «Nein! Die Herren haben zu gehorchen und zu bleiben!»[62] Nachdem die Versenkung eines weiteren Dampfers, der *Arabic*, durch ein deutsches U-Boot im August 1915 zu einer schweren weiteren Belastung der Beziehungen geführt hatte,[63] gab die deutsche Regierung nach und stellte den U-Boot-Krieg ein.

Die Verhandlungen waren infolge des sachlichen Gegensatzes und der auf beiden Seiten des Atlantiks hochemotionalen Atmosphäre ohnehin sehr kompliziert. Sie wurden auch dadurch erschwert, dass die Verbindungen zwischen Berlin und Washington schlecht und indirekt waren.

Die deutschen Transatlantikkabel waren von Großbritannien direkt nach Kriegsausbruch gekappt worden, und die USA erlaubten nicht den Betrieb der existierenden deutschen Funkanlagen im Verschlüsselungsmodus, da damit auch militärische Informationen übermittelt und so die Neutralitätsregeln gebrochen werden könnten. Daher spielten in diesen Verhandlungen die jeweiligen diplomatischen Vertreter eine herausragende Rolle. Der deutsche Botschafter in den USA, Graf Bernstorff, war ein Aristokrat, der sich von den typischen deutschen Vorurteilen gegen die Amerikaner nicht freimachen konnte. Er traf auch nicht den richtigen Ton, um seinen Gesprächspartnern in Washington, wie etwa Lansing, Vertrauen einzuflößen.[64] Sie verdächtigten ihn sogar, in den USA ein ausgedehntes Spionagenetz zu unterhalten und die Deutsch-Amerikaner zu beeinflussen. Immerhin wurde ihm in Washington zugutegehalten, dass er den besten Willen habe, den Frieden zwischen beiden Ländern zu bewahren und auf seine Regierung mäßigend einzuwirken. Auch wurde er als fähiger und geschickter Diplomat respektiert.[65] Graf Bernstorff versuchte in der Tat immer wieder, die Berliner Regierung vor Schritten zurückzuhalten, die die USA provozieren und ihren Kriegseintritt wahrscheinlicher machen würden. Hingegen war der amerikanische Botschafter Gerard in Berlin ein Komplettausfall, in den Worten Arthur Links «eine authentische internationale Katastrophe», ein Dilettant, der eine erstaunliche Menge an Fehlern machte.[66] Seine Memoiren zeigen das intellektuell dürftige und holzschnittartige Bild, das er sich von Deutschland gemacht hatte und das auch seine Berichterstattung prägte.[67] Er hatte ein Preußenbild wie der «Simplicissimus», aber nicht dessen satirischen Unterton. Das Entscheidende war jedoch, dass Gerard in seinen Konversationen beliebige und leichtfertige Äußerungen fallen ließ und nicht genug unternahm, um die Beziehungen zwischen seinem eigenen und seinem Gastland zu befördern und zu erhalten und Konfliktstoffe nach Kräften aus dem Weg zu räumen.[68] Es war nicht überraschend, dass von deutscher Seite mehrfach erwogen wurde, in Washington um die Abberufung Gerards zu bitten.[69]

Was die öffentliche Meinung beider Länder anging, waren die Urteile übereinander durch das Fehlen direkten Austauschs behindert. Die deutsche Öffentlichkeit hatte einen Tunnelblick und kein richtiges Verständnis für die amerikanische Sichtweise. Sie konnte sich auch, wie Lansing in seinen Memoiren kommentierte, nur sehr unzureichend in die amerikanische öffentliche Meinung hineindenken[70] – ein Mangel, der kriegsentscheidende Dimensionen annehmen sollte. Hellsichtigere Beobachter, wie beispielsweise der Soziologe Max Weber, hatten frühzeitig erkannt, in welch verhängnisvoller Weise Deutschland schon durch den Einmarsch in Belgien die «ideellen Mächte in der ganzen Welt» und damit auch die Stimmung in den USA gegen sich aufgebracht hatte.[71] Doch den meisten Deutschen schien dies legitime Notwehr gewesen zu sein, auch vielen Intellektuellen. Auf deutscher Seite gab es außerdem einen massiven Unwillen gegen die als heuchlerisch angesehenen USA, die falschen Neutralen, die ihrer Geschäfte wegen die Feinde begünstigten. Wilson und die amerikanische Regierung wurden im besten Fall als weltfremde Dogmatiker, meist jedoch als geschäftemachende Heuchler angesehen. Der ebenfalls vorhandene idealistische Zug in der amerikanischen Politik wurde hartnäckig übersehen oder als reine Maskerade gedeutet. In diesen Stereotypen trafen sich auch die politischen Lager, die Rechtsparteien sowieso, aber auch die Linken, die ohnehin überall, im In- und Ausland, gewissenlose Geschäftemacher und Kriegsgewinnler am Werke sahen und damit die Mechanik des Konflikts erklärten.[72] Dabei wurde aber, wie der amerikanische Historiker Arthur Link zu Recht hervorhob, auf der deutschen Seite ein entscheidender Fehler begangen: Die Amerikaner wurden pauschal als krasse Materialisten und Geschäftemacher angesehen und die idealistischen Worte ihres Präsidenten als pure Heuchelei, die verschleiern sollten, dass die USA nichts gegen die britischen Völkerrechtsverstöße unternähmen, um ihre Geschäfte nicht zu gefährden.[73]

Diplomaten der Botschaft in Washington warnten, die Bedeutung moralischer Fragen in der amerikanischen Weltsicht zu unterschätzen. In der voreingenommenen Sprache der Zeit hieß es: «Trotz allen Geschäftssinns ist der Amerikaner sehr sentimental – oft hysterisch, und im vorliegenden Fall deuten Geschäftssinn und Sentimentalität in dieselbe Richtung.»[74] Auf welche Probleme die Warner auf allen Ebenen stießen, mag das Beispiel Franz v. Papens zeigen (des späteren Reichskanzlers), der als Militärattaché in Washington gewesen und im Januar 1916 wegen Spionage ausgewiesen worden war. Papen selbst war ein ungewöhnlich unfähiger Diplomat gewesen, dem unter anderem beim Aufbau eines Spionagerings in den USA schwere Fehler unterlaufen waren. Und trotzdem hatte er eines begriffen: Die USA waren ein ganz beträchtlicher Machtfaktor, und das müsse der fehlorientierten deutschen Öffentlichkeit zum Bewusstsein gebracht werden. Er schlug nach seiner Rückkehr nach

Deutschland vor, Vorträge vor der Presse über die moralischen und materiellen Mittel der USA zu halten. Er versuchte, den Chef des militärischen Geheimdienstes, Oberstleutnant Nicolai, dafür zu gewinnen. Nach dem Krieg schrieb er ihm, dass er «nach [seiner] Rückkehr von Amerika mit allen Mitteln (bei Falkenhayn, Bethmann, Jagow, Lerchenfeld, Ballin u.a) versucht habe, ein Bild der mir schon damals sehr bedrohlich scheinenden Entwicklung zu geben. An allen Stellen – auch Ihnen persönlich gegenüber habe ich betont, dass die öffentliche Meinung Deutschlands gänzlich falsch über die Verhältnisse drüben orientiert sei und dass es dringlich sei, ein Gegengewicht gegen die U-Boothetze der alldeutschen Presse durch allgemeine bessere Presseaufklärung zu schaffen. Sie standen diesem Gedanken völlig ablehnend gegenüber … meine Auffassung der Lage drüben [wurde] als völlig unzutreffend angesehen und durch meine ‹zweijährige Amerikanisierung› begründet.»[75] Nicht alle waren so borniert wie Nicolai, und doch waren es zu viele, was auch erklärt, wie die U-Boot-Begeisterung allmählich zu einer wirklichen Volksbewegung anschwellen konnte. Und selbst ein sehr sachkundiger Mann wie Karl Helfferich, der 1915 Staatssekretär des Reichsschatzamtes und später Vizekanzler war, mokierte sich in seinen Memoiren darüber, dass der amerikanische Geschäftsträger Grew sich im Herbst 1916 über den Abtransport belgischer Zwangsarbeiter nach Deutschland aufregte – dies habe doch, so meinte Helfferich offenbar, nichts mit dem deutsch-amerikanischen Verhältnis zu tun![76] Er hielt das für eine bewusste Ablenkung vom eigentlichen Thema, nämlich den bilateralen Beziehungen, und zeigte damit, dass er die Mechanismen der amerikanischen Außenpolitik überhaupt nicht verstanden hatte.

Ein erstes Beispiel wirklichkeitsferner deutscher Verhandlungsführung zeigte sich schon 1915. In den deutsch-amerikanischen Verhandlungen hatte sich im Frühjahr 1915 für einen Moment die Lösung abgezeichnet, dass die Briten im Gegenzug zur Aufhebung des U-Boot-Krieges ihre Blockade von Lebensmitteln aufgeben sollten.[77] Dieser Vorschlag wurde in Deutschland, das damals noch nicht wirklich unter Hunger litt, als unzureichende Konzession angesehen; auch der Import von Rohstoffen sollte erlaubt werden.[78] Dadurch wurde der Regierung in London, die diesem Vorschlag ohnehin nicht zustimmen wollte, die Ablehnung leichtgemacht. Auch hier stellt sich die kontrafaktische Frage, wie der Erste Weltkrieg verlaufen wäre, wenn den Mittelmächten der Nahrungsmittelimport zugestanden worden wäre; zumindest wären Hunderttausende von Menschen dann am Leben geblieben.

Die U-Boot-Fanatiker drängten derweil auf den rücksichtslosen Einsatz der U-Boote und warfen dem Kanzler und noch mehr dem Kaiser – anspielend auf dessen englische Mutter und seine Verwandtschaft mit dem britischen Königshaus – vor, aus Humanitätsgründen oder sogar heimlicher Sympathie mit England auf dieses Mittel verzichten zu wollen. Der Reichskanzler und die Regierung waren in diesem Schlagabtausch dadurch benachteiligt, dass sie die Propaganda der Marine nicht öffentlich bloßstellen konnten: Hier hätte ein Verweis auf die geringe Zahl einsatzfähiger U-Boote Wunder wirken können. Die von den Rechtsparteien und den Flottenenthusiasten losgetretene «Hasskampagne»[79] hatte zwei Ziele: Einerseits richtete sie sich gegen die Engländer und die Blockade. Das Argument war, Großbritannien wolle Deutschland «erwürgen», also auf eine perfide, sich gegen die Zivilbevölkerung richtende Kampfesweise zur Kapitulation bringen. Andererseits richtete sie sich auch gegen die USA, der vorgeworfen wurde, gegen die deutschen U-Boote einzuschreiten, aber nichts gegen die ebenfalls völkerrechtswidrige englische Blockade zu unternehmen; offenbar, so wurde behauptet, weil die USA mit den Engländern doch zu gute Geschäfte machten und ihnen Kriegsmaterial verkauften, mit dem dann deutsche Soldaten an der Westfront umgebracht wurden.

Dass die USA am Handel mit den Alliierten verdienten und wirtschaftlich prosperierten, ist unbestritten. Sie legten seit Kriegsbeginn ein beträchtliches Wirtschaftswachstum vor. Der amerikanische Außenhandelsüberschuss wuchs von 540,79 Millionen Dollar 1914 auf 1,09 Milliarden Dollar 1915 an, verdoppelte sich also. 1916 kletterte er auf 2,599 Milliarden Dollar, also etwa auf das Fünffache des Vorkriegswerts. Dies steigerte sich 1917 auf 3,131 Milliarden Dollar, also das Sechsfache, 1918 auf 3,278 Milliarden und 1919 noch auf 4,457 Milliarden Dollar, um dann bis 1922 allmählich wieder auf die Rate der Vorkriegs-Exportüberschüsse zurückzufallen.[80] Ähnliche Exportüberschüsse haben die USA bis zum Zweiten Weltkrieg nicht wieder erreicht. Diese Zahlen belegen, dass der Krieg in Europa für die USA wie ein gewaltiges Konjunkturprogramm wirkte, und es ist offensichtlich, dass Wilson und die USA hier in eine Abhängigkeit geraten waren. Das bedeutete aber nicht, dass Wilson zum simplen Befehlsempfänger der amerikanischen Rüstungsindustrie wurde oder aber der Banken, die den Alliierten bei der Finanzierung ihrer Masseneinkäufe halfen – hier ist vor allem das Bankhaus J.P. Morgan zu nennen. Der Einfluss war indirekter, wenn auch nicht weniger wirksam. Der Präsident behielt stets die Stimmung seiner Wählerschaft im Auge; umso mehr deshalb, weil im Herbst 1916 Präsidentschaftswahlen bevorstanden. Damit waren ihm natürlich teilweise die Hände gebunden, denn theoretisch hätte er die Kreditaufnahme Großbritanniens in den USA gesetzlich begrenzen und damit die alliierten Einkäufe massiv behindern können. Doch erwog er diese Idee sehr spät und auch erst nach seiner Wiederwahl. Die USA lieferten übrigens nicht nur Waffen – sie hatten schließlich 1914 keine nennenswerte eigene Rüstungsindustrie –, sondern vielmehr alle möglichen Industriegüter und landwirtschaftliche Produkte, die es den Alliierten erlaubten, sich auf die Kriegsproduktion zu konzentrieren; das traf vor allem auf Frankreich zu, das die tatsächliche Rüstungsschmiede der Entente war.[81] Die amerikanischen Lieferungen machten dies aber erst möglich, und sie waren sehr bedeutend. Großbritannien bezog im Oktober 1916 40 Prozent seiner gesamten Kriegseinkäufe aus den USA.[82] Dass dies in Deutschland gewaltigen Unwillen erregte, konnte niemanden überraschen. Auch die Mitglieder des amerikanischen Kabinetts erinnerten sich an die Haltung der USA während des Bürgerkriegs. Damals hatten britische Werften Schiffe für die Konföderierten gebaut. Die Regierung in Washington verlangte von Großbritannien unter Kriegsdrohung, diese Schiffe nicht auszuliefern, und nach dem Krieg musste London sogar eine Entschädigung zahlen. Diese Episode zeigte, dass auch die Amerikaner damals einer Macht, die ihren Gegner belieferte, Feindseligkeit vorwarfen und ihr sogar mit Krieg drohten. Eine grundsätzliche Feindseligkeit der deutschen Öffentlichkeit gegenüber den USA war daher verständlich, aber unklug. Die Regierung bemühte sich jedenfalls nach Kräften, die Neutralität der USA zu erhalten und dem notfalls den U-Boot-Krieg zu opfern. Die Marineführung musste sich damit zufriedengeben, Handelskrieg nach Prisenordnung zu führen.

Im Frühjahr 1916 kam es zu neuen Problemen. Generalstabschef v. Falkenhayn hatte sich inzwischen zum Befürworter des U-Boot-Krieges gewandelt, da er hier den einzigen Weg sah, England so zu schädigen, dass es friedenswillig würde. Er versuchte, den entschiedenen Widerstand des in dieser Frage sehr viel hellsichtigeren Kanzlers zu brechen, wurde aber vom Kaiser gestoppt. Wilhelm II. war letztlich derjenige, der in

Abb. 15 Ein amerikanischer Cartoon aus der Zeit des Bürgerkriegs. Er kritisiert Großbritannien («John Bull»), nur seinen ökonomischen Vorteil im Auge zu haben und die Konföderierten, vor allem den konföderierten Handelsstörer Raphael Semmes, gewähren zu lassen und die Südstaaten skrupellos mit Waffen zu beliefern.

dieser Frage zwischen dem zivilen und dem militärischen Ressort das letzte Wort hatte. Die Marineführung erwies sich bei dieser Gelegenheit als katastrophal unzuverlässig. Großadmiral v. Tirpitz musste im März 1916 als Staatssekretär des Reichsmarineamts zurücktreten, nachdem sein Beauftragter, Kapitän Löhlein, vor dem Bundesrat falsche und übertriebene Angaben über die Anzahl der verfügbaren U-Boote gemacht hatte. Doch damit hatte das Reichsmarineamt den Bogen überspannt, da sofort offensichtlich wurde, dass diese Zahlen massiv frisiert worden waren. Selbst Befürworter des U-Boot-Kriegs wie der preußische Kriegsminister Wild v. Hohenborn meinten, dass Tirpitz in seiner Agitation endgültig zu weit gegangen war: «Hat er, um seinen Lieblingsgedanken des rücksichtslosen U-Boot-Krieges zu verwirklichen, wirklich unlautere Angaben gemacht, so ist er mit Recht gerichtet – es wäre ein Verbrechen am Vaterland.»[83] Falkenhayn sagte später über Tirpitz: «Er log ununterbrochen und war nicht zu fassen. Sobald man ihn irgendwie festnageln wollte, kniff er aus. Über die Zahl der verfügbaren Unterseeboote erfuhr ich alle Augenblicke etwas anderes.»[84] Allerdings fragt sich, warum

Falkenhayn der Marine trotzdem vertraute und dem Kanzler sogar untersagen wollte, die Angaben der «zuständigen Sachkenner» nachzuprüfen.[85] Während Tirpitz, der auch den Spitznamen «Der Vater der Lüge» hatte, die Unwahrheit sagte, polemisierte und agitierte, schwankte der für den operativen Einsatz der U-Boote Verantwortliche, nämlich Admiralstabschef v. Holtzendorff, im Frühjahr 1916 in seiner Haltung hin und her. Manchmal versicherte er Falkenhayn, der U-Boot-Krieg werde entscheidende Wirkung auf England haben; manchmal stimmte er dem Kanzler zu, die Zahl der U-Boote sei zu gering und der Bruch mit den USA müsse vermieden werden.[86] Doch letztlich war es offensichtlich, dass die Zahl der U-Boote für eine erfolgversprechende Blockade der Britischen Inseln nicht ausreichte. Der Kaiser bemühte sich, seinem Generalstabschef klarzumachen, «dass nicht annähernd so viel U-Boote vorhanden sind, als erforderlich, um den von Falkenhayn und der öffentlichen Meinung verlangten U-Bootkrieg in radikaler Form zu führen».[87] Er schickte auch «Admiral von Müller nach Stenay, um den Kronprinzen aufzuklären, dass man mit 21 U-Booten, mehr stehen alles in allem tatsächlich nicht zur Verfügung, England nicht auf die Knie zwingen kann».[88]

Falkenhayn blieb hartnäckig und da ihm das Gesetz der Zahl nicht zu Hilfe kam, verlegte er sich auf die Psychologie, auf sein «Gefühl», England werde nachgeben, und auf die Bedeutung von Willenskraft und soldatischer Entschlossenheit. Doch sehr zu Recht entgegnete ihm der Gesandte des Auswärtigen Amtes im Großen Hauptquartier, v. Treutler: «Er behauptet immer, er vermisse bei unseren Beurteilungen das soldatische Denken, ich hatte ihm aber erwidert, das treffe auf ihn zu, denn für jede militärische Beurteilung über die Anwendung eines Kriegsmittels müsse der Einfluss auf den endgültigen Sieg die einzige Richtschnur sein.»[89]

Die amerikanische Neutralität wurde im Frühjahr 1916 durch einen internationalen Zwischenfall erneut auf die Probe gestellt. Am 24. März 1916 torpedierte ein deutsches U-Boot versehentlich den Dampfer *Sussex*, den es für einen Minenleger hielt. Das Schiff konnte noch in den Hafen geschleppt werden, doch achtzig Passagiere verloren ihr Leben, darunter drei Amerikaner. Die amerikanische Regierung dachte, die deutsche Führung sei ohne Ankündigung wieder zum rücksichtslosen U-Boot-Krieg zurückgekehrt, und reagierte sehr harsch. Sie sandte am 20. April 1916 eine nach Ansicht von Admiral Müller «einem Ultimatum verzweifelt ähnliche Note»[90] und drohte mit dem Abbruch der diplomatischen Beziehungen. Die Reichsregierung lenkte ein und ging am 24. April zum Handelskrieg nach Prisenordnung über. Dies legte sie auch in der Antwortnote dar und drückte dafür die Erwartung aus, dass nun auch Großbritannien zum Abbau seiner Blockade gezwungen werde; sollte dies nicht erfolgen, behalte sich Deutschland die Freiheit des Handelns vor.[91] Doch in ihrer Antwort verbaten sich die USA dieses Junktim mit Schärfe.[92]

Die Verhandlungen mit Wilson waren für den Kanzler und die Diplomaten ein steter Zweifrontenkrieg, da sie sich gleichzeitig gegen die deutschen U-Boot-Enthusiasten behaupten mussten. Die Marineführung zeigte sich im innenpolitischen Machtkampf als ungeheuer renitent und gab immer nur widerwillig nach. Der damalige Chef des Admiralstabs, Bachmann, lehnte beispielsweise eine Entschuldigung für die Versenkung der *Lusitania* vehement ab.[93] Hinzu kam die äußerst geschickte und gegenüber der Regierung oft höchst illoyale Öffentlichkeitsarbeit von Tirpitz und seinen Anhängern in Uniform und Zivil. Als zentral erwies sich aber die von der Marine erzeugte Illusion, der U-Boot-Krieg könne den Sieg bringen. Diese hatte eine geradezu hypnotische Wirkung auf die deutsche Gesellschaft, die den Krieg immer weniger aushielt und gleichzeitig auch immer weniger einen Ausweg sah. Bethmann Hollweg, der den innenpolitischen Kampf gegen Falkenhayn und die Marine im Frühjahr 1916 mit Überzeugung und Geschick führte, war sich sicher, dass diese Frage eine kriegsentscheidende Dimension hatte. Sein Sekretär Kurt Riezler schrieb am 29. April 1916: «Halten wir Amerika heraus endgültig, so kann uns niemand den Sieg rauben.»[94]

7

Der «Potatobread-Spirit»: Die «Heimatfront» in den ersten zwei Kriegsjahren

> In der ganzen Geschichte gibt es kein Beispiel dafür, daß ein Land aus einem langen Krieg Gewinn gezogen hätte. Nur wer die schrecklichen Auswirkungen eines langen Krieges kennt, vermag die überragende Bedeutung einer raschen Beendigung zu sehen.
>
> *Sun Tsu, Die Kunst des Krieges*

Die Faszination, die der U-Boot-Krieg ausübte, hing eng mit dem Verlauf des Landkrieges zusammen. Doch seine Popularität ergab sich nicht nur aus den festgefahrenen Linien des Stellungskrieges. Viel mehr noch wurde sie durch den Zeitdruck befördert, unter dem die deutsche Führung sich aufgrund der inneren Verhältnisse des Kaiserreichs wähnte. Noch war der Durchhaltewillen der deutschen Gesellschaft ungebrochen. Doch wie lange würde dies angesichts der alliierten Blockade und der horrenden Opfer an der Front so bleiben?

Dass ein großer Krieg eine ökonomisch und sozial unerträgliche Belastung darstellen würde, vor allem bei längerer Dauer, war keine Überraschung. Der polnische Bankier Ivan Bloch hatte in seinem 1898 in mehreren Sprachen veröffentlichten Mammutwerk «Die Zukunft des Krieges» nachzuweisen versucht, dass ein großer Krieg im ökonomischen Zusammenbruch enden müsse.[1] Friedrich Engels und August Bebel hatten sich ähnlich geäußert. Viele Militärexperten, unter ihnen auch Schlieffen, hatten, aus einer ganz anderen Warte als Bloch urteilend, angesichts der weltwirtschaftlichen Verflechtungen und Zwänge einen langen Krieg als für Europa unerträglich angesehen.[2] Alle Argumente, die die deutsche Reichsleitung, und zwar Zivilisten wie Militärs, noch in den ersten Monaten des Krieges an die Unmöglichkeit eines langen Konflikts glauben ließen, hat der spätere Vizekanzler Karl Helfferich in seinen Memoiren wie folgt zusammengefasst: Es war, zuerst, die Einsicht in die ungeheure Zerstörungskraft moderner Waffen. Andere verglichen die Auswirkungen des Krieges mit der lähmenden Wirkung eines Generalstreiks, da den Volkswirtschaften durch die Mobilisierung der Wehrpflichtigen die Arbeitskräfte entzogen würden, und dies könne schwerlich lange gutgehen. Außerdem war man sich darüber im Klaren, dass der Krieg ungeheure Kosten verursachen würde, die zu decken wohl unmöglich sein würde. Und schließlich war es «die Spekulation auf die menschliche Vernunft, die es nicht zulassen werde, dass die Völker Europas bis zur letzten Erschöpfung ihrer physischen und moralischen Kräfte, bis zur letzten Zerstörung ihrer wirtschaftlichen und kulturellen Werte sich gegenseitig vernichten würden».[3] Tatsächlich befürchteten gerade die Regierungen der autoritären Staaten die Revolution und den Zusammenbruch der staatlichen Ordnung, sollte sich der Krieg allzulange hinziehen.

Zunächst sollten die Warner, die als Folge des großen Krieges den gesellschaftlichen Zusammenbruch vorhergesagt hatten, Unrecht behalten. Sie hatten die Anpassungsfähigkeit der europäischen Staaten unterschätzt, und es zeigte sich, dass nicht nur das Deutsche Reich, sondern alle kriegführenden Großmächte mit den innen-, sozial- und wirtschaftspolitischen Herausforderungen der ersten beiden Kriegsjahre ausreichend gut fertigwerden konnten. Langfristig sah es aber anders aus. Der Krieg zerstörte die kämpfenden Volkswirtschaften und Gesellschaften und verbrauchte, je länger er dauerte, desto mehr von der ökonomischen und moralischen Substanz. Friedrich der Große hatte die Maxime gehabt, Kriege «so geschickt zu führen, dass die Untertanen ungestört wie im Frieden ihrer Arbeit nachgehen konnten».[4] Dies war selbst zu Zeiten des Siebenjährigen Krieges schwer zu bewerkstelligen, völlig ausgeschlossen aber im Ersten Weltkrieg, der bezeichnenderweise ein «totaler Krieg» genannt wird; total in dem Sinne, dass er schließlich die gesamte Gesellschaft umfasste und niemand von seinen Auswirkungen verschont blieb.[5] Er beeinflusste das Leben jedes einzelnen damals lebenden Deutschen. Während seiner Dauer wurden nach und nach 13,2 Millionen Männer eingezogen und dienten in den Streitkräften; dies waren etwa 20 Prozent der Bevölkerung oder aber jeder fünfte Deutsche, wobei Frauen, Kinder und alte Leute miteingerechnet sind. Etwa zwei Millionen von ihnen fielen, ca. 4,8 Millionen wurden verwundet und ca. 14,6 Millionen erkrankten.[6] Das heißt, dass, statistisch gesehen, während des Krieges jeder sechste Soldat (15 Prozent) getötet, etwa jeder dritte (36 Prozent) verwundet wurde und alle mindestens einmal ernstlich erkrankten.

Das Schicksal der Soldaten verband Front und Heimat. Letztere litt unter den Folgen der männerlosen Gesellschaft, dem Tod von Familienmitgliedern und Freunden an der Front, an automatisch rückläufiger Industrieproduktion, an zunehmendem Mangel an Lebensmitteln und Verbrauchsgütern[7] sowie an daraus resultierenden Krankheiten und Unterernährung, an denen im Laufe des Krieges eine schwer zu ermittelnde Zahl von Zivilisten sterben sollte. Schätzungen bewegen sich zwischen 426 000 und 760 000 zivilen Opfern.[8]

Diese Zahlen greifen allerdings vor und beschreiben Auswirkungen des Krieges auf die deutsche Gesellschaft, die in ihrer vollen Wucht erst in der zweiten Kriegshälfte spürbar wurden. Außerdem wäre es irreführend, ein einheitliches Bild von der deutschen Gesellschaft im Krieg zu zeichnen. Zu groß waren die Unterschiede zwischen den sozialen Schichten und vor allem zwischen dem Leben in Groß- und Kleinstädten und auf dem Land. Der Krieg traf alle in irgendeiner Form, aber manche doch deutlich härter als andere, das Wort von der «Klassengesellschaft im Krieg» hat seine Berechtigung.[9] Der Erste Weltkrieg war nicht nur eine Geschichte von Tod und Zerstörung, sondern auch die einer immer weiter zunehmenden Verknappung und einer moralischen wie materiellen Verelendung und Verarmung, die schließlich in der zweiten Kriegshälfte in manchen Städten Lebensumstände herbeiführte, die es seit der Frühindustrialisierung nicht mehr gegeben hatte.

Schon im Krieg wurde von der «Heimatfront» gesprochen und später der Vorwurf erhoben, der Krieg sei genau hier und nicht im Felde verlorengegangen.[10] Diese Behauptung geht an der Sache vorbei, denn tatsächlich zeigte die deutsche Gesellschaft eine erstaunliche Fähigkeit und Bereitschaft, sich den Belastungen des Krieges zu stellen. Die Moral der

Abb. 16 Das Ehepaar Wagner verschickt 1915 einen «Selfie» als Weihnachtsgruß. Im Hintergrund ist eine Frontkarte zu sehen. Auf dem Tisch sind Lebensmittel platziert, um zu demonstrieren, dass im Hause Wagner kein Mangel herrschte.

Bevölkerung war hoch, vor allem in den ersten beiden Kriegsjahren. Zwar hatten der Stellungskrieg, die erlittenen hohen Verluste und die Enttäuschung darüber, dass der Krieg nicht in wenigen Monaten gewonnen werden konnte, den Enthusiasmus abgekühlt, aber die Stimmung war noch immer siegesgewiss. Die deutschen Armeen standen überall tief in feindlichem Territorium, und beim Blick auf die Frontkarten schien zu Pessimismus kein Anlass zu bestehen.

Hier soll ein Foto die Stimmung dokumentieren, die nach eineinhalb Jahren Krieg zu Weihnachten 1915 in Deutschland herrschte. Es handelt sich um das Weihnachtsfoto des Berliner Ehepaars Anna und Richard Wagner. Wagner, ein Eisenbahnbeamter, war nicht eingezogen worden. Auf dem Photo, das der Photofreund mit einem Selbstauslöser aufgenommen und dann an Freunde als Weihnachtsgruß verschickt hatte, sah man im Hintergrund eine Frontkarte hängen, auf der die überall in Feindesland verlaufenden deutschen Linien eingezeichnet waren. Auf dem Gabentisch waren demonstrativ Lebensmittel aufgebaut, um zu zeigen, dass das Ehepaar keine Not litt. Um die Aussage noch deutlicher zu machen, war ein Zettel «Hungersnot» auf dem Tisch, inmitten der Esswaren, plaziert. Dieser ironische Hinweis sollte natürlich zeigen, dass bei den Wagners keine Knappheit herrschte, beweist aber auch, dass Nahrungsmangel bereits ein Thema war, wenn auch eher als Drohung denn als Wirklichkeit.

Dieses Bild des Ehepaars dürfte für die bis Anfang 1916 in Deutschland herrschende Stimmung typisch sein und deckt sich mit vielen anderen Zeugnissen. Noch dominierten Optimismus, Selbstvertrauen und Zuversicht. Die gute Moral könnte auch an vielen anderen Einzelheiten festgemacht werden, so etwa an der Disziplin der Arbeiter. Im letzten Friedensjahr 1913 hatte es 2127 Streiks mit mehr als 265 000 Teilnehmern gegeben; nach Kriegsausbruch brachen organisierte Arbeitskonflikte dann abrupt ab, da die Gewerkschaften sie im Interesse von Burgfrieden und Kriegsanstrengung untersagt hatten. Die Arbeiter hielten sich daran; 1915 gab es nur 137 Streiks mit 14 000 Teilnehmern – also waren die Streikaktivitäten um ca. 95 Prozent zurückgegangen. 1916 stiegen die Zahlen an, hielten sich aber mit 240 Streiks und knapp 129 000 Streikenden immer noch weit unter Friedensniveau.[11] 1915 gingen 42 000 und 1916 245 000 Arbeitstage durch Arbeitskämpfe verloren; dies waren, vor allem im internationalen Vergleich, zu vernachlässigende Größen.[12] So wurde beispielsweise in Großbritannien während des Krieges deutlich mehr gestreikt. 1916 gab es dort 235 000 Streikende, und 2,5 Millionen Arbeitstage gingen verloren.[13] Ein weiteres Beispiel innerer Einigkeit war die praktisch einstimmige Bewilligung der Kriegskredite im Reichstag; nur der Sozialist Karl Liebknecht stimmte im Dezember 1914 dagegen. Alle Parteien, auch die SPD, standen fest hinter der Regierung, wenn sich auch ab Ende 1914 in der Partei eine Opposition gegen die vorbehaltlose Unterstützung der Regierung aufbaute, die schrittweise zunehmen und im April 1917 schließlich zur Parteispaltung und zur Gründung der USPD führen sollte.

Gerade die Kriegsfinanzierung war ein gutes Beispiel dafür, dass die deutsche Kriegsanstrengung von einer breiten patriotischen Solidarität getragen wurde. Natürlich konnte sich ein Konflikt dieser Größenordnung und Länge nicht durch einen normalen Haushalt oder herkömmliche Mittel finanzieren lassen. Doch wie sollten die Kosten aufgebracht werden? Gegen drastische Steuererhöhungen sprach das Argument, die

Kriegsgesellschaft nicht noch weiter zu belasten, und dann die fundamentale Uneinigkeit der Reichstagsparteien, wie solche Steuern aussehen sollten. Die SPD war kategorisch gegen indirekte Steuern, die ihre Klientel, die Arbeiterklasse, stark belastet hätten; die Konservativen gegen Vermögensabgaben. Erst relativ spät wurden, massivem Druck der Öffentlichkeit nachgebend, wenigstens Kriegsgewinnsteuern geschaffen, die aber nicht einmal ansatzweise die Finanzierung des Krieges sicherstellen konnten. Im Wesentlichen wurde der Krieg durch Kriegsanleihen finanziert. Das war natürlich eine drückende Hypothek für die Zukunft, lief aber bis 1916 überraschend gut. Schon die Mobilisierung im Sommer 1914 erforderte ungeheure Summen, nämlich etwa zwei Milliarden Mark,[14] die mit kurzfristigen Schatzanweisungen beglichen wurden.[15] Diese konnten, weil letztlich ungedeckt und damit ein inflationstreibender Faktor erster Ordnung, natürlich kein Dauerzustand sein, zumal die Golddeckung direkt bei Kriegsausbruch aufgegeben wurde.[16] Deshalb wurde einen Monat später, im September 1914, eine erste Kriegsanleihe herausgegeben, die das Rekordergebnis von ca. 4,5 Milliarden Mark erbrachte.[17] Ein Argument für den Erfolg dürfte die hohe Verzinsung von fünf Prozent bei einem Ausgabekurs von 97 ½[18] gewesen sein; ein weiteres und wohl noch wichtigeres die ungebrochene Siegeszuversicht der ersten Kriegsmonate. Diese Anleihe brachte fast doppelt so viel Geld auf wie die bis dahin größte der Geschichte, die französische Anleihe von 1872.

Hier baute sich eine ungeheure Verschuldung auf, von der keiner wusste, wie sie wieder abgetragen werden konnte – es sei denn, man hing der naiven Hoffnung an, im Fall des Sieges die Rechnung einfach an den unterlegenen Gegner weitergeben zu können. Aber während des Krieges kam es der Regierung nicht auf ordentliches und verantwortliches Wirtschaften an und nicht darauf, sich Gedanken über die Rückzahlung zu machen, sondern darauf, den Moment zu überleben und das dringend benötigte Geld für den Krieg aufzubringen.

Die Kosten des Krieges waren natürlich extrem hoch. Das Deutsche Reich hatte vor 1914 einen jährlichen Haushalt von 3,5 Milliarden Mark gehabt, und viele dieser Ausgaben fielen nach Kriegsausbruch weiter an; hinzu kamen nun die gewaltigen und kontinuierlich wachsenden Kosten des Krieges. Der September 1914 war der einzige Monat des Krieges, in dem die Kosten mit 970 Millionen Mark unter der Milliardengrenze blieben. Ab März 1915 wurde bei den Kriegsausgaben die Zweimilliardengrenze pro Monat überschritten.[19] Deshalb musste im März 1915 eine zweite Kriegsanleihe aufgelegt werden, die 9,1 Milliarden Mark einbrachte. Ihr folgte die dritte Kriegsanleihe im September 1915, die eine Zeichnung von 12,16 Milliarden Mark erreichte. Die Kriegskosten lagen für das Jahr 1915 bei 22,965 Milliarden Mark; die Anleihen hatten 21,26 Milliarden[20] erbracht und somit waren die Ausgaben für den Krieg durch den Verkauf von langfristigen Anleihen auf dem Inlandskapitalmarkt praktisch vollständig abgedeckt worden. In den ersten 22 Monaten des Krieges betrugen die Kriegskosten im Schnitt etwa 2 Milliarden Mark pro Monat, und diese Summen konnten durch die Kriegsanleihen nahezu komplett aufgebracht werden. Dadurch wurde, was bei der rapide zurückgehenden zivilen Produktion und dem Fehlen von Gütern besonders wichtig war, auch überschüssige Kaufkraft vom Markt abgezogen, so dass sich die inflationäre Entwicklung im Rahmen hielt.

Zwar blieb das Problem, wie diese Summen jemals zurückgezahlt werden sollten, offen; aber für den Moment waren die Ausgaben gedeckt und die Währung blieb stabil, obwohl es eine Teuerung gab, die aber eher mit der Verknappung von Gütern zusammenhing. Eine vierte Kriegsanleihe erbrachte im Mai 1916 10,768 Milliarden Mark.[21] Am 31. Mai 1916 hatten die Kriegsausgaben 39,78 Milliarden Mark betragen, während die vier Kriegsanleihen ca. 36 Milliarden Mark[22] aufgebracht hatten. Dies zeugt für den Patriotismus und die Zuversicht der deutschen Bürger, der Großanleger, aber auch der kleinen Sparer, die ihr Geld in Kriegsanleihen anlegten. Karl Helfferich, seit Februar 1915 Staatssekretär im Reichsschatzamt, war erfolgreich darin, der deutschen Öffentlichkeit die Zeichnung von Kriegsanleihen als patriotische Pflicht zu verkaufen. Er schrieb: «Der Gedanke der finanziellen Wehrpflicht mußte hundertausendfältig den Köpfen eingehämmert werden.»[23] Der Verkauf der Anleihen war gut organisiert und wurde in Zeitungen, auf Plakaten und mit Millionen von Merkblättern breit beworben. Kriegsanleihen konnten in Banken, Sparkassen, Versicherungsgesellschaften, Kreditgenossenschaften und auch in Postanstalten gezeichnet werden.[24]

Während des Krieges und erst recht danach wurde der Regierung zum Vorwurf gemacht, die Kriegskosten nicht in weit höherem Umfang durch Steuererhöhungen gedeckt zu haben.[25] Doch abgesehen von den Problemen, solche Steuern politisch durchsetzen zu können, wäre es wohl unmöglich gewesen, die gesamte oder einen größeren Teil der benötigten Summe durch Besteuerung beizubringen, erst recht nicht, ohne die dramatisch lahmende Konjunktur – wir reden von Produktionseinbrüchen von 20 Prozent – noch weiter abzuwürgen. Außerdem war selbst Großbritannien, wo der Krieg stärker durch Besteuerung finanziert wurde, letztlich ganz massiv auf Schuldenfinanzierung angewiesen.[26] Insgesamt bleibt festzuhalten, dass es der deutschen Regierung bis 1916 gelang, die aus der Kriegsfinanzierung resultierenden Probleme im Griff zu behalten, wenn auch ein gewaltiger Wechsel auf die Zukunft ausgestellt wurde. Doch das war wohl nicht zu vermeiden, da der Krieg, nach Schätzungen, jährlich mehr als 30 Prozent des deutschen Nationaleinkommens verschlang.[27]

Für den Krieg bezahlen zu können war eine, den Krieg volkswirtschaftlich auch auszuhalten eine andere Frage. Wie stand es um die deutsche Industrie während des Krieges? Immerhin war das Deutsche Reich vor 1914 eine in die internationale Arbeitsteilung integrierte Industriegesellschaft gewesen, die vom Im- und Export lebte und die viele wichtige Rohstoffe und lebenswichtige Güter einführen musste. 1913 hatte es Waren im Wert von 10,7 Milliarden Mark eingeführt, vorwiegend Rohstoffe und Nahrungsmittel; die deutsche Ausfuhr betrug 10,1 Milliarden Mark.[28]

Deutschland hatte einige ausgesprochene Stärken, die es befähigten, den Kampf aufnehmen und durchstehen zu können; andererseits aber auch dramatische Schwächen, die seine Kriegswirtschaft besonders verwundbar machten. Um zunächst eine zentrale Stärke zu erwähnen: Deutschland verfügte über eine sehr leistungsfähige moderne Industrie und eine gut ausgebildete Bevölkerung und war daher besser als alle anderen kriegführenden europäischen Mächte, Großbritannien ausgenommen, in der Lage, für den industrialisierten Volkskrieg genügend Rüstungsgüter zu schaffen. Ein wichtiger Faktor war der Kohlebergbau, der den deutschen Verbrauch, zumindest in den ersten Jahren des Krieges, vollständig deckte[29] und sogar ein Exportgut lieferte, um damit bei den Neutralen fehlende Waren einzutauschen. Damit war Deutschland im Besitz des damals wichtigsten Energieträgers. Es kam zwar später zu Engpässen, aber die Energiegewinnung war, anders als im Zweiten Weltkrieg aufgrund der dann gestiegenen Abhängigkeit von Verbrennungsmotoren, keine zentrale Schwäche der deutschen Kriegswirtschaft.

Wichtig war auch die leistungsfähige Stahlindustrie, die eine große Bedeutung bei der Waffenherstellung hatte. Das Deutsche Reich war 1914 der größte Eisen- und Stahlhersteller in Europa und produzierte 1913 mit 17,6 Millionen Tonnen mehr als die Ententestaaten zusammengenommen (17,1 Millionen Tonnen).[30] Obwohl das preußische Kriegsministerium als zentrale Beschaffungsstelle viele Schwächen hatte, konnten bis 1916 insgesamt so viele Geschütze, Gewehre und auch Munition hergestellt werden, dass der Gang der militärischen Operationen nicht behindert wurde. Nach dem akuten Munitionsmangel im Herbst 1914 hatte sich im folgenden Frühjahr die Lage entspannt. Bis Juni 1916 gab es keine Knappheit an Artilleriemunition,[31] und das, obwohl die deutsche Waffenproduktion durch eine Vielzahl großer und kleiner Hersteller und die Logistik durch eine Vielzahl von Geschütz- und Munitionstypen belastet wurde.[32]

Auch besaß die deutsche Industrie qualifizierte Techniker und Ingenieure, die großen Erfindungsreichtum entwickelten, um mit den durch den Krieg verursachten Importausfällen fertig werden zu können. Ein berühmtes Beispiel dafür ist die Stickstoffproduktion, die gleichermaßen elementar für die Munitions- wie die Düngemittelherstellung war. Der Inlandsverbrauch an Stickstoffverbindungen hatte im letzten Friedensjahr bei 1,4 Millionen Tonnen gelegen.[33] Weniger als die Hälfte dieses Inlandsbedarfs (ca. 500 000 Tonnen) war durch schwefelsauren Ammoniak, ein Nebenprodukt der Kokereien, gedeckt worden,[34] der Rest durch die Einfuhr von Chilesalpeter, die nach Kriegsausbruch aufgrund der britischen Blockade sofort zum Erliegen kam. Da außerdem noch die Koksproduktion ab August 1914 deutlich zurückging, brachen etwa zwei Drittel der bis dahin verfügbaren Stickstoffverbindungen weg. Gleichzeitig kam zu dem bisherigen Verbrauch auch noch der ständig wachsende Munitionsbedarf der Armee hinzu. Abhilfe bot das Haber-Bosch-Verfahren, das von der BASF schon 1910 zum Patent angemeldet worden war, aber bis 1914 in der Stickstoffproduktion eine untergeordnete Rolle gespielt hatte; es gewann den Stickstoff aus der Luft. Die Produktion wurde nach Verhandlungen zwischen Industrie und Regierung durch den Bau von riesigen Fabriken stark ausgeweitet – die Industrie verlangte, im Gegenzug zu den riesigen Investitionen, nach Abnahmegarantien auch im Frieden – und konnte den Bedarf, zumindest den militärischen, in etwa decken. In der zweiten Kriegshälfte wuchs die Jahresproduktion auf 2,1 Millionen Tonnen Stickstoffverbindungen, die dem ständig wachsenden militärischen Verbrauch aber nur mit Mühe hinterherkam. Dieser stieg von 12–15 000 Tonnen pro Monat auf 40 000 Tonnen im Jahr 1916 und 100 000 Tonnen ab 1917.[35] Hingegen konnte für die Landwirtschaft nicht genug Dünger produziert werden, hier wurde das Soll 1916 nur zu 70 Prozent erreicht.[36]

Auch auf anderen Feldern konnte die deutsche Kriegswirtschaft sich die benötigten Rohstoffe beschaffen. Dies funktionierte gut mit skandinavischen Erzen, hinreichend mit Chrom, Mangan oder Nickel. Deutsche Unternehmen wie Krupp besaßen bei Kriegsausbruch große Vorräte an diesen Rohstoffen, die noch Jahre reichten.[37] Später wurden sie aus der Türkei und Serbien bezogen. Außerdem wurden die Legierungen bei der Stahlproduktion modifiziert, so dass während des Krieges keine ernsthaften Engpässe durch Rohstoffmangel auftraten. Eine gewisse Rolle spielte dabei auch die Ausweitung eigener Rohstoffgewinnung.[38] Kupfer blieb ein Mangelartikel während des gesamten Krieges; es wurde für die Munitionsherstellung und vieles andere gebraucht und aus Norwegen, Schweden und Bulgarien bezogen sowie durch Einsammeln und Einschmelzen des vorhandenen Materials.[39] Außerdem wurde die Geschossherstellung geändert und der Kupferverbrauch bei der Munitionsproduktion so um 87 Prozent gesenkt.[40]

Die Rohstoffproblematik hatte Walther Rathenau, den Präsidenten und Vorstandsvorsitzenden der AEG, dazu veranlasst, bei Falkenhayn, damals noch preußischer Kriegsminister, die Zentralverwaltung der knappen Rohstoffe anzuregen; dies hatte zur Gründung der Kriegsrohstoffabteilung geführt.[41] Eine wichtige Rolle hatten auch die in Belgien, vor allem Antwerpen, erbeuteten Rohstoffe gespielt. Trotzdem begannen bestimmte Materialien bald schon zu fehlen. Gummi oder Leder wurden schnell Mangelware; die Behelfe, wie beispielsweise Räder mit Eisenreifen oder Holzschuhe, waren unzureichend. Was auch bald zu fehlen begann, waren Textilrohstoffe wie etwa Baumwolle. Eine Zeitlang wurde versucht, diese über Genua zu importieren, was ein weiterer Grund dafür war, dass die Kriegserklärung an Italien verschleppt wurde. Petroleum, wichtig für alle Verbrennungsmotoren, wurde aus Rumänien bezogen. In der ersten Kriegshälfte konnten Probleme mit der Rohstoffversorgung auch dadurch überbrückt werden, dass es hinreichende Importmöglichkeiten über die europäischen Neutralen gab, durch die Niederlande, die skandinavischen Länder und Rumänien, und Deutschland und seine Verbündeten dadurch auf die Ressourcen dieser Länder und indirekt sogar auf den Weltmarkt zurückgreifen konnten. Später gelang dies nicht mehr, da Großbritannien deren Import auf den Eigenbedarf zurechtzustutzen begann. Kriegswichtige Rohstoffe mussten später im Deutschen Reich durch drastische Maßnahmen wie das Einsammeln und Einschmelzen von Glocken, Türklinken und anderen metallenen Gegenständen gewonnen werden.

Was direkt nach Kriegsausbruch ebenfalls zu fehlen begann, waren Arbeitskräfte. Nach einer kurzen Phase hoher Arbeitslosigkeit direkt nach der Mobilmachung – die Zahlen stiegen bis auf 20 Prozent – kam es zu einem immer deutlicheren Mangel an Arbeitskräften. Die Millionen von Soldaten, die eingezogen worden waren, fehlten natürlich in der Produktion. Im Laufe des Krieges wurden die fehlenden Männer immer mehr durch Frauen und Kriegsgefangene und später sogar durch Zwangsarbeiter ersetzt, so dass im Juli 1918 die Zahl der Beschäftigten nur sieben Prozent geringer war als zu Friedenszeiten.[42] Doch mit der Zahl der qualifizierten Arbeitskräfte – zwischen 30 und 40 Prozent von ihnen waren 1914 eingezogen worden[43] – sank auch die Produktivität, wohl um mindestens ein Drittel.[44] Die industrielle Produktion unter Kriegsbedingungen führte im Übrigen zu schweren Verwerfungen im deutschen Wirtschaftsleben. Insgesamt gingen die Produktion und das Bruttosozialprodukt schon 1915 um über 15 Prozent zurück,[45] was durch das Fehlen qualifizierter Arbeitskräfte und das Wegbrechen der Nachfrage in weiten Feldern der zivilen Produktion zu erklären ist. Gleichzeitig stieg die Produktion von Rüstungsgütern und kriegswichtigen Produkten gewaltig an. Die Staatsquote in der Wirtschaft wuchs, die zivile Produktion fiel während des Krieges um etwa 60 Prozent.[46] Die praktisch monopolartige Struktur, die nunmehr Rüstungsgüter produzierende Unternehmen – und ihre Arbeiter – in der Gesellschaft hatten, führte dazu, dass sich die Gewinne dieser Unternehmen erhöhten und ebenso die Löhne derer, die dort arbeiteten und ihre Lohnforderungen in einem Umfeld des Arbeitskräftemangels gut durchsetzen konnten. Zuwächse bei Gewinn und Lohn waren aber auch notwendig, um mit der Teuerung Schritt zu halten. Die Realeinkommen der Beamten und Staatsangestellten, der Mittelschichten im Allgemeinen fielen sehr viel stärker als die der Arbeiter.[47] Die gestiegenen Einkünfte der Arbeiter sorgten allerdings auch für Unzufriedenheit unter den Soldaten.

Der Mangel an Arbeitskräften führte später zu erbitterten Auseinandersetzungen zwischen Armee und Industrie. Wo er sich aber ganz besonders nachteilig auswirkte, war in der Landwirtschaft. Diese war ohnehin die Achillesferse der deutschen Kriegswirtschaft. Vor dem Ersten Weltkrieg war das Deutsche Reich der weltweit größte Importeur landwirtschaftlicher Produkte, die 38 Prozent der Gesamteinfuhren ausmachten.[48] Etwa ein Viertel, vielleicht sogar ein Drittel aller Lebensmittel[49] wurden importiert, darunter 2,5 Millionen Tonnen Weizen (bei einem Eigenexport von etwa 500 000 Tonnen) und sechs Millionen Tonnen Futtermittel.[50]

Diese Futtermittel für den Viehbestand stammten vor allem aus Russland, Argentinien, den USA und Kanada, es waren also Einfuhren, die bei Kriegsbeginn sofort zum Erliegen kamen. Auch die Lieferungen aus Rumänien wurden unregelmäßig. Immerhin sorgten die gute Ernte des Jahres 1914 und die vorhandenen reichlichen Vorräte sowie Importe aus dem neutralen Ausland dafür, dass akuter Mangel zunächst ausblieb. Ein Expertengremium, zu dem unter anderen Professor Eltzbacher gehörte, veröffentlichte Ende 1914 eine Denkschrift «Die deutsche Volksernährung und der englische Aushungerungsplan», in der es errechnete, dass sowohl nach Eiweißmengen als auch nach Kalorien das mutmaßlich vorhandene Quantum größer als der Bedarf sei, aber kleiner als der gewohnheitsmäßige Verbrauch. Also müssten die Deutschen nur ihre Ernährung umstellen und der britische Plan werde scheitern.[51] Die Denkschrift war als Mahnung gedacht und wirkte als Beruhigung, da die Kalorienberechnung ergab, dass nur etwa zehn Prozent der Gesamtmenge menschlicher und tierischer Ernährung fehlten.[52] In den ersten Kriegsmonaten wurden sogar Lebensmittel verschwendet. In der Heimat wurden unzählige Kuchen für die im Felde stehenden Familienangehörigen gebacken, die ihre Empfänger oft nicht erreichten. Auch gab es einzelne Sektoren, in denen Deutschland geradezu einen Überfluss an Lebensmitteln zu besitzen schien, wie etwa bei Kartoffeln oder Zuckerrüben. Dies führte etwa zur Erfindung des «K-Brotes», eines Brotes, dessen Mehl durch einen Kartoffelanteil gestreckt wurde. Das K-Brot blieb sogar länger frisch als normales Brot, hatte aber den Nachteil, dass Kartoffeln sehr bald schon kein Überflussartikel mehr waren.[53] Der Zuckerrübenanbau wurde, trotz der ausgezeichneten Energiebilanz dieser Pflanze, zugunsten des Getreideanbaus gedrosselt, wodurch sich hier ein Mangel einstellte. Engpässe traten sofort bei den Futtermitteln auf. Experten mahnten Ende 1914, dass die 26 Millionen Schweine und die deutsche Bevölkerung um dieselben Lebensmittel konkurrierten, etwa um Kartoffeln oder Getreide, und plädierten für eine Massenschlachtung; diese würde die deutsche Kriegsernährung auf eine solide Grundlage stellen. Dies führte zu bürokratischem Aktionismus. Auch weil die Kartoffelbestände unterschätzt wurden, ordneten die Behörden im Frühjahr 1915 ein Schweineschlachten an, das von Kritikern als «Schweinemord» oder «Bartholomäusnacht der Schweine» bezeichnet wurde. Ihm fielen etwa acht Millionen Tiere zum Opfer.[54] Sehr bald stellte sich die Aktion als großer Fehler heraus, etwa weil Schweine auch für den Menschen nicht verwertbares Futter fraßen, und auch, weil ihr Dünger nun fehlte.

Letzteres war umso nachteiliger, weil es ohnehin nicht genug Düngemittel gab; hinzu kam ein akuter Arbeitskräftemangel in der Landwirtschaft, da während des Krieges etwa zwei Drittel der auf Bauernhöfen arbeitenden Männer eingezogen wurden und nur sehr unzureichend durch Frauen und Kriegsgefangene ersetzt werden konnten.[55] Daher schrumpften während des Krieges die Anbauflächen für Kartoffeln und Weizen um fast ein Drittel, die für Roggen um über 20 Prozent.[56] Der Mangel an Arbeitskräften und an Düngemitteln führte, zusammen mit ungünstiger Witterung, zu spürbaren und ab 1916 geradezu dramatisch zurückgehenden Ernteerträgen. Dazu muss später noch mehr gesagt werden, da hier eines der Hauptprobleme des Deutschen Reiches im Ersten Weltkrieg auftauchte, den Krieg durchhalten zu können. In den ersten beiden Kriegsjahren war das Problem zwar schon erkennbar, aber noch nicht so drängend wie später. Hier sollte das Jahr 1916 den Kulminationspunkt darstellen. Es war aber schon sehr früh das Bestreben von Regierung und Verwaltung, die Nahrungsmittelversorgung der städtischen Bevölkerung, der Fabrikarbeiter zu möglichst niedrigen Preisen zu gewährleisten. Hierzu trug auch massiver Druck der Sozialdemokraten bei, die klarmachten, dass dies eine Grundbedingung des Burgfriedens war.[57] Die Konservativen, wie etwa Graf Westarp, beklagten, dass die Sozialdemokratie verlange, einen empfindlichen Mangel an Lebensmitteln durch Regelungswut und Elemente der Kommandowirtschaft auszugleichen, statt den Produzenten Anreize zu geben, die Produktion zu erhöhen, was allerdings zu Preissteigerungen geführt hätte.[58] Selbst die mit dem «Bund deutscher Landwirte» sachlich und personell eng verflochtene politische Rechte wollte die Ernährung aber nicht dem freien Spiel des Marktes überlassen, also dem Gesetz von Angebot und Nachfrage, da dies unausweichlich dazu geführt hätte, dass ausreichende Ernährung eine Frage des Geldes geworden und der ärmere Teil der Bevölkerung Mangel gelitten hätte. Die Sozialdemokratie agierte als Agent ihrer Wähler, nämlich der großstädtischen Arbeiterschaft. Die von ihr verlangten und immer weiter verschärften Elemente der Kontrollwirtschaft gingen aber von der Annahme aus, dass der Mangel auf Wucher und Geschäftemacherei von Landwirten und Schiebern zurückzuführen war.[59] Das gab es natürlich auch, aber die dominierende Ursache war der Mangel selbst. Die landwirtschaftliche Produktion wurde durch eine Flut unzweckmäßiger Bestimmungen behindert. Graf Westarp, als Führer der Konservativen natürlich Partei, schrieb nach dem Krieg: «Dazu kam organisatorischer Übereifer in Verbindung mit betriebsamem Parlamentarismus und getragen von dem dilettantischen Glauben, durch Paragraphen, Behörden und staatlichen Betrieb jede wirtschaftliche Not verbieten und meistern zu können.»[60] Die Bürokratie versuchte, den wachsenden Mangel zunächst durch ein Rationierungssystem mit Höchstpreisen zu kontrollieren. Im Januar 1915 wurden in Berlin, ab Juni 1915 im ganzen Reich Brotkarten eingeführt.[61] Mit der Rationierung konnte jedoch der Mangel generell nur besser verteilt, aber nicht beseitigt werden. Außerdem fehlte mit den Preisgrenzen der Anreiz für die Hersteller, mehr zu produzieren, denn Höchstpreise für Getreide führten dazu, dass die Erzeuger das Getreide lieber an ihr Vieh verfütterten, statt es zu verkaufen, da es für Schweine und Rinder (noch) keine Höchstpreise gab. Diese wurden dann sukzessive ebenfalls eingeführt. Die deutsche Kriegsernährungswirtschaft war letztlich ein System der Aushilfen; ein Loch zu stopfen hieß lediglich, irgendwo ein neues aufzureißen. Der Mangel war nicht die Folge von fehlendem Patriotismus von Erzeugern oder Verbrauchern, oder das Werk gewissenloser Schieber und Kriegsprofiteure, wie breite Schichten der Bevölkerung glaubten; sie war in der Hauptsache die Folge fehlender Lebensmittel. Letztlich gab es zwei Alternativen für die deutsche Lebensmittelversorgung: ein freier Markt mit freien Preisen, der die Produktion angeregt, aber dafür gesorgt hätte, dass Lebensmittel teuer und für den ärmeren Teil der Bevölkerung wohl nicht mehr bezahlbar gewesen wären. Oder aber der Versuch, eine Kommandowirtschaft mit Preiskontrollen aufzubauen, die zwar die Produktivität minderte, dafür aber eine sozial gerechtere Verteilung der Lebensmittel garantierte.[62] Das

Deutsche Reich beschritt den zweiten Weg, und es war wohl auch politisch angesichts der allgemeinen Stimmung der einzig mögliche.[63] Der Preis war ein Anschwellen staatlicher Kontrollorgane.[64] Eine Reichsprüfungsstelle mit Filialen in Städten über 10 000 Einwohner suchte die Friedenspreise für verbindlich zu erklären,[65] und im Oktober 1915 wurde eine Reichskartoffelstelle eingerichtet. Die Kontrolle der Landwirtschaft war allerdings, auch weil es in Deutschland viele und relativ kleine Höfe gab – insgesamt etwa 5,75 Millionen, von denen nur 24 000 (0,4 Prozent) über hundert Hektar groß waren –, alles andere als lückenlos.[66]

Das Rationierungs- und Kontrollsystem sollte im weiteren Verlauf des Krieges geradezu kafkaeske Züge annehmen.[67] Weder die Erzeuger noch die Verbraucher und selbst die Kommunen konnten und wollten sich an die Vorschriften der Kommandowirtschaft halten, und ein Schwarzmarkt entstand, über den schließlich zwischen 30 und 50 Prozent aller Lebensmittel gehandelt wurden.[68] Die Knappheit war nicht überall gleich; auf dem Land, bei den Erzeugern, war sie gering oder nicht vorhanden, in den großen Städten drückend. Der Vorkriegsverbrauch von ca. 3400 Kalorien pro Tag[69] konnte nicht aufrechterhalten werden, obwohl die körperlichen Anstrengungen für fast alle Deutschen zunahmen.

So unerfreulich die Entwicklung bereits ab Ende 1914 war, und je mehr sie sich auch während des Jahres 1915 verstärkte, sollte sie doch erst ab der zweiten Jahreshälfte 1916 als Folge einer katastrophalen Missernte bei Kartoffeln die Kriegsaussichten massiv beeinträchtigen.[70] Nach der Aussage August Skalweits, der das Problem nach dem Krieg im Auftrag der Carnegie-Stiftung untersucht hat, war der Krieg «ernährungswirtschaftlich im Frühjahr 1916 verloren»[71] – aber nicht vorher. Das Deutsche Reich konnte noch aus den in Friedenszeiten aufgehäuften Vorräten schöpfen und aus dem neutralen Ausland, aus den Niederlanden, Skandinavien und Italien, importieren – allein aus Rumänien wurden über zwei Millionen Tonnen Getreide eingeführt.[72] Die britische Blockade begann erst später, auch die Neutralen zu kontingentieren und damit den Export oder Weiterverkauf nach Deutschland unmöglich zu machen. Die deutschen Importe aus dem benachbarten neutralen Ausland waren 1915 explosionsartig angestiegen, und zwar teilweise dadurch, dass England als Importeur verdrängt wurde. Deutsche Agenten kauften die Eigenproduktion der Neutralen auf oder nahmen über einheimische Zwischenhändler indirekt am Weltmarkt teil. Die Importzahlen für 1915 waren beeindruckend und hatten sich gegenüber den Friedenszeiten vervielfacht und auch bei den Neutralen ökonomische Abhängigkeiten geschaffen. So verdankten die Niederlande bis zu 18 Prozent ihres Nationaleinkommens dem Transithandel mit Deutschland.[73] Die Niederlande, Dänemark, Norwegen lieferten Lebensmittel wie Käse, Butter, Fisch; aus Schweden kamen rüstungswichtige Erze. In Deutschland wurden Einkaufsgesellschaften gebildet, schon um zu verhindern, dass konkurrierende deutsche Aufkäufer die Marktpreise bei den Neutralen zu sehr nach oben trieben. Die Neutralen wurden durch latente militärische Drohung davon abgehalten, britischem Druck zu stark nachzugeben. So waren die Niederlande und Dänemark aufgrund ihrer militärischen Schwäche und geographischen Nähe nicht in der Lage, deutschen Pressionen nachhaltig Widerstand zu leisten, und daher bestrebt, zwischen den oft unvereinbaren Forderungen der kriegführenden Parteien eine gewisse Balance zu finden. Da Berlin wie London kein Interesse an neuen Gegnern hatte, bewiesen beide Seiten ein gewisses Maß an Verständnis für die Zwangslagen der Neutralen, und es pendelte sich ein Kompromiss zwischen deutschen und britischen Forderungen ein. Die britische Regierung übte aber einen beträchtlichen Druck auf die Neutralen aus, auch deshalb, weil sie ihrerseits von französischer wie russischer Seite bedrängt wurde, die Löcher in der Blockade zu schließen, so etwa die indirekte Belieferung Deutschlands durch britische Hersteller über den Umweg neutraler Importeure zu unterbinden. In den Niederlanden gründete sich am 1. Januar 1915 die *Netherlands Overseas Trust Company (NOT)*, die den Engländern im Austausch für Reise- und Blockadeerleichterungen, vor allem bei Importen aus den niederländischen Kolonien, den Inlandverbrauch der Importgüter garantierte.[74] Über diese Gesellschaft drehte Großbritannien allmählich die Schraube enger und konnte ab 1916 die indirekten deutschen Einkäufe auf dem Weltmarkt spürbar begrenzen.

Bis in die erste Jahreshälfte 1916 hinein war die deutsche Gesellschaft den schweren Belastungen des Krieges insgesamt gewachsen. Die Industrie war in der Lage, den Bedarf des Heeres zu decken. Trotz des Rückgangs der zivilen Produktion funktionierte das Wirtschaftsleben ausreichend, und die Ernährungslage war, trotz wachsender Schwierigkeiten, erträglich. Auch die politische Situation im Deutschen Reich gefährdete nicht das Durchhalten. Dies war nicht selbstverständlich, umso weniger, als im Reich während der Julikrise der Belagerungszustand ausgerufen worden war. Nach einem Gesetz von 1851 übernahmen in Preußen die Stellvertretenden Generalkommandos die Kontrolle, so unter anderem über die Pressezensur, über Versammlungsfreiheit und andere Rechte. Das war insbesondere deshalb ein kritikwürdiger Zustand, weil die Generalkommandos nur dem Kaiser unterstanden; der preußische Kriegsminister hatte keinen Einfluss auf sie und als ein Teil der dem Kaiser eigenen «Kommandogewalt» standen die Generalkommandos außerhalb jeder Kontrolle durch Parlament oder Regierung. Der Belagerungszustand trug also Züge einer Militärdiktatur, und es war nicht zu erwarten, dass die politische Linke ihn bei längerer Kriegsdauer einfach so akzeptieren würde, zumal sie, bei der politisch grundsätzlich konservativen Ausrichtung der Generalität, die Hauptleidtragenden ihrer Reglementierungen und Verbote zu werden drohte.

Im Juli 1914 waren die Auswirkungen des Kriegszustands von einem Offizier als «Es ist eben Zabern im ganzen Reich» beschrieben worden.[75] Doch anders als über die «Zabern-Affäre» von 1913, als das Militär auf Proteste in der elsässischen Stadt mit Willkürakten reagiert hatte, regte sich die Bevölkerung sehr lange über den Belagerungszustand überhaupt nicht auf und akzeptierte ihn als automatische Folge des Krieges. Der preußische Kriegsminister suchte aber auch durch Einwirkung auf die Generalkommandos ein willkürliches Vorgehen gegen die Sozialdemokratie, also den Burgfrieden gefährdende Maßnahmen, zu verhindern.[76] Allerdings ging das Spannungsverhältnis zwischen deutscher Innenpolitik und Durchhaltefähigkeit weit über diese Frage hinaus.[77] In politischer und sozialer Hinsicht war das Deutsche Reich nicht besonders gut geeignet, die Belastungen des Krieges spannungsfrei zu absorbieren – das exakte Gegenteil war der Fall. Die deutsche Gesellschaft war politisch und sozial extrem heterogen, und die einzelnen «Milieus» wie die Industriearbeiterschaft, die städtischen protestantischen Mittelschichten, die Katholiken, die ländliche Aristokratie, deren politischer Ausdruck die Parteien, die SPD, die Nationalliberalen und der Fortschritt, das Zentrum und die Konservativen, waren, wurden durch exzessive Partikularinteressen und notorische Koalitionsunfähigkeit voneinander getrennt.[78] Das «Augusterlebnis» überdeckte diese Gegensätze für erstaunlich lange Zeit mit dem Mantel eines integrativen Nationalismus. Dieses vielbeschworene «Augusterlebnis» hatte selbst einen Kosmopoliten und Kriegsgegner wie Stefan Zweig tief beeindruckt.[79] Angesichts der äußeren Bedrohung hatten sich die tief verfeindeten Segmente der Gesellschaft unter dem Dach des «Burgfriedens» zusammengeschlossen. Dessen Basis beruhte auf zwei Hauptargumenten, die der Kaiser öffentlichkeitswirksam in Worte fasste: «Uns treibt nicht Eroberungslust», hatte er vor dem Reichstag am 4. August 1914 gesagt.[80] Das heißt, er hatte den Krieg als Defensivkrieg beschrieben, was es der SPD, als der stärksten Partei des Reichstags, möglich gemacht hatte, für die Kriegskredite zu stimmen. Ihr half dabei auch, dass die Regierung das reaktionäre Zarenreich erfolgreich als Angreifer hingestellt hatte, was eine weitere Grundbedingung für ihre Mitarbeit war. Außerdem hatte der Kaiser unter dem stürmischen Bravo des Reichstags eine zweite, zentrale Aussage gemacht: «Ich kenne keine Parteien mehr, ich kenne nur noch Deutsche.»[81]

Dieses Ideal der inneren Einigkeit und Harmonie war natürlich eine Fiktion, aber doch eine, die den politischen Idealvorstellungen der Zeitgenossen entgegenkam und zumindest das bürgerliche Deutschland derart begeisterte, dass es intensiv diskutierte, wie diese neugewonnene nationale Einheit in der Zukunft bewahrt werden könne.[82] Die Intellektuellen wollten nicht mehr zur Fragmentierung der Vorkriegszeit zurückkehren.[83] Doch war dieser Konsensus natürlich nicht unbegrenzt haltbar; er funktionierte nur so lange, wie die Innenpolitik gewissermaßen eingefroren wurde. Dies verlangte von der SPD, ihre Fundamentalopposition zurückzustellen, und von der Regierung sowie den konservativen Parteien, nicht über das Konzept des Defensivkriegs hinauszugehen. Beide Voraussetzungen sollten sich zunehmend als brüchig erweisen, da der Burgfrieden das Zurückstellen aller Reformwünsche bedeutete und damit die konservative Politik begünstigte, die Sozialdemokraten hingegen, deren Politik das Reformverlangen war, benachteiligte. Irgendwann mussten sich die politischen Spannungen zwischen den antagonistischen Teilen der Gesellschaft wieder bemerkbar machen. Tatsächlich hatte die Reichsverfassung von 1871 vieldiskutierte Schwachstellen, so etwa die konstitutionelle Regierung und die darin liegende Beschränkung der Macht des Reichstags, die unklare Aufteilung von Kompetenzen zwischen Reich und Ländern, die Unterfinanzierung des Reiches, die Unverantwortlichkeit des Kaisers in militärischen Dingen sowie die parlamentsunabhängige Sonderstellung der Armee. Das Verlangen nach inneren Reformen verdichtete sich während des Krieges in mehreren zentralen Fragen, nämlich in einer Angleichung der die SPD benachteiligenden, in der Größe sehr unterschiedliche Reichstagswahlkreise, in denen nach Mehrheitswahlrecht gewählt wurde, in der Forderung nach der Parlamentarisierung der Reichsregierung und, alles dominierend, dem Verlangen nach einer Ablösung des politisch überlebten preußischen Dreiklassenwahlrechts von 1849.[84] Diese Reformwünsche konnten nicht unbegrenzt unterdrückt werden und wurden von den Linksparteien zuerst zaghaft, dann immer nachdrücklicher als Preis für die loyale Mitwirkung im Kriege bei der Regierung eingefordert. Sie wurden zunehmend zum inneren Kriegsziel. Insofern taugte die Formel vom «Burgfrieden» nur für einen kurzen Krieg; je länger der Konflikt dauerte, desto weniger ließen sich die vorhandenen politischen Gegensätze ausblenden, ohne dass die durch den Stillstand Benachteiligten dagegen aufbegehrten. In den ersten beiden Kriegsjahren blieb der Burgfrieden trotzdem im Wesentlichen intakt; allerdings baute sich innerhalb der SPD eine zunehmende Spannung auf. Die Mehrheit der Partei, durch Politiker wie Friedrich Ebert, Philipp Scheidemann oder Eduard David repräsentiert, war kooperationswillig und stützte Bethmann Hollweg, dessen politisch schwierige Stellung sie erkannten. Eine wachsende Minderheit, zu der neben dem Parteivorsitzenden Hugo Haase auch Georg Ledebour und der besonders radikale Karl Liebknecht gehörten, verlangte hingegen von der Regierung zunehmend einen politischen Preis für die Kooperation und außerdem eine weit entschlossenere Friedenspolitik. Hier zeichnete sich schon im Jahr 1915 der Riss ab, der später zur Gründung der USPD führen sollte.

Die rechten Parteien des Reichstags hingegen insistierten auf der sie politisch begünstigenden Abstinenzformel des Burgfriedens und verfolgten alle Vorstöße der Sozialdemokratie mit giftiger Agitation und dem Vorwurf unpatriotischen Verhaltens, ja des Verrats an den gemeinsamen Kriegsanstrengungen. Hier war das Argument, dass gegenüber einem unerbittlichen äußeren Feind die absolute Einigkeit im Inneren unabdingbare Voraussetzung des Erfolges sei; jedes Zeichen von Dissens würde nur den Siegeswillen des Gegners stärken. In dieser Argumentation begegneten sich die Rechtsparteien auch mit der militärischen Führung, die diese Position bis hin zum Extrem vertreten sollte. Gleichzeitig verstießen die rechten Parteien aber ebenfalls massiv gegen die Grundlagen des Burgfriedens, indem sie die Regierung gehörig unter Druck setzten und sehr bald schon expansive Programme vertraten.[85] Die ungeheuren Opfer sollten und mussten sich doch gelohnt haben. Zwar war die Kriegszieldiskussion in Deutschland Ende 1914 von der Regierung verboten worden,[86] aber die Tendenzen waren trotzdem offensichtlich. In einer Reichstagsrede am 2. Dezember 1914 sprach der Kanzler davon, durchzuhalten, «bis wir Sicherheit haben, daß keiner mehr wagen wird, unseren Frieden zu stören».[87] Bethmann Hollweg ließ auch bei den verschiedensten Gelegenheiten erkennen, dass er mit annexionistischen Kriegszielen sympathisiere; er verstehe den Wunsch nach «positiven Kriegszielen» «und teile ihn».[88] Der Reichskanzler war, wie Peter Graf Kielmansegg urteilte, ein gemäßigter Annexionist, der aber die Lage skeptisch beurteilte und daher versuchte, sich in keiner Richtung festzulegen.[89] Doch gelegentlich gab er auch öffentlich zu verstehen, was er wollte. Am 5. April 1916 sagte er im Reichstag, die Geschichte kenne nach so ungeheuren Ereignissen den Status quo ante nicht, und befürwortete Gewinne in Ost und West, auf russische und belgische Kosten.[90]

Mit diesen annexionistischen Strömungen, von denen sich die Regierung nicht distanzierte, sondern die sie teilte und bisweilen sogar förderte, stand die kaiserliche Äußerung «Uns treibt nicht Eroberungslust» auf dem Prüfstand. Die Ziele der Annexionisten umfassten normalerweise Belgien, das Erzbecken von Longwy-Briey, kolonialen Zuerwerb und eine neue, besser zu verteidigende Grenze im Osten; all das wurde meistens als Notwendigkeit ausgegeben, um das Reich vor erneutem Überfall zu «sichern».[91] All diese Pläne entsprangen reinem Machtdenken, wären mit den Interessen anderer Staaten und auch dem eigenen Selbstverständnis als Nationalstaat nicht verträglich gewesen und hätten deshalb nach dem Friedensschluss unzählige Probleme aufgeworfen. Sie wurden von den rechten Parteien und den Alldeutschen vertreten; die Lage wurde noch unübersichtlicher durch die Ambitionen der deutschen Einzelstaaten und Dynastien, die gleichfalls Kriegsziele anmeldeten, so etwa Preußen, Bayern oder Sachsen.[92] Im bürgerlichen Lager regte sich Unmut gegen solche Pläne, und Hans Delbrück und Adolf von Harnack bildeten eine Gegenbewegung.[93]

Eine ganz besondere Rolle spielte auch die Idee einer von Deutschland dominierten Wirtschafts- und Zollunion in Zentraleuropa. Dieser Plan fand sich schon in der Septemberdenkschrift von 1914 und wurde in Friedrich Naumanns im Herbst 1915 erschienenem Buch «Mitteleuropa» aufgegriffen.[94] Dieses Buch war ein gewaltiger Erfolg, weil es Naumann gelang, eine Vision zu entwickeln, die sich vom reinen Machtdenken der

Rechtsparteien und der Alldeutschen unterschied und dem Krieg in den Augen der Zeitgenossen einen Sinn zu geben schien. Er befürwortete, ein wirtschaftlich und militärisch geeintes Kerneuropa zu schaffen, das seinen Mitgliedern wirtschaftlichen Wohlstand und Deutschland die Vormacht in Europa bringen sollte. Von heute gesehen, ging es weniger um einen Vorläufer der Europäischen Union als vielmehr um die Gründung eines «Imperiums» unter deutscher Führung, um eine Fortsetzung der Erfolge preußisch-deutscher Politik der Vergangenheit, die nun von einem nationalen in einen europäischen Rahmen hineinwachsen sollte. Die Idee war national – geschweige denn international – nicht so zugkräftig wie später die «Vierzehn Punkte» Wilsons oder die kommunistische Ideologie, aber doch ein Versuch, anderen Völkern durch das Versprechen wirtschaftlicher Vorteile und der Gewährung von Schutz gegen Russland den Gedanken an eine deutsche Dominanz schmackhaft zu machen. Naumann sah in dem von ihm projektierten Mitteleuropa, dem neben dem Deutschen Reich auch Österreich-Ungarn, Bulgarien und das Osmanische Reich angehören sollten, einen Handelsraum von der Nordsee bis zum Persischen Golf. Er hätte, so Naumann, ein Zehntel der Erde und ein Achtel der Erdbevölkerung umfasst. Hinzu sollte afrikanischer Kolonialbesitz kommen. Damit wollte Naumann einen Block schaffen, der dem britischen, amerikanischen und russischen Großreich gewachsen wäre. Allerdings wurden solche Pläne von einem großen Teil der deutschen Industrie abgelehnt, da Deutschlands wichtigste Handelspartner der Friedenszeit, wie etwa Großbritannien, außerhalb dieser Zollallianz geblieben wären und dieser Bund, vor allem wenn man ihn sich in scharfer ökonomischer Konkurrenz zu den anderen protektionistischen und durch Zollbarrieren abgeschotteten Großräumen vorstellte, deutschen Wirtschaftsinteressen nicht entsprochen hätte.[95] Deshalb hätte dieses Imperium zwar deutschen Sicherheitsinteressen, nicht aber wirtschaftlichen Interessen gedient und außerdem die Kriegssituation der wechselseitigen Handelsblockade zum Schaden aller in die Nachkriegszeit hinein verlängert. Außerdem war ein solcher Zollbund nicht im Interesse Österreich-Ungarns, das befürchten musste, dass seine Industrie ohne Zollschutz von der deutschen vollständig überrannt werden würde.

In der Kriegsziel- und der Reformfrage verlief die Frontstellung im Reichstag ungefähr so, dass die bürgerlichen Parteien – Teile des Zentrums, die Nationalliberalen, die Konservativen – auf dem politischen Status quo beharrten und gleichzeitig Annexionen forderten, während die SPD und die Linksliberalen Annexionen ablehnten, Reformen befürworteten und diese auch zunehmend einforderten. Diese potentiellen Bruchstellen des nationalen Konsensus wurden innerhalb der SPD schon 1915 sichtbar, sollten in den ersten beiden Kriegsjahren aber noch keine dominante Rolle spielen – hinterher dagegen umso mehr. Im Übrigen verhinderte die Pressezensur eine intensive Diskussion der Kriegsziele. Gleichzeitig stieß die Vorstellung, Deutschland müsse aus diesem Krieg gestärkt und gegen erneuten Überfall durch bessere Sicherungen versehen hervorgehen und für seine Opfer belohnt werden, auf breite Resonanz. Wie wäre dies auch anders zu erwarten gewesen in einem Konflikt, der schon Ende 1914 Hunderttausende von Toten gekostet hatte? In den ersten beiden Kriegsjahren war eine annexionistische Stimmung in der politischen, wirtschaftlichen und militärischen Führungsschicht weit verbreitet, da zeigen die Quellen ein einheitliches Bild.[96] Die Gegner von Gebietserwerbungen litten außerdem an einer deutlichen Schwäche. Bis Kriegsende waren die Annexionsgegner im bürgerlichen Lager bei günstiger militärischer Lage durchaus willens, noch einmal über das Thema mit sich reden zu lassen und Annexionen zu befürworten. Die Frage war nur, wie stark die SPD opponieren würde, sollte sich die Gelegenheit zu Annexionen bieten; hier wäre auch die Stimmung ihrer Anhänger zu berücksichtigen gewesen, und es ist zu vermuten, dass selbst Teile der Arbeiterklasse Annexionen befürwortet hätten, wären diese möglich und vergleichsweise gefahrlos durchsetzbar gewesen.

Bleibt, ein Fazit zu ziehen: Der patriotische Konsensus, den Krieg durchzustehen und seine Härten zu ertragen, war in den ersten Kriegsjahren stark und unerschüttert; Lloyd George hat ihn den «potatobread spirit» genannt.[97] Zwar hatte der Krieg der deutschen Führung von Anfang an ein System der Aushilfen und Mangelverwaltung aufgezwungen, das im Laufe des Krieges immer umfassender, immer ineffizienter und immer weniger in der Lage sein sollte, die Schwierigkeiten zu meistern. In den ersten beiden Jahren des Krieges konnte aber noch aus der Friedenssubstanz geschöpft werden, vieles konnte im neutralen Ausland eingekauft werden, und daher traten unüberbrückbare Probleme noch nicht auf.[98] Außerdem kämpften die deutschen Armeen fast überall auf feindlichem Boden. Militärisch hatten die Zentralmächte bedeutende strategische Vorteile errungen.

Alle Schwierigkeiten, die der Krieg aufwarf, mussten im Zusammenhang mit dem Potential der Gegner gesehen werden. Hieraus resultierte auch ein Argument, das die deutsche Führung psychologisch massiv unter Druck setzte: die Vorstellung, dass die Zeit gegen die Mittelmächte arbeitete.

8

Die Quadratur des Kreises: Falkenhayn und Verdun 1916

> Gewinnen wir die Schlacht, so steigen unsere Aussichten, den Krieg bald zu beenden, sehr. Gewinnen wir sie nicht, so wird, schon nach dem bisher Erreichten, das siegreiche Ende zwar verzögert werden, aber nicht beeinträchtigt, wenn wir uns rechtzeitig entschließen, uns bei Verdun nicht nutzlos festzubeißen.
>
> *Erich v. Falkenhayn, 4. April 1916*

Um die Jahreswende 1915/16 planten Falkenhayn und Conrad ihre Operationen für das folgende Jahr.[1] Der größte Fehler, den sie gleich zu Anfang begingen, war, sich nicht abzustimmen und allein zu planen, was für mehrere katastrophale Rückschläge der Folgemonate mitverantwortlich sein sollte. Falkenhayns und Conrads Erfolge des Jahres 1915 waren wesentlich darauf zurückzuführen, dass die Ententemächte unkoordiniert angegriffen hatten, während sie selbst, unter Ausnutzung der inneren Linie, ihre Kräfte zu gemeinsamen und erfolgreichen Angriffen gegen die zaristischen Armeen und gegen Serbien bündeln konnten. Dem verdankten sie ihre Siege in Russland und auf dem Balkan. Doch der Feldzug gegen Serbien hatte bei Falkenhayn und Conrad eine massive wechselseitige Verstimmung hinterlassen, die nicht zuletzt auf Conrads Balkanimperialismus zurückzuführen war, der ihn nicht nur zu den

Deutschen, sondern auch den Bulgaren in einen scharfen Gegensatz brachte.[2] Conrad wollte Serbien und Montenegro nun annektieren. Die daraus entstehenden Konflikte führten dazu, dass sich um die Jahreswende 1915/16 Bulgarien und Österreich-Ungarn gegenseitig mit einem Embargo belegten, und das mitten im andauernden Krieg![3] Außerdem verdarben die Österreicher die von der deutschen Diplomatie gehegte Chance, mit Montenegro einen Sonderfrieden auszuhandeln – es wäre der erste Friedensschluss mit einem Kriegsgegner gewesen und damit von symbolhafter Bedeutung –, stattdessen ging die Regierung ins Exil.[4] Hinzu kam noch, dass Falkenhayn und Conrad in der Frage der Stationierung deutscher Truppen aneinandergerieten, da der deutsche Generalstabschef seine Truppen nicht länger als unbedingt notwendig auf dem Balkan lassen wollte und große Teile davon – acht Divisionen – wieder abzog. Conrad konnte zwar nichts dagegen machen, unterminierte stattdessen aber den Oberbefehl Mackensens, indem er die 3. k.u.k. Armee (Kövess) ohne Vorankündigung aus dessen Armee für einen separaten Angriff auf Montenegro abzog.[5] Die Folge war, dass Falkenhayn verstimmt war und die beiden Feldherren der Mittelmächte für mehrere Wochen nicht mehr miteinander redeten, und zwar ausgerechnet in dem Zeitraum, in dem sie die Operationen für 1916 planten. Schon in guten Zeiten waren sie nicht wirklich miteinander ausgekommen; beiden bereitete, wie Glaise v. Horstenau schrieb, «persönliches Zusammentreffen mit der Zeit geradezu körperliche Schmerzen».[6] Konflikte zu lösen war für sie ohnehin schwer, da Falkenhayn, den Machtverhältnissen innerhalb der Allianz entsprechend, eine Führungsrolle für Deutschland beanspruchte, während Conrad, wo immer er konnte, seine Eigenständigkeit in querulantenhafter Weise demonstrierte. Geradezu verhängnisvoll sollte sich auswirken, dass Conrad im Jahr 1916 Italien angreifen wollte. Gegen die Italiener empfand er «frenetischen Haß»; eine Abneigung, die er schon vor dem Kriege entwickelt hatte und die im österreichischen Offizierkorps weit geteilt wurde.[7] Falkenhayn unterstützte ihn dabei nicht, was nicht verwundern darf, denn schließlich waren zwischen Italien und dem Deutschen Reich nur die diplomatischen Beziehungen abgebrochen, und beide Seiten versuchten, die Kriegserklärung zu vermeiden, Deutschland auch in Hinblick auf Importe über Italien.[8]

Es wäre für die Planung von großem Vorteil gewesen, die Verbündeten hätten sich durchgerungen, einen gemeinsamen Oberbefehl über die

Streitkräfte der Mittelmächte einzurichten. Dies wäre, rein militärisch gesehen, eine bedeutende Verbesserung gewesen, die aber erst später in Teilen verwirklicht werden sollte; im Übrigen taten sich auch die Alliierten damit schwer. Falkenhayn unterließ es nicht nur, sich mit Conrad abzustimmen — er ließ auch Bethmann Hollweg im Unklaren darüber, was er vorhatte. Dies war umso nachteiliger, als letztlich auch nach Falkenhayns Ansicht militärische und politische Schritte Hand in Hand gehen mussten, um zum Frieden zu gelangen. Falkenhayn glaubte nach wie vor nicht an die Möglichkeit eines Totalsiegs über alle Gegner und hatte den Armeeführern und dem Generalstab immer wieder verdeutlicht, es gehe ihm darum, unter Verzicht auf entscheidungssuchende Operationen den Gegner zu ermatten und zu hoffen, dass dieser irgendwann einlenke. Dafür wurde er scharf kritisiert. Seine Abnutzungsstrategie sei ein «Armutszeugnis», urteilte beispielsweise Kronprinz Rupprecht; denn es sei doch klar, dass von einer Abnutzung die stärkere Seite, also die Entente, auf Sicht größeren Nutzen ziehen würde als die schwächere.[9] Doch Falkenhayn war durchgängig pessimistischer – und realistischer – als die meisten militärischen Führer der deutschen Armeen.

Kronprinz Rupprecht, als wohl prominentester Armeeführer der Westfront, und Hindenburg und Ludendorff im Osten opponierten gegen Falkenhayn, wo sie nur konnten. Sie, und viele andere in der deutschen Führung, hatten auch um die Jahreswende 1915/16 noch nicht eingesehen, wie begrenzt die deutschen Kräfte waren und dass der Entscheidungsschlag, den sie ersehnten, schlichtweg unmöglich war. Allerdings teilte auch Falkenhayn die Ansicht der Kritiker einer reinen Abnutzungs- und Verteidigungsstrategie, dass die stärkere Seite, nämlich die Entente, durch Abwarten gewinnen und ihre weltweiten Ressourcen mobilisieren würde. Die Mittelmächte waren hingegen vom Weltmarkt abgeschnitten und drohten sich «allmählich zu erschöpfen,» wie Falkenhayn dem Reichskanzler bereits im November 1914 mitgeteilt hatte.[10] Die deutsche Führung sah sich unter gewaltigem Zeitdruck und gleichzeitig mit der Unmöglichkeit konfrontiert, den Krieg durch eigene militärische Aktionen beenden zu können.

Hier einen Ausweg zu finden, kam der Quadratur des Kreises gleich – und Falkenhayn versuchte genau diese im Jahr 1916 zu erreichen, wobei er zwei 1915 errungene Vorteile nutzen wollte. Der erste waren die Siege gegen Russland und auf dem Balkan, die ihm eine gewisse Rückenfreiheit gaben, und zwar sowohl dem Gegner im Osten als auch seinen Kritikern in Deutschland gegenüber. Außerdem verfügte er nun über eine stattliche Heeresreserve, in der er 25 ½ Divisionen angesammelt hatte. Das reichte nicht für eine große Durchbruchsschlacht im Westen, für die mindestens dreißig Divisionen benötigt wurden. Doch Falkenhayn glaubte ohnehin nicht an die Möglichkeit des Durchbruchs im Stellungskrieg, solange die gegnerischen Parteien halbwegs ausgewogen waren. Schneller als seine alliierten Gegenspieler und auch als seine Generalstabskameraden hatte Falkenhayn die Kampfbedingungen des Ersten Weltkrieges verstanden, nämlich dass der Schützengrabenkrieg kein aus der beidseitigen Erschöpfung geborenes Intermezzo war, sondern die logische Folge des damaligen Standes der Waffentechnik, von Maschinengewehr und Artillerie, der geringen Beweglichkeit auf dem Gefechtsfeld, und der letztlich beiden Seiten fehlenden deutlichen Überlegenheit, um diesen Stillstand zu überwinden. Im Dezember 1914 hatte er festgestellt, der Durchbruch im Stellungskrieg werde wohl erst nach Erfindung neuer technischer Mittel gelingen.[11] Er ließ auch eine Vorschrift ausarbeiten, in der er das Westheer anwies, unbedingt die erste Reihe der Schützengräben gegen feindliche Angriffe zu halten. Als «bisherige Lehre dieses Krieges» bezeichnete er: «Halte, was Du hast, und gib nie einen Fußbreit von dem auf, was Du gewannst.»[12]

Falkenhayn schwankte in dieser Frage nicht: In Gesprächen wies er immer wieder die Möglichkeit eines Durchbruchs an der Westfront als unmöglich zurück.[13] «Wir sind alle blind gewesen», beschied er im November 1914 den italienischen Militärattaché. «Der russisch-japanische Krieg hätte uns über die taktischen Auswirkungen der neuen Waffen und Kampfformen aufklären müssen; stattdessen haben wir den Stellungskrieg, der für den Kampf damals charakteristisch war, auf logistische Probleme zurückgeführt und auf die nationalen Traditionen der kämpfenden Parteien, statt in dem Faktum des Stellungskrieges einfach den Effekt der neuen Waffen zu sehen. Die Kraft der Defensive ist einfach unglaublich! Er verurteilt den Angriff zum sicheren Mißerfolg, auch bei großer Überlegenheit und trotz immenser Verluste.» Bei diesem Stand der Dinge weiter anzugreifen, war, so Falkenhayn, nur «eine absurde Vergeudung von Menschenleben».[14]

Unter dem Zeitdruck schien die reine Defensive aber keine Option. Doch es gab andere Möglichkeiten. Im Frühjahr 1916 konnten die deutschen Streitkräfte, mit österreichisch-ungarischer Unterstützung, wieder an der Ostfront angreifen. Falkenhayn hielt nicht viel davon; er glaubte, die Russen würden sich notfalls weiter zurückziehen, und die Streitkräfte der Mittelmächte könnten ihnen nicht unbegrenzt nachlaufen, ohne ihre Verbindungswege zu überdehnen. Weder in einem Vorstoß auf St. Petersburg noch einem in die Ukraine sah Falkenhayn ein lohnendes Ziel. Letzterer war übrigens die von der Entente am meisten gefürchtete Operation, mit Hinblick auf die Haltung des bisher neutralen Rumäniens.[15] Ein erfolgreicher Angriff am Südteil der österreichischen Ostfront hätte Rumänien von Russland getrennt und damit die ständig schwankende Neutralität dieses Landes, das für die Mittelmächte allergrößte Bedeutung als Getreide- und Petroleumlieferant hatte, garantiert und die Hoffnungen der Entente auf dessen Kriegseintritt zunichte gemacht.

Ein weiterer möglicher Angriffspunkt war der alliierte Brückenkopf in Saloniki. Dorthin waren aber die Verbindungswege sehr schlecht, und außerdem banden die Bulgaren dort erhebliche alliierte Truppen, die sonst anderweitig verfügbar sein würden, während die Bulgaren sich schwerlich bereiterklärt hätten, an einer anderen Front zu kämpfen als ihrer eigenen. Darüber hinaus drohte ein Erfolg an dieser Front keine entscheidenden Auswirkungen auf den Gesamtkrieg zu haben. Auch ein Angriff gegen Italien versprach keine großen Auswirkungen, von den oben erwähnten Gründen ganz abgesehen. Hinzu kam, dass die grenznahen Stellungen der Österreicher in einem Gelände verliefen, das den Verteidiger sehr begünstigte; ein Vormarsch würde daher militärisch nicht unbedingt vorteilhaft sein und versprach keine Entscheidung.

Aus all dem hätte Falkenhayn folgern können, dass es vielleicht doch besser wäre, in der Defensive zu verharren. Eine entscheidende Operation schien ihm im Osten nicht möglich, und er lehnte den Durchbruchsgedanken an der Westfront ab. Doch bloßem Abwarten stand der Zeitdruck entgegen. Auch gab es keine Hoffnung auf Separatfrieden, auf den Falkenhayn im Jahr 1915 heftig gedrängt hatte; alle Versuche, die Kanzler und Auswärtiges Amt lustlos und uninspiriert betrieben hatten, waren am Gegner gescheitert.

Somit drängten die Verhältnisse zur Aktion. Doch wo, und wie? Im Spätherbst 1915 lag, gerade wegen der Erfolge an den anderen Fronten, der Wunsch in der Luft, nun alle Anstrengungen auf die entscheidende Front im Westen zu richten. Ein für die Stimmung wie den Entscheidungsgang bedeutsames Gespräch führte Falkenhayn Ende November 1915 nicht mit einem Militär, sondern mit Walther Rathenau, dem Chef der AEG, Anreger und zeitweisen Leiter der «Kriegsrohstoffabteilung». Falkenhayn, besonders aber Rathenau hielten sich auf den seinerzeitigen Einfall viel zugute und dieser versuchte, an den damaligen Erfolg anzuknüpfen, als er Falkenhayn auf eine neue, scheinbar kriegsentscheidende Tatsache hinwies. Ende November 1915 hatte er das deutsche Oberkommando an der Ostfront besucht und lange mit den dortigen Offizieren, besonders Oberst Max Hoffmann, gesprochen. Dieser war bislang immer für eine Offensive im Osten eingetreten. Jetzt aber, im Herbst 1915, war selbst Hoffmann der Ansicht, man müsse die vergleichsweise günstige Gesamtlage zu einem Westangriff ausnutzen. Rathenau stimmte dem enthusiastisch zu: Deutschland müsse nun versuchen, im Westen den Krieg zu entscheiden. Kaum zurück, bat er Falkenhayn um ein Gespräch. Rathenau betonte, die etwa einstündige Unterredung werde nicht weniger wichtig sein als ihr damaliges Gespräch über die Rohstoffbewirtschaftung.

Tatsächlich hatte Rathenau, als das Treffen am 28. November 1915 stattfand, Falkenhayn eigentlich nur seine eigene Einschätzung der strategischen Lage anzubieten, die in der These gipfelte, allein ein Durchbruch im Westen könne die Lage zu Deutschlands Gunsten ändern. Falkenhayn, für den das alles nichts Neues war, hörte zwar mit Interesse zu, war aber skeptisch. Die Franzosen hätten im Herbst 1915 den Durchbruch «mit einer größeren Zahl von Kanonen, als wir sie überhaupt besäßen», versucht, seien aber gescheitert. Rathenau hielt dagegen und wies «auf die Erfahrungen hin, daß im französischen Charakter die Neigung zu hysterischen Kontrasten bestehe, die in England unbekannt sei und die auch in Rußland zwar von Personen, jedoch nicht leicht vom Lande bewiesen werden könne».[16]

Exakt da lag das wilhelminische Vorurteil gegen Frankreich und die Franzosen. Nicht nur zahlenmäßig, sondern auch moralisch unterlegen – sogar nach über einem Jahr Krieg war diese Ansicht noch immer lebendig. Sie dokumentiert, wie auch in diesem Krieg, potenziert durch die Ungewissheiten der Lage und die Unkenntnis über die Absichten der Gegner, nationale Vorurteile voll zum Durchbruch kamen. Obwohl Rathenau für Falkenhayn keine strategische Autorität darstellte, war dieses Gespräch nicht ohne Wirkung – weil es den Generalstabschef in seinen eigenen Urteilen über den labilen französischen Nationalcharakter bestärkte. Dieser Hinweis Rathenaus war ihm aus der Seele gesprochen. Schon vor dem Krieg hatte Falkenhayn die Ansicht vertreten, Deutschland werde gegen Frankreich «in the long run doch immer oben» bleiben.[17] Er glaubte, dass sich «der Charakter unserer lieben Nachbarn seit 70 noch nicht wesentlich geändert hat»,[18] und auch die seitherigen Ereignisse hatten weder ihn noch Rathenau, geschweige denn die Offiziere seiner Umgebung aus dem Gefängnis ihrer vorgefassten Meinung befreien können. Falkenhayn war im Großen Hauptquartier in seiner Einschätzung der Franzosen sogar noch einer der Hellsichtigeren. Zwar wähnte er Frankreich immer wieder kurz vor dem Zusammenbruch, erkannte aber schon im Herbst 1914 offen an, dass im Westen ein der Zahl nach weit überlegener, der Qualität nach aber vielfach kaum unterlegener Gegner stünde.

Doch ideologische Verblendung war es nicht allein, die zur Unterschätzung der französischen Widerstandskraft führte. Wesentlich mitschuldig daran waren auch strukturelle Schwächen der deutschen Geheimdienstarbeit während des Ersten Weltkrieges. Organisatorisch zersplittert, litt die zentrale «Nachrichtenabteilung» des Generalstabs (IIIb) unter personeller Unterbesetzung und gleichzeitiger Überflutung mit weiteren Aufgaben wie der Presselenkung. Im Herbst 1918 umfasste diese wichtige Abteilung nach etlichen Vergrößerungen nur 21 Offiziere, 3 Karthographen und 7 Sekretäre. Die Mitarbeiter der Nachrichtenabteilung (später: Abteilung Fremde Heere) waren schon vom Arbeitspensum her, oft auch aufgrund fehlenden Verständnisses für andere als rein militärische Dinge nicht in der Lage, die unzähligen Agentenmeldungen, Berichte, mitgehörten Funkmeldungen, Luftbeobachtungen und Gefangenenverhöre zuverlässig auszuwerten und die richtigen und wichtigen von den falschen oder unwichtigen Aussagen zu trennen. Ein auch nur annähernd zutreffendes Bild der Lage konnten sie so nicht erarbeiten. Die gesamte deutsche Strategie während des Ersten Weltkrieges wurde deshalb nicht zuletzt durch falsche Einschätzungen der gegnerischen Möglichkeiten charakterisiert. So wurden zum Beispiel im Spätherbst 1915 die USA als militärisch weniger wichtig als Bulgarien eingeschätzt. Wenig später glaubte die Marine, mit einer Seeblockade von jeweils drei U-Booten die Britischen Inseln wirksam aushungern zu können. Der Leiter des militärischen Geheimdienstes im Generalstab, Major, später Oberstleutnant, Walter Nicolai, war ein bornierter Militär, der das Hauptaugenmerk seiner Tätigkeit auf die Stärkung des Durchhaltewillens in der Heimat legte.[19] Für eine akkurate Analyse der Gegner hatte er weder Talent noch Zeit. Nach dem Ersten Weltkrieg wurde von politischen Gegnern sogar behauptet, dieser Mann habe durch seine schlechte Nachrichtenarbeit wesentlich zur deutschen Niederlage beigetragen.[20]

Da es darum ging, aus unzähligen Gegnermeldungen die richtigen und relevanten herauszufiltern, und schließlich diejenigen ausgesucht wurden, die ins eigene Bild passten, spiegelte die strategische Einschätzung Frankreichs letztlich die Urteile, besser gesagt Vorurteile der militärischen Planer wider. Falkenhayn unterschätzte die französische Widerstandskraft, wie sich später noch zeigen sollte. Allerdings wurde der Generalstabschef von seiner gesamten Umgebung fortlaufend in seinen Irrtümern bestärkt. Dass die Franzosen – Mann gegen Mann gerechnet – ähnlichen Widerstandswillen und ähnliche Leistungen wie die deutschen Soldaten aufbringen könnten, war eine Erkenntnis, die nur zögerlich Eingang in das Weltbild deutscher Offiziere fand.[21] Auch Falkenhayns engste Berater im Generalstab schätzten die soldatische Leistungsfähigkeit der Franzosen sehr niedrig ein. Kriegsminister Wild v. Hohenborn (derselbe, der im Juli 1914 «die Brüder doch auch dabei haben» wollte[22]), im Übrigen ein Schulfreund des Kaisers aus Kasseler Gymnasialtagen und Mitglied des «Flüsterclubs», einer Art abendlicher Tischrunde im Kasino des Generalstabs, sprach im Dezember 1915 von den «weichen Franzosen», die Artilleriefeuer und Winterwetter schlechter aushalten könnten als die deutschen Soldaten.[23] Der Chef der Operationsabteilung des Generalstabs, General Tappen, ein berüchtigter Berufsoptimist, hielt die französischen Soldaten für moralisch «minderwertig» und verfocht in seiner starren Unbelehrbarkeit noch viele Jahre nach dem Krieg «die mit Recht ungleich höhere Bewertung der deutschen Truppen gegenüber Engländern und Franzosen».[24] Noch in den dreißiger Jahren glänzte er durch Behauptungen wie: «Schließlich entschied auch der weit höhere Kampfwert unserer Truppen, nicht allein die Zahl.» Oder: «Das Kampfwerturteil über unsere Truppen, die wir damals 1916 hatten, muss höher stehen, als die rein zahlenmäßige Aufrechnung ...»[25]

Das war die intellektuelle und nachrichtendienstliche Basis, auf der Falkenhayn im November und Dezember 1915 seine Planungen für das nächste Jahr erarbeitete. Er war wie Rathenau der Meinung, dass jetzt die Zeit für eine Aktion an der Westfront gekommen war. Er fühlte sich auch unter Zeitdruck, die gegenwärtige, für Deutschland recht günstige Lage für einen Schlag auszunutzen und nicht abzuwarten, dass die Engländer, die nach der widerwilligen Einführung der allgemeinen Wehrpflicht gerade darangingen, ein Millionenheer aufzustellen, mit dieser Arbeit fertig wurden.

Falkenhayn plante allein – ohne den Kanzler oder die Verbündeten miteinzubeziehen. Doch anders als Rathenau und viele Militärs vorgeschlagen hatten, lehnte er die Idee eines Durchbruchs ab. Auf diesen war, wie er nach wie vor glaubte, nicht zu hoffen; auch seine 25 ½ Divisionen der Heeresreserve waren dafür nicht genug. Denn was würde bei einem Angriff geschehen? Unter riesigen eigenen Verlusten würde eine Frontausbuchtung entstehen, in der dann der Angreifer bald schon von drei Seiten unter Feuer käme. Wahrscheinlich, so folgerte Falkenhayn, war deshalb auch bei beliebiger Überlegenheit auf einen Durchbruch im Stellungskrieg nicht zu rechnen. Die Franzosen hatten im Frühjahr 1915 sogar mit örtlich 16-facher Überlegenheit angegriffen, waren aber abgewiesen worden.[26] Was nützten Tausende von stürmenden Soldaten, wenn irgendwo ein paar Maschinengewehre das vorbereitende Artilleriefeuer überstanden hatten? Tatsächlich hatten die Franzosen bei ihren Angriffen im Jahre 1915 schwere Verluste erlitten. Nach damaligen deutschen Berechnungen lagen diese dreimal höher als die der Verteidiger, was übertrieben war; wir wissen heute, dass die französischen Verluste aber immerhin um die Hälfte, bisweilen sogar doppelt so hoch waren wie die der deutschen Verteidiger. Massenangriffe mussten dann, wie Falkenhayn zu Recht urteilte, zum «Massengrab» werden;[27] auch verwies er seine Umgebung immer wieder darauf, dass der Verlauf der französischen Angriffe ein abschreckendes Beispiel sei und nicht zur Nachahmung einlade. Das allerbeste wäre es, so folgerte Falkenhayn, die Franzosen nicht anzugreifen, sondern von ihnen an günstiger Stelle selbst angegriffen zu werden und ihnen so beträchtliche Verluste zufügen zu können.

Das waren die Gedankengänge, die Falkenhayn nach dem Gespräch mit Rathenau am 27. November 1915 bewegten. Wenige Tage später war er bereits entschlossen, im Westen aktiv zu werden. Der Adjutant des Kaisers, Generaloberst v. Plessen, notierte am 3. Dezember 1915 in seinem Tagebuch: «General von Falkenhayn entrollt seiner Majestät ein ernstes Bild von der Kriegslage mit dem Schluß, daß zur Herbeiführung einer

Entscheidung ein Schlag im Westen geführt werden muß, wozu alle verfügbaren Kräfte bereitzustellen sind.» [28]

Doch wo sollte die «Entscheidung» stattfinden, und wie? Falkenhayn entschied sich zwischen mehreren Alternativen, unter anderem einem Angriff auf Belfort nahe der Schweizer Grenze, bald schon für eine Offensive gegen Verdun, und zwar aus Gründen, die er schon im Frühjahr 1915 bemerkt zu haben behauptete und die wesentlich in der Geographie des Ortes zu suchen waren.[29] An sich war diese Entscheidung unverständlich. Verdun war der am stärksten befestigte Ort der gesamten französischen Front, mit Dutzenden großer, schwer armierter Sperrforts und Hunderten von Infanteriebunkern, betonierten Unterständen und Munitionslagern.[30] Am stärksten Punkt anzugreifen, stellte alle Regeln der Kriegskunst auf den Kopf und hieß, «den Gegner gerade an seiner stärksten Stelle» anzupacken.[31] Allerdings wurde der Wert ausgebauter Befestigungen von Franzosen wie Deutschen unterschätzt, weil 1914 und 1915 die belgischen und russischen Forts fast mühelos von der deutschen Artillerie sturmreif geschossen worden waren. General Groener, Chef des militärischen Eisenbahntransportwesens, schrieb: «Merkwürdig, die Festungen werden von uns geknackt wie taube Nüsse, während den Schützengräben recht wenig anzuhaben ist.»[32] Ähnlich äußerte sich Generaloberst v. Plessen, der bei den täglichen Vorträgen Falkenhayns beim Kaiser immer anwesend war und am 7. Januar 1916 in seinem Tagebuch notierte: «Im Westen müssen wir aber tätig sein, der Krieg muss seinem Ende zugeführt werden. Dazu erachte ich das beste Mittel: Angriff, Eroberung von Verdun! Ein Durchbruch durch die französischen Schützengräben wird uns ebensowenig gelingen, wie er den Franzosen gelungen ist. Die defensive Kraft der modernen Waffen ist zu gross. Also mit allen Kräften gegen Verdun. Die dicken Berthas (42 cm) werden uns hier ebenso zum Sieg verhelfen, wie bei Lüttich, Namur, Maubeuge, Antwerpen!»[33]

Das französische Oberkommando schätzte den Wert von Festungswerken übrigens ebenfalls als gering ein und hatte im Jahre 1915 einen Großteil der Geschütze und Mannschaften aus den Festungen im Raum Verdun an andere Frontabschnitte abgezogen. Der Grund für Falkenhayns Entscheidung für Verdun lag, neben einer den Angriff begünstigenden Ausgangslinie, nämlich einer Umfassung Verduns, vor allem in der Geographie der Festung, die seinem eigentlichen Plan sehr entgegenkam. Die Stadt Verdun liegt in einem Talkessel. Sie wird von der Maas durchflossen, die auch das Vorfeld in zwei geographische Abschnitte zerteilt. Auf dem Ostufer ist Verdun von Höhenlinien umgeben, die auf 400 Meter ansteigen. Auch auf dem Westufer befinden sich Höhenzüge, vor allem nördlich der Stadt.

Falkenhayn wollte mit beschränktem infanteristischen Einsatz, vergleichsweise bescheidenen zehn Divisionen aus der Heeresreserve, dafür aber gewaltiger Artillerie überfallartig angreifen. In kurzem, raschen Vorstoß sollte den Franzosen die Höhenlinie vor der Festung auf dem Ostufer entrissen werden, nicht etwa die Stadt selbst.[34] Von den Höhen aus war der Ortskern von Verdun etwa vier Kilometer entfernt, die Stadt von oben einsehbar und im Feuerbereich der Feldartillerie. Die Stadt Verdun wäre unter ein alles zudeckendes, gezieltes Feuer geraten, das jede Bewegung in der Stadt unmöglich gemacht hätte. Im Innern des sich zuschnürenden Bogens würde, wie Falkenhayn und Kriegsminister Wild am 9. Dezember 1915 meinten, «keine Maus» überleben können.[35]

Dies war der Dreh- und Angelpunkt an Falkenhayns Plan: Anders, als später vor allem von französischer Seite, beispielsweise von Marschall Pétain, vermutet, versuchte er keinen Durchbruch, an den er nicht glaubte, und er wollte Verdun auch nicht erobern – zunächst zumindest nicht.[36] Stattdessen beabsichtigte er, die französische Armee in eine ungeheure Zwangslage zu bringen: Entweder sie räumte irgendwann die Stadt Verdun, weil diese unter dem von oben kommenden deutschen Beschuss nicht mehr zu halten war, und das deutsche Heer würde einen schönen Prestigeerfolg erzielen, der den französischen Mut weiter sinken lassen würde. Oder aber – und damit rechnete Falkenhayn eigentlich – die Franzosen würden sich, getrieben durch «bedeutende Reste edler Eigenschaften»,[37] mit aller Macht gegen den Verlust der Festung stemmen und deshalb, ohne Rücksicht auf Verluste, zur Rückeroberung der Höhen antreten. Dies würde aber die Angreifer gegen die auf den Hügeln liegenden Verteidiger, die über reichlich Artillerie verfügen würden, ungeheure Opfer kosten und, bei der Eigenart des Stellungskrieges, letztlich keinen Erfolg bringen. Was dann geschehen würde, lag im Bereich der Spekulation. Falkenhayns Hoffnungen gingen vielleicht dahin, dass in Frankreich der «hysterische Kontrast» erfolgen, die nicht entscheidend geschlagene, aber enervierte Nation das Selbstvertrauen verlieren und um Frieden bitten würde. Vielleicht würden aber auch die Engländer durch den drohenden französischen Zusammenbruch dazu verleitet werden, zur Stützung ihres wankenden Verbündeten einen überhasteten Gegenangriff zu unternehmen. Um diesen mit für die Engländer hohen Verlusten abwehren zu können, hortete Falkenhayn einen großen Teil seiner Heeresreserve. So hoffte er, an der kriegsentscheidenden Front zu einem guten Ergebnis zu kommen. Seinem österreichischen Kollegen, General Conrad v. Hötzendorf, vertraute er im Januar 1916 an, an der Westfront könne der Krieg bei glücklichem Gang der Dinge innerhalb von 14 Tagen entschieden werden,[38] wobei er mit dieser Äußerung wahrscheinlich nicht einen durchschlagenden Erfolg in so kurzer Zeit in Aussicht stellte, sondern hervorheben wollte, dass an dieser Front die Entscheidung des Krieges fallen könne und werde, und vielleicht sogar schnell, wenn eine Seite erst einmal ins Wanken käme.

Doch waren all diese Spekulationen natürlich unsicher, und Falkenhayn konnte nur den ersten Schritt planen. Kronprinz Rupprecht hatte bei den Vorbesprechungen ohnehin den Eindruck gewonnen, Falkenhayn sei sich nicht darüber klar, «was er eigentlich wollte, und daß er auf einen Glücksfall wartete, der eine günstige Lösung herbeiführen werde. Er wollte die Entscheidung im Frühjahre, erklärte aber einen Durchbruch für unmöglich, wie anders aber sollte der Übergang vom Stellungskrieg zum Bewegungskrieg erzwungen werden?»[39] Tatsächlich beauftragte Falkenhayn auch das Oberkommando der 6. Armee, eine neue Durchbruchsstudie anzufertigen, die aber nie umgesetzt wurde. Und er hielt einen Teil der Heeresreserve für den Gegenstoß gegen einen erhofften englischen Angriff zurück. Was feststand, war, dass Falkenhayn nur kurz, so kurz wie überhaupt nur möglich, vor Verdun angreifen, die Höhen auf dem Ostufer erobern und dann in extrem günstiger Lage alle Vorteile des Verteidigers im Stellungskrieg nutzen wollte. Der Rest war offen. Sollte dieser Teil des Planes glücken, wären die Folgen für die französische Führung auf jeden Fall fatal gewesen.

Auch Wilhelm II. wurde in diese Pläne Mitte Dezember 1915 eingeweiht. Nach dem Krieg befragt, erinnerte sich der Kaiser «bestimmt, daß die Idee eines Angriffs auf Verdun während einer Eisenbahnfahrt im Osten entstanden sei. Der Wagen des Generals v. Falkenhayn sei an den Zug S[eine]r Majestät angekoppelt gewesen. S.M. sei mit dem General in dessen Salonwagen gegangen. Falkenhayn habe an Hand einer großen Operationskarte die Möglichkeiten im Westen erörtert. Dabei habe sich Verdun als geeigneter Ansatzpunkt für eine Westoperation ergeben.» Wilhelm II. fasste diesen, Mitte Dezember 1915 ihm referierten Gedanken später wie folgt zusammen: «Wir erstrebten den Gewinn einer Linie, aus der wir Verdun tötlich bedrohten; einer Linie, die günstig war, um die bestimmt zu erwartenden französischen Gegenangriffe für die Franzosen möglichst verlustreich zu gestalten.»[40] Dies war, ganz exakt formuliert, der Grundgedanke der «Blutpumpe» von Verdun.

Diese Idee war von zynischer Gefühlskälte, aber militärisch nicht ohne eine gewisse Genialität. Falkenhayn war wie ein Torero, der den Stier in den Degen hineinrennen lässt; je kräftiger der Stier anläuft, desto tödlicher und verhängnisvoller ist es für ihn, und desto sicherer muss er verbluten. Die Rolle des roten Tuches sollten die Höhen des Ostufers übernehmen. Und das war auch die Schwachstelle seiner Rechnung: Diese Höhen mussten ja erst einmal in deutschen Besitz gelangen, um den Mechanismus in Gang setzen zu können. Der Angriff musste unbedingt bis zu diesem Punkt gelangen – und dies nach Möglichkeit auch noch rasch, ohne dass die Franzosen sich verstärken konnten.

Die Durchführung des Angriffs war nicht mehr die Aufgabe des Generalstabs, sondern oblag der vor Verdun liegenden 5. Armee, deren Oberkommando sich natürlich nach den Maßgaben Falkenhayns zu richten hatte. Ende November 1915 ließ sich dieser von dem Armeeoberbefehlshaber, dem deutschen Kronprinz Wilhelm, genauer gesagt von dessen Stabschef General Schmidt v. Knobelsdorf, verschiedene Angriffspläne ausarbeiten. Da der Prinz zwar den hohen Rang eines Armeeoberbefehlshabers bekleidete, aber nicht die dazugehörige sorgfältige militärische Ausbildung besaß, war er schon bei Kriegsausbruch von seinem Vater verpflichtet worden, den Rat seines Stabschefs als bindend zu betrachten. Knobelsdorf war denn auch der eigentliche Führer der 5. Armee, der Kronprinz eher die dekorative Außenfigur. Knobelsdorf wiederum war mit Falkenhayn aus der Vorkriegszeit bekannt, da beide in der Garde gedient hatten und Knobelsdorf sogar Falkenhayns Vorgänger als Kommandeur des 4. Garde-Regiments zu Fuß gewesen war. Deshalb verkehrte Knobelsdorf als gewissermaßen Dienstälterer mit Falkenhayn wie mit einem Gleichgestellten; eine persönliche Konstellation, die große Auswirkungen auf den Verlauf der Schlacht haben sollte.

Bei den bevorstehenden Planungen war eine enge Kooperation zwischen dem Generalstab des Heeres und dem der 5. Armee zwingend erforderlich. Nachdem Knobelsdorf Falkenhayn einen anspruchsvollen Vorentwurf zugesandt hatte, der auf die rückwärtige Abschnürung Verduns durch einen weitausholenden Angriff hinauslief und alle Reserven des deutschen Heeres verschlungen hätte, ließ Falkenhayn ihn am 14. Dezember 1915 nach Berlin kommen. Knobelsdorf berichtete über die entscheidende Besprechung: «Falkenhayn war fest entschlossen, er legte mir eine Karte vor und zeigte auf ihr .... den Abschnitt, aus dem der Angriff zu erfolgen habe. Ich entsinne mich genau, daß ich ihn fest ansah und ihn fragte, ob das alles sei, und ob nicht auf dem westlichen Maas-Ufer gleichzeitig anzugreifen sei. Das wurde abgelehnt mit der Begründung, daß dazu weder Truppen noch ausreichende Artillerie verfügbar wären. Am 15.[Dezember 1915] kam ich auf meinen Vorschlag zurück, völliger Mißerfolg. Da war nichts mehr zu machen. Ich erklärte Falkenhayn, daß wir auf dem östlichen Maas-Ufer mit mindestens der halben französischen Armee würden kämpfen müssen. Ich behielt mir Überlegung vor und fuhr nach Stenay zurück. Truppen und viel Munition stellte Falkenhayn in Aussicht.»[41]

Der Generalstabschef, ohnehin berüchtigt für seinen Geiz mit Heeresreserven, knauserte mit seinen Truppen in diesem Fall in einem unvernünftigen Ausmaß. Aus militärtechnischen Gründen, nämlich um beim Vormarsch nicht zu schnell in seitliches gegnerisches Artilleriefeuer zu geraten, hielten alle beteiligten Stabsoffiziere es für erforderlich, dem Angriffsabschnitt eine ausreichende Breite zu geben, die sich aus der Schussweite der damaligen Artillerie errechnete. Außerdem war das Ostufer der Maas von den Höhen auf dem Westufer aus einsehbar; vorrückende Truppen würden daher in das Feuer der dort postierten feindlichen Artillerie geraten. Deshalb wurde Falkenhayn von seiner gesamten Umgebung bestürmt, den Angriff breiter anzulegen und vor allem auch auf dem Westufer der Maas angreifen zu lassen. Falkenhayn schwankte. Bei einer Besichtigung vor Ort, vom Kirchturm in Montfaucon, gab er wenige Tage vor Angriffsbeginn, am 17. Februar 1916 offen zu, dass auf beiden Ufern angegriffen werden müsse. Einen Tag später war er zu seiner alten Ansicht zurückgekehrt; er habe doch nicht genug Reserven für einen so breit angelegten Angriff. Als er von Tappen bedrängt wurde, entgegnete er sehr erregt: «Ich trage die Verantwortung. Ich tue es nicht!»[42] Er hoffte offenbar, der deutsche Vormarsch auf dem Ostufer werde so blitzartig vor sich gehen, dass, einmal eingenommen, von den Höhen des Ostufers aus auch die französischen Stellungen auf dem Westufer beschossen und eine spätere Eroberung erleichtert werden würde. Später – nach dem Krieg – gab er seinen Irrtum zu und sagte, «daß er immer am Grundsatz seiner Führung festgehalten habe: Deutschland dürfe in diesem Krieg nicht alles auf eine Karte setzen. In Befolgung dieses Grundsatzes sei er leider vor Verdun zu weit gegangen und habe nur auf einem Maas-Ufer angegriffen.»[43]

Anders als von Historikern wie Jehuda Wallach oder Alistair Horne angenommen, stimmten Falkenhayn und das Oberkommando der 5. Armee im Angriffsziel überein.[44] Die Armee formulierte den Plan wie folgt: «Wer im Besitz der Côtes (Höhen bis zu beinahe 400 m) auf dem Ostufer der Maas ist, indem er die auf ihnen gelegenen Befestigungen erobert hat, ist auch im Besitze der Festung (...); selbst wenn zunächst auf eine Besitznahme der Werke des Westufers verzichtet werden soll, hat die Festung ihren Wert für Frankreich verloren, wenn das Ostufer der Maas von uns genommen ist.»[45] Spekulierte auch das Oberkommando der 5. Armee auf französische Gegenangriffe und Rückeroberungsversuche? Unsere Quellen geben dazu keine verlässliche Auskunft.

Der Aufmarsch erfolgte weitgehend unbemerkt, obwohl die Geheimhaltung bemerkenswerte Lücken aufwies. So berichtete der bayerische General v. Nagel am 30. Januar 1916 aus dem Hauptquartier nach München: «Trotz der angeordneten strengen Geheimhaltung ist die beklagenswerte Geschwätzigkeit in der Armee noch immer so groß, daß hier in Charleville in den Kneipen Deutsche und Franzosen ganz offen von einer bevorstehenden Offensive gegen Verdun reden. Ob an diesem Gerede etwas Wahres ist, vermochte ich nicht festzustellen, da ich mich daran halten muß, daß mir amtliche Auskünfte aus Geheimhaltungsgründen nicht zugänglich sind.»[46]

Der französische Geheimdienst, der gerade in einer Phase der Umstrukturierung war, vermochte trotz Warnungen elsässischer Überläufer zunächst nicht, die deutschen Vorbereitungen richtig zu deuten, zumal in anderen Frontabschnitten Offensiven fingiert und die tatsächlichen, umfassenden Angriffsvorbereitungen geschickt getarnt wurden. Beispielsweise wurden Straßen mit Schilfgeflecht abgedeckt und durch massierten Einsatz der Fliegertruppe der Luftraum über Verdun derart wirkungsvoll abgeschirmt, dass französische Aufklärungsflugzeuge nur selten den deutschen Sperrriegel überwinden und deshalb ein nur sehr unvollständiges Bild von den deutschen Maßnahmen gewinnen konnten. Gewaltige

Mengen an Material und Munition wurden in den Angriffsraum gebracht. Es gelang den Deutschen aber nicht, die Geheimhaltung bis zuletzt aufrechtzuerhalten. Das lag wesentlich daran, dass am 12. Februar 1916, dem festgelegten Angriffstermin, so schlechtes Wetter mit geringer Sicht herrschte, dass das Vorhaben abgeblasen und dann täglich neu verschoben werden musste. In getarnten Unterständen warteten die bei Minusgraden frierenden und miserabel untergebrachten Truppen täglich auf den Angriffsbefehl und nahmen die Verschiebungen mit einer Mischung von Erleichterung und Enttäuschung auf. Am 21. Februar 1916 war schließlich gute Sicht, und Kronprinz Wilhelm gab um 8.12 Uhr persönlich einem Eisenbahngeschütz den Befehl zur Abgabe des ersten Schusses und damit das Signal zum Beginn des deutschen Angriffs auf Verdun.

Der Kampf war von Anfang an eine unerhörte Herausforderung an die Soldaten und auch für den anfänglich artilleristisch mindestens zweifach überlegenen Angreifer von Rückschlägen begleitet. Immerhin gelang es der deutschen Angriffsarmee, innerhalb von einer Woche etwa acht Kilometer vorzudringen und am 25. Februar 1916 das stark befestigte Panzerfort Douaumont im Handstreich zu nehmen. Dieser überraschende Erfolg war dadurch möglich geworden, dass die riesige Festung, die mehrere Hundert Mann Besatzung brauchte, 1915 praktisch desarmiert worden war; nur etwa fünfzig französische Landwehrsoldaten, meist ältere Jahrgänge, befanden sich in der Anlage. Wenige von ihnen bedienten die Geschütze; die meisten hatten sich, wegen der ununterbrochenen schweren Einschläge, der Erschütterungen und des infernalischen Lärms, in die untersten Gewölbe des Forts geflüchtet, wo sie dann von den eingedrungenen deutschen Soldaten überwältigt werden konnten. Die durch französische Fehldispositionen ermöglichte Eroberung des Douaumont wurde so groß gefeiert, als ob Verdun selbst genommen worden wäre. Oberleutnant Cordt v. Brandes, der die Eroberung telefonisch an die oberen Kommandobehörden gemeldet hatte, wurde fälschlich für den Eroberer des Forts gehalten und ihm wurde sogleich der Pour le Mérite verliehen; bis in bundesrepublikanische Zeiten hinein wurde ihm in Veteranenkreisen bissig vorgehalten, den Orden fürs Telefonieren, nicht fürs Erobern erhalten zu haben. Ein Reserveleutnant Radtke verbrachte sein Leben damit nachzuweisen, dass in Wahrheit er den Douaumont eingenommen habe, und schließlich meldete auch noch ein Pionierfeldwebel Kunze, inzwischen Polizist, in der Hoffnung auf nachträgliche Verleihung des EK I in den dreißiger Jahren seine Erstlingsrechte an der Eroberung des Forts an.

Wer auch immer das Fort wann zuerst betreten hatte: Es war ein bedeutender Erfolg, diesen wichtigen Sperrriegel erobert zu haben. Doch damit war noch längst nicht das Angriffsziel erreicht. Stattdessen begann sich der zu schmale Kräfteansatz zu rächen: Hätten die Angriffstruppen nur wenige Divisionen mehr gehabt, wären die entscheidenden Höhen des Ostufers wahrscheinlich nach wenigen Tagen in deutsche Hand gefallen, Falkenhayns Rechnung aufgegangen. Doch so erfolgte der Rückschlag: Am 28. Februar 1916 kam der Angriff zum Stehen. Nach dem Augenblick der Schwäche hatten sich die Franzosen gesammelt und entschlossen, die Höhen des Ostufers zu verteidigen. Während in den ersten Tagen des Angriffs die führenden französischen Zeitungen wie etwa «Le Temps», «Le Matin», «Figaro» oder «Les Debats» den Fall Verduns als unbedeutend hingestellt hatten, wandelte sich nun ihre Einstellung vollkommen. Generalstabschef Joffre befahl, die Stellungen auf dem Ostufer zu halten. Die Verteidigung wurde am 25. Februar 1916 einer ganzen französischen Armee übertragen; ihr Befehlshaber, General Pétain, begann vor Verdun seine zuerst glorreiche, später tragische Karriere. Frankreich hatte die Herausforderung angenommen, Verdun war zur Prestigefrage, zum Testfall für den nationalen Widerstandswillen und damit zu einer Frage von Leben und Tod geworden.

Damit war zwar eingetreten, was Falkenhayn vorausgesagt hatte: Das französische Oberkommando, getrieben von seinem Ehrgefühl, setzte alles daran, den Fall der Festung zu verhindern. Doch für Falkenhayn fehlte die Voraussetzung, dieses Faktum ausbeuten zu können: Nämlich der vollständige Besitz der Höhen des Ostufers. Das war für ihn umso bitterer, weil er nach den ersten Erfolgen Oberwasser gehabt und zu seinen Offizieren gesagt hatte: «Sehen Sie, mit dem Angriff habe ich mal wieder das Richtige getroffen.»[47] Im Hauptquartier glaubten bis Ende Februar alle, Verdun sei so gut wie erobert. Doch so war es nicht, und schon am 6. März musste Falkenhayn dann doch auf dem linken Maasufer angreifen lassen, da das feindliche Feuer von dieser Seite zu stark geworden war und bekämpft werden musste. Da aber das Überraschungsmoment verlorengegangen war und der Verteidiger von Verdun, General Pétain, diesen Angriff längst erwartet hatte, lief er sogleich fest. Die Kämpfe auf dem Westufer, um die Höhen 304 und «Toter Mann», wüte-

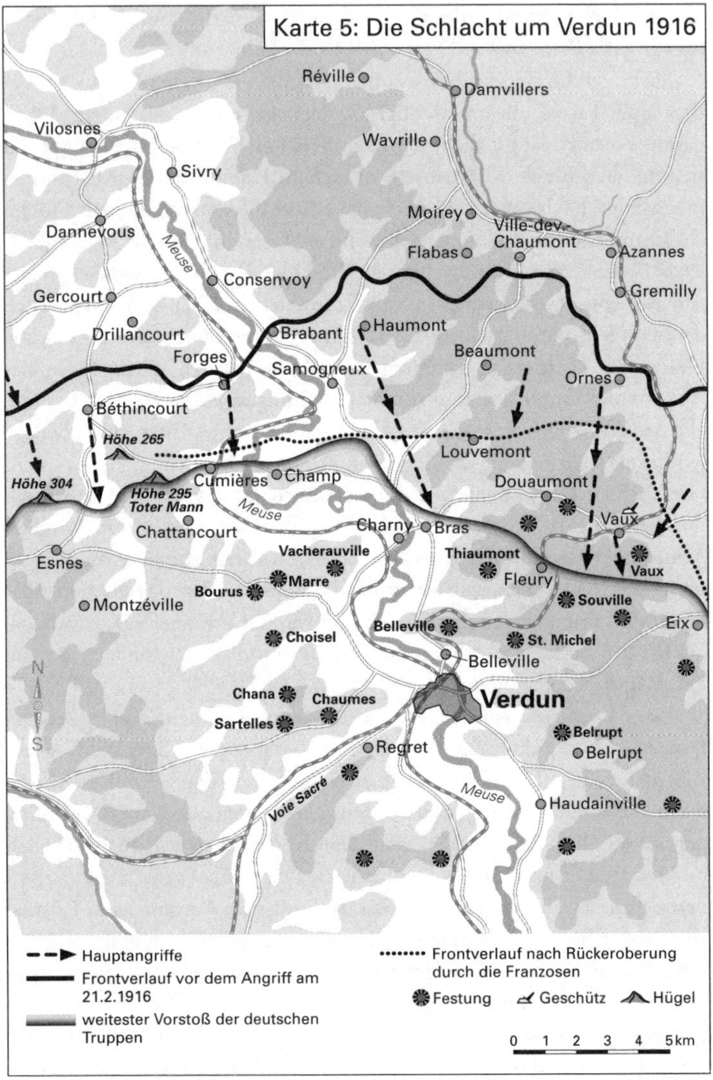

Karte 5: Die Schlacht um Verdun 1916

Hauptangriffe

Frontverlauf vor dem Angriff am 21.2.1916

weitester Vorstoß der deutschen Truppen

Frontverlauf nach Rückeroberung durch die Franzosen

Festung Geschütz Hügel

0 1 2 3 4 5 km

ten mit derart brutaler Gewalt, dass der «Tote Mann» während der Kämpfe durch den Artilleriebeschuss zwanzig Meter seiner ursprünglichen Höhe verlor. Erst nach zweieinhalb Monaten erbitterten Kampfes fielen die beiden Höhen in deutsche Hand.

Weil die Voraussetzungen nicht erfüllt waren, funktionierte Falkenhayns Plan nicht so, wie er es sich gedacht hatte. Nach dem Festlaufen des Angriffs schlich sich bei ihm ein bohrender, niemals wieder verschwindender und vollkommen berechtigter Zweifel ein, ob es klug war, weiterzumachen. Kriegsminister Wild notierte am 29. Februar 1916 in seinem Tagebuch: «Falkenhayn ist reichlich nervös wegen des eingetretenen Stopps und der großen Verluste.»[48] Der Generalstabschef hatte bei seinem Verdun-Unternehmen eigentlich nur mit hohen französischen Verlusten gerechnet, und jetzt mussten auch die deutschen Truppen schwer bluten. Der ursprüngliche Plan war schon jetzt, acht Tage nach Angriffsbeginn, gescheitert. Die Höhen waren nicht in deutscher Hand, und Deutsche und Franzosen mussten unter gleich ungünstigen Bedingungen kämpfen. Was noch schlimmer war: Die mit großer Lautstärke gefeierten Anfangserfolge, vor allem die Einnahme von Fort Douaumont, hatten in Deutschland, in Heer und Heimat, große Erwartungen geweckt, die jetzt nicht mehr einzulösen waren. Die Schlacht wurde in Deutschland im Frühjahr 1916 positiv bewertet. In einer Rede vor dem Reichstag sprach Bethmann Hollweg Anfang April voller Siegeszuversicht über die militärische Lage und erwähnte die Schlacht vor Verdun als ein Zeichen der deutschen Stärke.[49] Doch selbst unter Außerachtlassung solcher psychologischen Momente und aller Prestigegesichtspunkte standen Falkenhayn und auch der Stabschef der 5. Armee, Schmidt v. Knobelsdorf, vor einem wirklichen Dilemma: Die bisher erreichte Linie war höchst ungünstig, da vom Gegner einsehbar, und deshalb auf Dauer nicht zu halten. Es gab nur zwei Möglichkeiten, diese Linie zu verbessern: entweder den Rückzug und die Aufgabe weiter Teile des eroberten Geländes, auch des isoliert liegenden Forts Douaumont, oder aber den Versuch, durch Zuführung neuer Kräfte das Ziel im zweiten Anlauf, unter langsamem Vorwärtskämpfen, doch noch zu erreichen.

Schon in der Logik der Verhältnisse lag es, dass sich sowohl Falkenhayn als auch Knobelsdorf im März 1916, und auch in den Folgemonaten, immer wieder für die zweite Möglichkeit entschieden. Hohe eigene Verluste waren der Preis dafür. Indes schien dieser tragbar unter einem

Aspekt: Nach den Meldungen des Geheimdienstes erlitten die Franzosen schreckerregend hohe, untragbare Verluste. Ein Abnutzungseffekt schien doch einzutreten, wenn auch, wie nicht vorausgesehen, unter ebenfalls bedeutenden eigenen Opfern. Schon in den ersten Angriffstagen wurden die französischen Verluste hoch – viel zu hoch – berechnet. Die Schätzung der feindlichen Verluste war zwar sehr schwierig und mit letzter Sicherheit gar nicht zu leisten; selbst die Ausfälle der eigenen Truppen konnten erst nach Wochen präzise ermittelt werden. Dass die zu hohe Berechnung der französischen Verluste aber chronische Ausmaße annahm, lag an den Schwächen des deutschen Nachrichtendienstes. Dieser gewann seine Informationen durch Agentenmeldungen und Gefangenenaussagen; bei diesen wurde festgestellt, dass sie einer Vielzahl feindlicher Divisionen entstammten. Tatsächlich ließen die Franzosen ihre Divisionen nur begrenzte Zeit vor Verdun, um die Verluste nicht zu hoch werden zu lassen, und tauschten sie dann gegen andere aus. In der deutschen Armee wurden Divisionen hingegen in der Front belassen, bis sie am Ende ihrer Kampfkraft waren. Der rasche Wechsel der französischen Divisionen, der durch Gefangenenbefragungen festgestellt werden konnte, wurde so gedeutet, dass die Franzosen eine zerschlagene Division nach der anderen aus der Front ziehen mussten. Der Gesandte des Auswärtigen Amtes im Großen Hauptquartier, Luckwald, berichtete dem Reichskanzler im März 1916: «Das bisher Erreichte ist beträchtlich, die Verluste durchaus dem entsprechend. Sie betragen nach hiesiger Auffassung etwa 1/3 der französischen Einbuße, die darum so erheblich höher ist, weil wir die stärkere Artillerie haben und mit konzentrischem Feuer auf die Franzosen schießen.»[50]

Tatsächlich waren die Auswirkungen der Beschießung auf die Stadt Verdun, deren Einwohner abtransportiert worden waren, verheerend. Trotzdem war die deutsche Rechnung unzutreffend. Die französischen Ausfälle waren in den ersten Monaten der Schlacht zwar etwas höher als die deutschen, aber bei weitem nicht in der angenommenen Größenordnung. Von Februar bis August 1916 betrug das Verlustverhältnis 1:1,1 zu deutschen Gunsten.[51]

Auch die deutschen Verluste waren hoch. Anfang März begann man im Hauptquartier bereits von einem «neuen Ypern» zu reden. Falkenhayn tröstete sich zwar mit den französischen Opfern, konnte sich aber von zunehmenden Zweifeln über den Sinn der Operation nicht freimachen. Am

30. März teilte er dem Oberkommando der 5. Armee mit, dass der Angriff gegen Verdun fortgesetzt werden müsse, «solange wir dabei weniger leiden als der Gegner», fragte aber gleichzeitig nach, ob überhaupt noch «in absehbarer Zeit Fortschritte zu erhoffen» seien.[52] Am 4. April 1916 schlug er dem Oberkommando der 5. Armee sogar den Abbruch der Schlacht vor: «Gewiß wird [dann] gesagt werden, wir hätten die Schlacht vor Verdun nicht gewonnen. Das wird aber auch jetzt schon gesagt und kann und muß in Kauf genommen werden. Gewinnen wir die Schlacht, so steigen unsere Aussichten, den Krieg bald zu beenden, sehr. Gewinnen wir sie nicht, so wird, schon nach dem bisher Erreichten, das siegreiche Ende zwar verzögert werden, aber nicht beeinträchtigt, wenn wir uns rechtzeitig entschließen, uns bei Verdun nicht nutzlos festzubeißen, sondern den Feinden an anderer Stelle das Gesetz [des Handelns] vorzuschreiben.»[53]

Falkenhayns erlösende Idee, die total festgefahrene und ungeheure Opfer fordernde Schlacht zu beenden, kam aber zum Schaden aller Beteiligten nicht zur Ausführung. Denn Knobelsdorf, dem der Kronprinz in seinen Memoiren als hervorstechendsten Charakterzug eine ungewöhnliche «Zähigkeit» bescheinigte, brachte den wankelmütigen Falkenhayn immer wieder auf Kurs und wies ihn noch einmal auf die Alternative hin: Rückzug auf die Ausgangslinie oder Angriff. Falkenhayn ließ sich wahrscheinlich gerne überzeugen, weil schon jetzt der Abbruch der Schlacht nach den gebrachten Opfern doch das Eingeständnis der Niederlage gewesen wäre und im In- und Ausland verheerend gewirkt hätte. Gegenüber dem Kaiser musste Falkenhayn aber am 8. Mai 1916 zugeben, «daß unsere Operationen bei Verdun einen gewissen Stillstand erreicht haben».[54]

Die Schlacht vor Verdun galt zu diesem Zeitpunkt bereits als verloren. Kronprinz Rupprecht schrieb am 20. März 1916 in sein Tagebuch, dass vor Verdun «nach einem schönen Anfangserfolge … alles ins Stocken gekommen und die Unternehmung so gut wie mißglückt war».[55] Und Walther Rathenau, der so viele Hoffnungen in den Westangriff gesetzt hatte, erkannte, dass Deutschland am Ende seiner Offensivkraft angelangt war. Er sah einen ewigen Stillstand im Stellungskrieg voraus und vertraute einem österreichischen Großindustriellen am 4. Mai 1916 eine apokalyptische Vision an: «Wir müssen uns endlich auf einen lebenslänglichen Krieg einrichten.»[56]

Die unerhörte Härte der Kämpfe vor Verdun überforderte die Leidensfähigkeit der Soldaten. Sogar im Großen Hauptquartier machte sich zunehmend die Ansicht breit, der Generalstab habe sein Gespür für «die Grenze äußerster Leistungsfähigkeit» der Soldaten verloren.[57] Auch in der Generalität griff die Erkenntnis um sich, dass die Soldaten überfordert wurden. Die Führer der vor Verdun eingesetzten Einheiten warnten davor, zu viel von den Truppen zu verlangen. Und selbst der Armeeoberbefehlshaber, Kronprinz Wilhelm, war dieser Ansicht und drang immer heftiger auf einen Abbruch der ihm sinnlos scheinenden Offensive, konnte sich aber gegen Knobelsdorf und Falkenhayn nicht durchsetzen.

Auch der französische Generalstabschef Joffre glaubte, dass die entscheidenden Kämpfe vor Verdun eigentlich vorbei seien. Er empfand die Abwehrschlacht als gewonnen und es als überaus störend, dass so viele seiner Reserven, die er für einen eigenen Großangriff an der Somme aufsparen wollte, nach wie vor nach Verdun gingen. Anfang Mai zog er daraus die Konsequenz: Er teilte Pétain ein festes Kräftekontingent von dreißig Divisionen zu; mit diesem müsse er klarkommen. Dieser Entscheidung Joffres, die einer empfindlichen Schwächung der französischen Verteidigung vor Verdun gleichkam, war es mit zu verdanken, dass der deutsche Angriff Ende Mai 1916 einen zweiten Frühling erlebte. Plötzlich ging es wieder etwas voran; Anfang Juni 1916 fiel sogar Fort Vaux, nach dem Douaumont die zweite große Festung des Ostufers, in deutsche Hand. Falkenhayn witterte Morgenluft. Im Generalstab kursierten phantastische, für Deutschland überaus günstige Zahlen der Verlustbilanz. General Tappen gab später zu Protokoll: «Ich erinnere mich genau, daß während der Verdun-Offensive, wahrscheinlich im Mai, die französischen Verluste auf 525 000, die unsrigen auf 225 000 angegeben sind. Also Mehrverlust der Franzosen: 300 000.»[58] Und ein Vertreter des Auswärtigen Amtes im Hauptquartier notierte am 1. Juni 1916: «Die französischen Verluste vor Verdun werden auf 800 000 Mann geschätzt.»[59] Was Falkenhayn selbst glaubte, wissen wir nicht; es dürfte sich aber in diesen Bahnen bewegt haben. Unter solch günstigen Auspizien glaubte der General auf jeden Fall, von einem Erfolg reden zu dürfen, zumal auch noch Gerüchte von französischer Friedenssehnsucht, von geheimen Friedensfühlern über die Schweiz kursierten. Die großen Opfer hatten Frankreich, so hoffte Falkenhayn, dem von ihm erwarteten psychologischen Zusammenbruch sehr nahegebracht. Kritik an der Operation schien ihm deshalb deplatziert. Gegenüber dem Admiralstabschef v. Holtzendorff klagte er im Juni 1916 darüber, «daß ihm von vielen Seiten die Operation gegen Verdun als schwerer Fehler ausgelegt werde, in erster Linie deshalb, weil es bisher nicht gelungen sei, Verdun zu nehmen. Exzellenz von Falkenhayn habe aber beigefügt, von allen operativen Entscheidungen, die er während des Krieges getroffen [habe], halte er noch immer den Angriff gegen Verdun für die richtigste und glücklichste, denn nicht nur sei man der gegnerischen Offensive zuvorgekommen, sondern man habe auch die ganze französische Armee bis zum heutigen Tag festgelegt und ihr sehr viel schwerere Verluste beigebracht, als selbst erlitten.»[60]

Solch zynische Unbekümmertheit stieß selbst seine Umgebung im Großen Hauptquartier immer mehr ab. Kriegsminister Wild, eigentlich ein Freund Falkenhayns, klagte im Juni 1916 über dessen «äußerlich tändelnde, unbekümmerte Haltung, womit er seiner Umgebung zu imponieren sucht».[61] Und die unerhörte Härte der Kämpfe vor Verdun war inzwischen allgemein so bekannt, dass, egal wie das Verlustverhältnis war, nirgends auch nur der geringste Enthusiasmus für die Operation übriggeblieben war. Admiral v. Müller notierte am 27. Mai 1916: «Große Verstimmung über den Kaiser, der den Ernst der Lage nicht versteht, und über Falkenhayn, der bei Verdun ‹alles normal› findet.»[62]

Falkenhayn war am 28. Mai 1916 vom Erfolg seiner «Blutpumpe» so überzeugt, dass er dem Reichskanzler sogar ankündigte, «bis zum Ausgang des Winters 1916/17 einen siegreichen Frieden» zu erkämpfen. «Frankreich wird dann zum Weißbluten gebracht sein.» Der Reichskanzler, der von Falkenhayn seit dem November 1914 eine solche Zuversicht nicht gewöhnt war, hörte vom Generalstabschef allerlei Erstaunliches und Optimistisches: «Die Operationen gegen Verdun werden in bisheriger Weise und, wie zu hoffen, mit den bisherigen, wenn auch sehr langsam fortschreitenden Erfolgen fortgeführt. Dabei wird der Kessel, in dem die Franzosen ihre Truppen unter unserem konzentrischen Feuer vortreiben müssen, immer enger. Wie lange die Franzosen dies fortführen können, scheint bei ihren ungeheuren Verlusten zweifelhaft. Vor kurzem sind zwei französische Divisionen bereits in ihrer Reservestellung so zusammengeschossen worden, daß sie überhaupt nicht mehr vorgebracht werden konnten, sondern sofort wieder abtransportiert werden mußten.»[63]

Der Reichskanzler freute sich zwar über die Aussicht auf den baldigen Sieg, blieb aber wegen der eigenen Ausfälle skeptisch. Auf die Frage, wie

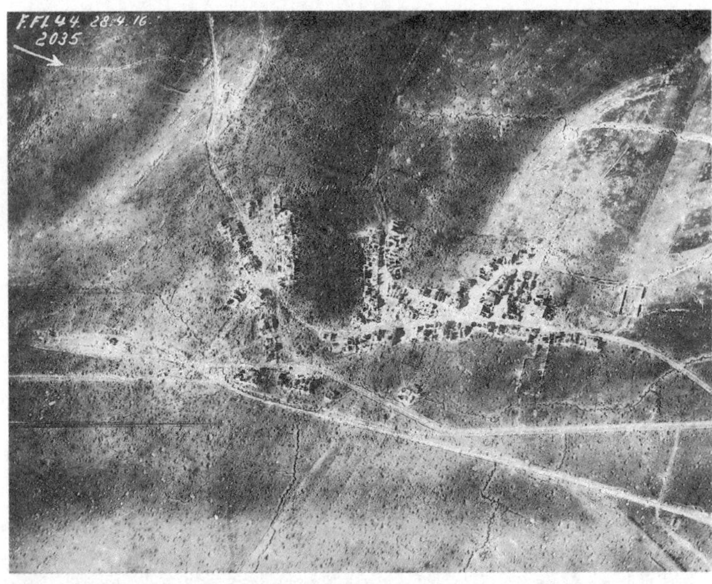

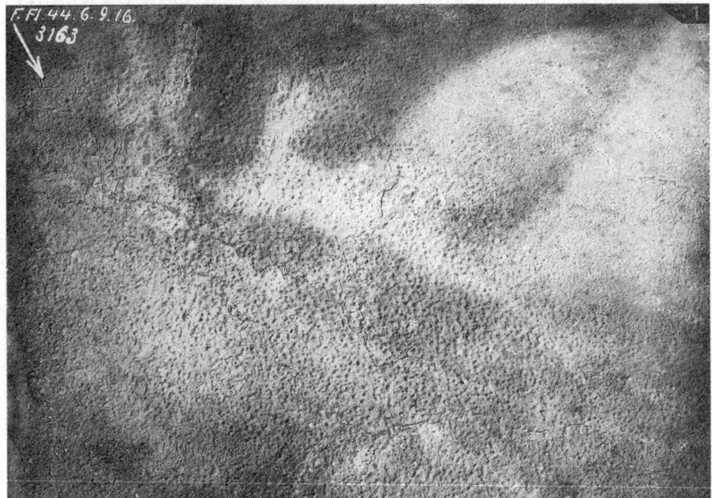

Abb. 17 Luftaufnahme des Dorfs Fleury bei Verdun vor und nach der Beschießung 1916.

hoch diese seien, versuchte Falkenhayn diese um gut 50 000 Mann nach unten zu frisieren, auf ca. 90–100 000 statt der tatsächlich inzwischen etwa 150 000 Mann. Falkenhayn scheute nicht davor zurück, das Desaster der immer schwereren eigenen Opfer bewusst zu verschleiern, und glaubte sich dabei wahrscheinlich auch noch im Recht. Denn schließlich ging es darum, die Zivilisten nicht durch hohe Verlustmeldungen nervös zu machen, und überdies betrachtete er mit dem ihm eigenen Zynismus den eigenen Einsatz, solange die Franzosen derart schlimmer bluteten, als gut angelegt.

9

Von allen Seiten: Der alliierte Allfrontenangriff im Sommer 1916 und sein Scheitern

Falkenhayn ist mit den Nerven recht herunter und warf gestern abend die Flinte völlig ins Korn.

Adolf Wild v. Hohenborn, 15. Juli 1916

Ende Mai 1916 hielt der deutsche Generalstab, auch weil er die Kämpfe vor Verdun falsch bewertete, die Gesamtlage für durchaus erfreulich. Deutschland und seine Verbündeten hatten die Initiative, die Entente blieb passiv, Frankreich schien dem Zusammenbruch nahe. Falkenhayn war zuversichtlich und glaubte, nun würde sich in den nächsten Monaten aus der allgemeinen Erschöpfung heraus ein gutes Kriegsende entwickeln. Doch war das Frühjahr 1916 in Wahrheit die Ruhe vor dem Sturm; schon bald sollte die Entente den größten Angriff des Ersten Weltkriegs beginnen und die Mittelmächte einer extremen Belastungsprobe unterziehen.

Diese Offensive – ein koordinierter Allfrontenangriff – war seit Monaten vorbereitet worden. Im Dezember 1915 hatten sich die Stabschefs der alliierten Mächte in Chantilly getroffen, um die Operationen für das Kriegsjahr 1916 abzustimmen. Ein französisches Memorandum, das Joffre den Repräsentanten der Ententearmeen vorlegte, äußerte sich besorgt über die Erfolge der Mittelmächte im Kriegsjahr 1915, über das Scheitern des Angriffs auf die Dardanellen und aller britisch-französischen Offensiven an der Westfront. Gleichzeitig hatten die Mittelmächte im Osten große Gebiete erobert und später auch noch Serbien.[1] Joffre befürchtete nun, die deutsche Macht werde zu groß und der Feind es nach den gemachten Eroberungen auf einen endlosen Erschöpfungskrieg anlegen. Er schlug vor, den Russen und Serben zu helfen, ihre Armeen wieder aufzubauen und einen gleichzeitigen Angriff an allen Fronten vorzubereiten.[2] Damit sollte der Vorteil der Mittelmächte zunichtegemacht werden, die innere Linie nutzen, miteinander kooperieren und durch schnelle Verlegungen militärische Schwerpunkte zum Angriff oder zur Verteidigung bilden zu können. Doch bedurfte die Vorbereitung dieser gleichzeitigen alliierten Offensive Zeit, während der die Mächte, die noch über hinreichende Personalreserven verfügten – Frankreich rechnete sich bezeichnenderweise nicht dazu –, den Gegner weiter angreifen und abnutzen sollten.

Joffre hoffte also, dass wenn die Alliierten im folgenden Jahr an allen Fronten zum selben Zeitpunkt angreifen würden, die zahlenmäßig unterlegenen Mittelmächte ihre Reserven nicht mehr an den jeweiligen Brennpunkt verschieben könnten. Ihre Front werde dann an einer Stelle überbeansprucht und schließlich reißen. Die französischen Hoffnungen schienen mehr auf der Ost- als auf der Westfront zu liegen, denn dort lägen 110 deutsche Divisionen in guten Stellungen, der Feind habe außerdem eine Reserve von 25 Divisionen (was zutraf), die Fronten im Osten seien hingegen dünner und weniger gut ausgebaut und in weiten Abschnitten auch von Truppen geringerer Kampfkraft (den Österreichern) verteidigt.

Dieser gemeinsame Allfrontenangriff, den Joffre den verbündeten Oberkommandos vorschlug, sollte Realität werden. Allerdings erlangten die einzelnen Offensiven, aus denen er bestehen sollte, mehr Berühmtheit als die dahinterstehende Strategie, vielleicht auch deshalb, weil sich das Unternehmen in der ursprünglich geplanten Form nicht durchführen ließ. Der alliierte Allfrontenangriff sollte so bald wie möglich erfolgen und wurde zunächst auf den März 1916 festgesetzt. Doch die einzige Macht, die zu diesem Zeitpunkt angreifen konnte, war Russland. Die Offensive erfolgte an einem von den Deutschen vergleichsweise schwach besetzten Frontabschnitt, den die 10. deutsche Armee unter General v. Eichhorn verteidigte. Die russischen Oberbefehlshaber, die Generäle Kuropatkin und Ewert, folgten in ihrer Planung dem Vorbild der Schlachten an der Westfront. Ihre Offensive am Naratsch-See begann mit schwerem Artilleriefeuer, das aber unpräzise war. Die russische Überlegenheit – fast fünffach bei den Soldaten, dreifach bei der Artillerie – kam nicht zum Tragen, der Angriff blieb erfolglos. Falkenhayn fühlte sich in seiner Ansicht bestätigt, dass die russische Angriffskraft gebrochen sei.

Die anderen Mächte brauchten noch Monate für Vorbereitungen, und die Franzosen konnten sich, wegen der weiter tobenden Schlacht bei Verdun, nur mit einem Teil der ursprünglich vorgesehenen Truppen an dem Angriff beteiligen, der im Westen an der Nahtstelle zwischen der britischen und der französischen Front, nämlich an der Somme, stattfinden sollte. Den Auftakt machten dann aber erneut die Russen, was teilweise auch mit Conrads Offensive in Tirol zusammenhing, die im Mai 1916 begonnen hatte. Diese Operation mit dem bezeichnenden Decknamen «Strafexpedition» hatte Anfangserfolge, und die italienische Führung bat die Russen um einen Entlastungsangriff. Viele russische Generäle waren inzwischen entmutigt und wollten nach den Ereignissen im Frühjahr nicht mehr wirklich an einen Erfolg der russischen Waffen glauben. Vielleicht war dies eher Realismus als Defätismus; doch es gab noch Generäle im russischen Heer, die Siege für möglich hielten. Zu diesen gehörte der Oberbefehlshaber der Südwestfront, General Brussilow, der bereit war, an seiner Front anzugreifen.

Brussilow, ein energischer und tatkräftiger Soldat, war ursprünglich Oberbefehlshaber der 8. russischen Armee gewesen und befehligte seit März 1916 seine «Front», was einer deutschen Heeresgruppe entsprach. Er hatte der russischen Führung, die eigentlich am deutschen Frontabschnitt, nicht am österreichischen aktiv werden wollte und dort auch ihren klaren Schwerpunkt hatte, angeboten, mit seinen eigenen Kräften anzugreifen, also ohne nennenswerte Unterstützung durch Reserven des Generalstabs, und erhielt schließlich im April 1916 die Erlaubnis dazu. Er setzte dabei auf sorgfältige Vorbereitung und auf das Überraschungsmoment. Dabei nutzte er sogar nachgebaute österreichische Schützengräben, um seine Soldaten auszubilden. Er ließ sie Angriffsgräben ausheben, aber bereitete kein langes einleitendes Artilleriefeuer vor. Er entschied auch, an einem ungewöhnlich breiten Frontabschnitt anzugreifen, um es den Österreichern unmöglich zu machen, einen Durchbruch mit Truppen aus benachbarten Abschnitten abzuriegeln.

Das hervorstechendste Merkmal dieser Offensive war, dass Brussilows Truppen zahlenmäßig nur leicht überlegen waren und der Schwerpunkt der Russen sich nach wie vor an der deutschen Front befand; dort lagen

Abb. 18
Ein österreichisch-ungarischer Soldat in einem sehr gut ausgebauten Schützengraben

zwei Drittel ihrer Truppen.[3] In Brussilows Angriffszone standen 640 000 russischen etwa 629 000 österreichisch-ungarische Soldaten gegenüber, die eingegraben und außerdem an mittlerer und schwerer Artillerie überlegen waren.[4] Der Angriff bei Luzk, der am 4. Juni 1916 begann und wohl ursprünglich nur begrenzte Ziele hatte, wuchs innerhalb von Tagen zu einem ganz großen Erfolg heran. Wie war den Russen dieser Sieg geglückt? Die Verteidiger berichteten von überwältigendem russischen Artilleriefeuer, was aber durch die Zahlen nicht gedeckt wird – die Österreicher hatten 2690 Geschütze, die Russen 2000.[5] Der Erfolg kann durch die innovative Taktik des Angreifers und gleichzeitig durch gravierende Fehler und Nachlässigkeiten des Verteidigers erklärt werden. Brussilows Methode, auf Überraschung zu bauen, statt den Gegner durch tagelanges Artilleriefeuer zu warnen, zahlte sich aus. Er ließ seine Soldaten nach sehr kurzer artilleristischer Vorbereitung aus den vorbereiteten Gräben heraus angreifen. Die Überraschung war perfekt; die 4. k.u.k. Armee unter dem Befehl von

Erzherzog Joseph Ferdinand löste sich auf und floh; ihre Flucht riss die benachbarte 7. k.u.k. Armee, die von Pflanzer-Baltin befehligt wurde, mit. Die österreichisch-ungarische Armee verlor in wenigen Tagen etwa 200 000 Mann. Viele von ihnen gaben sich gefangen.[6]

Deshalb könnte man, wie etwa der britische Historiker Norman Stone in seinem Buch über die Ostfront des Ersten Weltkriegs, argumentieren, dass dieser Erfolg das Ergebnis einer innovativen neuen Strategie und der ausgezeichneten Führung durch General Brussilow war. Auf der anderen Seite könnte der Erfolg auch auf die Schwäche der Verteidiger zurückgeführt werden.[7] Ein deutscher General, v. Stolzmann, hatte die österreichisch-ungarischen Stellungen im März 1916 besichtigt und hinterher den Schluss gezogen, dass ein größerer russischer Erfolg hier unmöglich sei, es sei denn, die Russen führten massive Verstärkungen heran.[8] Die österreichischen Schützengräben im Angriffsgebiet waren noch kurz vor Angriffsbeginn inspiziert und für gut befunden worden.[9] Die österreichischen Truppen und ihre Befehlshaber verließen sich aber allzusehr auf diese vermeintliche Sicherheit, und bei ihnen herrschte eine sorglose Stimmung wie in einem «Feriencamp».[10] Die österreichisch-ungarischen Truppen – und zwar vom einfachen Soldaten in den Schützengräben bis hoch zu den Oberkommandierenden der Armeen – hatten sich in ihren gut ausgebauten Stellungen eingerichtet.[11] Sie glaubten offensichtlich, der Krieg würde zu Ende gehen, ohne dass es an dieser Front noch zu größeren Kämpfen kommen werde. Brussilows neue Taktik gab ihnen auch keine der üblichen Vorwarnungen auf einen bevorstehenden Großangriff. Zwar hatte es Vorzeichen gegeben, so etwa die Angriffsgräben, die von den russischen Truppen ausgehoben worden waren. Die österreichischen Offiziere hatten ihren Männern aber nicht befohlen, die grabenden Russen anzugreifen, wohl aus der Abneigung heraus, den relativen Frieden an dieser Front durch sinnlosen Aktionismus zu stören.[12] Vielleicht hatten die österreichisch-ungarischen Soldaten in diesem Frontabschnitt eine exzessive Variante des Prinzips «Leben und leben lassen» praktiziert, das der britische Historiker Tony Ashworth für die Westfront beschrieben hat[13] und das aus dem unabgesprochenen Konsens der Soldaten beider Seiten bestand, kriegerische Aktivitäten auf ein Minimum zu beschränken, den Gegner nicht zu reizen und dafür selbst auch in Ruhe gelassen zu werden.

Dieses «Leben und leben lassen»-Prinzip funktionierte aber nur, wenn beide Seiten sich daran hielten, und das war im Sommer 1916 an der österreichischen Ostfront nicht der Fall. Allerdings waren nicht nur die Soldaten und lokalen Befehlshaber an dem Debakel schuld, sondern auch und vor allem das österreichisch-ungarische Oberkommando, das offenbar die Ansicht der Soldaten vor Ort teilte, dass an dieser Front nichts Entscheidendes mehr geschehen würde. Conrad von Hötzendorf war besessen von der Idee, mit den Italienern abzurechnen, und hatte deshalb sechs seiner besten Divisionen aus der Ostfront herausgezogen, um sie für die Offensive in Tirol zu verwenden. Er hatte dann zwar zwei Divisionen vom Balkan wieder zugeführt, aber trotzdem die Ostfront, nach eigenem Eingeständnis, «bedenklich geschwächt».[14] Hier sollten wir Conrad selbst zu Wort kommen lassen. Er schrieb nämlich am 21. Mai 1916, in der Begeisterung über seine ersten Erfolge in Italien: «Um die Jahreswende 1915/16 nahte der Moment, in welchem die Lieblingsidee des AOK wieder in den Vordergrund zu treten vermochte, nämlich der Offensivstoß gegen I[talien]. Ich wendete mich hierzu wiederholt an Falkenhayn, um auch deutsche Truppen zu dieser Entscheidung zu erhalten (ich verlangte 8 Divisionen), erhielt aber stets einen abschlägigen Bescheid. … Als ich nun von Falkenhayn sogar eine Zuschrift erhielt, in welcher er mir von diesem Stoß gegen I[talien] dringend abriet, stand ich vor dem schweren Entschluß, dafür die Verantwortung zu übernehmen, daß wir diesen Stoß nur mit den eigenen Kräften führen. Diese Kräfte und zwar nur in der dringendst erforderlichen Stärke waren aber nur um den Preis einer bedenklichen Schwächung unserer russischen und unserer Isonzofront zusammenzubringen. Trotzdem entschloß ich mich dazu.»[15]

Als Conrad dies schrieb, glaubte er, die Offensive in Italien sei ein Erfolg und die Ostfront ruhig geblieben und deshalb habe sich das Risiko ausgezahlt. Doch die «Strafexpedition» hatte zwar vielversprechend begonnen, lief aber schon bald fest. Somit blieb, als einziges bleibendes Resultat von Conrads strategischen Dispositionen, die bedenkliche Schwächung der russischen Front übrig, die Brussilow nun ausbeuten konnte. Vor diesem Hintergrund ist es verständlich, dass Falkenhayn seinem österreichischen Kollegen zunächst nicht mit eigenen Reserven aushelfen wollte, um den Schaden wiedergutzumachen. Schließlich hatte er von dem Angriff abgeraten und nun hatte er tatsächlich zu einem schweren Misserfolg geführt. Sein erster Reflex war, «die größten Grobheiten an Conrad» zu telegraphieren, wovon ihn seine Mitarbeiter aber abbringen konnten.[16] Auch wollte er durch den österreichischen Misserfolg seine eigenen Dispositionen nicht stören lassen. Die Schlacht vor Verdun dauerte an, und dann wollte er seine ohnehin schon zusammengeschrumpfte Heeresreserve für den erhofften englischen Entlastungsangriff zurückhalten. Deshalb zwang er Conrad zunächst, den Schaden aus eigener Kraft zu beheben und die Offensive in Italien zu stoppen. Doch da sich der russische Einbruch immer mehr ausweitete – bis zum 11. Juni verloren die Österreicher über 100 000 Mann –, rückte ein kompletter Zusammenbruch des Verbündeten zunehmend in den Bereich des Möglichen.[17] Vier deutsche Divisionen[18] wurden direkt an die österreichische Front verlegt; sie sollten den österreichischen Truppen mehr Halt geben und wurden deshalb «Korsettstangen» genannt. Ihnen folgten weitere Einheiten, und bis Ende Juni wurden insgesamt 8 ½ Divisionen an die österreichische Ostfront entsandt.[19] Conrad hatte inzwischen die Größe der Gefahr begriffen, sprach demoralisiert von «der größten Krise des Weltkrieges», versprach künftige «Selbstverleugnung» und bat dringend um deutsche Hilfe.[20] Im nächsten Schritt verlangte Falkenhayn nach einem erweiterten deutschen Oberbefehl an der Ostfront, ein Wunsch, der an Conrads Widerstand scheiterte. Falkenhayn hatte daran gedacht, den erfolgreichen Feldherrn von 1915, August v. Mackensen, mit dieser Aufgabe zu betrauen. Doch wurde die Idee auf deutscher Seite weiterentwickelt, wobei sich auch Bethmann Hollweg einmischte, und nun sollte Hindenburg mit dem Oberbefehl auch der österreichischen Ostfront betraut werden. Conrad lehnte dies ab; er brauche Truppen, nicht einen deutschen Oberbefehlshaber. Und auch Falkenhayn hatte objektive Gründe, sich diese Lösung nicht zu wünschen. Hindenburg und Ludendorff standen ihm in feindseliger Opposition gegenüber und würden ihm die Verfügungsgewalt über Reserven, die in ihrem Befehlsbereich eingesetzt waren, praktisch entziehen und damit dem Generalstab strategisch notwendige Truppenverschiebungen gewaltig erschweren. Trotzdem mussten Falkenhayn und Conrad gegen starke Opposition in Wien und Berlin schließlich einlenken. Hindenburg übernahm zusätzlich zu seinem Kommando im Norden den Oberbefehl über einen Teil der österreichischen Ostfront – und wenig später dann das Amt des Generalstabschefs.

Doch das greift vor. Im Juni 1916 war die deutsche militärische Führung trotz der österreichischen Niederlage sehr zuversichtlich. Am 13. Juni 1916 berichtete ein Diplomat aus dem deutschen Hauptquartier: «Im Hauptquartier sieht man den kommenden Ereignissen mit Zuversicht entgegen. Es hat sich noch immer gezeigt, wie weit deutsche Soldaten den Russen überlegen sind. … Es wird sich ermöglichen lassen, die Lage militärisch wiederherzustellen, sogar in einen Sieg zu verwandeln.»[21] Bis Ende Juni war von Pessimismus oder Niedergeschlagenheit im Generalstab nichts zu spüren und der Glaube, dass die Russen sicher zum Stehen gebracht werden könnten, war ganz allgemein.[22] Er war auch nicht gänzlich unberechtigt, da sich, auch dank des Einsatzes deutscher Reserven, der russische Vormarsch verlangsamte und schließlich zum Stehen kam. Brussilow gab seine eigene neue Taktik auf und kehrte im Kampf gegen deutsche Truppen zu den bisherigen Methoden zurück. General v. Lyncker, der an den täglichen Lagevorträgen vor dem Kaiser teilnahm, beschrieb die Situation am 26. Juni 1916 als «nicht gerade schlecht», wenn er auch hinzufügte, es werde «Zeit, daß es ein Ende nimmt».[23] Der Generalstab erwartete feindliche Angriffe in Ost und West in der Zuversicht, sie zurückschlagen zu können. In maßloser Überschätzung der gegnerischen Erschöpfung glaubte er an ein siegreiches Kriegsende noch 1916, gegebenenfalls im Frühjahr 1917. Seine Zuversicht nährte sich vor allem aus den Nachrichten über die inneren Zustände in Russland. Er nahm an, dass dies der letzte Ansturm sein würde; sollte man ihn abschlagen, wäre ein vorteilhafter Frieden nahe. Ein Beamter des Auswärtigen Amtes berichtete am 1. Juni 1916 aus dem Großen Hauptquartier: «Auf eine gleichzeitig mit der französisch-englischen Offensive einsetzende russische Offensive wird fest gerechnet. Rußland soll an verschiedenen Stellen der Front angreifen, den Hauptstoß aber in Galizien ausführen. Russische Finanzkreise versicherten, daß, falls diese russische Offensive mißglückt, man sich in Rußland nicht mehr an das Abkommen betreffs Sonderfrieden halten würde. … [Die] Nachricht, daß diese Offensive die letzte Hoffnung der Russen wäre, kommt öfter.»[24] Mit anderen Worten: Ein Abwehrerfolg gegen den alliierten Allfrontenangriff wurde vom deutschen Generalstab als wahrscheinlich und außerdem als kriegsentscheidend eingestuft; eine Erwartung, die sich später auch als zutreffend erweisen und dann doch nicht zum erwünschten Ergebnis führen sollte.

Die optimistische Stimmung kippte erst im Juli, als der Allfrontenangriff in voller Wucht und überall einsetzte. Der britisch-französische Angriff trug den Hauptanteil; hinzu kamen die weiterlaufende russische Offensive gegen die Österreicher und Anfang August 1916 ein Angriff der Italiener – die 6. Isonzoschlacht, die den Italienern immerhin die Eroberung von Görz/Gorizia einbrachte, wenn auch unter hohen Verlusten. Wie sich später noch herausstellen sollte, war dieser Angriff gleichzeitig die maximale militärische Kraftentfaltung der Entente im Ersten Weltkrieg. Von allen Seiten stürmten die alliierten Truppen gegen die deutschen und österreichisch-ungarischen Linien an. Überall wurde hart, doch nirgends so erbittert und für beide Seiten verlustreich gekämpft wie an der Westfront.

Die Sommeschlacht, die bald schon mit der Schlacht von Verdun als Mythos der sinnlosen Materialschlacht gleichziehen, ihr in der Zahl der beidseitigen Verluste aber den Rang ablaufen sollte, begann am 25. Juni 1916 mit einem einwöchigen Trommelfeuer von bis dahin nie gekannter Wucht. Ein britischer Angriff war vom Generalstab erwartet und geradezu erhofft worden; mehr noch, die Abwehr eines britischen Entlastungsangriffs für die vor Verdun schwer leidenden Franzosen war sogar ein fester Bestandteil in Falkenhayns Strategie für 1916 gewesen. Allerdings hatten sich seine Vorstellungen von diesem Angriff in anderen und sehr viel bescheideneren Dimensionen bewegt als das, was im Sommer über die Soldaten der deutschen 2. Armee an der Somme hereinbrach. Falkenhayn hatte gehofft, dass die mit dem Aufbau einer großen Armee beschäftigten Engländer – sie hatten im März 1916 die Wehrpflicht eingeführt – ihren wankenden französischen Verbündeten durch einen überhasteten Entlastungsangriff stützen würden, zu dessen Abwehr Falkenhayn den größeren Teil seiner Heeresreserve, nämlich 15 Divisionen, zurückgehalten hatte. Mit dieser Reserve hoffte er, diesen Angriff zurückschlagen und vielleicht sogar einen zur Entscheidung führenden deutschen Gegenstoß unternehmen zu können. Bei diesem Plan spielte, wie schon bei seiner Strategie vor Verdun, die Hoffnung eine Rolle, den Gegner zum Angriff reizen und selbst die Vorteile des Verteidigers im Stellungskrieg nutzen zu können.

Seit März 1916 waren im deutschen Generalstab Meldungen eingegangen, die von englischen Angriffsvorbereitungen berichteten. Sicherheit über den Angriffsort und den wahrscheinlich nahe bevorstehenden Angriffszeitpunkt gewann die deutsche Seite aber erst im Lauf des Juni. Der englische Angriff wurde in etwa an dem Abschnitt der Front erwartet, an dem später die englischen und französischen Truppen tatsächlich antreten sollten. Allerdings erfolgte die Aktion alles andere als überhastet. Dies war auch gar nicht nötig, da die Franzosen vor Verdun aushielten und ihr

Zusammenbruch nicht zu befürchten war. Die ursprünglich auf die Verdun-Operation gesetzten, weitreichenden deutschen Hoffnungen hatten sich allmählich darauf reduziert, zumindest die französische Armee vollständig zu binden und an eigenen Angriffen zu hindern. Als Ende Juni 1916 das britisch-französische Artilleriefeuer an der Somme einsetzte, unterschätzte der Generalstab noch immer die Ressourcen der Gegner, vor allem die Stärke der französischen Reserven, da die französischen Verluste vor Verdun weit überschätzt wurden. Falkenhayn meldete unmittelbar vor Beginn der Sommeschlacht dem Kaiser, die Franzosen hätten außerhalb von Verdun nur noch sechs Divisionen Reserve; sie beteiligten sich aber mit elf Divisionen an der Offensive. Dass sich die französische Armee, wenn auch nicht im ursprünglich vorgesehenen Umfang von vierzig Divisionen, in der Sommeschlacht engagieren konnte, war für den deutschen Generalstab eine erste unangenehme Überraschung. Doch die eigentliche Wucht wurde dem Angriff durch die britische Beteiligung mit zwanzig Divisionen verliehen, und noch mehr durch den materiellen Aufwand. Mit etwa 3000 Geschützen, darunter fast 400 schweren, sowie 1400 Minenwerfern beschossen britische und französische Artilleristen Ende Juni 1916 die deutschen Stellungen an der Somme mit Millionen von Granaten aller Kaliber, die über Monate an die Front geschafft worden waren.[25] Nach einer Woche Dauerbeschuss trat die Infanterie am 1. Juli zum Sturm an. Die deutschen Grabenbesatzungen hatten in ihren sehr gut ausgebauten Stellungen und in tiefen Unterständen auf diesen Moment gewartet. Die alliierten Planer hatten gehofft, die deutschen Verteidiger durch das Artilleriefeuer hinreichend dezimiert zu haben, doch das war nicht der Fall. Zwischen Angreifer und Verteidiger kam es zu einem Rennen ums Überleben: Für die deutschen Grabenbesatzungen hieß es, aus den Unterständen herauszukommen und die Maschinengewehre zu besetzen, bevor die stürmenden Alliierten das Niemandsland überquert und die deutschen Gräben erreicht haben würden. Dies gelang ihnen; an diesem Tag verlor die britische Armee 57 470 Mann, von denen über 19 000 gefallen waren; es war der verlustreichste Tag der britischen Militärgeschichte.[26] Dem standen etwa 13 000 deutsche Verluste gegenüber; die französischen sind unbekannt, sollen aber nur etwa 1500 betragen haben.[27] Die Franzosen hatten sich am ersten Angriffstag erfolgreicher geschlagen, trotzdem konnte von einem Sieg oder gar einem Durchbruch, auf den zumindest Haig gehofft hatte, nicht die Rede sein.

Die unerwartete Kraft des feindlichen Schlages, das einwöchige Trommelfeuer sowie die plötzlich deutlich werdende gewaltige materielle Überlegenheit der Westgegner ließ die bislang so hyperoptimistische Frühjahrsstimmung im deutschen Generalstab in ihr Gegenteil umschlagen. Briten und Franzosen waren nicht ermattet und handlungsunfähig, sondern offenbar stärker denn je, und an der Westfront musste eine gewaltige Materialschlacht durchgestanden werden, die eine Division nach der anderen verschlang. Ungeheuer war auch der Verschleiß und Verbrauch der ununterbrochen feuernden Artillerie. Allein im ersten Monat mussten über 1000 Geschütze ersetzt werden und täglich galt es 153 400 Granaten heranzuschaffen und abzufeuern.[28] Sehr bald wurde den hohen Offizieren des Generalstabs klar, wie sehr sie die Angriffskraft der Engländer und Franzosen unterschätzt hatten, zumal bei weiteren Angriffen Mitte Juli die Alliierten lokale Erfolge eringen konnten.[29] Mit jedem Tag wuchs die Hochachtung der Generalstäbler für die Soldaten in den vorderen Linien. Als die Helden dieser gigantischen Schlacht wurden schon damals nicht die Generäle, sondern die insgesamt 1,5 Millionen deutschen Soldaten gesehen, die an der Somme zum Einsatz kamen. Kriegsminister Wild v. Hohenborn schrieb am 3. Juli 1916 nach einem Frontbesuch an der Somme an seine Frau: «Ich war gerade … in der Nähe der englisch-französischen Einbruchsstelle. Das [Artillerie]feuer war einfach überwältigend – ich meine akustisch. Welche Hölle muß es für die Leute in vorderer Linie sein!»[30] Und Oberst v. Thaer schrieb am 2. August 1916 über seine Eindrücke von der Sommeschlacht: «Jedenfalls hat der Herrgott unserem Volk so gute Soldaten beschert, wie's wohl noch nie gegeben hat. Sie wissen doch alle, daß ein Korps nach dem anderen erst hier verbluten muß wie eine Zitrone in der Presse, bis es wieder abreisen darf. Das dauernde Aushalten vorn in dieser Hölle mit diesem Bewußtsein ist eine Anforderung ungeheurer Art. Ich glaube kaum, daß ich mit meinen Nerven für lange ihr gewachsen wäre. Ich muß das hier zur Ehre unserer Truppen bekennen.»[31]

Die Schlacht ging Monate weiter, bis in den November 1916 hinein, und wurde von den Soldaten beider Seiten mit ungeheurer Erbitterung geführt. In diesem Umfeld von Tod und Zerstörung hatte Mitleid mit dem Gegner keinen Platz, und es wurden keine Gefangenen gemacht. Ernst Jünger, der an der Somme kämpfte, schrieb am 27. August 1916 in sein Kriegstagebuch: «Und wenn man dem Feind in die Hände fällt, ist auf Pardon nicht zu rechnen. Hier weiß jeder, daß es um die Wurst geht und die Erbitterung ist eine enorme. Wozu auch Gefangene machen, die man nur durch das Sperrfeuer mühsam nach hinten schaffen muß.»[32]

Die deutschen Verteidiger auf allen Ebenen, vom Soldaten bis hin zu den Oberbefehlshabern, empfanden Entsetzen über das ungeheure alliierte Artilleriefeuer, über die höllischen Bedingungen im Kampfgebiet, über die maßlose Überanstrengung, die den Soldaten abverlangt werden musste, und wachsende Verzweiflung über die Wucht des feindlichen Angriffs, der die letzten deutschen Reserven verzehrte. Dies ging einher mit ohnmächtigem Staunen über die scheinbar endlosen personellen und materiellen Ressourcen der Westgegner. Selbst Falkenhayn, der für seine eisernen Nerven bekannt war, sah zeitweise schwarz. Der Gipfel des Krisengefühls war Mitte Juli 1916 gekommen. Falkenhayn hatte am 11. Juli 1916, trotz der Brussilow-Offensive und der Sommeschlacht, versucht, in einem letzten großen Angriff die Schlacht von Verdun doch noch zu gewinnen. Nach den Erfolgen des Juni 1916 schien es möglich, in einer finalen Anstrengung Fort Souville zu erobern und die Höhen des Ostufers damit endlich in deutsche Hand zu bringen. Durch Verwendung eines neuartigen, besonders heimtückischen Giftgases («Grünkreuz»), gegen das die französischen Gasmasken keinen Schutz boten, sollten die französischen Artilleristen ausgeschaltet werden. Für den Sturm war eine ausgesprochene Elitetruppe des Heeres, das Alpenkorps, herantransportiert worden.

Doch dieser letzte Angriff schlug vollkommen fehl. Das Gas blieb weitgehend wirkungslos, da die Franzosen inzwischen eine neue Gasmaske eingeführt hatten; die deutschen Soldaten wurden von der ungeschwächten französischen Abwehr erwartet und blutig abgeschlagen. Falkenhayn, der diesem Offensivstoß persönlich beiwohnte, befahl daraufhin: «Also, der Angriff wird eingestellt.»[33] General Tappen notierte am 11. Juli 1916 in seinem Tagebuch: «Der Angriff auf die Forts Souville pp ist nicht geglückt. Nachm[ittags] nach Stenay zur Besprechung. Es muß vor Verdun bis auf weiteres die große Offensive eingestellt werden …»[34] Die Kriegslage erlaubte es den Deutschen nicht mehr, sich vor Verdun weiter zu verausgaben. Truppen und Artillerie mussten zur Abwehr feindlicher Angriffe an andere Frontabschnitte verlegt werden; allerdings konnten letztlich nicht so viele Truppen wie gewünscht abgezogen werden, da nun die Franzosen ihrerseits angriffen.

Verdun war aber nun offiziell gescheitert und damit auch der Kriegsplan Falkenhayns für 1916. Schon zuvor, nämlich am 8. Juli 1916, musste er dem Kaiser eingestehen, dass sich seine zu Jahresbeginn gehegte Hoffnung nicht realisisiert hatte, «den drei Hauptgegnern bis zum Winter die Lust zur Fortführung des Krieges so gründlich verleidet zu haben, daß aus solcher Stimmung sich der siegreiche Frieden in irgend einer Form entwickeln mußte….»[35] Daran war nun nicht mehr zu denken. Im Gegenteil ließen die Angriffe an der Somme das Schlimmste befürchten. Britische Erfolge an der Somme am 14. Juli ließen Falkenhayn für einen Augenblick die Hoffnung verlieren. Wild notierte einen Tag später: «Falkenhayn ist mit den Nerven recht herunter und warf gestern abend die Flinte völlig ins Korn.»[36] Hinzu kam auch noch die Sorge um einen völligen Zusammenbruch der Österreicher, denen es nicht gelang, ihre russische Front zu stabilisieren; und ihnen zu helfen, war aufgrund der Herausforderungen im Westen außerordentlich schwierig. Jeder Gedanke an den so lange erhofften Gegenangriff im Westen schien dem Generalstabschef nun absurd. Am 17. Juli 1916 verwarf er den Vorschlag des Generals v. Gallwitz, die Sommefront durch einen begrenzten Gegenangriff zu stabilisieren, und betonte: «Halten, halten ist das einzige, worauf es ankommt!» Und er verwies darauf, dass an der Sommefront zwar inzwischen viele Divisionen lägen, viele von diesen aber nur noch «Schlacke» seien.[37]

Und trotzdem war die akute Krise, die der alliierte Allfrontenangriff provoziert hatte, Mitte Juli 1916 überwunden; trotz schwerster Kämpfe und Verluste war der gegnerische Ansturm gestoppt. Falkenhayn charakterisierte die Lage am 18. Juli 1916 gegenüber dem Reichskanzler zwar immer noch als «schlecht, kritisch, pflaumenweich» und war ausfallend und nervös, meinte aber doch, die Westfront werde halten. «Es würde aber viel Blut und wohl auch noch Terrainverluste kosten.»[38]

Die Sommeschlacht führte dazu, dass die deutsche Führung sich nur noch auf Aushilfen verlassen musste. Von dem enormen Kräfteverbrauch wurden alle Reserven verschlungen; bald mussten Divisionen an ruhigeren Frontabschnitten herausgelöst und durch die vollkommen erschöpften und dezimierten Kräfte ersetzt werden, die von der Somme kamen. Dies bedeutete natürlich eine riskante Schwächung der gesamten Westfront, und die Befürchtung war, der Gegner werde vielleicht an anderer Stelle noch zustoßen und durchbrechen. Auch wurden den deutschen Divisionen, der Not gehorchend, in dieser Schlacht kaum Ruhezeiten gegönnt. Sie konnten sich in den kurzen Ablösezeiten, wie die verantwortlichen Offiziere in ihren Stärke- und Zustandsmeldungen urteilten, nicht wirklich von den ungeheuren körperlichen und seelischen Strapazen erholen.[39] Die britisch-französische Artillerie war an der Somme drückend überlegen, und Geschütze mussten aus anderen Frontabschnitten herangebracht werden, unter anderem auch von Verdun, wo seit Mitte Juli langsam und unauffällig versucht wurde, Truppen und Artillerie herauszuziehen. Hinzu kam, dass Engländer und Franzosen an der Somme auch den Luftraum beherrschten. Mit 309 Flugzeugen hatten sie dort eine dreifache Überlegenheit; die 2. Armee verfügte lediglich über 104 Flugzeuge.[40] Die zahlenmäßig und auch technisch überlegenen Flugzeuge der Westmächte beschossen die Infanterie, Luftaufklärer lenkten die Artillerie und deshalb gelang es den Alliierten auch, die deutschen Stellungen, vor allem Geschützstellungen, schnell auszumachen und effektiv zu bekämpfen.

Der unaufhörliche An- und Abtransport von Truppen, Artillerie und Munition an die Sommefront sorgte für eine unerträgliche Überlastung aller Verbindungswege. Auch organisatorisch war der Stab der im Angriffsraum liegenden 2. Armee durch das Chaos ständig auszuwechselnder Divisionen überfordert. An die Einbruchsstelle an der Somme wurden so viele Divisionen (über 20) verlegt, dass hier Mitte Juli 1916 eine neue Armee, die deutsche 1. Armee unter General v. Gallwitz, gebildet werden musste. Diese wurde gemeinsam mit der 2. Armee gleichzeitig zu einer Heeresgruppe vereint, deren Führung ebenfalls v. Gallwitz übernahm. Ende August 1916 wurden beide Armeen dann mit der 6. Armee in der neugebildeten Heeresgruppe Kronprinz Rupprecht zusammengefasst.

Der deutsche Kräfteverbrauch war enorm; allein die aus acht Divisionen bestehende 1. Armee brauchte jeden zweiten Tag eine frische Division, und jede Division war nach 16 Tagen vollständig am Ende ihrer Kraft. Trotz wachsender Kritik innerhalb des Generalstabs hielt Falkenhayn auch während der Sommeschlacht an seinem Prinzip fest, «nicht einen Fuß Boden aufzugeben und, wenn ein Fuß verloren ging, auch den letzten Mann zum sofortigen Gegenstoß anzusetzen».[41] Die erste Linie wurde stur und mit hohen Verlusten verteidigt. Auch den zunehmend in Generalstabskreisen diskutierten Gedanken an eine strategische Frontverkürzung durch Rücknahme der eigenen Linien lehnte Falkenhayn nach wie vor kategorisch ab.

Obwohl die Wucht der alliierten Angriffe im September einen neuen

Höhepunkt erreichte, war die deutsche Führung inzwischen sicher, die Front halten zu können – und das, obwohl man errechnet hatte, dass die Engländer genug Reserven hatten, um die Schlacht noch bis November fortlaufen zu lassen. Tatsächlich endeten die Angriffe fünf Monate später, am 25. November 1916, als die letzten Angriffe britischer Infanterie mit der Eroberung von Thiepval und Beaumont endeten. Mit gewaltigem Aufwand und unter ungeheuren Opfern hatten die Alliierten die deutsche Front in einem Geländestreifen von 45 Kilometern Ausdehnung und einer maximalen Tiefe von acht Kilometern eingebeult, keinen einzigen bedeutenden Ort genommen. Das war nicht, was die alliierten Befehlshaber, was die Generäle Haig und Joffre hatten erreichen wollen; sie wollten hier durchbrechen, und dies war ihnen trotz beträchtlicher Überlegenheit nicht gelungen. Die Sommeschlacht muss demnach als ein bedeutender deutscher Abwehrerfolg gewertet werden, zumal die gewaltigen deutschen Opfer durch die gegnerischen deutlich übertroffen wurden. Am Ende waren rund 500 000 britische und 200 000 französische und etwa 465 000 deutsche Soldaten getötet oder verwundet worden oder in Gefangenschaft geraten.[42] Damit schlug die Sommeschlacht in den Dimensionen die Schlacht von Verdun mit Verlustzahlen von 336 000: 365 000.[43] Zusammengerechnet hatten 1,5 Millionen Deutsche gegen etwa 2,5 Millionen gegnerische Soldaten antreten müssen, manche von ihnen sogar drei- oder viermal hintereinander.

Die Westfront war die wichtigste aller Fronten, und im Fall eines alliierten Durchbruchs wäre die nächste zu haltende Linie wahrscheinlich erst am Rhein gewesen. Die Verluste, die das deutsche Heer bei einem fluchtartigen Rückzug erlitten hätte, wären wohl kriegsentscheidend gewesen. Allerdings hatten die Westalliierten trotz ihrer materiellen Überlegenheit im Sommer 1916 zu keinem Zeitpunkt eine Aussicht auf einen Durchbruch durch die deutschen Linien. Dazu waren ihre gewaltigen Mittel letztlich doch nicht ausreichend. Sie verfügten weder über genug Soldaten noch über genug Artillerie.[44] Immerhin hatten sie dem deutschen Westheer eine gnadenlose Abnutzungsschlacht aufzwingen können. Nachdem sich die ursprüngliche Hoffnung auf einen Durchbruch nicht realisieren ließ, war die Zielsetzung nun «to kill as many Germans as possible».[45] Was die reinen Zahlen anging, erreichten die Alliierten dies aber nur unter Inkaufnahme gewaltiger eigener Opfer.

Doch die Sommeschlacht war nur ein Teil des alliierten Allfrontenangriffs gewesen. Gleichzeitig hatten die Russen der österreichischen Front zugesetzt, die Italiener waren am Isonzo offensiv geworden, und als die Lage bereits zum Zerreißen gespannt war, trat auch noch Rumänien in den Konflikt ein. Der Kriegseintritt Rumäniens komplettierte den Allfrontenangriff der Entente. Das Land war seit Kriegsausbruch neutral geblieben und hatte sich erst im August 1916, unter dem Eindruck der mächtigen Angriffe der Entente und auch unter deren politischem Druck, nach jahrelangem Schwanken dazu entschlossen, in den Konflikt einzutreten, um die rumänischen Provinzen Ungarns zu erobern. Rumänien erklärte Österreich-Ungarn am 27. August 1916 den Krieg.

Dies war ein Schlag, der im ersten Augenblick Panik im deutschen Hauptquartier auslöste. Die Haltung Rumäniens war schon seit Kriegsbeginn sehr kritisch beurteilt worden, und im Sommer 1916 wurde zeitweise jeden Tag mit dem Kriegseintritt gerechnet.[46] Damit drohte eine Katastrophe, und zwar wegen der rumänischen Getreidelieferungen, die äußerst dringend gebraucht wurden, vor allem aber wegen der Auswirkungen auf die Lage der Mittelmächte. Lyncker urteilte am 27. Juli 1916 in einem Brief: «Unsere Lage ist unverändert höchst bedenklich: Zwar waren gestern von den Fronten keine schlechten Nachrichten da; aber die Österreichischen Zustände sind derart, daß sie – wenn wie höchst wahrscheinlich – nun auch Rumänien auf Seiten der Entente eintritt, fertig sind und koste was es wolle einen ungünstigen Frieden machen müssen. Das ist dann auch unser Ende, und auch wir können dann nicht anders, als um Frieden bitten. Die Bedingungen, zu denen wir ihn erhalten können, würden niederschmetternd sein.»[47] Zwar wurde nach diplomatischen Mitteilungen der Kriegseintritt Rumäniens für Ende August erwartet,[48] aber Falkenhayn hatte frühestens nach der Ernte 1916 mit ihm gerechnet und wurde daher überrascht. So auch Kaiser Wilhelm, der im ersten Reflex den Krieg verlorengeben wollte und durch seine Umgebung mühsam wiederaufgerichtet werden musste.[49] Tatsächlich schienen die Zentralmächte keine Reserven zu besitzen, um den neuen Gegner abzuwehren. Der deutsche Generalstab verfügte Ende August 1916 über eine halbe Division in der Reserve, mit anderen Worten, alle Truppen waren an der Front, und die Rumänen traten mit einer Armee von über 500 000 Mann in den Konflikt ein. Es war daher verständlich, dass Wilhelm II. schwarzsah; denn wie sollte der österreichisch-ungarische Zusammenbruch nun vermieden werden?

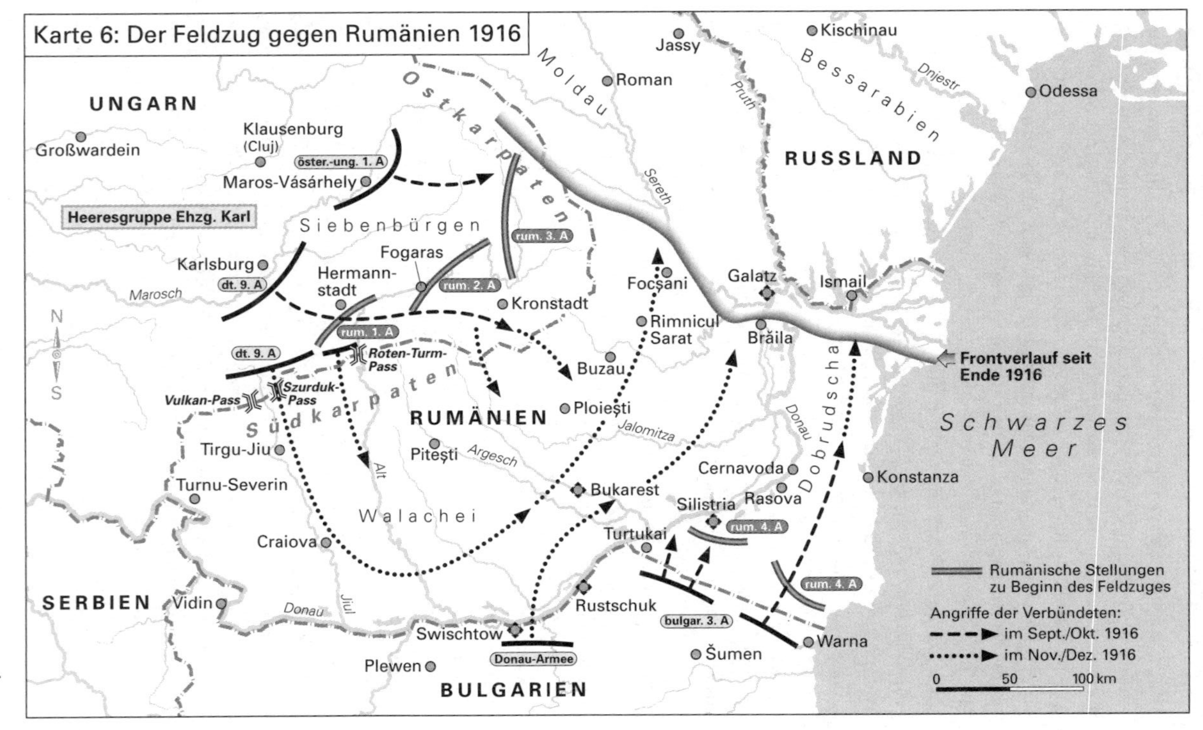

Karte 6: Der Feldzug gegen Rumänien 1916

Die erste Maßnahme war, dass Falkenhayn entlassen wurde. Statt seiner bildeten nun Hindenburg und Ludendorff die Oberste Heeresleitung. Dann stellte sich sehr schnell heraus, dass die Zentralmächte dem neuen Gegner vereint und überraschend machtvoll entgegentreten konnten und dass der Kaiser und seine Umgebung zu schwarzgesehen hatten. Innerhalb von Tagen erklärten das Deutsche Reich (28.8.), das Osmanische Reich (30.8.) und Bulgarien (1.9.) Rumänien den Krieg; anders als im italienischen Fall 1915 gelang es den Rumänen nicht, den Konflikt auf Österreich-Ungarn zu begrenzen. Die Mittelmächte hatten schon im August begonnen, Truppen gegen Rumänien verfügbar zu machen, etwa durch Frontverkürzungen vor Saloniki.[50] Und sehr bald schon musste sich die rumänische Armee, deren Offensivfähigkeit an schlechter Ausrüstung und Logistik krankte, den Angriffen des Vierbundes erwehren. Eine bulgarisch-deutsche Angriffsgruppe unter Führung Mackensens stieß von Süden über die Donau vor, während eine neugebildete deutsch-österreichische Angriffsgruppe, die 9. deutsche Armee unter Führung des als Generalstabschef abgelösten Falkenhayn, von Westen her über die Karpaten kam. Die rumänische Führung verlegte ihre Truppen nervös von einer Front zur anderen und wurde an beiden vernichtend geschlagen. In wenigen Monaten gelang es den Armeen der Mittelmächte, einen Großteil des Landes zu besetzen; am 6. Dezember 1916 marschierten ihre Truppen in Bukarest ein. Die rumänische Armee kämpfte, von den Russen unterstützt, am Sereth weiter. Für die russische Armee erwies sich der rumänische Kriegseintritt aber letztlich als Belastung, da die eigene Front verlängert wurde.[51] Hinzu kam die Schwächung durch die Brussilow-Offensive; sie war der letzte große und gleichzeitig ein sehr kostspieliger Erfolg der zaristischen Armee gewesen. Sie erlitt nach Schätzungen mehr als eine Million Mann an Verlusten.[52] Allerdings war auch die österreichisch-ungarische Armee sehr geschwächt aus dem Kampf hervorgegangen; sie hatte 616 000 Mann verloren und die Deutschen an dieser Front knapp 150 000 Mann.[53] Und doch endete das Jahr 1916 nach der gewaltigen Herausforderung des Sommers mit einem eindrucksvollen Abwehrerfolg der Mittelmächte.

II.

KLIMAX: IM SCHEITELPUNKT DES KRIEGES

10

«Eigentlich kann nur ein Wunder uns retten»: Die deutsche Führung und die Kriegsaussichten im Herbst 1916

Mir kommt es so vor, als wäre ich in einem Boote, das steuerlos in einem reißenden Strom zwischen Klippen hindurchtreibt.

Kronprinz Rupprecht von Bayern, 13. Oktober 1915

Trotz der katastrophalen Rückschläge vor Verdun und in Tirol waren die Mittelmächte, rein militärisch gesehen, die Sieger des Jahres 1916. So sah es zumindest Lloyd George, der meinte, dass die Entente dabei sei, den Krieg zu verlieren.[1] Es hatte sich gezeigt, dass die vereinten Kräfte der Entente nicht ausreichten, um die Zentralmächte zu überrennen. Aus der Rückschau kann die militärische Leistung gar nicht hoch genug eingeschätzt werden, besonders weil wir wissen, dass die Entente aufgrund des russischen Zusammenbruchs 1917 eine vergleichbare Kraftanstrengung nicht wiederholen konnte. Da die Zeitgenossen dies allenfalls vermuten, aber nicht als sicher annehmen konnten, wollten Ende 1916 weder in Berlin noch in Wien Triumphgefühle aufkommen. Der Generalstab befürchtete, dass die Entente 1917 einen ähnlichen, nur mächtigeren Angriff unternehmen werde. Hinzu kam die sich geradezu dramatisch verschlechternde Ernährungssituation. Die Offiziere im Großen Hauptquartier interessierten sich ab Sommer 1916 praktisch gleichermaßen für den Wetterbericht wie für die Lage an den Fronten. So schrieb General v. Lyncker am 15. Mai 1916 aus dem Großen Hauptquartier an seine Frau: «Die Lebensmittelnoth scheint ja nun doch recht arg zu werden. Fleisch giebt es wohl gar nicht mehr. Wenn wir doch eine gute Ernte machten. Vorläufig ist das Wetter ja sehr günstig. Hier regnet es seit 1 ½ Tagen reichlich und gut.»[2] In seiner gesamten weiteren Korrespondenz, wie auch der vieler anderer deutscher Offiziere, wurde die Sorge um die Ernte und Ernährung immer mehr zum dominierenden Thema. Und sie war vollkommen berechtigt.

Die Missernte des Jahres 1916, besonders bei Kartoffeln, sollte die Ernährungssituation in Deutschland bedrohlich verschlechtern.[3] Hinzu kam die effektiver werdende Kontrolle des neutralen Handels durch die Engländer. Dies beschränkte die deutschen Möglichkeiten, bei den Nachbarn, also in Dänemark oder den Niederlanden, Nahrungsmittel kaufen und über sie indirekt am Weltmarkt teilnehmen zu können. Die Not nahm zu, und auch ausländische Diplomaten, die in Berlin akkreditiert waren, registrierten den sehr ernsten Mangel, unter dem die Bevölkerung litt, und die daraus resultierende Missstimmung.[4] Zur Verknappung der Lebensmittel kamen noch ein ungewöhnlich strenger Winter, starker Kohlenmangel und eine sehr ernste Transportkrise, deren Ursache später noch zu erwähnen ist.[5] All dies hatte den sogenannten Steckrübenwinter 1916/17 zur Folge, in dem die Lebensmittelversorgung in Deutschland auf unter 1000 Kalorien pro Tag sank.[6] Die Lage war regional sehr unterschiedlich, weniger kritisch in ländlichen Gebieten, sehr schlecht aber in den großen Städten.[7] Viele Soldaten schickten aus den besetzten Gebieten Lebensmittelpakete nach Hause; sie durften an Familie und Freunde Fünf-Kilo-Pakete versenden und nutzen dieses Privileg reichlich. Das linderte den Mangel in Deutschland, vergrößerte ihn aber in den Besatzungsgebieten. Nach dem Urteil des britischen Historikers Alexander Watson waren die deutschen (und österreichisch-ungarischen) Soldaten für die Bewohner der besetzten Gebiete wie ein Heuschreckenschwarm, der die ohnehin zu knappen Reserven leerkaufte, und das unterminierte nachhaltig das Ansehen und die Stellung der Mittelmächte.[8]

Die Verhältnisse in Deutschland waren jedenfalls sehr angespannt. Kurt Riezler fragte sich im Februar 1917, «ob man von Hungersnot oder nur von Unterernährung sprechen» solle.[9] Die Bevölkerung litt unter gefährlicher Unterversorgung mit Lebensmitteln, die, in Verbindung mit den gewaltigen Belastungen durch den Krieg, zu physischer Schwäche führte und besonders Risikogruppen wie Alte und Kinder für Krankheiten anfällig machte. Es wird geschätzt, dass während des Krieges Hunderttausende von Zivilisten an Krankheiten und Erschöpfung starben.[10] Diese innere Not war der allgegenwärtige Hintergrund bei allen politischen und militärischen Entscheidungen, die zwischen Herbst 1916 und Frühjahr 1917 getroffen wurden. Schiere Verzweiflung über den nicht enden wollenden Krieg ging mit spontanem und überdrehtem Enthusiasmus über vermeintliche Auswege aus der katastrophalen Situation eine unharmonische Mischung ein. Gleichzeitig gab es auch viele, die noch imperialen Träumen und dem Sieg nachhingen, und zwar nicht nur in Generalstabskreisen. Diese Stimmungen erklären auch, warum aus den Ereignissen des Jahres 1916 nicht die Folgerung gezogen wurde, nun einfach abzuwarten. Die deutsche Führung sah die militärische Lage zwar für günstig an, befürchtete aber, dies würde angesichts der strukturellen Überlegenheit der Ententemächte nur ein vorübergehendes Ereignis sein. Deshalb hielt sie nicht einfach an ihren bisherigen Ansichten fest, das Durchhalten zum Gebot der Stunde zu erklären, obwohl die Besonnenen, zu denen beispielsweise Max Weber gehörte, diese Strategie immer wieder zur einzig möglichen und gleichzeitig erfolgversprechenden erklärten. Hier zeigte sich, dass der alliierte Allfrontenangriff und die Ernährungssituation einen gewaltigen Umschwung in der deutschen Erwartungshaltung zur Folge gehabt hatten. Wie oben erwähnt, war im Frühjahr 1916 die allgemeine Stimmung noch optimistisch gewesen. Die alliierten Angriffe in Ost und West waren direkt ersehnt worden, denn alle hatten mit einer siegreichen Abwehr gerechnet und dass die Gegner dann endlich genug haben und friedensbereit sein würden; dies wurde vor allem für die Russen vermutet. Diese Prognose sollte sich 1917 auch als vollkommen zutreffend erweisen. Bloßes Abwarten wäre, wie die Rückschau zeigt, praktisch die Garantie für ein erträgliches Kriegsende gewesen, wenn auch nicht für einen strahlenden Sieg. Es gab einige Anzeichen, dass manche Gegner nun genug hatten. So besagten Geheimdienstmeldungen aus Russland, dass die russische Regierung kriegsmüde sei und an Frieden denke;[11] dies wurde übrigens auch in Paris und London befürchtet.

Aber die deutsche Führung glaubte nicht einfach abwarten zu dürfen, und zwar aus denselben Gründen, die schon Falkenhayn im November

1914 veranlasst hatten, den Reichskanzler auf die Notwendigkeit eines politischen Friedensschlusses hinzuweisen: Die Zeit schien gegen die Mittelmächte zu arbeiten. Das alles dominierende Argument war der britische Kriegswille. Die kontinentalen Gegner, die Russen und Franzosen, strauchelten, aber Großbritanniens Kampfeswille war ungebrochen; mehr noch, er drohte sich weiter zu steigern. Der preußische Innenminister Friedrich Wilhelm von Loebell sagte am 8. Oktober 1916 in einer Sitzung des preußischen Staatsministeriums: «England habe bisher in allen seinen Kriegen – und es habe außer dem amerikanischen noch keinen verloren – gezeigt, dass es, je länger der Krieg dauere, umso stärker werde, um so tatkräftiger, um so rücksichtsloser. England sehe in diesem Kriege einen Kampf um seine wirtschaftliche und politische Vormachtstellung und werde die letzte Kraft hergeben, um nicht zu unterliegen; England könne und werde, wenn es nötig sei, und wenn es nicht empfindlich vom Gegner getroffen werde, den Kampf noch jahrelang fortsetzen.»[12] Das war eine erschreckende Perspektive,. zumal die Engländer auch dank der amerikanischen Unterstützung in der Lage waren, ihre Armeen hervorragend auszurüsten. Diese Kluft zwischen eigener und gegnerischer Leistungsfähigkeit im militärisch-industriellen Bereich drohte sich in der Zukunft noch weiter zu vergrößern. Der Generalstab sorgte sich auch wegen der unerhörten Überforderung der eigenen Soldaten in den Materialschlachten im Westen. Das britische Heer würde immer größer werden, je länger der Krieg dauere. Es hatte an der Somme sein Potential gezeigt und würde auch qualitativ besser werden, wenngleich bis Kriegsende die deutsche Führung die Franzosen als Gegner im Gefecht höher einschätzte als die Engländer, denen Schematismus und mangelnde Flexibilität zugeschrieben wurden. Hinzu kam die Sorge um die Verbündeten. Seit dem Sommer 1916 häuften sich die Hiobsbotschaften aus Österreich-Ungarn sowohl in militärischer als auch innenpolitischer Hinsicht. Die Stimmung in der deutschen Führung wurde durch General v. Lyncker am 10. Oktober 1916 auf den Punkt gebracht: «Die Gesamtlage wird allgemein als sehr ernst angesehen. Unser Menschenmaterial ist nicht unerschöpflich, und die inneren Zustände recht schlecht. Die Ernährung immer schwieriger. Jedenfalls ist dies der letzte Winter, den wir aushalten können. Eigentlich kann nur ein Wunder uns retten. … Was nützen alle Siege, wenn keiner unserer Feinde ganz besiegt ist. … Mit Österreich steht es ganz schlecht; sie sind nahe am Zusammenbruch, auch im Inneren und in der Ernährung. Dies Alles sind aber ganz geheime Gedanken; aussprechen thut es noch Niemand hier.»[13]

«Eigentlich kann nur ein Wunder uns retten» – dies war eine Einzelstimme, die jedoch für die Stimmung in der deutschen Führung im Herbst 1916 charakteristisch war. Sie erklärt manche der Fehlentscheidungen dieser Monate. Die politische und militärische Führung des Deutschen Reiches versuchte im Herbst 1916 in einem kritischen Moment, das Steuer herumzureißen und der Krise Herr zu werden. Doch wie? Eine frühere Generation von Historikern – vor allem Gerhard Ritter – sah hier das Dilemma des «Militarismus» in Deutschland am Werk, ein Übergewicht des Militärs vor den zivilen Instanzen.[14] Doch der institutionelle Gegensatz zwischen Militär und Politik war nur ein, wenn auch wichtiger Teil des Problems. Hier ging es auch um unterschiedliche Konzepte, den Krieg zu beenden, die sich nicht exakt an Ressortgrenzen festmachen ließen. Die militärische Schlagkraft zu steigern, um jeden Preis und unter Einsatz der ganzen Gesellschaft, war die eine Idee; den Kompromiss mit den Feinden zu suchen und einen Verhandlungsfrieden herbeizuführen, die andere. Diese Ziele mussten sich nicht unbedingt widersprechen; der Erfolg hing aber wesentlich davon ab, dass man sie sorgfältig koordinierte. Da diese Vorschläge aus den verschiedenen Lagern der wilhelminischen Entscheidungszentren kamen, ist es nicht weiter verwunderlich, dass sich aus ihnen kein kohärenter Aktionsplan ergab. Reichskanzler und Diplomatie suchten primär nach einem politischen Ausweg aus dem Krieg, also nach Friedensmöglichkeiten, wobei sie sowohl ein Friedensangebot an die Entente als auch die Vermittlung Neutraler, vor allem der USA, erwogen. Bethmann Hollweg wurde in seinen Bemühungen von seinen Mitarbeitern, vor allem von Gottlieb von Jagow unterstützt, der aber im Herbst 1916 von seinem Amt als Staatssekretär des Auswärtigen Amtes zurücktrat. Von seinen anderen Mitarbeitern muss der Vizekanzler und Staatssekretär des Inneren Karl Helfferich erwähnt werden, der zwar im Reichstag und bei den Parteien sehr polarisierend wirkte, aber dem Kanzler doch eine große Stütze von unermüdlicher Arbeitskraft war.

Der Generalstab hingegen, nun von Hindenburg und Ludendorff geführt, wollte durch ein Bündel von Maßnahmen die militärische Kraft und Durchhaltefähigkeit des Deutschen Reiches erhöhen. Zu diesen gehörte eine gewaltige Steigerung der deutschen Rüstungsproduktion. Die erforderlichen Arbeitskräfte sollten durch die Einführung der Arbeitspflicht in Deutschland und durch die Nutzung der Arbeitskraft in den besetzten Gebieten sichergestellt werden. Dann sollte die Zahl der Soldaten erhöht werden, auch unter Ausnutzung der Wehrkraft der besetzten Gebiete. Diese Gewaltmaßnahmen drohten den inneren Frieden in Deutschland nachhaltig zu stören und, soweit sie die besetzten Gebiete betrafen, einen ungeheuren internationalen Protest zu erregen.

Die Bemühungen der politischen und der militärischen Führung waren widersprüchlich und gegenläufig. Einerseits sollte das Einverständnis mit dem Feind gesucht werden, andererseits kam es ab dem Herbst 1916 zu einer gewaltigen Radikalisierung in der deutschen Kriegführung, die das Vertrauen der Öffentlichkeit inner- und außerhalb Deutschlands in die Aufrichtigkeit des deutschen Verständigungswillens begrenzte und den Eindruck erzeugte, in Deutschland regiere ein «mad dog», ein wildgewordener Militarismus. Dieser Gegensatz zerstörte auch sehr schnell die Grundlage für eine vernünftige Zusammenarbeit zwischen Kanzler und Generalstab.

Eigentlich waren die Voraussetzungen für eine gedeihliche Zusammenarbeit zwischen Bethmann Hollweg und dem Feldherrnduo gar nicht so schlecht gewesen. Immerhin hatte Bethmann seit dem Herbst 1914 versucht, den Chefwechsel herbeizuführen, und dabei wiederholt mit Hindenburg an einem Strang gezogen. Falkenhayn hatte die Gründe seiner Ablösung in der Rückschau damit erklärt, «dass er nur gefallen sei, weil sie glaubten, mit Hindenburg und Ludendorff den Krieg auch ohne Umstellung des politischen Systems führen zu können und dass somit nur die militärische Lage der Grund seiner Entlassung gewesen sei».[15] Mit dieser Analyse hat er den Nagel auf den Kopf getroffen. Bethmann hatte Hindenburg sehr gefördert und beim Kaiser durchzudrücken versucht, da er glaubte, mit dieser patriarchalischen Vaterfigur und seinem tüchtigen Gehilfen nicht nur die militärisch besten Könner an der Spitze der Armee, sondern auch den Rückhalt für einen vielleicht enttäuschenden Kriegsausgang zu haben.[16] Mehr, so würde die Bevölkerung einem Hindenburg glauben, sei eben nicht zu erreichen gewesen. Hindenburg war ein freundlich auftretender Mann, der trotz seiner Schwerfälligkeit ein sehr genaues intuitives Gespür dafür hatte, wie er sich selbst am besten vermarkten konnte, und der auf einer ungeheuren Woge der Popularität schwamm. Sein gemütlich-patriarchalisches Auftreten ließ ihn harmloser erscheinen, als er war. In allen Besprechungen nahm er grundsätzlich eine scharf-annexionistische Haltung ein. Für sich genommen, wäre er für Bethmann kein unüberwindlicher Gegenspieler gewesen. Aber Hindenburg war intellektuell vollkommen von Ludendorff abhängig und mit diesem zusammenzuarbeiten war so aufreibend, dass Falkenhayn und Groener Zweifel an seiner geistigen Gesundheit geäußert hatten.[17] Hinzu kam, dass Ludendorff außerhalb seines Sachgebiets ganz erstaunliche Wissenslücken hatte. In Unterhaltungen mit Rathenau ließ er erkennen, dass er keine wirkliche Kenntnis über die politischen Entscheidungen des Juli 1914 hatte.[18] In derselben Unterhaltung sowie in mehreren Unterredungen mit Matthias Erzberger im Juli 1917 wurde auch deutlich, dass er die Voraussetzungen des U-Boot-Krieges und die Tonnageberechnungen nicht kannte und nicht beurteilen konnte.[19] Von seiner vollkommen fehlerhaften Einschätzung der USA wird später noch die Rede sein. Insgesamt war Ludendorff, wie er selbst auch mehrfach zugab, die Politik ein Buch mit sieben Siegeln, das er nicht verstand und auch nicht verstehen wollte. Dies war ein katastrophaler Mangel für jemanden, dem die Aufgabe der strategischen Planung zugefallen war.

Der Gegensatz zwischen Bethmann und Ludendorff, der sich in der Folge entspann, war auch eine Folge von Ludendorffs Charakter, mehr aber die von weit auseinanderklaffenden sachlichen Positionen. Auch die politische Stellung des Kanzlers spielte eine Rolle. Ein nicht unbeträchtlicher Teil seiner Schwierigkeiten wurde von der chaotischen Entscheidungsstruktur in Deutschland verursacht, die ihn zum Lavieren zwischen Kaiser, Reichstag und Oberster Heeresleitung zwang, zur sogenannten Politik der Diagonale.[20] Doch das allein war es nicht. Der Kanzler, der mit seiner Persönlichkeit und Bildung auch sehr kritische Zeitgenossen wie Kurt Riezler oder Karl Helfferich beeindruckt hatte – und immer wieder auch Wilhelm II. –, hatte keinen stabilen Kern klarer eigener Ansichten und Ziele, die er bereit war, mit Rücksichtslosigkeit durchzusetzen. Stattdessen war er ein Bürokrat, der sich immer wieder auf die Zuständigkeit des eigenen Ressorts einengen ließ. Bethmann war außerdem, wie schon zuvor, in seinen Stellungnahmen alles andere als eindeutig, er hinterfragte ständig alles und machte seine eigenen Ansichten und Überzeugungen von militärischen Eventualitäten abhängig. Das betraf vor allem die zentrale Frage nach den Kriegszielen. Ein Beispiel aus dem Herbst 1914 möge seine Haltung demonstrieren. Er schrieb damals an den württembergischen Ministerpräsidenten Weizsäcker: «Belgien ist ein schauderhaftes Problem. Man kann unter allen Lösungen nur nach der suchen, die noch am wenigsten schlecht ist. Es ist keine beneidenswerte Aufgabe, alle verschiedenen Möglichkeiten, die sich doch allein nach unserer militärischen Stärke beim Friedensschluss richten, im Voraus zu bearbeiten.»[21]

Dies zeigt, dass er zwar die Problematik der geplanten Erwerbungen in Belgien in ihrem ganzen Umfang erkannt, sie aber doch befürwortet hatte und dass er seine Forderungen vollständig von der militärischen Lage abhängig machen wollte. Diese Haltung kritisierte er übrigens bei anderen sehr scharf, so etwa bei dem rumänischen Ministerpräsidenten Bratianu, den er am 28. September 1916 in einer Reichstagsrede verhöhnte und sagte: «Immer war es ja die militärische Sachlage, die die rumänische Politik bestimmte.»[22] Was für Bratianu und die rumänische Politik galt, traf aber ebenso auf ihn selbst zu, und auch nach zwei Jahren Krieg hatte sich seine Haltung noch nicht radikal genug geändert. Zwar war Bethmann im Herbst 1916 sehr viel konzessionsbereiter als jemals zuvor, aber noch immer wollte er bei Friedensschluss das Maximum herausholen. Das war angesichts der innenpolitischen Zwänge, denen er sich ausgesetzt sah, verständlich, machte ihn aber zum Sklaven der militärischen Entwicklungen und damit derer, die für diese verantwortlich waren. Schien es die Lage zuzulassen, war er Annexionist. Im April 1916 – da wurden die militärischen Aussichten im deutschen Hauptquartier noch als sehr vielversprechend eingestuft – hatte er im Reichstag erklärt, dass nach den gewaltigen Ereignissen und Opfern des Krieges ein Zurückgehen zum Status quo ante nicht möglich sei. Er verlangte Garantien in Belgien und versprach den Polen, Balten, Litauern und Letten, sie nicht «wieder dem Regiment des reaktionären Russlands» auszuliefern.[23] Der Kanzler war aber ein sehr intelligenter Mann, der gleichzeitig klar erkannte, dass die Verwirklichung dieser Kriegsziele eine kaum zu bewältigende Fülle politischer wie militärischer Probleme nach sich ziehen würde. Was für Belgien galt, zeigte sich auch bei den Kriegszielen im Osten, wie etwa dem beabsichtigten Erwerb Polens. Und doch konnte der Kanzler nicht widerstehen. Bethmann war in seinen Ansichten letztlich opportunistisch, und darin lag seine Schwäche. Er war Gegenspielern, die eine klare Linie hatten, zwangsläufig unterlegen. Gerade in der Kardinalfrage sämtlicher Friedensbemühungen, nämlich der, ob die deutsche Regierung Annexionen anstrebte oder sich mit einem Frieden ohne Gewinne begnügen wollte, war Bethmann die Ambivalenz und Widersprüchlichkeit in Person.

Falkenhayn urteilte nach dem Krieg über Bethmann wie folgt: «Ein überaus gescheiter Mann, aber unsagbar egoistisch und von einer ebensolchen Feigheit. Ich meine sittliche Feigheit; über die körperliche wage ich kein Urteil.»[24] Das war eine sehr polemische, aber vielleicht nicht ganz unzutreffende Charakterisierung. Es fehlte Bethmann nicht an Einsicht, sondern an der Fähigkeit, diese klar zu formulieren, sich von Mehrdeutigkeiten frei zu machen und seine Pläne dann in einem ebenso komplizierten wie konfusen Entscheidungsgefüge skrupellos durchzusetzen. Wie er selbst eingestand, war er eben kein Bismarck,[25] und ihm fehlte der innere Kompass der Politik – Politik als Kunst des Möglichen –, den jener hatte, und auch dessen brutale Rücksichtslosigkeit.

Im Herbst 1916, nach den Erfahrungen des alliierten Allfrontenangriffs, hatte sich sein Friedenswunsch massiv gesteigert, und er kam immer wieder auf den Gedanken des «Hubertusburger Friedens» zurück, sich dabei der bei den Zeitgenossen so beliebten Analogie zum Siebenjährigen Krieg bedienend.[26] Der Friedensschluss von 1763 hatte damals den Status quo ante wiederhergestellt. Gleichzeitig konnte Bethmann aber das Dilemma fast aller deutschen Politiker des Ersten Weltkriegs nicht lösen: Er hoffte, wie alle, die rechts vom linken Flügel der SPD standen, dass am Ende ein Siegespreis den Opfern einen Sinn geben würde.[27] Sie glaubten, wohl nicht zu Unrecht, dass das Volk dies verlangen würde, aber letzten Endes wollten sie es natürlich selbst am meisten. Wenn Hunderttausende gefallen waren, mussten die Zeitgenossen, die einfachen Bürger, die Soldaten, aber auch die Vertreter der Parteien und die Abgeordneten des Reichstags die Frage nach dem Warum stellen. Am Ende nur für den Status quo ante gekämpft zu haben, hätte zwangsläufig den Vorwurf provoziert, der Krieg sei umsonst gewesen, und damit seien auch Millionen vergeblich gestorben. Das war allerdings die Realität. Die Millionen Tote und das damit verbundene ungeheure Leid, die gewaltige Verschwendung von Gut und Geld waren umsonst gewesen, und die Sinnstiftungsversuche vergrößerten nur das Desaster. Die innere Unabhängigkeit, sich von diesem Mechanismus freizumachen, fehlte Bethmann und seinen Mitarbeitern wie Jagow oder Helfferich. Ihnen fehlte auch eine große Idee, mit der sie das Sinnvakuum des Weltkriegs hätten füllen können. Mit solchen Ideen haben später Wilson oder Lenin ihre Anhänger begeistern können; Bethmann selbst war für Konzepte wie die Wilsons empfänglich, konnte sie aber nicht selbst entwickeln, geschweige denn, in der deutschen Entscheidungsstruktur durchsetzen. Stattdessen hoffte er immer wieder, doch noch Gewinne machen zu können, und jeder militärische Erfolg ließ seine Hoffnung auf «Beute»[28] wieder aufflammen.

Daher oszillierte seine Haltung, und er urteilte opportunistisch und situationsabhängig. Dieser Zusammenhang war dem Generalstab natürlich nicht verborgen geblieben, und die Militärs, die ohnehin den Zivilisten mit kaum verhohlener Verachtung zu begegnen pflegten, kritisierten die unklare und schwankende Haltung der Politiker und auch vieler liberaler Journalisten. Beispielhaft dafür war ein Kommentar von Oberstleutnant Nicolai, dem Chef der Abteilung IIIb des Generalstabs und damit des militärischen Nachrichtendienstes und der Pressekontrolle in Deutschland. Er warnte im April 1918 Ludendorff vor der «politischen Charakterlosigkeit im Lager der Kriegsgegner», deren Urteil immer nur von der jeweiligen militärischen Lage abhängig sei.[29] Nicolai war ein Hardliner der Dritten Obersten Heeresleitung, doch auch andere, wie der als gemäßigt und pessimistisch geltende Kronprinz Rupprecht, urteilten, dass der Kanzler «durch seine Unentschlossenheit in allen Fragen geradezu verderblich wirkte».[30] Die Militärs – übrigens auch viele Politiker – hatten kein Verständnis für Bethmanns Lavieren und vermissten ein klares politisches Konzept.[31] Das verführte die «Dioskuren» Hindenburg und Ludendorff, immer mehr in das politische Feld hineinzuregieren. Sie und ihre Mitarbeiter glaubten, hier ein klaffendes Vakuum füllen zu müssen.

Doch eigentlich hatten Hindenburg und Ludendorff ihr Amt nicht mit der Absicht angetreten, sich in politische Fragen einmischen oder eine Art von Diktatur in Deutschland ausüben zu wollen. Das exakte Gegenteil war richtig; sie wollten sich auf ihre militärischen Aufgaben konzentrieren und hatten, wenigstens am Anfang, ein grundsätzlich anderes Selbstverständnis als jenes, das Zeitgenossen und Historiker später vollkommen zu Recht bei ihnen bemängelten. Ludendorff sagte am 3. September 1916 zu Haeften und dem Leiter des Kriegspresseamtes, Erhard Deutelmoser, «die dritte OHL werde im Gegensatz zu der von Falkenhayn eine unpolitische sein und sich ganz allein auf die militärische Führung des Krieges beschränken».[32] Einen Tag später wiederholte er nach einem Vortrag von Nicolai, dass er «aus dem politischen Treiben heraus» bleiben wolle, «weil er sich in diesem nicht bewegen könne und sich nur

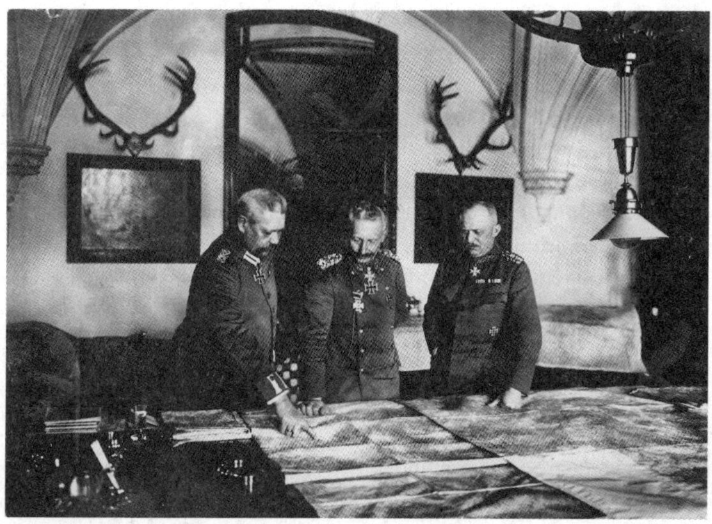

Abb. 19 Hindenburg, Ludendorff und der Kaiser im Großen Hauptquartier in Pleß

dem Heer verpflichtet fühle».[33] Doch seine Mitarbeiter bedrängten ihn von Anfang an, auch die Leitlinien der Politik zu übernehmen, und zwar «infolge des Ausbleibens jeglichen Handelns von den Zivilressorts».[34] Die Ursache für die immer weitergehenden Einmischungen Ludendorffs in Fragen außerhalb seines engeren Bereichs, der Planung militärischer Operationen, war, dass die Politik in seinen Augen die Zügel schleifen ließ und zentrale Fragen der deutschen Kriegführung nicht beantwortete. Zu Ludendorffs Einpeitschern gehörte Oberstleutnant Nicolai, der für das Nachrichtenwesen und Spionage zuständig war, sich aber sehr auf das Feld der Beeinflussung von Presse und Volksmeinung konzentrierte. Sein Hauptanliegen war, eine monolithische innere Einigkeit gegenüber dem äußeren Feind herzustellen, und er unternahm alle möglichen Schritte der Pressezensur und -beeinflussung, um dieses Ziel zu erreichen. Ein anderer und noch viel wichtigerer Ratgeber war Oberstleutnant Max Bauer, ein begabter Artillerist, aber ein politisch ultraradikaler Mann, der eine unheilvolle Rolle als Ludendorffs «böser Geist» spielen sollte[35] und für dessen Hyperaktivismus mitverantwortlich war. Ludendorff wurde sogar wiederholt von seiner Umgebung aufgefordert, selbst die Kanzlerschaft zu übernehmen. Dies verbat er sich, und zwar mit Schärfe. Oberstleutnant Nicolai etwa herrschte er an: «‹Ich will das von Ihnen nicht mehr hören. Meine Aufgaben liegen beim Heer. Es muss doch einen Mann in der Heimat geben!› Bei dem letzten Satz schlug er mit der Faust auf den Tisch.»[36]

Einen Mann, der Entscheidungen traf, gab es also nach Ludendorffs Ansicht in der deutschen Politik nicht. Er selbst wollte die politische Verantwortung nicht übernehmen und fühlte sich auch nicht als Diktator. Dies wird durch eine weitere Quelle bestätigt, nämlich durch Walther Rathenau. Dieser setzte 1917 seine Hoffnungen auf Ludendorff und versuchte ihm in mehreren Gesprächen klarzumachen, dass er «unbewusst eine Diktatur ausübe, und dass, wenn er sich auf seine eigentliche Macht stütze, er gegenüber jeder Behörde die Unterstützung nicht nur der Parlamente, sondern der ganzen öffentlichen Meinung besitze».[37] Rathenau beschwor Ludendorff geradezu; «er verkenne seine Macht, …, er sei im Besitz einer an Diktatur streifenden Gewalt und somit auch Verantwortung, und an ihn würde sich die Geschichtsschreibung halten». Ludendorff war anderer Meinung und «erwiderte, daß ich [Rathenau] diese Macht noch immer überschätze, daß er an den Kaiser nicht heran käme, und daß er nach allen Seiten gehemmt sei. Ich antwortete, in dem ich die unglaublich verworrene Schaltung unserer Machtverhältnisse hervorhob: Die Unterstaatssekretäre können nichts machen, weil vor ihnen der Kanzler steht. Der Kanzler kann nichts machen, wenn er nicht die Bestätigung des Hauptquartiers hat. Im Hauptquartier sei Ludendorff gehemmt durch Hindenburg. Dieser wiederum schwenke ein, sobald ihm der Kaiser auf die Schulter klopfe. Der Kaiser selbst fühlt sich konstitutionell, und somit ist der Zirkel geschlossen.»[38]

Rathenau beschrieb hier die verworrenen Entscheidungsstrukturen im wilhelminischen Deutschland, die oft auch als «polykratisches Chaos» bezeichnet wurden. Das Resultat war weniger eine Diktatur Ludendorffs als vielmehr ein Vakuum. Rathenaus Feststellung korrespondierte mit dem Bild, das Kronprinz Rupprecht von der deutschen Führung hatte. Er schrieb: «Mir kommt es so vor, als wäre ich in einem Boote, das steuerlos in einem reißenden Strom zwischen Klippen hindurchtreibt.»[39]

Dieses Bild ist zutreffend auch für die Monate, die dem alliierten Allfrontenangriff folgten und in denen die deutsche Führung eine ganze

Reihe wichtiger Entscheidungen treffen musste. Vielleicht war niemand am Steuer, da der Kaiser, dem nach seinem eigenen Diktum von 1890 «das Amt des Wachhabenden Offiziers» auf dem deutschen Staatsschiff zugefallen war, diese Aufgabe nicht in der notwendigen Weise wahrnahm, sondern nur gelegentlich, wenn er unter Druck gesetzt wurde, auf unberechenbare Weise in Streitfragen zwischen den Ressorts eingriff. Gleichzeitig glaubten manche, Rezepte zu haben, wie das deutsche Staatsschiff wieder auf Kurs gebracht werden konnte. Zu diesen gehörten unberufene und ganz zweitklassige Figuren, wie der kaiserliche Adjutant v. Plessen, der, obwohl er von niemandem wirklich für voll genommen wurde, durch seine Nähe zum Kaiser gelegentlich erheblichen Einfluss auf die Dinge nehmen konnte.[40] Vor allem mischte sich der Generalstab, und damit Ludendorff und seine Stichwortgeber wie Bauer, zunehmend in alle möglichen Fragen ein. Das Übergreifen in die Kompetenz anderer begann schon in seinem eigentlichen Ressort, der militärischen Operationsplanung. Hier neigte Ludendorff dazu, militärische Zwischeninstanzen zu übergehen und auch alle Details selbst bestimmen zu wollen, was er vorzugsweise durch Anruf bei untergeordneten Einheiten telefonisch erledigte.[41] Das betraf auch den preußischen Kriegsminister, der bald schon klagte, dass Hindenburg und Ludendorff ihm mit ihrer Besserwisserei ein unabhängiges Arbeiten unmöglich machten.[42] Auch im politischen Feld suchte Ludendorff alle Fragen, die seiner Ansicht nach militärische Bedeutung hatten – und die Liste dieser Fragen nahm sehr schnell zu und ging bald sehr weit über die militärische Operationsplanung hinaus –, zu beeinflussen. Ludendorff, der in Deutschland später den Begriff vom «totalen Krieg» populär machte,[43] wollte alle Kräfte der Nation dem Kriege nutzbar machen und griff daher in praktisch alle Politikfelder ein. Es ging nicht nur um das Militär und verwandte Felder, wie etwa die Rüstungsindustrie, sondern auch um Fragen der Außen- und Innenpolitik und der inneren Verfassung, wobei hier der Gesichtspunkt dominierte, dass den zu allem entschlossenen Feindmächten der feste deutsche Durchhaltewillen gezeigt werden müsse, um sie zum Einlenken zu bringen. Von diesem Betonen der inneren Einheit war es nur ein kleiner Schritt, jede innere Opposition für Hochverrat zu halten.

Der Grenzbereich zwischen Politik und Militär war in diesem Krieg ohnehin eine Grauzone, die durch den Teilausfall des Kaisers besonders kritisch war.[44] Falkenhayn hatte Wilhelm II. zur zentralen Entscheidungsinstanz machen wollen; da dieser das nicht konnte, hatte er ihn teils übergangen, teils in Auseinandersetzungen mit Bethmann in seinem Sinne, wenn auch mit wechselndem Erfolg, zu beeinflussen gesucht, zuletzt in der Frage des U-Boot-Krieges. Falkenhayn hatte sehr schwere Fehler begangen, aber er war realistischer gewesen in der Einschätzung der deutschen Leistungsfähigkeit als seine Nachfolger, von denen er glaubte, sie würden den Bogen überspannen. Auch Falkenhayn war nicht frei von Schwankungen in seinem Urteil gewesen. Er hatte gehofft, das Zarenreich würde sich zu einem Separatfrieden bereitfinden. In Phasen des Zweifels hatte er dafür plädiert, eine polnische Armee gegen Russland aufzustellen. Doch letztlich war er, wie Nicolai urteilte, immer wieder auf seine ursprüngliche Idee zurückgekommen, da «er eine völlige militärische Ausschaltung Russlands bei der Weite dieses Reiches für unmöglich hielt und selbst eine entscheidende Niederlage Russlands nicht wünschte, weil er einen zweiten verlorenen Krieg nach dem japanischen für das zaristische Regime für nicht tragbar hielt, die Revolution in Russland und von dieser erst eine wirkliche Feindschaft gegen Deutschland fürchtete. Er hoffte also im Gegensatz zu Bethmann und seinen Kreisen auf eine Möglichkeit der Verständigung mit Russland, wenn dieses bis zur Erkenntnis des drohenden Kriegsverlustes gebracht war.»[45]

Während Falkenhayn, wenn auch mit Schwankungen, sich also ein Durchhalten und dann ein Kriegsende durch Separatfrieden mit einem oder mehreren kontinentalen Gegnern erhoffte, setzten Hindenburg und Ludendorff auf den militärischen Sieg. Sie standen einer Verhandlungslösung zwar nicht vollständig ablehnend gegenüber – Ludendorff interessierte sich zeitweise sehr für den Erfolg geheimer Friedensfühler –,[46] glaubten aber nicht an sie. Sie schätzten die Dynamik des Krieges vielleicht realistischer ein als ihre innerdeutschen Gegenspieler. Bethmann und mit ihm Teile der politischen Intelligenz, vor allem aber der Sozialdemokratie, nahmen an, «dass es nur eine Sache deutschen Willens, deutscher Nachgiebigkeit sei, den Frieden herbeizuführen».[47] In ihren Augen ging es also bei der Friedensanbahnung darum, dass Deutschland große, an Selbstverleugnung grenzende Mäßigung zeigen müsse. Dann sei eine Verhandlungslösung wahrscheinlich, wenn sie auch, wie erwähnt, einen solchen Kriegsausgang für unattraktiv hielten und deshalb innerlich hofften, es werde sich doch Besseres erreichen lassen. Sie fürchteten sich vor der Notwendigkeit, einen «mageren Frieden» innenpolitisch durchsetzen und rechtfertigen zu müssen. Ludendorff hingegen glaubte, der Gegner sei nicht verhandlungsbereit, habe einen ungeheuer festen Siegeswillen und könne nur durch schwere militärische Niederlagen an den Verhandlungstisch gebracht werden. Dem Deutschen Reich stünde nur eine Art von freiwilliger Kapitulation als Handlungsalternative zum Sieg offen. Ludendorff selbst äußerte sich zu diesem Problem im Sommer 1917 wie folgt: «Ich glaube nur, daß das Bekanntwerden unserer Bescheidenheit die Unbescheidenheit der Feinde reizt, daß wir Frieden nur dann erhalten, wenn wir kraftvoll nach außen auftreten oder erklären, wir wären geschlagen. Da wir das nicht können, gibt es meines Erachtens nur den anderen Weg. Der Mittelweg hat bisher kein Ergebnis gehabt, obwohl wir ihn beinahe ein Jahr lang betreten haben.»[48] Er sah die Lage also so: Der Gegner sei nicht verhandlungsbereit, er setze auf den Sieg, und deutsches Entgegenkommen würde nur als ermutigendes Zeichen der Schwäche verstanden werden. Daher gelte es, Stärke zu zeigen. Da der Weg zum Frieden sowieso nur über den militärischen Sieg führe, bestehe zur Selbstbescheidung kein Grund; diese würde auch die Moral des Heeres angreifen und, wenn öffentlich erklärt, die deutschen Diplomaten bei Friedensverhandlungen einseitig binden.

Wie der Gegensatz zwischen den Befürwortern eines Ausgleichsfriedens und der OHL aus der Warte der Militärs aussah, zeigen die Notizen, die sich Oberstleutnant Nicolai von einem Gespräch mit Dr. Heinrich Simon, dem Verleger der «Frankfurter Zeitung», im Februar 1918 machte. Nicolai schrieb: «Ich sah in eine nur von internationaler Anschauung erfüllte Welt, in welcher es weder ein deutsches Volk mit seinem Lebensrecht, noch einen Feind, ihm dies zu schmälern, gab, als ob es überhaupt keinen Feindwillen gäbe und die OHL den Krieg nur um seiner selbst willen und um den militärischen Ruhm des Sieges fachmännisch führte.» Simon, ein sehr viel differenzierter denkender Mann als sein Gegenüber, sah das natürlich mit gutem Grund anders; aber das Zitat verdeutlicht die Sichtweise der Militärs.[49]

Doch hier die Grenze nur zwischen Soldaten und Zivilisten zu ziehen, würde in die Irre gehen. Karl Helfferich, als Stellvertreter des Reichskanzlers, teilte im Wesentlichen die Sichtweise Nicolais. Er sah das Friedenshemmnis in den «uns schlechterdings unerträglichen Kriegszielen …, von denen sich unsere Feinde nicht trennen wollten, es sei denn, dass sie sich von der Unmöglichkeit ihres Sieges überzeugten. Dies musste in alle

Köpfe eingehämmert und der verhängnisvolle Irrtum musste ausgerottet werden, als ob es nur der Bekundung eines aufrichtigen Friedenswillens von unserer Seite bedürfe, um den Frieden herbeizuführen.»[50] Ludendorff, Helfferich und die Hardliner wurden in ihrer Haltung durch alle Signale, die vom Gegner kamen, bestärkt. Zwar war die Stimmung in Russland, Frankreich und Großbritannien im Herbst 1916 alles andere als optimistisch und auch hier gab es interne Diskussionen, ob ein Sieg erreichbar war und welche Opfer er kosten würde. Vor allem in Russland zeigten sich besorgniserregende politische Schwächesymptome. Die von den Zentralmächten 1914 und 1915 eroberten Gebiete bedeuteten einen Verlust von 3,7 und 12,4 Prozent des Nationaleinkommens; also standen dem Zarenreich Ende 1915 über 16 Prozent der Produktivität und etwa 20 Prozent der Industrieproduktion nicht mehr zur Verfügung.[51] Die Produktion in Russland war 1917 auf zwei Drittel des Vorkriegsniveaus gefallen.[52] Das wurde teilweise dadurch ausgeglichen, dass sich der Ausstoß der Rüstungsindustrie gewaltig gesteigert hatte[53] und auch die Produktivität pro Kopf bis 1916 stabil blieb.[54] Außerdem standen Ende 1916 noch immer 9,45 Millionen Mann unter Waffen.[55] Was zählte, war aber der Kriegswillen, und der blieb, trotz politischer Turbulenzen, in Russland vorerst stabil. Im Herbst 1916 kam es zu Regierungsumbildungen, die in Berlin Erwartungen auf eine deutschfreundlichere Tendenz in St. Petersburg weckten. Doch diese Hoffnungen realisierten sich nicht, und die russische Regierung hielt nicht nur am Krieg, sondern auch an ihren Annexionszielen fest. Sie wollte die polnischen Gebiete der Habsburgermonarchie und Deutschlands unter ihre Herrschaft bringen und auch die Meerengen, während sich ihr unglückliches Land, von Flüchtlingselend und wirtschaftlichen Nöten gepeinigt, nach Frieden sehnte.[56]

Auch in Frankreich war die Regierung fest entschlossen, bis zum Sieg weiterzukämpfen, obwohl die wirtschaftliche Lage des Landes angespannt war.[57] Die Produktivität sank, hinzu kam der Verlust durch die von deutschen Truppen seit dem Herbst 1914 besetzten Gebiete. Sie hatten im Jahre 1913 20 Prozent der Weizenernte, 25 Prozent der Hafer-, 12 Prozent der Kartoffel- und sogar 50 Prozent der Zuckerrübenernte erzeugt. Noch gravierender waren die industriellen Verluste durch die deutsche Besetzung. 80 Prozent der Stahlerzeugung, 43 Prozent der Stromerzeugung und 55 Prozent der Kohlegewinnung sowie 90 Prozent der

Eisenerzminen waren in deutscher Hand.[58] Doch das beeinträchtigte nicht den Kriegswillen der Regierung. Dies galt nicht nur für den nationalistischen Präsidenten Poincaré, sondern auch für die Regierung Briand und das Parlament. Als am 19. September 1916 zwei Abgeordnete der äußersten Linken einen Verständigungsfrieden vorschlugen, wurde dieser Antrag von Ministerpräsident Briand, einem ebenso widersprüchlichen Politiker wie guten Rhetoriker,[59] in einer flammenden Rede als «Schmach für das Gedächtnis aller unserer Toten» bezeichnet. In einer abschließenden Abstimmung siegte die Regierung mit 421 gegen 25 Stimmen – ein klares Zeichen, dass die Regierung an ihren Kriegszielen festhalten und nur nach einem Sieg verhandeln wollte.[60]

Auch in Großbritannien war die Stimmung verhalten, da das Kriegsjahr 1916 keinesfalls als Erfolg gewertet werden konnte. Die Sommeschlacht hatte ungeheure Verluste, aber keinen der erhofften Erfolge gebracht.[61] Die Skagerrakschlacht am 31. Mai 1916 war ein wenig beeindruckendes Unentschieden gewesen. Und bei Kut-el-Amara war einer von Goltz Pascha angeführten osmanischen Armee die Einkesselung und Vernichtung einer anglo-indischen Armee gelungen; die Truppen mussten im April 1916 kapitulieren. Hinzu kam, dass alle Verbündeten deutliche Schwächesymptome zeigten, und gleichzeitig entwickelten sich die britischen Finanzen in einer besorgniserregenden Weise. Der Chef des Generalstabs, Robertson, schrieb eine nachdenkliche und skeptische Denkschrift,[62] und der britische Konservative Lord Lansdowne verlangte, die Friedensmöglichkeiten mit dem Deutschen Reich auszuloten. Dies wiederum erschreckte die britischen Hardliner wie Feldmarschall Haig. Er schrieb am 22. November 1916 in sein Tagebuch: Robertson «erzählte mir von den Friedensfreunden im Kabinett und zeigte mir ein Memorandum von Lord Lansdowne, in dem er verlangte, mit den Feinden einen Kompromiß zu finden!»[63] Und drei Tage später schrieb er: Lloyd George «erzählte mir, daß er die politische Lage für ernst hielt. Lord Lansdowne hat ein furchtbares Memorandum geschrieben, in dem er verlangte, wir sollten nun Frieden schließen, wenn die Spitzen der Marine, des Militärs, der Finanzen und der anderen Instanzen nicht den Sieg bis zum nächsten Herbst garantieren können.»[64] Auch der Außenminister Grey schwankte angesichts der unsicheren Kriegsaussichten, ob nicht Verhandlungen einer endlosen Weiterführung des Krieges vorzuziehen seien.[65]

Allerdings war sich die Mehrheit der Politiker einig, dass Verhandlungen mit dem Feind derzeit nicht in Frage kämen. Sie wussten, dass ihnen inzwischen kein Übermaß deutscher Forderungen mehr im Wege stand. Sie hätten aber einen Status-quo-Frieden, der zu diesem Zeitpunkt angesichts der militärischen Lage das einzig realistische Ziel solcher Verhandlungen hätte sein können, als unerträglichen Triumph der Deutschen empfunden.[66] Und sie hielten an dem Ziel fest, das Premierminister Asquith im November 1914 formuliert hatte, nämlich den Kampf fortzusetzen, bis die militärische Vorherrschaft Preußens vollständig gebrochen war. Die Hardliner wurden durch die chauvinistischen Kampagnen der Northcliffe-Presse bestärkt. Außerdem setzte der kommende Mann der britischen Politik eigene Akzente. David Lloyd George, damals Kriegsminister, gab dem amerikanischen Journalisten Roy Howard am 28. September 1916 ein Interview, in dem er den Gedanken an einen Kompromiss ablehnte und den Kampf bis zum Äußersten forderte: «The fight must go to a finish – to a knock-out». Großbritannien sei bereit, den Kampf fortzuführen, bis der «preußische Despotismus zerschlagen» sei. Eine Bestrafung der Schuldigen sei notwendig und es wäre ein Verbrechen, den Kampf zu beenden, bevor dieses Ziel erreicht sei.[67] Die Regierung war diesem Druck nicht gewachsen. Auch Asquith und Grey gaben erneut zu verstehen, dass sie den «preußischen Militarismus» beseitigen wollten.[68] Asquith sprach am 9. November 1916 in der Guildhall und hob hervor, dass nicht etwa nur die Wiederherstellung Belgiens, sondern auch die Serbiens, und darüber hinaus die Freiheit der gesamten Welt auf dem Spiel stünden.[69]

Auch die Regierungen der Entente waren Opfer der Idee, der Krieg müsse irgendeinen Zweck, irgendein Resultat, irgendeinen Sinn haben. Im Bewusstsein, über die größeren Kräfte zu verfügen, hatten sie auch die ehrgeizigeren Ziele. Wenig später sagte Lloyd George, da schon Premierminister, im Unterhaus, dass der Krieg «kein Eroberungs-, sondern ein Befreiungskrieg sei», nämlich von den «barbarischen Lehren und inhumanen Praktiken», die «Nationen entfremdet und Einheit und Fortschritt der Welt behindert» hätten.[70] Damit war das britische Kriegsziel, die «Zerstörung des preußischen Militarismus», erneut formuliert worden. Die Idee war letztlich unklar, setzte aber die vollständige Niederlage Deutschlands voraus. Der militärische Sieg war das tatsächliche Kriegsziel der britischen Politik.

Hier wird klar, dass Ludendorff mit seiner Analyse gar nicht so falsch lag: Die Alliierten setzten auf Siegfrieden und waren nicht verhandlungsbereit. Es gab zwar auch auf der Gegenseite viele Kritiker, die gegen die kompromisslose Haltung ihrer Regierungen opponierten und einen Kompromissfrieden forderten. Die Hardliner auf allen Seiten konnten sich aber auch deshalb durchsetzen, weil sie auf ihresgleichen in den Feindstaaten verweisen konnten. Ludendorff brauchte jemanden wie Lloyd George, um immer wieder die Unnachgiebigkeit der Gegenseite und die Notwendigkeit des inneren Zusammenhalts nachweisen zu können, und dieser brauchte Ludendorff als die Verkörperung des preußischen Militarismus, den es zu vernichten gelte. Ludendorff hatte in dieser Situation nicht ganz Unrecht, wenn er feststellte, dass für das Deutsche Reich militärische Erfolge das realistische Gegenmittel waren und die Alternative dazu eine Art freiwillige Kapitulation. Worin er aber katastrophal irrte, war, wie diese militärischen Erfolge erreicht werden könnten.

11

Panischer Aktivismus: Die Radikalisierung der Kriegführung unter der dritten Obersten Heeresleitung

Ich fürchte, nun führt der Krieg zur Revolution.

Erich v. Falkenhayn am 29. August 1916

Falkenhayn hatte am Abend seiner Entlassung gesagt: «Ich fürchte, nun führt der Krieg zur Revolution.»[1] Das könnte als ein Kommentar des durch seine Entlassung Gekränkten abgetan werden, und doch hatte das Wort geradezu prophetische Kraft, da in der Tat Hindenburg und Ludendorff durch eine Überspannung der deutschen Möglichkeiten den inneren Zusammenbruch vorbereiteten. Sie waren kaum im Amt, als sie schon einen gewaltigen Aktivismus entfalteten. Ludendorff war, so urteilte Kurt Riezler, «eine geniale Energie vielleicht ein grosser Stratege – aber politisch ahnungslos und überaus ungebildet, nervös und jäh … und wie alle die Soldaten ohne jeden Respekt vor der Schwierigkeit des politischen Geschäfts.»[2] Einen Großteil der Wirkung, den das Feldherrnduo in der deutschen Öffentlichkeit hatte, verdankte es dem Eindruck von Dynamik, den Ludendorff vermittelte. Dabei kam ihnen auch eine gewisse Arbeitsteilung zugute. Hindenburg strahlte die unerschütterliche Ruhe und den guten Humor aus, die «volle Autorität», die ein Vertrauen einflößte, das Ludendorff allein niemals hätte vermitteln können, wie er selbst auch zugab.[3] Ludendorff war allerdings der intellektuell Führende der beiden, der Macher, was auch jeder bestätigte, der die beiden in Aktion erlebte.[4]

Ludendorffs Energie beeinflusste nicht nur seine unmittelbare Umgebung, sondern strahlte nach allen Seiten und «irgendwie bis in die untersten Dienstgrade aus», wie Gerhard Ritter, der ehemalige Frontoffizier des Ersten Weltkriegs, urteilte.[5] Ludendorff holte Meinungen der Soldaten an der Front ein, was verbessert werden könne und solle, und führte eine ganze Reihe militärisch sinnvoller Neuerungen ein.[6] Es war, als ginge ein gewaltiger Ruck durch Deutschland. Doch dieser Ruck wurde durch einen Aktivismus hervorgerufen, der sich schon bald nicht in allem, aber in sehr vielem als kontraproduktiv und schädlich erweisen sollte. Er verdankte seine Wirkung auch der Tatsache, dass die Verhältnisse so dargestellt wurden, als sei in der Kriegswirtschaft bisher sträflich getrödelt und bei weitem nicht genug getan und erreicht worden, und nun müsse eine gewaltige und rücksichtslose Kraftanstrengung die Sache wieder in Ordnung bringen. Damit wurden einerseits die bisherigen, sehr beachtlichen Leistungen der deutschen Rüstungsindustrie falsch bewertet, andererseits die deutschen Möglichkeiten und die Wirkung zusätzlicher Maßnahmen überschätzt. Auch wurde keine Gelegenheit ausgelassen, um das Kriegsministerium und die bisherige Beschaffungspolitik durch Entstellung der Tatsachen zu diskreditieren, etwa durch die Behauptung, während der Sommeschlacht hätten sie für die Munitionsherstellung wichtige Verträge für Stahllieferungen auslaufen lassen.[7]

Ludendorffs Energie richtete sich zuallererst auf eine Steigerung der Rüstungsproduktion. Erneut bewiesen er und seine Mitarbeiter geniales Talent für Marketing, indem sie diese Maßnahmen als «Hindenburgprogramm» bezeichneten.[8] Die Maßnahmen waren Ludendorff durch Oberstleutnant Bauer nahegebracht worden, der deshalb auch in der Forschung übereinstimmend als der wahre Vater des Programms bezeichnet wird.[9] Bauer war im Generalstab für die Fußartillerie und Beschaffung zuständig und verfügte über exzellente Kontakte zur Schwerindustrie. Die Sommeschlacht hatte seiner Ansicht nach gezeigt, dass Deutschland seine Rüstung gewaltig steigern musste, um mit den westlichen Alliierten Schritt zu halten. Einen wesentlichen Grund der britischen Stärke sahen Bauer und andere Generalstäbler wie Groener in dem 1915 eingerichteten britischen Munitionsministerium, das von David Lloyd George energisch geleitet worden war. Dessen Nachfolger Montagu – Lloyd George war inzwischen Kriegsminister geworden – hob am 15. August 1916 in einer Rede vor dem britischen Unterhaus auf die beeindruckenden Steigerungsraten der britischen Rüstungsindustrie ab, die bei manchen Munitionsarten ins Mehrhundertfache gingen. Auch sei die Zahl der Geschossfabriken von drei auf 95 angewachsen. Das Ziel sei, so Montagu, die englische Fertigung so auszubauen, dass sie einen Munitionsverbrauch wie an der Somme auf unbegrenzte Zeit ermöglichen werde.[10]

Das war, aus deutscher Perspektive, eine erschreckende Vision, die auch viel Glauben fand. Bauer wollte unter Anspannung aller Kräfte nun Vergleichbares zustande bringen. Er nutzte seine Kontakte zur Schwerindustrie, die ihrerseits starken Druck auf die Regierung ausübte. Großindustrielle wie Walther Rathenau behaupteten Ende August 1916, die Industrie könne ein Mehrfaches der bisher produzierten Waffen und Munition herstellen.[11] Andere industrielle Führer stimmten dem zu, wobei Gewinnstreben und Patriotismus hier eine mühelose Allianz eingingen. Daraus resultierte ein Rüstungsprogramm, das absolut phantastische Zielvorgaben für einen massiv erhöhten Rüstungsausstoß vorsah. Bis Mai 1917 sollte die Munitionsfertigung verdoppelt und die Maschinengewehr- und Mörserproduktion verdreifacht werden. All das wurde anhand des militärisch Wünschbaren festgelegt, nicht durch eine nüchterne Abwägung des wirtschaftlich und finanziell Möglichen. Vor allem in letzterer Hinsicht wirkte das Programm fatal. Die OHL hob sämtliche fiskalische Vorsicht auf; Kosten spielten von nun an keine Rolle mehr, und die Kriegskosten, die ohnehin schon gewaltig waren, explodierten förmlich.[12]

Die OHL und die Industrie hatten allerdings einen gemeinsamen Gegenspieler: das preußische Kriegsministerium, die für Beschaffung von Waffen und Munition zuständige zentrale Behörde, der aber Bürokratismus und Mangel an Energie vorgeworfen wurden. Die Kriegsministerien der bayerischen, sächsischen und württembergischen Armee spielten in der Debatte kaum eine Rolle. Der preußische Kriegsminister Wild v. Hohenborn galt als «Kreatur Falkenhayns», und seine Tage waren daher gezählt.[13] Der wahre Leiter des Ressorts war ohnehin der in Berlin residierende stellvertretende Kriegsminister General v. Wandel, der aber seinen Abschied nahm, als Wild von der OHL gezwungen wurde, sich vom Hauptquartier permanent nach Berlin zu begeben. Das Kriegsministerium hatte schon in der Vorkriegszeit immer eine eher nüchterne Linie vertreten, bei seinen Beschaffungsplänen den finanziellen Aspekt im Auge behalten und auch die einzelnen Segmente der Rüstungsproduktion, wie Pulver- und Waffenherstellung, miteinander koordiniert.[14] Das war konservativ und bieder, und trotzdem waren in den ersten beiden Kriegsjahren sehr große Steigerungen in der Waffen- und Munitionsherstellung erreicht worden. Doch nun sollte ein anderer Geist einkehren, der sich nicht mehr an den ökonomischen und finanziellen Gegebenheiten, sondern allein am scheinbar Benötigten orientierte. Das Argument war immer, dass ohne unerhörte Anstrengungen der Krieg verlorenginge und daher Bedenken finanzieller Natur keine Rolle mehr spielen dürften.

Ein zentrales Problem des Programms waren die zu seiner Realisierung benötigten Arbeitskräfte, da sich hier der Arbeitskräftebedarf der Rüstungsindustrie mit dem Soldatenbedarf der Armee schnitt. Um dem abzuhelfen, wollte die OHL die Wehrpflicht vom 15. bis zum 60. Lebensjahr ausdehnen,[15] Universitäten schließen, die Zahl der Munitionsarbeiter erhöhen, notfalls durch Entlassung von Soldaten aus der Armee, vor allem aber durch den Einsatz von Frauen, Kriegsgefangenen, Minderjährigen, und zur Not durch die Einführung der Sonntagsarbeit.[16] Hier klaffte auch ein grundsätzlicher Gegensatz zwischen der Industrie und der Armee. Die Industrie wollte, dass möglichst viele Spezialisten vom Wehrdienst freigestellt wurden, um in den Fabriken zu arbeiten, während die Armee beteuerte, jeden Soldaten zu brauchen. Auch deshalb kamen alternative Ideen aus dem Kreis der Industrie. Carl Duisberg von den Bayerwerken in Leverkusen schlug dem Kriegsminister vor, das Arbeitskräftepotential der besetzten Gebiete auszunutzen und beispielsweise die rund 700 000 belgischen Arbeitslosen zwangszuverpflichten und zur Arbeit nach Deutschland zu bringen: «Öffnen Sie das große Menschenbassin Belgien.»[17] Auch diese Idee war, wie so vieles von dem, was ab September 1916 umgesetzt wurde, schon seit Monaten diskutiert worden. Im deutsch besetzten Belgien herrschte eine hohe Arbeitslosigkeit wegen des Rohstoffmangels durch die Blockade; die Fabriken konnten nicht produzieren, und gleichzeitig kam es zu einer Arbeitsverweigerung, um die deutsche Besatzungsmacht nicht zu unterstützen.[18] Deshalb hatte der stellvertretende preußische Kriegsminister, General v. Wandel, schon am 2. März 1916 einen Plan niedergelegt, Hunderttausende belgische Arbeiter nach Deutschland zu bringen und deutsche Arbeiter damit für den Kriegsdienst freizumachen.[19] Ludendorff griff am 13. September 1916 diese

Idee auf und verlangte von den Generalgouverneuren in Brüssel und auch in Warschau, die verfügbaren einheimischen Arbeitskräfte nach Deutschland abzuschieben.[20]

Dies war eine ganz fatale Idee, wie der Generalgouverneur von Belgien, Generaloberst v. Bissing, klar erkannte, die ein politisches, humanitäres und moralisches Desaster heraufzubeschwören drohte. Der Generaloberst, ein konservativer, aber korrekter Militär mit einem patriarchalischen Verantwortungsbewusstsein für die Einwohner seines Generalgouvernements, wehrte sich; der Zwangsabschub verstoße gegen die Haager Konvention.[21] Er wies auch auf die Folgen für das deutsche internationale Ansehen hin; den alliierten Vorwürfen wegen der sogenannten belgischen Gräuel dürfe nicht weiter Vorschub geleistet werden.[22] Auch würde dies die deutsche Belgienpolitik, die darauf abziele, das politische und kulturelle Band zwischen den Flamen und Deutschland zu stärken, in einen Scherbenhaufen verwandeln. Bissing wies auch auf die weiteren negativen Effekte dieser Aktion hin: massive Proteste in Belgien und seitens der Neutralen, vielleicht sogar ein Zusammenbruch der amerikanischen Relief Organisation, der amerikanischen Lebensmittelversorgung des neutralen Belgiens.[23]

Doch unbegreiflicherweise wurde Bissing bei seinem Versuch, die Zwangsverschickung zu stoppen, vom Reichskanzler nicht unterstützt.[24] Ab Ende Oktober 1916 begannen in Brügge die Deportationen,[25] die Sklavenjagden verzweifelt ähnlich waren[26] und international einen katastrophalen Eindruck machten. Alle Neutralen protestierten gegen das deutsche Vorgehen, nämlich Spanien, die Schweiz, die Niederlande, die Kurie und natürlich auch die USA. Einem Maximum an Schaden stand ein Minimum an Gewinn gegenüber. Im Dezember 1916 waren 40 000 Personen deportiert worden, aber nur ein Fünftel von ihnen stand in Arbeit, weil das Programm so mangelhaft und hastig vorbereitet worden war, dass gar nicht genug Arbeitsplätze zur Verfügung standen. Insgesamt wurden, bis im Februar 1917 die Aktion abgestoppt wurde, nicht etwa die erhofften 600 000 Arbeiter zwangsrekrutiert, sondern nur 61–62 000 Männer nach Deutschland überführt, von denen 17 433 direkt zurückgeschickt werden mussten, weil sie in so jämmerlicher Verfassung waren, dass sie nicht arbeiten konnten oder aber reklamiert wurden; 816 von ihnen sind gestorben. Das Ganze war ein Alptraum, sowohl was das Humanitäre anging, als auch wegen seiner geringen Effizienz. Daher sträubte sich selbst Ludendorff nicht, als das Programm im Februar 1917 beendet wurde.[27]

Doch der Schaden war getan. Erneut bot Deutschland der Welt das Schauspiel einer wildgewordenen und brutalen Soldateska, die das Völkerrecht mit Füßen trat. Doch ähnlich brutal und einseitig wollte die OHL auch gegenüber dem eigenen Volk verfahren. In einer Denkschrift vom 13. September 1916, deren wahrer Autor auch Bauer gewesen sein dürfte, verlangte die OHL die Militarisierung des gesamten Lebens, die Arbeitspflicht für Männer und Frauen, auch Kriegerwitwen und Versehrte, und erging sich in Sentenzen wie «Wer nicht arbeitet, soll auch nicht essen.»[28] Eine Arbeitspflicht war übrigens schon 1915 von Falkenhayn gefordert worden, der sich damals zum Anwalt der Soldaten gegenüber den sehr gut bezahlten Rüstungsarbeitern gemacht hatte.[29] Dies war abgelehnt worden und auch jetzt sprachen sich die leitenden Persönlichkeiten des Kriegsministeriums, wie General v. Wandel, gegen eine Dienstpflicht aus. Die Arbeiterschaft habe bisher freiwillig mitgearbeitet und würde die Einführung einer Dienstpflicht als unverdient empfinden.[30] Auch würden gute Löhne und freie Arbeitsverträge bessere Anreize darstellen als der Arbeitszwang, wie es ihn in England und Österreich gebe.[31]

Dies waren gute Argumente, die aber bei der 3. OHL nicht auf fruchtbaren Boden fielen. Bauer und Ludendorff wurden durch eine Mischung aus Panik und Größenwahn angetrieben. Sie verlangten, dass die gesamte Nation in den Prozess der Rüstungsproduktion durch die Ausdehnung der Wehrpflicht, ein Hilfsdienstgesetz sowie die Arbeitspflicht für Frauen eingespannt und die Rüstung durch ein neues zentrales Amt, das Oberste Kriegsamt, kontrolliert werden müsse. Letzteres wurde zwar nominell beim preußischen Kriegsministrium angesiedelt, de facto jedoch vom Generalstab kontrolliert. Sein Leiter wurde der württembergische General Groener, der Chef des Feldeisenbahnwesens, der wegen seiner Kompetenz allgemein anerkannt wurde und über erheblich mehr politisches Verständnis verfügte als die meisten seiner Standesgenossen. Der Versuch, durch die Einrichtung neuer Ämter neue Höchtleistungen zu ermöglichen – neben dem Obersten Kriegsamt ist hier etwa noch das im September 1916 eingerichtete Waffen- und Munitionsbeschaffungsamt (WuMBA) unter Generalmajor Coupette zu nennen –, führte allerdings zu parallelen und sich überlappenden Strukturen und verunklarte in der Konsequenz Zuständigkeiten und Kompetenzen. Doch nicht nur hier erwiesen sich die Maßnahmen als kontraproduktiv. Bauers und Ludendorffs Pläne ließen in jeder Hinsicht die Bodenhaftung zu den wirtschaftlichen Gegebenheiten vermissen und überspannten die deutschen Kräfte. Sie gaben unrealistische Ziele vor und setzten das vorhandene Potential an Arbeitskraft und Rohstoffen in einem gewaltigen Versuch, mit der Rüstung des Gegners gleichzuziehen oder sie zu übertreffen, ineffizient ein. Dies erschütterte die wirtschaftliche und soziale Struktur der sowieso vom Krieg schon stark mitgenommenen deutschen Gesellschaft und hatte Ähnlichkeiten mit den Rüstungsanstrengungen der Nationalsozialisten, die in ihren destruktiven Auswirkungen von Adam Tooze in seinem Buch: «Ökonomie der Zerstörung» meisterhaft beschrieben worden sind.[32]

Es ist übrigens bezeichnend, dass die verantwortlichen Mitglieder der Reichsregierung erst Ende Oktober 1916 von den Dimensionen des «Hindenburgprogramms» erfuhren.[33] Vizekanzler Karl Helfferich, ein habilitierter Volkswirt, hielt es für überdimensioniert. Er beklagte sich über den «zermalmenden Zwang. Eine Armee lässt sich kommandieren, eine Volkswirtschaft nicht.»[34] Er zeigte viele Fehler des Programms auf, die auf mangelnde Sachkenntnis zurückzuführen waren. So wies er darauf hin, dass die Arbeitspflicht für Frauen unzweckmäßig sei, da es für jede freie Stelle in der Industrie, die weiblichen Bewerbern offenstehe, einen kräftigen Bewerberinnenüberschuss von 160 Prozent gebe.[35] Es lohne nicht, die Wirtschaft wegen kleiner Effekte ins Wanken zu bringen. Seine Kollegen sahen dies ähnlich. Eisenbahnminister Breitenbach glaubte, das Hindenburgprogramm überfordere die vorhandenen Transportkapazitäten, und Handelsminister Sydow warnte ebenfalls vor einer Überspannung der Kräfte. Sie alle glaubten, das Programm sei wegen fehlender Eisenbahnkapazitäten, fehlender Kohle und auch fehlenden Arbeitskräften nicht zu realisieren.[36]

Am Ende wurden das Programm und das Hilfsdienstgesetz, wenn auch in signifikant modifizierter Form, eingeführt.[37] Die Sozialdemokraten hatten Letzteres so abändern können, dass Arbeitnehmer relativ leicht den Arbeitsplatz wechseln konnten, und es damit entschärft. Außerdem hatten sie eine Mitbestimmung der Arbeitnehmer in größeren Betrieben durchgesetzt. Helfferich, der die Verhandlungen seitens der Regierung maßgeblich geleitet hatte, hielt das Gesetz in seiner abschließenden Form für einen Sieg der Opposition und stellte missbilligend fest, es reflektiere den Standpunkt von «Sozialdemokraten, Polen, Elsässern, und Gewerkschaftssekretären».[38] Am 2. Dezember 1916 wurde es im Reichstag verabschiedet.[39]

All diese Neuerungen können zu einem guten Teil durch die Mischung aus Panik und Druck erklärt werden, die Ludendorff überall verbreitete.[40] Er sagte: «Wir werden nur dann nicht unterliegen, wenn wir alle – aber auch alle – Kräfte anspannen.»[41] Das Hindenburgprogramm war planwirtschaftliche Utopie, und die Steigerungen waren nicht zu erbringen, was sich bald schon bitter rächen sollte. Die Errichtung neuer Produktionsstätten führte zu einem gewaltig gesteigerten Arbeitskräftebedarf und auch zu einer vollkommenen Überlastung für das Verkehrssystem, das zwischen den neu zu errichtenden Produktionsstätten und den bestehenden Anlagen den Transport sicherstellen musste. Aber die Eisenbahn litt nach zwei Jahren Krieg an verschlissenem Material und Arbeitskräftemangel. Im Winter 1916/17 kam es infolge dieser Anstrengungen zu katastrophalen Engpässen, die teilweise durch das überambitionierte Programm, teilweise durch einen ungewöhnlich harten Winter verursacht wurden. Die Flüsse und Kanäle froren zu, weshalb der gesamte Transport zu Lande abgewickelt werden musste, doch kamen die Eisenbahnen mit dem Ausladen nicht mehr nach. Dadurch wurden, neben den Nahrungsmitteln infolge der Missernte, auch Kohle und Brennmaterial knapp. Nach Helfferichs Ansicht konnte der Hausbrand von 14 Millionen Tonnen Kohle nicht noch weiter reduziert werden, und dem Programm fehlte es an Kohle. Die Förderung betrug 160 Millionen Tonnen Steinkohle, die aber den Bedarf von 183 Millionen Tonnen nicht decken konnte. Es fehlten also 23 Millionen Tonnen Kohle oder etwa 15 Prozent der benötigten Gesamtmenge.[42] Die Transportschwierigkeiten und der Kohlemangel waren im Februar 1917 so groß, dass vierzig der neuerrichteten Hochöfen nicht angeblasen werden konnten. Es musste angeordnet werden, die Arbeiten an Anlagen einzustellen, die nicht innerhalb von drei bis vier Monaten fertiggestellt werden konnten.[43]

Hinzu kam, dass der Fehleinsatz von Kräften auch eine ungeheure finanzielle Verschwendung war. Helfferich urteilte: «Auch unsere finanzielle Kraft wurde durch die Überspannung des Waffen- und Munitionsprogramms über Gebühr in Anspruch genommen.» Die monatlichen Staatsausgaben betrugen im August 1916 zwei Milliarden Mark, im Oktober stiegen sie schon auf mehr als drei Milliarden Mark, um dann ein Jahr später bei vier Milliarden Mark zu liegen. Im Oktober 1918 betrugen sie schließlich 4,8 Milliarden Mark.[44] Hierbei musste natürlich die kriegsbedingte Inflation herausgerechnet werden, auf der anderen Seite heizte diese Ausgabenpolitik die Inflation weiter an.

Die Industrie war von der OHL und dem Programm hingegen begeistert. Stresemann wollte ganz Deutschland im Winter in «eine einzige Munitionsfabrik» verwandeln.[45] Geheimrat Duisberg war zwar erschreckt, als er die Dimension des Programms erfuhr, aber er hielt immerhin eine Produktionssteigerung von 15–20 Prozent für realistisch.[46] Und er sagte in einer Rede im Düsseldorfer Industrieclub: «Wenn es uns gelingt, das Hindenburg-Programm rechtzeitig fertigzustellen, dann können, dann müssen, dann werden wir siegen.»[47] Hugo Stinnes hatte schon im September 1916 geschrieben: «Die Ära Ludendorff tut Wunder.»[48] Hier schien das Wunder zu geschehen, das General v. Lyncker ersehnt hatte – und das erklärt den enthusiastischen Rückhalt. Nüchterne Zeitgenossen hatten es in dieser Atmosphäre mit ihrem Skeptizismus schwer. Eugen Schiffer, der Staatssekretär des Reichsschatzamts, bezeichnete das Hindenburgprogramm als «Programm der Verzweiflung». Helfferich widersprach: «Diese Bezeichnung ist nicht zutreffend. Den Herren, in deren Kopf das Programm entstand, das sie mit dem Namen Hindenburgs ausstatteten, war die Verzweiflung fremd. Ihr Programm war ein Programm der Selbstüberschätzung und der Überschätzung der deutschen Volks- und Wirtschaftskraft. Bei ruhiger Überlegung des Notwendigen und sachlicher Prüfung des Möglichen hätte es sich vermeiden lassen, Mengen von wertvollem Material und noch wertvollerer Arbeitskraft in industrielle Ruinen zu stecken, die aus Mangel an Menschen und Kohlen teils nie vollendet, teils nie in vollem Umfang in Betrieb genommen worden sind. Man hätte mit weniger Arbeitskräften und Material erheblich mehr für die Ausrüstung des Heeres geleistet und unserer Wirtschaft Störungen und Erschütterungen erspart, die letzten Endes an die Wurzeln der Widerstandskraft unseres Volkes gingen.»[49]

Ein weiterer Schritt, der nicht hinreichend koordiniert war und gleichzeitig große historische Fernwirkungen haben sollte, war die Gründung des Königreichs Polens durch die Mittelmächte im November 1916. Auch diese Entscheidung hatte einen langen Vorlauf. Dass die Pläne nun in ein konkretes Stadium traten, war ebenfalls eine Konsequenz des Aktivismus dieser Monate. Der Kaiser hatte schon bei Kriegsausbruch, so berichtete Graf Hutten-Czapski, den Gedanken geäußert, im Fall des Sieges einen mit Deutschland verbündeten polnischen Staat wiederherstellen zu wollen.[50] Im Auswärtigen Amt waren seit Kriegsausbruch Ideen für eine großzügige Arrondierung der deutschen Ostgrenze erwogen worden, die besser zu verteidigen sein sollte. Diese geplante Erwerbung ist unter dem Namen des «polnischen Grenzstreifens» in die Geschichte eingegangen.[51] Die Pläne bekamen aber eine andere Dimension, nachdem deutsche und österreichische Truppen im August 1915 Warschau und dann ganz Russisch-Polen erobert hatten. Nun stellte sich die Frage, was mit diesen Territorien geschehen solle. Am 19. August 1915 hatte Reichskanzler v. Bethmann Hollweg in einer «Polenproklamation» den Polen die Befreiung vom «russischen Joch» versprochen.[52] Trotzdem war nicht viel geschehen, außer dass in Warschau ein Generalgouvernement eingerichtet worden war, an dessen Spitze Generaloberst v. Beseler stand. Beseler war, ebenso wie Bissing in Belgien, ein patriarchalischer und konservativer, im Prinzip korrekter Militär.[53]

Solange es Hoffnungen auf eine politische Einigung mit Russland gab, wurde die polnische Frage bewusst offengelassen. Sie war ohnehin heikel und eine wahre Büchse der Pandora, vor allem wenn man sie nicht aus polnischer, sondern aus der Perspektive der drei Teilungsmächte sieht. Polen war im 18. Jahrhundert zwischen Preußen, Österreich und Russland aufgeteilt worden. Die polnische Frage nun auf die Tagesordnung zu setzen bedeutete natürlich, dass alle drei Mächte gleichermaßen betroffen waren. Die Zentralmächte konnten nicht über Russisch-Polen verfügen, ohne damit gleichzeitig die Frage nach der politischen Zukunft Österreichisch- und Preußisch-Polens aufzuwerfen. Dies trotzdem zu versuchen hieß, mit dem Feuer zu spielen und eine politische Lawine auszulösen. Und trotzdem hatte seit Kriegsbeginn keine der drei Teilungsmächte der Versuchung widerstehen können, die Polen für die eigene Sache zu mobilisieren. Die Russen hatten direkt bei Kriegsausbruch ein «Grunwald-Manifest» erlassen, in dem sie an die slawische Solidarität appellierten.[54] Ihre Propaganda und auch ihre Kriegszielpolitik gingen in Richtung einer Vereinigung Polens unter zaristischer Herrschaft, mit vagen und widersprüchlichen Autonomieversprechen. In Österreich gab es Begehrlichkeiten, Russisch-Polen unter die eigene Kontrolle zu bringen, mit dem eigenen Teil Polens, mit Galizien, zu vereinigen, und dann dieses Polen, etwa durch die Einsetzung einer habsburgischen Sekundogenitur, mit der Donaumonarchie zu verbinden. Es gab in Österreichisch-Polen auch eine polnische Freiwilligenlegion, die von Josef Pilsudski kommandiert wurde. In Deutschland hingegen existierte großer Widerwillen, eine deutsche Vereinnahmung ganz Russisch-Polens auch nur zu erwägen, da man schon jetzt mit den Polen in den östlichen Provinzen ungelöste Nationalitätenkonflikte hatte und diese nicht durch die Aufnahme weiterer polnischer Gebiete vergrößern wollte. Und gleichzeitig gab es zwischen Wien und Berlin eine ununterbrochene erbitterte Rivalität um den zukünftigen Besitz Polens,[55] die außerdem noch durch andere Fragen, etwa den Mitteleuropaplan von 1915, verkompliziert wurde.[56]

Davon unabhängig entstand auf militärischer Seite der Plan, sich die polnische Wehrkraft zunutze zu machen; ein Plan, der von Falkenhayn und Conrad gleichermaßen erwogen worden war. Russisch-Polen war seit dem Sommer 1915 in eine Nord- und eine Südhälfte geteilt worden, und zwar zwischen dem deutschen Generalgouvernement Warschau mit etwa sechs Millionen Einwohnern im Norden und dem österreichischen Generalgouvernement in Kielce, später Lublin, im Süden mit ca. 4,5 Millionen Einwohnern.[57] Der Verlockung, dieses Reservoir von über zehn Millionen Menschen anzuzapfen, und zwar um Arbeitskräfte und um Soldaten zu gewinnen, war im Zeichen der zu Ende gehenden eigenen Reserven schwer zu widerstehen. Deutsche Stellen erwogen mehrfach, russisch-polnische Kriegsgefangene als Soldaten anzuwerben, entschieden sich dann aber, diese doch lieber als Arbeitskräfte zu gebrauchen, zumal Ersteres völkerrechtlich unzulässig gewesen wäre.[58] Eine weitere Idee war, die stark antirussischen Gefühle der Polen auszunutzen und eine polnische Armee aufzustellen. Schon Falkenhayn hatte erwogen, in Russisch-Polen eine Freiwilligenarmee anzuwerben, deren Soldaten gegen die Russen kämpfen sollten. Er erhoffte sich davon eine Armee, stark genug, um die geschwächten, aber nicht friedenswilligen Russen in Schach halten und damit diese Front praktisch neutralisieren zu können.[59] Diese Pläne waren im Herbst 1915 im Zusammenhang mit dem damals diskutierten Mitteleuropaplan und dem ungeklärten künftigen deutsch-österreichisch-ungarischen Verhältnis nicht weitergekommen. Sie wurden aber von den deutschen Instanzen in Polen, vor allem vom Generalgouverneur, mit grundsätzlicher und berechtigter Skepsis betrachtet. Die Aufstellung einer solchen Armee würde keinesfalls schnell gehen, und im Übrigen bezweifelten sie, dass sich die Polen wirklich in Massen freiwillig melden würden. Warum sollten sie auch? Die deutsch-österreichische Besatzung war nicht populär, konnte es auch gar nicht sein. Beide Okkupationsmächte, die Deutschen wie die Österreicher, saugten, weil sie selbst Mangel litten, das Land gnadenlos aus; die Österreicher noch mehr als die

Deutschen.[60] Rohstoffe und Ernten wurden nach Deutschland und Österreich abtransportiert, die Bevölkerung zum Arbeitseinsatz in Deutschland genötigt.[61] Insgesamt arbeiteten über 500 000 polnische Arbeiter in Deutschland.[62] Die Lebensmittelversorgung war im Generalgouvernement noch weit miserabler als im Reich und betrug weniger als 40 Prozent des deutschen Satzes, der an sich schon vollkommen unzureichend war. Außerdem hatten die Polen weniger Möglichkeiten, das Fehlende auf dem Schwarzmarkt einzukaufen.[63] Beseler bemühte sich zwar um die Polen, und sie wurden insgesamt fairer als die Einwohner von «Ludendorffs Königreich» im Verwaltungsbereich von «Ober Ost» behandelt. Trotzdem war er gegen diese ökonomischen Tatsachen machtlos. Die räuberischen Besatzungsmächte konnten bei den Polen nicht wirklich populär werden.

Bis in den Sommer 1916 hinein hatten die Bedenken, die Frage einer polnischen Armee aufzuwerfen, die Oberhand behalten, obwohl Bethmann im Frühjahr den Polen in einer Reichstagsrede versichert hatte, sie nicht wieder der russischen Herrschaft zu überstellen.[64] Doch die Frage war so brisant, dass weitere Konsequenzen ausblieben. Die Regierungen in Wien und Berlin hofften nach wie vor auf einen Zerfall der gegnerischen Koalition und wollten sich die Möglichkeit, mit Russland zu einem Separatfrieden zu gelangen, nicht endgültig verbauen. Dieses Hindernis fiel infolge der erneuten Intensivierung der Kämpfe im Osten, der Erfolge Brussilows und des Kriegseintritts Rumäniens weg. Nun schien jede Möglichkeit zu einem Separatfrieden mit Russland in weite Ferne zu rücken, und damit gewann die polnische Lösung wieder an Attraktivität.[65] Je sturer sich die Russen zeigten, desto mehr wuchs die Entschlossenheit in Deutschland, die polnische Karte zu spielen und Russisch-Polen auf Dauer dem Zarenreich zu entreißen.

Gerade die Österreicher drängten im Sommer 1916 darauf, nun an die Aufstellung großer polnischer Verbände zu gehen. Die Ursache dafür waren die katastrophale Lage an der österreichischen Ostfront und das gute Abschneiden der österreichischen Polenlegion in diesen Kämpfen. Gleichzeitig versprachen überoptimistische und übereifrige polnische Nationalisten den Österreichern große Freiwilligenverbände. Conrad glaubte sogar, bis Sommer 1917 eine etwa 250 000 Mann starke polnische Armee zur Verfügung zu haben, die helfen würde, die Ostfront zu stabilisieren.[66] Das war eine viel zu optimistische Schätzung, sie war aber gerade deshalb in der Notlage des Sommers 1916 unwiderstehlich. Polnische Nationalisten bedrängten den österreichischen Außenminister Burián, doch polnische Verbände aufzustellen, und sprachen von bis zu 500 000 Mann, die sich gewinnen ließen.[67] Allerdings war die Schaffung einer polnischen Armee gerade für die Habsburger Monarchie ein gefährliches Spiel mit dem Feuer. Zunächst ging es nur um die österreichische Polenlegion, die aufgestockt werden sollte. Wenn das aber dazu führte, dass Kongresspolen, unter Verweis auf das Nationalitätenprinzip, von Russland abgetrennt wurde – und welche andere Begründung als das Nationalitätenprinzip war vorstellbar? –, dann wurde damit ein Prinzip anerkannt, dessen Anwendung das gesamte Ostmittel- und Osteuropa, und mit ihm die Habsburgermonarchie, vollkommen umgestalten würde. Was eigene Territorien anging, hatte die Wiener Regierung dieses Prinzip bisher bewusst nicht anerkannt.[68] Doch nun waren die Probleme so groß, dass sie der Verlockung, eine polnische Freiwilligenarmee aufzustellen, nicht mehr widerstehen konnte.

Grundsätzlich hatten die Regierungen in Wien und Berlin zwei Möglichkeiten: Entweder sie entschieden sich, die polnische Karte nicht zu spielen, weil sie noch auf einen Ausgleich mit Russland hofften und auch keine Lösung für die deutschen und österreichischen Polen anzubieten hatten. Oder sie spielten die polnische Karte energisch aus, dann wäre es aber erforderlich gewesen, den Polen politisch etwas anzubieten. Die ganz große Lösung – nämlich auch die eigenen polnischen Territorien an ein neuzugründendes Polen abzutreten – lag vollkommen außerhalb der Vorstellung der deutschen und österreichischen Zeitgenossen. Es gab nicht einmal Diskussionen darüber, und sie wäre in beiden Ländern innenpolitisch nicht durchsetzbar gewesen. Auch führende preußische Polen wie Graf v. Hutten-Czapski träumten nur von einem Polen auf russische Kosten. Schließlich war die Provinz Posen mit Preußen und seiner Führungsschicht sehr eng verwoben. Hindenburg war in Posen geboren worden, Falkenhayn in Belchau bei Graudenz, Ludendorff bei Schwersenz; alle drei stammten also aus Westpreußen oder aber aus dem preußisch-deutschen Teil Wielsko Polskas. Der Name «Preussisch-Polen» existierte auch in der deutschen politischen Diskussion der Zeit nicht, obwohl sehr viel über die polnische Nationalitätenproblematik in den Ostprovinzen gesprochen wurde. In Österreich-Ungarn war man flexibler, wobei hier auch komplexe Spekulationen über die ethnischen und politischen Mehrheitsverhältnisse in Cisleithanien eine Rolle spielten. Aber auch hier wurde eine Abtretung Galiziens nur im Zusammenhang mit der sogenannten austropolnischen Lösung erwogen, also der Übernahme der politischen Kontrolle Russisch-Polens durch die Habsburger, wobei Erzherzog Karl Stephan als Regent gehandelt wurde. Kaiser Franz Joseph und sein Nachfolger, Kaiser Karl, wollten im Übrigen beide selbst König von Polen werden. Da also Konzessionen in den eigenen polnischen Gebieten nicht zur Debatte standen, hätten die Zentralmächte den Einwohnern Russisch-Polens zumindest feste staatliche Strukturen bieten müssen, etwa eine festgelegte Grenze, eine eigene Regierung, einen eigenen Regenten. Erst nach Etablierung des Staates hätten sie darangehen können, die Armee zu schaffen, um die es ihnen in Wahrheit ging.

Das Dümmste, was man machen konnte, war, alle diese Fragen offenzulassen und die Armee direkt aufzustellen. Beseler wusste das und warnte, ohne Staat werde es keine Armee geben. Er hielt eine 30 000 Mann, später 100 000 Mann umfassende Armee für realistisch.[69] Doch das erkennbar Dümmste wurde doch gemacht, wobei in Deutschland das mächtige Drängen Ludendorffs den Ausschlag gab, während Bethmann aus Gründen, die später noch zu erwähnen sind, abwarten wollte.[70] Am 5. November 1916 wurde ein «Königreich Polen» proklamiert. Eine der Ursachen für diese Stümperei war die Uneinigkeit zwischen den Mittelmächten. Sie hatten sich nicht einmal zur Zusammenlegung der beiden Generalgouvernements entschließen und auch nicht auf einen Regenten einigen können. Erst 1917 wurde ein provisorischer Staatsrat durch einen provisorischen Kronrat ersetzt.[71] Vier Tage nach der Proklamation des Königreichs ohne König und ohne Regierung und ohne Grenzen wurde die Aufstellung der polnischen Armee verkündet. Es war nicht erstaunlich, dass sehr schnell neben allen Plakaten, die zur Freiwilligenstellung aufriefen, die Forderung angebracht wurde, dass es ohne Regierung keine Armee geben werde.[72] Und noch weniger verwunderlich war, dass der Aufruf ein kompletter Reinfall war. Bis Februar 1917 hatten sich gerade einmal 3200 Mann gemeldet.[73]

In den folgenden Monaten sollten sich, wenn auch langsam und unvollkommen, festere Strukturen in dem polnischen Königreich herausbilden. Nachdem die Proklamation einmal gemacht worden war, führte nun kein Weg mehr zurück. Allerdings gab es für die Polen keinen Grund, Wien und Berlin für diese Staatsgründung besonders dankbar zu sein.

Abb. 20 Der «Simplicissimus» fragt in diesem Cartoon, ob das neugegründete Polen sich seinen «Eltern», dem Deutschen Reich und Österreich-Ungarn, gegenüber dankbar erweisen würde.

Außerdem driftete die Diskussion sehr bald schon in eine unerwünschte Richtung, als Woodrow Wilson sich für die polnische Staatlichkeit zu interessieren begann und einen unabhängigen polnischen Staat nach Kriegsende forderte.[74] Das war absolut nicht, was die Zentralmächte gewollt hatten, da hierdurch die Frage nach der Zukunft der österreichischen und preußischen Gebiete aufgeworfen wurde. Die Fortschritte im Warschauer Marionettenstaat wurden außerdem immer wieder durch lächerliche politische Vorbehalte gestört, so zum Beispiel durch den Streit um den Inhalt des Soldateneides, den die polnischen Soldaten zu leisten hatten.[75] Sie wehrten sich dagegen, nicht nur auf den noch nicht vorhandenen König, sondern außerdem noch auf das Bündnis mit den Zentralmächten vereidigt zu werden.

Die Polenproklamation war eindeutig ein Fiasko, da sie ihren Zweck, nämlich die polnische Wehrkraft auszunutzen, nicht erreichte. Sie war auch nicht geeignet, die Sympathie und Dankbarkeit der Polen zu gewinnen, da die Absicht der plumpen Aktion überdeutlich war und wirkliche politische Konzessionen fehlten. Und doch hatte sie eine ungeheure und historisch bedeutsame Fernwirkung, die weit über den Ersten Weltkrieg hinausragt. Gegen den Willen der Mittelmächte wurde hier eine Entwicklung in Gang gesetzt, die bald schon gewaltige Ausmaße bekommen und mit den drei östlichen Kaiserreichen auch das alte Europa unter sich begraben sollte: die Umgestaltung Osteuropas nach dem Nationalitätenprinzip.

***

Was aber den Ausgang des Krieges anging, wurde eine andere Frage entscheidend, die ebenfalls weltgeschichtliche Dimensionen annehmen sollte: das massive Drängen der Marine, den U-Boot-Krieg wieder aufleben zu lassen, um England friedensbereit zu machen. Im Frühjahr 1916 hatten der Reichskanzler und seine Ratgeber, unterstützt vom Kaiser, sich gegen Falkenhayn durchsetzen können, der auf die Eröffnung des unbeschränkten U-Boot-Krieges drängte. Doch während des Sommers 1916 änderte sich unter dem Eindruck der angespannten militärischen Lage die Stimmung. Helfferich, der tatkräftigste und kompetenteste Unterstützer Bethmann Hollwegs in dem Kampf gegen die U-Boot-Fanatiker, stellte im Oktober 1916 fest, dass sich im Reichstag der Wind gedreht hatte.[76] Eigentlich müsste man sagen, der Wind war zu einem Sturm herangewachsen. Bethmann Hollweg selbst hatte dies auch gefühlt. Er schätzte zwar die Gefahren, die sich aus dem unbeschränkten U-Boot-Krieg ergeben würden, immer noch sehr zutreffend ein und lehnte ihn deshalb ab. Doch machte er das, wie immer, in der ihm eigenen Ambivalenz, indem er seine Ablehnung an bestimmte militärstrategische Bedingungen knüpfte, von denen er durchblicken ließ, dass sie sich vielleicht in der Zukunft ändern würden. Außerdem meinte er, der allgemeinen Stimmung entgegenkommen zu müssen, und sagte am 28. September 1916 im Reichstag, England sei der «selbstsüchtigste, hartnäckigste und erbittertste Feind» des Deutschen Reiches.[77] Und er erklärte: «Ein deutscher Staatsmann, meine Herren, der sich scheute, gegen diesen Feind, jedes taugliche, den Krieg wirklich abkürzende Kampfmittel zu gebrauchen, ein solcher Staatsmann verdiente gehängt zu werden.»[78] Dieses markige

Abb. 21
Ein hasserfülltes antienglisches Propagandaposter

Urteil wurde, so vermerken die stenographischen Protokolle, durch «lebhafte Bravorufe und andauerndes Händeklatschen im Hause und auf den Tribünen» honoriert.[79] Auch glaubten die Parlamentarier nun, der Kanzler habe seinen Widerstand gegen den U-Boot-Krieg abgemildert.[80] Interne Äußerungen bestärken diesen Eindruck. Bethmann schwankte und zweifelte. Zwar nicht so weit, dass er seine Überzeugung aufgab, dass der U-Boot-Krieg fatal sein würde, aber weit genug, um dem Druck «der Straße» etwas nachzugeben.[81]

Die Kampagne zugunsten des rücksichtslosen U-Boot-Krieges war immer mehr zu einer politischen Massenbewegung geworden, die zuerst die Marine und Marineenthusiasten und dann weite Teile der Bevölkerung ergriffen hatte. Dies lag auch an ideologischer Voreingenommenheit. Es gab eine Reihe ausgeprägter Englandhasser in der wilhelminischen Führung, und Englandfeindschaft war, neben der Idee von der unvermeidlichen slawisch-germanischen Auseinandersetzung, eine ideologische Konstante des wilhelminischen Deutschland.[82] Falkenhayn war zeitlebens ein erklärter Anglophober, der glaubte, dass England nicht einlenken werde, «bevor es völlig außerstand gesetzt sei, den Krieg fortzusetzen. … Wir kämen deshalb nie um den U-Boot-Krieg herum, wenn wir nicht untergehen wollten.»[83] Ludendorff war nicht besser und sagte: «Wollte ich aber eine Politik machen, so würde sie heißen: Ich hasse England.»[84] Eine breite Gruppe von Politikern und Intellektuellen sah dies ähnlich. Werner Sombart trieb die Englandfeindschaft in seinem Buch «Händler und Helden» auf die Spitze und konstruierte einen Gegensatz zwischen deutschem Heroismus und einer «händlerischen Weltanschauung», der «englischen Krankheit».[85] Der Englandhass reichte auch nach unten. Ernst Lissauers Gedicht «Hassgesang gegen England» von 1914 war weitverbreitet und vielzitiert; viele kannten es auswendig, und der Autor bekam vom Kaiser den «Roten Adlerorden» verliehen. Das war keine individuelle Verirrung: Nach Ansicht Stefan Zweigs wurde diese «Haßhysterie» 1914 «vom ersten bis zum letzten geteilt».[86] Die Anglophobie verband sich mit den Auswirkungen der wirtschaftlichen Notlage im Inneren, dem Klima der wachsenden Verzweiflung und Hoffnungslosigkeit. Das Argument der Anglophoben und U-Boot-Fanatiker, die Regierung lasse es gegenüber England an der notwendigen Rücksichtslosigkeit fehlen, während das deutsche Volk darbe, fiel wahrscheinlich nicht nur bei den Anhängern der Rechtsparteien auf fruchtbaren Boden.[87] Die Erbitterung gegen die USA, gegen den falschen Neutralen, der die Feinde mit Kriegsmaterial beliefere und gleichzeitig Deutschland daran hindere, mit den geeigneten Waffen gegen seinen Hauptgegner energisch vorzugehen, wuchs parallel dazu.[88] «Amerika sei schon jetzt unser Feind»,[89] stellte Falkenhayn im März 1916 fest, und wenige hätten ihm da widersprochen. Man sprach von der amerikanischen «Papierneutralität» und davon, dass «der Feldgraue, den amerikanische Geschosse überschütteten, … nur die gewaltige Unterstützung [sah], die Amerika einseitig unseren Feinden gewährte».[90] Der Zentrumsabgeordnete Gröber meinte im Oktober 1916, die Angst vor den USA sei ihm unverständlich, denn schon jetzt sei Deutschland mit ihnen latent im Krieg.[91]

Die Volksbewegung zugunsten des unbeschränkten U-Boot-Krieges hätte sich nicht herausbilden können, wenn die Marine nicht die Vaterschaft übernommen und gleichzeitig auch massive Geburtshilfe geleistet hätte. Großadmiral v. Tirpitz war prädestiniert dafür, die öffentliche Meinung zu beeinflussen. Er war 1897 Staatssekretär im Reichsmarineamt geworden und hatte also schon fast zwanzig Jahre Erfahrung in der Behandlung von Presse, Parlament und öffentlicher Meinung. Bei ihm mischten sich Geschicklichkeit im Umgang mit der Öffentlichkeit mit grenzenlosem und selbstgerechtem Geltungsdrang. Gleichzeitig war er, da seit März 1916 entlassen, politisch nicht verantwortlich, was ihn zusätzlich enthemmte, denn er musste die Konsequenzen des von ihm Geforderten nicht selber tragen. Tirpitz ließ, praktisch ungehindert von der Zensur, Propaganda für den U-Boot-Krieg machen und schürte unrealistische Hoffnungen und Erwartungen. Er stellte die kühnsten Behauptungen auf, was sich durch ihn alles erreichen ließe. Die Marine versorgte Abgeordnete und Journalisten mit Denkschriften und Informationen, teilweise auch mit vertraulichem Material.[92] Der Flottenverein, der etwa eine Million Mitglieder hatte, war ebenfalls sehr rührig, und auch der Alldeutsche Verband betrieb Propaganda für den U-Boot-Krieg. Prominente Politiker der Rechten und der rechten Mitte, wie Bassermann, Stresemann, Graf Westarp und Spahn, also die Konservativen, die Nationalliberalen und Teile des Zentrums, propagierten gleichfalls den U-Boot-Krieg. Der Zentrumsabgeordnete Erzberger opponierte zwar, konnte sich aber in seiner Partei nicht durchsetzen.[93] Eine besonders prominente Rolle spielte auch der ostpreußische Generallandschaftsdirektor (und spätere Putschist) Kapp, der Bethmann 1916 in der Frage des U-Boot-Krieges sogar zum Duell forderte. Hinzu kamen einflussreiche Einzelne, wie der Historiker Dietrich Schäfer,[94] der als Verfasser und Verteiler von Denkschriften Einfluss auf die öffentliche Meinung zu nehmen und Druck auf die Regierung auszuüben versuchte. Wie der U-Boot-Krieg zum Erfolg führen sollte, angesichts der zu geringen Zahl der U-Boote, blieb unklar. Es mag sein, dass manche sich von der Marine täuschen ließen und von einer sehr viel größeren Zahl ausgingen. Vielen half auch ihr schablonenhaftes Bild von England als kühl rechnender Handelsnation, die immer andere vorschicke, aber nicht selber Opfer bringen wolle (wie Sombarts Buch «Händler und Helden» suggerierte); Gustav Stresemann äußerte sich im Reichstag ähnlich,[95] und im Gründungsaufruf der «Deutschen Vaterlandspartei» sollte der Satz stehen: «Dem deutschen Volk geht es nicht, wie England, nur um das Geschäft!»[96] Die U-Boot-Enthusiasten glaubten, England wolle Deutschland «erdrosseln», wolle dies aber nur mit begrenztem eigenen Aufwand tun[97] und werde den Krieg aufgeben, wenn er zu kostspielig würde. Sie argumentierten mit ihrem «sicheren

Gefühl», England werde nachgeben und Amerika nicht eingreifen.[98] Die englische Entschlossenheit und Opferbereitschaft wurden also falsch eingeschätzt. Die Gegner des U-Boot-Krieges wie Karl Helfferich warnten davor: Warum sollte England nicht genauso entschlossen sein wie Deutschland und genauso in der Lage und willens, sich notfalls einzuschränken und weiterzukämpfen?[99]

Doch selbst die Linksparteien des Reichstags waren damit einverstanden, die U-Boote rücksichtslos einzusetzen, sollten sie in ausreichender Anzahl vorhanden sein; so äußerten sich jedenfalls die Abgeordneten Müller-Meiningen und Payer von der Fortschrittlichen Volkspartei. Schon am 6. April 1916 hatten die Parteien eine Resolution verabschiedet, mit der sie die Regierung unter beträchtlichen Druck setzten, indem sie verlangten, die U-Boote einzusetzen, um einen guten Frieden zu erreichen. Die SPD hatte sich an dieser Entschließung beteiligt, aber den Zusatz verlangt und erhalten, dass die «berechtigten Interessen der neutralen Staaten zu wahren» seien.[100] Dies zeigt erneut, wie sehr, bis weit in die politische Linke hinein, der Gedanke vom U-Boot-Krieg Fuß gefasst hatte, wenn auch die sozialdemokratische Parteiführung selbst immer gegen den unbeschränkten U-Boot-Krieg war. Doch war diese Stimmung nicht weiter verwunderlich. 1916 waren fast alle Nahrungsmittel rationiert, und es gab zeitweise, nachdem die Ernte 1916 durch den nassen Herbst verdorben wurde, nur noch vier Pfund Kartoffeln pro Woche.[101] Besonders betroffen waren die großstädtischen Unterschichten. Auch dadurch entstand zusätzlicher politischer Druck, den ohnehin in vielfacher Hinsicht gesellschaftlich unerträglich gewordenen Krieg so schnell wie möglich, und unter Einsatz aller Mittel, endlich abzuschließen.

Hinzu kam ein weiterer und oft unberücksichtigter Punkt. Das Hauptargument gegen den U-Boot-Krieg war nicht Großbritanniens Reaktion, sondern die der USA. Doch selbst die überzeugtesten Gegner des unbeschränkten U-Boot-Krieges unterschätzten die USA, und zwar weniger in wirtschaftlicher als vielmehr in militärischer Hinsicht. Dies wirkt, in der Rückschau, wie unverzeihliche Kurzsichtigkeit; in der Situation selbst mag es nachvollziehbarer gewesen sein. Es fehlte jede historische Erfahrung mit den USA als außerhalb ihres Kontinents agierender Macht. Seit George Washington sie auf einen isolationistischen Kurs festgelegt hatte, schienen die Amerikaner keinerlei Ambitionen zu haben, sich außerhalb ihres Doppelkontinents militärisch zu engagieren. Die amerikanische Armee war klein, kleiner als die Bulgariens. In der deutschen Perspektive wurden deshalb die USA als Wirtschaftsgroßmacht, aber nicht als militärischer Gegner für voll genommen; es fehlten ihr doch offenbar die Mittel, vor allem aber der Willen, sich militärisch zu engagieren. Auch die größten Pessimisten, zu denen beispielsweise Max Weber, Karl Helfferich oder Kronprinz Rupprecht gehörten, glaubten, dass die USA sich, wenn überhaupt, nur mit wenigen Hunderttausend Freiwilligen in Europa militärisch engagieren würden. Kronprinz Rupprecht schrieb am 11. Februar 1917 in sein Tagebuch: «Ich glaube kaum, daß die Amerikaner uns tatsächlich, außer vielleicht zur See, bekämpfen werden, sie werden sich vermutlich darauf beschränken, das zu tun, was sie schon bisher zu unserem Schaden taten, nämlich unsere Gegner durch Geld und durch Lieferungen von Kriegsmaterial zu unterstützen.»[102] Max Weber war etwas pessimistischer; er glaubte immerhin, mit einer «überaus große[n], nach vielen hunderttausenden zu schätzende[n] Anzahl gut gerüsteter und sportlich trainierter amerikanischer Freiwilligen an der Westfront» rechnen zu müssen.[103] Das deckte sich mit der Einschätzung des amerikanischen Präsidenten. Woodrow Wilson rechnete für den Kriegsfall mit einem amerikanischen Freiwilligenkorps von höchstens 500 000 Mann, und auch die französische und britische Regierung erwarteten nicht mehr.[104] Das macht es verständlich, dass selbst die unbedingten Gegner des U-Boot-Krieges die Gefahr verkannten, dass die Amerikaner ein neues Millionenheer aufstellen und nach Europa schicken würden. Einer der Mitarbeiter Ludendorffs, Major Wetzell, gehörte zu den wenigen, die das anders sahen; er verwies auf das Beispiel des Sezessionskriegs, in dem die Amerikaner in kurzer Zeit Millionenheere aus dem Boden gestampft hatten.[105] Doch die meisten, wie etwa Ludendorff, machten es sich leicht. Er sagte nur: «Mag Amerika tun, was es will»,[106] oder «Ich pfeife auf Amerika»,[107] und so wie er dachten viele. Auch ihnen war die gewaltige industrielle Leistungsfähigkeit der USA bekannt, aber das war in ihren Augen eher ein Argument für als gegen den rücksichtslosen U-Boot-Krieg, da sie glaubten, dieses Potential käme bereits jetzt einseitig dem Gegner zugute, der ungehindert jenseits des Atlantiks all das kaufen konnte, was er zur unbegrenzten Fortsetzung des Krieges brauchte, und das auch noch auf Kredit. Und solange Amerika lieferte, würde die Entente nicht aufgeben. Da schien es doch sehr viel logischer zu sein, die transatlantische Zufuhr Großbritanniens mit aller Macht anzugehen und abzuschneiden. «Finanziell und in sonstiger Weise behandelt [Amerika] uns schon jetzt als Feind,» sagte Falkenhayn am 7. Januar 1916.[108] Daher habe Deutschland von den USA nichts Schlimmeres zu befürchten als das, was es sowieso schon zu erdulden hatte; ihre militärische Intervention wäre ohnehin zweitrangig. Auch Max Weber, der intelligenteste und eloquenteste Gegner des U-Boot-Krieges, glaubte, der Kriegseintritt der USA werde in erster Linie wirtschaftliche Auswirkungen haben. Die USA würden, so meinte er, die Feindmächte in weit größerem Umfang als bisher beliefern und ökonomisch stützen; auch die Frage der Finanzierbarkeit der stetigen US-Importe würde dann keine Rolle mehr spielen.[109] Weber unterschätzte die USA zwar militärisch, glaubte aber, ihre Intervention könne trotzdem den Krieg entscheiden. Er sah voraus, dass ein Scheitern des U-Boot-Kriegs eine Verlängerung des Krieges um mehrere Jahre, vielleicht auch den Kriegsverlust bedeuten und massive wirtschaftliche Konsequenzen, bis weit nach Friedensschluss, nach sich ziehen würde. Deshalb empfand er die Forderung nach dem rücksichtslosen U-Boot-Krieg als «Verzweiflungspolitik», die doch verrate, dass man nicht an die «kaiserliche Parole des Durchhaltens» glaube,[110] in der er selbst das Rezept für einen erträglichen Kriegsausgang sah. Er kritisierte das rasche Umschlagen der Meinungen, «das plötzliche aufgeregte, oft geradezu hysterisch anmutende Rufen nach einem ‹Weg zum Frieden›» und seitens der Regierung den fehlenden Mut, sich der Agitation für den U-Boot-Krieg entgegenzustellen.[111] Weber schrieb, er habe «von Anfang des Krieges an dessen Ausgang mit unbedingtem Vertrauen darauf, dass wir mit Ehren aus ihm hervorgehen werden, entgegengesehen. Zum ersten Mal angesichts solcher Erscheinungen und angesichts der Chance, dass, auf einen ganz unsicheren Einsatz hin, ein Krieg mit Amerika in den Bereich der Möglichkeit tritt, hegt er [Weber] ernste Besorgnisse für das Land und eventuell für die Zukunft der Dynastie.»[112]

Weber hatte damit die Volksbewegung in Deutschland exakt beschrieben, die aus schierer Verzweiflung über einen Krieg, der nicht zu Ende gehen wollte und immer höhere Opfer forderte, hysterisch nach irgendeinem Ausweg verlangte und damit anfällig für vollkommen unausgegorene Rezepte und Versprechungen wurde. Hier traf sich auch der Wunsch manches Politikers der Linksparteien, den Frieden zu bringen, mit dem der Rechten, den Krieg mit einem Sieg abzuschließen. Beide Seiten konnten, wenn auch aus unterschiedlichen Motiven, den U-Boot-Krieg befür-

München, 9. Februar 1915 Preis 30 Pfg. 19. Jahrgang Nr. 45

SIMPLICISSIMUS

Begründet von Albert Langen und Th. Th. Heine

Das neutrale Amerika

Abb. 22
Geschäfte mit dem Tod – der «Simplicissimus» kritisiert die Lieferungen der USA an die Alliierten.

worten. Dies traf auf die notleidende Bevölkerung ebenso zu wie auf die führenden Militärs, die mit ihrem Latein am Ende waren. Denn letztlich wurde entscheidend, was die OHL wollte, auch weil der Reichstag vom Reichskanzler immer massiver verlangte, sich in dieser Frage der militärischen Sachkompetenz unterzuordnen. Hindenburg und Ludendorff hatten im Herbst 1916 einer Verschiebung des U-Boot-Krieges wegen der damals kritischen Balkanlage zugestimmt. Doch war klar geworden, dass sie tendenziell zu den Befürwortern gehörten. Im Dezember 1916 urteilte Ludendorff dann, «dass ohne rücksichtslosen U-Boot-Krieg wir den Feldzug verlieren würden. Seine Eindrücke von der Westfront hätten ihn darin bestärkt.»[113]

Es ist klar, warum Teile der Bevölkerung und der Parteien und warum die OHL den U-Boot-Krieg wollten. Sie glaubten an die von der Marine erzeugte Illusion, er könne den Krieg entscheiden. Dies hatte eine gewaltige Wirkung auf die deutsche Gesellschaft, die den Krieg kaum noch aushielt. Zweifel blieben aber selbst bei denen, die die Maßnahme letztlich befürworteten, wie ein Brief Lynckers vom Januar 1917 belegt: «Das U-Boot wird wohl kommen; ob es durchschlagenden Erfolg haben wird? Niemand weiß es. Es ist ein Sprung ins Dunkle. Aber es muß gewagt werden, und wird es auch.»[114]

Der gesamtgesellschaftliche Hintergrund dieser strategischen Fehlentscheidung mag hiermit zu erklären sein. Was aber bewegte die Marineführung, solche weitreichenden Versprechungen zu machen und sich nach einer so ungeheuren Verantwortung zu drängen, in der sie, wie wir wissen, vollständig versagt hat? In vielfacher Hinsicht dürfte es Druck von unten gewesen sein, der auf die oberste Führung wirkte – der Admiralstabschef, Admiral v. Holtzendorff, war ein Beispiel dafür. Er war ursprünglich eher skeptisch an das Problem des U-Boot-Krieges herangegangen und hatte vielfach Zweifel gezeigt. Doch nun wurde er von seinen unterstellten Offizieren ununterbrochen bedrängt, für den U-Boot-Krieg einzutreten, und sie drohten, ihm andernfalls den Gehorsam aufzukündigen.[115] Die Stärke, diesem Druck zu widerstehen, hatte der Admiral nicht; stattdessen suchte er sich an die Spitze der Bewegung zu setzen und übertraf schließlich die glühendsten Befürworter des U-Boot-Krieges in hyperoptimistischen Versprechungen. Die Ursache für das fatale Drängen der unteren Instanzen dürfte psychologisch zu erklären sein. Das Heer verblutete in den Materialschlachten an der Westfront, während die Marine untätig blieb. Hier kam soldatischer Aktivismus zum Tragen, derselbe Enthusiasmus, der junge Soldaten dazu bewog, sich freiwillig zu den Fliegern zu melden; der Wunsch, dem Opfergang des Heeres Gleichartiges an die Seite stellen zu können; das Gefühl, in dieser Stunde der Not zur «Rettung unseres Vaterlandes» etwas beitragen zu müssen, aber auch zu können.[116] Hindenburg und Ludendorff hatten immer wieder deutlich gemacht, dass sie Hilfeleistung der Marine für die schwer leidende Westfront verlangten, nämlich die Torpedierung der Lieferungen aus Nordamerika. Dieses Gefühl der eigenen Passivität in dieser existenzbedrohenden Krise machte die Marineführung angreifbar. Sie wollte agieren, sie wollte helfen, und das vernebelte den klaren kritischen Blick, der für unsoldatische und handlungstötende Bedenklichkeit gehalten wurde. Außerdem wurde ihr Drängen auf den unbeschränkten U-Boot-Krieg auch durch die Sorge um ihre Mannschaften beeinflusst. Die Marineführung glaubte, dass ihre U-Boot-Besatzungen ohnehin schon bei jedem Einsatz ihr Leben riskierten, und sie wollte ihnen diese Aufgabe nicht durch die Übernahme zusätzlicher Gefahren weiter erschweren. Die Versenkung nach Prisenordnung bedingte schließlich, dass ein U-Boot auftauchen, sich seinem Ziel über Wasser nähern, dieses stoppen, durchsuchen und gegebenenfalls versenken musste. Dies hielt die Marineführung für viel zu riskant angesichts der englischen Praxis, Handelsdampfer zu bewaffnen und ihnen den Befehl zu geben, gesichtete U-Boote zu rammen. Außerdem hatte die britische Marine U-Boot-Fallen ausgerüstet – harmlos aussehende Handelsschiffe, die, oft unter falscher Flagge fahrend, bewaffnet waren und, wenn sie von U-Booten zum Zwecke der Durchsuchung angehalten wurden, dann plötzlich das Feuer eröffneten. Der Führer der U-Boote, Fregattenkapitän Hermann Bauer, nahm im April 1916 auf U 67 sogar an einer Feindfahrt teil, um sich ein eigenes Bild zu machen; seine Erlebnisse – das U-Boot wurde zweimal fast von britischen U-Boot-Fallen versenkt, die unter falscher Flagge segelten – waren aber nur dazu angetan, seine schlimmsten Befürchtungen zu bestätigen.[117] Die Sorge um die Besatzungen schien einleuchtend, schließlich riskierten sie auf den meist nur wenige Hundert Tonnen großen und engen U-Booten ihr Leben, und viele starben in ihnen. Auch hatte es Vorfälle gegeben wie die Versenkung des U-Boots U 27 durch die unter amerikanischer Flagge fahrende britische U-Boot-Falle *Baralong* im August 1915 und die anschließende Ermordung der schiffbrüchigen Besatzung. Auf einem U-Boot zu dienen, verlangte selbstmörderischen Einsatzwillen. Während des Krieges starben 5100 U-Boot-Fahrer – über 50 Prozent der Besatzungen.[118] Und doch entsprach die harte Haltung der Marineführung – die entweder warnungslosen U-Boot-Krieg wollte oder aber gar keinen – nicht der Realität des Ersten Weltkriegs. Viele U-Boot-Kommandanten waren längst dazu übergegangen, Schiffe im Überwasserangriff mit ihrer Artillerie und nicht mit Torpedos zu versenken. Die U-Boote hatten nur wenige, meist 6 bis 10 Torpedos an Bord, aber 200 bis 300 Granaten für die 8,8 oder 10 cm Geschütze, mit denen die größeren Hochsee-U-Boote ausgerüstet waren. Diese Geschütze wurden vor allem dazu benutzt, kleinere Schiffe zu versenken und dafür keinen der wenigen und kostbaren Torpedos einzusetzen. Wer die Einsatzberichte der U-Boot-Fahrer, wie Max Valentiner, Arnauld de la Perière oder auch von Karl Dönitz liest, der wird feststellen, dass der Überwasserangriff zum festen Repertoire deutscher

U-Boot-Taktik gehörte. Nur die in Flandern stationierten kleineren Boote vom Typ UB oder UC hatten entweder keine oder nur kleine Geschütze; ihnen war daher das Vorgehen nach Prisenordnung nicht möglich, und auch dies sorgte für eine Verzerrung in der Wahrnehmung der U-Boot-Führung.[119]

Admiralstabschef v. Holtzendorff, der im Frühjahr noch geschwankt hatte, forderte nun den rücksichtslosen U-Boot-Krieg. Er ließ seine politischen Gegenspieler im Unklaren darüber, dass der am 15. Oktober 1916 wiederaufgenommene U-Boot-Krieg nach Prisenordnung inzwischen die Ansicht, es ginge nur mit dem rücksichtslosen U-Boot-Krieg, Lügen strafte. Die Marine hatte sehr beachtliche Erfolge erzielt[120] und fast 350 000 Tonnen Handelsschiffraum pro Monat versenken können.[121]

Allerdings glaubte realistischerweise niemand, mit dem U-Boot-Krieg nach Prisenordnung ein Wunder erreichen zu können, und ein solches versprachen die Anhänger des unbeschränkten U-Boot-Krieges. Was außerdem noch half, jeden Widerstand zu überwinden, war die Unfähigkeit aller Instanzen, militärisch und politisch bessere Alternativen aufzuzeigen. Der Reichstag wurde beispielsweise durch die militärische Lage erschreckt. Kriegsminister Wild v. Hohenborn referierte vor dem Hauptausschuss am 2. Oktober 1916, dass Frankreich noch 3,3 Millionen Soldaten, Russland noch 7 Millionen und Großbritannien noch 4 Millionen ausheben könne.[122] Da musste sich bei den Parlamentariern die bange Frage aufdrängen, ob es überhaupt noch realistische Alternativen zum U-Boot-Krieg gebe. Denn dieser Zuwachs an Kraft bei den Alliierten musste das Deutsche Reich und seine schwächelnden Bundesgenossen doch erdrücken; dazu kam die katastrophale Ernährungslage. Graf Westarp, einer der überzeugtesten Befürworter des U-Boot-Krieges, fasste in der Rückschau die Alternative so zusammen: «Wir hatten nur noch die Wahl zwischen den beiden Risiken, dem Risiko des Unterganges nach der Eröffnung des Unterseebootkrieges oder dem des Unterganges durch einen langen und endlosen Erschöpfungskrieg.»[123]

Hinzu kam, dass sich die Chancen für den Erfolg des U-Boot-Krieges verbessert hatten, was selbst unbedingte Gegner wie Karl Helfferich nicht bestritten. Es waren nun deutlich mehr U-Boote als bisher einsatzbereit. Die Marine hatte Ende 1915 über 54 U-Boote verfügt; ein Jahr später sollten es 133 sein.[124] Tirpitz' Nachfolger, Admiral v. Capelle, sprach im Reichstag von 120 Booten. Zwar war das seiner Ansicht nach nicht ausreichend,

England vollständig abzuriegeln, und doch hatten sich die Chancen auf einen Erfolg durch die miserable Welternte des Jahres 1916 verbessert. Die Ernte in den USA und Kanada war sehr schlecht, und um Getreide aus anderen Weltgegenden heranzubringen, etwa aus Argentinien oder Australien, brauchte Großbritannien Schiffsraum, der knapp war und infolge des U-Boot-Krieges noch knapper werden würde.[125] Die Debatte wurde zunehmend dominiert durch Berechnungen der englischen Tonnage, der Chancen, durch den U-Boot-Krieg diese knappe Tonnage unter das für die Lebensmittelversorgung Großbritanniens notwendige Minimum zu drücken. Helfferich gab im Reichstag zu bedenken, ob die 600 000 Tonnen, die die Marine durch den unbeschränkten U-Boot-Krieg zusätzlich zu versenken versprach, ausreichten, um in sechs bis acht Monaten die Engländer zur Kapitulation zu zwingen. Er warnte eindringlich davor, die englische Zähigkeit und Entschlossenheit zu unterschätzen,[126] und vor den Folgen einer falschen Entscheidung: «Wenn die Karte des rücksichtslosen U-Boot-Kriegs ausgespielt wird und sie sticht nicht, dann sind wir verloren, dann sind wir auf Jahrhunderte hinaus verloren.»[127]

Doch diese sehr guten Argumente fielen nicht auf einen fruchtbaren Boden. Das Zentrum verlangte am 7. Oktober 1916 in einer Resolution, dass der Reichskanzler in seiner Entscheidung an das Votum der militärischen Autoritäten, also Hindenburgs und Ludendorffs, gebunden werden sollte; die Resolution wurde von den bürgerlichen Parteien des Reichstags angenommen.[128] Damit zeichnete sich eine Koalition zwischen den Machtpolen Reichstag und OHL ab, um den Kanzler in der Frage des U-Boot-Krieges zu überspielen. Wilhelm II. war nun der Einzige, der dem Kanzler noch helfen konnte, seinen Kurs durchzuhalten. Doch Helfferich glaubte, das Spiel sei verloren angesichts der gewaltigen Popularität Hindenburgs und auch, weil er fest annahm, dass Ludendorff, der im Herbst wegen der Kriegslage noch auf den U-Boot-Krieg verzichtet hatte,[129] sicher für ihn plädieren würde. Er beschrieb später die Stimmung in diesem Moment wie folgt: «Der ganze Ingrimm darüber, dass wir seit mehr als zwei Jahren ohne Gegenwehr den schändlichen Hungerkrieg Englands über uns hatten ergehen lassen müssen, während wir nach der Erklärung der höchsten Marine-Autoritäten über ein sicheres Mittel verfügten, den Hungerkrieg zu brechen ... und dem Kriegsjammer in kurzer Zeit ein Ende zu machen – der ganze Ingrimm darüber, dass Amerika uns den Gebrauch dieser Waffe verwehrte, während es den Hungerkrieg des

Feindes gewähren ließ und die Ententearmeen zu ihren furchtbaren Offensiven mit Kriegsgerät und Munition ausstattete – dieser Ingrimm war nicht mehr zu bändigen und zu halten in dem Augenblick, wo Hindenburg und Ludendorff den von der Reichstagsmehrheit im voraus gebilligten uneingeschränkten U-Boot-Krieg vom Kanzler verlangten.»[130]

Für den Augenblick war der Kanzler noch Herr der Lage – dank des Zusammengehens mit der OHL. Riezler urteilte: «Hindenburgs Einigkeit mit dem Kanzler hat gewirkt und alles scheut sich, sich durch Gegnerschaft gegen Hindenburg zu kompromittieren.»[131] Doch dieser Mechanismus, der ihn jetzt vor seinen zahlreichen politischen Gegnern schützte, sollte sich bald schon als fatal erweisen – genau in dem Moment, in dem sich eine realistische Chance zu eröffnen schien, diesen Krieg unter erträglichen Konditionen zu beenden.

12

«Ein meisterhafter Coup»: Die Friedensfühler des Dezember 1916

> Man kann nicht mit der einen Hand den Olivenzweig halten und mit der anderen die Pistole abknallen.
>
> *Wilhelm Solf, Januar 1917*

Parallel zum Aktivismus der neuen OHL und der Diskussion um den U-Boot-Krieg hatte der Kanzler eine Friedensinitiative gestartet. Der Widerspruch blieb nicht unbemerkt. Staatssekretär Wilhelm Solf schrieb in diesen Monaten: «Man kann nicht mit der einen Hand den Olivenzweig halten und mit der anderen die Pistole abknallen.»[1] Und ähnlich drückte sich der Ende Oktober 1916 entlassene Kriegsminister Wild v. Hohenborn aus: «Den einen Tag ruft's aus Pleß ‹furor teutonicus›, den nächsten strecken wir die Friedenshand aus.»[2] Die Kritik kam allerdings aus unterschiedlichen Lagern; Solf hielt den militärischen Aktionismus, Wild die Friedensbemühungen für einen Fehler.

Dass der Krieg nur auf dem Verhandlungsweg beendet werden konnte, hatte Falkenhayn dem Kanzler schon in der Besprechung im November 1914 nahezubringen versucht. Seine Forderungen hatten nicht zu einem generellen Friedensangebot, sondern zu Versuchen der deutschen Außenpolitik geführt, mit den Mitteln der Geheimdiplomatie einen Gegner, vorzugsweise Russland, für einen Separatfrieden zu gewinnen und aus der gegnerischen Allianz herauszubrechen. Dies war am Durchhaltewillen der russischen Regierung und an der Einigkeit der Entente gescheitert. Die deutsche Führung hatte, aus den schon vielfach diskutierten Gründen, selbst einen massiven Widerwillen gegen diese Art des Kompromissfriedens, da er sich nicht mit den eigentlich gewünschten und von Teilen der politischen Öffentlichkeit vehement geforderten Kriegsgewinnen vereinbaren ließ. Bethmann Hollweg glaubte aber, in seinen öffentlichen Reden sehr klargemacht zu haben, dass seine Regierung verhandlungs- und friedensbereit war. Im Januar 1916 war er mit Edward «Colonel» House, dem engsten Berater Woodrow Wilsons, zusammengetroffen, der auf Europareise war und Friedensmöglichkeiten auslotete. Gegenüber House erregte sich Bethmann darüber, dass er unter den kriegführenden Regierungschefs der einzige sei, der von Frieden rede; und er beklagte sich darüber, absolut kein Echo zu finden.[3] House, dessen Sympathien klar bei der Entente lagen, versuchte ihm zu erklären, warum die Gegner nicht auf seine Avancen eingingen: Deutschland versuche doch nur, seine derzeit günstige strategische Lage auszunutzen und damit einen militärischen Vorteil in einen politischen umzumünzen («Germany tries to cash her victories»), während die Entente diesen Vorteil für einen vorübergehenden halte und auf den Umschwung warte, der infolge ihrer weit überlegenen Ressourcen nur eine Frage der Zeit sein könne.[4] Bethmann war offen in dieser Unterredung und meinte, Deutschland sei bereit, die besetzten belgischen und französischen Gebiete gegen Entschädigung zu räumen. House hielt die Idee einer Entschädigung hingegen für abwegig. Auch beschrieb der Kanzler mit Enthusiasmus seine Idee einer deutsch-britisch-amerikanischen Allianz. House wurde diese Unterhaltung zu viel; er hielt den Kanzler für wirklichkeitsfern, für «wohlmeinend, aber mit beschränkten Fähigkeiten».[5] Er schwieg, wobei aus der Rückschau gesagt werden könnte, dass Bethmanns Idee zwar keine Chance auf Verwirklichung hatte, aber das Potential für eine sehr viel dauerhaftere Friedensordnung versprochen hätte als jene des Jahres 1919.

Der Bericht des Obersten zeigt, wie kühl der Amerikaner auf Bethmanns Avancen reagierte. Er dokumentiert gleichzeitig, dass die deutsche Führung ihre Gesprächsbereitschaft demonstrierte und, gemessen an den Forderungen der Annexionisten in Deutschland und auch an denen der Entente, inzwischen nur noch sehr moderate Kriegsziele hatte. Bethmann wollte mit sich reden lassen, und das war den Amerikanern, ebenso wie den Regierungen der Entente, sehr wohl bekannt. Doch wollten diese solche Gespräche nicht führen, solange die Zentralmächte noch große Gebiete unter ihrer Kontrolle hatten und daher in der Position relativer militärischer Stärke mit ihnen von gleich zu gleich verhandeln konnten. Die Entente wurde auch von den USA nicht unter Druck gesetzt, größere Verhandlungsbereitschaft zu zeigen; das Gegenteil traf zu. House hatte sich mit Grey Anfang 1916 abgesprochen, dass sich die USA im Fall von Friedensverhandlungen für einen der Entente günstigen Frieden einsetzen würden, und sollte Deutschland sich widersetzen, würden die USA in den Krieg eintreten.[6] Diese Vereinbarung, die einer amerikanischen Garantie für die Entente nahekam, sie diesen Krieg nicht verlieren zu lassen, kam nicht zum Tragen, da die britische und französische Regierung die Hoffnung auf den Sieg nicht verloren und deshalb kein Interesse an Friedensverhandlungen hatten.[7]

Nach dem Chefwechsel in der Armee wollte der Reichskanzler einen neuen Anlauf unternehmen, um den Dialog mit den Feinden zu suchen. Er brachte Hindenburg und Ludendorff zwar ein «festes Gefühl des Vertrauens» entgegen,[8] hielt aber die Lage der Mittelmächte für sehr ernst und wollte deshalb, wie er am 31. August 1916 seinen engsten Mitarbeitern anvertraute, alles versuchen, den Frieden so schnell wie möglich herbeizuführen. Er hielt die bisherige Separatfriedenstaktik für gescheitert und wollte etwas Neues ausprobieren. Der einzige Weg, den er noch sah, war, Präsident Wilson und die USA um ihre Vermittlung zu bitten. Belgien müsse man preisgeben.[9] Helfferich warnte ihn; er hielt Wilson für parteiisch und daher würde eine von ihm organisierte Friedenskonferenz zum Gericht der Gegner über Deutschland werden. Er schlug vor, stattdessen Polen preiszugeben und die Einigung mit Russland zu versuchen. Bethmann Hollweg erwiderte, diesen Versuch sähe er als chancenlos an. Er sei schon wiederholt unternommen worden und habe zu nichts geführt, was auch der Staatssekretär des Auswärtigen Amtes, Gottlieb v. Jagow, bestätigte. Hinzu kam, dass Bethmann wie Jagow ohnehin eher einen Ausgleich mit den Westmächten präferierten.

Noch dringender als die deutsche Regierung ersehnte sich die österreichisch-ungarische einen baldigen Frieden, da sich die militärische Lage und auch die inneren Verhältnisse der Donaumonarchie im Kriegsjahr 1916 geradezu katastrophal verschlechtert hatten.[10] Der Reichskanzler besprach die Kriegslage am 18. Oktober 1916 mit dem österreichisch-ungarischen Außenminister Graf Burián. Die Unterredung drehte sich eigentlich um die Zukunft Russisch-Polens, aber Burián kam auch auf das dringende Problem des Friedens zu sprechen und schlug eine Initiative der Mittelmächte vor. Die Zentralmächte sollten den Gegnern durch neutrale Übermittler gemäßigte Friedensbedingungen anbieten.[11] Dieser Vorschlag lief gleichzeitig auch auf eine Harmonisierung der Kriegsziele der Kriegsallianz hinaus, die es bisher nicht gegeben hatte. Wien wollte vor allem einen Anteil am Gewinn garantiert bekommen. Deutschland war der weit stärkere Partner, und die österreichische Führung hatte die Befürchtung, dass es deshalb den Löwenanteil für sich beanspruchen würde. Außerdem schlug Burián eine Besitzstandsgarantie vor; die Partner sollten sich gegenseitig den Status quo ante garantieren, als Minimalziel beim Friedensschluss. Davon hätten die Donaumonarchie und das Osmanische Reich profitiert, da Teile ihrer Territorien vom Feind besetzt waren, während Bulgarien vollkommen feindfrei war und Deutschland nur kleine Grenzbezirke im Oberelsass an die Franzosen verloren hatte.[12] Deshalb war auch die deutsche Regierung alles andere als begeistert von dieser Idee, die sie verpflichten würde, den Krieg bis zur Rückeroberung aller österreichischen und türkischen Gebiete weiterführen zu müssen.

Die Verbündeten hatten, wie hier deutlich wurde, unterschiedliche Interessen, und das erschwerte auch die Suche nach einem Ausweg aus dem Krieg. Außenminister Graf Burián wollte im Westen im Wesentlichen zum Status quo ante zurückkehren. Belgien sollte wieder ein souveräner Staat werden, wie vor dem Krieg, Frankreich alle seine derzeit besetzten Territorien zurückerhalten und Deutschland seine Kolonien und zusätzlich den Kongo gewinnen. Ein Königreich Polen sollte gegründet werden, wobei Burián, der in der Monarchie, und auch überall sonst, die Reputation eines ungewöhnlich hartnäckigen Verhandlungspartners hatte, zäh an der austropolnischen Lösung festhielt.[13] Er war im Westen generell entgegenkommend, wollte aber auf Gewinne für die Habsburgermonarchie nicht verzichten. Er verlangte für Österreich-Ungarn und Bulgarien Gebietserwerbungen auf russische, serbische und rumänische Kosten; den Russen sollten dafür Erleichterungen bei der Dardanellendurchfahrt angeboten werden.[14]

Diese Verhandlungen zeigten einige der Schwierigkeiten, die sich bei einer Friedenskonferenz stellen würden. Die beiden Hauptpartner des

Vierbundes konnten sich nicht einmal untereinander auf gemeinsame Kriegsziele einigen. Und wenn sich schon die Verbündeten bei den Kriegszielen befehdeten, wie sollte dann eine Einigung mit den Gegnern gelingen? Auch deshalb wollte Bethmann im Friedensangebot lieber keine Bedingungen erwähnen.[15] Er meinte denn auch, die Auflistung aller Forderungen der Mittelmächte würde den Umfang eines «dicken Buches» annehmen.[16] Er befürchtete, wohl zu Recht, dass die Gegner diese Forderungen und damit das gesamte Angebot direkt ablehnen würden; auch der Eindruck bei den Neutralen würde verheerend sein. Sollten die Forderungen hingegen zu bescheiden sein, wären die Mittelmächte, sollte es zu Verhandlungen kommen, durch das von ihnen selbst festgelegte Minimum gebunden, die Gegner hätten hingegen freie Hand zu fordern, was immer sie wollten. Diese Annahmen verrieten auch, wie sich Bethmann eine Friedenskonferenz vorstellte. Er vermutete, sie würde zu einem gewaltigen Feilschen werden, bei dem alle Seiten versuchen würden, sich ihre militärisch errungenen Vorteile Zug um Zug mühsam abzuhandeln. Das erklärte auch seine Abneigung, sich auf Kriegsziele festzulegen.[17]

Allerdings drohte jedes Angebot, das nur einen Friedenswunsch ausdrückte, ohne konkret zu werden, keine große Wirkung zu entfalten. Burián und sogar Franz Joseph meinten, dass konkrete Friedensbedingungen sehr viel überzeugender sein würden als ein «bloßer allgemeiner Ausdruck der Bereitwilligkeit, in Friedensverhandlungen einzugehen».[18] Aber die Liste der Kriegsziele, die Burián vertrat, hätte den Gegnern in der Tat, da hatte Bethmann Recht, einen guten Grund zur sofortigen Ablehnung des Friedensangebots gegeben. Auch wäre damit der ebenfalls dringend erhoffte Effekt auf die Neutralen und den eigenen Durchhaltewillen, nämlich die Demonstration des guten Willens, weggefallen.

Eine Möglichkeit, dieses Problem zu lösen, wäre ein klarer und vollständiger Annexionsverzicht gewesen, ein Bekenntnis zum Status quo ante. Dieser Gedanke ist den Mittelmächten auch von unabhängiger und wohlwollender Seite suggeriert worden, nämlich von dem vatikanischen Diplomaten Marchetti, der vorschlug, Wien und Berlin sollten als Vorableistung den Status quo in Belgien und Nordfrankreich und die staatliche Selbstständigkeit Serbiens versprechen.[19] Das Programm eines Status quo ante-Frieden wäre innenpolitisch für Bethmann aber nur sehr schwer vertretbar gewesen. Er hätte nicht nur die OHL, sondern auch die Rechtsparteien, die Konservativen, die Liberalen und selbst Teile des Zentrums gegen sich aufgebracht, und er hätte sich nur auf die Linksliberalen und die Sozialdemokraten stützen können. Ein solcher Frieden entsprach auch nicht wirklich dem, was sich Bethmann und Burián erhofften. Ein Annexionsverzicht musste zudem Rücksicht auf Bulgarien nehmen, das schließlich in den Krieg eingetreten war, um Mazedonien zu erobern. Ein gewaltiger Vorteil wäre wiederum gewesen, dass ein solches Angebot des Annexionsverzichts die gegnerischen Regierungen bei einer Ablehnung unter extremen Rechtfertigungsdruck gebracht und sie überall, innen- wie außenpolitisch und auch bei den Neutralen, als Kriegsverlängerer hätte erscheinen lassen.

Bethmann wurde in seinem Wunsch, ein Friedensangebot zu erlassen, durch scheinbar mildere Töne der britischen Regierung weiter ermutigt. Am 23. Oktober 1916 hielt Sir Edward Grey eine Rede auf einem Bankett der ausländischen Presse, in der er scharfe Kritik an Deutschland übte, aber auch eine zukünftige bessere Friedensordnung diskutierte. Bethmann las die Rede zwei Tage später und empfand sie als anregend, auch gut zugeschnitten auf die Mentalität der Amerikaner. Sein Vizekanzler, Karl Helfferich, schlug ihm vor, nun «ein offenes Friedenswort zu sprechen, auf das unsere Feinde antworten müssten».[20] Bethmann war sofort einverstanden und fuhr zum Kaiser, der sich in Potsdam aufhielt. Wilhelm II. war enthusiastisch und gab spontan seine Zustimmung zu einem Friedensschritt.[21] Hindenburg und Ludendorff waren ebenfalls einverstanden, wollten aber alles vermieden sehen, was vom Gegner für ein Schwächezeichen gehalten werden könne.[22]

Nun musste der Kanzler die verschiedenen Regierungsinstanzen informieren. Hierbei passte er den Tenor seiner jeweiligen Audienz an. Er sandte Hindenburg ein Telegramm, in dem er die deutschen und österreichisch-ungarischen Bedingungen auflistete, die weit bescheidener als die des Jahres 1914 waren, aber immer noch Forderungen nach Territorialgewinn enthielten.[23] Es kam auch zu einem Meinungsaustausch über Kriegsziele, in dem die OHL und auch der Admiralstab mit maßlosen Bedingungen aufwarteten, die von Bethmann geschickt und dilatorisch abgewiesen wurden. Er wusste, dass die Macht der Militärs in dem Augenblick enden würde, in dem die Feinde Kompromissbereitschaft zeigten. Er sagte: «Ich weiß ganz genau, in dem Augenblick, wo eine greifbare Friedensmöglichkeit vorliegt und ich damit komme, dass ich beim Kaiser alles durchsetze.»[24] Bethmann diskutierte am 27. Oktober 1916 auch mögliche Friedensbedingungen im preußischen Staatsministerium. Die Regierung könne, so führte er aus, schließlich nicht ratlos dasitzen, während der Krieg ohne Aussicht auf durchschlagenden militärischen Erfolg weitergehe.[25] Zwar sei nur ein «magerer Frieden» zu erreichen, aber dieser werde schon eine gewaltige Errungenschaft sein: «Wenn wir der Welt gezeigt hätten, dass wir nicht zu besiegen sind, dass unsere Entwicklungsfähigkeit nicht gehemmt werden könnte, wenn wir das 1870 Erreichte erfolgreich verteidigt hätten, dann müssten wir Gott dankbar sein.»[26] Die Ansichten zu dem Friedensangebot waren im Ministerium im Übrigen geteilt.

Auch im Bundesratsausschuss für Auswärtige Angelegenheiten – die Bundesstaaten hatten schließlich ihre eigenen Annexionswünsche, wobei sich vor allem Bayern hervortat[27] – verteidigte der Kanzler Ende Oktober 1916 seine zurückhaltenden Friedensbedingungen. Die weitgespannten Hoffnungen, die man in dieser Hinsicht 1914/15 gehabt habe, seien nicht erfüllbar; der Krieg sei eben leider nicht so verlaufen.[28] Das Friedensangebot stand allerdings, wie auch im Bundesratsausschuss festgestellt wurde, im krassen Widerspruch zu der Polenproklamation, die am 4. November 1916 im Reichstag verkündet wurde.[29] Die Kronprinzen von Preußen und von Bayern hatten auch deshalb gegen diese protestiert, weil sie sämtliche Friedensmöglichkeiten mit Russland zerstören würde.[30] Helfferich sah dies ebenso; er warnte im Preußischen Staatsministerium vor der «empfindlichen Ohrfeige», die den «Weg zu einem ehrenvollen Frieden mit Russland» versperren oder verzögern werde.[31] Bethmann gab im Bundesratsausschuss auch zu, dass es einen «gewissen Widerspruch» zwischen der Polenproklamation und dem Friedensangebot gebe, aber die Generäle hätten ihn wegen der polnischen Armee gedrängt.[32] Eine kurze Frist wollte die Regierung nun verstreichen lassen, damit Polenproklamation und Friedensangebot wenigstens nicht gleichzeitig kämen. Doch einige Tage konnten den negativen Eindruck natürlich nicht verwischen. Die dilettantische Parallelität der sich widersprechenden Aktionen war, auch angesichts des Fiaskos mit der polnischen Freiwilligenarmee, in keiner Weise zu rechtfertigen,[33] obwohl Wilhelm II. sie sogar positiv umzudeuten versuchte; die Polenproklamation zeige immerhin, dass das Friedensangebot keinesfalls ein Zeichen der Schwäche sei.[34]

Am 15. und 16. November 1916 berieten die deutsche und die österreichisch-ungarische Regierung in Berlin erneut über die Kriegsziele. Bethmann, Jagow und Zimmermann vertraten die deutsche, Burián, Botschafter Hohenlohe und Mérey die österreichisch-ungarische Seite. Sie diskutierten die Forderungen, wobei sich gravierende Unterschiede gerade bei den Balkanzielen herausstellten.[35] Diese Gegensätze waren so fundamental und scheinbar unüberbrückbar, dass Bethmann seine Hoffnungen erneut auf Wilson setzte und seinen Botschafter in Washington, Graf Bernstorff, bat, wieder die Vermittlung des Präsidenten anzuregen; umso mehr deshalb, weil Wilson die Präsidentschaftswahl am 5. November gewonnen und somit seine zweite Amtszeit gesichert hatte.[36]

Und doch ging es mit dem Friedensangebot der Mittelmächte voran. Es sollte aber in einem Augenblick der militärischen Stärke erlassen werden, so dass es nicht als Schwächezeichen interpretiert werden konnte. Die Eroberung Bukarests am 6. Dezember 1916 gab dann – trotz gleichzeitiger Rückschläge vor Verdun – den erwünschten Aufhänger, aus einer Position der Stärke heraus den Frieden anbieten zu können.[37] Der Kanzler verlas das Friedensangebot am 12. Dezember 1916 im Reichstag. Zuerst pries er die militärischen Erfolge der Vormonate, die siegreiche Abwehr an allen Fronten und ganz besonders die Einnahme Bukarests, die vom Reichstag mit «stürmischem Beifall» begrüßt wurde. Unter dem lebhaften Beifall von «links und der Mitte» verkündete er, der Kaiser und seine Verbündeten wollten nun «den feindlichen Mächten den Eintritt in Friedensverhandlungen» vorschlagen.

Das Friedensangebot war in einem sehr selbstbewussten Ton verfasst – Jan Smuts, damals britischer General, sprach später von «Siegesfanfaren» –, der aber, wie die Reaktionen der Parlamentarier zeigten, auf die Stimmung des Reichstages gut abgestimmt war. Deutschland und seine Verbündeten hätten, so führte der Kanzler aus, «in diesem Kampf ihre unüberwindliche Kraft erwiesen». «Getragen von dem Bewusstsein ihrer militärischen und wirtschaftlichen Kraft und bereit, den ihnen aufgezwungenen Kampf nötigenfalls bis zum äußersten fortzusetzen (*Bravo! Rechts*), zugleich aber von dem Wunsch beseelt, weiteres Blutvergießen zu verhüten (*Bravo! Links*) und den Greueln des Krieges ein Ende zu machen, schlagen die vier verbündeten Mächte vor, alsbald in Friedensverhandlungen einzutreten. (*Erneutes Bravo!*) Die Vorschläge, die sie zu diesen Verhandlungen mitbringen werden, und die darauf gerichtet sind, Dasein, Ehre und Entwicklungsfähigkeit ihrer Völker zu sichern, bilden nach ihrer

Überzeugung eine geeignete Grundlage für die Herstellung eines dauerhaften Friedens.

Wenn trotz dieses Anerbietens zu Frieden und Versöhnung der Kampf fortdauern sollte, so sind die vier Mächte entschlossen, ihn bis zum siegreichen Ende zu führen. Sie lehnen aber feierlich jede Verantwortung dafür vor der Menschheit und der Geschichte ab. (*Wiederholter stürmischer Beifall. Händeklatschen auf den Tribünen.*)»[38] Der letzte Gedanke – der Entente ausdrücklich die Verantwortung für eine Fortsetzung des Krieges aufzuladen, sollte sie dieser Aufforderung zu Friedensgesprächen nicht folgen – war übrigens auf bulgarischen Vorschlag in die Note eingebracht worden[39] und wurde in der Folgezeit vielfach wiederholt.

Die Reaktion in Deutschland auf die Rede war «gewaltig», und «alle Vernünftigen [waren] überzeugt, dass es ein guter Coup ist»[40] «gegenüber den Feinden, den Neutralen und im Inneren».[41] Die Aufnahme des Friedensangebots war auch bei den Fronttruppen gut und führte, anders als vereinzelt befürchtet, nicht zu einem Nachlassen des Kampfwillens.[42] Gleichzeitig wurde das Angebot über die neutralen Schutzmächte den Regierungen der Entente zugeleitet. Der Kanzler hatte die Erfolgserwartungen bewusst gedämpft und einen Tag zuvor dem Bundesrat und den Ministerpräsidenten der Länder mitgeteilt, dass er eine Ablehnung für wahrscheinlich halte,[43] aber an die innenpolitische und moralische Wirkung glaube, gerade bei den Neutralen.

Im Übrigen war Bethmann nach wie vor nicht bereit, seine Hoffnung auf Gebietserwerb gänzlich aufzugeben, obwohl er wusste, dass Marine und OHL drängten, demnächst den unbeschränkten U-Boot-Krieg wiederaufzunehmen, und deshalb ein Erfolg der Friedensinitiative entscheidend sein konnte. Doch selbst jetzt konnte er sich von seiner Zweideutigkeit nicht freimachen. Er hatte sogar die Befürchtung, die Entente würde als Reaktion auf das Angebot verlangen, die Mittelmächte sollten vorab die Räumung Serbiens und Belgiens zusagen, was Bethmann ablehnen wollte.[44] Auch Staatssekretär Zimmermann sorgte sich, dass eine eventuelle Einmischung der Neutralen in die Friedensverhandlungen Deutschland um den «erwünschten Gewinn» bringen könne.[45] Allerdings war doch eindeutig, wie die Prioritäten lagen. Helfferich hatte im Oktober in der Sitzung des Preußischen Staatsministeriums ausgeführt, dass wenn die Entente einen Status quo ante-Frieden anbieten sollte, Deutschland außerstande sein werde, weiterzukämpfen, wegen der Stimmung im Inneren und der Haltung der Sozialdemokratie; und niemand hatte ihm da widersprochen.[46]

Doch die Angst, sich erklären zu müssen, war überflüssig, denn die Antworten der Regierungen der Entente auf das Friedensangebot waren vernichtend. Briand lehnte es schon einen Tag später, nämlich am 13. Dezember 1916, ab. Der russische Außenminister Pokrowski folgte ihm am 16. Dezember und meinte, der Krieg müsse bis zum Sieg weitergehen, denn sonst seien die Opfer umsonst erbracht worden. Am 18. Dezember lehnte auch Sonnino die Friedensofferte im Namen Italiens ab, und am 19. Dezember folgte Lloyd George.[47] Er sagte, auf das vage Friedensangebot einzugehen, sei, wie den Kopf in eine von Deutschland geknüpfte Schlinge zu stecken. Die Entente hielt an ihren Kriegszielen fest. Es gab zwar interne Diskussionen und Zweifel, diese drangen aber nicht nach außen, und die Regierungen unterstrichen öffentlich ihre Entschlossenheit, bis zum Sieg weiterzukämpfen. Selbst Russland, das durch den Krieg schon schwer angeschlagen war, wollte nicht aufgeben. Der Zar erließ am 25. Dezember 1916 einen Tagesbefehl, in dem er die Kriegsziele Russlands unterstrich, nämlich Konstantinopel und die Kontrolle über ganz Polen.[48] Nur der belgische König Albert wollte der Sache eine Chance geben und die Friedensbedingungen erfragen.[49] Ihm wurde ein französischer Diplomat geschickt, der ihm zu seinem Entsetzen deutlich machte, wie unbedingt die Pariser Regierung am Krieg festhielt: «Selbst wenn Deutschland uns Elsass-Lothringen anböte und noch mehr, würde es nach meiner Meinung keinen Franzosen geben, der daran dächte, die Waffen niederzulegen.»[50] Am 30. Dezember wurde schließlich die gemeinschaftliche Ablehnung der Entente, die auf einer französischen Note basierte, dem amerikanischen Botschafter in Paris übergeben und einen Tag später veröffentlicht.[51] Deutschlands Verantwortung für den Krieg wurde darin massiv unterstrichen, das Friedensangebot als unehrlich abgetan und als bloßer Versuch gewertet, die öffentliche Meinung und die Neutralen zu verwirren. Verhandlungen zum derzeitigen Zeitpunkt schloss die Entente aus. Die Ablehnung empörte Wilhelm II., und er wies den feindlichen Regierungen «die schwere Verantwortung für alle weiteren furchtbaren Opfer» zu.[52] Die Verbündeten einigten sich auf einen Tagesbefehl, in dem von «gerechter Empörung» über die Feinde die Rede war. Diese hätten «die von Mir angebotene Verständigung nicht gewollt». «Mit Gottes Hilfe werden unsere Waffen sie dazu zwingen.»[53] Solch eine Haltung des hass-

Zum Friedensangebot

München, 2. Januar 1917 Preis 35 Pfg. 21. Jahrgang Nr. 40

SIMPLICISSIMUS

Begründet von Albert Langen und Th. Th. Heine

Der erste Friedensruf

„Hol' über! ... Niemand gibt Antwort."

Abb. 23
Der «Simplicissimus» kommentiert das Friedensangebot der Mittelmächte von Dezember 1916 und das Schweigen der Gegenseite.

erfüllten Trotzes lässt sich am besten mit dem Spottvers aus dem Revolutionsjahr 1848 beschreiben: «Und willst Du nicht mein Bruder sein, so schlag ich Dir den Schädel ein.» Sie war im Januar 1917 die vorherrschende Stimmung in der deutschen Führung und wohl auch in großen Teilen der Bevölkerung. Sie dominierte gegen alle Mahnungen, die alliierte Absage ruhiger und besonnener aufzunehmen, die von der österreichischen Seite kamen.[54]

Die Ablehnung der Entente wurde von Kurt Riezler, nicht zu Unrecht, als «grob, aber nicht aus Stärke» gewertet.[55] Es war, schon aus innenpolitischen Gründen, für die Entente nicht ungefährlich, den Friedensfühler der Mittelmächte abzulehnen, diesen als reines Täuschungsmanöver zu bezeichnen und jede Diskussion zu verweigern. Sie konnte jedenfalls nicht in der gleichen Weise mit einer praktisch zeitgleichen Friedensnote des amerikanischen Präsidenten verfahren. Woodrow Wilson schien im

Dezember 1916 nämlich entschlossen, nun endlich das beträchtliche Gewicht der USA in die Waagschale zu werfen, um das Morden in Europa zum Abschluss zu bringen. Eine solche Intervention war von der deutschen Diplomatie schon vor Monaten erbeten worden. Doch vor der Präsidentenwahl des 7. November 1916 wollte sich Wilson nicht engagieren. Sein Gegenkandidat Hughes, ein Republikaner, war deutlich ententefreundlicher und interventionistischer aufgetreten, während Wilson seinen Wahlkampf mit dem Slogan «He kept us out of the war» geführt und gewonnen hatte. Nach seiner Wiederwahl packte Wilson das Problem der Friedensvermittlung neu an, obwohl die Friedensnote der Zentralmächte dazwischengekommen war und dadurch der aus amerikanischer Sicht vollkommen unerwünschte Eindruck entstehen konnte, als hätten sich die USA und Deutschland abgesprochen. Doch Wilson wollte nicht länger warten. Er forderte die kämpfenden Parteien am 21. Dezember 1916 auf, ihre Friedensbedingungen zu nennen – vielleicht lägen sie ja gar nicht so weit auseinander.[56] Dem amerikanischen Schritt folgten ähnliche Interventionen der Schweiz, Schwedens und des Vatikans.[57]

Die Initiative Woodrow Wilsons eröffnete eine weltgeschichtlich bedeutsame Chance, den Ersten Weltkrieg zu einem vorzeitigen und besseren Ende zu bringen.[58] Der Präsident war entschlossen, wenn nötig beide Seiten – auch die Entente – zum Frieden zu zwingen. Die amerikanischen Diplomaten, wie Grew und Lansing, hatten ihn über die katastrophale innere Lage in Deutschland informiert, und er hatte das sehr genau zur Kenntnis genommen. Er wusste, dass den Deutschen trotz ihrer militärischen Erfolge das Wasser bis zum Hals stand und sie deshalb konzessionswillig waren.[59] Er wusste auch, dass die Entente mit ihren finanziellen Möglichkeiten praktisch am Ende war. Er hatte sich im November 1916 die britischen und französischen Schulden errechnen lassen.[60] Bisher war es der Regierung in London gelungen, den Wechselkurs zwischen Dollar und Pfund stabil zu halten.[61] Doch es war eindeutig, dass der Umtauschkurs des Pfunds dabei war, unter der Last der Schulden und des einseitigen Warenverkehrs nachzugeben, was alle britischen Importe aus den USA deutlich verteuert hätte. Und es war den amerikanischen Finanzfachleuten ebenfalls klar, dass Großbritannien selbst unter den gegenwärtigen Bedingungen nicht mehr lange so weitermachen und zehn Millionen Dollar pro Tag für amerikanische Waren ausgeben konnte.[62] Selbst der Einsatz aller britischen Sicherheiten, Anleihen, finanziellen Reserven und Wertmetalle würde nicht mehr lange vorhalten. Der britische Chancellor (Finanzminister) Reginald McKenna warnte, dass spätestens im Juni 1917 die britischen Mittel restlos aufgebraucht sein würden und der amerikanische Präsident Großbritannien seine Politik werde vorschreiben können.[63] Mit dieser wirtschaftlichen und finanziellen Abhängigkeit der Entente hatte Wilson einen Hebel, den zu nutzen er sich nun ernstlich zu überlegen begann.[64] Die Deutschen waren ohnehin am Ende ihrer Möglichkeiten, hungrig und verzweifelt, und er konnte auch die Entente zum Frieden zwingen, sollten die Deutschen kooperieren. Wilson verband dabei eine große Idee – der Welt den Frieden zu bringen – mit dem Streben nach der Vorherrschaft der USA.[65]

Doch während Wilson in großen Dimensionen plante, auch planen konnte, dachte die Regierung in Berlin klein und kurzsichtig und fühlte sich blockiert durch innenpolitische Zwänge. Der Schritt des Präsidenten bedeutete für sie eine große Verlegenheit. Bethmann und das Auswärtige Amt hatten sich eine Intervention der USA anders vorgestellt, nämlich nach dem Vorbild der amerikanischen Vermittlung im Russisch-Japanischen Krieg. Präsident Theodore Roosevelt hatte 1905 die Russen und Japaner zusammengebracht, die sich dann in Portsmouth über einen Frieden einigten.[66] Das war damals eine ungeheuer zähe Verhandlung gewesen, ein Feilschen um Territorialgewinn, Einflusszonen und finanzielle Entschädigungen, mit Drohungen, die Verhandlungen abzubrechen und den Krieg wiederaufzunehmen. Auch hatten die militärisch besetzten Gebiete in diesen Verhandlungen eine Rolle gespielt, so zum Beispiel die Halbinsel Sachalin. Am Ende wurde der Friede unterzeichnet und Roosevelt, der an den Verhandlungen nicht teilgenommen hatte, bekam wegen seiner Mittlerrolle 1906 den Friedensnobelpreis verliehen.

Das war es, was sich die deutsche Führung von den USA erhoffte: Der amerikanische Präsident sollte die kämpfenden Parteien zusammenrufen, sie die Friedensbedingungen aber unter sich aushandeln lassen. Diese Zusammenkunft sollte auch an einem neutralen Ort in Europa, etwa in Den Haag oder Kopenhagen, stattfinden, nicht in den USA. Bethmann wollte keine Beteiligung Wilsons bei den Friedensverhandlungen und auch verhindern, vorab die deutschen Bedingungen nennen zu müssen. Hier spielte die bekannte Faustpfandtheorie eine Rolle sowie der Wunsch, Kriegsentschädigungen erpressen und vielleicht auch Territorialgewinn machen zu können. Die deutsche Regierung würde von solch einem

Kongress, dank der Größe der von ihr besetzten Gebiete, nicht mit vollständig leeren Händen zurückkommen. Es würde sehr harte Verhandlungen geben, aber ein Abbruch und eine Wiederaufnahme des Kampfes wären doch genauso unwahrscheinlich wie 1905 in Portsmouth, wo es bei entsprechenden Drohungen geblieben war.

Bethmann und das Auswärtige Amt hatten die ganze Zeit befürchtet, dass die Alliierten das Friedensangebot nicht einfach ablehnen, sondern von der deutschen Regierung verlangen würden, ihre Karten aufzudecken und ihre Forderungen zu nennen. Nun tat Wilson genau das und drohte die deutsche Konferenztaktik unmöglich zu machen, von den innenpolitischen Konsequenzen ganz zu schweigen. Es wäre unmöglich gewesen, Forderungen zu nennen, die der politischen Rechten nicht als viel zu gemäßigt, den Linken nicht als unmäßig und den Feinden nicht als komplett inakzeptabel erschienen wären. Um dem Dilemma zu entgehen und trotzdem die Tür zu Friedensverhandlungen nicht zuzuschlagen, kam die deutsche Antwort sehr schnell: Am 26. Dezember 1916 lehnte es die Regierung ab, Bedingungen zu nennen, unterstrich aber, dass sie sich mit den Gegnern treffen und sie diskutieren wollte. Das war nicht das, was Wilson wollte; das war eine Ablehnung, bestenfalls ein offenkundiges Ausweichen, wenn auch verbrämt durch vollmundige Ankündigungen, dass Deutschland nach dem Krieg mit den USA an einer neuen Friedensordnung arbeiten wolle. Immerhin wies Zimmermann in seinen Telegrammen an Graf Bernstorff den Botschafter in Washington an hervorzuheben, dass sich die Friedensbedingungen «in durchaus vernünftigen Grenzen» bewegten und eine Annexion Belgiens nicht beabsichtigt sei.[67]

Wilson konnte auf beide Seiten sehr empfindlichen Druck ausüben. Dadurch waren seine Bemühungen sehr viel erfolgversprechender als jeder bisherige deutsche Friedensfühler. Der Präsident hatte auch eindeutig die richtige Forderung an die deutsche Adresse gestellt, deren Erfüllung Verhandlungen hätte in Gang bringen können. Einer der Gründe, weshalb die Entente auf das Friedensangebot so ablehnend reagiert hatte, war die vorteilhafte militärische Lage der Zentralmächte und die zutreffende Erwartung, dass sie sich diese in Verhandlungen durch finanzielle und territoriale Konzessionen abhandeln lassen wollten. Das hatte Lloyd George gemeint, als er sagte, er wolle nicht den Hals in die deutsche Schlinge stecken. Eine klare Aussage darüber, was die Zentralmächte wollten, hätte dieses Problem aus der Welt geschafft.

Die Wilson-Note hatte aber auch bei den Alliierten keine Freude, sondern Bestürzung und fast universelle Ablehnung hervorgerufen. In London wie in Paris empfand man die Gleichsetzung der kämpfenden Parteien als Affront, da Wilson verkenne, dass hier Recht gegen Unrecht kämpfe. Die Regierungen der Entente brauchten deutlich länger, um auf die Wilson-Note zu antworten. Am 10. Januar 1917 übergaben sie ihre Liste der Kriegsziele. Sie betonten zwar, Deutschland nicht vernichten zu wollen, sie wollten aber das Osmanische Reich und Österreich-Ungarn praktisch auflösen durch Abspaltung ihrer Nationalitäten. Frankreich forderte auch Elsass-Lothringen von Deutschland.[68]

Der Eindruck dieser Antwort war bei den Neutralen und den Mittelmächten verheerend. Wilson wertete die Antwort der Entente als Bluff und setzte die Deutschen unter Druck, ihrerseits ihre Bedingungen zu nennen.[69] Er gab also nicht auf, sondern blieb fest entschlossen, einen Frieden in Europa herbeizuführen. Graf Bernstorff schrieb nach Berlin, «dass der Präsident augenblicklich keinen anderen Gedanken hat als Frieden zu stiften und diese Absicht mit äußerster Energie und jedem möglichen Mittel durchzuführen» suche.[70] Wilsons Anstrengungen gipfelten am 22. Januar 1917 in einer Rede vor dem Senat.[71] Es war eine wichtige Programmrede und einer seiner großen oratorischen Erfolge, der ihm viel Beifall aus seinem ganzen Land eintrug. Er begann mit der Feststellung, beide Parteien hätten sich zur Frage der Kriegsziele geäußert; die Mittelmächte, indem sie ihre gute Absicht bekundeten, ohne Bedingungen nennen zu wollen, und die Entente, indem sie Bedingungen genannt hatte. Nun sei man einer endgültigen Aussprache über den Frieden, der den gegenwärtigen Krieg beenden könne, sehr viel näher gekommen. Seine Rede gipfelte in der Aussage, dass ein «peace without victory», ein «Frieden ohne Sieg», der beste Ausgang des Krieges in Europa sein würde. Wilson sprach von einer neuen internationalen Ordnung, die das bisherige Machtgleichgewicht («balance of power») durch eine Gemeinschaft («a community of power») ersetzen müsse. Er sprach, darin schon die Idee des Völkerbunds vorwegnehmend, von der gewaltigen Macht des organisierten Friedens («an organized common peace»).

Dies war sein Programm, und er hatte die Macht, es bei den kriegführenden Parteien durchzusetzen. Die Rede ging unter der Überschrift «Peace without victory» in die Geschichte ein. Es ist interessant zu hören, warum der Präsident einen solchen Frieden befürwortete. Er meinte, beide Seiten hätten in ihren Antworten festgestellt, dass sie ihre Gegner nicht vernichten wollten. Er schloss daraus, «dass dies hier ein Frieden ohne Sieg sein muss». «Ein Sieg würde bedeuten, dass der Friede dem Verlierer aufgezwungen würde: dass die Bedingungen des Siegers dem Besiegten auferlegt würden. Er würde unter erniedrigenden Umständen akzeptiert werden, unter Zwang, als unerträgliches Opfer, und würde einen Stachel, ein Ressentiment, eine bittere Erinnerung hinterlassen. Auf solch einer Grundlage könnten die Friedensbedingungen nicht dauerhaft ruhen; sie wären auf Treibsand gebaut. Nur ein Frieden unter Gleichen hat Dauer; nur ein Frieden, dessen wahres Prinzip die Gleichheit ist und die gemeinsame Teilhabe am gemeinsamen Vorteil. Die richtige Geisteshaltung, das richtige Gefühl unter den Nationen, ist genauso wichtig für einen dauerhaften Frieden wie die gerechte Regelung leidiger Territorialfragen oder das schwierige Problem der rassischen und nationalen Zugehörigkeit.»[72]

Seine Rede erfuhr auch international eine exzellente Aufnahme, allerdings nicht bei den Regierungen der Entente, die Wilsons Programm als Katastrophe empfanden und radikal ablehnten. Auch Wilsons stark für die Alliierten eingenommene Ratgeber, wie Oberst Edward House und vor allem Robert Lansing, der in diesen Monaten praktisch eine Neben-Außenpolitik betrieb und die Politik des Präsidenten konterkarierte, waren entsetzt über den Schaden, den das amerikanische Ansehen bei den Alliierten zu nehmen drohte.[73] Tatsächlich aber bot sich hier eine historische Chance, den Ersten Weltkrieg Anfang 1917 zu Ende zu bringen und Europa und der Welt die ungeheuren Schäden der letzten beiden Kriegsjahre zu ersparen. Woodrow Wilson sagte am 24. Januar 1917 zu House: «If Germany really wants peace she can get it.»[74] Dass es dazu nicht kommen sollte, lag an der trotzigen Stimmung in Deutschland nach der schroffen Ablehnung des deutschen Friedensangebots durch die Entente und an dem tiefen Misstrauen gegen Wilson und die Amerikaner. Diese Ansichten wurden vor allem von der deutschen Militärführung geteilt, die nun ganz massiv auf den rücksichtslosen Einsatz aller militärischen Mittel drängte.

13

Das verspielte Remis: Der unbeschränkte U-Boot-Krieg und der Kriegseintritt der USA

Volk und Armee schreit nach dem uneingeschränkten U-Boot-Krieg.

Admiral v. Holtzendorff, 8. Januar 1917

Wilsons Initiative öffnete für die Mittelmächte erstmals die Chance zu einem befriedigenden Kriegsende. Das Minimum, das sich aus dem Friedensangebot der Mittelmächte und der Wilson-Aktion hätte ergeben können, wäre eine wachsende Entfremdung der USA von der Entente gewesen, die, verbunden mit den militärischen und politischen Ereignissen der nächsten Monate, die Kriegslage für die Zentralmächte ungeheuer verbessert und für die Entente im gleichen Umfang verschlechtert hätte. Daraus wäre mit einiger Wahrscheinlichkeit der «Frieden ohne Sieg» hervorgegangen.[1] Doch diese Chance wurde durch die Ungeduld und sture Kurzsichtigkeit der deutschen Militärführung – die österreichisch-ungarische Regierung war hier eindeutig weitsichtiger, konnte die Deutschen aber nicht zurückhalten[2] – zunichte gemacht. Die Ablehnung des Friedensangebots schien in Deutschland Beweis genug, dass mit den Gegnern nicht zu verhandeln war. Ludendorff sagte am 20. Dezember 1916: «Nachdem Lloyd George unser Friedensangebot durch seine Erklärung im Unterhause abgelehnt hat, bin ich auf Grund der Eindrücke, die ich an der

Westfront gewonnen habe, der Überzeugung, dass nunmehr der U-Bootkrieg mit aller Schärfe einsetzen muss.»[3] Er behauptete, ohne den U-Boot-Krieg die zu erwartende alliierte Frühjahrsoffensive nicht parieren zu können.[4] Und damit war, wie Helfferich im Herbst 1916 bereits festgestellt hatte, die Entscheidung gefallen: Sollte die OHL den U-Boot-Krieg verlangen, würde der Kanzler angesichts der allgemeinen Stimmung bei den Parteien des Reichstags überrollt werden. Er hatte nun die Militärs und die Mehrheit des Reichstags gegen sich.

In der Wahrnehmung der deutschen Öffentlichkeit spielten Wilson und seine Aktion eine ganz untergeordnete Rolle, trotz positiver Kommentare der politischen Linken. Hier rächte sich der deutsche Tunnelblick, die schon mehrfach angesprochene Verzerrung der deutschen Perspektive durch die Isolation während des Krieges;[5] eine Verzerrung, die die besser Informierten, wie Bethmann, Max Weber oder Graf Bernstorff in Washington, schier zur Verzweiflung trieb. In der innerdeutschen Diskussion überwog ganz allgemein die Entrüstung über die Zurückweisung des deutschen Angebots und außerdem eine sehr starke Voreingenommenheit gegenüber den USA, die als Geschäftemacher und Waffenschieber angesehen wurden. Ein Beispiel dafür, wie sehr Wilson missverstanden wurde, waren die feindseligen und einseitigen Auslegungen, die Helfferich der Rede des Präsidenten gab. Er warf Wilson vor, für die Entente viel zu viel und für die Mittelmächte überhaupt kein Verständnis zu haben und dadurch den Vernichtungswillen der Entente zu begünstigen.[6]

Nach der Absage der Alliierten überwogen trotzige Empörung und Entrüstung über die Feindmächte. Wilhelm II. sprach von den «Hieben des deutschen Kaisers»,[7] und er schrieb wütende Randbemerkungen in die Akten, dass Wilson den Krieg doch leicht stoppen könne – durch Kappung der Lieferungen an Großbritannien. Der Kaiser verlangte nun auch eine Verschärfung der deutschen Kriegsziele.[8] Und selbst im Umfeld Bethmanns hatte der Gedanke vom unbeschränkten U-Boot-Krieg Befürworter gefunden. Ein Beispiel ist Bethmanns Sekretär Kurt Riezler, der das Friedensangebot und die Aktion Wilsons nach Ausweis seines Tagebuchs ziemlich einseitig unter dem Aspekt beurteilte, damit den rücksichtslosen U-Boot-Krieg begründen zu können. Er konstatierte: «Wenn man der Marine trauen könnte, so wäre der wilde U-Boot-Krieg in diesem Stadium eine feine Sache.»[9]

Doch konnte man der Marine trauen? Bisher hatten die Zweifler die

Oberhand behalten, die den Versprechungen der U-Boot-Enthusiasten misstrauten. Zu jenen hatte beispielsweise Admiral v. Müller gehört, der Chef des Marinekabinetts, der wegen seines Einflusses auf den Kaiser in einer Schlüsselstellung saß. Noch am 21. Dezember 1916 hatte er mit Admiralstabschef v. Holtzendorff über den unbeschränkten U-Boot-Krieg debattiert und ihn kategorisch abgelehnt: «Ich ziehe einen beschränkten Ubootkrieg mit 400 000 tons Schiffraumvernichtung pro Monat einem unbeschränkten mit 600 000 tons, aber Krieg mit Amerika, vor.»[10] Doch nur einen Tag nach dieser Diskussion, am 22. Dezember 1916, sollte die Marineführung ihren entscheidenden Coup landen, als sie eine neue Denkschrift an Hindenburg versandte, die genau auf diese Kritikpunkte einging. Diese Denkschrift[11] – die letzte, aber wichtigste in einer langen Reihe ähnlicher Schriftstücke – stützte sich auf Gutachten, die von dem Heidelberger Professor Levy, dem Magdeburger Bankdirektor Dr. Richard Fuß, dem Direktor des Kieler Instituts für Weltwirtschaft, Professor Dr. Bernhard Harms, sowie einer Reihe von Getreidehändlern angefertigt worden waren. Hier war von der Marine eine Gruppe von zivilen Spezialisten versammelt worden, die vielleicht sachkundig, aber nur scheinbar objektiv an die Frage herangegangen waren, ob der unbeschränkte U-Boot-Krieg Großbritannien zum Einlenken zwingen könne. Fuß, ein Mitglied der Deutschkonservativen Partei, hatte schon seit März 1915 Daten über den britischen Handel gesammelt.[12] Ideologische Voreingenommenheit wurde noch viel deutlicher bei Professor Harms. Er war schon vor dem Krieg ein überzeugter Anhänger von Tirpitz und dem Schlachtflottenbau gewesen.[13] Während des Krieges hatte er sich als scharfer Gegner Englands und Amerikas gezeigt und 1915 ein hasserfülltes antienglisches Pamphlet für Frontsoldaten geschrieben.[14] Die Denkschrift, die daher eine Mischung aus Fachkompetenz und Ideologie war, ging von der Annahme aus, dass sich aufgrund der Missernte des Jahres 1916 und der fast vollständigen Abhängigkeit der Britischen Inseln von Lebensmitteleinfuhren ein Zeitfenster auftat, nämlich das zwischen der Missernte 1916 und der Welternte 1917. Die Denkschrift behauptete, «dass wir … mit uneingeschränktem U-Boot-Krieg in fünf Monaten England zum Frieden zwingen» können. Dies wurde mit Zahlen untermauert. Großbritannien verfüge über ca. 20,75 Millionen Tonnen Schiffsraum, von dem aber zehn Millionen durch militärische Verwendung, durch Reparatur und Küstenschifffahrt permanent gebunden seien. Also seien nur

10,75 Millionen Tonnen Frachtraum für die Lebensmitteleinfuhr verfügbar. Diese Lebensmittel müssten wegen der Missernte in Nordamerika aus Argentinien und Australien eingeführt werden, was Millionen Tonnen Schiffsraums zusätzlich binden würde. Wenn der U-Boot-Krieg in aller Rücksichtslosigkeit einsetze, würden 1,2 Millionen Tonnen neutraler Schiffsraum wegfallen, da die Neutralen sich nicht trauen würden, britische Häfen weiter anzulaufen. Die U-Boote könnten, nach den bisherigen Erfahrungswerten, im rücksichtslosen Einsatz 600 000 Tonnen pro Monat versenken. Nach fünf Monaten würde die verfügbare britische Tonnage um 39 Prozent reduziert sein, und die verbleibenden 6,5 Millionen Tonnen wären unzureichend, um die Britischen Inseln zu versorgen. Großbritannien müsse also aufgeben.

Allerdings müsse schnell gehandelt werden, bevor Großbritannien auf die Ernte des Jahres 1917 zurückgreifen könne. Auch der bisher so erfolgreiche Kreuzerkrieg würde nicht den gewünschten Effekt haben. Er würde, bei einer vermuteten Versenkungsziffer von 400 000 Tonnen, etwa zwei Millionen Tonnen Schiffsraum versenken, immerhin auch 18 Prozent der britischen Tonnage, was zwar ein sehr empfindlicher Schlag, aber nicht genug sein würde, um den entscheidenden Effekt auf die britische Versorgung mit Lebensmitteln zu erzielen. Nur durch den unbeschränkten U-Boot-Krieg könnte rechtzeitig genug Schiffsraum versenkt werden, um Großbritannien zum Einlenken zu zwingen. Die britische Gesellschaft sei – hier wurde der ideologische Tonfall der Denkschrift besonders deutlich – auch nicht in der Lage, die Versorgungsmängel zu organisieren oder zu ertragen, anders als die deutsche. Der U-Boot-Krieg müsse, hier wurde die Denkschrift des Admiralstabs kategorisch, spätestens am 1. Februar 1917 beginnen.

Konnte diese Denkschrift ihre Leser überzeugen? Der wichtigste Adressat waren Hindenburg und Ludendorff und beide glaubten fest an den Erfolg des U-Boot-Krieges, wobei die Frage offenbleiben kann, ob hier ihre Sorge um die Westfront und eine zweite Schlacht an der Somme überwog oder ob sie dem Zahlenwerk der Marine vollkommen vertrauten. Die Quellenlage legt nahe, dass beides der Fall war. Andere waren skeptischer. Zu ihnen gehörten die Kabinettschefs des Kaisers. Rudolf v. Valentini war davon überzeugt, dass der U-Boot-Krieg ein Fehler war. General v. Lyncker und Admiral v. Müller, als die militärischen Berater des Kaisers, waren halbherzig überzeugt. Admiral v. Müller, als der in dieser Frage zuständige Kabinettschef, hatte bisher immer Bethmann in seiner Opposition gegen den U-Boot-Krieg unterstützt, sich aber um die Jahreswende 1916/17, nach der brüsken Ablehnung des deutschen Friedensangebots, zu der Meinung durchgerungen, dass nun der U-Boot-Krieg rücksichtslos geführt werden müsse. Er schrieb am 8. Januar 1917 in sein Tagebuch: Admiral v. «Holtzendorff angekommen, um kaiserliche Entscheidung in U-Boot-Kriegsfrage zu erlangen. Langes Gespräch mit mir, ohne dass es nötig war, mich zu überzeugen, denn ich war schon vorher zu der Ansicht gelangt, dass die allgemeine Kriegslage das letzte Kampfmittel von uns verlangt, und dass die durch unser Friedensangebot und die schroffe Ablehnung der Entente sehr gebesserte politische Lage die Anwendung dieses Mittels mit einer vernünftigen Erfolgschance zuließe. Stellte also Holtzendorff meine Unterstützung in Aussicht.»[15]

Der Kaiser, der in der Ära Falkenhayn den U-Boot-Krieg verhindert hatte,[16] war Anfang Januar 1917 ebenfalls, und zwar in einer ziemlich abrupten Weise, zu der Ansicht gelangt, nun müsse auf dieses Kriegsmittel zurückgegriffen werden. Es gab, anders als zuvor, niemanden mehr in seiner Umgebung, der den sprunghaften Monarchen wieder hätte umstimmen können. Wilhelm II. war verbittert, enttäuscht und trotzig wegen der alliierten Ablehnung des von ihm persönlich unterstützten Friedensangebots. Die daraus resultierende Nervosität führte bei ihm zu eigenartigen Reaktionen, wie Lyncker in diesen Monaten beobachtete: «Er ist seit einiger Zeit mal wieder furchtbar aufgeregt bis zum Überschnappen. Warum? Ja! Wer kann das wissen. Ich fürchte, daß es Angstzustände sind. Daneben trägt er sich mit heimlichen Friedenshoffnungen, die dann allmählich immer wieder zu Wasser werden. Und das zermürbt ihn, und die Angst macht sich Luft in ungeheuerlichen Renommistereien. Es ist oft nicht zum Anhören, wie er sich selbst zu belügen sucht.»[17] In einer solchen Stimmung war Wilhelm II. im Januar 1917. Er gab vor, an anderen Wegen der Kriegsbeendigung nun nicht mehr interessiert zu sein, und schwelgte in der Vorstellung, nach erfolgreichem U-Boot-Krieg über seine Feinde zu triumphieren. Er ließ den Kanzler für den 9. Januar 1917 nach Pleß bestellen, um die Frage des U-Boot-Krieges endgültig zu klären.

Hindenburg hatte Bethmann in einem unverschämt überheblichen Telegramm vom 26. Dezember 1916 zwar auf seinen Anspruch hingewiesen, «dass militärisch das geschieht, was ich … für richtig halte».[18] Die

Armee- und Marineführung – also Hindenburg, Ludendorff und Holtzendorff – befürchteten aber, der Reichskanzler habe den Kampf gegen den U-Boot-Krieg noch nicht aufgegeben und könne vielleicht den Kaiser wieder umstimmen.[19] Admiralstabschef v. Holtzendorff hatte ohnehin nicht geglaubt, den Kanzler überzeugen zu können. Er hatte ihm die Denkschrift erst am 5. Januar 1917 übergeben und war offenbar der Ansicht, dass er den U-Boot-Krieg nur mit Hilfe der OHL werde durchsetzen können.[20] Hier spielte weiterhin noch die Debatte um einen Mittelweg, den «verschärften U-Boot-Krieg», eine Rolle. Er hätte die warnungslose Torpedierung bewaffneter Handelsschiffe bedeutet und wurde gleichzeitig mit den hier geschilderten Diskussionen auf allen Ebenen – zwischen Regierung und Marine, zwischen der deutschen Diplomatie und den USA – verhandelt. Schon diese Frage enthielt, für sich genommen, ein ganz erhebliches Potential, die deutsch-amerikanischen Beziehungen massiv zu stören. Holtzendorff wollte aber weder den U-Boot-Krieg nach Prisenordnung noch den verschärften U-Boot-Krieg, sondern gleich den rücksichtslosen U-Boot-Krieg mit warnungsloser Versenkung aller Schiffe im Sperrgebiet, befürchtete jedoch den Widerstand des Reichskanzlers. Er sprach sich deshalb vor dem Treffen mit Bethmann mit den Generälen ab, wie sie gemeinsam die vermutete Opposition des Kanzlers überwinden könnten, wobei er auch dessen erzwungene Absetzung nicht ausschloss. Holtzendorff sagte, nach dem kurzen Protokoll der Besprechung: «Volk und Armee schreit nach dem uneingeschränkten U-Boot-Krieg.» Worauf Ludendorff entgegnete: «Das stimmt.» Hindenburg betonte, die Marine müsse dem im Westen schwerbedrängten Heer helfen. Von den dreien schien Holtzendorff, der letztlich für den Erfolg des U-Boot-Krieges die Verantwortung trug, noch am ehesten an der Zweckmäßigkeit der Maßnahme zu zweifeln. Er meinte abschließend: «Ich habe Nachrichten, dass Russland zusammenbricht.»[21] Das war eine Erkenntnis, die sich 1917 als richtig herausstellen sollte und die gesamte strategische Begründung des unbeschränkten U-Boot-Kriegs massiv in Frage hätte stellen müssen. Es spricht nicht für den strategischen Weitblick der drei Militärs, diese Frage nicht eingehender erörtert zu haben.

Weil die Ressorts – die zivile und militärische Führung – sich nicht einig waren, ob der U-Boot-Krieg geführt werden solle oder nicht, war der Kaiser derjenige, der die Frage zu entscheiden hatte. Da Wilhelm II. zu der Ansicht gelangt war, dass nun der rücksichtslose Einsatz der

U-Boote erforderlich sei,[22] glaubte Bethmann, so die Standardinterpretation der Vorgänge, nichts mehr machen zu können. Doch das scheint nur ein Teil der Wahrheit. Zweifelnd, wie Bethmann grundsätzlich war, hatte er zwar immer noch massive Bedenken gegen den U-Boot-Krieg, diese waren aber nicht mehr so unbedingt wie zuvor. Er erkannte an, dass sich die Chancen auf einen Erfolg durch die größere Zahl der U-Boote und die Missernte 1916 deutlich verbessert hatten. Auch war er offenbar der Ansicht, sich dem Sachverstand, wenn nicht Holtzendorffs, so doch Hindenburgs und Ludendorffs, beugen zu müssen. Hinzu kam die Überrumpelungstaktik der Marine, die ihm die Denkschrift erst sehr spät zugänglich gemacht hatte.[23] Hier rächte sich auch, dass Bethmann keine Ideen hatte, wie er der angeblichen Sachkunde der Militärs entgegentreten konnte. Argumente hätte es viele gegeben. Matthias Erzberger sah beispielsweise eine ganze Reihe von Gründen, weshalb der U-Boot-Krieg nicht funktionieren könne, etwa weil die Briten, im schlimmsten Fall, auf die gesamte Welttonnage zurückgreifen würden, und damit seien die ausgeklügelten Berechnungen der Marine und der Experten hinfällig;[24] oder zu fragen, warum die Marine außerstande war, mit U-Booten die schwerbewachten Nachschubkonvois zwischen England und Nordfrankreich anzugreifen; dies sollte sie doch erst einmal versuchen, bevor man den unbeschränkten U-Boot-Krieg riskiere.[25] Erzberger, über dessen phänomenale Abrechnung mit der Marine später noch zu berichten ist, stellte 1918 fest, «daß der Laie mit gesundem, klarem Menschenverstand die Wahrheit findet, die der angebliche ‹Fachmann› durch künstliche Berechnungen mit irrigen Schlußfolgerungen verdunkelte».[26] Leider hatte Bethmann, als bürokratische Natur, nicht diese geistige Unabhängigkeit und ging vor den Militärs in die Knie, obwohl seine Mitarbeiter nach Kräften versuchten, ihn zu stützen. Vizekanzler Karl Helfferich hatte die Denkschrift der Marine in einer Nachtschicht durchgearbeitet und viele unbeweisbare Annahmen und Spekulationen gefunden; er war nach wie vor davon überzeugt, dass der U-Boot-Krieg ein gewaltiger Fehler war. Er hatte dem Kanzler sogar noch weitere Argumente nach Pleß telegraphieren lassen.[27] Er führte unter anderem aus, dass der U-Boot-Krieg paradoxerweise die britische Ernährungssituation verbessern könne, da die USA dann ihre Neutralität aufgeben und Großbritannien, unter Inkaufnahme eigener Einschränkungen, aus den eigenen Beständen versorgen würden; auch damit wäre der ganze Aushungerungsplan hinfällig.[28]

Der Kanzler hatte aber offenbar schon während der Hinfahrt nach Pleß beschlossen, seinen Widerstand aufzugeben, aus Zweifel an seinem eigenen Urteil, aber wohl auch in der Erkenntnis, dass ihm bei weiterer Opposition eigentlich nur der Rücktritt blieb, da er sich nun der massiven Gegnerschaft aller anderen Entscheidungszentren wie der OHL, dem Kaiser, dem Reichstag und der Marineführung gegenübersah. Bei seiner Ankunft in Pleß wurde Bethmann von Admiral v. Müller am Bahnhof empfangen, und dieser redete ihm gut zu, sich mit der Entscheidung abzufinden. Anders als die Militärs es erwartet hatten, setzte ihnen der Reichskanzler aber keinen massiven Widerstand mehr entgegen, sondern waberte, von Zweifeln zerrissen, zwischen den Fronten hin und her. In einer einleitenden Besprechung mit Hindenburg und Ludendorff warnte er zwar, die gesamten Berechnungen seien unbeweisbare Behauptungen, der U-Boot-Krieg die «letzte Karte» und «ein sehr ernster Entschluss». Er meinte aber auch: «Im großen sind die Aussichten für den rücksichtslosen U-Boot-Krieg recht günstig.» «Wenn aber die militärischen Stellen den U-Boot-Krieg für notwendig halten, so bin ich nicht in der Lage, zu widersprechen.» Damit war er, gegenüber seinem entschlossenen Gegenüber, in die Knie gegangen. Ludendorff betonte: «Wir müssen der Truppe eine zweite Sommeschlacht ersparen.» Bethmann bemühte sich sogar, die Konsequenzen des zu vermutenden amerikanischen Kriegseintritts kleinzureden: «Amerikas Hilfe bei eventuellem Eintritt in den Krieg wird bestehen in Lieferung von Lebensmitteln an England, finanzieller Beihilfe, Entsendung von Flugmaschinen und Freiwilligenkorps.» Hindenburg war optimistisch. «Damit werden wir schon fertig. Die Gelegenheit für den U-Boot-Krieg ist so günstig, wie kaum jemals wieder. Wir können ihn führen und müssen ihn führen.» Bethmann, der dann noch auf den möglichen Kriegseintritt der Schweiz hinwies, meinte zum Schluss: «Ja, wenn der Erfolg winkt, müssen wir auch handeln.»[29]

Ähnlich verlief der Kronrat am Nachmittag um 6.00 Uhr. An dieser «feierlichen Konferenz» nahmen «Kaiser, Kanzler, Hindenburg, 3 Kabinetts Chefs, Holtzendorff» und Ludendorff teil.[30] «Alle standen um einen großen Tisch, auf den der Kaiser blass und erregt die Hand stützte. Holtzendorff sprach zuerst, vom Standpunkt der Marine aus gut und überaus siegesgewiss. England werde in höchstens sechs Monaten am Boden liegen, noch ehe ein Amerikaner das Festland betreten habe; die amerikanische Gefahr schrecke ihn nicht. Hindenburg sprach sehr kurz, betonte eigentlich nur, dass man von der Maßregel die Einschränkung der amerikanischen Munitionslieferungen erwarten müsse. Bethmann endlich legte in sichtlicher innerer Erregung nochmals die Gründe dar, die ihn bisher zum ablehnenden Votum gegen den U-Boot-Krieg über die Grenzen des Kreuzerkrieges hinaus bestimmt hätten, namentlich die Besorgnis vor dem alsbaldigen Übertritt Amerikas in die Reihen unserer Feinde mit allen daraus folgenden Konsequenzen, schloss aber damit, dass er angesichts der neuerdings veränderten Stellung der OHL und der kategorischen Erklärungen des Admirals über den Erfolg der Maßregel seinen Widerspruch fallen lassen wolle. Der Kaiser folgte seinen Ausführungen mit allen Zeichen der Ungeduld und Ablehnung und erklärte dann zusammenfassend, dass somit der unbeschränkte U-Boot-Krieg beschlossen sei. Es werde Sache der Diplomatie sein, Amerika und die übrigen Neutralen über die Notwendigkeit der Maßregel aufzuklären!»[31]

In dieser Sitzung, die eineinviertel Stunden dauerte, fällten die Anwesenden leichtfertig einen Entschluss von ungeheurer Tragweite.[32] Der Kanzler hatte seine Sache sehr schlecht verteidigt; wie Admiral v. Müller berichtete,[33] war er weitschweifig und versuchte die Militärs durch das randständige Problem zu schrecken, dass die Schweiz durch Versorgungsnot möglicherweise von der Entente gezwungen werden könne, ihr den Durchmarsch nach Deutschland zu gewähren. Mit solchen Argumenten konnte der Kanzler seine Gegenspieler natürlich nicht beeindrucken. Sehr viel wirkungsvoller wäre gewesen, darauf abzuheben, dass Russland demnächst aus dem Krieg ausscheiden werde, so wie es Holtzendorff noch einen Tag vorher gegenüber Hindenburg und Ludendorff angekündigt hatte. Der russische Zusammenbruch wurde seit Längerem erwartet, und ähnliche Meldungen «über die furchtbarsten Zustände in Russland», über «Mord, Verschwörung, Revolution» und «Hungersnot in Russland» trafen im Großen Hauptquartier immer regelmäßiger ein.[34] Das wäre ein starkes Argument gewesen, die Notwendigkeit und die Opportunität des U-Boot-Kriegs zu hinterfragen, wenn er schon glaubte, dass Zweifel an den Versprechungen der Marine nicht mehr weiterführten.

Daran, dass die USA große Truppenmengen nach Europa senden würden, glaubte in dem Raum niemand, auch der Kanzler nicht. Keiner der um den Tisch versammelten Männer sprach die Warnung aus, dass Deutschland infolge des Eintritts der USA den Krieg verlieren könnte. Hätte Bethmann das geglaubt, hätte er erklären müssen, für eine solche

Maßnahme die Verantwortung nicht übernehmen zu können und deshalb zurücktreten zu müssen.

Hinterher saß Bethmann noch mit Valentini und Müller zusammen und machte seiner Enttäuschung und Wut Luft. Er war vor allem sehr bitter gegen den Kaiser, denn dessen Entscheidung für den U-Boot-Krieg hatte den Ausschlag gegeben, und dessen ostentativ zur Schau gestellte Eile und Ungeduld jede weitere Diskussion des Themas unmöglich gemacht. Valentini und Bethmann erörterten die Frage, ob der Kanzler zurücktreten solle oder müsse. Bethmann glaubte aber, bleiben zu müssen, damit in diesem entscheidenden Augenblick nach außen hin kein Dissens in der deutschen Führung sichtbar werde. Diese Haltung wurde ihm nicht gedankt; Hindenburg verlangte nach der Sitzung Bethmanns Entlassung, da er mit einem so unentschiedenen Mann nicht zusammenarbeiten könne. Bethmann brachte es sogar über sich, am 31. Januar 1917 den U-Boot-Krieg vor dem Hauptausschuss des Reichstags zu verteidigen, wenn man ihm auch, der ganz anders als bisher argumentierte und mit heiserer und rauer Stimme sprach, anmerkte, dass er sich dabei Gewalt antun musste.[35] Auch Helfferich wollte zurücktreten, wurde aber von Bethmann aus den identischen Gründen patriotischer Verantwortung zum Bleiben überredet und verteidigte nun ebenfalls, wider besseres Wissen, den U-Boot-Krieg, was ihm im Reichstag den unberechtigten Ruf eines Wendehalses einbrachte.[36]

Doch was glaubten Valentini und Bethmann, was die Konsequenzen des unbeschränkten U-Boot-Krieges sein würden? Valentini schrieb: «Als ich mit dem Kanzler das Abendessen auf meinem Zimmer einnahm, war unsere Stimmung naturgemäß sehr bedrückt. Wir waren beide überzeugt, dass die Maßregel die Kriegserklärung Amerikas und damit eine uferlose Verlängerung des Krieges zur Folge haben werde. Eine schnelle Niederringung Englands, wie sie Holtzendorff in Aussicht gestellt hatte, hielten wir beide für eine Utopie. Ich konnte mich der Ansicht nicht verschließen, dass unter diesen Umständen Bethmann vielleicht richtiger handeln würde, seinen Abschied zu verlangen.»[37] Müller notierte, dass Bethmann gesagt habe: «Ja, ich musste mich ja den militärischen Erwägungen fügen, aber wenn ich mir die Zukunft ausmale, so werden wir wohl die Feinde durch den U-Bootkrieg kriegsmüde und friedensbereit machen, aber erst, wenn sie erhebliche Erfolge durch Zurückdrängen unserer Linien in Frankreich und Belgien bis an die Maas erzielt und uns viele Geschütze und Gefangene abgenommen haben. Dann werden wir gezwungen sein, einen sehr, sehr bescheidenen Frieden zu schließen.»[38] Valentini resümierte diesen Nachmittag in seinen Aufzeichnungen mit den Worten «finis Germaniae!»[39] Er und Bethmann hatten die Folgen dieser Entscheidung sehr viel realistischer als Holtzendorff, der Kaiser und die OHL eingeschätzt. Sie waren aber immer noch zu optimistisch gewesen.

Allerdings hatten bei dem größeren Teil derer, die am Abend des 9. Januar 1917 in Pleß um den großen Tisch herumstanden und über Deutschlands Schicksal im 20. Jahrhundert entschieden, weniger der Wunsch, einen Siegfrieden zu erzwingen, oder blindes Vertrauen in die Versprechungen der Marine, als vielmehr Verzweiflung, Angst und scheinbare Alternativlosigkeit den Ausschlag gegeben.[40] Das galt selbst für die Exponenten einer harten Haltung, wie Hindenburg und Ludendorff, deren Begründungen immer defensiv waren; es ging um die Festigkeit der Westfront und die Möglichkeit, die gegnerische Produktion und den Nachschub durch den U-Boot-Krieg zu stören.[41] Bei den anderen Teilnehmern wird diese Haltung noch viel klarer. General v. Lyncker etwa schrieb am 1. Februar 1917: «Das Schneewetter hält hier an; bei Euch auch, und das ist recht schlimm für allen Verkehr. Die Noth wächst allenthalben. Dafür hat nun heut der U-Boot-Krieg verschärft eingesetzt. Man hofft viel davon; nach Angabe der Marine glaubt man alle Monate 1 Millionen Tonns herunter zu holen. Angeblich sollen die Engländer für Handelszwecke nur noch 6 Millionen haben; in 3 Monaten könnte man ihnen die Hälfte wegnehmen. Das Alles ist natürlich sehr vage und beruht auf günstigsten Berechnungen und Umständen; kein Mensch weiß, wie es ablaufen wird. Aber die Hoffnungen sind hoch gespannt. Amerika? Auch das weiß keiner. Optimisten glauben, daß es nicht zum Krieg kommen wird, und wenn doch, daß wir ehe sie eingreifen, mit England ziemlich fertig sein werden. Na na! kann man nur sagen.»[42]

Aus diesen Zeilen wird die Skepsis gegenüber den Versprechungen der Marine überdeutlich. Lyncker glaubte offenbar nicht, dass die USA neutral bleiben würden. Ähnlich urteilten auch andere. Der württembergische Ministerpräsident v. Weizsäcker zweifelte im Bundesrat an den Versprechungen der Marine,[43] und im Hauptausschuss des Reichstags kritisierte die politische Linke, so der Linksliberale Payer sowie die Sozialdemokraten Ledebour, David und Hoch, die Entschließung.[44] Kurt Riezler bezeichnete den U-Boot-Krieg als «einzige aber schwache Möglichkeit zu durchschlagendem Erfolg, bei Misserfolg Verlängerung des Krieges und furchtbare Verschlimmerung des Ausgangs».[45] Es scheint, dass Hindenburg und Ludendorff den Voraussagen der Marineführung glaubten,[46] die, vielleicht gerade weil sie eine gewisse Skepsis spürte, sich in groteske Versprechungen hineinsteigerte. Holtzendorff gab sein «Seeoffizierswort»[47], dass kein amerikanischer Soldat das europäische Festland betreten werde. Und Admiral v. Capelle, der Nachfolger von Tirpitz als Chef des Reichsmarineamtes, versicherte am 31. Januar 1917 dem Haushaltsausschuss des Reichstags, Amerika sei «militärisch Null und noch einmal Null und zum dritten Mal Null».[48]

Verzweiflung und Alternativlosigkeit standen bei dieser kapitalen Fehlentscheidung Pate. Helfferich hatte im Vorfeld der Sitzung zu Holtzendorff gesagt: «Ihr Weg führt zur Katastrophe»,[49] was dieser mit dem Argument gekontert hatte: «Sie lassen uns in die Katastrophe treiben.» Überall bot sich dasselbe Bild: Nach der Ablehnung des Friedensangebots herrschte Verzweiflung, maßgeblich hervorgerufen auch durch den Steckrübenwinter, die Verkehrskatastrophe und schiere Konzeptlosigkeit. Der Reichskanzler, der sich gegenüber Müller und Valentini so bitter ausgesprochen hatte und sicher auch seinerseits den U-Boot-Krieg nie begonnen hätte, zeigte seine merkwürdige Vielschichtigkeit, zumindest wenn man den Aufzeichnungen Riezlers hier Gewicht geben möchte. Dieser schrieb: «Der Kanzler hat ja gesagt. Seine persönliche Position ist günstig, er hat immer nur pro tempore nein gesagt – die wachsenden Gründe pro immer selbst hervorgehoben.» Doch «... trotz aller Schwüre der Marine [ist das ein] Sprung ins Dunkle».[50]

Ein letztes Mal flackerte bei Bethmann die Hoffnung auf, den U-Boot-Krieg und den Bruch mit den USA vermeiden zu können. Wilson hatte, wie er durch ein Telegramm Graf Bernstorffs erfuhr, die Hoffnung nicht aufgegeben, einen Frieden vermitteln zu können, und bat nun um die deutschen Friedensbedingungen.[51] Bethmann war daraufhin, wie Helfferich berichtete, «in einer Erregung, wie ich sie nie an ihm gesehen habe».[52] In der Hoffnung auf Frieden oder zumindest auf fortdauernde amerikanische Neutralität, wollte er Wilson die deutschen Bedingungen mitteilen und reiste mit Zimmermann ins Hauptquartier. Dort wurde eine Antwort verfasst, in der als Verhandlungsgrundlage die wechselseitige Räumung der besetzten Gebiete, die Wiederherstellung Belgiens, wenn auch mit Sicherungen für Deutschland, eine bessere Ostgrenze gegen Russland, wobei dieses Polen aufgeben sollte, finanzielle Kompensationen und Grenzberichtigungen, Garantien für den deutschen Zugang zum Welthandel sowie eine koloniale Restitution erfordert wurde.[53] Doch hatten sich diese Bedingungen erübrigt, denn gleichzeitig wurde die Nachricht aufgesetzt, dass der U-Boot-Krieg eröffnet würde und die Boote nicht mehr zurückgerufen werden könnten. Der Botschafter in Washington, Graf Bernstorff, hatte dann die undankbare Aufgabe, Lansing am 31. Januar diese beiden Noten übergeben zu müssen. Ihm standen dabei die Tränen in den Augen, da er genau wusste, was nun geschehen würde.[54]

Wilson und seine Ratgeber gelangten zu der Ansicht, dass die Verhandlungen mit Deutschland an einem irreversiblen Wendepunkt angelangt waren. Nach den vorangehenden jahrelangen Notenwechseln in Sachen U-Boot-Krieg blieb der amerikanischen Regierung wenig anderes übrig, als nun die diplomatischen Beziehungen zu Deutschland abzubrechen. Die Vorteile, die die Diplomatie der Mittelmächte durch das Friedensangebot und die Aktion Wilsons errungen hatte, waren auf einen Schlag zunichte gemacht worden. Doch die USA verzichteten vorerst auf eine Kriegserklärung und für den Moment sah es so aus, als wenn sie es bei dem Abbruch der Beziehungen bewenden lassen würden. In diesen kritischen Moment, in dem es noch eine schwache Hoffnung gab, die Neutralität der USA erhalten zu können, platzte dann das sogenannte Zimmermann-Telegramm, das am 1. März 1917 veröffentlicht wurde.

Dieses Telegramm ging auf eine Idee von Arthur v. Kemnitz zurück, dem Lateinamerikareferenten des Auswärtigen Amts.[55] Es hatte im Vorfeld Fühler zwischen der mexikanischen und der deutschen Regierung gegeben und sogar Gespräche über U-Boot-Basen. Kemnitz wollte für den Fall eines Kriegseintritts der USA Mexiko dazu bewegen, den USA den Krieg zu erklären, und bot dem Land daher ein Bündnis und Geldhilfe an. Für den Fall des Sieges wollte Deutschland damit einverstanden sein, dass Mexiko früher an die USA verlorenes Gebiet, nämlich die Bundesstaaten Texas, New Mexico und Arizona, zurückeroberte.

Dieses Allianzprojekt war natürlich ein Phantasieprodukt, da Mexiko gar nicht die militärischen Mittel hatte, um den USA gefährlich werden zu können. Es stand aber in der Tradition deutscher Revolutionierungs- und Aufwiegelungsversuche. Die deutsche Führung hatte versucht, in den Kolonien des Britischen Empire Unruhe zu stiften oder die Einheimischen gegen die italienischen Kolonialherren in Libyen aufzuwiegeln. Mehr Erfolg hatte sie darin, das Osmanische Reich in den Krieg zu ziehen.[56] Was beim Zimmermann-Telegramm anders war, war das krasse Missverhältnis von Risiko und möglichem Gewinn durch eine Allianz mit Mexiko, wobei gar nicht davon gesprochen werden soll, dass Mexiko keine deutsche Hilfe zu erwarten gehabt hätte. Was die Sache aber noch verschlimmerte, war, dass dieses brisante Angebot aus Zeitgründen über ein amerikanisches Regierungskabel nach Washington und von dort weiter nach Mexiko gesendet wurde. Das Kabel war, illegalerweise, vom britischen Geheimdienst angezapft worden. Außerdem verfügte dieser über mehrere deutsche Codebücher und konnte die Nachricht daher entziffern. Um die Quelle dieser Information zu verschleiern, fingierte er in Mexiko einen Einbruch und stahl eine weitere Kopie des Telegramms; sie wurde dann veröffentlicht. Es schlug in den USA wie eine Bombe ein, da hier die schlimmsten Befürchtungen der Amerikaner über die hinterhältige Politik der deutschen Regierung noch überboten wurden; außerdem handelte es sich um einen klaren Verstoß gegen die Monroe-Doktrin, mit der sich die USA jede fremde Einmischung in Latein- und Südamerika verbaten. Robert Lansing hatte gesagt, irgendeine deutsche Tölpelei müsse in den USA allgemeine Empörung hervorrufen und den Krieg entfesseln, damit die amerikanische Öffentlichkeit sich nicht verweigere;[57] und hier war sie. Die Kriegstreiber in der Regierung hatten nun Oberwasser, während die Deutschamerikaner wie gelähmt waren und der Welle patriotischen Unwillens nun nichts mehr entgegenzusetzen wagten. Um die Sache voll zu machen, wurde Zimmermann von dem amerikanischen Korrespondenten Hale auf einer Pressekonferenz des Auswärtigen Amts in Berlin gefragt: «Eure Exzellenz werden doch sicherlich diese Geschichte dementieren?» Worauf Zimmermann antwortete: «Ich kann sie nicht dementieren. Sie ist wahr.» Damit hatte er die Authentizität des Telegramms bestätigt. Ob er das tat, um sich bei der OHL als starker Mann anzudienen, der auch vor den USA nicht zurückschreckte, oder ob er vermeiden wollte, sehr bald schon als Lügner überführt zu werden, kann hier offenbleiben. Im Reichstag versuchte Zimmermann sich damit zu verteidigen, dass das Angebot nur für einen ausdrücklich als unerwünscht bezeichneten Kriegsfall mit den USA gelten sollte. Das stimmte zwar, machte die Sache aber nicht besser.

Der Chef der Reichskanzlei, Unterstaatssekretär Arnold Wahnschaffe, hatte bereits am 10. Januar festgestellt, der Rubikon sei überschritten.[58] Nun war er schon mehrfach überschritten worden, und am 6. April 1917 erklärten die USA dem Deutschen Reich den Krieg. Wilson war die Entscheidung nicht leichtgefallen. Er war im Süden aufgewachsen und hatte die Niederlage der Konföderierten erlebt. Er hatte eine tiefe Abneigung gegen den Krieg und alles, was er mit sich bringen würde, auch was das amerikanische Leben betraf. Er empfand ihn als «crime against civilisation», glaubte auch, er würde die Zukunft der weißen und europäisch-amerikanischen Dominanz auf dem Planeten gefährden («white supremacy on this planet»).[59] Der Krieg würde in den USA nationale Leidenschaften entfesseln. Die Kriegserklärung werde dazu führen, «dass Deutschland geschlagen werde, und zwar so gründlich, dass es einen Diktatfrieden geben werde, einen Siegfrieden», der vom Geist dieses Weltkrieges geprägt sein werde.[60]

Bereits am Abend des 2. April hatte Wilson im Kapitol eine Rede gehalten, in der er die Kriegserklärung begründete. Das amerikanische Volk empfinde nur Sympathie und Freundschaft für das deutsche, das für den Krieg nicht verantwortlich sei. Dieser sei durch «kleine Gruppen ehrgeiziger Männer» begonnen worden. Dann kam er zu seinem Kerngedanken, der dem amerikanischen Kriegseintritt einen Sinn geben sollte. Nur eine Partnerschaft demokratischer Nationen könne den Frieden bewahren. Keiner autokratischen Regierung dürfe getraut werden. Die preußische Autokratie habe viele Beweise ihrer Feindseligkeit gegen die USA gegeben, zuletzt das Angebot an Mexiko. «Wir sind froh, … für den definitiven Frieden der Welt zu kämpfen und für die Befreiung der Völker, auch der deutschen Völker … Die Welt muss für die Demokratie sicher gemacht werden.» Die Rede wurde als sehr eindrucksvoll empfunden und vor allem dieser Satz mit einer gewaltigen Ovation begrüßt.[61] «To make the world safe for democracy» – damit hatte Wilson eine Formel vorgegeben, die radikal von seiner Idee des «Friedens ohne Sieg» abwich und die extremsten Tendenzen der Entente beflügelte.

***

Eine gewaltige Chance war vertan worden. Das Friedensangebot des Dezember 1916 war zwar in der Hauptsache fehlgeschlagen und hatte keine Friedensverhandlungen mit den Gegnern eröffnet.[62] Und trotzdem hatten die Mittelmächte national wie international damit einen sehr viel größeren Erfolg erzielt, als sie wahrnahmen; dies hätte im weiteren Verlauf noch bedeutendere Erfolge im Kampf um die Weltmeinung nach sich ziehen können. Stattdessen gingen sie ein ungeheures militärisches Wagnis ein und zwangen dem widerstrebenden Woodrow Wilson den Kriegseintritt förmlich auf. Natürlich war die amerikanische Regierung zuvor nicht vorbildlich neutral gewesen und hatte die Alliierten begünstigt. Sie hatte gewaltige Gütermengen über den Atlantik geschifft und damit letztlich den Alliierten geholfen, deutsche Soldaten zu töten – mehr als die Hälfte der britischen Granathülsen wurden 1916 in den USA beschafft, und somit war die amerikanische Lieferung essentiell für das wochenlange Trommelfeuer an der Somme.[63] Washington hatte mit den Regierungen in Paris und London zudem Abmachungen diskutiert, die aggressiv gegen den Geist der Neutralität verstießen.[64] Auch war offensichtlich, dass Wilson und die USA von den Alliierten, bei dem gewaltigen Umfang, den die Warenlieferungen und deren Verschuldung bereits angenommen hatten, auch ein Stück abhängig geworden waren.[65]

Die vollkommene Gleichbehandlung beider kriegführender Seiten durch die USA oder gar deren Intervention auf der Seite der Mittelmächte wäre nicht wirklich zu erwarten gewesen, wohl aber ein sicheres Fortdauern der amerikanischen Neutralität. Der Präsident hatte im Mai 1915 gesagt, Amerika sei «too proud to fight».[66] Er wollte neutral bleiben und hatte dies auch immer wieder den anders gesinnten Mitgliedern seines Kabinetts, vor allem Lansing, und der ohnehin bis um die Jahreswende 1916/17 mehrheitlich jede Intervention ablehnenden amerikanischen Bevölkerung unmissverständlich zu verstehen gegeben. Woodrow Wilson wollte seinem Land die Teilnahme an diesem Krieg ersparen und seine Pläne einer amerikanischen Welthegemonie unter Nutzung der gewaltigen und weiter wachsenden ökonomischen Macht der USA ohne Kampf realisieren. Außerdem glaubte er, dass die USA als neutrale Macht bei den Friedensverhandlungen die Stimme der Mäßigung sein könnten.

Wilson hatte der deutschen Führung aber auch sehr klare Grenzen aufgezeigt. Er war nicht bereit, den unbeschränkten U-Boot-Krieg zu tolerieren, und die deutsche Führung war sich dessen bewusst gewesen. Bethmann Hollweg hatte am 1. Oktober 1916 geschrieben, dass er im Fall des unbeschränkten U-Boot-Krieges den «Bruch mit Amerika und in der Folge amerikanische Kriegserklärung ... für sicher» halte.[67] Klugheit hätte verlangt, diese Grenzen nicht zu überschreiten und die größte Industrienation der Erde – im Jahre 1916 hatte die amerikanische Produktion erstmals die des gesamten Britischen Empire übertroffen – neutral zu halten. Die deutschen Klagen über Washingtons Begünstigung der Entente waren nachvollziehbar, doch aus Selbsterhaltungstrieb hätte die amerikanische Haltung respektiert werden müssen.

Dass es der deutschen Führung an kluger Mäßigung und an Weitblick fehlte oder, um es präziser zu sagen, dass sich die Weitsichtigeren im innerdeutschen Entscheidungsprozess nicht durchsetzen konnten, ist unbestritten. Winston Churchill schrieb in seinen Memoiren, dass weniger als zwei Monate für die Deutschen den Unterschied zwischen Sieg und Niederlage ausmachten – zwei Monate, die die Wiederaufnahme des unbeschränkten U-Boot-Krieges am 1. Februar 1917 von der russischen Märzrevolution 1917 trennten.[68] Dies ist zu einfach, da die Abdankung des Zaren nicht gleichbedeutend war mit dem Ausscheiden Russlands aus dem Krieg; dazu bedurfte es noch einer zweiten Revolution. Die russische Krise war schon im Frühjahr 1917 offensichtlich, aber erst im Herbst 1917 wurde der gesamte Umfang des schon so lange erwarteten russischen Zusammenbruchs sichtbar.[69] Und doch ist aus der Rückschau offensichtlich, dass die beiden Faktoren zusammengenommen – die fortdauernde amerikanische Neutralität und das Ausscheiden Russlands – für die Mittelmächte wie eine Garantie eines erträglichen Kriegsendes gewirkt hätten.[70] Die verbliebenen großen Ententemächte, nämlich Großbritannien, Frankreich und Italien, hätten allein nicht mehr siegen können. Hier hätten sich die katastrophale innere Lage der Mittelmächte und die katastrophale militärische Lage der Entente schließlich aufgewogen und einen Kompromiss erzwungen.

Deshalb ist es vollkommen berechtigt, die Kurzsichtigkeit der in panischer Ratlosigkeit agierenden Personen zu kritisieren, die sich gegen die kompromissbereiten Kräfte durchsetzen konnten, wenn auch nur durch sehr kräftige Hilfe der Kriegstreiber der Entente. Das für Deutschland Verhängnisvolle war weniger, dass die deutsche Marineführung und auch die OHL in Felder ausgriffen, die die politische und diplomatische Führung für sich beanspruchte. Das Hauptproblem war, dass sie in ihrem Spezialgebiet, der militärischen Kriegführung, mit ihren Prognosen und

Berechnungen vollständig versagten, während die Zivilisten die sehr viel präziseren Einschätzungen lieferten, sich aber den scheinbaren Experten beugten, die wiederum große Teile der öffentlichen Meinung hinter sich gebracht hatten. Die Entscheidung für den U-Boot-Krieg hatte etwas von einem inoffiziellen Volksentscheid, und als Hugo Haase im Herbst 1918 im Reichstag sagte, alle Parteien hätten letztlich den U-Boot-Krieg befürwortet oder zugelassen, wagte niemand zu widersprechen.[71]

Erst im Februar 1917 war es im Deutschen Reichstag zu ausgedehnten Debatten über das Friedensangebot und den unbeschränkten U-Boot-Krieg gekommen. Wenn diese Auseinandersetzungen aus der Rückschau betrachtet werden, wird deutlich, dass das Friedensangebot innenpolitisch gesehen ein ungeheurer Erfolg war, dem auch für die weiteren Kriegsanstrengungen des Deutschen Reiches große Bedeutung zukam. Mit keinem anderen Schritt hätte die Regierung sich der Loyalität der Parteien und damit ihrer Bürger besser versichern, die Legitimität ihrer Kriegführung klarer herausstreichen können. Alle politischen Parteien, von der Rechten bis zur Linken, waren nun vollkommen davon überzeugt, dass die Schuld an der Fortsetzung des Krieges ganz bei den Regierungen der Entente lag, die das Friedensangebot in beleidigender Weise abgelehnt und in ihrer Antwort an Wilson imperialistische Forderungen vertreten hatten. Mit diesem Ausgang war zwar nicht das Hauptziel des Friedensangebots, nämlich Verhandlungen mit dem Gegner einzuleiten, erreicht worden, wohl aber das wichtigste Nebenziel, nämlich die Parteien und die Bevölkerung mitten im Hungerwinter 1916/17 von der Notwendigkeit zu überzeugen, den Krieg fortzusetzen. Zwar wurde von linken Sozialdemokraten, wie Georg Ledebour, auch an der deutschen Regierung bittere Kritik geübt; er bezeichnete das Friedensangebot als halbherzig und unehrlich, verwies auf die unglückliche Parallelität zur Polenproklamation und auf die Weigerung, die deutschen Friedensbedingungen zu nennen. Doch selbst dieser scharfe Kritiker der Regierung geißelte «die ausschweifenden Eroberungspläne» der Entente und erklärte «das Friedensangebot des Zehnerbundes [so wurde die feindliche Koalition bisweilen genannt] für unerhört, für ganz unmöglich».[72] Auch Philipp Scheidemann, der wohl beste Redner seiner Partei, sprach von der «brutalen und herausfordernden Sprache» und dem «wahnsinnigen, allen Tatsachen Hohn sprechenden Siegesprogramm» der Entente.[73] Noch drastischer drückten sich die Parteiführer der Mitte und der Rechten aus.

Die Parteien waren sich einig in der Verurteilung der Alliierten; sie differierten aber in der Frage, wie mit dem Gegner in der Zukunft umgegangen werden solle. Hier tat sich ein Gegensatz auf, der sich in den kommenden Monaten geradezu dramatisch verschärfen sollte. Die Linkspolitiker wollten, trotz aller Kritik an den Regierungen der Entente, ausdrücklich an einer Verhandlungslösung festhalten. Scheidemann sagte, der Krieg dürfe «nicht eine Minute länger dauern …, als zur Rettung unseres Landes und zur Sicherung unserer Existenz notwendig» sei.[74] Er wollte also, sollten sie doch noch einlenken, den gegnerischen Regierungen weiterhin entgegenkommen. Der Führer der Konservativen Partei, Graf Westarp, vertrat das andere Extrem. Er war der Ansicht, mit der alliierten Ablehnung des Friedensangebots seien die deutschen Friedensbedingungen «nunmehr vollständig erledigt».[75] Der Kampf werde infolge des klar ersichtlichen Vernichtungswillens der Feinde weitergehen, dies mache neue Opfer und Kosten notwendig und für diese sollten sie am Ende aufkommen müssen. Immerhin sei der Reichstag gezwungen, nun einen neuen 15-Milliarden-Kredit zur Deckung der Kriegskosten zu bewilligen; der Zinsdienst allein werde erdrückend sein. Westarp hielt es für angebracht und notwendig, einen Teil dieser Last auf den Gegner abzuwälzen. Zwar seien die Kriegsziele von der militärischen Lage bei Friedensschluss abhängig, aber wenn diese es erlaube, sollten die Gegner nach Ende des Krieges rücksichtslos zum Zahlen gezwungen werden. Und sollten sie das nicht können, müsste das Reich die Tatsache ausnutzen, dass es über 500 000 Quadratkilometer feindlichen Gebiets besetzt halte. Deutschland brauche Siedlungsland für seine «heimkehrenden Krieger», das es im Osten, im Baltikum, gebe; es benötige Erz und Kohle, die in Longwy und Briey und in Belgien zu finden seien, es brauche den Hafen von Antwerpen, neue Kolonien sowie die militärische Sicherung der deutschen Grenzen.[76]

Damit hatte Westarp eine Position vertreten, die von den Regierungen der Entente (und auch von einem beträchtlichen Teil der Fritz Fischer folgenden Historiographie) der deutschen Seite ohnehin unterstellt worden war. Andererseits wurde in dieser Debatte und auch aus seinen Äußerungen deutlich, dass alle Parteien, und auch die Konservativen, die niemals offiziell definierten Bedingungen des Friedensangebots von Dezember 1916 als vollständigen oder weitgehenden Annexionsverzicht und damit als Status-quo-ante-Frieden verstanden hatten. In dieser Annahme waren sich die Befürworter eines Verständigungsfriedens und auch die eines Siegfriedens einig gewesen.

Zwar war die Entschlossenheit weiterzukämpfen bekräftigt worden. Trotzdem kündigte sich an, dass die Formel des Burgfriedens nicht mehr lange Bestand haben konnte, sei es in der Frage der Kriegsziele, sei es in der Frage innerer Reformen. Die preußische Regierung hatte eine neue Fassung des Fideikommissgesetzes eingebracht, ein Gesetz, das den Adel und den Großgrundbesitz betraf und von den Sozialdemokraten, aber auch den bürgerlichen Parteien als Schlag ins Gesicht empfunden wurde. Die Konservativen wiederum empfanden das immer lauter werdende Verlangen nach einer Reform des Dreiklassenwahlrechts in Preußen als Gefährdung ihrer politischen Machtbasis. Hier zeichneten sich inhaltliche Vernetzungen zwischen Siegfriedensforderungen und sozialem Konservatismus, zwischen dem Streben nach einem Verständigungsfrieden und Reformverlangen ab, und damit Konflikte, die in den folgenden Monaten voll zum Ausbruch kommen sollten.

Philipp Scheidemann hatte in seiner Rede noch auf einen anderen, überaus bedeutsamen Zusammenhang hingewiesen, der sich in der Folgezeit voll bestätigen sollte. Er sagte: «Am Tage nach der Veröffentlichung des feindlichen Eroberungsprogramms veröffentlichte eines der Blätter, das unsere Politik stets am heftigsten bekämpft hat, einen Artikel, der überschrieben war: ‹Dank an Lloyd George›. Meine Herren, dieser Dank war aufrichtig: es gibt eben heute auch eine Internationale der Kriegsverschärfung und der Kriegsverlängerung, deren Glieder einander in die Hände arbeiten. Was den einen von ihnen hochbringt, hilft auch dem andern zu neuer Kraft und neuem Entschluss. Lloyd George ist der Pate der neuen Entschlüsse der Reichsleitung, für die sie, in Gemeinschaft mit der Obersten Heeresleitung, die Verantwortung trägt, die wir ablehnen. Der verschärfte U-Boot-Krieg ist eigentlich von der Konferenz der Alliierten in Rom beschlossen worden.»[77]

Im Grundsatz ähnlich hatte sich Theodor Wolff, der Chefredakteur des «Berliner Tageblattes», ausgedrückt, als er die Ereignisse in seinem Tagebuch wie folgt kommentierte: «Die Antwortnote der Entente an Wilson ist veröffentlicht. Sie gibt die Kriegsziele der Entente bekannt. Lostrennung der früher eroberten Provinzen u. Gebiete von Deutschland, völlige Auflösung Österreich-Ungarns nach dem Nationalitätenprinzip, Verjagung der Türkei aus Europa etc. Enorme Wirkung. Tiefes Entzücken bei den

Alldeutschen u. ähnlichen Elementen. Niemand kann noch behaupten, die Entente wolle nicht den Vernichtungskrieg u. sei zu Verhandlungen bereit … Der Kaiser richtet infolge der Entente-Antwort einen Appell an das Volk. Alles ist jetzt in Vorbereitung für den unbeschränkten U-Boot-Krieg.»[78]

Diese Bemerkungen weisen auf einen Zusammenhang hin, der ganz offensichtlich ist, aber in der historischen Bewertung der Vorgänge oft nicht hinreichend berücksichtigt wurde. In der Rückschau beschränken sich fast alle Historiker, die über den Ersten Weltkrieg schreiben, auf die vollkommen berechtigte, harsche Kritik an der deutschen Führung, die durch ihr ungeschicktes Vorgehen im Winter 1916/17 die Chance auf einen erträglichen Kriegsausgang nicht realisiert hatte. Eine deutsche Niederlage war infolge der Intervention der USA sehr viel wahrscheinlicher geworden, auch wenn es bis ins Frühjahr 1918 hinein sehr kritische Situationen für die Entente gab.[79] Doch dies war eine sehr wichtige, aber nicht die einzige Konsequenz. Denn die Fortsetzung des Krieges hatte gravierende Folgen für die Vorkriegsordnung des «Alten Europa». Seit der Jahreswende 1916/17 überwogen die Kollateralschäden des Krieges definitiv jeden möglichen politischen oder sonstigen Vorteil durch einen militärischen «Sieg» – und das galt für beide Seiten. Und doch ging der Krieg weiter, und zwar infolge des Mechanismus, den Scheidemann als die «Internationale der Kriegsverlängerer» bezeichnet hatte. Er war durch die Ablehnung von Friedensgesprächen seitens der Regierungen der Entente in Gang gesetzt worden. Der französische Historiker Georges-Henri Soutou, der die maßgebliche Untersuchung der alliierten Kriegsziele geschrieben hat, urteilt: «Die Alliierten waren vom Beginn des Krieges an wesentlich entschlossener, als lange Zeit zugegeben worden ist, die politische, militärische und wirtschaftliche Macht Deutschlands drastisch zu reduzieren.»[80]

Hier muss auch die Wechselwirkung zwischen Innen- und Außenpolitik im Kriege berücksichtigt werden. Die harte Haltung der Entente verhinderte nicht nur eine Verhandlungslösung, sondern unterminierte auch die Position der Befürworter eines Verständigungsfriedens in Deutschland. Immerhin hatten selbst Hindenburg und Ludendorff im Herbst 1916 dem Friedensangebot zugestimmt, aber von Anfang an wenig Hoffnungen mit ihm verbunden. Die kompromisslose Haltung der Feinde half nun den Hardlinern in Deutschland, immer mehr Einfluss zu gewinnen. Das Gespenst des übermächtigen «preußischen Militarismus», das von der alliierten Kriegspropaganda beschworen wurde, war also zu einem Teil von den Alliierten selbst erzeugt worden. Die Siegfriedensbefürworter, die Alldeutschen, die Konservativen und die OHL, wurden dann aber zu einer mächtigen und zerstörerischen Kraft, die ab dem Frühjahr 1917 die innenpolitische Lage in Deutschland unerträglich machen sollte.

Die Frage, warum die Entente so handelte, ist leicht zu beantworten: Sie wollte den Krieg gewinnen und glaubte, dies auch zu können. Hinzu kamen die unzähligen Widersprüche im Ententebündnis selbst, die schon im Vorfeld der Beratungen über einen Verständigungsfrieden sofort aufgebrochen wären. So war beispielsweise Italien wegen seiner Eroberungspläne in den Krieg eingetreten, und Außenminister Sonnino, als einer der Hauptverantwortlichen, insistierte in Anbetracht der hohen italienischen Opfer auf der buchstabengetreuen Erfüllung der im Londoner Vertrag gemachten Versprechungen. Ähnlich war die französische Regierung nicht bereit, auf die «Desannexion» Elsass-Lothringens zu verzichten. Die Provinzen waren aber legaler deutscher Besitz, und alle deutschen Parteien, auch die Linksparteien des Reichstags, waren nicht bereit, über die Preisgabe der Reichslande auch nur nachzudenken. Die Elsässer selbst suchten sich zu verbitten, dass ihretwegen ein so langer und blutiger Krieg geführt wurde.[81] Doch die französische Führung war an Kompromissen nicht interessiert und wollte auch die innenpolitische Opposition niederhalten. Sie ließ ein Zirkular erstellen, das darauf abhob, immer ganz einseitig die Kundgebungen der Alldeutschen und Konservativen herauszustellen und nicht etwa die als gemäßigt erscheinende Politik Bethmann Hollwegs. Dadurch könne der Siegeswille der alliierten Völker mehr gestützt werden als durch zehn alliierte Aufrufe.[82] Im April 1917 hatten die Alldeutschen wiederum in einem Zirkular auf Hindenburg und «den vielleicht rettenden Trotz unserer Feinde» gehofft.[83]

Dies zeigt, wie die «Internationale der Kriegsverlängerer» funktionierte – indem sie immer auf die aggressiven Strömungen beim Gegner hinwies und sich diese für die eigene Propaganda zunutze machte. Sie hatte um die Jahreswende 1916/17 ihren Hauptanker in der Entente. Doch hatten die Regierungen in London, Paris, Rom und St. Petersburg eine Vorstellung von den Kosten des erstrebten Sieges für Europa und für sie selbst? Im Ersten Weltkrieg ging es ab dem Herbst 1916 nicht nur darum, welche Seite gewann, sondern noch mehr als bisher um das weitere

Schicksal ganz Europas, seiner politischen Gliederung und inneren Verfassung.[84] In diesem Winter hatten die europäischen Mächte eine letzte Chance, aus dem Krieg mehr oder weniger so hervorzugehen, wie sie in ihn hineingegangen waren; zwar blutend und angeschlagen, und der sinnlose Tod von Millionen wäre zu beklagen gewesen, aber sie wären wiedererkennbar gewesen, die Gesellschaftsstrukturen intakt, das europäische Staatensystem mehr oder weniger dasselbe wie vor dem Krieg. Eine bessere Zukunft, auch bei der Regelung von Konflikten, wäre wahrscheinlich gewesen, denn alle Regierungen hätten innen- wie außenpolitisch unter ungeheurem Druck gestanden, das internationale System zu verbessern und dauerhafte Lösungen für internationale Streitfälle zu finden. Ein solcher Kompromissfrieden wäre nicht unbedingt nur ein verlängerter Waffenstillstand gewesen. Dass die europäischen Bevölkerungen sich für einen neuen Waffengang hätten mobilisieren lassen, etwa um eine klare Entscheidung im zweiten Durchgang zu erkämpfen, hielten zumindest die Regierungen in Berlin und Wien für eine geradezu absurde Idee. Sie fand aber sehr viel mehr Anhänger in London, wo dieser Gedanke, ein klarer Sieg müsse erfochten werden, um einen zweiten Waffengang zu vermeiden, schon zur Ideologie erhoben wurde.[85]

Im Bewusstsein, die größeren Ressourcen zu haben und den Gegner schließlich erdrücken zu können, scheinen die Führer der Entente die Kräfte der politischen Veränderung unterschätzt zu haben, die dieser Krieg hervorrief. Dabei hatten sich diese schon in den ersten beiden Kriegsjahren bemerkbar gemacht. Spätestens mit der Gründung des Königreichs Polen im November 1916 war auch das Nationalitätenprinzip als Grundlage einer möglichen Nachkriegsordnung auf die europäische Tagesordnung gesetzt worden, wenn auch alle Regierungen, selbst Woodrow Wilson, aus sehr guten Gründen lange zögerten, sich ihm rückhaltlos zu verschreiben.[86] Auch wurde ab 1917 immer mehr die Frage von sozialen und politischen Reformen zum «inneren Kriegsziel» in den kriegführenden Nationen, was sich in der zunehmenden Zahl an Protesten, Streiks, Kampfverweigerungen und schließlich Meutereien und Revolutionen ausdrückte. Die Krisenzeichen waren zwar deutlich sichtbar, hatten aber in keinem Staat bis in den März 1917 hinein innen- oder außenpolitisch zu unumkehrbaren Veränderungen geführt. Die deutsche Führung hielt selbst die polnischen Entwicklungen noch nicht für irreversibel.

Doch der Weg, den der Erste Weltkrieg nun nahm, erinnert an das, was Heinrich von Kleist seinem Freund Rühle schrieb: Die Zeit scheine «eine neue Ordnung der Dinge herbeiführen zu wollen, und wir werden davon nichts, als bloß den Umsturz der alten erleben».[87] Die deutsche und die österreichische Regierung hatten immerhin erkannt, dass es bei den Völkern eine Grenze der Belastbarkeit gab, und dass, wenn diese überschritten wurde, die Revolution und der Zusammenbruch alles Bestehenden drohte. Sicher hatten Wien und Berlin, zusammen mit Sofia und Konstantinopel, nicht aus reiner Menschenfreundlichkeit agiert, als sie im Dezember 1916 ihr Friedensangebot machten, sondern vor allem aus einem Gefühl der Schwäche heraus. Sie fürchteten sich vor der Zukunft, vor neuen massiven Angriffen im Westen, und sahen auch, dass ihre Gesellschaften sich in beängstigender Geschwindigkeit dem Zusammenbruch näherten. Sie hatten erkannt, dass der Krieg nicht unendlich lange fortgesetzt werden konnte und durfte, auch deshalb, weil er nicht nur die Verlierer, sondern auch die Sieger zu beschädigen drohte. Falkenhayn hatte dies, und die Notwendigkeit eines Verhandlungsfriedens, schon im November 1914 festgestellt. Die österreichisch-ungarische Regierung drängte seit dem Sommer 1916 auf Frieden, und Staatssekretär v. Kühlmann, der im Mai 1917 die Nachfolge Zimmermanns im Auswärtigen Amt antreten sollte, drückte diesen Sachverhalt am 28. September 1917 im Reichstag wie folgt aus: «Europa! – Das Wort klingt uns heute wie ein Märchen aus längst vergangenen Zeiten. … Dass Europa nicht zugrunde gehe, ist vielleicht heute noch, mitten in diesem gewaltigen Kriege, ein gemeinsames Interesse aller Großstaaten. Der endgültige Zusammenbruch wird jeden einzelnen Staat, welcher Gruppe er auch angehören möge, schwächer und zukunftsärmer hinterlassen, manche ganz zerbrochen und jeder großen nationalen Zukunftshoffnung bar.»[88]

Das war kein bloßes Lippenbekenntnis aus Existenzangst. Gerade die Konservativen in der deutschen Führung, wie Gottlieb v. Jagow oder Erich v. Falkenhayn, fürchteten die Revolution in Russland; sie würde dieses Land dauerhaft verändern und das würde für Deutschland von Nachteil sein.[89] Der Zusammenbruch Europas, zuerst einzelner Gesellschaften, dann des gesamten Systems war die akute Bedrohung, der sich alle kriegführenden Staaten um die Jahreswende 1916/17 gegenübersahen. Wie sich aus der historischen Rückschau zeigt, ließ die Entscheidung, den Krieg über das Frühjahr 1917 hinaus weiterzuführen, Europa in eine Katastrophe gleiten. Die Folgen waren eine nicht funktionierende Nachkriegsordnung, kommunistische und faschistische Diktaturen, die «Bloodlands» in Ostmitteleuropa,[90] ein zweiter Weltkrieg und der Kalte Krieg. Die direkten Auswirkungen dieses Zusammenbruchs reichten bis zum Ende des «kurzen 20. Jahrhunderts» und dauern im Nahen und Mittleren Osten bis heute an. Durch einen Kompromissfrieden 1916/17 hätten die folgenden Katastrophen des 20. Jahrhunderts wahrscheinlich verhindert werden können.

Die Einsicht, dass der Krieg die Grundlagen der europäischen Zivilisation und eine erträgliche Zukunft gefährdete, war in Berlin und Wien eher als in Paris und London vorhanden, die wiederum ihren russischen Verbündeten mitschleiften und auch ihre eigene Bevölkerung.[91] Die französische und die italienische Regierung hatten nationalistische, vielleicht destruktiv wirkende, aber klare Kriegsziele. Die britischen Kriegsziele waren nebulöser. Zwar ging es London auch in großem Umfang um Kolonialerwerb auf deutsche, vor allem aber auf osmanische Kosten; hier wären Ägypten und die asiatischen Gebiete zu erwähnen, die im Sykes-Picot-Abkommen in Interessenzonen zwischen Großbritannien und Frankreich aufgeteilt worden waren. Doch das zentrale Kriegsziel war, Deutschland, das sich als ungeheuer stark erwiesen hatte, militärisch klar zu besiegen. Die britischen Politiker sahen den Konflikt als eine Wiederkehr der Napoleonischen Kriege und einen Kampf um die Wiederherstellung des europäischen Gleichgewichts. Bevor der Gegner nicht niedergerungen war, würde es keinen dauerhaften Frieden geben können, und jeder Kompromissfrieden so ausgehen wie der von Amiens 1802 mit Napoleon, der wenig mehr als ein Jahr gehalten hatte. Deshalb wurde der militärische Sieg zum eigentlichen Kriegsziel, was natürlich aufwendig war und außerdem die Frage aufwarf, ob es nicht für die britische Politik sehr viel einfacher gewesen wäre und im Eigeninteresse gelegen hätte, den Kräften der Verständigung in Deutschland entgegenzukommen und ein auskömmliches Miteinander zu erreichen. Diese Frage wurde auch von britischen Politikern wie Lord Lansdowne gestellt. Doch das Kabinett Lloyd Georges behandelte den Krieg als militärstrategisches Problem und fragte nur, wie die eigenen Reserven am besten mobilisiert und die eigenen Kräfte möglichst effizient gegen den Gegner eingesetzt werden könnten; eine Tendenz, die sich bis heute in Teilen der britischen Historiographie fortsetzt. Dabei war zu diesem Zeitpunkt eines klar: Der Krieg unterminierte die Stabilität des Empire und die Verschuldung der

Alliierten in den USA Londons Rolle als Zentrum der Finanzwelt. Es wurde aber nicht einmal theoretisch erwogen, ob es denn möglich sei, den Krieg zu gewinnen, ohne auf die amerikanischen Ressourcen zurückzugreifen und damit die Abhängigkeit von den USA weiter anwachsen zu lassen.[92]

Während Großbritannien durch diese Politik des «knock out» ganz massive ökonomische Schwierigkeiten und Abhängigkeiten in der Zukunft drohten, waren die Gefahren für Frankreich und Russland noch viel unmittelbarer. Frankreich war das Schlachtfeld im Westen. Die Schäden und Verwüstungen erreichten 1917 ganz neue Dimensionen. Noch schlechter stand es um Russland. Auch die zaristische Führung dachte in den Axiomen des Kampfes gegen Napoleon und glaubte, am Ende werde sie, wie damals, über die Invasoren triumphieren.[93] Sie verkannte aber, dass sich ihre soziale und innenpolitische Situation geradezu dramatisch verschlechtert hatte; doch das bedarf später noch näherer Erwähnung. Die fatalen Folgen sollten sich für die französisch-russische Allianz schon sehr bald zeigen. Sie wurde von George F. Kennan als die «schicksalhafte Allianz» bezeichnet, und endete für einen der beiden Partner tatsächlich in einer beispiellosen Katastrophe.[94]

Trotz dieser Gefahren hielten die Regierungen in Paris und London, und vorläufig auch die in St. Petersburg, an dem Konzept des militärischen Sieges und der anschließenden Reduzierung der deutschen Macht fest, wie die Ablehnung des Friedensangebots der Mittelmächte und auch der Vorschläge Wilsons gezeigt hatten. Damit hatte die Entente zwar die deutsche Führung dazu gebracht, einen entscheidenden Fehler zu begehen und durch den unbeschränkten U-Boot-Krieg die USA in den Konflikt hinein zu ziehen. Insofern war die Strategie erfolgreich und brachte ihr am Schluss den militärischen Sieg. Andererseits hatten die Regierungen der Entente damit aber über das europäische System und auch über die eigene Allianz das Todesurteil gesprochen, ohne dass sie die Folgen ihrer Haltung auch nur in Umrissen erkannt hätten.

Die einzige Macht, die das Angebot der Mittelmächte hatte ausloten wollen, war Belgien gewesen. Allerdings wäre der Frieden, der um die Jahreswende 1916/17 zu haben gewesen war, ein «peace without victory» gewesen und schon mangels anderer Kompromisslösungen auf den Status quo ante hinausgelaufen oder einen Frieden mit ganz geringfügigen territorialen Veränderungen. Weder die eine noch die andere Seite hätte in diesem «Frieden ohne Sieg» nennenswerte Gewinne machen können. Dies hätte das französische Kriegsziel der Rückeroberung Elsass-Lothringens in Frage gestellt, aber auch die Gewinne Italiens, die im Vertrag von London zugesichert worden waren; es hätte gleichermaßen die österreichischen Pläne auf dem Balkan, die bulgarischen Ambitionen und alle deutschen Hoffnungen auf direkte oder indirekte Kontrolle Belgiens zunichte gemacht. Aber alle diese Kriegsziele waren, wenn sie in der historischen Rückschau gesehen werden, im engsten Wortsinn provinziell und sehr viel unwichtiger als die große Frage einer tragfähigen Nachkriegsordnung.

Die harte Antwort der Entente hatte, und das wurde in der Folge bedeutsam, auch massive innenpolitische Konsequenzen in Deutschland. Sie gab denjenigen in der innenpolitischen Auseinandersetzung um die Weiterführung des Krieges, die sich nur eine Lösung auf dem Schlachtfeld vorstellen konnten, die Oberhand. Die «Friedenspartei», um den zeitgenössischen Ausdruck der «peace party» zu verwenden, unter der Bethmann Hollweg und die Regierung zu verstehen waren, hing wegen des fehlenden Entgegenkommens der Gegner in der Luft und musste sich von der Militärpartei sagen lassen, dass sie unrealistische Konzepte verfolge.

Hier stellt sich die Frage, ob die Alliierten nicht im eigenen Interesse flexibler hätten sein sollen. Diese Frage richtet sich zuerst an die britische Adresse, da London, als der aktionsfähigste Staat der Entente, noch am ehesten die anderen zu einer Kursänderung hätte zwingen können. Zweifel an der Klugheit der britischen Haltung kamen bereits den Zeitgenossen. Kurt Riezler hatte am 10. Januar 1917, dem Tag, an dem die Antwort der Entente auf Wilsons Anfrage veröffentlicht worden war, in seinem Tagebuch notiert: «Die englische Politik bewundernswert in allen Kleinigkeiten, im großen saudumm. Stur, unbeweglich.»[95] Historiker wie Niall Ferguson haben die Frage aufgeworfen, ob Großbritanniens Kriegseintritt 1914 notwendig oder nicht ein großer politischer Fehler war, den das Land mit dem Verlust seiner Weltmachtstellung bezahlte.[96] In ähnlicher Form ließe sich fragen, warum die britische Regierung nicht im Eigeninteresse den Krieg durch eine Verhandlungslösung beenden wollte; neuere Forschungen haben nachgewiesen, dass es in der britischen Führungsschicht einige Zweifel an dieser harten Haltung gab.[97] Doch schließlich behielten die Hardliner das letzte Wort. Durch den Entschluss, den Krieg bis zum «knock out», bis zum Sieg, durchfechten zu wollen, ohne Rücksicht auf die Kosten und Folgen, wurde der Erste Weltkrieg zum «absoluten

Krieg», um einen Begriff von Clausewitz zu verwenden. Er hatte darunter eine Auseinandersetzung verstanden, in der das Streben nach dem Sieg jede andere politische Erwägung überlagert. In einem normalen («wirklichen») Krieg werde die Dynamik kriegerischer Gewalt von politischen und gesellschaftlichen Erwägungen eingeschränkt, vor allem durch Überlegungen über Aufwand und Resultat. Hingegen kenne der «absolute Krieg» keine Mäßigung. Clausewitz hatte vor der «zerstörenden Kraft des losgelassenen Elements» gewarnt.[98]

Mit nur geringer Übertreibung könnte gesagt werden, dass die deutsche Führung, trotz ihrer radikalen Methoden, einen begrenzten oder normalen Krieg im Sinne Clausewitz' führen, die Entente hingegen bis zum Sieg kämpfen wollte, und dass dies schon seit 1914 so war. Falkenhayn wollte, dass den Gegnern durch Angriffsoperationen «eingehämmert» werde, «wie wenig sie imstande seien, den Preis für unsere Überwältigung zu zahlen».[99] Das Vokabular war aggressiv, aber dem Gedankengang lag die Hoffnung zugrunde, die Gegner würden eine nüchterne Kosten-Nutzenanalyse betreiben und sie würden deshalb irgendwann einsehen, dass sie ein Sieg über Deutschland viel zu teuer zu stehen käme. Noch sehr viel entwickelter als in Deutschland war die Einsicht in die Gefahren, die der Krieg für die eigene Existenz und für Europa mit sich brachte, in Österreich-Ungarn. Die Wiener Regierung und Diplomatie versuchte in der zweiten Kriegshälfte, den Alliierten deutlich zu machen, dass ein militärischer Sieg über Deutschland, selbst wenn er gelingen sollte, Europa zerstören würde.[100]

Der «Sieg», auf den die Entente setzte, war eine unreflektierte Zielsetzung. Weder wurde gefragt, wie lange man auf ihn warten müsse, noch, welche Kollateralschäden dabei angerichtet würden, wie sich das auf das eigene Bündnissystem auswirken würde, oder wie hinterher eine funktionierende Friedensordnung aussehen sollte. Solche Überlegungen wurden noch dringender, als der Sieg nur mit Hilfe außereuropäischer Mächte gelingen konnte. Diese Fragen nicht zu stellen, machte keinen Sinn vor dem Hintergrund eines traditionellen, auf Europa bezogenen Gleichgewichtsdenkens, wie es den Briten von den Zeitgenossen immer zugeschrieben wurde. Stattdessen dominierte das Faktum, dass sich die Entente den am Krieg schuldigen Mittelmächten moralisch weit überlegen fühlte.[101] Ab dem April 1917 nahm niemand diese Haltung entschiedener an als Präsident Wilson, der noch im Januar 1917 die Segnungen des Friedens ohne Sieg unterstrichen hatte.

III.

NEMESIS: DIE NIEDERLAGE DER MITTELMÄCHTE UND DIE ZERSTÖRUNG DES ALTEN EUROPA

14

Die militärischen Entwicklungen im ersten Halbjahr 1917

> Alle zuversichtlich, aber doch der Ansicht,
> daß wir Schluß machen müssen.
> Sehr lange können wir nicht mehr.
>
> *Moriz v. Lyncker am 24. Mai 1917*

1917 kam es erneut zu sehr schweren Kämpfen im Westen, die selbst die Schlacht an der Somme in den Schatten stellten. Die deutsche Führung erwartete seit dem Spätherbst 1916 einen neuen, gewaltigen Angriff der Entente an der Westfront und bereitete sich auf allen Ebenen darauf vor. Das Hindenburgprogramm hatte die Produktion an Waffen und Munition massiv zu steigern versucht. Außerdem sollte das Westheer durch eine Reihe militärischer Maßnahmen deutlich schlagfertiger gemacht werden. Ludendorff gab zudem, um für den Fall eines Zurückweichens gewappnet zu sein, am 15. September 1916 den Befehl, an der Westfront im Hinterland neue Stellungen zu erkunden und zu befestigen: die spätere Siegfriedstellung im Bereich der Heeresgruppe Kronprinz Rupprecht und die Michelstellung im Abschnitt der Heeresgruppe Deutscher Kronprinz.[1]

Eine fundamentale Frage war aber, ob die Soldaten die ungeheuren Belastungen der Materialschlacht auf Dauer würden durchhalten können. Die unerhörte Härte der Kämpfe überforderte die Soldaten; das

Abb. 24
«The Hun» – die abwertende Bezeichnung für die Deutschen im Ersten Weltkrieg

hatte sich an der Westfront besonders deutlich in der Endphase der Kämpfe vor Verdun im Herbst 1916 gezeigt. Die deutsche Führung hatte die Schlacht zwar, als Angriffsunternehmen, im Juli 1916 aufgegeben, konnte aber die Franzosen nicht daran hindern, nun ihrerseits anzugreifen, um die von den Deutschen genommenen Geländeabschnitte im Vorfeld der Festung zurückzuerobern. Verdun blieb, so meinte Ludendorff, «ein offenes, Kraft fressendes Geschwür».[2] Die Franzosen führten im Herbst 1916 mehrere, letztlich erfolgreiche Angriffe durch und nahmen im Oktober 1916 die Festung Douaumont wieder ein. Als sie am 15. Dezember 1916 auch die letzten nennenswerten deutschen Gebietsgewinne vor Verdun zurückeroberten, kam es erstmals in diesem Krieg zu Kapitulationen der überforderten deutschen Truppen. Der Oberbefehlshaber der Heeresgruppe, Kronprinz Wilhelm, klagte über «zunehmendes Drückebergertum»[3] und meinte, die «Führung und Truppe habe im Verteidigungskampf vielfach versagt».[4] Zwar hatte der Kronprinz die Offensive vor Verdun zuvor mehrfach abbrechen wollen, doch nun zeigte er in seinem Erfahrungsbericht über diese Kämpfe vor Verdun im Dezember 1916 eine ausgesprochen harte Haltung und meinte, die Schuld für den Misserfolg bei der Truppe finden zu können.[5] Auch machte er bemerkenswerterweise nicht nur die Mannschaften, sondern auch die höheren Führer für den Verfall der Kampfmoral verantwortlich. Er beklagte den «Zusammenbruch der Verteidigung an breiten Stellen der Front» und empfand es als «schmachvoll», wenn sich «der Soldat und vor allem der Offizier kampflos und mit der Waffe in der Hand gefangengibt».[6] Er wollte diese «pflichtvergessenen Führer» nach Kriegsende vor ein Kriegsgericht stellen.[7]

Der Kronprinz – oder die Offiziere, die den Bericht in seinem Namen schrieben – bewiesen mit dieser Argumentation, wie sehr sie die Opferwilligkeit ihrer Soldaten überforderten. Von seinen Truppen zu verlangen, sich nicht gefangen nehmen zu lassen, sondern sich «mit aufgepflanztem Seitengewehr zu den eigenen Linien» durchzuschlagen, war eine Zumutung, die an den Realitäten vorbeiging. Die vor Verdun selbst kämpfenden Offiziere bewiesen mehr Wirklichkeitssinn und urteilten anders: «Die Truppe war innerlich verbraucht, sie konnte dem moralischen Eindruck des nutzlosen Einstürmens gegen unzerstörte Hindernisse und Maschinen nicht mehr widerstehen.»[8] Auch viele Generäle hatten eingesehen, dass die Soldaten überfordert wurden. General v. Bahrfeldt, Kommandeur der 10. Reservedivision, hatte bereits im April 1916 gemeldet: «Offiziere und Mannschaften sind durch die wochenlangen Kämpfe apathisch und erschöpft. Die unerhörten Anforderungen gehen auf die Dauer über menschliche Kraft.»[9] Auch andere Zeitzeugen berichten, dass sich die Moral der Armee im Laufe des Jahres 1916 verschlechtert hatte. Sehr prägnant hatte am 17. August 1916 der Gesandte des Auswärtigen Amtes im Großen Hauptquartier, Erich v. Luckwald, dem Reichskanzler die Entwicklung beschrieben: «Verdun kostet nicht nur Menschen, nicht nur Munition. Das sinnlose Schlachten kostet Moral. … Noch nicht ernstlich fühlbar, aber doch so, daß man nicht fehlgeht, wenn man von Kriegsmüdigkeit und lebhafter Sehnsucht nach Frieden spricht. Als ich vor einigen Tagen aus Coblenz mit dem Nachtzug hierher fuhr, war ich unbeobachtet und unbeabsichtigt Zeuge von Gesprächen zahlreicher Mannschaften auf den Gängen, die alles andere wie zuversichtlich waren. Es fielen seitens gewöhnlicher Soldaten Ausdrücke wie ‹preußischer Kadavergehorsam›, ‹Gleichberechtigung›, ‹Kanonenfutter› u[nd] Dergl[eichen], welche Rückschlüsse auf die Stimmung der Leute zulassen. Vor der Unternehmung gegen Verdun war wenig dergleichen zu spüren.»[10] Die Überforderung durch die Schlachten vor Verdun und an der Somme war an den Soldaten nicht spurlos vorübergegangen. Nach der Schlacht an der Somme wurde sogar von der «innerlichen Zersetzung» der Truppe gesprochen.[11]

Doch Kronprinz Wilhelm und seine Stabsoffiziere sahen dies anders. Wilhelm glaubte, dass seine militärischen Führer zu großes Verständnis für den abnehmenden Kampfwillen ihrer Soldaten zeigten und die «vorhandenen Schwierigkeiten in besonders eindringlicher Weise» betonten: «Schwere Pflichtvergessenheiten von Unterführern und Truppen dagegen werden durchgehend in einer Weise beschönigt oder entschuldigt, die nicht zu billigen ist.»[12] Doch wo war die Messlatte für soldatisches Durchhalten? Auch dieser Frage wandte sich der Kronprinz zu und beantwortete sie durch ein praktisches Beispiel. Das Grenadierregiment 7 habe in den Kämpfen 1063 Mann verloren, von denen 54 gefallen, 178 verwundet und 831 vermisst waren. Selbst wenn die Hälfte der Vermissten «blutige Verluste» sein sollten, «so wären diese noch durchaus erträglich zu nennen und rechtfertigen keinesfalls die vorzeitige Räumung der Stellung».[13] Dagegen habe die 18. Infanteriebrigade «in des Wortes engster Bedeutung bis zum letzten Mann» gekämpft. Abschließend urteilte der Kronprinz: «Vielfach hat der Truppe am 15.12.[1916] der Wille gefehlt, an der Stelle und für die Aufgabe, an welche sie durch Befehl gebunden war, zu kämpfen oder zu sterben. Den Entlastungsversuchen in den Berichten steht die hohe Gefangenenzahl gegenüber, die französischerseits veröffentlicht worden ist. Sie setzt sich aus hohen Ziffern aller Divisionen zusammen.»[14]

In diesen Worten des Kronprinzen fanden sich bereits alle Klagen wieder, die im Herbst 1918 und später von der obersten deutschen Führung an ihre Soldaten gerichtet werden sollten. Sein Erfahrungsbericht war polemisch, und die Zumutung, von anderen im Fall der Niederlage den Tod auf dem Schlachtfeld zu fordern, stand in unreflektiertem Widerspruch zu dem eigenen gefahrlosen und komfortablen Leben im Hinterland. Der Kronprinz kämpfte nicht in der vordersten Linie selbst mit, sondern spielte während des Krieges Tennis und wurde sogar zum Gegen-

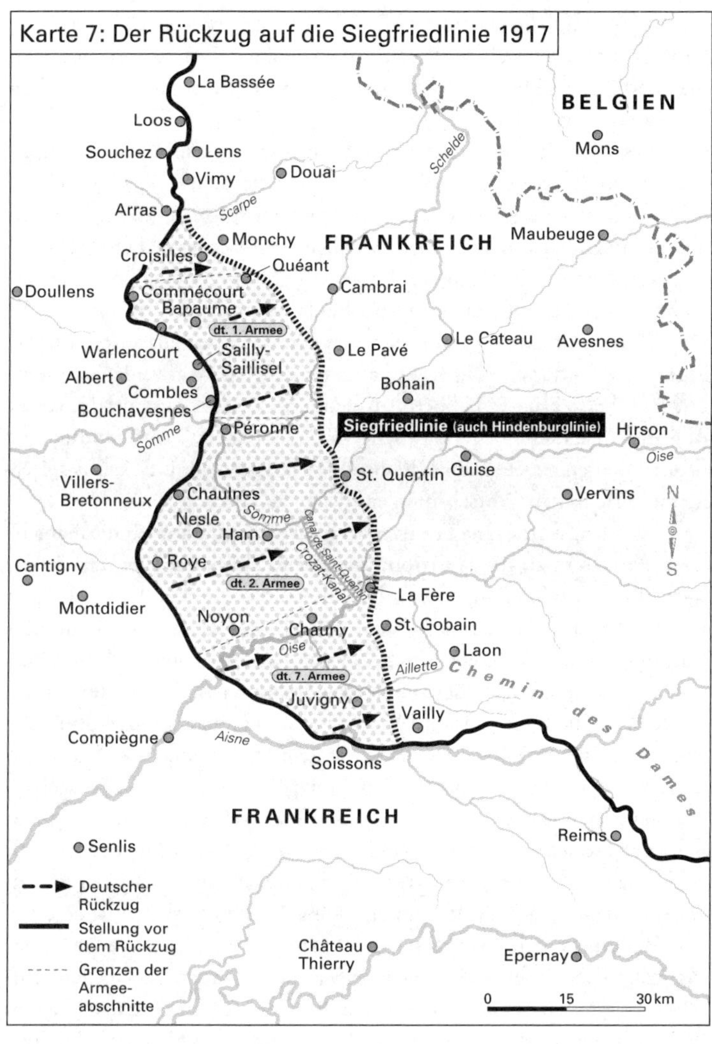
Karte 7: Der Rückzug auf die Siegfriedlinie 1917
La Bassée
Loos
Souchez
Lens
Vimy
Douai
Arras
Scarpe
Schelde
BELGIEN
Mons
Monchy
FRANKREICH
Maubeuge
Croisilles
Quéant
Doullens
Commécourt
Cambrai
Bapaume
dt. 1. Armee
Le Cateau
Avesnes
Warlencourt
Sailly-
Saillisel
Le Pavé
Albert
Combles
Bohain
Bouchavesnes
Péronne
Siegfriedlinie (auch Hindenburglinie)
Hirson
Somme
Oise
Villers-
Bretonneux
St. Quentin
Guise
Chaulnes
Vervins
Nesle
Somme
Ham
Canal de Saint-Quentin
Crozat-Kanal
N
S
Cantigny
Roye
dt. 2. Armee
La Fère
Montdidier
Noyon
Chauny
St. Gobain
Laon
Oise
Ailette
Chemin des Dames
dt. 7. Armee
Juvigny
Vailly
Compiègne
Aisne
Soissons
FRANKREICH
Reims
Senlis
Deutscher
Rückzug
Stellung vor
dem Rückzug
Grenzen der
Armee-
abschnitte
Château
Thierry
Epernay
0
15
30 km

stand von Skandalgeschichten.[15] Diese Unsensibilität war auch einer der Gründe, weswegen sich der Kronprinz allgemein so verhasst machte, dass niemand ihn im Herbst 1918 auf dem Thron sehen wollte, als sein Vater die Krone verwirkt hatte.

Eines war zu diesem Zeitpunkt unbestrittene Erkenntnis: Die Truppe war 1916 an der Westfront heillos überfordert worden. Eine ganz logische Schlussfolgerung daraus lautete, den Soldaten solche Überlastungen in den kommenden Monaten nach Möglichkeit zu ersparen. Deshalb kam es zu einer Abwendung von der Strategie, jeden Fußbreit Bodens zu verteidigen. Ludendorff war in diesem Punkt flexibler als Falkenhayn.[16] Er führte, nachdem er die Erfahrungen der Fronttruppen ausgewertet hatte, gegen den erbitterten Widerstand anderer – hier wäre etwa der «Abwehrbulle», Oberst Fritz v. Loßberg, zu nennen, der Spezialist der OHL für Abwehrschlachten[17] – eine elastische Verteidigung ein.[18] Auch wurden die Fronteinheiten gebeten, ihre Erfahrungen mitzuteilen, um daraus zu lernen und sie in neue Vorschriften einfließen zu lassen.

Außerdem wurde eine Frontverkürzung geplant, nämlich die Aufgabe von Territorium an der Westfront und der Rückzug auf eine stark befestigte Linie im Hinterland, die Siegfriedlinie, die von den Alliierten dann Hindenburg-Linie genannt wurde. Dieser Rückzug war aber keine Idee Ludendorffs und des Generalstabs, sondern schon länger in der Diskussion.[19] Sie wurde begünstigt durch die erwähnten Auffangstellungen im Hinterland, die Ludendorff im September 1916 hatte erkunden und anlegen lassen. Ein freiwilliger Rückzug war keinesfalls populär, weder bei der OHL noch bei den Truppenführern an der Front, die ihre gut ausgebauten Stellungen ungern aufgaben. In die Wege geleitet wurde er schließlich vom Heeresgruppenkommando Kronprinz Rupprecht. Um die Jahreswende 1916/17 rangen Rupprecht und sein Stabschef v. Kuhl zuerst den widerstrebenden Stäben der unterstellten Armeen und dann der OHL den Rückzug an der Westfront auf kürzere Linien und die freiwillige Preisgabe von Gelände ab. Solche Entscheidungen wurden in der deutschen Armee tatsächlich im Austausch zwischen verschiedenen Kommandoebenen getroffen; es wurde nicht einfach befohlen und durchgeführt.

Dieser Rückzug im März 1917 auf die Siegfriedlinie störte die gegnerischen Angriffsvorbereitungen beträchtlich und machte sie teilweise zum Luftstoß.[20] Die Überraschung des Gegners gelang vollständig, und das

Abb. 25 Die Verwüstungen beim Rückzug in die Siegfriedstellung waren gewaltig, und in den zurückgelassenen Gebieten wurde alles zerstört, was irgendeinen Nutzen haben konnte.

deutsche Heer sparte zunächst etwa zehn Divisionen durch die verkürzte Frontlinie ein.[21] Unternehmen «Alberich» – der Codename des Rückzugs, Alberich, bezog sich auf den unsichtbaren Zwerg aus dem Nibelungenlied – wurde ein militärischer Erfolg, wenn auch die brutale Verwüstung der zurückgelassenen Gebiete – Häuser und Kanäle wurden gesprengt, Gleise abgebaut, Chausseebäume gefällt, 130 000 Einwohner ausgesiedelt – bei den Franzosen verständlicherweise ungeheure Erbitterung auslöste.[22]

Der Wunsch, den deutschen Soldaten eine erneute Materialschlacht und die nervliche Anspannung durch tagelanges Artilleriefeuer zu ersparen, hatte bei dem Entschluss zu «Alberich» eine wichtige Rolle gespielt. Es war aber nur ein Frontbogen aufgegeben worden; in Flandern sollte die Westfront bald schon die volle Wucht der britischen Angriffe zu spüren bekommen. Der erste massive Verstoß der französischen Armee beim Chemin des Dames, von General Nivelle, dem Nachfolger des inzwi-

Abb. 26
«Nicht ärgern, nur wundern» – Das Rathaus von Péronne war im April 1915 durch französischen Artilleriebeschuss zerstört worden. Es ist anzunehmen, dass die französischen Soldaten über diesen Kommentar der abrückenden Deutschen außer sich waren.

schen abgelösten Joffre, mit viel Optimismus geplant, wurde aber, anders als von jenem erhofft, nicht zum Auftakt des Sieges, sondern zu einem Fehlschlag. Die französischen Truppen, ähnlich überfordert wie die deutschen, begriffen, dass Nivelles Pläne für sie den Tod bedeuten, aber Frankreich nicht den Sieg bringen würden. Unruhen griffen in der französischen Armee um sich. In dem sogenannten Militärstreik des Frühjahrs 1917 machten Soldaten aller Regionen Frankreichs und aller Schichten klar, dass sie zwar bereit waren, ihr Land zu verteidigen, nicht aber, weiter anzugreifen. Die Lage wurde erst durch General Pétain, der zum Nachfolger Nivelles ernannt worden war, mit einer effektiven Mischung aus Nachgiebigkeit und Härte wieder unter Kontrolle gebracht.[23]

Ab der Jahreswende 1916/17 zeigten sich im deutschen wie im französischen Heer deutliche Anzeichen dafür, dass die Bereitschaft der Soldaten, die Kämpfe weiter durchzustehen, deutlich abgenommen hatte. So sahen das nicht nur die einfachen Soldaten in den Schützengräben, sondern auch ihre Generäle. Lyncker berichtete im Mai 1917 von einer Fahrt des Kaisers an die Westfront: «Unsere Frontfahrt verlief gut; alle Armee Führer gesehen. Armin, Rupprecht, Below I u. II, Marwitz, Boehn; Einem, Kronprinz, Gallwitz.[24] Alle zuversichtlich, aber doch der Ansicht, daß wir Schluß machen müssen. Sehr lange können wir nicht mehr.»[25]

***

Deutschland war an der Westfront, wie auch an den anderen Fronten, im Frühjahr 1917 defensiv und wartete darauf, dass sich bald schon die erhofften entscheidenden Erfolge des U-Boot-Kriegs zeigen würden, der am 1. Februar begonnen hatte. Ludendorff hatte, nach eigenem Eingeständnis, «uneingeschränktes» Vertrauen in dessen Wirksamkeit.[26] Im Gefühl, die Entscheidung nun erzwingen und dabei gegen die Uhr arbeiten zu müssen, wurden die U-Boote von der Marineführung ohne Schonung der Besatzungen und des Materials eingesetzt.[27] Die Sperrzonen umfassten die Gewässer rund um die Britischen Inseln, große Teile des Mittelmeers und später auch das Eismeer, um die Transporte nach Russland zu unterbinden. Bevor die warnungslosen Versenkungen einsetzten, gab es eine Warnperiode von einigen Tagen, um der neutralen Schifffahrt die Gelegenheit zu geben, sich aus der Gefahrenzone zu bringen. Außerdem gab es festgelegte Sicherheitszonen für amerikanische Dampfer.

Der U-Boot-Krieg brachte in den folgenden Monaten spektakuläre Versenkungserfolge. Sie wurden auch dadurch ermöglicht, dass die Boote nun den Weg durch den Kanal nehmen durften – die britischen Minensperren wurden für ineffektiv gehalten – und nicht mehr nördlich um die Britischen Inseln herumfahren mussten. Der kürzere Anmarschweg ließ die Zahl der einsatzbereiten U-Boote im eigentlichen Kampfgebiet um England sprunghaft ansteigen.[28] Außerdem hatte Deutschland nun 136 U-Boote zur Verfügung, die rücksichtslos in die Schlacht geworfen wurden; Werftliegezeiten wurden verkürzt und Urlaube für die Besatzungen reduziert.[29] Die Versenkungen stiegen tatsächlich deutlich an. Sie waren aber weniger das Resultat des Übergangs zum unbeschränkten U-Boot-Krieg, also einer neuen Kampfweise, sondern hauptsächlich der größeren Zahl der U-Boote im Einsatzgebiet geschuldet. Die Versenkungsziffern pro Boot und Einsatztag waren nur geringfügig höher als zuvor und sanken im Mittelmeer sogar.[30]

Der Einsatzwille der Seemänner auf den U-Booten war das Resultat einer sehr guten und langwierigen Ausbildung und einer Reihe von Privilegien. Hinzu kam das große Prestige der U-Boot-Waffe und das Gefühl, zu einer Elite zu gehören.[31] Die erfolgreichsten U-Boot-Besatzungen wurden hoch dekoriert und die erfolgreichsten Kapitäne wie Otto Weddigen (U 9), Lothar von Arnauld de la Perière oder Max Valentiner wurden populäre Helden wie die Jagdflieger. Die Versenkungsziffern wurden in Zeitungen wie Rekordergebnisse verkündet.

Abb. 27 Arnauld de la Perière (2. v.l.), das größte «U-Boot-As« des Ersten Weltkriegs, mit Offizieren auf dem Deck von U 35

Sie schnellten in den ersten Monaten des U-Boot-Krieges gewaltig nach oben. Die U-Boote versenkten im Februar 1917 291 Schiffe mit 499 430 BRT, im März 355 Schiffe mit 548 817 BRT, im April 458 Schiffe mit 841 118 BRT, im Mai 357 Schiffe mit 590 729 BRT und im Juni 352 Schiffe mit 669 218 BRT.[32] Die Prognosen der Marine – eine Versenkung von 500 000 Tonnen pro Monat – wurden sogar übertroffen; der Admiralstab in Deutschland blähte die ohnehin schon stattlichen Versenkungserfolge in seinen Verlautbarungen noch weiter auf und sprach im April und Mai 1917 von über einer Million Tonnen vernichteten feindlichen Schiffsraums.[33] Die Übertreibungen waren kaum nötig, denn schon die realen Versenkungsziffern waren erschreckend genug und ein gewaltiger Aderlass für die britische Schifffahrt. In den ersten Monaten des Jahres 1917 herrschte in London eine Ratlosigkeit, wie der U-Boot-Gefahr zu begegnen sei, die bisweilen an Panik grenzte.[34] Im April 1917 sagte John Jellicoe, der inzwischen Erster Seelord geworden war: «Die Deutschen werden gewinnen, wenn wir diesen Verlusten kein Ende machen …»[35]

Die britische Sorge war verständlich. Die U-Boot-Abwehr war im

Abb. 28 Der Dampfer *Maplewood* wird durch ein U-Boot versenkt.

Wesentlichen noch in der Erprobungsphase. Minenfelder waren ein wirkungsvolles Mittel, aber die britischen Minen waren ineffektiv, und dies änderte sich erst, nachdem eine erbeutete deutsche Mine nachgebaut und in Masse eingesetzt wurde. Erst dann wurden Minen zum effektivsten Kampfmittel gegen U-Boote. Wirksame Wasserbomben (Type D) waren zwar seit Januar 1916 verfügbar, aber die Schiffe führten anfänglich nur zwei von ihnen mit, eine Anzahl, die nicht entfernt ausreichte, um ein getauchtes U-Boot zu versenken oder zum Auftauchen zu zwingen. Eine solche Wasserbombe musste im Umkreis weniger Meter von dem getauchten U-Boot detonieren, um es zu zerstören oder zum Auftauchen zu zwingen, und das war nur im Ausnahmefall zu erreichen. Allmählich wurde die Tiefeneinstellung der Wasserbomben verfeinert. Die Zahl von Wasserbomben an Bord der U-Boot-Jäger nahm zu und stieg im Jahre 1918 auf fünfzig.

Die U-Boote blieben bis Kriegsende eine gefährliche Waffe, und die Zerstörungen von Schiffsraum waren gewaltig. Ihre Gefährdung wuchs aber, da die U-Boot-Abwehr nun über bessere Minen, Wasserbomben und vor allem, auch durch amerikanische Unterstützung, über mehr Begleitfahrzeuge verfügte. Während im ersten Halbjahr 1917 nur zwanzig U-Boote verlorengingen, stieg diese Zahl in der zweiten Jahreshälfte auf 43.[36] Während des gesamten Krieges wurden 178 U-Boote versenkt, von denen 87 durch gegnerische Schiffe und 34 durch Minen zerstört wurden. Die restlichen waren verschollen oder gingen durch Unfälle oder Strandungen verloren.[37] Trotz dieser Verluste konnte die Stärke der U-Boot-Flotte durch Indienststellung von Neubauten bis Kriegsende konstant bei über 120 Booten gehalten werden.[38]

Entscheidend für den Ausgang des U-Boot-Krieges wurden aber nicht nur die verbesserten Abwehrmaßnahmen, sondern auch, dass die Briten den ihnen zur Verfügung stehenden Schiffsraum stark vergrößern konnten. Dies geschah durch Beschlagnahme und Nutzung deutscher Schiffe, die in bisher neutralen Häfen lagen, durch amerikanische Schiffe und ein gewaltiges amerikanisches Schiffsbauprogramm, das überraschend schnell Erfolge zeigte. Außerdem gelang es den britischen Behörden, die neutrale Schifffahrt, etwa durch Drohung der Verweigerung von Kohle, zu zwingen, die britischen Häfen trotz der U-Boot-Gefahr auch weiterhin anzulaufen.

Die Warnungen Matthias Erzbergers, dass den Briten nicht nur ihre eigene Tonnage, sondern die Welttonnage zur Verfügung stehen würde, erwies sich als berechtigt.[39] Die in den Gutachten des Admiralstabs prognostizierten entscheidenden Frachtraumverknappungen traten deshalb nicht ein. Außerdem griff die britische Führung bald schon zu dem seit Jahrhunderten erprobten Mittel der Konvoibildung. Die britische Admiralität tat sich sehr schwer damit, ein Konvoisystem einzuführen, was aus der Rückschau befremdlich wirkt. Dabei spielte eine Reihe von Gründen mit, wie etwa fehlende Begleitfahrzeuge, nämlich Zerstörer; dann die Tatsache, dass ein Konvoi immer nur so schnell sein konnte wie sein langsamstes Schiff, aus der längeren Reise insgesamt eine Verringerung der Transportkapazität resultierte und außerdem eine Verstopfung der Häfen durch den Stoßverkehr. Wenn ein Konvoi einen Hafen erreichte, musste plötzlich eine große Menge von Schiffen gleichzeitig entladen werden, was zu Verzögerungen führte.

Trotzdem wurde das Konvoisystem, das für Transporte im Kanal ohnehin schon mit Erfolg genutzt wurde, in mehreren Schritten ab Mai 1917 eingeführt. Es hatte den Erfolg, dass die Einzelfahrer auf den Meeren ver-

Organisation der Landwirtschaft in England

Die Fuchsjagd 1917 ist einigermaßen durch die Ernte behindert.

Für das große Mäh-Matsch zwischen Mr. Brown und Mr. Smith, welches am 15. Juni stattfinden soll, stehen die Wetten 10:1.

Die Kartoffeln werden mittels Golfspiels gewonnen.

Die Bohnenzucht in Sheffield und Glasgow gedeiht vorzüglich; die Wärme der Fabrikschlote zeitigt überwältigende Resultate.

— 640 —

Abb. 29 Der «Simplicissimus» kommentiert höhnisch die angeblichen Nahrungsmittelverknappungen in England und die drastischen Maßnahmen, um Abhilfe zu schaffen.

schwanden und die U-Boote, die ohnehin nur begrenzte Ortungsmöglichkeiten hatten, plötzlich den Ozean leer fanden. Auch waren sie nun auf den Torpedoangriff angewiesen; die bisherige Versenkung der Ziele durch Artillerie war angesichts der Bewacher ausgeschlossen. Eine Steuerung der U-Boote und die Idee einer Rudeltaktik wurden zwar ansatzweise diskutiert, kamen aber, auch mangels entsprechender technischer Möglichkeiten, nicht zur Anwendung; hier hätte ohnehin die notwendige vorherige Ortung von Konvois, etwa durch Luftaufklärung, gefehlt. Die Verlustrate der Konvoifahrer ging auf 0,58 Prozent zurück.[40] Nach der Einführung des Konvoiverkehrs wendeten sich die U-Boote zunehmend der Küstenschifffahrt zu, denn viele Schiffe mussten vom Zielpunkt des Konvois noch zu ihrem Bestimmungshafen fahren und waren dann verwundbar. Allerdings begannen die alliierten Gegenmaßnahmen zunehmend zu greifen. So war die Verminung des Kanals schließlich erfolgreich und zwang die U-Boote, wieder den Weg um Schottland herum zu ihrem Einsatzgebiet westlich der Britischen Inseln zu nehmen. Außerdem machten sich die zunehmende Erschöpfung der Besatzungen und der abnehmende Trainingsstandard neuer Besatzungen allmählich bemerkbar.[41]

Die U-Boote konnten bis zur Einstellung des rücksichtslosen U-Boot-Kriegs im Oktober 1918 insgesamt 11,9 Millionen Tonnen Schiffsraum versenken. Davon waren 8,5 Millionen seit dem Januar 1917 versenkt worden und knapp 6 Millionen Tonnen im Jahr 1917, dem Höhepunkt des U-Boot-Krieges.[42] Die U-Boote vernichteten gewaltige Werte. Ein einziges von ihnen, U 35, das während des Krieges unter dem Kommando von vier verschiedenen Kommandanten stand, darunter auch dem des größten «U-Boot-Asses» des Ersten Weltkriegs, Arnauld de la Perière, versenkte 224 Handelsschiffe und zwei Kriegsschiffe. Dieses Zerstörungswerk hemmte die Entente und kam deshalb auch den deutschen Kriegsanstrengungen zugute. Und trotzdem war der U-Boot-Krieg, so wie es die Pessimisten in Deutschland vermutet hatten, nicht in der Lage, Großbritannien zum Frieden zu zwingen. In Deutschland herrschte zuerst hochgespannte Erwartung, dann Beklemmung und schließlich wurde der U-Boot-Krieg kaum noch beachtet.

Alle Anzeichen von Verknappungen in Großbritannien wurden in Deutschland sorgsam registriert. Als dort zusätzliche Anbauflächen für Getreide erschlossen wurden, um die Abhängigkeit von Importen zu senken, wurde das mit Hohn registriert. Tatsächlich verschlechterte sich infolge der Erklärung des unbeschränkten U-Boot-Krieges die deutsche Versorgung sehr viel dramatischer als die britische. Schon 1916 war es der britischen Regierung gelungen, die Blockade effektiver zu gestalten, indem sie die Lieferungen an die Neutralen kontingentierte und ihnen damit den Weiterverkauf nach Deutschland unmöglich machte. Als die USA im Februar 1917 die diplomatischen Beziehungen zu Deutschland abbrachen und damit der größte und wichtigste Neutrale, der immer wieder die britische Blockade kritisiert hatte, wegfiel, war die letzte wirksame Barriere gegen eine weitere Verschärfung gefallen. 1917 und 1918 gelang es den Engländern, die deutschen Einfuhren zwar nicht vollständig zu stoppen, aber doch außerordentlich stark zu reduzieren.[43] Dies lag auch daran, dass im ideologischen sowie ökonomischen und machtpolitischen Schlepptau der USA eine ganze Reihe weiterer bisher neutraler Staaten, wie Brasilien oder China, in den Krieg eintraten, während viele lateinamerikanische Staaten die diplomatischen Beziehungen zu Deutschland abbrachen. Blieben die Feindseligkeiten auch meist auf dem Papier, führten sie doch zur Beschlagnahme deutscher Schiffe in den Häfen oder, im chinesischen Fall, zur Entsendung von Hunderttausenden von Arbeitskräften nach Frankreich.[44] Diese Kriegseintritte wären nur durch das Fortdauern der Neutralität der USA zu verhindern gewesen. Alle Versuche, dies irgendwie zu kompensieren, waren nicht nur wirkungslos, sondern auch gefährlich, wie das Zimmermann-Telegramm gezeigt hatte.

15

Die erste russische Revolution und die Chancen auf Frieden mit der russischen Demokratie

> Die gegenwärtige deutsche Reichsregierung ist moralisch bankrott; niemand wird ihren Versprechungen Glauben schenken oder sie akzeptieren; und die Welt wird in Bezug auf alle internationalen Verträge, die Deutschland betreffen, auf Treibsand gebaut sein, bis sie davon ausgehen kann, mit einer verantwortungsbewussten Regierung zu tun zu haben.
>
> *Woodrow Wilson, 18. August 1917*

Während der U-Boot-Krieg tobte und die Briten im Frühjahr 1917 in Flandern eine Materialschlacht vorbereiteten, die an Aufwand selbst die Schlacht an der Somme in den Schatten stellen sollte, nahmen die Dinge an der Ostfront einen ganz anderen Verlauf. Hier flossen die militärische Entwicklung des Krieges und die Innenpolitik der kriegführenden Staaten endgültig zusammen. Die Geschehnisse auf den Schlachtfeldern, in den Parlamenten und an der «Heimatfront» waren nun noch viel unmittelbarer miteinander verbunden als je zuvor in diesem Krieg. Die Soldaten und Bevölkerungen in Russland, Österreich-Ungarn und letztlich auch im Deutschen Reich hatten längst genug vom Krieg und ersehnten den Frieden. Selbst die Konservativen wagten es nicht, den allgemeinen

Friedenswunsch zu bestreiten oder zu kritisieren. Aber die Frage war, wie der Frieden zustande kommen, und ob er durch Verhandlungen erreicht würde oder durch den Zusammenbruch einer Seite. Wie sich in den kommenden Jahren zeigen sollte, lief es auf eine Mischung von beidem hinaus, und Russland machte den Anfang mit der Revolution des März 1917. Diese war der Auftakt für einen der furchtbarsten und folgenreichsten Niederbrüche, den ein Staat und eine Gesellschaft je erlebt haben.

Wie erwähnt, hatte die deutsche Führung schon seit Längerem einen russischen Zusammenbruch erwartet und gleichzeitig erhofft. Die Lage innerhalb Russlands war ungewöhnlich schwierig. Die zaristische Armee hatte schwere militärische Niederlagen erlitten und selbst die Brussilow-Offensive des Jahres 1916 war ein wahrer Pyrrhussieg. Die russische Armee mobilisierte zwischen August 1914 und Oktober 1917 15 Millionen Mann, von denen zwei Millionen fielen und etwa vier Millionen gefangen genommen wurden.[1] Die Führung glaubte aber sehr lange, diese exorbitanten Verluste verkraften und den Krieg am Ende doch noch gewinnen zu können; auch galten die verlorenen Gebiete, wie Polen und das Baltikum, nicht als das eigentliche Russland. Außerdem hatte sich die russische Produktion an Kriegsmaterial beträchtlich gesteigert; die russische Armee besaß 1917 mehr Gewehre, Geschütze und Munition als in den Jahren zuvor, und immer noch hatte sie ein riesiges Heer von sieben Millionen Mann unter Waffen. Angesichts dieser Zahlen spielte auch das Problem der Desertion (noch) keine entscheidende Rolle.[2] Hinzu kam, dass sich die russische Führung nach wie vor an den Vertrag von London gebunden fühlte und ohne ihre Verbündeten keinen Frieden schließen wollte. Russland war im Schlepptau seiner Alliierten und diese lehnten jeden Kompromissfrieden mit den Zentralmächten ab. Um das Zarenreich im Krieg zu halten, hatten die Franzosen im März 1917 sogar noch die russischen Kriegsziele erhöht; der Kolonialminister Gaston Doumergue war nach St. Petersburg gereist, um dort seinen russischen Verhandlungspartnern die Meerengen und große Gebietsgewinne auf deutsche, österreichisch-ungarische und türkische Kosten zuzusagen.[3]

Doch die innenpolitische Lage in Russland war hochgradig instabil, was die Regierung, die bereits 1905 eine Revolution niedergeschlagen hatte, eigentlich besser hätte erkennen müssen. Clausewitz hatte gesagt, Russland könne von keiner europäischen Macht bezwungen werden, wohl aber «durch eigene Schwäche und durch die Wirrungen des inneren Zwiespalts.»[4] Dieser Moment drohte nun einzutreten; die Lage des Landes war äußerst kompliziert. Die russische Produktion an Kriegsmaterial hatte gewaltig zugenommen, während die gesamte Produktion zurückgegangen war, und gleichzeitig gab es eine galoppierende Inflation und einen blühenden Schwarzmarkt.[5] Es waren in Russland genug Lebensmittel vorhanden, sie konnten aber, infolge des schlechten Zustands des Eisenbahnsystems, nicht dorthin gebracht werden, wo sie gebraucht wurden, nämlich in die Städte und die großen Metropolen.[6] In diesen hielten sich nicht nur viele teilweise während des Krieges zugewanderte Industriearbeiter auf, die versorgt werden mussten, sondern auch mehrere Millionen Flüchtlinge, die beim Rückzug aus Polen und dem Baltikum mitgeführt worden waren.[7] Dies führte gerade in der überfüllten Millionenstadt St. Petersburg zu einer äußerst explosiven Mischung, und die Zahl der politisch motivierten Streiks stieg schon seit 1915 steil an.[8] Es kam in der Hauptstadt Ende Februar 1917 zu Unruhen in den Arbeitervierteln, die Nikolaus II. gewaltsam niederzuschlagen befahl. Doch die Truppen meuterten und solidarisierten sich mit den Streikenden. Der Zar wurde am 15. März 1917 zur Abdankung gezwungen. Sein Bruder sollte ihm auf dem Thron folgen, doch er lehnte die Krone ab und das Zarenreich wurde zur Republik.[9]

Die Revolution in dem größten kriegführenden Land Europas hatte natürlich direkte und massive Auswirkungen auf den europäischen Konflikt, wobei es zunächst nicht ausgemacht war, ob die Entente aufgrund der Revolution in Russland stärker oder schwächer werden würde. Einerseits war mit der russischen Republik plötzlich die Parole vom Kampf der Demokratien gegen die Autokratien sehr viel glaubwürdiger.[10] Sie entfaltete ihr Potential, als drei Wochen später die USA in den Krieg eintraten und Wilson, auf Anregung Robert Lansings, den Kampf gegen die deutsche Autokratie, nicht aber gegen das deutsche Volk zum Ziel erklärte. Bisher war das Argument vom Kampf für die Demokratie hoffnungslos belastet durch das Bündnis mit dem reaktionären Zarenreich; nun wurde die Idee einer demokratischen Internationale, die für das internationale Recht und Gerechtigkeit und für die Entschädigung erlittenen Unrechts kämpfte, sehr viel glaubwürdiger und kohärenter. Woodrow Wilson führte in seiner Rede zur Kriegserklärung aus, wie sehr er eine «neue und liberale Regierung in Russland» begrüße, da es den USA widerstrebt habe, sich mit einer russischen Regierung zu verbünden, die sie «zu Recht für tyrannisch und korrupt» gehalten habe.[11]

Die nun demokratische Regierung Russlands, die von Fürst Lwow geführt wurde, befürchtete eine deutsche Hegemonie und wollte den Krieg deshalb fortsetzen, während der Arbeiter- und Soldatenrat den Frieden verlangte. Dies führte dazu, dass aus Russland in den folgenden Monaten sehr widersprüchliche Signale zu hören waren. Der neue Außenminister Miljukow erklärte am 22. März 1917: «Für uns ist ein entscheidender Sieg unerlässlich; die Liquidierung des Deutschen Reichs, ohne die eine Festigung der Ideen, für die wir kämpfen, unmöglich ist, ist heute notwendiger und wichtiger denn je.»[12] Das Konzept, an der Seite der Verbündeten weiterzukämpfen, verlor daher in den folgenden Monaten keinesfalls sofort an Bedeutung. Es schien ja auch möglich, dass die russische Revolution und die neue, sich in ihren politischen Idealen nun eindeutig am Westen ausrichtende Regierungsform sogar zu einer Revitalisierung des russischen Kampfeswillens führen würden. Manch russischer Liberaler hoffte, der neue demokratische Geist würde die russischen Soldaten so beflügeln, wie das Ende des 18. Jahrhunderts im revolutionären Frankreich der Fall gewesen war.

Doch andererseits schien es auch möglich, dass Russland als Gegner aus dem Krieg ausscheiden würde. Die neue Regierung wollte den Frieden, auch deshalb, weil sie den Friedenswunsch der Bevölkerung nicht einfach ignorieren konnte. Am 9. April 1917, nur drei Tage nach der Kriegserklärung der USA an Deutschland, verkündete die provisorische Regierung, einen dauerhaften Frieden auf Basis des Selbstbestimmungsrechts herbeiführen und keine anderen Völker beherrschen zu wollen.[13] Ihr folgte eine Resolution des russischen Arbeiter- und Soldatenrats vom 14. April zugunsten eines allgemeinen Friedens ohne Annexionen und Kontributionen, was die deutsche Sozialdemokratie am 19. April auch zu ihrem offiziellen Programm erhob.[14]

Doch dieser Friedenswunsch schuf noch keinen sofortigen Frieden, weil die russische Regierung sich nicht zu einem klaren und offenen Friedensangebot durchringen konnte. Hierbei spielte eine ganz gravierende Rolle, dass die Westalliierten alles versuchten, um Russland im Krieg zu halten, und weiterhin jeden Gedanken an Friedensverhandlungen ablehnten. Typisch waren hier die fatalen Ratschläge, die der amerikanische Russlandexperte George Kennan dem amerikanischen Außenminister

Lansing zukommen ließ: Die USA sollten nicht etwa die Arbeiter- und Soldatenräte in Russland unterstützen, die die Formel vom «Frieden ohne Annexionen und Entschädigungen» vertraten, sondern diejenigen, die den Krieg bis zu seinem siegreichen Ende weiterführen wollten.[15] Hinzu kam die Furcht der russischen Regierung, sich im Fall eines Friedensschlusses mit den Mittelmächten diplomatisch zu isolieren, denn es war sicher, dass sich dann die ehemaligen Verbündeten von Russland abwenden würden. Deutschland könne seine Kräfte dann im Westen konzentrieren, dort vielleicht, oder sogar wahrscheinlich, gewinnen und dann stünde Russland auf dem Kontinent dem furchterregenden und arroganten deutschen Koloss allein gegenüber.[16]

Diese Annahme ließ die russische Führung zögern. Zeitweise sah es aber so aus, als wenn sich der Frieden von unten her durchsetzen würde. Die Kämpfe an der Ostfront flauten im Frühjahr 1917 weitgehend ab, und es kam zu Fraternisierungen der Soldaten. In den Wochen um Ostern 1917 hörten die Kampfhandlungen an weiten Teilen der Front praktisch auf.[17] Gleichzeitig fiel eine gut abgestimmte Friedenspropaganda der Mittelmächte bei den russischen Soldaten auf sehr fruchtbaren Boden.[18] Dieser Zustand dauerte bis zum 23. April an; dann gab Ludendorff den Befehl, wieder auf russische Soldaten zu schießen, die sich außerhalb ihrer Gräben bewegten,[19] wohl um den Druck auf die russische Führung zu erhöhen, mit regulären Friedensverhandlungen zu beginnen.

Die Meinungen innerhalb Russlands waren geteilt. Während der Arbeiter- und Soldatenrat einen Frieden ohne Annexionen und Kontributionen wollte,[20] hielt die Regierung am Kriegskurs fest. Im Mai kam es zu einer Kabinettsumbildung; der pro-alliierte Miljukow schied aus, und Alexander Kerenski, der bald zur dominanten Figur der Regierung werden sollte, wurde Kriegs- und Marineminister.[21] Doch auch Kerenski wollte den Krieg weiterführen. Die russische Regierung konnte sich nicht zu dem Schritt durchringen, notfalls einen Separatfrieden mit den Zentralmächten zu schließen, der zu diesem Zeitpunkt zu relativ vorteilhaften Konditionen von der deutschen Regierung zu haben gewesen wäre.[22] Bethmann sagte am 15. Mai 1917 im Reichstag, dass die deutsche Regierung natürlich bereit sei, auf die russische Formel vom Frieden der Selbstbestimmung einzugehen. Es sei doch eine «Selbstverständlichkeit, dass wir, die wir diesen Wunsch teilen, das dauernde Verhältnis der Zukunft nicht zerstören, seine Entwicklung nicht durch Forderungen unmöglich machen werden, die sich mit der Freiheit und dem Willen der Völker selbst nicht vertragen und die ins russische Volk nur den Keim zu neuer Feindschaft legen würden».[23]

Mit Russland so schnell wie möglich Frieden zu schließen, wäre aus strategischen wie psychologischen Gründen für die Mittelmächte eine absolute Notwendigkeit gewesen. Die österreichisch-ungarische Regierung, vor allem der neue Außenminister Graf Czernin, drängte darauf und entwarf ein sehr pessimistisches Bild der Kriegslage, vor allem von der verbliebenen Durchhaltefähigkeit der Donaumonarchie. Er vertrat in einer Denkschrift vom 12. April 1917 die Ansicht, dass der Abschluss eines «schlechten Friedens» besser sei, als eine Revolution im Inneren zu riskieren.[24] Auch die politische Linke im Reichstag reagierte auf die russischen Offerten positiv und ohne jede Ambivalenz. Bethmann hingegen war weniger eifrig, den Friedensfühler aufzunehmen. Der Reichskanzler zeigte sich verhalten und zweideutig, wie immer, wenn es um Kriegsziele ging. Er hatte, ebenso wie seine engen Mitarbeiter wie Jagow oder Riezler, seit Kriegsbeginn immer die Hoffnung gehegt, Russland entscheidend schwächen zu können. Hier schien sich nun die Chance zu bieten, durch weiteres Zuwarten die russischen Kalamitäten und damit auch die russische Kompromisswilligkeit zu erhöhen und damit einen Siegespreis durchsetzen zu können.[25] Die deutsche Diplomatie dachte an eine besser zu verteidigende Ostgrenze, an eine strategische Schwächung Russlands oder vielleicht sogar an ein deutsches Imperium in Ostmitteleuropa. Solche Gedanken beseelten auf jeden Fall Bethmanns Sekretär, Kurt Riezler.[26] Andererseits war sich der Kanzler des ungeheuren Risikos bewusst, zu lange zu warten und die Friedenschance zu verpassen. Scheidemann hatte am 15. Mai 1917 im Reichstag die Revolution angedroht, sollte der Krieg nur um deutscher Eroberungsziele willen fortgesetzt werden.[27]

Der Kanzler wurde in seiner Entscheidungsfreiheit in den Kriegszielen auch von der OHL behindert, die den Kaiser, der sich nach wie vor im Hauptquartier aufhielt, auf ihre Seite zu bringen verstand. Hindenburg und Ludendorff versuchten, den Kanzler auf umfangreiche Kriegsziele festzulegen, während dieser darauf beharrte, «dem ersten unserer Gegner, der zum Frieden bereit ist, goldene Brücken zu bauen»,[28] und deshalb eine Festschreibung der Kriegsziele ablehnte. Doch die OHL insistierte. Am 23. April 1917 reiste der Kanzler ins Hauptquartier nach Kreuznach und besprach mit dem Kaiser, dessen Gefolge sowie Hindenburg und Ludendorff die deutschen Forderungen. In dieser Sitzung wurden im Osten die Annexion von Kurland und Litauen, ein selbständiges Polen, das durch Militärkonvention an Deutschland gebunden werden sollte, sowie im Westen die Annexion von Lüttich, der flandrischen Küste und des Briey-Gebietes verlangt. Dies wurde dann anschließend schriftlich niedergelegt.[29] Das Ergebnis dieser Besprechung wurde von Admiral v. Müller als «völlige Maßlosigkeit im Osten wie im Westen» bezeichnet, und die treibende Kraft war hier natürlich die OHL. Dass sie die Ergebnisse hinterher auch noch schriftlich fixieren ließ, sollte wohl den Kanzler darauf verpflichten. Dieser hatte nicht den Versuch gemacht, während der Besprechung jedem einzelnen dieser Kriegsziele zu widersprechen. Bethmann fügte stattdessen dem Schriftstück eine Notiz an, dass es den Inhalt der Besprechungen zwar korrekt wiedergebe, dass er aber hervorgehoben habe, dass er diese Ziele nur für erreichbar halte, «wenn wir den Frieden diktieren können». Damit war das Ganze als Papierübung abgetan, da Bethmann an eine solche Möglichkeit nicht glaubte. Es wurde zunehmend zur Strategie der Reichsleitung, Hindenburg und Ludendorff reden zu lassen, solange sich daraus keine Konsequenzen ergaben.[30] Trotzdem war die unaufhörliche Einmischung Hindenburgs und Ludendorffs in solche Fragen politisch extrem schädlich.

Zu den Annexionsforderungen von militärischer Seite kam noch, als weitere Determinante von Bethmanns Politik gegenüber Russland im Frühjahr 1917, die innenpolitische Situation in Deutschland, die inzwischen unkontrollierbar geworden war. Der Kanzler war sehr in der Defensive, da sich der Burgfrieden praktisch aufgelöst hatte und sich die Parteien in Deutschland in den zentralen Fragen der politischen Reform und der Weiterführung des Krieges in unüberbrückbarem und schärfstem Antagonismus gegenüberstanden. Die Freigabe der Kriegszieldiskussion am 15. November 1916[31] hatte die Konservativen entfesselt, die für einen Annexionsfrieden eintraten. Die Sozialdemokraten waren schon seit Längerem intern in der Frage der Kriegskredite und der Unterstützung der Regierung uneins. Diese Spannungen hatten 1916 bereits zur Spaltung der Reichstagsfraktion geführt; Hugo Haase und weitere 18 Abgeordnete waren, weil sie aus Protest gegen die deutsche Kriegführung den Etat abgelehnt hatten, aus der SPD-Reichstagsfraktion ausgeschlossen worden. Im April 1917 teilte sich auch die Partei in die Mehrheitssozialdemokratie, geführt von Philipp Scheidemann und Friedrich Ebert, und die

USPD, geführt von Hugo Haase und Georg Ledebour. Die Mehrheitssozialdemokraten wollten am Burgfrieden festhalten, standen aber schon seit Längerem unter dem gewaltigen Druck ihrer kriegsmüden Basis, der sich noch weiter erhöhte, als Mitglieder und ganze Unterorganisationen zur USPD übertraten. Die USPD stand in scharfer Opposition zur Regierung, und die SPD musste nun, schon aus Gründen der Selbsterhaltung, von der Regierung zum Dank für die politische Unterstützung sehr konkrete Zugeständnisse einfordern. Diese zu liefern, war für Bethmann praktisch unmöglich. Die Forderungen der SPD beinhalteten politische Reformen, vor allem die des preußischen Dreiklassenwahlrechts, aber auch eine Neueinteilung der Reichstagswahlkreise. Außerdem wurde eine Lockerung oder Aufhebung des Belagerungszustandes angemahnt. Die SPD verlangte von der Regierung auch, sich ganz klar für einen Verständigungsfrieden und einen Annexionsverzicht auszusprechen, also einen Frieden, der in der Folge von den Annexionisten abschätzig als «Scheidemannfrieden» bezeichnet wurde. Die politische Rechte lehnte hingegen alle Reformen ab und beharrte auf einem Siegfrieden, dem sogenannten «Hindenburgfrieden», der in die Richtung ging wie die oben skizzierten Ideen des Grafen Westarp: Deutschland dürfe dem zu allem entschlossenen Gegner kein Bild der Schwäche und Friedenssehnsucht geben, denn das würde ihn nur ermutigen, weiterzukämpfen. Der Feind müsse militärisch besiegt werden und nach dem Sieg für die Schäden des Krieges aufkommen.

Die Frage der Kriegsziele war natürlich entscheidend, sollte es mit Russland zu Verhandlungen kommen. Bethmann sah seinen Platz in diesen Fragen über den Lagern, wie er im Reichstag am 15. Mai 1917 noch einmal klar herausstellte. Er wollte sich nicht auf einen Verständigungsfrieden ohne Annexionen und Kontributionen festlegen lassen. Der Kanzler erklärte im Reichstag unter dem Beifall der Konservativen, des Zentrums, der Nationalliberalen und der Fortschrittlichen Volkspartei, dass er «ein Programm des Verzichts und der Entsagung» ablehne, da die Gegner derzeit nicht friedenswillig seien, und er fragte: «Soll ich diesen unseren westlichen Feinden [durch ein Verzichtprogramm] geradezu eine Versicherung geben, ohne jede Gefahr eigenen Verlustes den Krieg ins Ungemessene zu verlängern?»[32] Diese Gewissheit, nichts zu verlieren zu haben, wollte Bethmann der gegnerischen Koalition nicht geben. Andererseits wollte er sich auch nicht auf irgendwelche Eroberungsformeln festlegen lassen. Ähnlich taktierte er in der Frage innerer Reformen. Er hatte sich immer bemüht, innenpolitisch mal der einen und mal der anderen Seite, mal der Linken, mal der Rechten, etwas entgegenzukommen. Dieses Taktieren[33] war inzwischen aber völlig wirkungslos geworden, ja direkt kontraproduktiv. Die Sozialdemokraten glaubten nicht an seinen Refomwillen,[34] und die Konservativen hatten den Eindruck, dass sich Bethmann, der im Reichstag sagte, «dass Deutschlands ärmster Sohn auch sein getreuester war»,[35] nunmehr mit der politischen Linken verbündet habe. Der Kanzler bekam während seiner Reden im Frühjahr 1917 deutlich mehr Applaus von der politischen Linken des Reichstags als von der Rechten. Tatsächlich wurde er immer bitterer gegen die Konservativen, die sich zäh an ihren überlebten Privilegien festklammerten. Schon seit Ende 1914 diskutierte die Regierung intern über eine «Neuorientierung» der deutschen Innenpolitik, womit eine weitere Demokratisierung und Reformierung des Wahlrechts gemeint war.[36] Bethmann war fest entschlossen, der politischen Linken in der Frage des Wahlrechts entgegenzukommen. Er hatte schon am 14. März 1917, also noch bevor der Zar gestürzt wurde, im preußischen Herrenhaus angekündigt, nach den großen Opfern des Krieges nunmehr allen Schichten des Volkes die Chance zur politischen Mitarbeit zu geben.[37] Das Resultat war dann ein Reformversprechen des Dreiklassenwahlrechts in Preußen, das am 8. April 1917 in der sogenannten Osterbotschaft des Kaisers gipfelte.[38] Seiner vollen Wirkung wurde der Vorstoß aber beraubt, weil die Umsetzung erst nach Kriegsende erfolgen sollte und die Botschaft auch keine klare Aussage zur Einführung des gleichen Wahlrechts enthielt. Die Parteien des Preußischen Landtages, die durch ein neues Wahlrecht Nachteile zu befürchten hatten, also die Konservativen, die Nationalliberalen und das Zentrum, suchten die Reform zu verschleppen. Der Preußische Landtag betrieb nach Kräften, unter Nutzung der noch bestehenden Mehrheitsverhältnisse, eine Politik der Obstruktion. Bethmann Hollweg wurde nun zum «Feind Nr. 1 der Konservativen», die eine beispiellose Hetzjagd auf ihn begannen und seine Ablösung zu erreichen suchten.[39]

Alle diese Diskussionen verschlechterten das ohnehin schon miserable und gespannte politische Klima in Deutschland. Die Sozialdemokraten klagten über die Halbherzigkeit der Regierung, während die Konservativen glaubten, dass der Kanzler die Sozialdemokratie mit politischen Reformen zu besänftigen suche, die das Fundament ihrer politischen Macht unterhöhlten. Dies wurde zu einem gravierenden Problem, und der Riss in der deutschen Gesellschaft vertiefte sich weiter, als sich die bürgerlichen Parteien des Reichstags den sozialdemokratischen Reformforderungen anschlossen, während die Konservativen die Hofgesellschaft und vor allem die Oberste Heeresleitung hinter sich wussten. Die Frage nach Reform und Frieden spaltete die deutsche Gesellschaft. Der Kanzler saß nun nicht mehr über den Parteien, so wie er seine Rolle interpretierte, sondern zwischen allen Stühlen infolge seines Versuchs, allen Seiten ausgleichend entgegenzukommen.[40]

Fragen der Innen- und Außenpolitik und der künftigen Strategie gingen im Deutschen Reich nahtlos ineinander über. Was das Militärische anging, wurde die Stimmung sogar besser, obwohl – oder gerade weil – die deutschen Armeen zu Lande an allen Fronten defensiv blieben. Das hing mit dem Scheitern der französischen Angriffe an der Westfront und der praktischen Paralyse dieses Gegners zusammen, mit den Ereignissen in Russland und mit den gewaltigen Versenkungsziffern der U-Boote, wenn auch die Hoffnung auf deren rasche kriegsentscheidende Wirkung langsam abnahm. Vor allem die Ereignisse im Osten sorgten dafür, dass die Kriegslage als insgesamt deutlich vielversprechender als im Herbst 1916 wahrgenommen wurde. Der mögliche Frieden mit Russland und damit der Wegfall des Zweifrontenkrieges kompensierte in den folgenden Monaten auch den Fehlschlag des U-Boot-Krieges.

Die Erleichterung der Lage im Osten führte aber auch dazu, dass die OHL, die sich immer mehr auch eine Kontrolle der deutschen Kriegszielpolitik anmaßte, Oberwasser bekam. Nachdem sie um die Jahreswende 1916/17 um die Westfront gezittert und deshalb nach dem U-Boot-Krieg verlangte hatte, erklärte sie nun, dass dieser hervorragend laufe und es bei der günstigen strategischen Lage nur darauf ankomme, wer am längsten die Nerven behalte. Die Ereignisse würden zeigen, dass «die Nerven unserer Feinde … mindestens ebenso angespannt» seien «wie bei uns». Ein entsprechend optimistisches Telegramm Ludendorffs vom 19. April 1917 wurde von Bethmann mit Fragezeichen übersät, unter anderem hinter der Behauptung, der U-Boot-Krieg verlaufe erfolgreich und Deutschland könne auch ohne Österreich weiterkämpfen. Offensichtlich verspürte der Kanzler beim Durchlesen des von ihm als inkompetent angesehenen Telegramms des Ersten Generalquartiermeisters Verzweiflung und Wut.[41] Die Frage ist natürlich, warum er, warum die politische Führungsschicht die Generäle nicht sehr viel frontaler kritisierten und sich von ihnen herumkommandieren ließen. Sie hätten ihre Kritik an offenkundigen Fehlern und falschen Voraussagen festmachen können, doch hielten sie es für nicht opportun, diese Zweifel während des weiterlaufenden Krieges nach draußen zu tragen. Eine solche Abrechnung begann mit der Marine im Sommer 1917; Hindenburg und Ludendorff wurden aber bis in den Herbst 1918 im Reichstag als «geniale Feldherren» gepriesen.[42] Die Politik wurde zum Opfer des Mythos von der brillanten militärischen Führung, den sie selbst mitgeschaffen hatte und hinter dem sich zu verschanzen Bethmanns ursprüngliche Idee gewesen war. Die Politiker trauten sich nicht, den Hindenburgmythos mitten im Krieg zu zerstören. Denn es gab intern zwar ungeheure Klagen über die ständige Einmischung der Militärs in politische Fragen und auch viel Stöhnen über ihr mangelndes politisches Verständnis und über ihre generelle Unbildung,[43] aber anders als in der Ära Falkenhayn keine Überlegungen, die fachliche Kompetenz des Generalstabschefs und seines Gehilfen in Frage stellen oder beide durch andere Offiziere ersetzen zu wollen.

Die Kardinalfrage des Krieges war nun, was im Osten weiter geschehen würde. Nichts bewegte sich, da sich die russische Regierung nicht zu einem Separatfrieden durchringen konnte und die Westmächte alles taten, um Russland im Krieg zu halten. Dies war vom Standpunkt der Entente und der mit ihr assoziierten USA eine ungeheuer kurzsichtige Politik, die Europa in die Katastrophe führte. Die deutsche Seite tat wiederum alles, um den russischen Kriegswillen weiter zu unterminieren. Die wirkungsvollste und gleichermaßen folgenreichste Idee war, Lenin am 9. April 1917 aus seinem vierzehnjährigen Schweizer Exil zu holen, in einem plombierten Eisenbahnwaggon durch Deutschland zu schleusen und ihn dann auf einem neutralen Schiff nach Russland reisen zu lassen, wo er bald schon zur entscheidenden Persönlichkeit der russischen Politik werden sollte.[44]

Die deutschen Stellen spielten mit dem Feuer, als sie Lenin nach Russland ließen. Sie unterschätzten ihn bei weitem. Er war von einer unorthodoxen Kühnheit, die praktisch allen europäischen Politikern fehlte; er nahm die Hilfe der Deutschen in Anspruch in der Hoffnung, sich später gegen sie wenden zu können, und hatte auch keine Angst vor dem Vorwurf seiner Landsleute, ein deutscher Agent zu sein. Damit hatten die deutschen Stellen einen massiven Anteil am Scheitern der russischen Demokratie; doch letztlich trug die Regierung in St. Petersburg die

Hauptverantwortung. Sie hielt, trotz der katastrophalen innenpolitischen Lage und dem Friedenswunsch von Soldaten und Bevölkerung, am Kriegsbündnis fest, statt zu versuchen, einen Frieden zu akzeptablen Konditionen herauszuhandeln und ihre Allianzpartner zu zwingen, endlich Friedensverhandlungen zuzustimmen. Stattdessen versuchte sie, doch noch den Krieg zu gewinnen. Im Juli 1917 ließ Alexander Kerenski, der inzwischen zur treibenden Kraft der Regierung geworden war, eine Offensive in Galizien vorbereiten, die vom Sieger des Vorjahres, General Brussilow, befehligt wurde. Es handelte sich um die zahlenmäßig größte Armee, die Russland in diesem Krieg zum Angriff geführt hatte; sie verfügte auch über mehr Artillerie und Munition als je zuvor.[45] Doch der Angriff blieb nach Anfangserfolgen gegen die österreichisch-ungarische Frontlinie stecken und wurde durch einen Gegenstoß deutscher Truppen zurückgeworfen. Dieser Fehlschlag brach der russischen Armee endgültig das Rückgrat.

Mit dem Scheitern der Kerenski-Offensive war nun offensichtlich geworden, dass die Katastrophe in Russland unmittelbar bevorstand. Dies wurde bereits von manchem Zeitgenossen erkannt. Colonel House, beileibe kein Freund der deutschen Regierung, kamen im August 1917 massive Zweifel, ob die Strategie der Entente und der USA richtig war, und zwar ganz unter dem amerikanischen Gesichtspunkt der weltweiten Demokratisierung als wünschenswertestem Ergebnis des Krieges. Er schrieb am 15. August 1917 an Präsident Wilson, dass die russische Regierung bald schon auf einen Frieden auf Basis des «Status quo ante» eingehen werde und dieser in der derzeitigen Lage, wegen der Schwäche Frankreichs und Russlands, durchaus seine Vorteile habe. Er schrieb: «Es ist wichtiger, dass Russland zu einer lebensfähigen Republik wird, als dass Deutschland auf die Knie gezwungen wird. Wenn die internen Unruhen [in Russland] einen Punkt erreichen, an dem Deutschland intervenieren kann, dann ist es vorstellbar, dass es in der Zukunft Russland politisch und ökonomisch beherrschen kann. Dann würde die Uhr des Fortschritts tatsächlich zurückgestellt werden. Wenn sich die Demokratie in Russland hingegen fest etabliert, dann wäre die deutsche Autokratie gezwungen, in sehr wenigen Jahren einer repräsentativen Regierung Platz zu machen.»[46]

House schlug auch vor, Wilson solle doch an die kriegsmüde und verzweifelte deutsche Bevölkerung mit versöhnlichen Worten appellieren und damit den Kreislauf unterbrechen, der in allen Ländern ständig nur den Kriegsverlängerern nutze. In den alliierten Ländern habe man immer und immer wieder genau das propagiert, was den Militaristen in Deutschland am besten helfe, sich in den internen Machtkämpfen durchzusetzen. Diese erzählten dem deutschen Volk, dass die Entente die deutsche Einheit zerstören und es ihm unmöglich machen wollte, nach dem Krieg ökonomisch zu überleben. Dies würde bei der Bevölkerung auch Glauben finden. Die Deutschen würden auf diese Weise zusammengeschweißt und fühlten sich mit dem Rücken zur Wand.[47]

Oberst House wollte also die «Internationale der Kriegsverlängerer» angreifen, um auf Scheidemanns Ausdruck zurückzukommen. Seine Idee, aus sehr sorgfältig berechnetem Eigeninteresse bei den Kriegszielen flexibler zu sein und den Gegnern einen Status-quo-Frieden anzubieten, fand bei Wilson aber keine Gegenliebe. Nachdem der Präsident noch als Neutraler die Idee des Friedens ohne Sieg vertreten hatte, war er nun wahrhaft verbissen, die militaristische Autokratie zu besiegen. Die Idee einer Verhandlungslösung oder eines Friedens auf Basis des Status quo ante wollte er, zu diesem Zeitpunkt, nicht einmal erwägen.[48] Am 18. August 1917 schrieb er, die deutsche Regierung sei moralisch bankrott, und niemand würde ihr vertrauen können; alle internationalen Vereinbarungen, die auch Deutschland einschlössen, seien auf Treibsand gebaut, solange dieses nicht eine vertrauenswürdige Regierung habe.[49] Mit anderen Worten: Woodrow Wilson wollte in Deutschland etwas, was heute als «regime change» bezeichnet werden würde, gewaltsam durchsetzen und sich mit nichts weniger zufriedengeben. Er wollte den Sieg. Doch der ungeheure Preis dafür war, dass Russland dem Projekt einer besseren Nachkriegsordnung auf Dauer entglitt und eine solche dadurch praktisch unerreichbar wurde.

16

«Kriegspsychose»? Das Friedensangebot des Deutschen Reichstags und die Ablösung Bethmann Hollwegs

> Einmütig müsse man erklären: wir wollen einen Frieden der Verständigung, wollt ihr ihn nicht, dann halten wir aus bis zum letzten Mann! Es müsse selbstverständlich ausgesprochen werden, dass wir nicht unser Land preisgeben.
>
> *Philipp Scheidemann, 7. Juli 1917*

Oberst House hatte von der schlechten innenpolitischen Lage in Deutschland gesprochen und Wilson vorgeschlagen, der deutschen Bevölkerung mit einem annehmbaren Friedensangebot entgegenzukommen. Der Zeitpunkt für eine solche Initiative hätte besser nicht sein können, weil im Sommer 1917 die Verzweiflung über die Endlosigkeit dieses Krieges in Deutschland einen neuen Höhepunkt erreichte. Im Zentrum der Kritik stand die Regierung, die es nicht mehr vermochte, die Bevölkerung und die Parteien mit der bloßen Parole des weiterhin notwendigen Durchhaltens ruhigzustellen. Die Russen hatten den Präzedenzfall geliefert, dass die Grenze des Erträglichen überschritten war, und auch in Deutschland machte sich eine zunehmende Unruhe bemerkbar, die sich vor allem gegen Reichskanzler v. Bethmann Hollweg richtete. Seine Politik wurde von allen Seiten als unentschlossen und halbherzig angesehen. In der Kriegszielfrage lavierte er nach wie vor und blieb vieldeutig, um sich eventuelle Chancen auf Frieden und gleichzeitig auf Gewinne offenzuhalten. Damit konnte er aber weder die Anhänger eines Sieg- noch die eines Verständigungsfriedens überzeugen. Keiner glaubte mehr, dass er mit seiner Art der Politik Erfolg haben könnte, und seine Tage galten bei politischen Beobachtern schon im Mai 1917 als «gezählt».[1] Die Linke glaubte nicht, dass er fähig sein würde, sich bietende politische Chancen, wie die eines Sonderfriedens mit Russland, durch großzügiges Entgegenkommen wahrzunehmen. Die Rechte sah in ihm nicht den entschlossenen Politiker, der den Krieg zielbewusst führte und Chancen auf Gewinne würde realisieren können. Bethmann hatte es sich im Sommer 1917 mit allen Lagern verdorben, ohne zu erkennen, wie groß die Entfremdung war. Auch die OHL glaubte, der Kanzler sei chronisch unentschlossen und daher der falsche Mann auf seinem Posten. Unter den hochkonservativen Mitgliedern des kaiserlichen Hofstaats hatte Bethmann seit der Osterbotschaft einige erbitterte Feinde, wie den Generaladjutanten v. Plessen, der massiv und unermüdlich auf seine Ablösung hinarbeitete. Der Kaiser hielt an Bethmann hingegen lange fest. Da nach der Reichsverfassung der Kanzler vom Kaiser ernannt und entlassen wurde, war dies das Entscheidende, und der Kanzler hatte sich daher auch in seiner Position behaupten können.

Doch nun hatte die allgemeine Ablehnung gegen seine Politik in allen Lagern den Siedepunkt erreicht. Die vernünftigeren Mitglieder des kaiserlichen Hofstaats, wie Lyncker oder Müller, pflegten den Zustand, in dem sich ohnmächtige Wut und Verzweiflung über den endlosen Krieg entluden, als «Kriegspsychose» zu bezeichnen.[2] Und diese richtete sich nun gegen den Reichskanzler, der formal für alles verantwortlich war und der außerdem noch die Fehler der anderen deckte, wie etwa die Entscheidung für den unbeschränkten U-Boot-Krieg.[3] Diese Fehlschläge, zu denen auch die ausgebliebenen politischen Reformen gehörten, wurden ihm nun vorgeworfen. Vieles von dem, was Bethmanns Kritiker innenpolitisch bemängelten, war aber auf die verschachtelten politischen Strukturen des Bismarckreiches und auf die föderale Ordnung zurückzuführen. Diese machten, auch nach der Ansicht führender Sozialdemokraten, Reformen im Deutschen Reich verzweifelt schwierig, noch dazu während eines andauernden Weltkriegs. Es war praktisch unmöglich, Änderungen gegen massiven Widerstand anderer Instanzen rasch durchzusetzen; dies traf vor allem auf das preußische Wahlrecht zu.

Diese «Kriegspsychose» der deutschen Gesellschaft, die den Krieg nicht mehr aushielt, war ein ständig wachsendes Problem und schon um die Jahreswende 1916/17 die Voraussetzung für den Erfolg der Kampagne für den unbeschränkten U-Boot-Krieg gewesen. Mit diesem hing auch die Eruption des öffentlichen Unwillens im Juli 1917 zusammen, da die Voraussagen und Versprechungen der Marine, Großbritannien innerhalb von sechs Monaten friedensbereit zu machen, trotz stolzer Versenkungsziffern nicht eintraten. Eine weitere Hoffnung auf ein gutes und vor allem rasches Kriegsende war zerronnen, und nun kam es darauf an, wenigstens den Frieden mit Russland so schnell wie möglich zustande zu bringen. Doch auch da war die Regierung nicht erfolgreich, die russische Führung machte kein Friedensangebot, und der Kanzler weigerte sich, die Formel der Sowjets von dem Frieden ohne Annexionen und Kontributionen zu übernehmen. Die Befürworter eines Verständigungsfriedens machten ihn dafür verantwortlich, dass die Friedensfrage nicht weiterkam. Philipp Scheidemann und Eduard David kamen Ende Juni 1917 von einer internationalen Konferenz in Stockholm mit deprimierenden Eindrücken über das deutsche Image im feindlichen Ausland zurück und verlangten, die Reichsleitung solle sich in einer «jeder Deutungskunst entzogenen» Erklärung zu einem Frieden ohne Annexionen und Kontributionen bereit erklären. Nur ein solches Bekenntnis könne die darbende deutsche Bevölkerung «bei der Stange» halten.[4] Doch das konnte und wollte Bethmann nicht machen. Damit verlor er auch bei den Linksparteien jeden Rückhalt. Scheidemann sagte am 30. Juni 1917: «Wenn der Reichskanzler, den ich gewiss hochschätze, morgen ginge, so würde das den Frieden auch erleichtern! Ich setzte voraus, dass ein besserer kommen müsste.»[5] David war noch kritischer; er hielt Bethmann nur noch für einen «unentschiedenen bürokratischen Kleber».[6]

Die Stimmung war aufgeladen. Was fehlte, war ein Funke, um die Explosion auszulösen, und diesen schleuderte der Zentrumsabgeordnete Matthias Erzberger in das politische Pulverfass. Er hatte in den Vorwochen mit Oberstleutnant Bauer gesprochen und von ihm ein düsteres Lagebild über die Aussichten im Landkrieg vermittelt bekommen; ein so düsteres, dass Bauer sich später vor Ludendorff wegen seines Defätismus rechtfertigen musste.[7] Trotz aller Anstrengungen waren die Alliierten an der Westfront bei Artillerie und Munition gewaltig überlegen. Erzberger hatte auch mit Abgeordneten seiner eigenen und denen anderer Parteien, auch der SPD, gesprochen und seine Ansicht diskutiert, «daß Deutschland, wenn es wirklich wolle, den Frieden haben könne», dass dazu aber eine «Kundgebung des Reichstags für einen annexionslosen Frieden» notwendig sei.[8] Hinzu kam die innenpolitische Komponente. Erzberger befürchtete, die SPD würde den Kriegskrediten nicht mehr zustimmen, wenn sich die Regierung nicht unmissverständlich die Formel «ohne Annexionen und Kontributionen» zu eigen machte. Er sagte: «Wenn sie die Kredite ablehnen, dann ist es vorbei.»[9] Sollte die Regierung die Sozialdemokraten hingegen zum weiteren Mitmachen bewegen, würde Deutschland weiter durchhalten können.[10]

Alle diese Befürchtungen bewogen Erzberger, am 6. Juli 1917 im Hauptausschuss des Reichstages eine Rede zu halten, in der er die Hoffnungen auf ein gutes Kriegsende durch den U-Boot-Krieg auseinandernahm. Er stellte fest, die sechs Monate seien um und England gebe nicht nach. Die Marine habe sich «außerordentlich geirrt» und könne jetzt vom Parlament kein Vertrauen mehr erwarten. Er wolle dem Staatssekretär des Reichsmarineamts «daraus keinen Strick drehen, das werde die Geschichte tun».[11] Hier rächte sich für die Admiräle Holtzendorff und Capelle, dass sie sich in höchst unkluger Weise exponiert und in ihrem Eifer, den unbeschränkten U-Boot-Krieg durchzusetzen, die erwähnten unrealistischen und geradezu lächerlichen Versprechungen gemacht hatten, an denen sie jetzt gemessen wurden. Erzberger äußerte außerdem seine Sorge um die Fähigkeit der Bundesgenossen, weiter durchzuhalten. In politischen Kreisen zirkulierte eine Denkschrift des Grafen Czernin, in der er hervorhob, wie miserabel die Lage in der Donaumonarchie sei und dass sie einen weiteren Winter nicht überstehen würde.[12]

Die Rede Erzbergers machte tiefen Eindruck; einerseits, weil er als regierungsnah und gut informiert galt, andererseits, weil er offen aussprach, was viele insgeheim schon befürchtet hatten.[13] Viele fühlten sich, so schrieb der linksliberale Abgeordnete Friedrich v. Payer später, als wäre ihnen eine Binde von den Augen genommen worden.[14] Erzberger beschränkte sich aber nicht auf die Kritik, sondern machte auch einen Vorschlag: Er wollte, dass der Reichstag eine Resolution verabschiede, in der nochmals hervorgehoben werden sollte, dass Deutschland einen Verteidigungskrieg führe und keine Annexionen oder Kontributionen wolle. Dieser Vorschlag fand breite Zustimmung, und die Parteien stimmten überein, dass nun gehandelt werden müsse. Es bildete sich ein «interfraktioneller Ausschuss», dem die SPD, das Zentrum, die Nationalliberalen und die linksliberale Fortschrittspartei angehörten. Dies war die Mehrheit des Reichstages, und damit hatte sich eine breite Koalition zusammengefunden, die die traditionelle politische Spaltung des Kaiserreichs überwunden hatte; nur die Konservativen und die USPD waren nicht eingeschlossen.[15] Allerdings ließ die neue Zusammenarbeit die gravierenden Gegensätze der Parteien in praktisch allen politischen Fragen des Krieges, auch denen der Annexionen, nicht einfach verschwinden; auch sollten die Nationalliberalen aus dem Ausschuss bald wieder ausscheiden.

Der Reichskanzler versuchte, in dieser Frage schlecht beraten, den Vertretern der Parteien den Gedanken an diese Resolution auszureden. Er meinte, sie würde zu diesem Zeitpunkt – die Kerenski-Offensive hatte gerade begonnen – von den Gegnern nur als Schwächezeichen interpretiert werden.[16] Er unterschätzte auch, dass der Reichstag personelle Veränderungen sehen wollte und den Rücktritt von Zimmermann und Capelle verlangte; auch Vizekanzler Helfferich war extrem unpopulär.[17] Doch in ganz besonderer Weise schossen sich die Kritiker nun auf den Reichskanzler ein. Als einziger europäischer Regierungschef des Juli 1914 sei er noch im Amt, in allen anderen Ländern habe ein Führungswechsel stattgefunden, und er sei hoffnungslos belastet und deshalb nicht glaubwürdig und geeignet, einen Friedensvorstoß zu unternehmen. Niemand kritisierte ihn unbarmherziger als die Nationalliberalen. Gustav Stresemann warf ihm Halbheit vor und sagte schließlich: «Ein Reichskanzler muss sich durchsetzen können; wenn er das nicht kann, muss er die Konsequenz daraus ziehen.»[18]

Da war etwas Wahres dran. Letztlich spielte es keine Rolle, ob Bethmann immer das Richtige gewollt und dann von anderen gezwungen worden war, doch das Falsche zu tun; er trug die Verantwortung, der er letztlich nicht gerecht geworden war. Er hatte aber klar erkannt, dass großzügige politische Reformen notwendig und überfällig waren, um die Unterstützung der SPD nicht zu verlieren. Er vermochte es, den Kaiser in einer persönlichen Audienz zu überzeugen, dass er seinem Volk, das sich in diesem Krieg so bewährt hatte, entgegenkommen müsse. Er glänzte in dem Vortrag und konnte den Kaiser durch den Appell an das Volkskaisertum beeindrucken; einmal mehr bestätigte Wilhelm II., dass er sich von seinem Kanzler nicht trennen wolle.[19] Bethmann setzte damit die Einführung des allgemeinen, gleichen und geheimen Wahlrechts in Preußen durch.[20] Die Kabinettsorder erschien am 12. Juli 1917 in der Presse. Zwar kam es dadurch zu den sofortigen Rücktritten einer ganzen Reihe von preußischen Ministern, die diesen Kurs nicht mittragen wollten; unter ihnen waren Loebell und der Kriegsminister v. Stein. Aber selbst dem Kronprinzen leuchtete die Notwendigkeit dieses Schritts ein. «Man müsste ja ein Idiot sein, wenn man das nicht einsähe.»[21]

Doch die innenpolitische Reform war nur ein Aspekt der Krise, und nicht einmal der zentrale. Die Reformen des Wahlrechts und die Ausweitung der Macht des Reichstags interessierten die Parlamentarier natürlich ganz außerordentlich, da sie dies seit Jahrzehnten diskutiert und verlangt hatten. Doch der Bevölkerung ging es nicht um Reformen des Wahlrechts oder um die Parlamentarisierung des Reiches, sondern um das Ende des Krieges. Friedrich v. Payer urteilte am 9. Juli 1917 im interfraktionellen Ausschuss: «Die Frage der Parlamentarisierung ist dem Volk im grossen ganzen Wurst. Das Volk will jetzt mehr das Ende des Krieges sehen und darüber Klarheit bekommen.»[22] Obwohl Friedrich Ebert widersprach, hatte Payer damit den Nagel auf den Kopf getroffen. In dieser Regierungskrise ging es um die Frage des Friedens, es ging darum, wie man ihn erreichen könne und ob Bethmann der richtige Kanzler war, ihn herbeizuführen; die Parlamentarisierung war ein sehr wichtiges politisches Ziel, aber nicht das zentrale Anliegen.

Dem Frieden sollte die Resolution des Reichstags dienen, von der Politiker wie Erzberger oder Scheidemann mit viel Optimismus glaubten, sie würde alle Zweideutigkeiten beseitigen können und die gegnerischen Regierungen unter den gewaltigen Druck ihrer öffentlichen Meinungen bringen. Über die Resolution wurde unterdes weiter gestritten. Die Parteien des Ausschusses feilschten um jedes Wort und jeden Satz. Die Sozialdemokraten und Linksliberalen wollten ein klares und unmissverständliches Bekenntnis zum Annexionsverzicht, das Zentrum und die Nationalliberalen bevorzugten vieldeutigere Formulierungen.[23] Sie wollten die Selbstbindung, die diese Resolution sein würde, entschärfen und Hintertüren offenlassen für eventuelle Grenzveränderungen, sollten diese möglich und notwendig sein. Die Resolution, wie sie dann schließlich verabschiedet wurde, war zwar eindeutig in ihrem Wunsch nach einem Verständigungsfrieden, verwendete aber weiche Formulierungen («erzwungene Gebietsabtretungen»), die bewusst interpretierbar gehalten waren. Die Mehrdeutigkeit war gewünscht, auch um mehr Flexibilität zu haben.[24]

Abb. 30
Der deutsche Militarismus als King-Kong-artiges Monstrum mit Pickelhaube

Erzberger selbst, der Vater der Friedensresolution, sagte zu Max von Baden, mit dieser Resolution könne Deutschland auch Longwy und Briey kriegen.[25]

Parallel zu der Diskussion um die Resolution trat die Kanzlerkrisis in ihr finales Stadium. Hindenburg und Ludendorff waren nach Berlin gekommen, wurden aber auf Betreiben Bethmanns vom Kaiser, da sie dort nichts zu suchen hatten, umgehend ins Hauptquartier zurückgeschickt. Dies wiederum verübelten manche Parteiführer dem Kanzler, da sie sich die Aussprache mit den Militärs gewünscht hatten. Auch der Kronprinz war nach Berlin gekommen und lud führende Parlamentarier ein, um sie nach Bethmann zu befragen. Ausgerechnet Oberstleutnant Bauer führte dabei Protokoll.[26] Dieses eigenartige Verfahren ergab, dass Bethmann den

Rückhalt im Reichstag fast vollständig verloren hatte: Nur die Fortschrittspartei sprach sich klar für ihn aus, alle anderen Parlamentarier äußerten sich kritisch, so auch der Sozialdemokrat David, oder scharf ablehnend, wie das Zentrum und die Nationalliberalen. Stresemann und Erzberger waren dabei die Haupttreibenden und sagten, der Kanzler verpasse jede Konjunktur und verhindere dadurch den Friedensschluss.[27] Vor allem Erzberger hatte sich den Sturz Bethmanns zum Ziel gesetzt; er wollte stattdessen den Fürsten Bülow zum Reichskanzler machen. Parallel dazu stellten Hindenburg und Ludendorff ein Entlassungsgesuch, da sie mit dem Kanzler nicht mehr zusammenarbeiten könnten, und machten sich wieder auf den Weg nach Berlin.

Der Reichskanzler hatte nun jeden Rückhalt verloren: Im Reichstag, in der Bevölkerung, bei der OHL sowieso, und nur der wankelmütige Kaiser stand hinter ihm. Seine Position schien ihm aussichtslos und er bat Wilhelm II. um seine Entlassung, die auch bewilligt wurde, noch bevor Hindenburg und Ludendorff in Berlin eintrafen. Doch wer sollte Bethmann folgen? Hier hatten alle, die sich gegen den Reichskanzler ausgesprochen hatten, nicht weit genug gedacht, da ihre Kandidaten nicht durchsetzbar waren. Bülow oder Tirpitz würden beide am unüberwindlichen Widerstand des Kaisers scheitern. Der wohl überzeugendste Kandidat, der bayerische Ministerpräsident Hertling, war alt und fühlte sich der Aufgabe nicht gewachsen.

Zuständig dafür, einen Nachfolger zu finden, war das Zivilkabinett, also v. Valentini. Wie das im Detail ablief, zeigt das Tagebuch des kaiserlichen Generaladjutanten v. Plessen. Dieser schilderte am 13. Juli 1917, wie sich die für Personalernennungen zuständigen Herren des Hauptquartiers auf der Suche nach einem Nachfolger den Kopf zerbrachen: «Ich traf im Militär-Kabinett Valentini. Ratlos. Lyncker dito. Es wurden in meinem Beisein alle denkbaren und undenkbaren Kandidaten nochmals rekapituliert: Dallwitz, Bülow, Tirpitz, Gallwitz, Bernstorff, Rantzau. Alle waren aus diesen oder jenen Gründen nach Valentinis Ansicht unbrauchbar. Stilles Nachdenken. Darauf schlug ich abermals Dallwitz vor. Abgelehnt, weil er schon mal erklärt haben soll, er würde dieses Amt immer ablehnen. Darauf schlug ich Hatzfeld vor. Diesen wollte S.M. nicht, ebensowenig Bülow und Tirpitz. Darauf kam mir der allseitig als klug, energisch und zuverlässig geschilderte Unterstaatssekretär Michaelis in den Sinn! Valentini entzückt! Das wäre eine geeignete Kraft. Valentini, Lyncker und ich fahren mit diesem Vorschlag zunächst zu Hindenburg. Er und Ludendorff stimmen durchaus bei. Also nun wir alle drei zu S.M. – Allerhöchstdieselben erklärten sich einverstanden, obwohl er ihn nur einmal gesehen hatte; er sei klein, ein Zwerg. Jetzt bringe ich Valentini zu Michaelis und überlasse ihn seinem Schicksal. Ob derselbe diese rasend schwierige Stellung angenommen oder abgelehnt, bleibt mir bis heute unbekannt.»[28]

Das Bizarre des Vorgangs war bereits den Zeitgenossen bewusst, und später wurde zu Unrecht bestritten, dass die Entscheidung für Michaelis derart beliebig gefallen sei. Das höchste politische Amt des Deutschen Reiches, der fünfte Nachfolger Bismarcks, wurde mitten in einem Weltkrieg mit einem Kompromisskandidaten besetzt, der weder beim Kaiser noch beim Generalstabschef aneckte, für seine äußerst schwierige Aufgabe aber nicht die notwendigen Voraussetzungen und Erfahrungen mitbrachte. Er gab selbst zu, dass ihm die politischen Kenntnisse fehlten; dass er den Posten überhaupt annahm, führten manche auf sein starkes Gottvertrauen zurück.[29] Michaelis hatte seine Berufung seiner Reputation als «Ernährungsdiktator», als «starker Mann», in seinem Ressort als Preußischer Staatskommissar für Volksernährung zu verdanken gehabt; als solcher wurde er zunächst auch von den Sozialdemokraten geduldet. Vielleicht war er sogar weniger hilflos und übelwollend, als gnadenlose zeitgenössische Kritiker und die ihnen folgende Historiographie behaupteten. Aber es stellte sich bald schon heraus, dass er mit seiner neuen Aufgabe überfordert war.[30] Er blieb nur wenige Monate im Amt.

Selbst wenn man in Rechnung stellt, dass Valentinis Regie des Kanzlerwechsels durch die Weigerung Hertlings, den Posten zu übernehmen, gestört wurde, so bleibt doch der Eindruck von quälender Hilflosigkeit und wahrhaft dilettantischer Personalpolitik zurück. Sie war darauf zurückzuführen, dass sich die Beteiligten, also die Reichstagsparteien und die OHL, nur im Negativen einig gewesen waren – sie wollten Bethmann Hollweg ablösen, von dem sie glaubten, er würde den Krieg nicht zu einem guten und baldigen Ende bringen können. Außerdem agierten zu viele Seiten mit einer Art Vetorecht und blockierten sich gegenseitig. Insgesamt wirft diese Szene – zu der noch mehrere ähnliche gesellt werden könnten – ein bezeichnendes Licht auf die chaotischen Mechanismen an der deutschen Spitze, die sehr wohl das Wort des britischen Kriegsministers Haldane bestätigten: «Wenn man in dieser wohlorganisierten Nation bis zum alleroberstenstem Stockwerk aufsteigt, findet man nicht bloß Konfusion, sondern Chaos.»[31]

Immerhin konnten die Parteien, die sich im interfraktionellen Ausschuss zusammengeschlossen hatten, die Friedensresolution verabschieden und hatten damit das tatsächliche Hauptziel der Krise erreicht.[32] Sie wurde mit 212 gegen 126 Stimmen bei 17 Enthaltungen im Reichstag angenommen.[33] Der neue Reichskanzler schloss sich der Resolution an und sagte, dass sich die Ziele der Völkerversöhnung und der internationalen wirtschaftlichen Zusammenarbeit «im Rahmen Ihrer Resolution, wie ich sie auffasse, erreichen» ließen, was mit «Bravo!» und «Sehr gut!» vom Zentrum, der Fortschrittlichen Volkspartei und den Sozialdemokraten quittiert wurde.[34]

Hugo Haase, der Vorsitzende der USPD, kritisierte den Zusatz, den Michaelis meinte machen zu müssen («wie ich sie auffasse»), in gnadenloser Härte.[35] Er war der Ansicht, dass die Parteien bei der russischen Formel «ohne Annexionen und Kontributionen» hätten bleiben und sich, wie die Russen, für das Selbstbestimmungsrecht der Völker als zentrales Kriterium hätten aussprechen sollen. Haase empfand die Resolution als «schwächlich», und durch Zusätze, wie den von Michaelis, sei sie offen für jede Interpretation und damit in ihrem Wert sehr begrenzt. Haase hatte damit zweifellos einen gewichtigen Kritikpunkt angesprochen, denn Michaelis hatte genau diese Intention gehabt. Er schrieb dem Kronprinzen, er habe durch seinen Zusatz der Resolution «die größte Gefährlichkeit geraubt. Man kann schließlich mit der Resolution jeden Frieden machen, den man will.»[36] Es sollte sich aber herausstellen, dass Michaelis falsch lag. Die Friedensresolution wurde von allen Beteiligten in Deutschland als bindend empfunden, obgleich später eklatant gegen ihren Geist, wenn auch bewusst nicht gegen ihre Buchstaben verstoßen wurde.

Haase machte in seiner Rede einige sehr interessante Vorschläge, so vor allem den, die elsass-lothringische Frage durch eine Volksabstimmung endgültig und verbindlich zu entscheiden. Ein solcher Vorschlag hätte in der Tat die Wirkung der Friedensnote ungeheuer verstärkt, und ebenso ein klipp und klar ausgesprochener Verzicht auf Belgien. Und doch war die Rede Haases, trotz dieser sehr klugen und berechtigten Einwände und Vorschläge, in ihrer Wirkung katastrophal. Seine Kritik wurde im Ausland von der «Internationale der Kriegsverlängerer» dankbar aufgegriffen, um das Friedensangebot des Reichstags als bedeutungslos oder gar als deutsche Intrige darzustellen, die nicht ernst gemeint war. Bethmann sei durch die OHL gestürzt worden und Michaelis nur die Marionette der Militärs. Tatsächlich führte die Friedensresolution in Großbritannien und Frankreich zu Beratungen im Parlament, aber in beiden Fällen wurden Vorschläge, darauf einzugehen, mit sehr breiter Mehrheit abgelehnt.

Wenn sie auch ihren Eindruck auf die Gegner verfehlte, so stellte die Friedensresolution doch die innere Einigkeit so weit wieder her, dass sie es den Mehrheitssozialdemokraten erlaubte, für die Kriegskredite zu stimmen. Der Reichstag bewilligte gegen die Stimmen der USPD eine neue Anleihe von 15 Milliarden Mark. Doch wie wirkte sich ein weiteres zentrales Resultat der Krise, die Entlassung Bethmanns, auf die deutsche Strategie aus? Insgesamt vielleicht weniger, als sehr kenntnisreiche Autoren, wie beispielsweise Gerhard Ritter, behauptet haben,[37] und das, obwohl Michaelis eine katastrophale Fehlbesetzung war. Denn es mangelt an Gründen zu glauben, dass mit der Ablösung Bethmanns große Chancen verpasst wurden. Die politische Bilanz seiner Amtszeit war verheerend. Er war für die deutsche Politik in der Julikrise 1914 hauptverantwortlich gewesen, und das allein belastete sein Schuldkonto gewaltig. Bethmann wurde insgesamt in der deutschen Historiographie eher positiv beurteilt. Dies liegt vielleicht auch daran, dass er für seine Fehler, und auch für die anderer, einstand; das hob ihn menschlich sehr von den anderen Mitgliedern der wilhelminischen Führungsriege ab, die in abstoßender Weise immer die Schuld bei anderen, nicht aber bei sich selbst suchten. Trotzdem ist schwer verständlich, warum Bethmann bis heute eine vergleichsweise wohlwollende Beurteilung erfährt. Er war nicht nur für den Kriegsausbruch, sondern auch für den lavierenden Kurs des Reiches in fast allen Fragen der Kriegführung politisch verantwortlich, vor allem aber für die notorische Unklarheit bei den Kriegszielen. Er war zwar zum Verzicht bereit, aber sein Lavieren und Hoffen auf Verhandlungserfolge und eventuelle Gewinne ermöglichte es den Hardlinern bei den Gegnern, der deutschen Führung immer wieder die schlechtesten Absichten zu unterstellen. Auch die Erklärung des U-Boot-Krieges fiel in Bethmanns Verantwortung. Letztlich hatte er sich selbst in eine Richtung manövriert, die es dessen Befürwortern ermöglicht hatte, seine, zuletzt auch fahrige und extrem ineffiziente, Opposition zu überwinden. Immerhin muss Bethmann zugute gehalten werden, dass ihm im Januar 1917 nur der Rücktritt als Alternative geblieben war, und dass er ihn nur aus Verantwortungsbewusstsein nicht vollzog. Ihm «Anklammerungstrieb am Posten» vorzuwerfen, war ungerecht und schlecht informiert.[38]

Auch wenn Bethmann im Juli 1917 nicht abgelöst worden wäre, hätte seine Politik nicht plötzlich zu großen Erfolgen geführt. Die deutsche Politik und Strategie hätte sich nach dem Juli 1917 in ähnlicher Weise fortgesetzt wie bisher und ihr Resultat wäre wohl ähnlich gewesen wie das, was seine beiden Nachfolger zu verantworten haben sollten, obwohl Bethmann sie an Persönlichkeit und politischer Statur deutlich überragte. Tatsächlich lag das zentrale Problem seiner Ablösung in der Unzulänglichkeit seiner Nachfolger. Michaelis war eine groteske Wahl gewesen, und sein Nachfolger, Graf Hertling, der sich dann doch bereit erklärte, das Amt zu übernehmen, nach eigener Aussage ein «alter, verbrauchter Philosophieprofessor»,[39] der zwar mit den Parlamentariern zumindest am Anfang viel besser auskam als seine beiden Vorgänger, aber nicht mehr die physische Kraft hatte, die Verhältnisse wirklich gestalten zu können.[40] Es ist auch erstaunlich, dass sich der Reichstag, der immerhin die Ablösung Bethmanns mit erzwungen hatte, Michaelis als Kanzler bieten ließ, statt kategorisch eine Mitsprache in dieser zentralen Frage der Nachfolge des Reichskanzlers zu verlangen. Zur Ehrenrettung des Parlaments bleibt aber festzustellen, dass es das Versäumte bald nachholte und Michaelis aus dem Amt zwang. Sein Nachfolger Hertling war ein sehr erfahrener Parlamentarier und sehr viel mehr ein Kanzler nach dem Willen der Abgeordneten, und seine Regierung wird als die erste parlamentarische oder halbparlamentarische des Kaiserreichs angesehen.

Mit Bethmann Hollweg hatte das Deutsche Reich keinen Reichskanzler verloren, der ein gutes Kriegsende hätte bewirken können, aber auch keinen solchen bekommen. Tatsächlich regierte unter Michaelis und Hertling die OHL nach bekanntem Muster in die Politik hinein, und beide ließen sie ähnlich gewähren wie Bethmann. Auch hier änderte sich nicht viel. Was dieser Krise im Juli 1917 zugrunde gelegen hatte, war die Absicht der Reichstagsmehrheit gewesen, den deutschen Friedenswillen zu bekräftigen und dadurch sowohl auf die eigene Bevölkerung wie auch auf die gegnerischen Gesellschaften zu wirken. Das Resultat war die Friedensresolution des deutschen Reichstags, die es der SPD ermöglichte, den Kriegskrediten zuzustimmen. Damit war erneut die innere Einigkeit hinreichend stabilisiert worden, wenn sie auch in Richtung auf den Frieden keinesfalls die erhofften Auswirkungen hatte. Die Resolution des Reichstags wurde von den Gegnern als letztlich unbedeutend abgetan, da in Deutschland ohnehin nur die Militärpartei das Sagen habe. Dies war unzutreffend; gerade diese Krise hatte gezeigt, dass der Reichstag ein wichtiges Entscheidungszentrum in Deutschland war, dessen Gewicht und politische Bedeutung während des Krieges zugenommen hatte. Auch wurde die Friedensresolution des Reichstags in der Folgezeit von allen Instanzen als bindend angesehen; sämtliche politischen Schritte wurden sorgfältig darauf abgestimmt, sich nicht zu ihr in Widerspruch zu setzen. Die Resolution als unbedeutend zu werten, ging demnach an den Tatsachen vorbei. Österreichisch-ungarische Diplomaten empfahlen deshalb bei ihren Sondierungsgesprächen den Repräsentanten der Entente, die Deutschen doch einfach auf die Aussagen der Resolution festzunageln, statt immer Gespräche mit dem Hinweis auf den «preußischen Militarismus» zu verweigern, der in Deutschland angeblich regiere und Verhandlungen unmöglich mache.[41]

In welchem Ausmaß die Resolution innerhalb Deutschlands als bindend empfunden wurde, zeigte sich, als die Rechtskreise im September 1917 eine Organisation ins Leben riefen, die «Deutsche Vaterlandspartei», die sich den Kampf gegen die Friedensresolution und einen Verzichtfrieden zur Aufgabe machte. Sie war von Politikern wie Kapp und Tirpitz gegründet worden, und obwohl sie behauptete, überparteilich zu sein, war sie ein Bündnis der politischen Rechten und in ihrer Struktur eine spätwilhelminische Honoratiorenpartei.[42] Sie hatte 1918 etwa 400 000 Mitglieder.[43] Von den verständigen Zeitgenossen und den Mehrheitsparteien des Reichstags wurde sie als politische Katastrophe empfunden. Erzberger hatte wegwerfend angemerkt, es sei billiger, 25 000 Alldeutsche in Sanatorien einzuliefern, als den Krieg zur Erfüllung ihrer Forderungen ewig fortzusetzen.[44] Um die «Vaterlandspartei» zu kontern, wurde am 4. Dezember 1917 ein Gegenbündnis, der «Volksbund für Freiheit und Vaterland», gegründet, zu dessen führenden Persönlichkeiten Politiker des Zentrums und der Sozialdemokratie, wie Johannes Giesberts und Gustav Bauer, und Intellektuelle wie die Historiker Friedrich Meinecke und Hans Delbrück gehörten.[45]

Was in dem innerdeutschen Kampf zwischen den Befürwortern eines Verständigungs- oder «Scheidemann»-Friedens und denen eines Siegfriedens erneut den Ausschlag gab, war die Antwort der Entente. Sie reagierte, anders als die politische Linke erhofft hatte, vollkommen ablehnend, und als ihr Vorreiter profilierte sich diesmal Woodrow Wilson. Am 1. August 1917 hatte Papst Benedikt XV. einen Friedensaufruf erlassen, in dem er vorschlug, das «sinnlose Schlachten» zu beenden.[46] Da die wechselseitigen Forderungen und Kriegsziele nicht zu erfüllen seien, schlug er den kämpfenden Parteien vor, sich auf Basis des Status quo ante, auch unter Verzicht auf Entschädigungen und unter Räumung der besetzten Gebiete, zu einigen. Woodrow Wilson war der erste, der darauf antwortete, und zwar scharf ablehnend; er erklärte es für unmöglich, mit der deutschen Regierung verlässliche und dauerhafte Abmachungen treffen zu können.

Damit hingen, wie schon zuvor, die Anhänger eines Verständigungsfriedens in Deutschland in der Luft. Der von ihnen befürwortete Versuch, durch die eigene Verzichtserklärung mit dem Gegner ins Gespräch zu kommen, war gescheitert. Es ist unwahrscheinlich, dass selbst eine noch viel klarere oder eindeutigere Note, die etwa die russische Formel wörtlich übernommen hätte, mehr Erfolg gehabt hätte. Ein solcher hätte sich, wenn überhaupt, nur durch einen Akt der politischen Bravour[47] erreichen lassen, wie etwa den Vorschlag von Haase, die elsass-lothringische Frage durch ein Plebiszit entscheiden zu lassen. So weitblickend und fair war die Mehrheit im Deutschen Reich nicht; der Verzicht auf eigenes Staatsgebiet wäre als eine freiwillige Kapitulation empfunden worden. Im Übrigen wagten selbst Haase oder Ledebour es nicht, ein solches Plebiszit auch für Preußisch-Polen vorzuschlagen. Die gewaltige Mehrheit des politischen Deutschland wäre zu diesem Schritt ohnehin nicht bereit gewesen.

Der Krieg ging mithin weiter. Es ist nicht erstaunlich, dass nach dem Scheitern der Politik nun erneut Versuche, ihn doch noch militärisch zu entscheiden, wieder in den Vordergrund rückten. Und damit gewann auch die OHL, als für die Kriegführung zuständige Instanz, weiter an Einfluss.

17

«Die Entlarvung der Mittelmächte»? Sieg und Friedensschluss im Osten

> Mein Plan war, Trotzki in eine rein akademische Diskussion über das Selbstbestimmungsrecht der Völker und seine mögliche praktische Anwendung zu verstricken, und was wir an territorialen Zugeständnissen durchaus brauchten, uns durch das Selbstbestimmungsrecht der Völker hereinzuholen.
>
> *Richard v. Kühlmann in seinen Erinnerungen von 1948*

Noch bevor in Deutschland über den Kanzlerwechsel und die Friedensresolution des Reichstags verhandelt wurde, hatten sich die Kämpfe an der Ostfront wieder intensiviert. Nach ereignisarmen Monaten, die durch lokale Waffenstillstände dominiert wurden, hatte Alexander Kerenski das Kriegsglück zu wenden versucht, aber, wie oben erwähnt, ohne Erfolg. Damit war die Moral der russischen Armee endgültig gebrochen. Anfang September 1917 griff die deutsche 8. Armee, geführt von General Hutier, an der nördlichen Flanke der Ostfront an; in der Schlacht bei Riga wurden die Russen zurückgeworfen und mussten die Stadt aufgeben. Bei dieser Operation wurden auch neue Methoden der Artillerievorbereitung erprobt und ein Einsatz aufeinander abgestimmter verschiedener Giftgase; beides erwies sich als effektiv. Die neuen Verfahren waren von dem verantwortlichen Artillerieoffizier, Oberst Bruchmüller, entwickelt worden, der sich hier seinen Spitznamen «Durchbruchmüller» verdiente. Daran anschließend eroberte die Marine die vor Riga liegenden Inseln.[1]

Trotz dieser Rückschläge konnte sich die Regierung in St. Petersburg immer noch nicht entschließen, den Krieg aufzugeben; dieser hing an ihr wie ein Mühlstein am Hals eines Ertrinkenden. Sie schaffte es nicht, sich von dem tödlichen Gewicht zu befreien. Dies führte zu ihrem Untergang: In der «Oktoberrevolution» (am 7. November 1917) rissen die Bolschewisten in St. Petersburg die Macht an sich; Kerenski floh, und schon am 8. November sprach der Kongress der Volksbeauftragten von einem Frieden ohne Annexionen und Entschädigungen; die neue Regierung folgte einen Tag später und proklamierte gleichzeitig das Selbstbestimmungsrecht aller Völker, auch der kleinen und der Kolonien.[2] Einer der ersten Schritte von Lenins Regierung war es, die Mittelmächte um einen Waffenstillstand zu bitten, der bewilligt wurde und am 15. Dezember 1917 einsetzte. Anders als Kerenski hatte Lenin begriffen, dass Russland den Krieg unbedingt beenden musste und dass jede Regierung, die weiterkämpfen wollte, zum Scheitern verurteilt war. Er war bereit, dafür notfalls einen hohen Preis zu zahlen, glaubte aber, die revolutionären Bewegungen in den anderen Staaten würden ihm ohnehin entgegenarbeiten und das Ergebnis jeder Übereinkunft mit den «Imperialisten» revidieren. Der russische Friedenswunsch war ein politischer Durchbruch. Die militärische Lage an der Ostfront hatte sich für die Zentralmächte zwar im gesamten Jahr 1917 positiv entwickelt, aber erst Lenins Bereitschaft zum Friedensschluss veränderte ihre strategische Position grundsätzlich.

Denn an den anderen Fronten tobten weiter schwere Kämpfe. Zwar war die französische Armee durch die Meutereien, die wiederum eine Folge der gescheiterten Nivelle-Offensive waren, vorläufig nicht angriffsfähig und beschränkte sich für den Rest des Jahres auf begrenzte, aber erfolgreiche Operationen. Dafür hatten die Briten die Initiative übernommen und führten eine Reihe von schweren Angriffen an ihrem Teil der Westfront durch, die unter den Namen «dritte Flandernschlacht», «third Ypres» oder «Passchendaele» in die Geschichte eingingen.[3] Sie hatten im Mai südlich von Ypern mit schweren Beschießungen begonnen. Am 7. Juni wurden dann die weitläufig unterminierten deutschen Stellungen bei Messines gesprengt. Diese Explosion, die bis nach London zu hören war und bei der es sich um eine der größten nichtatomaren Detonationen der Geschichte handelte, bedeutete für die deutsche Seite einen schweren Misserfolg. Mehrere Tausend Soldaten kamen in den unterminierten, dann gesprengten und überrannten Stellungen ums Leben. Die Führung der Heeresgruppe Kronprinz Rupprecht, also der bayerische Thronfolger und sein Stabschef, General v. Kuhl, hatte im Vorfeld des Angriffs eine Aufgabe dieses Frontabschnitts erwogen, war aber von den Stäben der ihr unterstellten Armeen, die ihre gut ausgebauten Stellungen nicht aufgeben wollten, umgestimmt worden.[4] Nun war es den Briten gelungen, den umkämpften Wytschaetebogen mit Gewalt zu nehmen.

Daran anschließend hatte die britische Armee in Flandern angegriffen; ihre Offensive richtete sich gegen die deutschen U-Boot-Basen an der belgischen Küste. Trotz ungeheuren Materialeinsatzes misslang es ihr aber, dieses Ziel zu erreichen. Die Operation war im Prinzip nicht ungeschickt angelegt worden; sie basierte auf der Annahme, die Deutschen an einer Stelle anzugreifen, wo sie aus taktischen Gründen nicht zurückgehen konnten, und wenn sie es doch taten, winkten für die Briten große strategische Vorteile.[5] Die Offensive wurde aber durch starke Regenfälle behindert, die den Boden in eine Schlammwüste verwandelten; erschwerend kam hinzu, dass das flandrische Entwässerungssystem teilweise zerstört war. Die Schlacht endete im Herbst 1917 mit großen Verlusten beider Seiten. Die Deutschen verloren nach Aussage des Reichsarchivs 243 000 Mann (davon 58 000 Vermisste). Damit hatte das Westheer zwischem dem Beginn des Angriffs an der Somme am 1. Juli 1916 und dem Ende der Schlacht bei Cambrai Anfang Dezember 1917 1 788 000 Mann verloren, davon 501 000 Tote und Vermisste.[6] Die Verluste der Westmächte waren mit etwa zwei Millionen Mann noch höher.[7] Operativ war die dritte Flandernschlacht ein schwerer britischer Fehlschlag, der auch die Moral der Beteiligten auf allen Ebene, die der Frontsoldaten und auch die der Politiker, schwer beeinträchtigte.[8] Sie erzeugte beträchtliche Spannungen in der britischen Führung. Lloyd George hielt Haig zunehmend für einen unfähigen Schlächter, hatte aber keine bessere personelle Alternative und hielt deshalb an ihm fest.

In Mesopotamien und in Palästina konnten die Briten hingegen vorrücken und nahmen im März 1917 Bagdad und am 9. Dezember 1917 Jerusalem ein.[9] Diese Erfolge konnten aber die insgesamt dürftige strategische Bilanz der Entente nicht verbessern, zumal im Herbst 1917 alles durch einen großen Sieg der Mittelmächte an der italienischen Front überschattet wurde. Den Italienern war im Sommer 1916 die Einnahme

Abb. 31 Nach dem Durchbruch bei Caporetto machten die deutschen und österreichisch-ungarischen Truppen auf ihrem Vormarsch ungeheure Beute. In der Nähe von Udine hatten die Italiener dieses Riesengeschütz stehen lassen müssen.

von Görz gelungen. Die österreichisch-ungarischen Truppen waren an ihrer Südwestfront 1917 weiter und besorgniserregend geschwächt worden. Die sich immer weiter entspannende Lage an der Ostfront gab den Mittelmächten aber die Gelegenheit, an der Italienfront offensiv zu werden.[10] Was sich hier abspielte, lädt zum Vergleich mit der Schlacht von Gorlice-Tarnow im Mai 1915 ein. In beiden Fällen machte eine österreichische Notlage ein deutsches Eingreifen erforderlich, und in beiden Fällen entschied sich das deutsche Oberkommando, Truppen für einen begrenzten Angriff zur Verfügung zu stellen, der die Lage an der bedrohten Front wieder stabilisieren sollte. Im Herbst 1917 wurde die 14. Armee unter Führung Otto v. Belows an die Italienfront gebracht. Statt wie im Jahr 1916 zu versuchen, die Italiener über Tirol im Rücken zu fassen («Strafexpedition»), griffen die Truppen frontal an der Isonzofront durch die Täler bei Caporetto an und hatten damit sofort ungeheure Erfolge. Ihnen gelang der Durchbruch durch die italienische Front, eine italienische Armee löste sich auf, die anderen mussten sich fluchtartig zurückziehen und gewaltige Vorräte zurücklassen. Die Truppen der Mittelmächte machten etwa 300 000 Gefangene; insgesamt verloren die Italiener etwa 400 000 Mann und über 3000 Geschütze.[11] Die Vormarschgebiete in Friaul waren übersät mit den weggeworfenen und stehengelassenen Ausrüstungsgegenständen des geschlagenen Heeres und zeugten, wie General v. Lyncker während eines Frontbesuchs schrieb, «von der beispiellosen Niederlage der Italiener».[12] Diese konnten den Vorstoß erst an der Piave zum Stillstand bringen. Hier gelang es ihnen, die Front zu halten und die Lage zu stabilisieren, noch bevor englische und französische Truppen in Italien eintrafen.

In seinen Memoiren meinte Hindenburg, dass ein Angriff aus Tirol diese Niederlage der Italiener zu einer vollständigen hätte machen können; doch seien die erforderlichen Truppen nicht vorhanden gewesen.[13] Viel schien im Herbst 1917 nicht mehr zu fehlen, und Italien wäre zusammengebrochen. Cadorna, der abgelöst wurde, redete von Verrat und dem Zusammenbruch der Moral; in Wahrheit machten seine Führungsfehler diese Katastrophe überhaupt erst möglich.[14] Der Erfolg war aber auch für die Österreicher sehr kostspielig, weil der Transport der Angriffstruppen und des benötigten Materials ins Einsatzgebiet die Kapazität der ohnehin schon überlasteten und stark abgenutzten österreichischen Eisenbahnen gewaltig überforderte.[15] Sie standen für andere wichtige Transporte nicht mehr zur Verfügung. Die Konsequenz war, dass sich die Versorgungslage vor allem in den großen Städten der Monarchie noch weiter verschlechterte und zu Mangelerscheinungen führte, die kriegsentscheidende Ausmaße erreichen sollten. Manfried Rauchensteiner hat die Schlacht von Caporetto daher auch als «Pyrrhussieg» der Österreicher charakterisiert.[16]

Trotz dieser massiven Einschränkung bleibt die Bilanz, dass im Herbst 1917 neben Russland nun auch Italien kurz vor dem Zusammenbruch stand. Es verwundert nicht, dass sich in Großbritannien damals Stimmen erhoben, die am Kriegskurs der Regierung Kritik übten und einen Kompromiss mit dem Gegner vorschlugen. Schließlich drohten Russland und vielleicht auch Italien aus dem Krieg auszuscheiden und die amerikanische Hilfe ließ auf sich warten. Niemand wusste, wie effektiv sie sein würde und ob sie den russischen Beitrag voll würde ersetzen können.[17]

Bei allen kontinentaleuropäischen Mächten zeigte sich 1917 ein ähnliches Bild: Sie waren am Ende ihrer Möglichkeiten, und die Gesellschaften verlangten nach dem Frieden. Nirgendwo war die Forderung so dringend wie in Russland; auch Italien war nun sehr geschwächt und am Rande des Abgrunds; Frankreich stabilisierte sich mühsam nach den Meutereien des Frühjahrs. Unter beträchtlichem Zugzwang standen aber auch die Zentralmächte. Die Vierbundstaaten taumelten der Katastrophe entgegen; die innere Situation, und zwar sowohl was die Ökonomie als auch was die Stimmung anging, war in den vier Staaten schreckerregend. Am besten stand noch das Deutsche Reich da, aber auch hier war die Bevölkerung kriegsmüde. In Österreich-Ungarn drohte eine veritable Hungersnot, auch deshalb, weil die beiden Reichshälften in noch nie dagewesenem Umfang miteinander zerfallen waren. Die Ungarn, als landwirtschaftlicher Lieferant für den industrialisierten westlichen Reichsteil, hatten die Armee zu versorgen und behaupteten, nichts mehr übrig zu haben. Sie weigerten sich deshalb, Lebensmittel nach Österreich zu liefern. Czernin glaubte ihnen nicht und verlangte im Januar 1918 sogar vom Kaiser, «die zweifellos in Ungarn noch vorhandenen Vorräte mit Gewalt zu requirieren».[18] Die Metropole Wien stand mehrfach kurz vor der Katastrophe, und Czernin befürchtete eine Hungersnot, die Hunderttausende das Leben kosten würde.[19] Diese Situation hatte sich infolge der Überlastung der Bahnen während der Offensive bei Caporetto nochmals verschlechtert. Gewaltige Streiks in Österreich, zum Beispiel in den Daimler-Werken, brachten Hunderttausende auf die Straßen, und so war es auch in Berlin im Januar 1918, als Hunderttausende in den Ausstand gingen.[20] Zwar waren die inneren Verhältnisse bei allen europäischen Kriegführenden äußerst angespannt. Die innere Lage in Österreich-Ungarn war aber, nach der russischen, die kritischste. Doch auch in Bulgarien und im Osmanischen Reich war sie katastrophal.

Aber nun gab es Hoffnung auf ein Ende des Krieges. Direkt nach der Regierungsübernahme hatte die neue russische Regierung ein Angebot zu Friedensverhandlungen gemacht. Lenins Entschluss, sein Land aus dem Krieg zu führen, bedeutete den Bruch mit seinen bisherigen Alliierten, die stur darauf beharrten, dass Russland den Krieg weiterführen müsse. Der Einzige, der hier Vernunft zeigte, war der britische Botschafter in St. Petersburg, Sir George Buchanan, der vorschlug, Russland aus der Verpflichtung des Londoner Vertrages vom 5. September 1914, keinen Separatfrieden zu schließen, zu entlassen.[21] Dies hätte es möglich gemacht, erträgliche Beziehungen zwischen der neuen russischen Regierung und den Alliierten zu erhalten. Buchanans Vorschlag fand den Beifall von Lloyd George und auch von Colonel House. Aber auf einem interalliierten Treffen am 30. November 1917 in Paris traf er auf den erbitterten Widerstand von Sonnino und Clemenceau. Der russische Botschafter in Paris, Maklakoff, machte den fatalen Vorschlag, dass die Alliierten versprechen sollten, eine Revision der Kriegsziele mit einer russischen Regierung zu diskutieren, «die die Pflichten des Landes respektiere und dessen Interessen, und nicht die des Feindes».[22] Dies war eine perfekte Mischung aus Intransigenz und Kurzsichtigkeit, und gleichzeitig war es eine Weigerung, mit den Bolschewisten zu verhandeln, wohl in der Hoffnung auf deren baldiges Scheitern. Damit hatten die Alliierten die Beziehungen mit der neuen russischen Regierung irreparabel zerstört, was umso schwerer wog, als sie die Befürchtung hegten, Russland könne freiwillig oder gezwungenermaßen mit Deutschland kooperieren und so dessen Kriegswirtschaft gewaltig stärken. Ihr Verhalten führte dazu, diese Befürchtung zur Realität werden zu lassen, denn nun lief alles auf einen Bruch zwischen Russland und den Westmächten hinaus. Es zeichnete sich auch ab, dass die Bolschewisten sich weigern würden, die russischen Schulden in Höhe von 4,92 Milliarden Dollar aus der Vorkriegszeit und 3,9 Milliarden Dollar aus der Kriegszeit anzuerkennen. Tatsächlich lehnte es die bolschewistische Regierung am 3. Februar 1918 definitiv ab, diese Verpflichtungen zu übernehmen, die sie als Joch der Imperialisten bezeichnete. Im Übrigen meinte sie, dass Russland seine Schulden bereits mit einem Ozean an Blut bezahlt habe.[23]

Gleichzeitig begann sie, die Geheimverträge und Kriegszielabsprachen der zaristischen Regierung mit ihren Verbündeten zu veröffentlichen, da sie sich an diese nicht mehr gebunden fühlte. Damit bereitete sie den Westmächten eine zusätzliche ungeheure Verlegenheit. Nun konnte jeder die geheimsten Eroberungspläne der Entente in der Zeitung nachlesen; das, was die russische Regierung publizierte, wurde in der westlichen Presse sofort nachgedruckt, so etwa im «Manchester Guardian». Die Katastrophe für das Image der Westmächte, die immer vorgaben, in diesem Krieg für Freiheit und Recht zu kämpfen, hätte eigentlich enorm sein müssen, nachdem nun jeder die Details ihrer Expansionspläne auf Kosten Deutschlands, Österreich-Ungarns und vor allem der Türkei in der Zeitung nachlesen konnte. Dies hätte eigentlich dasselbe Aufsehen erregen müssen wie die Veröffentlichung des «Zimmermann-Telegramms». Die

Konsequenzen waren international aber geringer, als man denken sollte, da die skandalöse Veröffentlichung von den Kriegsgeschehnissen überschattet wurde und vor allem dem bevorstehenden Ostfrieden.

Deutliche Wirkung hatte die Publikation der alliierten Kriegsziele nicht in der Weltöffentlichkeit, wohl aber auf die innere Stimmung bei den Mittelmächten. Graf Czernin wusste nun, dass die einzige Hoffnung darauf, dass die Monarchie den Krieg überleben würde, in dem festen Bündnis mit Deutschland lag, und im gemeinsamen Sieg («Stehen oder fallen»).[24] Und in Deutschland herrschte offene und langanhaltende Empörung, auch und gerade bei den Friedensfreunden. Reichskanzler Graf Hertling, der im November 1917 den glücklosen Michaelis abgelöst hatte, geißelte in seinen Reden immer wieder den Imperialismus der Entente. Er erklärte beispielsweise am 25. Februar 1918 im Reichstag: «Und angesichts dieser durch und durch aggressiven, auf Aneignung fremder Gebiete gerichteten Politik wagen es die Staatsmänner der Entente noch immer, das militaristische, imperialistische, autokratische Deutschland als den Störenfried hinzustellen, der im Interesse des Weltfriedens in die engsten Schranken verwiesen, wenn nicht vernichtet werden müsse.»[25]

Der Hauptgrund, warum sich die Entrüstung über die imperialistischen Pläne der Entente auf Deutschland und Österreich-Ungarn beschränkte, waren die zeitgleichen Vorgänge im Osten, die der Weltöffentlichkeit überdeutlich zeigten, dass auch die Mittelmächte, trotz ihrer Friedensangebote, offensichtlich großangelegte Eroberungspläne verfolgten, die sie nun in die Wirklichkeit umzusetzen suchten.[26] Die Friedensgespräche, die am 22. Dezember 1917 in Brest-Litowsk begannen und am 3. März 1918 mit der Unterzeichnung des Friedens endeten, wurden noch während der Verhandlungen von den Bolschewisten als Prototyp des imperialistischen Gewaltfriedens dargestellt, in dem der Sieger dem Verlierer mit vorgehaltener Waffe ungeheure Beute abpresste. Die Verhandlungen wurden auf russischen Wunsch von Anfang an öffentlich geführt und waren daher beidseitig auch eine Propagandaschlacht. Tatsächlich bemühten sich die Mittelmächte, und zwar nicht nur die Deutschen, sondern auch die Türken, möglichst große Gewinne auf russische Kosten zu machen. Die deutschen Diplomaten – die Verhandlungen wurden von Richard v. Kühlmann, dem Staatssekretär des Auswärtigen Amtes, direkt geführt – fühlten sich zwar durch die Friedensresolution des Reichstags gebunden. Aber sie wollten trotzdem Russland nach Osten zurückdrängen und unter Verzicht auf formelle Annexionen deutsche Satellitenstaaten in Ostmitteleuropa schaffen. Dieser Plan, die Randstaaten von Russland abzuspalten, ging auf den Herbst 1914 zurück; er war von Bethmann Hollweg und seinen Mitarbeitern immer wieder diskutiert worden, und Fritz Fischer hat diese Pläne detailliert beschrieben.[27] Doch erst in Brest-Litowsk zeichnete sich infolge des russischen Zusammenbruchs die konkrete Möglichkeit dazu ab. Gelegenheit macht Diebe; dieses traurige Sprichwort könnte auch die deutsche Kriegszielpolitik im Osten erklären. Noch im Sommer 1917 wäre in der deutschen Führung erheblich größere und fairere Verhandlungsbereitschaft zu finden gewesen; nun, nach den jüngsten militärischen Erfolgen, nach der Machtübernahme der Bolschewisten und dem faktischen Zusammenbruch der russischen Widerstandskraft, schien Entgegenkommen geradezu ein politisches Verbrechen zu sein. Offiziell verschanzte sich die deutsche Seite hinter dem Selbstbestimmungsrecht, da sich die russische Regierung schon vor der Oktoberrevolution darauf verpflichtet hatte, dieses zu achten, und die Bolschewisten diese Selbstbindung erneut bestätigten. Die deutsche Seite griff das dankbar auf, und Reichskanzler Graf Hertling sagte am 29. November 1917 im Reichstag: «Was die ehemals dem Zepter des Zaren unterworfenen Länder Polen, Kurland, Litauen betrifft, so achten wir das Selbstbestimmungsrecht ihrer Völker. (Bravo! Im Zentrum und links) Wir erwarten, dass sie sich selbst diejenige staatliche Gestalt geben werden, die ihren Verhältnissen und der Richtung ihrer Kultur entspricht.»[28] Doch in Wahrheit war das Selbstbestimmungsrecht in Brest-Litowsk nur ein Vehikel für den deutschen Machtanspruch. Kühlmann schrieb später, es sei ihm darum gegangen, «auf dem Selbstbestimmungsrecht der Völker fußend, den Punkt des annexionslosen Friedens zu unterhöhlen». Und er sagte: «Mein Plan war, Trotzki in eine rein akademische Diskussion über das Selbstbestimmungsrecht der Völker und seine mögliche praktische Anwendung zu verstricken, und was wir an territorialen Zugeständnissen durchaus brauchten, uns durch das Selbstbestimmungsrecht der Völker hereinzuholen.»[29] Zu diesem Zweck hatten die deutschen Behörden in den besetzten Gebieten im Osten entsprechende Erklärungen der Bevölkerungen und existierender Körperschaften eingeholt, die sie nun, trotz deren äußerst zweifelhafter Repräsentativität, in ihrem Sinne verwendeten.[30]

Kühlmann stand also nur formal, nicht aber in seinen tatsächlichen

Zielsetzungen auf dem Boden der Reichstagsresolution vom Juli 1917. Er war nach Ansicht Trotzkis, der seine Kontrahenten in Brest sehr kritisch und abwertend beurteilte, die führende Persönlichkeit auf der Seite der Zentralmächte, ein «guter Schachspieler», dem man «Charakter an[-merkte], einen nicht gewöhnlichen praktischen Geist und einen genügenden Vorrat an Bosheit».[31] Trotzki mochte Kühlmann nicht, weil er dessen Taktik natürlich durchschaute; sie erschwerte es ihm, die Mittelmächte vor der Weltöffentlichkeit als imperialistische Räuber zu brandmarken. Er verlangte sogar von Czernin, Kühlmann solle doch endlich offen sagen, was Deutschland annektieren wolle. Russland sei zu schwach, sich zu verteidigen. Sollten sich die Deutschen auf dem Wege der brutalen Annexion doch nehmen, was sie haben wollten; er würde allerdings niemals dieser Auslegung des Selbstbestimmungsrechts zustimmen.[32] Das wäre eine Vorgehensweise gewesen, die der OHL gefallen hätte, nicht aber Kühlmann. Er war bei den Friedensverhandlungen noch der gemäßigte und vorsichtige Teil der deutschen Regierung. Der Kaiser schwadronierte schlimmer denn je und schwamm weitgehend im Fahrwasser der OHL, die einen extremistischen Annexionismus vertrat und sich auch unaufhörlich in die Verhandlungen einmischte.[33] Sie insistierte entweder auf der engen deutschen Kontrolle des von den Mittelmächten geschaffenen Königreichs Polen oder aber auf der Abtretung des sogenannten polnischen Grenzstreifens, der aus Polen herausgeschnitten werden und, weil angeblich für die künftige Verteidigung der deutschen Ostgebiete zwingend erforderlich, annektiert werden sollte.[34] In diesem Gebiet lebten bis zu zwei Millionen Menschen. Diesen Grenzstreifen von dem von den Mittelmächten geschaffenen Polen abzutrennen, wurde allerdings als «vierte Teilung Polens» bezeichnet, und selbst der Vertreter des Militärs bei den Verhandlungen in Brest lehnte ihn ab.[35]

Die Oberste Heeresleitung, also vor allem Ludendorff, beschränkte ihre Einflussnahme nicht auf diese Frage, sondern forderte zudem ein massives deutsches Ausgreifen im Baltikum. Sie verlangte auch nach direkten Annexionen, konnte sich aber in dieser Frage nicht durchsetzen. Ludendorff verhielt sich derart querulantenhaft, dass Graf Czernin schon vermutete, ihn trieben nicht nur Sachgesichtspunkte, sondern persönliche Motive; er missgönne den Diplomaten etwaige Erfolge bei den Friedensverhandlungen.[36] Der entnervte Kühlmann forderte Ludendorff nach stundenlangen Diskussionen auf, doch selbst nach Brest zu kommen und an den Verhandlungen teilzunehmen, was Ludendorff ablehnte; «er könne höchstens dort etwas verderben». Czernin kommentierte dies in seinen Memoiren mit den Worten: «Lieber Gott, gib dem Manne öfters solche klaren Augenblicke!»[37]

Obwohl Ludendorff nicht nach Brest reiste, nahmen die deutschen Militärs schon von der Symbolik her einen sehr starken Einfluss auf die Gespräche. Diese fanden nicht etwa im neutralen Ausland statt – die Russen hatten vergeblich vorgeschlagen, die Konferenz nach Stockholm zu verlegen,[38] was international den Glauben an faire Verhandlungen gewaltig vergrößert hätte –, sondern am Sitz des Oberbefehlshabers im Osten, des Prinzen Leopold von Bayern, der die Verhandlungen nominell leitete. Der weithin sichtbare Vertreter des Militärs war sein Stabschef, Generalmajor Max Hoffmann, ein intelligenter und fähiger Offizier. Er war sehr viel offener und flexibler als Ludendorff, blieb aber doch in Auftreten und Handeln seinem soldatischen Duktus verhaftet. Schon rein optisch durch seine Größe einschüchternd, wurde er später geradezu notorisch durch seine scharfe Sprache gegenüber der russischen Delegation. Er drückte sich ohne jede diplomatische Feinheit offen und brutal aus. Er wurde sprichwörtlich durch seinen angeblichen «Faustschlag auf den Tisch».[39] Hoffmann war in seinem Auftreten ganz der siegreiche Militär, der bereit war, seinen Verhandlungspartnern seinen Willen gewaltsam aufzuzwingen; vor allem, weil er sie als heuchlerische Verbrecher ansah. Hoffmanns Rolle in Brest war die des Vertreters der Obersten Heeresleitung, doch was ein solcher bei den Friedensverhandlungen zu suchen hatte, war schon den Zeitgenossen wie etwa Karl Helfferich unklar.[40] Hoffmann wurde zum Symbol der militärischen Kontrolle der Verhandlungen und damit auch der Militärdiktatur, zu der Deutschland, nach Ansicht mancher, inzwischen geworden war. Wie das in den Augen der russischen Delegation wirkte, mag ein Zitat aus Trotzkis Erinnerungen verdeutlichen: «Je präziser wir unsere Fragen formulierten, umso größer wurde das Übergewicht Hoffmanns über Kühlmann. Sie hatten bereits aufgehört, ihren Antagonismus zu verbergen, besonders der General. Als ich … die deutsche Regierung erwähnte, unterbrach mich Hoffmann mit vor Wut heiserer Stimme: ‹Ich vertrete hier nicht die deutsche Regierung, sondern das deutsche Oberkommando.› Das klang wie das Klirren von zerbrechendem Glas. Ich ließ die Augen über meine Partner auf der anderen Seite des Tisches wandern. Kühlmann saß mit einem entstellten Gesicht da und schaute unter den Tisch. Auf Czernins Gesicht kämpfte Verlegenheit mit Schadenfreude.»[41]

Was Kühlmann die Verhandlungen sehr erschwerte, war auch, dass sich die militärische Führung weigerte, einen festen Termin für den Abzug aus den besetzten Gebiete anzugeben und dort auch Referenden durchzuführen.[42] Die OHL war der Ansicht, die Gebiete müssten noch Jahre unter deutscher Militärverwaltung bleiben.[43] Kühlmann konnte deshalb den Russen die Räumung der fraglichen Gebiete zu einem bestimmten Zeitpunkt nicht zusagen, was seine Position stark belastete. Die Russen forderten verständlicherweise freie und unbeeinflusste Willensäußerungen der betroffenen Bevölkerungen. Der Schaden war umso größer, als die Verhandlungsprotokolle von russischer Seite sogleich veröffentlicht wurden.

Der Hauptgegensatz zwischen Kühlmann und Hoffmann war, dass der Staatssekretär in den Verhandlungen den Eindruck des Gewalt- und Annexionsfriedens zu vermeiden suchte, während der General darauf setzte, die Bolschewisten als ein verbrecherisches Regime abzustempeln, das Selbstbestimmung fordere, sie aber seinen eigenen Bürgern verweigere. Die Völker Ostmitteleuropas müssten vor ihnen geschützt werden. Seine Politik könnte also als die des «containments» bezeichnet werden, fast dreißig Jahre, bevor dieser Ausdruck durch George F. Kennan Berühmtheit erlangte. Diese Strategie ließ sich außerdem sehr gut mit den Zielen der deutschen Kontrolle Osteuropas kombinieren.

Trotzki bevorzugte die offen brutale Art Hoffmanns vor der Verschleierungstaktik Kühlmanns und schrieb in seinen Memoiren: «Seinen nicht unbedeutenden kasuistischen Fähigkeiten vertrauend, hoffte [Kühlmann] … der Welt beweisen zu können, daß Weiß sich in nichts von Schwarz unterscheidet. … General Hoffmann dagegen brachte eine erfrischende Note in die Verhandlungen hinein. Ohne jegliche Sympathie für diplomatische List, legte der General einige Male seinen Soldatenstiefel auf den Tisch, um den herum sich die Debatten entwickelten.»[44]

Die Verhandlungen in dem vom Krieg sehr zerstörten Brest begannen sehr viel freundschaftlicher als sie endeten. «Die erste Sowjetdelegation mit Joffe an der Spitze war in Brest-Litowsk von allen Seiten hofiert worden. Der bayerische Prinz Leopold empfing sie als seine ‹Gäste›. Zu Mittag und zu Abend aßen alle Delegationen gemeinsam.»[45] Das änderte sich, als Trotzki die Verhandlungsführung auf russischer Seite übernahm, der Außenkommissar, der durch seine Intelligenz, Schlagfertigkeit und sein Redetalent eine und vielleicht sogar die dominante Figur der Verhandlungen wurde.[46] Trotzki beendete den sozialen Kontakt, und das Verhandlungsklima wurde schließlich eiskalt. Das lag an der gegenseitigen Feindseligkeit, aber auch an den ungeheuren Schwierigkeiten, Kompromisse zu finden. Die Sieger waren uneinig und zerstritten. In Deutschland hatten sich Militär- und Zivilinstanzen nur sehr unzureichend in der Frage einer gemeinsamen Strategie abgesprochen. Es gab außerdem auch gravierende Gegensätze zwischen den Vierbundpartnern. Die österreichisch-ungarischen Diplomaten waren in einer geradezu verzweifelten Stimmung; sie brauchten den Frieden fast so dringend wie die Russen, und es kam zwischen der deutschen und der österreichisch-ungarischen Delegation, die von Graf Czernin geleitet wurde, immer wieder zu schweren Spannungen. Czernin suchte zu verhindern, dass der Frieden an deutschen Eroberungsplänen scheiterte, und drohte mit einem Separatfrieden mit Russland.

Die russische Delegation war erfolgreich darin, die Mittelmächte wegen ihrer Eroberungspläne der Weltöffentlichkeit vorzuführen. Dies gelang ihnen schon daher sehr gut, weil die westlichen Staaten und auch die Neutralen von den preußischen Militaristen nichts anderes erwartet hatten; außerdem war die Angst vor einer deutschen Übermacht größer als die vor den Bolschewisten, die als eine Regierung angesehen wurden, die kaum den Tag überleben würde. Die russische Delegation konnte durch ihre unorthodoxe Verhandlungsweise ihre Gegner verblüffen und dadurch Überraschungserfolge erzielen. Es zeigte sich aber, dass dies nicht lange vorhielt und Trotzkis Strategie für Russland katastrophale Rückschläge brachte.

Die russischen Diplomaten kamen mit einem revolutionären Anspruch und hofften, dass noch während der Verhandlungen in Österreich-Ungarn und Deutschland die Revolution ausbrechen und ihren Gesprächspartnern den Boden unter den Füßen wegziehen würde. Diese Erwartung schien vor dem Hintergrund gewaltiger, politisch bedingter Streiks in beiden Staaten gar nicht so unrealistisch. Für die Russen waren die Verhandlungen einerseits zwingend notwendig, um zu dem innenpolitisch dringend benötigten Frieden zu gelangen, andererseits auch ein Propagandaforum, das sie weidlich nutzten, um den Imperialismus der Mittelmächte international bloßzustellen. Dies gelang ihnen angesichts der deutschen Pläne auch mit relativer Leichtigkeit. Auf der anderen Seite waren die Russen in einer furchtbaren Zwangslage, da sie die Kämpfe unmöglich wieder aufnehmen konnten und deshalb auf einen positiven Abschluss der Verhandlungen angewiesen waren. Dies war umso dringender, weil ihre Macht innenpolitisch sehr fragil war und sie einen Bürgerkrieg führten, der sich ständig ausweitete. Außerdem fürchteten sie die Intervention der Entente.

Die in Brest zusammentreffenden Delegationen wurden also durch den extremen Erfolgsdruck geeinigt, der auf ihnen lastete; gleichzeitig wurden beide Seiten aber durch gewaltige Vorbehalte getrennt, die es ihnen unmöglich machten, gemeinsam nach partnerschaftlichen Lösungen zu suchen. Die Verhandlungspartner hielten sich wechselseitig für politische Verbrecher. Die russischen Kommunisten sahen in ihrem Gegenüber die Vertreter einer überlebten repressiven Ordnung, die bald hinweggefegt würde. Sie achteten sie auch persönlich gering; Trotzki äußerte sich sehr abschätzig über das intellektuelle Niveau seiner Gegenspieler.[47] Die Diplomaten der Mittelmächte, von denen hier die Verhandlungsführer Kühlmann, Max Hoffmann und Graf Czernin genannt werden sollen, sahen in den Bolschewisten hingegen Heuchler, die zwar schöne Reden führten, die aber in den von ihnen kontrollierten Gebieten barbarische Verbrechen verübten und eine brutale Diktatur errichteten. Beide Seiten wünschten deshalb, dass ihr Gegenüber politisch nicht lange überlebte. Auf deutscher Seite wurde während der Verhandlungen und auch später sogar ernsthaft erwogen, nach Petersburg zu marschieren und die bolschewistische Regierung einfach zu beseitigen, wogegen sich wiederum die Österreicher sperrten.

Die komplexen und chaotischen Entwicklungen, die sich während der Friedensverhandlungen in Brest abspielten, können aber nicht allein auf den deutschen Unterdrückungswillen und die imperialistischen Pläne Ludendorffs, den «Siegerstandpunkt», reduziert werden.[48] Ein weiterer bedeutsamer Teil war der Kriegssituation, ein noch wichtigerer der Machtübernahme der Bolschewiki in St. Petersburg geschuldet und den dadurch stark beschleunigten Zentrifugalbewegungen im Russischen Reich. Bei den nichtrussischen Völkern verbanden sich nationale Unabhängigkeitsbestrebungen mit Antikommunismus und sorgten für das immer weitere Ausgreifen separatistischer Strömungen. Die bolschewistische Führung hatte diese anfänglich sogar noch begünstigt. Am 11. November 1917 hatte sie verkündet, die «russische Revolution» gebe «allen Völkern die vollkommene Freiheit, zu entscheiden, ob sie durch freien Beschluss zusammen mit dem russischen Volk leben oder sich von ihm trennen wollen».[49] Dies war bereits seit 1916 im polnischen Fall vorgezeichnet; dort war die Ablösung von Russland infolge der Polenproklamation der Mittelmächte vom 5. November 1916 in Warschau und auch der Proklamation der russischen provisorischen Regierung vom 29. März 1917 bereits vollzogen.[50] Ab November 1917 zeigten sich bei der estnischen, lettischen und deutschbaltischen Bevölkerung des Baltikums Abspaltungstendenzen von Russland.[51] Im Laufe des Jahres 1917 hatten sich auch in der Ukraine Gruppen gebildet, die zuerst die Stellung ihres Landes innerhalb einer föderalen Ordnung Russlands verbessern wollten. Am 16. Dezember 1917 erschien in Brest eine ukrainische Delegation und verlangte, an der Friedenskonferenz teilnehmen zu können, was ihr auch zugestanden wurde, obwohl die Legitimation der Gruppe und ihre tatsächliche Fähigkeit, die Ukraine zu regieren, zweifelhaft war.[52] Die Ukraine hatte, als bislang nicht von den Zentralmächten kontrolliertes Gebiet, eine ganz andere politische und wirtschaftliche Größenordnung als die baltischen Provinzen, um die es bisher gegangen war.[53] Hier wurden große landwirtschaftliche Überschüsse erzeugt und außerdem war die Ukraine das Zentrum der russischen Kohle-, Eisen- und Stahlindustrie.[54] Damit hatten sich die Gefahren, die die Friedensverhandlungen für Russlands Großmachtstatus bedeuteten, ungeheuer verschärft. Neben dem ohnehin schon verlorengegebenen Polen und den strategisch wichtigen, aber ökonomisch und territorial weniger bedeutenden baltischen Gebieten ging es nun um ein landwirtschaftlich wie industriell gleichermaßen wichtiges Herzland des Russischen Reiches.

In all diesen Gebieten zeigte sich ein grundsätzliches Problem, nämlich dass es infolge der Kriegssituation, der verheerenden Zerstörungen in manchen dieser Gebiete und der Aussiedlung von Teilen der Bevölkerung sowie der sich herausbildenden Bürgerkriegssituation gar nicht möglich war, demokratisch legitimierte Vertretungen dieser Bevölkerungen zu etablieren. Hinzu kam, dass große Teile dieser Territorien von den Zentralmächten militärisch besetzt waren und diese nicht abziehen wollten, um der Bevölkerung eine freie Entscheidung über ihr Schicksal zu ermöglichen. Sie schlossen den Rückzug aus diesen Gebieten schon wegen der kriegswirtschaftlichen Interessen aus, bevor auch ein Frieden mit den Westmächten abgeschlossen war. All das waren keine guten Vorzeichen, die Situation in diesen Gebieten fair und im Sinne eines Ausgleichsfriedens regeln zu können. Hinzu kam noch die schroffe ideologische Gegnerschaft der Mittelmächte und auch von Teilen der lokalen Bevölkerungen zu den bolschewistischen Machthabern in St. Petersburg; hier fehlte jeder Wille, sich wechselseitig als Partner einer auf Dauer angelegten Friedensordnung zu akzeptieren. Graf Czernin schickte einen Vertrauten in die «Randprovinzen», «um zu ergründen, wie eigentlich die Stimmung dorten ist. Er berichtet, dass alles gegen die Bolschewiken ist, was nicht selbst Bolschewik ist. Das ganze Bürgertum, Bauern, kurz alles, was irgend etwas besitzt, zittert vor diesen roten Räubern und will zu Deutschland. Der Terror, den Lenin ausübt, soll unbeschreiblich sein.»[55]

Immerhin begannen die Friedensverhandlungen mit einer meisterhaften Ouvertüre der Mittelmächte, die die Westmächte, die ohnehin bereits in Erklärungsnot gegenüber ihren kriegsmüden Bevölkerungen waren, in nicht geringe Verlegenheit setzte. Am 25. Dezember 1917 luden die Zentralmächte die Entente nämlich ein, an den Friedensverhandlungen in Brest-Litowsk teilzunehmen.[56] Damit kam es, ein Jahr nach dem Friedensangebot vom Dezember 1916, zu einem erneuten Friedensangebot, auf das die Regierungen in Paris, London, Rom irgendwie reagieren mussten. In dieser Weihnachtserklärung boten die Zentralmächte, ganz im Sinne der Reichstagsresolution von Juli 1917, einen «sofortigen allgemeinen Frieden ohne gewaltsame Gebietserwerbungen und ohne Kriegsentschädigungen» an, wenn die Alliierten dem «innerhalb einer angemessenen Frist … ohne jeden Rückhalt» zustimmen sollten.[57] Dieses Angebot war zwischen den Verbündeten umstritten; die bulgarische Regierung, die schließlich wegen territorialer Gewinne in den Krieg eingetreten war, und auch die Türken waren besorgt, was geschehen würde, wenn die Alliierten tatsächlich bereit sein sollten zu kommen.[58] Auch die Militärpartei in Deutschland war entsetzt; Hindenburg drückte seine scharfe Opposition gegen dieses Angebot aus, verlangte größere Einflussnahme auf alle Vorschläge und Entscheidungen in Brest und wollte seine «Genehmigung zur Unterzeichnung eines schwächlichen Friedens» verweigern.[59] Er empfand die Festlegung der deutschen Politik durch die Reichstagsresolution als grundfalsch, da sie die seiner Ansicht nach für eine gute deutsche Zukunft unbedingt erforderlichen Annexionen unmöglich mache.[60] In einer Immediateingabe vom 7. Januar 1918 insistierte er auf einem annexionisti-

Abb. 32 Die Delegation der Mittelmächte: Hoffmann, Czernin, Talaat und Kühlmann in Brest-Litowsk

schen Siegfrieden und faselte von seiner Verantwortung, die er sonst nicht tragen könne.[61] Czernin, der verstanden hatte, dass es für Österreich-Ungarn um die Existenz ging, hatte für solche Ansichten nur noch Verachtung übrig. «Nicht anzuhören ist dieses Gewäsch.»[62] Hindenburg wurde auch von Kaiser Wilhelm und von Reichskanzler Graf Hertling, die ihm normalerweise viel zu viel durchgehen ließen, in die Schranken gewiesen. Hertling schickte ihm ein grundsätzliches Papier, in dem er klarmachte, dass die militärische Führung die Verantwortung für politische Schritte nicht zu übernehmen brauche und dass dies einzig und allein dem Reichskanzler zukomme. Hindenburg und Ludendorff knickten ein und stimmten dem, wenn auch murrend, zu.[63] Allerdings befürchtete nicht nur Ludendorff, sondern auch Reichskanzler Hertling, dass das Erscheinen der Ententemächte auf der Friedenskonferenz alle Aussichten auf Gewinne im Osten stören würde.[64] Andererseits war die deutsche Regierung, und noch mehr die Regierung in Wien, bereit und geradezu versessen darauf, die Verhandlungen in Brest-Litowsk in eine generelle Friedensverhandlung münden zu lassen. Sollte sich die Gelegenheit zum allgemeinen Frieden bieten, wollten zumindest Czernin und Kühlmann alle anderen Rücksichten und Gewinnmöglichkeiten beiseiteschieben.[65]

Doch dazu sollte es nicht kommen, denn die Westmächte erschienen nicht in Brest. Daher griff auch bei diesen Verhandlungen ein Mechanismus, der das Verhaltensmuster vom Dezember 1916 wiederholte. Zuerst machten die Zentralmächte ein Friedensangebot, dann warteten sie, wie der Gegner reagierte, und als er es ablehnte, radikalisierte sich ihre Vorgehensweise, auch weil die «Internationale der Kriegsverlängerer», also vor allem die OHL, wieder einmal neue Argumente geliefert bekommen hatte, die ihren Kurs intern stützten. Was im Februar 1917 die Erklärung des unbeschränkten U-Boot-Krieges war, war im Januar 1918 die Bereitschaft, angesichts des fehlenden Friedenswillens der Westmächte die russische Ohnmacht zur vollkommenen Neugestaltung Osteuropas im Sinne deutscher Machtpolitik zu nutzen und Ostmitteleuropa der eigenen Kriegführung dienlich zu machen. Der Unterschied war, dass um die Jahreswende 1917/18 niemand in der deutschen Führung glaubte, die Entente würde das Friedensangebot aufgreifen.[66]

Die politische Führung, also Graf Hertling und Kühlmann, gaben dem Drängen der OHL nach, aber nur bis zu einem bestimmten Punkt. Sie beharrten darauf, auf Annexionen zu verzichten und die Machtausweitung im Osten hinter dem Selbstbestimmungsrecht der Randvölker zu verstecken, also zumindest pro forma den Reichstagsbeschluss vom Juli 1917 zu respektieren. Allerdings konnten sie niemanden täuschen; schließlich standen deutsche Truppen im Baltikum, und die Willenskundgebung der baltischen Völker basierte auf Vertretungen, die, wie auch die Sozialdemokraten David und Scheidemann im Reichstag kritisierten, nicht als repräsentativ für die Volksmeinung angesehen werden konnten. Dass hier das Selbstbestimmungsrecht als bloßer Vorwand für die eigene Expansion genommen wurde, erkannte man im In- und Ausland klar und deutlich. Allerdings ging es auch der russischen Führung nicht um Selbstbestimmungsrecht und Demokratie. Die Bolschewiki hatten in den Wahlen zur verfassunggebenden Versammlung im November 1917, die noch von der provisorischen Regierung angesetzt worden waren, nur 24 Prozent der Stimmen erhalten.[67] Ihre Wähler hatten sie in der Bevölkerung der großen Städte und der Armee gefunden. In den frühen Morgenstunden des 19. Januar 1918 lösten die Bolschewiki die verfassunggebende Versammlung, in der die Sozialrevolutionäre und ihre Verbündeten über

60 Prozent der Stimmen kontrollierten, einfach auf. Das bolschewistische Russland war keine Demokratie, sondern eine Diktatur, die demokratische Prozeduren als bürgerlichen Humbug verachtete. Die Bolschewiki sahen auch in allen nichtkommunistischen Bewegungen in den Randstaaten grundsätzlich nur die Aktionen konterrevolutionärer und bourgeoiser Kräfte, die sie für illegitim erklärten und gewaltsam bekämpften.

War es auf der russischen Seite ideologische Verbohrtheit und Fanatismus, konnte den Vertretern der Zentralmächte in Brest neben Heuchelei auch noch ungeheure Kurzsichtigkeit vorgeworfen werden. Das Selbstbestimmungsrecht in der radikalen Form, wie es die Regierung in St. Petersburg vertrat, sollte, so forderten die Vierbundmächte, nicht auf sie selbst zur Anwendung kommen. Sie wollten ihre Nationalitätenfragen in eigener Zuständigkeit regeln.[68] Das schien aber schon den Zeitgenossen eine gefährliche Dummheit zu sein. Helfferich, der zum Beauftragten für wirtschaftliche Fragen des Friedensschlusses ernannt worden war, fragte sich, wo Graf Czernin die Naivität hernahm zu glauben, das Selbstbestimmungsrecht würde vor den Grenzen des habsburgischen Vielvölkerstaates haltmachen.[69] Tatsächlich gaben die Westalliierten zum ersten Mal in diesem Kriege den Nationalitäten der Donaumonarchie, wie etwa den Tschechen, die volle Unterstützung bei ihrem Streben nach nationaler Unabhängigkeit, was sie bisher, weil sie unkalkulierbare Eskalationen befürchteten, vermieden hatten.

Darüber hinaus griffen die Verhandlungen in Brest auch in das komplizierte innere Gefüge des österreichisch-ungarischen Dualismus ein. Dies hing mit der Delegation aus der Ukraine zusammen, die parallel in Brest Friedensverhandlungen führte und ihr Land am 22. Januar 1918 für unabhängig erklärte. In der Ukraine tobte ein Bürgerkrieg zwischen der bürgerlichen und einer bolschewistischen Gegenregierung. Kiew wurde am 29. Januar 1918 von den Bolschewisten erobert, weshalb sich die Autorität der ukrainischen Regierung, wie Trotzki höhnte, auf den Verhandlungssaal in Brest beschränkte.[70] Das hielt die ukrainischen Repräsentanten nicht davon ab, an die Österreicher erhebliche politische Forderungen zu stellen.[71] Sie verlangten die Abtretung der ruthenischen Gebietsteile der Monarchie oder zumindest deren Autonomie und außerdem den zu Russisch-Polen gehörenden Cholmer Kreis.

Die unabhängige Ukraine wurde von den Zentralmächten als Gegengewicht zu den Bolschewisten aufgebaut, in der Hoffnung, sich auf diese

Abb. 33 Die sowjetische Delegation in Brest. Sitzend (von links): Lew Kamenew, Adolf Joffe, Anastassija Bizenko. Stehend: V. V. Lipskiy, Pēteris Stučka, Leo Trotzki, Lew Karachan

Weise die reichhaltigen Naturschätze der Ukraine, vor allem aber Getreide, sichern zu können. Die ukrainische Regierung versprach den Mittelmächten die Lieferung von einer Million Tonnen und erhielt dafür die überraschendsten politischen Zusagen von der Wiener Regierung. Graf Czernin erklärte sich bereit, das Kronland Galizien in einen polnischen und einen ruthenischen Teil aufzugliedern und Cholm an die Ukraine abzutreten. Der politische Preis, den Czernin dafür zahlen musste, war gewaltig, da er damit die österreichischen Polen, die bislang zu den kooperierenden Nationalitäten der Habsburgermonarchie gehörten, heillos und dauerhaft verstimmte und die «austropolnische Lösung» endgültig und unwiderruflich die Basis in der polnischen Bevölkerung verlor.[72] Aber in der Notlage des Winters 1917/18 war die österreichisch-ungarische Diplomatie bereit, praktisch jedes Opfer zu bringen, um die kritische Lebensmittelsituation in Österreich zu verbessern. Lenin fand darin sogar Trost und sagte: «Alles, was die Deutschen in der Ukraine suchen, ist das Getreide; haben sie es bekommen, werden sie schon wieder abziehen.»[73]

Am 9. Februar 1918 unterzeichneten die Mittelmächte in Brest den Frieden mit der Ukraine, der vom Wiener Bürgermeister Weiskirchner als «Brotfriede» bezeichnet wurde.[74] Die über eine Million Tonnen Getreide, die die ukrainische Delegation versprochen hatte, erwiesen sich hinterher als eine gewaltige Übertreibung. In den Städten der Ukraine herrschte selbst Hungersnot, das Land war vom Krieg gezeichnet und die Bauern wollten ihre Vorräte nicht hergeben.[75] In den nächsten Monaten wurde durch chaotische Aktionen versucht, die Lebensmittel zu requirieren, die das Land freiwillig nicht hergab. Dabei machten sich staatliche Einkaufsgesellschaften und die Armee gegenseitig Konkurrenz. Immerhin wurden nach Czernins Angaben bis November 1918 von der Ukraine 113 421 Tonnen Getreide, Mahlprodukte etc. an die Mittelmächte geliefert. Hinzu kamen noch 30 757 Waggons mit Lebensmitteln, die von der österreichischen Zentraleinkaufsgesellschaft beschafft worden waren, und vermutete 15 000 Waggons Schmuggelware.[76] Außerdem wurden die im Osten stehenden Besatzungstruppen aus dem Land versorgt, was den Vorräten der Heimatfront zugutekam.

Unterdessen lieferten sich Trotzki und Kühlmann in Brest endlose und ermüdende Rededuelle zum Thema des Selbstbestimmungsrechts in den von den Mittelmächten besetzten Gebieten. Beide suchten Zeit zu gewinnen, Trotzki angesichts riesiger Streiks in Österreich und Deutschland in der Hoffnung auf die Revolution in beiden Ländern, Kühlmann in der Hoffnung auf die Selbständigkeit der Ukraine.[77] Letztere war für die russische Delegation ein sehr schwerer Schlag. Zuerst war es um das Baltikum gegangen, doch General Hoffmann teilte den Russen mit, dass die polnischen und baltischen Gebiete ja bereits abgefallen seien und daher kein Gegenstand der Verhandlungen sein könnten.[78] Nun kamen auch noch weitere Territorien wie Finnland hinzu,[79] doch alles wurde von der Frage nach der Zukunft der Ukraine überschattet, die Trotzki in der Hand zu halten behauptete. Er hatte schließlich einen Einfall, wie er das Dilemma zwischen dem unbedingt nötigen Friedensschluss und den unerträglichen Friedensbedingungen lösen könne. Er hielt am 10. Februar 1918 vor der Konferenz eine Rede, in der er zur Überraschung seiner Opponenten erklärte, das russische Volk führe nun nicht mehr Krieg und kehre zu seinen zivilen Beschäftigungen zurück. Die russische Armee werde demobilisiert. Gleichzeitig aber könne die russische Revolution die Bedingungen der deutschen und österreichisch-ungarischen

Regierung nicht unterzeichnen, da sie von allen Werktätigen, zu denen auch die der Mittelmächte selbst gehörten, abgelehnt würden. Er erklärte, dass die russische Republik sich also weigere, den Annexionsfrieden zu unterzeichnen, dass aber Russland seinerseits den Kriegszustand mit Deutschland, Österreich-Ungarn, der Türkei und Bulgarien für beendet erkläre.[80]

Eine solche einseitige Einstellung des Kriegszustandes hatte es, wie später eine Analyse des Auswärtigen Amts ergab, seit den Zeiten des alten Griechenlands nicht mehr gegeben. Die Anwesenden waren sprachlos. Hoffmann fand als Erster wieder zu sich und schleuderte in seinem Falsett ein «Unerhört!» in den Raum.[81] In der russischen Delegation, die am selben Abend nach St. Petersburg abreiste, herrschte Feierstimmung über Trotzkis Coup, die sich auch in St. Petersburg fortpflanzte und durch entsprechende Kommentare deutscher Diplomaten genährt wurde. Es schien unter dem internen wie internationalen Druck unmöglich, dass Deutschland die Feindseligkeiten wiederaufnehmen würde.

Trotzki hatte seinen Coup zuvor in St. Petersburg abgesprochen. Die Vorgehensweise war riskant, und Lenin hatte seine Zweifel an dieser Strategie. Sie basierte auf der optimistischen Annahme, dass die sich nach Frieden sehnende Öffentlichkeit der Mittelmächte eine Wiederaufnahme der Kämpfe im Osten nicht erlauben würde. Die Frage war, wie die deutsche und österreichisch-ungarische Führung nun reagieren würden. Kühlmann schlug vor, Trotzkis Schritt des «Weder Krieg noch Frieden» einfach hinzunehmen. Dies wäre letztlich auf eine de-facto-Verlängerung des geltenden Waffenstillstands hinausgelaufen, und gleichzeitig hätten die Russen fürs erste akzeptieren müssen, dass die besetzten Gebiete unter der Kontrolle der Mittelmächte verblieben. Hoffmann war hingegen, nach Rücksprache mit der OHL, der Meinung, nun sei der Waffenstillstand ausgelaufen und die Kampfhandlungen müssten also nach sieben Tagen wieder einsetzen. Auch Ludendorff wollte klare Verhältnisse schaffen und die Russen militärisch zur Unterzeichnung eines Friedensvertrags zwingen. Kühlmann und das Auswärtige Amt lehnten dies ab; sie befürchteten ein Wiederaufflammen der Kämpfe, was die eigene öffentliche Meinung, vor allem die Sozialdemokraten, keinesfalls vertragen würden. Außerdem widersprach es der erklärten Absicht, nun die eigenen Kräfte auf die verbleibenden Gegner im Westen zu konzentrieren. Hinzu kam, dass sich die österreichisch-ungarische Regierung weigerte, den Krieg im Osten bloß wegen der deutschen Eroberungsziele wiederaufzunehmen.

Die Frage wurde in einem Kronrat entschieden, der am 13. Februar 1918 in Bad Homburg zusammentrat und in dem, wie General v. Lyncker notierte, «der Kaiser, Hindenburg, Ludendorff, Hertling, Kühlmann, Payer und Holtzendorff das Wort führten. … Es handelte sich darum, ob und wie der Krieg im Osten fortzusetzen ist. Es gab da Manches ‹für› und vieles ‹wider›. Schließlich wird es wohl auf einen Mittelweg herauskommen.»

Ludendorff hatte als Reaktion auf Trotzkis Schritt einen Vormarsch gegen die wehrlosen Russen verlangt, auch um Livland und Estland besetzen und in die Randstaatenlösung miteinbeziehen zu können, und vor allem die Ukraine, die inzwischen weitgehend von den Bolschewisten kontrolliert wurde. Da die Gruppen, die Intervention (Ludendorff und Hindenburg) und Nicht-Intervention (Hertling, Payer, Kühlmann) forderten, unversöhnlich blieben, entschied Wilhelm II. zuletzt, dass die Feindseligkeiten wieder aufgenommen werden sollten, allerdings nur mit einem geringen Truppenkontingent. Ziel bleibe es, so formulierte er, «den Bolschewismus zu vernichten […] Das sei schon aus dynastischen Gründen geboten.»[82] In den Beratungen hatte Ludendorff gegen Kühlmann die Oberhand behalten, da sich auch Hertling von dem antibolschewistischen Argument überzeugen ließ; es handele sich um Polizeiaktionen, um die Bevölkerung der Randstaaten vor kommunistischen Übergriffen zu schützen. Er sagte: «Wir dürfen das Odium nicht auf uns nehmen, dass wir unsere Politik ändern und jetzt annexionistisch vorgehen. Wir müssen Hilferufe haben, dann lässt sich darüber reden.»[83] Er war damit in das Fahrwasser der Militärs eingeschwenkt und hatte die Linie Kühlmanns verlassen.

Am 18. Februar wurden die Kämpfe wieder aufgenommen.[84] Zwar waren die Divisionen des Ostheeres durch Abgaben an den Westen weitgehend immobil und nicht voll kampfkräftig. Aber Ludendorff behielt militärisch Recht; der Vormarsch der deutschen Kräfte gegen den demobilisierten und wehrlosen Gegner konnte per Eisenbahn erfolgen und verlief militärisch reibungslos.[85] Trotzdem wurde er im deutschen Hauptquartier mit Bangen verfolgt. General v. Lyncker schrieb am 18. Februar 1918: «Aus der Ostfront gehen an verschiedenen Stellen deutsche Detachements gegen die Bolschewiki vor, ich glaube, sie treten heute an. Es ist sehr bedauerlich, daß dort eben noch kein Friede eingetreten ist. Freilich viel Widerstand werden wir nicht finden. Aber das Ganze ist doch ein uferloses Beginnen. Wo soll es enden? Und diese Truppen fehlen uns doch im Westen.»[86] Das deutsche Vorgehen, an dem sich die Österreicher zunächst nicht beteiligten, war zweifellos ein Schritt ins Uferlose. Allerdings war er im Moment selbst erfolgreich, da die russische Seite einbrach und nun bereit war, zu unterzeichnen. Lenin verlangte den sofortigen Abschluss des Friedensvertrages, um in der verzweifelten Bürgerkriegssituation die Revolution zu retten. Er machte seinen opponierenden Genossen, die lieber kämpfen wollten, mit ätzender Ironie klar, dass man ohne Armee keinen Krieg führen könne. Die Hoffnung auf das rechtzeitige Einsetzen der Weltrevolution oder die öffentliche Meinung der Mittelmächte sei fehlgeleitet; was zähle, sei, dass General Hoffmann kämpfen könne und werde.[87] Lenin verlangte die unverzügliche Unterzeichnung, sollten sich die Deutschen noch darauf einlassen; er befürchtete, sie würden nun nach St. Petersburg marschieren. Obwohl Trotzki ein neues Friedensangebot machte, wurde der Vormarsch tatsächlich zunächst fortgesetzt, mit dem erklärten Ziel, alle noch strittigen Territorien zu besetzen.[88] Die deutsche Seite stellte ein Ultimatum,[89] und Russland nahm an: Die Russen «haben durch Funkspruch mitgeteilt, daß sie alle unsere Bedingungen annehmen, müssen Estland, Livland, Finnland und Ukraine räumen und Frieden mit Ukraine schließen; außerdem andere uns günstige Bedingungen eingehen. Man sollte meinen, daß nun auch die Westmächte folgen müssen», schrieb Lyncker an seine Frau.[90] Letzteres war eine zu optimistische Erwartung, aber immerhin, die russische Delegation, die am 10. Februar triumphierend und gutgelaunt abgereist war, musste nach Brest zurückkehren und nun den Frieden doch unterzeichnen, und zwar zu verschärften Bedingungen. Die Diplomaten der Mittelmächte boten Nachverhandlungen an, um dem Vertrag den Charakter des einseitigen Diktatfriedens zu nehmen, was die Russen aber eisig ablehnten. Sie wollten der ganzen Welt klarmachen, dass dies ein erzwungener Friede war. Sokolnikow, nicht Trotzki, führte die Delegation an; er unterzeichnete am 3. März 1918 «zähneknirschend» (dies wurde zu Protokoll gegeben)[91] den Frieden von Brest-Litowsk. Russland verlor etwa 2,5 Millionen Quadratkilometer Gebiet mit ca. 50 Millionen Einwohnern, was einem Drittel seiner Vorkriegsbevölkerung entsprach, außerdem 90 Prozent der Koh-

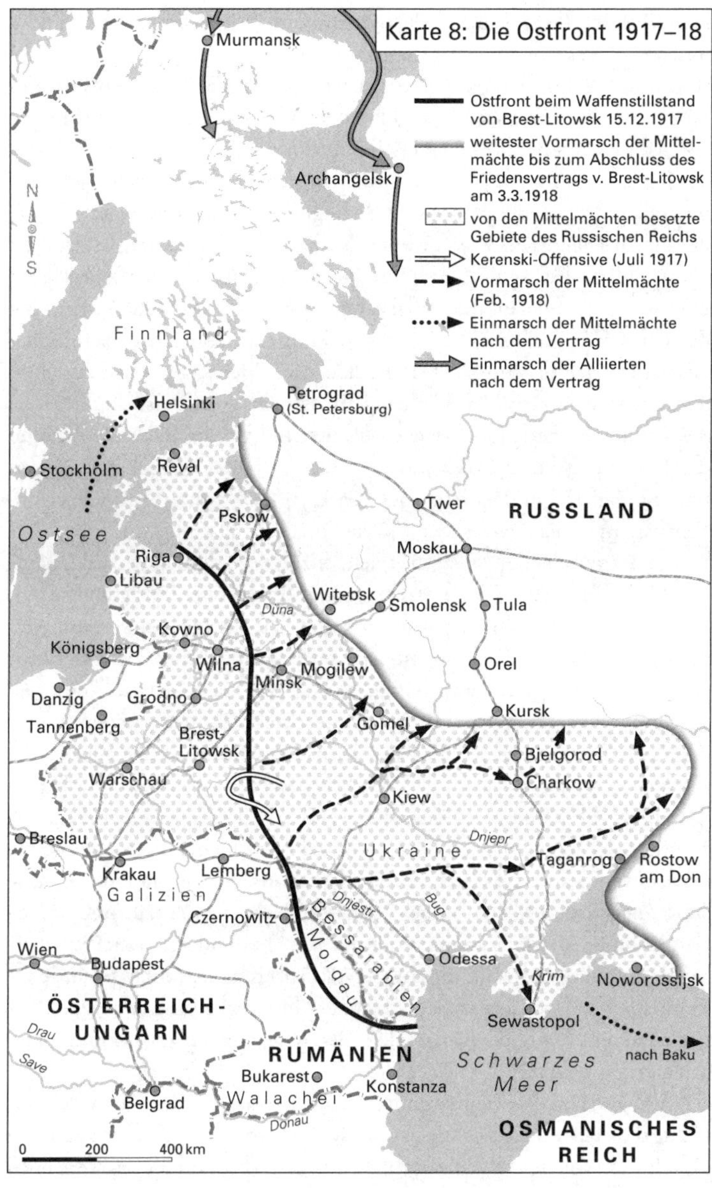
Karte 8: Die Ostfront 1917–18
Ostfront beim Waffenstillstand von Brest-Litowsk 15.12.1917
weitester Vormarsch der Mittelmächte bis zum Abschluss des Friedensvertrags v. Brest-Litowsk am 3.3.1918
von den Mittelmächten besetzte Gebiete des Russischen Reichs
Kerenski-Offensive (Juli 1917)
Vormarsch der Mittelmächte (Feb. 1918)
Einmarsch der Mittelmächte nach dem Vertrag
Einmarsch der Alliierten nach dem Vertrag
Murmansk
Archangelsk
N
S
Finnland
Helsinki
Petrograd (St. Petersburg)
Stockholm
Reval
Ostsee
Pskow
Twer
RUSSLAND
Riga
Moskau
Libau
Witebsk
Smolensk
Tula
Düna
Kowno
Königsberg
Wilna
Mogilew
Orel
Minsk
Danzig
Grodno
Kursk
Gomel
Tannenberg
Brest-Litowsk
Bjelgorod
Warschau
Charkow
Kiew
Breslau
Dnjepr
Ukraine
Taganrog
Rostow am Don
Krakau
Lemberg
Galizien
Dnjestr
Bug
Czernowitz
Bessarabien
Moldau
Wien
Budapest
Odessa
Krim
Noworossijsk
ÖSTERREICH-UNGARN
Sewastopol
Drau
Save
RUMÄNIEN
Schwarzes Meer
nach Baku
Bukarest
Konstanza
Belgrad
Walachei
Donau
OSMANISCHES REICH
0 200 400 km

lenminen, 54 Prozent der Industrie und ein Drittel seines Agrarlandes und seiner Verkehrswege.[92]

In den Augen der Bolschewisten war der Brester Friede ein brutales Diktat, das die Heuchelei der von Frieden redenden Mittelmächte bloßgelegt habe. Lenin meinte: «Die Friedensbedingungen, die uns die Vertreter des deutschen Imperialismus aufgedrückt haben, sind unerhört schwere, unendlich drückende, räuberische Bedingungen.»[93] So sahen das auch die deutschen Marxisten. Karl Liebknecht urteilte: «Das Fazit von Brest ist nicht Null, selbst wenn es jetzt zu einem brutalen Unterwerfungsfrieden kommt. … Es brachte die Entlarvung der Mittelmächte, die Entlarvung der deutschen Raubgier, Verlogenheit, Hinterlist und Heuchelei. Es hat ein vernichtendes Verdikt über die deutsche ‹Mehrheits›-Friedenspolitik gefällt, die nicht sowohl scheinheilig als vielmehr zynisch ist.»[94]

Doch wie standen die Parteien des Reichstags, vor allem die Autoren der Friedensresolution vom Juli 1917, zum Vorwurf der Scheinheiligkeit und Raubgier? Die Debatten des Reichstags über den Ostfrieden vom Februar und März 1918 geben Gelegenheit, die Haltung und die Argumente der verschiedenen Parteien kennenzulernen. Nur eine Partei, nämlich die USPD, lehnte den Frieden ab. Der Abgeordnete Ledebour sprach von einem «Vergewaltigungsfrieden»[95] und Haase von einem «Gefühl der Schande»[96]. Die Sozialdemokraten standen dem Vertrag ebenfalls skeptisch gegenüber, hatten aber Mühe, sich in der Frage klar zu positionieren. In ihrer Fraktion war der Friede kontrovers diskutiert worden. Einige Abgeordnete des linken Flügels wollten den Vertrag ablehnen; die des rechten Flügels ihm zustimmen. Sie kritisierten, dass in Brest die Diplomaten «vor den Vertretern des reinen militärischen Machtgedankens kapituliert» hätten.[97] Aber es dürfe nicht die Aufgabe der Sozialdemokratie sein, das im Laufe von zwei Jahrhunderten zusammengeraubte russische Reich gegen den Willen seiner Völker zusammenzuhalten, und außerdem wollten sie die Zusammenarbeit mit den anderen Reichstagsparteien und die Zustimmung zu den Kriegskrediten nicht gefährden.[98] Schließlich einigte sich die Fraktion auf eine Enthaltung, was ihre Redner zu einem wenig überzeugenden Eiertanz zwischen Zustimmung und Ablehnung zwang.[99]

Alle anderen Parteien stimmten dem Frieden zu. Sie waren der Ansicht, dass der Friede wichtiger war als die Frage, inwieweit er gegen die Resolution von 1917 verstieß, zumal formale Annexionen ja tatsächlich vermieden worden waren. Nur der konservative Abgeordnete Graf Westarp verlangte nach Annexionen und Kontributionen: «Nennen Sie es doch Annexion! Uns stört das Wort nicht.»[100] Der Zentrumsabgeordnete Erzberger, der die Juliresolution angeregt hatte, behauptete, der Friede von Brest stehe nicht in Widerspruch zu ihr, was ihm, wegen der offenen Absurdität seiner Äußerung, den Hohn der Konservativen im Reichstag eintrug.[101] Er erklärte, die deutsche Politik würde durch die lokale Bevölkerung in Osteuropa gestützt.[102] Der Nationalliberale Gustav Stresemann erinnerte an die Kosten des Krieges; nach dem Sieg werde Deutschland wohl zwei Millionen Tote zu beklagen haben und 150 Milliarden Mark Kriegskredite zurückzahlen müssen; wo läge dann die sittliche Verpflichtung, nach der ausgeschlagenen Friedensofferte der Reichstagsmehrheit, «den Feind nicht die volle Bürde dessen spüren … [zu] lassen, was er uns auferlegt hat?»[103]

Das Bild ist eindeutig: Die Parteien des Reichstags sahen, dass sich in Osteuropa gute Möglichkeiten boten, die deutsche Macht zu erweitern, und deshalb stimmten sie am 22. März 1918 dem Frieden zu, unter Enthaltung der SPD[104] und unter den Gegenstimmen der USPD. Nur die USPD hatte Sympathien oder Respekt für die Bolschewisten. Die Parole, die Völker Ostmitteleuropas vor dem Zugriff einer menschenverachtenden Diktatur zu retten, war deshalb zugkräftig und förderte die Idee eines eng mit Deutschland verbundenen Baltikums, wo es ohnehin eine deutsche Minderheit gab. Matthias Erzberger formulierte das wie folgt: «Die Leute vertrauen dort auf uns, sie wollen mit uns gehen. Wir wollen die Völker nicht zurückstoßen, wenn sie Anschluss an uns suchen.»[105]

Zusätzlich zu den in Brest geschlossenen Friedensverträgen mit Sowjetrussland und der Ukraine wurde am 7. März 1918 in Berlin ein solcher mit Finnland unterzeichnet; deutsche Truppen intervenierten in dem dort tobenden Bürgerkrieg. Mit Rumänien, das seit dem russischen Waffenstillstand militärisch in der Luft hing und auch einen Waffenstillstand abgeschlossen hatte, wurde ebenfalls über einen Frieden verhandelt. Hier prallten deutsche und österreichische Interessen aufeinander, und außerdem erhob noch Bulgarien Gebietsansprüche, die wiederum die Türkei zu Kompensationsforderungen veranlassten. Rumänien wurde schließlich durch ein Ultimatum gezwungen, dem Frieden zuzustimmen.[106]

***

Wie sind diese Verträge historisch einzuordnen? Tatsächlich sahen die in Brest-Litowsk festgesetzten Grenzen denen der Nachfolgestaaten der Sowjetunion nach 1991 recht ähnlich. Die Vorgänge des Jahres 1918 waren eben auch der Zerfallsprozess eines Vielvölkerstaates wie der, der sich Ende 1918 in Österreich-Ungarn ereignen sollte. Der Gegner suchte aus dem Zerfall seinen Vorteil zu ziehen; was die Deutschen und Österreicher in Russland machten, versuchten die Westmächte später mit den Nachfolgestaaten der Habsburgermonarchie. Die Triebfeder war nicht nur deutscher Machtwille, sondern auch die Abneigung der nichtrussischen Nationalitäten, sich dem russischen und außerdem noch dem bolschewistischen Diktat zu unterwerfen. Der Abfall Finnlands und der Ukraine war antikommunistisch und national motiviert.[107] Philipp Scheidemann hatte festgestellt, es sei nicht die Absicht seiner Partei gewesen, Russland zu zerstückeln, und gab dem russischen Bolschewismus die Schuld an der Entwicklung.[108] Das war keine Heuchelei; die national bedingten zentrifugalen Tendenzen der Randvölker im Baltikum, in Polen, der Ukraine, Finnland und Georgien waren durch die Furcht vor dem bolschewistischen Regime in St. Petersburg deutlich verschärft worden. Die Grenzen des Brester Friedens erscheinen aus heutiger Sicht vielleicht berechtigter als in der Zeit der Sowjetunion, in der sie alle wieder revidiert worden waren und daher als kurzlebiges Gewaltprodukt des deutschen Imperialismus wahrgenommen wurden.[109]

Was die Verhandlungen von Brest-Litowsk trotzdem zu einem bedrückenden Ereignis machte, war die tiefe Unehrlichkeit der Politik der Zentralmächte und die Fadenscheinigkeit, mit der sie das Selbstbestimmungsrecht nutzten, um in Ostmitteleuropa ein Netz von Satellitenstaaten aufzubauen, deren tatsächliche Unabhängigkeit sie keinesfalls zulassen wollten. An dieser Absicht konnte kein Zweifel bestehen, und dies unterschied auch die deutsche Politik gegenüber den Randstaatenvölkern von der späteren alliierten Haltung gegenüber den Nachfolgestaaten der Habsburgermonarchie. Kühlmann sprach in der Vorbereitung der Verhandlungen von der «Fiktion der Selbstbestimmung der Völker».[110] Die Mittelmächte strebten nach Dominanz in diesen Territorien und suchten klare Willensäußerungen der Bevölkerungen zu verhindern, wenn sie befürchteten, dass sich das Ergebnis eventuell gegen ihre Einflussnahme richten würde. Im Baltikum stützte sich die Vertretung der Bevölkerungsinteressen auf kleine, nicht repräsentative Gruppen und willkürlich gebildete Vertretungen, in Kurland auf die Landesversammlung von Baltendeutschen und die deutschfreundliche Bevölkerung, die eine Minderheit von unter zehn Prozent darstellte.[111] In Litauen wurde die Taryba als Organ der Willensbildung präsentiert, wobei sie massiv unter Druck gesetzt wurde, um deutschen Wünschen willfährig zu sein.[112] Die Ukraine wurde von deutschen Truppen besetzt, die Bolschewisten zurückgedrängt, das Land dann ausgeplündert von Soldaten und staatlichen Einkaufsgesellschaften, die überall nach Lebensmitteln suchten. Als die Rada nicht mitspielte, wurde einfach eine neue Regierung installiert, die unter der Führung des Hetmans Skoropadski stand. Dies zeigte die große Kurzsichtigkeit der deutschen Regierung, die, wie der unabhängige Sozialdemokrat Ledebour am 19. März 1918 im Reichstag kritisierte, «eine Augenblickskonstellation ausnutzte, um den Russen einen Zwangsfrieden aufzuoktroyieren»,[113] und dann hinterher überall in Osteuropa militärisch intervenieren musste.

Die Politik der Mittelmächte wurde fraglos durch Imperialismus, also durch Herrschaftswillen über andere Völker, geprägt; das Zentrum war die OHL, aber die Bereitschaft, die Situation auszunutzen, fand sich ebenso in den bürgerlichen Parteien des Reichstags, bei den Nationalliberalen wie Stresemann und ganz besonders auf der politischen Rechten. Aber handlungsbestimmend war bei den Verhandlungen nicht nur bloßer Machtwille, sondern auch die nackte Verzweiflung, vor allem, wenn Österreich-Ungarn in den Blick genommen wird. Die katastrophale wirtschaftliche Notlage der Mittelmächte und das panische Suchen nach Lebensmitteln im eigenen Machtbereich dominierte alles und machte eine «vernünftige» Politik, die auch den berechtigten Interessen der Randvölker entgegengekommen wäre, sehr schwierig. Die gesamte Ukrainepolitik stand unter dem Vorzeichen, eine Hungersnot in Österreich abzuwenden; die bloße Hoffnung auf das Getreide war schon ein bedeutsamer Faktor.

Weiterhin kam erschwerend hinzu, dass in diesen Gebieten, die unter deutscher Besatzung waren, ein Bürgerkrieg zwischen weißen und roten Kräften tobte. Körperschaften zu bilden, die den Volkswillen in den fraglichen Gebieten demokratisch repräsentiert hätten, war schwierig. Es gibt Anzeichen dafür, dass die Bevölkerung der Randstaaten tatsächlich nicht unter bolschewistische Herrschaft geraten wollte – das war ja selbst in Russland der Fall, wo die Bolschewisten weniger als 25 Prozent der Stimmen für die verfassunggebende Versammlung erhalten hatten –, aber sie wollte eben auch nicht unter der Fuchtel der deutschen Militärverwaltung stehen.

Es fehlte deutscherseits, vor allem bei der OHL, aber die Bereitschaft, den Willen der Bevölkerung ernst zu nehmen, sollte er den eigenen Interessen widersprechen. Schon der Plan, in all diesen Staaten deutsche Prinzen einzusetzen – der Kaiser selbst sollte Herzog von Kurland werden, später wurde auch der Herzog von Urach als König von Litauen gehandelt –, zeigte den deutschen Machtwillen. Dabei hatte das Beispiel der Hohenzollern in Rumänien gezeigt, dass eine dynastische Verbindung im Ernstfall den Krieg nicht verhindern konnte. Die Skepsis der Regierungen der Mittelmächte, ob die Randstaaten wirklich gehorsame Satelliten sein würden, war mehr als berechtigt. Ihr Spielraum, die Sympathien der Bevölkerungen zu gewinnen, war äußerst begrenzt; die katastrophale wirtschaftliche Not in allen besetzten Gebieten entfremdete die Bevölkerung den Besatzungsmächten, und dies galt gerade für die Österreicher in Polen, was wiederum die Chancen auf eine austropolnische Lösung immer weiter reduzierte.[114] Hinzu kamen hoffnungslose Streitigkeiten zwischen den Randvölkern, etwa über Grenzgebiete zwischen Ukrainern und Polen, wie der erwähnte Konflikt um den Cholmer Bezirk.[115] Zu diesen Problemen gesellten sich dann noch die Gegensätze zwischen den Mittelmächten selbst, zum Beispiel was die Zukunft Polens anging.

Das katastrophale Ergebnis der Brester Verhandlungen hatten die Russen aber auch ihrer Verhandlungstaktik zuzuschreiben. Trotzki hatte die Gespräche zu verschleppen und als internationale Bühne zu verwenden gesucht, um den Imperialismus der Zentralmächte anzuprangern. Seine Idee, die Forderungen der Mittelmächte nicht zu akzeptieren, die Friedenskonferenz zu verlassen, zu demobilisieren und diesen Zustand «weder Krieg noch Frieden» zu nennen, stellte ein abenteuerliches Risiko dar. Sie musste, da die russische Armee sich in voller Auflösung befand und damit Sowjetrussland den Mittelmächten wehrlos gegenüberstand, zum Desaster führen, sollten sich die Deutschen zu einer militärischen Antwort entschließen. Lenin hatte genau dies befürchtet, während Trotzki den Handlungswillen seiner Gegner unterschätzt hatte. Der «Eisenbahnvormarsch» führte zur einzig realistischen russischen Option, nämlich der Unterzeichnung des Vertrags, nun zu erschwerten Bedingungen. Ähnliches hätte übrigens im Frühsommer 1919 auch dem Deutschen

Reich geblüht, wenn seine Unterhändler die Unterzeichnung des Friedens in Versailles verweigert hätten, so wie Scheidemann es vorgeschlagen hatte.

Im Westen und bei den Neutralen machte Brest-Litowsk natürlich einen vernichtenden Eindruck, vor allem wegen der gewaltigen russischen Territorialverluste. Nun schienen alle bisherigen Friedensangebote der Mittelmächte endgültig als Heuchelei entlarvt und deren brutaler Imperialismus am augenfälligen Beispiel nachgewiesen. Brest-Litowsk entwertete im Nachhinein sämtliche Friedensschritte, die die deutsche Führung bis dahin unternommen hatte, und half der Entente, sich in der historischen Deutung des Ersten Weltkriegs als Befreier Europas zu etablieren.

Doch selbst der Brester Vertrag entsprach diesem Klischee nicht vollständig. Zwar kam der russische Zerfall der deutschen Regierung nicht unwillkommen, und sie suchte alle Chancen, die sich daraus für die Schaffung eines deutsch kontrollierten Vorfelds in Ostmitteleuropa, ja eines Kontinentalimperiums ergaben, zu nutzen. Andererseits hatte die Entente erneut eine Gelegenheit zum Frieden ausgeschlagen: Die Mittelmächte wären zu Weihnachten 1917 wohl bereit gewesen, alle Gewinne in Osteuropa gegen einen allgemeinen Frieden einzutauschen. Dies hätte intern in Deutschland zu ungeheuren Diskussionen geführt, da Hindenburg und Ludendorff opponiert hätten und hinterher von einem verschenkten Sieg die Rede gewesen wäre. Doch selbst Ludendorff gab zu, dass ein Friedensangebot der Gegner aus innenpolitischen Gründen nicht abgelehnt werden könne.[116] Graf Hertling und die Diplomaten hegten ebenfalls die Befürchtung, die deutschen Vorteile in Osteuropa bei einem generellen Frieden preisgeben zu müssen, ebenso wie die deutschen Verbündeten Bulgarien und die Türkei. Und doch war die Notlage in den Vierbundmächten so groß, dass sich vermutlich die von Kühlmann angeführte Friedenspartei durchgesetzt und die Vorteile im Osten gegen einen sofortigen allgemeinen Frieden eingetauscht hätte.

Die deutschen Unterhändler in Brest versuchten, ein angesichts der Kriegslage letztlich auf Sand gebautes Ostimperium zu begründen. Wilhelm II. war benommen von den Erfolgen im Osten und sah sich schon als triumphierender Sieger über alle Feinde.[117] Hingegen ließ die Kriegslage, wie aus der Rückschau deutlich wird, nur die Chance eines radikalen Verzichtfriedens, zu dessen Vorbereitung es nötig gewesen wäre, um die Weltöffentlichkeit zu kämpfen, die Westgegner auch weiterhin ins Unrecht zu setzen, an die Friedenspartei in den gegnerischen Staaten zu appellieren und auf deren Einlenken zu hoffen. Der Friede von Brest war das genaue Gegenteil dieser Strategie. Er gab der Kriegspartei im Westen gewaltigen Auftrieb. Der deutsche Militarismus schien demaskiert, seine Friedensangebote heuchlerisch. Die deutschen Rechtsparteien hofften, was Lloyd George und die Amerikaner befürchteten, nämlich dass die Deutschen, unter erzwungener Kooperation der Russen und der osteuropäischen Völker, sich die Ressourcen verschaffen könnten, um den Krieg noch Jahre weiterzuführen und vielleicht sogar zu gewinnen.[118] Lloyd George sagte, «Deutschland könne nun noch Jahre weiterkämpfen und sei dazu, dank der russischen Kornfelder, auch in der Lage».[119] Diese Befürchtungen erwiesen sich als grundlos, da alle Versuche, beispielsweise die Ukraine als Lebensmittellieferant zu nutzen, nur bescheidene Ergebnisse zeigten. Ein systematischer Wiederaufbau der osteuropäischen Wirtschaftskraft hätte Jahre gedauert und Ressourcen erfordert, über die die Mittelmächte zu diesem Zeitpunkt nicht mehr verfügten. Trotzdem hat Ludendorff im Ansatz eine solche Strategie versucht und das ganze Jahr 1918 eine immer uferlosere Ostexpansion betrieben. Immerhin verblieben im Frühjahr 1918 zwanzig, wenn auch schwache Divisionen im Osten. Sie waren dort erforderlich, so argumentierte hinterher zumindest der Untersuchungsausschuss des Reichstags, weil andernfalls die Lebensmittel und Rohstoffe aus der Ukraine und Rumänien nicht hätten abtransportiert werden können, und diese waren für Deutschland und vor allem für Österreich-Ungarn überlebenswichtig. Hier ging es auch um Psychologie. Allein die Hoffnung auf ukrainisches Getreide wurde benötigt, um die Moral aufrechtzuerhalten, und nirgendwo mehr als in Österreich. Eine Preisgabe der Ukraine hätte die prekäre Versorgungslage und innere Stimmung der Mittelmächte noch weiter verschlechtert und möglicherweise zum raschen inneren Zusammenbruch Österreich-Ungarns geführt. Zwar war umstritten, wie groß die Lebensmittelmengen waren, die aus der Ukraine gewonnen werden konnten. Es wurde später festgestellt, dass nur eine relativ bedeutungslose Menge in Deutschland angekommen war, die nicht die Stationierung von zwanzig Divisionen im Osten rechtfertigte.[120] Die Lieferungen erwiesen sich im Laufe des Jahres 1918 immer mehr als Chimäre, und trotzdem uferte die Ostexpansion immer weiter aus, einschließlich eines «Schlussstein»[121] genannten Plans, nach Murmansk vorzustoßen, um den Bolschewiken gegen die Westmächte zu helfen, die dort gelandet waren. Allerdings wurden trotz dieser Aktionen im Laufe des Jahres immer mehr Truppen in den Westen abgezogen.

18

«Glänzend, aber hoffnungslos»: Die Lage des Deutschen Reiches um die Jahreswende 1917/18

> Er zitierte die Äußerung des sehr deutschfreundlich gesinnten, trefflichen schweizerischen Kriegsschriftstellers Stegemann, der Deutschlands Lage ‹glänzend, aber hoffnungslos› nannte. Ich bin leider überzeugt, Stegemann hat Recht.
>
> *Kronprinz Rupprecht von Bayern, 19. Mai 1918*

Der sich abzeichnende Ostfriede hatte einen gewaltigen Effekt auf die Stimmung in Deutschland. Der Pessimismus, der Ende 1916 oder im Sommer 1917 dominiert hatte, war verschwunden. Die Antrittsrede, die der neue Reichskanzler, Graf Hertling, am 30. November 1917 vor dem Reichstag hielt, strotzte vor Zuversicht. Er sprach über die siegreiche Abwehr im Westen: Auch die massiven Angriffe der Engländer in Flandern hatten nur zu lokalen und unbedeutenden Erfolgen geführt. Der Gegner im Osten war zusammengebrochen. In Italien war ein ganz großer Sieg errungen worden; Hertling hob hervor, dass die italienische Armee bei ihrem fluchtartigen Rückzug die Hälfte ihrer Waffen und ihres Geräts verloren hatte. Die Abwehr in Mazedonien war erfolgreich, und in Ostafrika leistete v. Lettow-Vorbeck auch weiterhin Widerstand.[1] Die einzigen Rückschläge, die Hertling zu vermelden hatte, kamen aus Palästina: Dort war Allenby der Durchbruch gelungen, und als Konsequenz war Jerusalem gefährdet. Doch das änderte seiner Ansicht nach nichts an der erfreulichen militärischen Gesamtlage. Hertling rundete dieses strategische Panorama mit den Erfolgen im Seekrieg ab und erwähnte die erfolgreiche Landungsoperation der Marine auf den Inseln vor Riga sowie die Erfolge des U-Boot-Krieges.[2]

Der Reichskanzler kritisierte unter dem Beifall des Hauses vor allem den gegnerischen Kriegswillen und sagte: «Die Verantwortung für dieses fortgesetzte Morden, für diese Zerstörung unersetzlicher Kulturwerte, für diese wahnsinnige Selbstzerfleischung Europas trifft allein die Mächte der Entente, sie tragen die Verantwortung, und sie werden die Folgen zu tragen haben.»[3] Die große Mehrheit des Reichstags – nur die USPD versuchte gegenzusteuern – teilte die Auffassungen Hertlings, und die Redner der verschiedenen Fraktionen schwelgten in den militärischen Erfolgen, priesen die «geniale Führung» der Armee[4] und die Tapferkeit der Soldaten, besonders an der Westfront. Diese Stimmung war eine ganz allgemeine. Beobachter, wie Kurt Riezler, kritisierten die Militärfrömmigkeit und den Optimismus der Öffentlichkeit: «Das Volk von oben bis in den Kleinbürgerstand hinein – läuft dem Erfolg nach. In rührender Zuversicht sieht es schon die Entente niedergerungen, … [preist den Erfolg] genau so schnell [ein] wie in den ersten Kriegsmonaten, hat die bittersten Erfahrungen vergessen und ist trotz allem immer noch voll der gleichen Hybris.» [5] Tatsächlich meinte Gustav Stresemann Ende April 1918, dass die «Mehrheit des 19. Juli» 1917 «unter dem energischen Sichaufbäumen der Siegesstimmung im deutschen Volke zusammengebrochen ist».[6]

Diese Hochstimmung war sachlich unberechtigt und sollte sehr nachteilige Auswirkungen haben, war aber erklärlich. War es doch immerhin gelungen, den Gegner im Osten aus dem Feld zu schlagen und zu Friedensverhandlungen zu zwingen, und an allen anderen Fronten war das deutsche Heer entweder in der Abwehr siegreich oder sogar selbst offensiv. Die deutsche Öffentlichkeit kehrte nach über drei Jahren Krieg zu dem Selbstbewusstsein zurück, das sie vor 1914 besessen hatte, nämlich zu dem Glauben an die eigene militärische Überlegenheit. Sie hatte ihn nie vollständig verloren, und er hatte ihr geholfen, gegen eine große Übermacht nicht nur durchzuhalten, sondern die größte gegnerische Macht sogar entscheidend zu schlagen. Philipp Scheidemann hatte im Februar 1917 von «unserer militärischen Überlegenheit, die wir nach meiner bestimmten Annahme bis ans Kriegsende bewahren werden», gesprochen.[7] Was der Sozialdemokrat glaubte, das nahmen die Vertreter der bürgerlichen Parteien erst recht an. Und nun, da Russland zusammengebrochen war, schien es doch möglich, auch die Westgegner besiegen zu können, die ihre fehlende Kompromissbereitschaft immer wieder unter Beweis gestellt hatten. Dies ergänzte sich mit dem Eindruck, den die sowjetische Veröffentlichung der geheimen Kriegszielvereinbarungen der Alliierten in Deutschland gemacht hatte; darunter der Vertrag von London von 1915, das Sykes-Picot-Abkommen oder das Angebot Doumergues von 1917.[8] Diese Dokumente machten in Deutschland einen verheerenden Eindruck, und zwar gerade bei denjenigen, die auf einen Ausgleichsfrieden hofften, während sich die Siegfriedensbefürworter in ihren Ansichten über den Vernichtungswillen der Feinde bestätigt fühlten. Scheidemann, dessen Name in Deutschland zum Synonym für einen Verständigungsfrieden geworden war, sagte, dass Deutschland nichts wolle als die Selbsterhaltung und den Frieden, aber die Veröffentlichung der «Geheimdokumente der Entente» habe die «Niederträchtigkeit» der gegnerischen Eroberungspläne offengelegt und gezeigt, «dass wir nichts anderes tun konnten, als dafür zu kämpfen, dass das, was deutsch ist, auch deutsch bleibt».[9] Ähnlich äußerte sich am 1. Dezember sein Parteifreund Friedrich Ebert, der Führer der Mehrheitssozialdemokraten.[10] Die russischen Publikationen sorgten also dafür, jeden Zweifel an der Rechtmäßigkeit des eigenen Verteidigungskampfes zu beseitigen und den trotzigen Selbstbehauptungswillen des deutschen Volkes und seiner politischen Vertreter zu befeuern. Angesichts der durch die russischen Veröffentlichungen nachgewiesenen imperialistischen Ziele der Gegner war die erneute Bewilligung von Kriegskrediten im Dezember, anders als noch im Juli 1917, kein wirklicher Diskussionspunkt. Nur die USPD opponierte; sie bestritt zwar nicht die aggressiven Ziele der gegnerischen Regierungen, wollte aber an deren Völker appellieren. Ihr wurde im Reichstag aber sogar von den Sozialdemokraten Realitätsferne vorgeworfen.

Das Selbstvertrauen in die eigene militärische Kraft war bei der Bevölkerung, den Parteien und der Armee zwar wieder so angewachsen, dass Riezler von der Wiederkehr der alten «Hybris» sprach.[11] Und doch wollten alle den Krieg so schnell wie möglich zum Ende bringen. Die gewaltige Mehrheit des Reichstags teilte den Friedenswunsch der Russen und hoffte zuversichtlich, bald zum Frieden zu kommen. Sie befürwortete

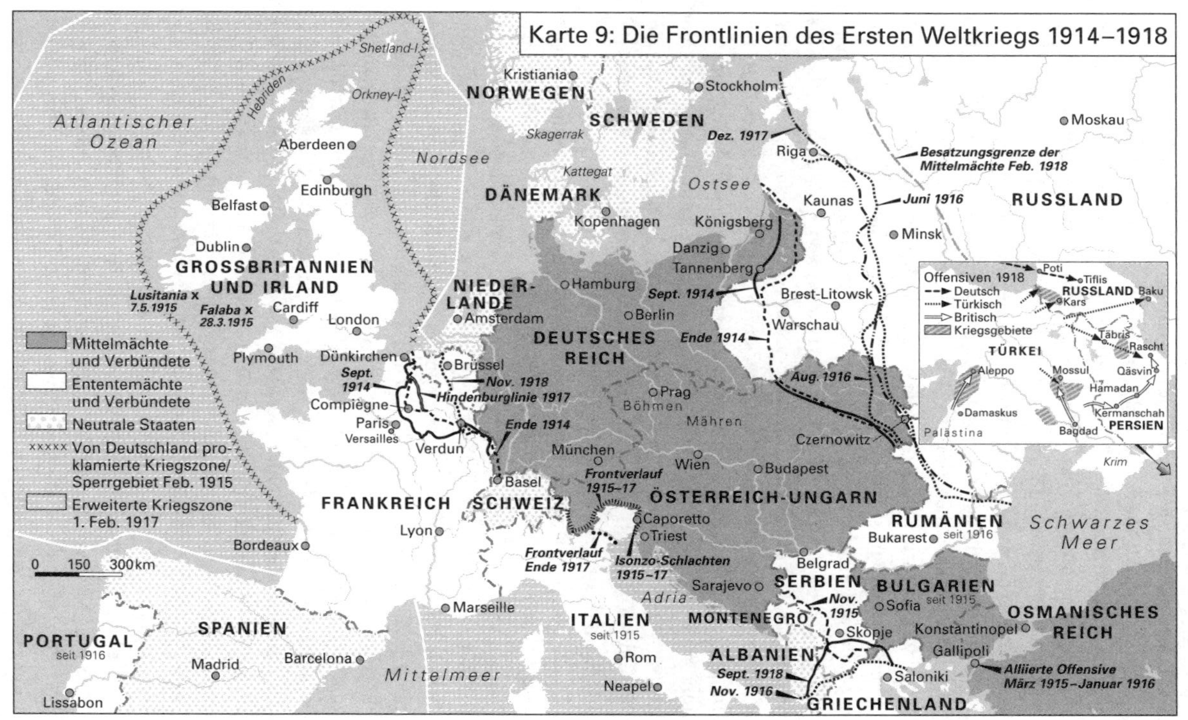

Karte 9: Die Frontlinien des Ersten Weltkriegs 1914–1918

Ende 1917 auch einen Frieden der Verständigung mit Russland, und nur die Konservativen sowie sehr viel vorsichtiger die Nationalliberalen opponierten und verlangten nach Gewinnen auf russische Kosten. Die durch die jüngsten militärischen Erfolge bekräftigte Entschlossenheit und das wiederhergestellte militärische Selbstbewusstsein kollidierten nämlich mit der tiefen Erschöpfung und Kriegsmüdigkeit bei Volk und Armee. Diese hatte inzwischen ein höchst kritisches Ausmaß erreicht. Seit Ende 1916 mehrten sich die Stimmen, die sagten, dass der Krieg nicht mehr lange weitergehen könne und dürfe. Streiks hatten seit 1916 sprunghaft zugenommen: 1915 streikten nur 14 000 Arbeiter, 1916 129 000, doch 1917 schnellte diese Zahl auf 667 000 empor; mehr als 1,8 Millionen Arbeitstage gingen verloren.[12] Hinzu kam, dass die Gewerkschaftsführer die Kontrolle über die Streikbewegungen zu verlieren begannen; viele Ausstände nahmen einen politischen Charakter an. In Berlin und anderen großen Industriestädten kam es zwischen dem 28. Januar und dem 4. Februar 1918 vor dem Hintergrund der Verhandlungen in Brest-Litowsk zu einer großen Streikwelle mit dem Ziel eines baldigen Friedens ohne Annexionen und Kontributionen und der Reform des preußischen Wahlrechts. Insgesamt traten etwa 600 000 Arbeiter in den Ausstand.[13]

Die Hauptursachen für die Protesthaltung der Bevölkerung waren die lange Dauer des Krieges und die gewaltigen, schon in die Millionen gehenden Opfer; die wirtschaftliche Not, die durch den Mangel an Arbeitskräften und Rohstoffen aller Art immer gravierender wurde, sowie die Folgen der immer effektiveren gegnerischen Blockade. Diese hatte, wie oben bereits erwähnt, zum faktischen Zusammenbruch der Nahrungsmitteleinfuhr aus benachbarten neutralen Ländern wie den Niederlanden und Dänemark geführt. Konnten 1916 noch 20 000 Tonnen Getreide pro Monat importiert werden, sank diese Zahl 1917 auf 3000 Tonnen und in der ersten Jahreshälfte 1918 unter 1000 Tonnen. Ähnlich katastrophal verhielt es sich mit praktisch allen anderen Nahrungsmittelimporten wie Rindern, Schweinen, Butter, pflanzlichen Fetten, Käse und Fisch. Manche Importe hatten sich seit 1916 halbiert, andere waren auf 15–20 Prozent der Importquote von 1916 gefallen.[14] Der Mangel wurde durch die Inflation weiter verschlimmert. Die Geldentwertung erreichte während des Krieges etwa 40 Prozent, aber die Preise für Lebensmittel waren sogar auf über 200 Prozent des Vorkriegsniveaus gestiegen.[15] Die Klagen über unkontrollierte Teuerung und Lebensmittelwucher waren allgemein und auch ein Standardthema bei den Linksparteien im Reichstag. Die Herstellung von Rüstungsgütern war zwar gestiegen, dafür war die Produktion in allen nichtmilitärischen Bereichen gefallen. Deutschland verarmte während des Krieges. Das Nationaleinkommen fiel, je nach Schätzung, auf 88 bis 57 Prozent des Standes von 1913; ein Rückgang von etwa 20 bis 25 Prozent dürfte eine realistische Annahme sein.[16] Die Kriegsausgaben machten 1917 etwa 50 Prozent des Nationaleinkommens aus.[17] Auch die Pro-Kopf-Produktivität und der Ausstoß an landwirtschaftlichen Gütern waren dramatisch zurückgegangen. Der Krieg war demnach nicht nur eine humanitäre und politische Katastrophe, sondern auch eine äußerst gravierende Wirtschaftskrise mit drückenden Folgen für die Bevölkerung.[18]

Bei den Bundesgenossen stellte sich die Situation noch weit schlimmer dar. Die österreichisch-ungarische Regierung sah sich schon seit dem Sommer 1916 am Ende ihrer Kräfte, und das galt auch für Bulgarien und das Osmanische Reich. Doch auch die Stimmung innerhalb Deutschlands war miserabel. Die Bevölkerung hielt seit 1916 den Krieg kaum mehr aus, dessen Ende nicht absehbar war und letztlich vollständig von den Umständen und vom Gegner abhing. In den Städten dominierte ein verzweifeltes, hasserfülltes Elend und ein immer weiter gehender Autoritätsverlust des Staates, der für die Notlage und die Versorgungsengpässe verantwortlich gemacht wurde.[19] Hier mag ein Weihnachtsfoto von 1917 die Stimmung verdeutlichen. Es zeigt das Ehepaar Wagner, das noch auf dem Weihnachtsfoto aus dem Kriegswinter 1915/16 patriotische Zuversicht zur Schau gestellt und ironische Bemerkungen über die angebliche damalige Hungersnot eingebaut hatte, indem es Würste auf dem Gabentisch präsentierte. Die Eheleute hatten damals hinter sich eine Karte aufgestellt, auf der sie die weit im gegnerischen Territorium liegenden Fronten eingetragen hatten.[20] Ganz anders war das Weihnachtsfoto von 1917. Schon die Unterschrift «Weihnachten bei Kohlenmangel» war vielsagend. Das Ehepaar stand im Wintermantel und mit bitterem Gesicht vor dem Weihnachtsbaum. Die Frontkarte war verschwunden, obwohl der Frontverlauf infolge der Eroberungen im Osten, in Rumänien und Italien noch eindrucksvoller gewesen wäre. Unter den Gaben dominierte ein Kochkasten, ein Isolierbehältnis, in das kochende Gerichte hineingestellt werden konnten. So konnten sie ohne weiteres Kochen gar werden; der Zweck des Kastens war, Kohlen zu sparen.

Abb. 34 Der Weihnachtsgruß des Ehepaars Wagner von Weihnachten 1917. Jeder Enthusiasmus ist verschwunden.

Dieses Foto macht es offensichtlich, wie sehr auch in diesem konservativen Haushalt in den vergangenen zwei Jahren des Krieges jeder Enthusiasmus verschwunden war. Und so sah es in der öffentlichen Meinung des Deutschen Reiches generell aus. In einem Bericht über die Stimmung der Berliner Bevölkerung vom 15. März 1918 hieß es: «Im allgemeinen steht das Volk allen Ereignissen, ob Sieg oder Niederlage, auf den Kriegsschauplätzen teilnahmslos gegenüber.»[21] Ein weiteres Beispiel wären hier die Kriegsbriefe des Generalobersten v. Lyncker, die zeigen, dass diese Abstumpfung auch ganz oben herrschte. Der hochrangige Berater des Kaisers sprach in seiner Korrespondenz fast nur noch über den Verlust seiner Söhne, über Ernteaussichten, Lebensmittelmangel und die sonstigen Nöte des Krieges; er nahm von der kaiserlichen Tafel Äpfel mit und alte Brötchen und schickte sie in Kartons nach Hause.[22] Der Durchhaltewillen war brüchig geworden. Daher musste der Krieg zum Abschluss gebracht werden, und zwar je eher, desto besser.

Aus der Rückschau kann natürlich gefragt werden, ob nicht bei möglichst geschickter Verwaltung des Mangels und in der Hoffnung, sich die reichen Ressourcen Osteuropas, vor allem das ukrainische Getreide, nutzbar zu machen, die Bevölkerung doch zu längerem Aushalten hätte gebracht werden können. Schließlich waren die Zustände spätestens seit 1916 in praktisch allen kriegführenden Staaten des Kontinents unerträglich, und es kam darauf an, nicht ewig, wohl aber die entscheidenden «fünf Minuten länger» durchzuhalten. Die russische Revolution von 1917 hatte aber gezeigt, dass es einen Punkt gab, ab dem die staatliche Autorität einfach zerbröckelte und von der Opposition und der fehlenden Unterstützung ihrer Bürger weggeschwemmt wurde wie eine Sandburg von der kommenden Flut. Mit dem Staat brach dann auch die Armee zusammen. Gerade die deutsche und die österreichische Regierung waren sich der Gefahr, dass der Krieg in einer Revolution enden würde, sehr bewusst. Diese Frage, wo die Grenze des Durchhaltens lag und wie elastisch sie gehandhabt werden konnte, war letztlich nicht vorausberechenbar; sie sollte sich aber als kriegsentscheidend erweisen. Sie war untrennbar damit verbunden, ob sich eine politische oder militärische Lösung des Konflikts abzeichnete, die dem Durchhalten eine Perspektive gab; sie war also abhängig vom Faktor «Hoffnung» in allen seinen Schattierungen. Schon Clausewitz wusste, dass der Gegner im Krieg in dem Moment aufgibt, in dem das weitere Durchhalten nachteiliger ist als die Preisgabe des Opfers, das der Sieger verlangt.[23] Um die Jahreswende 1917/18 war dieser Moment noch nicht gekommen, denn in der allgemeinen Einschätzung schien der militärische Sieg möglich, ja sogar wahrscheinlich.

Die Stimmung in Deutschland um die Jahreswende 1917/18 wurde also durch zwei Faktoren dominiert, die ineinandergriffen: Einerseits gab es die militärische Zuversicht und die trotzige Entschlossenheit, die Westgegner, die nicht kompromisswillig waren, durch militärische Siege, etwa so wie sie gerade gegen Italien erzielt worden waren, zum Frieden zu zwingen. Andererseits dominierte in der darbenden Bevölkerung eine dumpfe Verzweiflung über den nicht enden wollenden Krieg. Doch der schnellste Weg zum Frieden schien der Sieg. Die Hoffnung auf ein gutes und baldiges Kriegsende hielt die Stimmung in der Balance.

Nicht nur die Bevölkerung der Zentralmächte, sondern die aller europäischen Kriegführenden litt schwer unter dem Krieg. Selbst in Großbritannien wurde der Krieg seit 1916, seit der Schlacht an der Somme, als drückende Belastung empfunden, die dem Land größere Opfer abverlangte und mehr Geld kostete als alle Kriege zusammengenommen, die es jemals geführt hatte.[24] Unter dem Druck der Opfer begann auch die alliierte Entschlossenheit, den Krieg weiterzuführen, bis die deutsche Militärmacht geschlagen war, Risse zu zeigen, und selbst ein politischer Führer wie Lloyd George, der nach außen hin für unbedingten Siegeswillen stand, zweifelte bisweilen, ob nicht ein Kompromiss gesucht werden solle.[25]

Die Ursache dafür lag in dem sich abzeichnenden Ausscheiden Russlands aus dem Krieg, was die Regierungen der Westmächte, die sich der Effektivität der amerikanischen Hilfe noch nicht hundertprozentig sicher waren, zum Überdenken ihrer bisherigen Strategie zwang. Außerdem hatte das magere Resultat der alliierten Offensiven des Jahres 1917 zu tiefer Ernüchterung geführt. Und nun wurden deutsche Truppen zunehmend von der Ostfront an die Westfront verlegt, wodurch das Deutsche Reich hier zum ersten Mal seit dem August 1914 eine zahlenmäßige Überlegenheit zu gewinnen drohte.

Bisher hatte auf alliierter Seite ein ausgesprochen rüder Ton dominiert, der jede Hoffnung auf Verständigung zunichtegemacht und den Befürwortern eines harten Kurses in Deutschland immer neue Argumente geliefert hatte. Um die Jahreswende 1917/18 zeigte sich bei den britischen Politikern eine größere Offenheit. Diese war zwar auch taktisch bedingt: Sie konnten es sich, auch wegen der angespannten Kriegslage, gegenüber der eigenen Öffentlichkeit nicht leisten, als Kriegsverlängerer dazustehen. Gründe, ihnen das vorzuwerfen, ließen sich leicht finden. Im Sommer 1917 hatten sie ihren sozialistischen Delegierten die Erlaubnis verweigert, in Schweden an einer internationalen Friedenskonferenz teilzunehmen. Die Delegierten der Mittelmächte durften dagegen reisen. Außerdem mussten die Alliierten erklären, warum sie die teilweise öffentlich gewordenen Friedensfühler der Zentralmächte abschlägig beschieden hatten. Ganz besonders dringend wurde dies, weil der «Manchester Guardian» die russischen Veröffentlichungen der imperialistischen Kriegsziele in Übersetzung nachgedruckt hatte. Vor allem die politische Linke in Großbritannien forderte, als Antwort auf die Propaganda der Bolschewisten ein liberales und antiimperialistisches Kriegszielprogramm zu entwickeln.

Das Jahr 1917 hatte zahlreiche Friedensinitiativen gesehen, die von den Zentralmächten oder neutralen Vermittlern ausgegangen waren. Bereits erwähnt wurden das Friedensangebot der Mittelmächte vom Dezember 1916, die Friedensresolution des Reichstags vom Juli 1917, der Friedensaufruf des Papstes und das Angebot eines Gesamtfriedens von Weihnachten 1917. Diesen ist eine große Reihe weiterer Initiativen hinzuzurechnen, die auf die Mittel der Geheimdiplomatie setzten, also des vertraulichen Kontakts von Regierung zu Regierung. Der berühmteste dieser Friedensfühler wurde der Vorstoß, den Kaiser Karl von Österreich-Ungarn sehr bald nach seiner Thronbesteigung im November 1916 unternahm.[26] Der junge Kaiser wollte den Krieg so schnell wie möglich beenden. Über seinen Schwager, Prinz Sixtus, der als Offizier in der belgischen Armee diente, versuchte er, mit Frankreich in Friedensverhandlungen zu kommen, und agierte dabei teilweise auch an seinem Außenminister Graf Czernin vorbei. Es blieb unklar, ob er einen Separatfrieden anstrebte oder eher über Frankreich zu einem allgemeinen Frieden gelangen wollte. In diesem Zusammenhang fiel auch eine schriftliche Äußerung über die Forderung Frankreichs nach Elsass-Lothringen; seine Formulierung ließ sich so deuten, dass Kaiser Karl sie als gerecht empfinde und anbot, sich für die Rückgabe einzusetzen. Dies sollte 1918, als Clemenceau die Korrespondenz veröffentlichen ließ, gewaltiges Aufsehen in Deutschland erregen. Außerdem wollte Karl zusichern, dass Deutschland Belgien aufgab.

Seine Vorschläge krankten aber daran, wie auch Lloyd George später hervorhob, dass er zwar Deutschland einen Verzicht im Westen zumuten, jedoch seinerseits Italien nicht entgegenkommen wollte.[27] Hierbei entsprach die Haltung des Kaisers der seiner Untertanen. Italien wurde von der öffentlichen Meinung der Monarchie als verräterischer ehemaliger Freund und als militärisch untüchtig verachtet. Der Kaiser wie auch die Volksstimmung der Monarchie empfanden gegen Italien starke Feindschaft.[28] Die Alliierten wiederum fühlten sich ihrem italienischen Bundesgenossen gegenüber durch die Versprechungen verpflichtet, die sie im Vertrag von London 1915 eingegangen waren. Allerdings machte ein mysteriöser italienischer Friedensfühler, der die Ansprüche Roms auf das Trentino begrenzte, der britischen Regierung zeitweise Hoffnung, dass die sachlich unvereinbaren italienischen und österreichischen Forderungen doch kombiniert werden könnten; doch es kam nichts dabei heraus.[29] Der österreichische Friedensfühler scheiterte, obwohl das Interesse Großbritanniens, Österreich-Ungarn von Deutschland abzusprengen, sehr groß war. Lloyd George hätte gerne, wie er Ribot in einem Brief vom

23. Mai 1917 mitteilte, die gesamten Ressourcen der Alliierten darauf konzentrieren wollen, «die deutsche Militärmacht zu zermalmen.»[30] Die Franzosen verfolgten die österreichischen Friedensfühler jedoch mit Misstrauen, auch weil sie befürchteten, Italien werde nach dem Ausscheiden der Habsburgermonarchie sofort selbst Frieden schließen.[31]

Mit dem Friedensfühler Kaiser Karls erschöpften sich die österreichischen Initiativen nicht; sie wurden das gesamte Jahr 1917 hindurch von Außenminister Graf Czernin fortgesetzt, der meinte, dass die «dumpfe Verzweiflung» des unterernährten Volkes «ein weiteres Tragen der Kriegslasten unmöglich» mache.[32] Die österreichisch-ungarische Diplomatie hatte auch versucht, die deutsche Regierung zur Abtretung von Elsass-Lothringen zu bewegen, etwa so, wie die deutsche Diplomatie ihren Verbündeten im Frühjahr 1915 zur Abtretung des Trentino an Italien gedrängt hatte. Sie wollte dafür ihrerseits Galizien opfern, das dem neugegründeten polnischen Staat zugeschlagen werden und jener dann unter deutsche Kontrolle kommen sollte.[33] Doch dieser Vorschlag stieß in Deutschland nicht auf Gegenliebe, obwohl es sich hierbei um eine Idee handelte, die sich zwar ganz im Rahmen alter Kabinettspolitik bewegte und dem Prinzip liberaler Selbstbestimmung widersprach, aber vielleicht doch das Potential gehabt hätte, Verhandlungen in Gang zu setzen. Doch so flexibel, darauf einzugehen, war auf deutscher Seite niemand: weder Diplomatie noch Kanzler, Kaiser oder Reichstag, geschweige denn die OHL und auch nicht die Öffentlichkeit.

Die deutsche Seite blieb aber diplomatisch nicht untätig. Ein weiterer Friedensfühler wurde im Herbst 1917 von Staatssekretär Richard v. Kühlmann unternommen. Er war vor dem Krieg Botschaftsrat in London gewesen und hatte bei seinen britischen Gesprächspartnern einen guten Eindruck hinterlassen. Kühlmann wollte das Friedensproblem nun ebenfalls angehen, und zwar durch einen Friedensfühler über einen neutralen Vermittler. Hierzu hatte er sich den spanischen Gesandten in Brüssel, Rodrigo de Saavedra, Marqués de Villalobar ausgesucht. Dieser sollte seine Mitteilungen an das Außenministerium in Madrid weitergeben, um die Nachricht an die Briten zu übermitteln. Das Verfahren schien umständlich, entsprach aber den Usancen der Geheimdiplomatie und wurde von britischer Seite auch so gewürdigt. Kühlmann versuchte zuerst ein bilaterales Gespräch mit Großbritannien in Gang zu bringen. Die britische Regierung wollte zwar hören, was Deutschland anbieten konnte, jedoch nicht hinter dem Rücken ihrer Bündnispartner handeln, auch weil sie befürchtete, diese könnten von den Kontakten aus anderen Quellen erfahren.

Es kam parallel dazu noch zu weiteren deutschen Geheimkontakten mit Frankreich, die aber nicht weit gediehen. In der zweiten Jahreshälfte 1917 sah es aus britischer Perspektive für einen Augenblick so aus, als suchte die deutsche Diplomatie die gegnerische Koalition auseinanderzudividieren, indem sie den kontinentalen Verbündeten Großbritanniens, die jeweils für ihre spezifischen nationalen Vorteile kämpften, weit entgegenkommen wollte.[34] So befürchteten Lloyd George und Balfour, die Franzosen könnten durch das Angebot Elsass-Lothringens aus dem Krieg manövriert werden; keine französische Regierung würde dann noch weiterkämpfen. Das gleiche galt für Italien; sollte die österreichisch-ungarische Regierung großzügige Angebote machen, würde Italien aus dem Krieg aussteigen. Lloyd George meinte also, dass die von «fanatischem» Nationalismus beseelten kontinentaleuropäischen Verbündeten durch Befriedigung ihrer egoistischen Ziele eventuell korrumpierbar seien, während die USA und Großbritannien bis zum Sieg über die Gegner am Krieg festhalten wollten und würden.[35]

Ganz abgesehen von der reichlich idealisierenden Sicht auf das eigene Handeln – Großbritannien hatte zwar in Europa keine Eroberungsziele, dafür aber sehr weitgehende auf der Ebene des Empire – gab es dieses deutsche Angebot an Frankreich, vor dem sich die britische Regierung ängstigte, gar nicht. Dies war zum deutschen Schaden, da das, was der Gegner am meisten fürchtet, normalerweise das Intelligenteste ist, was eine Regierung im Krieg unternehmen kann. Das ist aus der Rückschau auch klar zu erkennen; vielleicht hätte für einen relativ kleinen Preis ein großer Gewinn gemacht werden können. Die Abtretung Elsass-Lothringens und der vollständige Verzicht auf Belgien hätte den Mittelmächten das Unentschieden im Ersten Weltkrieg bringen können. Die Niederlage im Westen – denn als Beweis einer solchen wäre eine Abtretung der Reichslande natürlich allseits angesehen worden – wäre durch den Sieg im Osten kompensiert worden. Ähnliche Lösungen wurden sogar von Einzelnen befürwortet; hier sind etwa die Kronprinzen Wilhelm und Rupprecht von Bayern zu erwähnen, die auf diese Weise den Krieg beenden wollten.[36] Doch die Kronprinzen standen politisch im Abseits, und ihre Idee wäre nicht nur auf den erbitterten Widerstand der Regierung, der OHL und der politischen Rechten, sondern auch auf den der Reichstagsmehrheit gestoßen, deren Formel vom Verteidigungskrieg zwar einen Annexionsverzicht, aber auch die Selbstbehauptung forderte und damit eigene Abtretungen ablehnte. Der Gedanke an einen Gebietstausch – die Deutschen sollten Territorium im Westen aufgeben und dafür mit russischen Gebieten entschädigt werden – hatte sogar in Großbritannien einige Fürsprecher, so etwa den südafrikanischen General und späteren Premier Smuts, der Ende 1917 den ehemaligen österreichisch-ungarischen Botschafter in London, Mensdorff, zu Gesprächen in der Schweiz traf.[37] Smuts befürwortete einen Ausgleich und sah «no good» in dem amerikanischen Übergewicht auf allen Gebieten, das er als unausweichliches Resultat eines nach langem Krieg errungenen Totalsiegs über Deutschland kommen sah.[38] Auch Generalstabschef Haig empfand es als vorteilhaft, mit dem Gegner eine Übereinkunft zu finden, die allerdings dem Britischen Empire seine Kriegsgewinne, also die deutschen Kolonien und die osmanischen Territorien, lassen sollte. Immerhin meinte Haig, ein baldiges Kriegsende sei in Britischem Interesse, da ein weiteres Jahr Krieg Großbritannien schwächen und die USA stärken würde.[39]

Doch hatten diese Gesprächsinitiativen keine wirkliche Aussicht auf Erfolg. Ein Kardinalproblem war, dass die Westmächte auf keine Bedingungen eingehen wollten, die für die Mittelmächte politisch akzeptabel gewesen wären; sie wollten den Sieg und auch die Früchte des Sieges. Die Mittelmächte waren aus Schwäche, nicht aus gutem Willen heraus kompromissbereiter, sie fühlten sich aber nicht besiegt und wurden außerdem durch die Halbherzigkeit und Übervorsichtigkeit der deutschen Diplomatie behindert. Die außenpolitische Lage war derart, dass, nach einem Wort von David Stevenson, nur ein politischer Führer von der Durchsetzungsfreude und rücksichtslosen Entschlossenheit eines Bismarck oder Lenin vielleicht hätte Erfolge haben können.[40] Doch die feste Bereitschaft, mit Althergebrachtem zu brechen, war weder beim Reichskanzler noch beim Leiter der deutschen Außenpolitik zu finden. Graf Hertling war ein ehrenwerter, aber gesundheitlich angeschlagener und keinesfalls ein kühner Mann; auch der Staatssekretär des Auswärtigen, Kühlmann, war kein solcher. Er neigte grundsätzlich zum diplomatischen Taktieren. Seine Bedenken waren immer klar begründet und gut zu verstehen, belasteten aber jeden Friedensschritt gewaltig. Das Hauptproblem war, wie schon seit Jahren, die Zukunft Belgiens. Kühlmann wollte Belgien bei

Friedensschluss herausgeben, es aber als Faustpfand in der Hand behalten, um damit in Verhandlungen die deutschen Kolonien auslösen zu können, die inzwischen, mit Ausnahme von Deutsch-Ostafrika, vollständig von den Gegnern besetzt worden waren. Die Briten machten in der Tat keine Anstalten, die Kolonien oder die besetzten osmanischen Territorien wieder herauszugeben;[41] daher war dieses Argument nicht unberechtigt. Und so vermieden die deutschen Diplomaten bewusst eine klare, unmissverständliche Äußerung zu Belgien, die als Festlegung in der einen wie der anderen Richtung verstanden werden konnte. Zwar wurde in britischen und amerikanischen politischen Kreisen vermutet, dass die deutsche Regierung in Wahrheit auf Belgien verzichten wollte, aber die deutsche Weigerung, dies öffentlich und unmissverständlich zu bekunden, hatte schon bei der deutschen Antwort auf die päpstliche Friedensinitiative von August 1917 im Vatikan große Enttäuschung ausgelöst. Sie sorgte auch bei den Österreichern für wachsenden Ärger. Sie hielten den Deutschen vor, dass die Zeit des diplomatischen Finassierens längst vorbei sei, und Czernin meinte, den Alldeutschen könne «nur der Arzt helfen».[42] Auch in der deutschen Führung wurde dies kritisiert. Der bayerische Kronprinz Rupprecht meinte, wir «können … den Frieden nur dann erlangen, wenn wir endlich einmal klipp und klar es aussprechen, dass wir auf den dauernden Besitz Belgiens verzichten».[43]

Doch das wirkliche Problem war nicht die deutsche Haltung, sondern die der Alliierten; diese hatten nicht etwa die Hoffnung, sondern die Befürchtung, die deutsche Seite werde ihnen Substantielles anbieten und unter Umständen sogar generöse Angebote machen, die sie nicht ablehnen könnten. «Die alliierten Staatsmänner», so urteilte Lloyd George später, «waren nicht in der Stimmung für Friedenskonferenzen.»[44] Der Krieg sollte, so waren sich bei allem internen Zweifeln und Schwanken die Führungen in Paris und London doch sehr einig, mit einer klaren deutschen Niederlage enden.[45] Die deutsche Macht sollte gebrochen werden, denn alles andere werde nur einen neuen Waffengang erzwingen. So wie die deutsche Führung meinte, einen neuen Siebenjährigen Krieg zu führen, orientierte sich die britische Führung an dem Krieg gegen Napoleon, und damals hatte nicht der Kompromiss, sondern nur der vollständige Sieg geholfen.[46] Weder die britische noch die französische Regierung wünschten sich zum derzeitigen, für die Zentralmächte militärisch vorteilhaften Moment ernsthafte Friedensverhandlungen. Lloyd George hatte sich von den Führern des britischen Heeres und der Marine die alliierten Siegeschancen ausrechnen lassen, und zwar auch für den Fall des russischen Ausscheidens aus dem Krieg. Robertson hatte Ende Dezember 1917 zwar zunächst skeptisch und ausweichend reagiert,[47] aber als die Antwort schließlich lautete, dass ein alliierter Sieg sicher sei, war der Premier entschlossen, den Krieg bis zum Sieg fortzusetzen. Er schrieb später: «Ich hob hervor …, dass wir nun in der Position sind, mit Amerikas Unterstützung den Krieg unendlich lange fortzusetzen, bis wir einen Frieden erreicht haben würden, der es uns ermöglichte, unsere Bedingungen zu stellen.»[48]

Nicht alle teilten diese Bereitschaft, den Krieg notfalls «unendlich lange fortzusetzen». Ein genuiner Versuch, das Massenmorden abzukürzen, war eine Initiative Lord Lansdownes, des ehemaligen britischen Außenministers und Führers der Konservativen im House of Lords. Er war alles andere als ein Appeaser und hatte im Sommer 1914 eine britische Intervention befürwortet, selbst für den Fall, dass Deutschland die belgische Neutralität nicht verletzt hätte. Er war aber spätestens 1916 zu der Ansicht gelangt, dass der Krieg durch einen Kompromiss beendet werden sollte.[49] Am 9. November 1917 veröffentlichte er einen Brief im «Daily Telegraph»,[50] in dem er die Dauer und Verluste des Krieges beklagte, die nun schon in die Millionen gingen. Er empfand die «willentliche Verlängerung des Krieges als ein Verbrechen, das sich nur graduell von dem jener Krimineller unterscheidet, die ihn ausgelöst hatten».[51] Lansdowne betonte, dass auch er die Deutschen schlagen wolle; dies dürfe aber nicht der alleinige Zweck des Krieges sein. Es gehe um «Wiedergutmachung und Sicherheit»; das zweite Ziel, Sicherheit, sei aber wichtiger als das erste. Der Krieg müsse zwar ehrenvoll abgeschlossen werden, aber noch wichtiger sei es, zu verhindern, dass sich eine ähnliche oder infolge des technischen Fortschritts noch schlimmere Katastrophe in der nächsten Generation wiederholen könne. Es gehe darum, durch internationale und verpflichtende Schiedsgerichtsbarkeit die Wiederkehr eines solchen Krieges unmöglich zu machen, und er sehe Zeichen bei allen kriegführenden Nationen, dass sie sich darüber einig seien. Zwar sei die Wiederherstellung Belgiens unverzichtbar, aber die Kriegsziele müssten überdacht werden. «Wir werden diesen Krieg nicht verlieren, aber seine Fortsetzung bedeutet den Ruin der zivilisierten Welt und eine unendliche Steigerung des menschlichen Leidens.»

Wenn der Krieg zum Halten gebracht werden könne, dann deshalb, weil auf beiden Seiten die Völker der kriegführenden Länder erkannt hätten, dass er bereits zu lange dauere. Dieses Gefühl überwiege bereits in Deutschland, Österreich-Ungarn und der Türkei. Es gebe ununterbrochene Bemühungen der Zentralmächte, Friedensgespräche zu beginnen. Wenn diese noch nicht präzise und klar genug seien, um von der britischen Regierung aufgegriffen werden zu können, liege dies auch daran, dass die deutsche Regierung die alliierten Kriegsziele falsch dargestellt habe und behaupte, dass es den Alliierten um die Zerstörung Deutschlands ginge, dass sie dem Land gegen seinen Willen eine andere Regierungsform aufzwingen und seine Wirtschaftsmacht zerstören wollten. Diesen Befürchtungen solle man, so forderte Lansdowne, nun endlich entgegentreten. Man könne der Friedenspartei in Deutschland gewaltigen Auftrieb geben, wenn man klarmachte, dass Deutschland als Großmacht nicht vernichtet werden und ihm keine Regierungsform aufgezwungen werden solle; dass es nach dem Krieg keinen Wirtschaftskrieg geben werde und dass die Freiheit der Meere garantiert und alle Streitfälle durch ein internationales Schiedsgericht friedlich gelöst werden sollten.

Lansdowne stieß mit diesem Brief eine internationale Diskussion an, deren historische Bedeutung nicht unterschätzt werden sollte. Sein mutiges Hervortreten zwang die britischen «Knock-out»-Extremisten, sich vor der eigenen Öffentlichkeit zu rechtfertigen und ihre Haltung zu modifizieren. Gleichzeitig war der Brief eine deutliche und öffentliche Aufforderung, die «Internationale der Kriegsverlängerer» aufzubrechen und endlich der deutschen Friedenspartei entgegenzukommen. Sein Schritt sollte große historische Fernwirkung haben, wenn er auch nicht zu dem führte, was Lansdowne erhofft hatte, nämlich zu unmittelbar wirksamen Friedensschritten. Die erste Reaktion in Großbritannien war durchwachsen: Asquith beteuerte, es ginge nicht um die Demütigung Deutschlands, sondern nur um die Zerstörung des preußischen Militarismus, und Lloyd George bekräftigte am 14. Dezember 1917 seine Ansicht, es gebe keinen Weg zwischen Sieg und Niederlage, weil man mit einem chronischen Vertragsbrecher wie Deutschland keinen Frieden schließen könne. Da der Sieg sicher sei, müsse man weiterkämpfen. Diese moralische Abwertung Deutschlands führte wiederum dazu, dass Hertling im Gegenzug Verhandlungen mit Lloyd George als aussichtslos ablehnte; was dieser aufführe, erinnere ihn an die «Beschimpfungen im Stil homerischer Helden».[52]

Die Debatte um Lansdownes Forderung nach einem Kompromissfrieden verstärkte sich durch die Veröffentlichung der Geheimverträge der Entente durch die Bolschewisten und die Einladung zu den Friedensverhandlungen nach Brest-Litowsk. Die britische Regierung und auch der Premier gerieten immer mehr unter Zugzwang. Lloyd George, als der bisherige Verfechter der «Knock-out»-Strategie, griff einige der Gedanken Lansdownes auf; und dasselbe tat auch Woodrow Wilson. Beide wandten sich an die Weltöffentlichkeit; Lloyd George in seiner Rede vor den Delegierten der britischen Gewerkschaften in Caxton Hall am 5. Januar 1918,[53] Wilson nur drei Tage später, am 8. Januar, vor dem Kongress. Der britische Premier erläuterte die britische Position und Kriegsziele, während Woodrow Wilson sein Programm in den berühmten vierzehn Punkten niederlegte.

Diese Reden zeigten den Höhepunkt des alliierten Entgegenkommens. Es wurde dadurch hervorgerufen, dass die Gegner der Mittelmächte nach dem Ausscheiden Russlands militärisch unter Druck standen und sich inzwischen eine massive innenpolitische Opposition gegen einen zu kompromisslosen Kriegskurs aufgebaut hatte. Die Regierungen mussten ihre Position erläutern, um nicht bei den eigenen Bevölkerungen als Kriegstreiber angesehen zu werden. Beide Reden waren auch geradezu freundschaftlich formuliert, wenn sie etwa mit den Äußerungen über die Zentralmächte von 1917 verglichen werden.[54] Doch eröffneten sie für die Mittelmächte eine ernsthafte Friedensperspektive?

Lloyd Georges' Rede war in großen Teilen von Smuts und dem stellvertretenden Außenminister Robert Cecil geschrieben worden; sie wurde vor den Gewerkschaftsvertretern gehalten, da das Parlament, das eigentlich als der passendere Ort für die Rede angesehen wurde, zu dem Zeitpunkt nicht tagte.[55] In vielen Passagen seiner Rede ging er auf Lansdownes Argumente ein. Er hob beispielsweise hervor, dass es kein britisches Kriegsziel sei, das deutsche Volk zu vernichten oder Österreich-Ungarn zu zertrümmern, auch niemand dem deutschen Volk eine andere Regierungsform aufzwingen wolle, wenn die derzeitige auch unpraktisch sei. Er kritisierte aber, dass Preußen-Deutschland das internationale Recht mit Füßen getreten habe und forderte die Wiederherstellung eines unabhängigen Belgiens, das für alle Zerstörungen entschädigt werden solle. Außerdem verlangte er die Räumung aller besetzten Gebiete in Frankreich, auf dem Balkan und in Italien.

Während sich diese Forderungen mit der aktuellen Kriegslage beschäftigten, gingen seine weiteren Ideen in Richtung einer künftigen Friedensordnung. Er verlangte die Rückgabe Elsass-Lothringens an Frankreich, die Herstellung eines unabhängigen Polens, Autonomie für die Völker Österreich-Ungarns und österreichische Gebietsabtretungen an Italien und Rumänien nach dem Nationalitätenprinzip sowie die Unabhängigkeit der nichttürkischen Teile des Osmanischen Reiches. Über die Zukunft der deutschen Kolonien sollte eine Konferenz entscheiden, die den Willen der Einwohner zu berücksichtigen habe; er hob hervor, dass die deutsche Herrschaft bei allen ihren Kolonialvölkern verhasst sei. Auch sollte eine internationale Organisation gegründet werden, um Streitfälle zu schlichten und künftige Kriege zu vermeiden.

Die Forderungen, die Lloyd George erhoben hatte, gingen in der Frage des Selbstbestimmungsrechts sogar über das hinaus, was wenige Tage später Woodrow Wilson in seinen vierzehn Punkten forderte; eine «auffallende Übereinstimmung» der Reden war im Übrigen schon von den Zeitgenossen bemerkt worden.[56] Der Präsident verlangte ein wiederhergestelltes Belgien, die «Desannexion» Elsass-Lothringens, ein unabhängiges Polen mit Zugang zur Ostsee, den Abbau von Handelshemmnissen, die Freiheit der Meere und einen Völkerbund. Manche der Punkte Wilsons kamen der deutschen Position sogar entgegen, wie etwa die Freiheit der Meere und die Absage an Handelshemmnisse, was der in Deutschland weitverbreiteten Befürchtung eines Wirtschaftskrieges nach Kriegsende die Spitze abgebrochen hätte.[57] Außerdem hatte Wilson seine Forderungen fein abgestuft. Während die Räumung und Wiederherstellung Belgiens eine kategorische Forderung war («*must* be evacuated and restored»), waren die nach der Rückgabe Elsass-Lothringens an Frankreich und der Übergabe der polnischen Territorien vorsichtiger formuliert («*should* be freed»); ein Unterschied, der den Zeitgenossen aber nicht wirklich auffiel.[58] Am 11. Februar 1918 hielt Wilson eine Rede vor dem Kongress, in der er in weiteren vier Punkten vor allem für die Rechte kleiner Nationen, für das Selbstbestimmungsrecht und gegen das Schachern mit Ländern und Provinzen eintrat; damit richtete er sich gegen die Verhandlungen in Brest-Litowsk.[59]

Der Präsident hatte hier Bedingungen skizziert, die im Herbst 1918 die Basis für das Waffenstillstands- und Friedensersuchen der Zentralmächte werden sollten. Im Januar 1918 antwortete die deutsche Führung auf diese

Reden mit Gegenreden; Hertling kommentierte beide Initiativen im Reichstag, und zwar, zumindest im Ton, nicht einmal ablehnend. Er vermied jedoch eine Festlegung in der belgischen Frage, lehnte jede Diskussion über die Reichslande ab und verbat sich das Hineinreden in die Friedensverhandlungen in Osteuropa; die Alliierten hätten ihre Chance gehabt, dort mitzusprechen, und sie nicht wahrgenommen.[60]

Das Letzte stimmte zwar, und auch insgesamt waren die Reden Hertlings voll selbstbewusster und nicht unberechtigter Vorwürfe an die Adresse der Alliierten. Dies führte aber nicht weiter. Deutschland schlitterte politisch führungslos durch den Krieg. Dies lag nicht nur an der Passivität Hertlings und der umständlichen Diplomatie des durch die Ostfragen voll in Anspruch genommenen Kühlmann, sondern auch an der breiten Grundstimmung in der politischen Führungsschicht. Sie hielt die Bedingungen Lloyd Georges und Wilsons für Deutschland und seine Verbündeten für inakzeptabel, und Wilson wurde gerade von den antikapitalistischen Linksparteien skeptisch gesehen. Erst im Herbst 1918 sollte sich dies ändern, und ein Buch Erzbergers über Wilsons Völkerbundsideen, das in einer Auflage von 50 000 Exemplaren erschien, war innerhalb von Wochen ausverkauft.[61] Doch das war ein halbes Jahr und eine gescheiterte Offensive später.

Im Winter 1917/18 dagegen lehnten alle politischen Parteien die von Wilson wie Lloyd George verlangte Abtretung von Elsass-Lothringen ab. Sogar Philipp Scheidemann hatte sich ausdrücklich dagegen ausgesprochen, und auch Politiker, die Wilsons Ideen als Basis für Friedensgespräche ansahen, waren zu Konzessionen in dieser Frage nicht bereit.[62] Der Gedanke von Abtretungen war zwar intern erwogen worden.[63] Doch hatte Kühlmann diese Türe fest zugeschlagen, als er am 9. Oktober 1917 im Reichstag erklärte: «Auf die Frage: Kann Deutschland in Bezug auf Elsass-Lothringen irgendwelche Zugeständnisse machen, haben wir nur eine Antwort: nein, nein, niemals!»[64] Gleichermaßen entschlossen hatte Lloyd George am 10. Oktober 1917 erklärt: «Wie lang der Krieg noch dauern mag, dieses Land will seinem tapferen Verbündeten Frankreich beistehen, bis es seine unterdrückten Kinder von der Erniedrigung unter fremdem Joch erlöst hat.»[65] Die britische Führung hatte sich sehr lange auf dieses Ziel nicht festlegen lassen. Auch Wilson hatte die Rückgabe Elsass-Lothringens anfänglich nicht im Programm gehabt;[66] seine vierzehn Punkte wären für das politische Deutschland des Januar 1918 akzeptabler gewesen, wenn er das nicht hineingebracht hätte. Insgesamt rächte sich hier die Halbherzigkeit der deutschen Politik in Elsass-Lothringen; alle Versuche, den Reichslanden Autonomie zu gewähren und die Bevölkerung zu einer Kundgebung für die Zugehörigkeit zum Reich zu veranlassen, war an kleinlichen bürokratischen Hemmnissen und am Misstrauen gegen die Elsass-Lothringer gescheitert.[67] Im Übrigen hatte Scheidemann den Eindruck, dass Elsass-Lothringen bei einer Volksabstimmung für Frankreich votieren würde.[68]

Hinzu kam, dass eine weitere Forderung in Deutschland zu diesem Zeitpunkt politisch nicht verhandelbar war: Der amerikanische Präsident vertrat die Ansicht, dass das neuzugründende Polen alle ethnischen Polen umfassen sollte.[69] Diese Forderung war die unausweichliche Konsequenz aus der Wiederbegründung Polens durch die Mittelmächte im November 1916. Sie war auch von der russischen Regierung, nachdem sie sich mit der Wiederbegründung der polnischen Staatlichkeit durch die Mittelmächte abgefunden hatte, immer wieder vorgebracht worden. Hier rächte sich die Kurzsichtigkeit und Unehrlichkeit der Mittelmächte; es hätte klar sein müssen, dass die Neubegründung Polens nicht nur auf russische Kosten gehen konnte, sondern den Besitz aller drei polnischen Teilungsmächte in Frage stellen und damit die Frage nach der politischen Zukunft Galiziens und Posens aufwerfen würde. Keine der deutschen Parteien war aber bereit, Posen abzutreten, und noch viel weniger, den von Wilson für Polen geforderten Zugang zum Meer zu ermöglichen. Dieser konnte nur über mehrheitlich deutsch besiedeltes Gebiet führen und hätte damit auch das Selbstbestimmungsrecht der dortigen Bevölkerung verletzt. Letztlich war weder der Reichstag des Jahres 1918 noch die Weimarer Republik bereit, sich mit dem Verlust Posens wirklich abzufinden.

Das Selbstbestimmungsrecht war von den Bolschewisten zur allgemein gültigen Formel erhoben worden; eine Forderung, die aber bei keiner anderen kriegführenden Partei auf ungeteilte Zustimmung traf. Die Mittelmächte hatten das Selbstbestimmungsrecht zwar als Waffe gegen Russland verwendet, sich aber die Anwendung auf eigene Territorien verbeten. Auch Wilson war kein schrankenloser Befürworter der Selbstbestimmung und noch weniger Lansing, der davon eine allgemeine Anarchie befürchtete. Die Bolschewisten wollten dieses Recht hingegen auch bei den kolonialen Völkern zur Anwendung bringen. Lloyd George hatte sich ebenfalls dazu geäußert, und zwar im Zusammenhang mit den deutschen Kolonien. Die deutsche Herrschaft sei so unbeliebt bei den Einheimischen, dass das Deutsche Reich seine Kolonien nicht zurückerhalten solle. Dies war eine unfreiwillige Bestätigung für Bethmanns und Kühlmanns Faustpfandtheorie. Es war außerdem bemerkenswert, dass der Premierminister der größten Kolonialmacht der Erde für die deutschen Kolonialvölker eine Art Recht auf Selbstbestimmung einforderte. Alle kriegführenden Großmächte glaubten, allgemein formulierte Grundsätze immer nur auf ihre Gegner zur Anwendung bringen zu können und Rückwirkungen auf sich selbst nicht befürchten zu müssen.

Der britische Premier und der amerikanische Präsident wollten beide außerdem den Besitzstand Österreich-Ungarns und des Osmanischen Reiches dramatisch beschneiden und Letzteres, auch unter Verweis auf das Selbstbestimmungsrecht, auf seine türkisch besiedelten Gebiete beschränken. Auch dies konnte mit einem noch nicht vernichtend geschlagenen Deutschland nicht verhandelt werden, denn schließlich war die Unabhängigkeit und Unversehrtheit des österreichisch-ungarischen Bundesgenossen einer der Gründe gewesen, der die deutsche Regierung 1914 dazu gebracht hatte, das unkalkulierbare Kriegsrisiko überhaupt erst einzugehen.

Die Reden von Lloyd George und Wilson enthielten somit Bedingungen, die weder die Regierung in Berlin noch die Mehrheitsparteien des Reichstags bereit waren zu akzeptieren, geschweige denn die Konservativen, die Vaterlandspartei, der Kaiser und sein Hof oder die OHL. Kühlmann wollte sogar Hertling sagen lassen, dass «jedes Wort, das Lloyd George zur Friedensfrage spricht, für uns und unsere Verbündeten jedes aktuellen Interesses entbehrt».[70] Hertling bediente sich dann aber doch eines versöhnlichen Tons.[71]

Hertling und Kühlmann waren nicht in der Lage, Fortschritte zu erzielen; weder im In- noch im Ausland. Während sie mit Mitteln der Geheimdiplomatie alle möglichen Sondierungen betrieben, vermochten sie es nicht einmal, öffentlich auf Belgien zu verzichten. Sie konnten auch im Wettkampf der großen Ideen, in den Wilson, die Bolschewiki und auch Lloyd George eingetreten waren, kein eigenes, halbwegs klares und auch andere Völker überzeugendes Programm entwickeln. Das war nicht nur das Versagen Hertlings und Kühlmanns, des Kaisers und der Militärs, sondern auch eine Folge der politischen Strukturen. Kurt Riezler, der selbst an eine deutsche Mission glaubte, schrieb am 15. April 1918: «Zum

Heulen die größten Gelegenheiten werden blutig verdorben. Nie war ein Volk fähiger die Welt zu erobern und unfähiger sie zu beherrschen.»[72]

Wäre es denn möglich gewesen, größere politische Kühnheit und Phantasie der Handelnden vorausgesetzt, im Januar 1918 auf die gegnerischen Forderungen einzugehen? Trotz aller Gegengründe theoretisch sicherlich, denn die vierzehn Punkte bildeten später die Grundlage für das deutsche Ersuchen um Waffenstillstand. Die Frage ist aber, was geschehen wäre, wenn ein solcher Schritt bereits im Januar 1918 erfolgt wäre.[73] Sie ist natürlich rein theoretisch, da weder Regierung, Auswärtiges Amt, OHL, Kaiser und Hof oder eine der Reichstagsparteien dazu bereit war. Die Vorschläge von Lloyd George und Wilson wurden als Bedingungen empfunden, die ein Sieger dem Besiegten stellt. Nur die militärische Niederlage konnte die deutsche Regierung dazu bringen, sie zu akzeptieren. Dass man den Krieg verloren habe, glaubte aber im Winter 1917/18 in Deutschland nach den Siegen der Vormonate, nach den Erfolgen gegen Rumänien, Russland und Italien, niemand. Die Westmächte wiederum wollten keinem Frieden zustimmen, den Deutschland hätte schließen können, bevor es militärisch geschlagen war. Der Kriegswillen der britischen, französischen und amerikanischen Regierung war nach wie vor auf die klare Niederlage Deutschlands gerichtet, was Gerhard Ritter in den Worten zusammengefasst hat: «Man war also bereit, sich Friedensvorschläge der Deutschen anzuhören, aber in Verhandlungen nur dann einzutreten, wenn sie sich von vornherein freiwillig ihren Feinden unterwarfen.»[74] Das war sachlich deckungsgleich mit der zitierten Äußerung Ludendorffs vom 31. Juli 1917, «dass wir Frieden nur dann erhalten, wenn wir kraftvoll nach außen auftreten oder erklären, wir wären geschlagen».[75] Ludendorff war ein Hardliner, der brutal auf Sieg setzte und nicht unglücklich darüber war, dass die Gegner ihn immer wieder in seiner Haltung bestätigten. Es war aber in den internen Diskussionen nicht leicht, ihm da zu widersprechen. Doch selbst ein Ludendorff war an dem Ergebnis von Friedenssondierungen interessiert, wie der Geheimdiplomat Freiherr v. der Lancken später zu Protokoll gab: «Ein besonderes Verständnis für diese Anknüpfungen zeigte General Ludendorff, der mir ausdrücklich versprechen ließ, meine etwaigen Wünsche … zu erleichtern; Ludendorff hat auch … im Verlauf des monatelangen Hin- und Hergehens dieser Angelegenheit es an stets erneuter Nachfrage nicht fehlen lassen, und er hat sich mehr als irgendeiner der verschiedenen Reichskanzler – Bethmann

Hollweg ausgenommen – für den Erfolg meiner Schritte interessiert.»[76] Im Dezember 1917 gab Ludendorff auch zu, dass man ein englisches Friedensangebot «aus innenpolitischen Gründen nicht ablehnen könne».[77] Die OHL war zwar froh, dass dieses Angebot nicht kam, aber die Äußerung zeigt, wie groß der alliierte Spielraum hier gewesen wäre.

Die deutschen Aussichten und diplomatischen Möglichkeiten für das Jahr 1918 wurden im Nachhinein viel diskutiert. Gab es noch eine Chance, glimpflich aus dem Krieg herauszukommen oder ihn gar zu gewinnen? Auf den militärischen Sieg auch im Westen zu setzen, war trotz des Wegfalls der russischen Front ein großes Wagnis. Die Alternative wäre gewesen, den Krieg auf politischem Wege zu beenden. Doch so wie die Mittelmächte nun einmal politisch strukturiert waren und so wie sich der Krieg für sie entwickelt hatte, konnten sie die Schritte nicht gehen, die dafür notwendig gewesen wären. Hans Delbrück fällte über die deutschen Aussichten im Nachhinein das folgende Urteil: «Vielfach wird zwar noch heute der Satz aufgestellt, dass ein Verzichts- oder Verständigungsfriede Anfang 1918 ausgeschlossen gewesen sei, da die feindlichen Mächte ihn nicht bewilligt hätten. War nun auch, wie wir gesehen haben, der unbedingte Sieg der Zentralmächte ausgeschlossen, so würde jener Satz, wörtlich genommen, bedeuten, dass Deutschland schon damals verloren war.»[78] Genau das war der Fall, solange die deutsche Führung nicht zu schmerzlichen Kompromissen bereit war, die den alliierten Regierungen das Festhalten an ihrer harten Haltung unmöglich gemacht hätten. Es fehlte in Deutschland, und nicht nur dort, das Bewusstsein dafür, dass es für die Mittelmächte nur noch um Schadensminimierung gehen konnte und nicht mehr darum, den Krieg zu gewinnen; ein Bewusstsein, das in Österreich-Ungarn eher zu finden war, auch wenn selbst dort, wie die Forschungen von Marvin Fried ergeben haben, bis zum Schluss die Hoffnung auf einen Siegespreis auf dem Balkan lebendig blieb.[79] Nur die Erkenntnis, wie begrenzt die verbliebenen politischen und militärischen Alternativen waren, der Mut, daraus die Folgerungen zu ziehen und im Westen in einer ressourcenschonenden Defensive zu verharren, sowie ein übermenschlicher Wille, einen Verzichtsfrieden im Inneren durchzusetzen, hätten den Mittelmächten das Schlimmste ersparen können. Aber das war von der Regierung des Grafen Hertling nicht zu erwarten; dieser setzte bis in den Herbst 1918 hinein auf den militärischen Sieg, und mit ihm große Teile des politischen Deutschland.

Wie bei der Entscheidung im Januar 1917, den unbeschränkten U-Boot-Krieg zu wagen, wäre es verfehlt, bei der Planung der Strategie für 1918 auf Einzelne zu zeigen und sie zu den Alleinschuldigen zu erklären. Holtzendorff, Hindenburg und Ludendorff trugen zwar eine ungeheure persönliche Verantwortung und haben auf ihrem militärischen Fachgebiet in katastrophaler Weise versagt. Aber die Entscheidung, den Krieg durch einen Sieg im Westen zu beenden, war nicht ein einsamer Entschluss der OHL, sondern basierte auf einem sehr breiten Konsens in der deutschen Öffentlichkeit. Ludendorff hatte deshalb Recht, als er im Februar 1918 schrieb, dass die «Offensive … nicht die ‹Offensive des deutschen Generalstabes›, sondern die Offensive des deutschen Heeres und so auch die des deutschen Volkes sein» werde.[80]

19

«Ludendorffs Hammer»: Der Angriff im Westen 1918

Hindenburg hat bis jetzt alles gehalten,
was er vorausgesagt hat, das muss man ihm lassen,
und ganz Deutschland glaubt fest an seine
bevorstehenden Erfolge im Westen.

Ottokar Graf Czernin, 17. November 1917

Das deutsche Heer und das deutsche Volk wollten den Sieg im Westen als den schnellsten Weg zum Frieden. Hindenburg und Ludendorff waren hingegen fest entschlossen, den Krieg militärisch zu gewinnen und mit einem «Hindenburgfrieden» abzuschließen, für den in der Heimat die Vaterlandspartei unterdes lautstark Propaganda machte.[1] Der Erste Generalquartiermeister hatte die Planungen für einen Angriff im Westen schon im Herbst 1917 beginnen lassen. Nicht nur das Feldherrenduo, sondern die breite Mehrheit der deutschen und auch österreichisch-ungarischen Öffentlichkeit glaubte, wie amtliche Berichte über die «Stimmung der Zivilbevölkerung» von Ende 1917 zeigten, dass Deutschland nach dem Sieg im Osten die Kraft haben werde, die Westmächte militärisch zum Frieden zu zwingen.[2] Philipp Scheidemann sprach am 24. Januar 1918 im Hauptausschuss des Reichstags und hielt es offenbar für möglich, dass die deutsche Armee Paris und Calais nehmen könne, wenn er auch bezweifelte, dass dies den Frieden bringen würde.[3]

Der österreichisch-ungarische Außenminister Graf Czernin sah das anders. Er schrieb am 17. November 1917: «Lasse nur erst einmal den alten Hindenburg in Paris einziehen, dann wird die Entente das erlösende Wort, dass sie bereit ist zu verhandeln, sprechen.»[4] Czernin, der sonst immer extrem skeptisch und pessimistisch war, zeigte sich überzeugt, dass die Deutschen die Kraft haben würden, die Franzosen zu bezwingen, denn immerhin habe «Hindenburg … bis jetzt alles gehalten, was er vorausgesagt hat, das muss man ihm lassen, und ganz Deutschland glaubt fest an seine bevorstehenden Erfolge im Westen».[5] «Die Deutschen aber sind … voller Zuversicht. Wenn sie ihre Massen nach dem Westen werfen können, so bezweifeln sie nicht, dass sie durchbrechen, Paris und Calais nehmen und England direkt bedrohen werden. Ein solcher Erfolg aber kann den Frieden bringen …»[6] Czernin schrieb später: «An den Durchbruch an der Westfront habe ich geglaubt, und von der Hoffnung, dass er den starren Vernichtungswillen unserer Feinde brechen werde, habe ich im Winter 1917/18 gelebt.»[7]

Dieser Glaube an die deutsche militärische Überlegenheit war bei den Österreichern vor 1914, und nun wiederum im Herbst 1917, fast stärker als in Deutschland selbst. Er knüpfte an die Grundannahme von der unbesiegbaren deutschen Armee an, die vor 1914 in Europa dominiert hatte. Bisher hatten sich die deutschen Truppen gegen einen zahlenmäßig weit überlegenen Gegner nur behaupten können. Doch nun konnten sie den Schwerpunkt ihrer Kräfte in den Westen verlegen und würden dort selbst die zahlenmäßige Überlegenheit haben. Das musste ja mit einem Sieg enden! Czernin, der sich sehr bemüht hatte, mit dem Gegner ein politisches Übereinkommen zu finden, und der im Oktober 1917 auch öffentlich Abrüstungsvorschläge gemacht hatte, war nicht nur ein Zeuge für dieses zurückgekehrte Kraftbewusstsein, sondern auch dafür, dass selbst erklärte Verständigungsbefürworter wie er glaubten, dass der Krieg nun durch einen deutschen Sieg an der Westfront zu Ende gebracht werden musste. Er beklagte, als seine Vorschläge ein ablehnendes Echo gefunden hatten, «dass die Entente auch die Zusage unserer Abrüstung verwirft, wie sie alles verwirft, was von uns kommt. Es gibt nur einen Ausweg – Kampf bis zum Äußersten und den Sieg.»[8] Der deutsche Sieg im Westen werde «eine militärische Welle [sein], die uns näher zum Ufer trug – erst dann konnten wir das Seil der Verständigung an das rettende Ufer werfen».[9]

So wie der österreichische Außenminister glaubten auch die deutschen Politiker und die deutsche Öffentlichkeit, dass nun der Zeitpunkt gekommen war, die Westmächte, die so hartnäckig jede Verständigung und jeden Kompromiss ausgeschlagen hatten, gewaltsam zum Frieden zu zwingen. Es mag sein, dass sich die Zivilisten, auch viele Parlamentarier wie etwa Gustav Stresemann, der die «Wucht unserer künftigen Siege» schon politisch einpreiste, die Aufgabe einfacher vorstellten als die planenden Militärs.[10] Den Fachleuten war nämlich klar, dass ein erfolgreicher Angriff im Westen eine ungeheuer komplizierte Aufgabe mit einem hohen Risiko des Scheiterns sein würde. Viele Offiziere bezweifelten, dass die deutsche Armee, trotz der Verstärkungen aus dem Osten, die notwendige Überlegenheit haben würde, die sie für einen Sieg im Westen brauchte. General v. Lyncker beispielsweise fragte sich, «ob wir im Westen stark genug sind zu einem großen Schlag».[11] Die Skepsis war weitverbreitet, und hier gab es innerhalb der Armeeführung einen Riss, der sich im Lauf des Jahres 1918 gewaltig verbreitern sollte. Die Führer des Westheeres, die die Schlachten vor Verdun, an der Somme und in Flandern miterlebt hatten, waren grundsätzlich sehr viel vorsichtiger als der Generalstab. Dieser unterschätzte, wie auch der Spezialist der OHL für Abwehrschlachten, Loßberg, glaubte, grundsätzlich die Schwierigkeiten des Kampfes an der Front.[12]

Unter den Führern des Westheeres war schon 1917 die Überzeugung weitverbreitet gewesen, die Armee könne diesen Krieg nicht mehr lange durchhalten.[13] Zwar war die Zuversicht wieder gestiegen, doch bei manchen blieb der Zweifel, ob die deutsche Armee nach fast vier Jahren Krieg das erreichen könne, woran die Alliierten trotz ihrer zahlenmäßigen und materiellen Überlegenheit seit 1915 gescheitert waren. Hinzu kamen die in dreieinhalb Jahren Krieg erlittenen Verluste; über eine Million deutscher Soldaten war bereits gefallen, weitere Millionen waren verwundet worden.[14] Die deutschen Armeen waren 1918, wie auch Generalleutnant v. Kuhl anmerkte, nicht mehr dieselben wie bei Kriegsbeginn.[15]

Doch wie hätte eine alternative Strategie aussehen können?[16] Es wurde kein Gegenentwurf zur Westoffensive ernsthaft diskutiert, und es gab keine «Defensivpartei»;[17] wohl auch deshalb, weil nicht nur die OHL und die politische Führung des Reiches, sondern auch die öffentliche Meinung der Ansicht war, dass es keine Chance auf eine Verhandlungslösung gab und der Krieg am schnellsten durch den Sieg im Westen beendet werden könne. Am 20. Februar 1918 notierte Groener nach einem Gespräch mit jungen Offizieren: «Das Vertrauen, dass im Frühjahr die Engländer entscheidend geschlagen werden, ist bei den jungen Leute fast schon feststehende Tatsache.»[18] Eine ähnliche Zuversicht war auch bei den Truppen im Westen zu beobachten.[19] Angesichts dieses vorherrschenden Optimismus – Groener sprach von der «ungebrochenen Siegstimmung»[20] – hatten es Kritiker schwer. Um die Jahreswende 1917/18 gab es mehrere Zusammenkünfte auf oberster Ebene, an denen auch der Kaiser teilnahm. Auf keiner dieser Besprechungen wurde die Frage Offensive oder Defensive in grundsätzlicher Form diskutiert. Es gab Zweifel und Kritik an Ludendorffs Plänen, aber es wurde kein durchgearbeiteter und zusammenhängender strategischer Gegenentwurf präsentiert. Von wem auch? Der Kaiser und der Reichskanzler setzten auf den Sieg im Westen. Hertling wurde schon von den Zeitgenossen und noch mehr nach dem Krieg wegen seiner Energielosigkeit kritisiert, aber in dieser Frage war weniger diese als vielmehr die Hoffnung, den Krieg durch einen Sieg beenden zu können, die Grundlage seines Handelns. Der Kaiser war ohnehin vom Krieg total zermürbt; der Sieg im Osten hatte seine Konfusion noch verstärkt. Auch im Frühjahr 1918 entsetzte Wilhelm II. seine Umgebung durch unerträgliche Aufschneidereien. Im März 1918 phantasierte er: «Sollten die Engländer um Frieden bitten, müsste der englische Parlamentär erst vor der Kaiserstandarte knien, denn dies sei dann ein Sieg des Kaisertums über die Demokratie.»[21] Der Kaiser insistierte auch auf seiner Interpretation des Krieges als von Gott gesandte Prüfung, an der die Deutschen wachsen und größer werden sollten; doch all das führte nur dazu, dass ihn kaum noch jemand wirklich ernst nahm. Von ihm war jedenfalls kein alternativer Entwurf zu einem Westangriff zu erwarten.

Es gab zwar keine «Defensivpartei», aber einzelne, die auf die Entscheidungsschlacht im Westen verzichten wollten. Zu ihnen gehörte General Groener, der in seinen Memoiren behauptet, er hätte den Westangriff unterlassen und stattdessen an den Nebenfronten, in Mazedonien und Italien, angegriffen.[22] Auch er fragte sich aber im Nachhinein, ob die Volksmeinung die «Unsicherheit des Kriegsendes, das bei der Defensive noch in weiter Ferne liegen konnte, ertragen hätte».[23] Seine Aufzeichnungen aus der Zeit zeigen keine klare Ablehnung des Westangriffs, sondern schwankende Hoffnungen und Befürchtungen, und so war es auch bei Kronprinz Rupprecht. Er war der prominenteste und auch der konsequenteste militärische Kritiker der Westoffensive, und er hatte ein Gegenkonzept, das er auch gegenüber dem Kaiser vertrat.

Rupprecht wusste, wovon er sprach. Er führte seit August 1916 die nach ihm benannte Heeresgruppe an der Westfront, die Mitte 1918 etwa 1,5 Millionen Mann stark war. Diese hatte in der Schlacht an der Somme 1916 und in Flandern 1917 in der Abwehr gestanden. Der Prinz, in den ersten beiden Kriegsjahren ein überzeugter Annexionist, war inzwischen sehr skeptisch geworden und befürchtete eine deutsche Niederlage. Admiral v. Müller notierte nach einem kaiserlichen Frontbesuch am 20. August 1917: «Der Kronprinz von Bayern sehr pessimistisch gestimmt .... Er hält eine Fortsetzung des Krieges über den Winter hinaus für unmöglich. Dazu fehle uns der Ersatz, der jetzt schon sehr knapp und qualitativ nicht auf der Höhe. Der Kronprinz ist der Ansicht, daß die Oberste Heeresleitung dem Kaiser nicht reinen Wein einschenkt über die Lage.»[24]

Auch nach dem Zusammenbruch der Russen hatte sich Rupprechts grundsätzliche Überzeugung nicht verändert. Obwohl sich das Westheer zahlenmäßig verstärkte, glaubte er nicht, dass die deutschen Kräfte für eine erfolgreiche Offensive ausreichten, wenn seine Ansichten auch im Auf und Ab der Tagesmeldungen schwankten. Er befürwortete stattdessen eine politische Lösung und wollte die sich aufbauende deutsche militärische Überlegenheit als Druckmittel nutzen, um die Westgegner zu Verhandlungen zu zwingen. Ludendorff wusste, dass der bayerische Kronprinz die strategische Lage grundsätzlich anders bewertete als er selbst. In seinen Kriegserinnerungen schrieb er: «Ebenso wie der deutsche Kronprinz war der bayerische einer Beendigung des Krieges ohne jeden Gewinn zugetan, aber ob die Entente darauf eingehen würde, das wußte auch er nicht.»[25] Der Prinz hatte dasselbe Problem wie alle Befürworter eines Kompromisses in der deutschen Führung: Ihnen fehlte ein Beweis für die Verhandlungsbereitschaft des Gegners, auf den sie hätten verweisen können, und wenn sie gefragt wurden, wie sie sich denn eine Verhandlungslösung vorstellten, mussten sie passen. Ludendorff selbst gab, wie oben erwähnt, zu, dass ein Friedensangebot des Gegners aus innenpolitischen Gründen angenommen werden müsste, war aber froh, dass es nicht kam.[26]

Der Prinz fand sich nicht damit ab, beim Kaiser und bei Ludendorff kein Gehör zu finden. Er nutzte seine politischen Verbindungen, um für eine Verhandlungslösung zu werben. Wiederholt wandte er sich an seinen

Vater, König Ludwig III. von Bayern, und versuchte ihm deutlich zu machen, wie kritisch die Lage Deutschlands war. Doch das Verhältnis zu seinem Vater war notorisch schlecht, und Ludwig, von einem «erstaunlichen Optimismus» erfüllt, hörte nicht auf seinen Sohn.[27] Rupprecht suchte auch auf den Reichskanzler einzuwirken, der ja immerhin ehemaliger bayerischer Ministerpräsident war. Doch auch Hertling vertraute mehr auf die «herrlichen Truppen unter ihren genialen Führern», wie er Hindenburg und Ludendorff im Reichstag nannte,[28] und auf deren Fähigkeit, den Sieg zu erstreiten, als auf den Prinzen, der sich auch an den Kaiser und seine Umgebung wandte. Er schrieb am 19. Februar 1918 in sein Tagebuch: «Auch machte ich Seine Majestät auf den Zustand unseres Pferdematerials und den Bedarf an Ersatzmannschaften aufmerksam. Wir wären jetzt im Begriffe, den letzten Trumpf, den wir in den Händen hätten, auszuspielen. … Ich verfehlte nicht, den Generalen v. Plessen und v. Lyncker, die in der Begleitung des Kaisers waren, darzulegen, daß ich mir von der Frühjahrsoffensive nicht viel mehr verspreche, wie eine unter sehr blutigen Opfern zu erreichende Einbauchung der feindlichen Front. Ich wollte, es käme gar nicht mehr zu einer Offensive und statt dessen zu einem für uns annehmbaren Frieden!» Und dazu war auch Verzicht nötig, vor allem auf Belgien. «Wer weiss, ob je wieder ein Zeitpunkt kommt, der für uns gleich günstig zur Einleitung von Friedensverhandlungen mit den Westmächten und Amerika [ist], wie der jetzige.»[29]

Bei Kronprinz Rupprecht wurden die Elemente einer alternativen Strategie sichtbar, die für 1918 folgende Schritte vorgesehen hätte: ein aktives politisches Herangehen an die Gegner und ein erneuter Versuch, mit ihnen ins Gespräch zu kommen, und das verbunden mit klar ausgesprochener Konzessionsbereitschaft im Westen (Belgien, Elsass-Lothringen). Der Prinz wollte auch militärisch nicht untätig bleiben, sondern in Italien wieder offensiv werden, in der Hoffnung auf weitere und relativ billige Erfolge. Er schrieb: «Da ich mir von einer deutschen Offensive im Westen keinen durchschlagenden Erfolg verspreche, hielte ich es für richtiger, alle in Russland freiwerdenden Kräfte zur Erneuerung der Offensive in Italien zu verwenden, wo wir sicher hoffen dürfen, die Italiener entscheidend zu schlagen und mit ihnen nicht unerhebliche Teile des englischen und französischen Heeres. Erst wenn dieses erreicht – und dies kann bald erreicht werden –, würde ich in Frankreich zur Offensive schreiten mit den inzwischen in Italien frei gewordenen Kräften.»[30] Er wollte die Gegner durch Erfolge an den Nebenfronten zermürben, statt sinnlos an der Hauptfront im Westen anzurennen.

Allerdings hatte eine solche Strategie auch offensichtliche Schwachpunkte. Es war nicht ausgemacht, dass weitere Erfolge in Italien so einfach sein würden; selbst Caporetto war ein Pyrrhussieg gewesen. Blieben schnelle Siege aus, würde der Gegner eventuell nicht genug Gesprächsbereitschaft zeigen, denn die Zeit arbeitete nicht für die Mittelmächte, und die innenpolitische Lage gestattete den Vierbundstaaten nicht, den Krieg unendlich lange fortzusetzen. Dies war das Hauptargument; dieser Krieg durfte nicht ein sieben- oder sogar ein dreißigjähriger werden, wie es der alte Moltke im Jahre 1890 vorausgesagt hatte. Den Krieg so schnell wie möglich zu Ende zu bringen war die einzige Formel, auf die sich die politische Rechte und Linke problemlos verständigen konnten.[31] Kronprinz Rupprecht blieb deshalb eine Einzelstimme, auch wenn seine Nebenfront-Strategie in Verbund mit territorialen Zugeständnissen im Westen tatsächlich die aussichtsreichere Alternative gewesen wäre. Denn warum sollte den deutschen Truppen im Westen jetzt plötzlich gelingen, woran die Alliierten mit ihren sehr viel größeren Möglichkeiten in den letzten beiden Jahren gescheitert waren?

Die verantwortlichen Militärs wussten, wie schwierig die Aufgabe sein würde. Auch Ludendorff war sich nicht sicher, ob das Unternehmen gelingen könne. Er ging an die Planungen mit einer Mischung aus Fatalismus und Siegeszuversicht und sagte in seinen Erinnerungen: «Konnten wir 1918 nicht den Sieg erringen, unterlagen wir.»[32] Damit war eindeutig, dass der Angriff ein gewaltiges Glücksspiel war; allerdings hielt ihn Ludendorff, angesichts des kompromisslosen Gegners, für alternativlos. Er wie viele Offiziere des Generalstabs mussten sich aber später zum Vorwurf machen lassen, zwar unausgesetzt auf den gegnerischen Vernichtungswillen verwiesen zu haben, aber nicht sorgfältig genug die Grenzen der eigenen Kraft vermessen zu haben.

Immerhin waren die Vorbereitungen für den Westangriff – den größten Angriff, den es bis zu diesem Zeitpunkt jemals gegeben hatte – sehr umfassend und gründlich. Ludendorff ließ nichts unversucht, um die deutsche Schlagkraft an der Westfront zu erhöhen. Die Angriffsarmeen sollten zahlenmäßig stark sein und außerdem durch intensive Ausbildung auf die Offensive vorbereitet werden.

Von allen anderen Fronten wurden Truppen abgezogen, allein etwa

500 000 Mann aus dem Osten, aber auch vom Balkan. Später wurde Ludendorff vorgehalten, er sei damit nicht weit genug gegangen und habe, um seine ausufernden Expansionspläne zu decken, zu viele Truppen im Osten gelassen.[33] Im Westen standen bei Angriffsbeginn am 21. März 1918 202 Divisionen und drei Brigaden; auf anderen Kriegsschauplätzen vierzig Divisionen und einige selbständige Brigaden.[34] Im Osten befanden sich zwanzig Divisionen, die aber personell ausgedünnt worden waren. Sie hatten ihre Mannschaften unter 35 Jahren an in den Westen zu verlegende Truppen abgeben müssen und ebenso einen Teil ihrer Bespannung. Sie waren relativ immobil und nur begrenzt verwendungsfähig; sie hätten im Westen bei einem Angriff nicht den Ausschlag geben können, wohl aber bei der Verteidigung und im Stellungsbau, oder später an der bulgarischen Front. Allerdings bewegten sich die militärischen Entscheidungen nicht im luftleeren Raum; so wie die allgemeine Stimmung Anfang 1918 war, schien es, gerade auch den Österreichern gegenüber, nötig, die Ukraine zu stützen und damit die Hoffnung, von jener das so dringend benötigte Getreide zu erhalten.[35] Außerdem wurden im Laufe des Jahres 1918 immer mehr Truppen in den Westen abgezogen.

Es könnte auch in umgekehrter Richtung argumentiert werden, dass Ludendorff beim Abzug der Truppen von allen Fronten übertrieb. So wurden schließlich fast alle deutschen Truppen vom Balkan abgezogen, trotz dringender bulgarischer Warnungen, dass dadurch die eigene Verteidigung gegen die in Saloniki stationierte alliierte Orientarmee unverantwortlich geschwächt würde. Im kritischen Augenblick im September 1918 war nur noch eine halbe deutsche Division an der bulgarischen Front.[36]

Um die Angriffsarmee so stark wie möglich zu machen, hätte auch die Möglichkeit bestanden, österreichisch-ungarische Verbände für die Westfront anzufordern.[37] Dies geschah nicht, was nur dadurch erklärt werden kann, dass beide Seiten – die Deutschen und die Österreicher – das nicht wirklich wollten. Die Deutschen trauten den Truppen des Verbündeten keine wirkliche Kampfkraft mehr zu, und gleichzeitig versuchte Kaiser Karl, die Entsendung starker Verbände in den Westen zu verhindern, da er sie an der Italienfront lassen wollte. Die Österreicher waren auch zu stolz, Baubrigaden für den Stellungsbau zu schicken oder reine Unterstützungsaufgaben zu leisten. Es wäre wohl möglich gewesen, eine ganze österreichisch-ungarische Armee an der Westfront einzusetzen, wenn das von deutscher Seite forciert worden wäre.[38] Doch so sollte es erst im Sommer 1918 zum divisionsweisen Einsatz von österreichischen Kräften kommen, als die OHL ab Ende Juni die Österreicher dringend um Hilfe bat.[39]

Ludendorff beschränkte sich aber nicht darauf, möglichst viele Truppen für die Westfront verfügbar zu machen, sondern legte auch großes Gewicht auf ihre Ausbildung und Vorbereitung. Er selbst glänzte hier als «flexibler und innovativer Taktiker», der, anders als auf der Ebene der Strategie, die Ansichten anderer akzeptierte und integrierte.[40] Die Erfahrungen der Front flossen in eine neue Vorschrift über den «Angriff im Stellungskrieg» ein, die im Januar 1918 ausgegeben wurde.[41] Die darin vorgestellten Angriffsverfahren behandelten die Infiltrationstaktik unabhängig operierender Stoßtrupps, neue Artillerieverfahren und das Zusammenwirken aller Waffen. Ludendorff setzte auf ein neues Verfahren infanteristischer Angriffe, das sich 1917 als erfolgreich erwiesen und bei allen Armeen während des Krieges allmählich herausgebildet hatte. Es ging um eine Angriffstaktik, die mehr auf Überraschung und Infanterie setzte als auf tagelanges artilleristisches Trommelfeuer, das den Gegner nur warnte und ihm Zeit gab, Reserven heranzubringen.

Die Infiltrationstaktik wurde später von den Alliierten nach dem Sieger von Riga, General Oskar v. Hutier, als «Hutier-Taktik» bezeichnet. Doch zu Unrecht, denn in der Vorschrift schlug sich in Wahrheit die in jahrelangen Kämpfen gesammelte Erfahrung der deutschen Armee nieder, und es handelte sich nicht um das Werk eines Einzelnen, sondern eher um eine «effiziente Gemeinschaftsanstrengung» des deutschen Heeres, das sich hier als lernfähiger Organismus erwies.[42] Aus dem Osten wurde Oberst Bruchmüller mit seinem Stab in den Westen verlegt; hier ging es darum, die bei Riga gemachten Erfahrungen mit neuen Angriffsverfahren auch an der Westfront einzusetzen. Statt des bislang üblichen massiven Trommelfeuers wurde nun versucht, die feindliche Artillerie durch selektives Feuer auszuschalten, das plötzlich einsetzte, damit das Überraschungsmoment eher wahrte als das langanhaltende Trommelfeuer. Außerdem sollten die feindlichen Truppen durch eine aufeinander abgestimmte Kombination verschiedener Giftgase außer Gefecht gesetzt werden.[43] Auch sehr bedeutsam war ein von dem Hauptmann der Artillerie Pulkowski entwickeltes Verfahren, um auf das bislang übliche Einschießen verzichten zu können. Dies funktionierte unter anderem dadurch, dass bei Probeschießen im Hinterland die Charakteristika jedes einzelnen Geschützes genau vermessen wurden; dann konnte direkt auf das Ziel geschossen werden. 6000 Offiziere und Unteroffiziere wurden in dem neuen Verfahren ausgebildet. Es war umstritten, da Probeschießen gemischte Resultate gebracht hatten, und es wurde nur von einem Teil der Angriffstruppen angewendet. Aber schließlich setzte es sich durch, vor allem nachdem selbst anfänglich skeptische Artilleristen sahen, dass die Methode hocheffizient war.[44]

Brachten diese Neuerungen eine revolutionäre Veränderung in der Kampfweise des Ersten Weltkriegs? Wohl nicht; eher handelte es sich um eine evolutionäre Weiterentwicklung erprobter Methoden und eine geschickte Auswertung von Kampferfahrungen.[45] Dies sah auch Oberstleutnant Nicolai so. Er war aufgrund seines Generalstabsdiensts dem Frontleben entfremdet und sah deshalb mit erwartungsvoller Neugier im Mai 1918 der Besichtigung der «modernen Infanterie-Ausbildung» entgegen. Hinterher meinte er aber, dass es nicht so viel anders sei, als er es kenne.[46] Doch selbst wenn es keine Revolution war, sollte diese neue Vorschrift nicht zu gering eingeschätzt werden. Als Oberst George C. Marshall – der amerikanische Generalstabschef des Zweiten Weltkriegs und spätere Außenminister – im September 1918 im Auftrag seines Generals Gefechtsanweisungen für den amerikanischen Großangriff auf St. Michiel verfassen musste, nutzte er, wie er selbst zugab, Ludendorffs Vorschrift als Vorlage.[47] Später wurde universell anerkannt, dass die Angriffsvorbereitungen meisterhaft waren, sowohl in Hinsicht auf die Ausbildung der Angriffstruppen als auch bei der Geheimhaltung. Ludendorff zeigte sich bei der organisatorischen Vorbereitung des Westheeres auf der Höhe seines Könnens.

Das galt aber nicht für seinen Angriffsplan. Der deutsche Westangriff 1918 ist schon oft im Detail untersucht worden, und schon Hans Delbrück hat die operative Aufgabe als «unlösbar» bezeichnet.[48] In der Rückschau waren die Nachteile, denen sich die deutschen Armeen gegenübersahen, erdrückend und elementar. Wilhelm Groener meinte nach dem Krieg, die deutsche Armee habe 1918 die für einen Durchbruch im Stellungskrieg notwendige «gewaltige Überlegenheit an Zahlen und Material» einfach nicht gehabt.[49] Zudem fehlte es dem deutschen Heer an vielem, vor allem aber an der notwendigen Mobilität. Zwar war das Eisenbahnnetz, das den deutschen Armeen an der Westfront zur Verfügung stand, gut und leistungsfähig, aber wenn eine Offensive sich zu weit von ihren Eisenbahnendpunkten entfernte, wurden andere Transportmittel gebraucht, und

[A. g. XIII]

München, 17. September 1918 Preis 50 Pfg. 23. Jahrgang Nr. 25

SIMPLICISSIMUS

Begründet von Albert Langen und Th. Th. Heine

Im Westen

Nicht Maschinen – die Herzen entscheiden den Sieg.

Abb. 35
Der «Simplicissimus» sah es wie Ludendorff: Die Truppen konnten sich gegen Tanks behaupten – wenn sie nicht die Nerven verloren.

diese waren nicht ausreichend vorhanden. Es fehlte an Pferden, an Lastkraftwagen, an Gummi und an Benzin. Die vorhandenen Pferde waren außerdem unterernährt und nicht voll leistungsfähig.[50] Nur siebzig von 240 Divisionen konnten qualitativ und quantitativ ausreichend mit Pferden ausgestattet werden.[51] Fehlende Mobilität wäre schon bei der Verteidigung ein schweres Problem gewesen, aber bei der Planung eines Angriffsunternehmens, bei dem alles von der Beweglichkeit der Truppen und auch des Nachschubs abhing, war sie fatal.

Es fehlten auch Panzer. Die Alliierten hatten sie erstmals in der Schlacht an der Somme 1916 eingesetzt.[52] Sie verfügten 1918 über Tausende von Panzern; allerdings erwiesen sie sich als extrem verwundbar und pannenanfällig. Ihre Einsatzrate sank, um zwei Beispiele zu bringen, im Juli 1918 bei der Armee Mangin innerhalb von drei Tagen von 346 auf 32 und beim britischen Tankangriff am 8. August 1918 von 414 innerhalb

Abb. 36 Ein A7V – der einzige deutsche Panzer des Ersten Weltkriegs

von nur vier Tagen auf sechs.[53] Zwar konnten die Panzer des Ersten Weltkriegs unter günstigen Umständen Erfolge erringen, wie etwa im November 1917 bei Cambrai, aber es ist angesichts solcher Ausfallraten extrem unwahrscheinlich, dass eine große deutsche Panzerstreitmacht 1918 den Erfolg hätte bringen können.[54] Natürlich war auch in Deutschland darüber nachgedacht worden, ob die Armee Panzer brauchte, aber es war, in Anbetracht der angespannten Lage der Industrie, von einem großen Programm abgesehen worden.[55] Bis 1918 wurden nur etwa zwanzig Panzer aus eigener Produktion, der A7V, hergestellt; ein haushohes Ungetüm, das «nur teilweise befriedigte», aber in etwa den britischen und französischen Panzern gleichwertig war.[56] Hinzu kamen fünfzig reparierte Beutepanzer.[57] Dies reichte nicht entfernt aus, um damit operativ etwas ausrichten zu können. Später ließ der Untersuchungsausschuss des Reichstags die Frage untersuchen, ob das Fehlen von Panzern zum deutschen Zusammenbruch 1918 beigetragen habe.[58] Diese Frage wurde damals verneint, und wohl zu Recht.[59] Es ist nicht zu erkennen, dass eine wesentlich größere Zahl die deutschen Mobilitätsprobleme verringert hätte. Der Bau von Panzern wäre vielleicht zuungunsten des Baus von Lastkraftwagen gegangen, an deren Mangel die Armee schmerzlich litt. Die deutsche Armee hatte 1918 ewa 23 000 Lastwagen, die Alliierten etwa 100 000.[60] Den deutschen LKW fehlte es außerdem an Benzin, Schmierstoffen und Gummireifen. Ihre eisernen Reifen zerstörten die Straßen und setzten ihre Beweglichkeit herab.[61]

Die OHL machte aus der Not eine Tugend. Statt Panzer zu bauen, ließ sie im deutschen Heer die Panzerabwehr proben und erließ Vorschriften, in denen den Soldaten die Furcht vor den Panzern genommen werden und deren Bekämpfung erklärt werden sollte.[62] Ludendorff meinte, die Truppe könne die Panzer ausschalten, solange sie die Nerven behalte.[63] Das war nicht ganz aus der Luft gegriffen. Die frühen Panzer boten zwar Schutz vor Infanteriewaffen und Maschinengewehren, aber keinen vor Artillerie, die diese Panzer leicht außer Gefecht setzen konnte; hinzu kamen die Möglichkeiten, sie durch geballte Ladungen von Handgranaten zu bekämpfen. Außerdem wurden Tankgewehre entwickelt, die die Panzerung durchschlagen konnten. Von dem Tankgewehr M 1918, der ersten infanteristischen Antitankwaffe, wurden im Jahr 1918 etwa 15 000 Stück hergestellt.[64]

Was dem Westheer nicht fehlte, waren Maschinengewehre, Geschütze, Minenwerfer und Munition; diese gab es dank des Hindenburg-Programms teilweise im Überfluss, so dass die Produktion in manchen Sektoren sogar wieder gedrosselt werden konnte.[65]

Da es an der deutlichen zahlenmäßigen Überlegenheit und an der Mobilität fehlte, hätte eine nüchterne Abwägung des militärisch Möglichen den Generalstab zwingen müssen, sich auf die Defensive einzurichten. Hindenburg behauptete später, diesen Gedanken erwogen zu haben,[66] und auch Feldmarschall Douglas Haig sagte, «wenn die Deutschen klug seien, würden sie es sich zweimal überlegen anzugreifen, da ein Misslingen ihre Lage kritisch gestalten würde».[67] Hier soll wieder Wilhelm Groener das Wort gegeben werden, der in seinen Memoiren eine defensive Strategie im Westen diskutierte und sehr ähnliche Ideen wie Kronprinz Rupprecht entwickelte. Sie hätte darauf abzielen sollen, «den eisernen Ring der Feinde gleichsam von außen her aufzubiegen. Das Verfahren hatte den Vorzug an sich, dass man aller Voraussicht nach die Bundesgenossen bis zum Kriegsende bei der Stange hielt.» Er wollte zuerst den alliierten Brückenkopf von Saloniki angreifen, dann einen «Entscheidungsschlag gegen Italien» führen und hier bis zu den Westalpen vor-

Abb. 37 Deutsche Soldaten auf LKWs mit Eisenreifen. Gummireifen waren Mangelware.

rücken. Inzwischen sollte der Westen sich auf kürzester Linie (Ostende-Metz) defensiv verhalten; und gleichzeitig mit allen Mitteln der Bau von stark befestigten rückwärtigen Stellungen betrieben werden. «Hier konnte man den Feind ruhig anrennen lassen.»[68] In «engster Mitarbeit der Politik» sollte gleichzeitig nach den Möglichkeiten eines Remisfriedens gesucht werden. Da Groener meinte, dass sein Plan «nicht aus dem Bereich der Gedanken» herausgetreten sei, bezeichnete er die Diskussion darüber als müßig.[69] Und doch lag wohl genau hier die beste der im Frühjahr 1918 verbliebenen deutschen Optionen.

Denn das Westheer wäre ein furchterregender Gegner in der Verteidigung gewesen. Dann wären seine Vorteile – die gute artilleristische Ausstattung und die gute Versorgung mit Waffen und Munition[70] – optimal zum Tragen gekommen, während sich die Nachteile, vor allem die geringe Mobilität, durch das gute und leistungsfähige Eisenbahnnetz[71] und die Nähe zu den Eisenbahnendpunkten reduziert hätten. Außerdem hätten die vorhandenen Stellungen weiter ausgebaut und auch neue im Hinterland angelegt werden können. Die Westfront wäre dann auf unabsehbare Zeit sehr stark gewesen, und es ist kein Wunder, dass die alliierten Planer eigene entscheidungssuchende Großoffensiven erst im Jahr 1919 für möglich hielten.

Um dieses Szenario zu Ende zu denken: Dann wären auch genügend Truppen übriggeblieben, um die anderen Fronten in Italien und auf dem Balkan effektiv absichern zu können und dort eventuell sogar zu Offensiven anzutreten. Die deutsche Präsenz war bei der zunehmenden Brüchigkeit der verbündeten Armeen extrem wichtig, und die OHL vernachlässigte diese Aufgabe, wie das Jahr 1918 noch zeigen sollte. Auch hätte dann das Engagement im Osten, wie immer es politisch zu beurteilen war, weitergehen können, und sei es nur aus gewissermaßen psychologischen Gründen. Es ging darum, die Hoffnung der Heimat auf Getreide aus dem Osten nicht zu enttäuschen und gleichzeitig die Sorgen der Gegner, dass die Blockade durch die Kooperation der Mittelmächte mit dem bolschewistischen Russland nun unterlaufen sei, weiter zu schüren.

Nicht mehr zu retten war hingegen die Stellung in Palästina; das Schicksal des von Falkenhayn geführten «Yıldırım»-Unternehmens, das ursprünglich Bagdad zurückerobern sollte, nun aber im Dezember 1917 den Fall von Jerusalem nicht hatte verhindern können, sprach für sich.[72] Die miserablen Nachschubverbindungen nach Palästina – vor allem wegen des unfertigen Taurustunnels, der zum mühsamen Umladen auf Schmalspur zwang, aber auch der Verschleiß und Kohlenmangel der türkischen Bahnen – machten es logistisch unmöglich, an dieser Front effektiv helfen zu können.

Ein weiterer Punkt sprach ebenfalls für einen Verzicht auf eine Westoffensive: Das Deutsche Reich hatte keine personellen Reserven mehr. Wenn der Jahrgang 1899/1900 eingezogen und ausgebildet wurde, konnten im Herbst 1918 637 000 Mann neu zur Verfügung stehen.[73] Das war nicht genug, um gewaltige Verluste an der Front ersetzen zu können. Es sprach dafür, die eigenen Kräfte möglichst zu schonen; einige Mitarbeiter Ludendorffs sollen dies auch als Grund gegen die Offensive ins Feld geführt haben.[74]

Doch die militärisch logische Strategie stand nicht wirklich zur Diskussion, weil eine andere Ressource dem Deutschen Reich zu fehlen schien, die für die Alternativstrategie von entscheidender Bedeutung war: Zeit. Das eine Argument, das in allen Besprechungen und Papieren immer wieder erwähnt wurde, um den Zeitdruck der Planungen zu rechtfertigen, waren die amerikanischen Truppen, die an der Westfront einzutreffen und damit das derzeit für Deutschland günstige Zahlenverhältnis wieder umzudrehen drohten. Bis März 1918 befanden sich nur 220 000 amerikanische Soldaten in Frankreich, von denen 139 000 Mann Kampftruppen waren.[75] Die Zuversicht, den Krieg zu beenden, bevor sich die amerikanische Hilfe auswirken konnte, war groß. Allerdings begann die deutsche Führung erst im Frühsommer 1918, als amerikanische Soldaten zu Hunderttausenden jeden Monat in Frankreich landeten, das Problem richtig ernstzunehmen.[76]

Das andere und wohl zentralere Argument war die Sorge um die Heimatfront, auf die der Generalstab fixiert war. Er befürchtete, dass sie einen unbegrenzt langen Krieg nicht mehr aushalten würde, und lag damit wahrscheinlich richtig. Worin er aber fehlte, war in der nüchternen Analyse des militärisch Möglichen, die durch eine Übersteigerung des Kults des Willens und der inneren Einigkeit ersetzt wurde. Ein plastisches Beispiel dafür sind die Aufzeichnungen des Chefs der Nachrichtenabteilung des Generalstabs, Oberstleutnant Nicolai, der für so unterschiedliche Bereiche wie Nachrichtendienst und Presse zuständig war.[77] Nicolai selbst befasste sich, wie selbst seine Mitarbeiter beklagten, viel mehr mit der inneren Stimmung und der Pressepolitik als mit der Analyse der gegnerischen Kräfte. Die Lage im Inneren suchte Nicolai durch die Betonung von Willenskraft und Energie zu beeinflussen. Für eine sachgerechte Beurteilung der Gegner fehlte ihm das intellektuelle Format, und er glaubte, dass nur die Demonstration unbeugsamen Kampfeswillens den Gegner schließlich zum Einlenken bringen werde.

Die OHL stand zweifellos vor einem Dilemma: Auf der einen Seite plante sie eine ungeheuer schwierige militärische Offensive in der Hoffnung, dass sie gelingen und den Krieg rasch und positiv entscheiden werde. Verzichtete sie darauf, drohte der Erschöpfungskrieg und der Zusammenbruch der Heimatfront. Dass Ludendorff sich für die Offensive entschied, entsprach seinen eigenen Vorstellungen von einem Sieg- und Diktatfrieden. Doch standen hier Strategie und öffentliche Meinung in einem kommunikativen Zusammenhang. Auch die besten Stabsoffiziere des deutschen Heeres, wie die Generäle Hoffmann, Kuhl und Loßberg, sahen letztlich keine Alternative zu einem Angriff, um ein baldiges Kriegsende zu erzwingen.[78] Den Krieg so schnell wie möglich zu Ende zu bringen, war das Entscheidende, nicht aber der Siegespreis im Westen; denn an einem Kriegsziel im Westen, wie Belgien, hielten zwar die OHL, die Marine und die Vaterlandspartei fest, aber die Mehrheit des Volkes, und damit auch der Armee, war in diesem Stadium des Krieges durch expansive Pläne nicht mehr zu motivieren.

Doch wie sollte die entscheidende Offensive aussehen? Ludendorff hatte schon im Frühjahr 1917 über deren Ansatz nachgedacht,[79] und andere, wie beispielsweise Major Wetzell, der Chef der Operationsabteilung des Generalstabs, und die Stäbe der Heeresgruppen der Westfront hatten Studien zu großen Angriffen im Westen angefertigt. Nun konnte niemand Ludendorff seine militärische Befähigung absprechen. Er war, wie die Ereignisse zeigen sollten, kein strategisches Genie, aber ein guter Soldat,[80] und er wusste, dass der Durchbruch an der Westfront ungemein schwierig war. Er sah auch die Gefahr, dass ein erfolgreicher Angriff nur zu einer Ausbuchtung der Front führen würde. Er ignorierte also die Erkenntnis nicht, mit der Falkenhayn seit dem Herbst 1914 seine Skepsis gegen eine Angriffsschlacht im Stellungskrieg begründet hatte. Ludendorffs Planungen wurden von zwei Grundgedanken geleitet: Erstens dem, dass alle bisherigen Angriffe an der Westfront auch deshalb gescheitert waren, weil sie die Strategie über die Taktik stellten.[81] Alle Versuche, dem Gegner ein strategisch bedeutsames Gebiet zu entreißen, mussten auf dessen sorgfältige Vorbereitung und zähen Widerstand stoßen. Für Ludendorff war es daher wichtiger, überhaupt irgendwo durchzubrechen; der Rest würde sich dann beim Übergang zum Bewegungskrieg finden. Hinzu kam, zweitens, dass er einen Misserfolg des Angriffs für möglich hielt und sich, anders als Falkenhayn vor Verdun oder die Engländer an der Somme und in Passchendaele, nicht festbeißen wollte. Stattdessen wollte er «nacheinander verschiedene Stellen ausprobieren, um zu sehen, wo man auf eine Schwäche beim Gegner stieße, gegen die man den Angriff dann mit allen Kräften fortsetzen müsse».[82] Er wollte also die gegnerische Front abtasten[83] und, sollte der erste Angriff nicht durchkommen, einen neuen Schlag an anderer Stelle probieren und dies solange wiederholen, bis die gegnerische Front unter den wuchtigen Hammerschlägen schließlich zusammenbrach.

Ludendorff plante diese verschiedenen Angriffe von Anfang an mit ein, wenn er natürlich auch hoffte, der erste, besonders wuchtige Angriff werde sofort durchdringen. Es wäre aber falsch, die fünf deutschen Großangriffe, die zwischen März und Juli 1918 an der Westfront erfolgten, isoliert zu sehen.[84] Sie waren Teil eines vorher festgesetzten Plans, wie die Kämpfe fortgesetzt werden sollten, falls der erste Angriff keinen vollen Erfolg brächte. Im Prinzip war der Gedanke auch nicht falsch; letztlich erzielte die Entente ihre Siege im Herbst 1918 auf vergleichbare Weise. Sie erreichte nirgendwo den Durchbruch, aber durch ununterbrochene Angriffe an verschiedenen Teilen der Front wurde das deutsche Heer immer weiter zum Rückzug gezwungen und musste schließlich vollkommen erschöpft aufgeben. Der Unterschied war aber, dass die Alliierten im Herbst 1918 an der Westfront eine doppelte zahlenmäßige Überlegenheit besaßen, während Ludendorff nur eine lokale Überlegenheit aufbauen konnte. Das deutsche Heer war nicht stark genug für diese Strategie und konnte nicht eine ganze Reihe solcher Schläge führen. Ludendorff wusste das auch; ihm war klar, dass das deutsche Heer mit jedem Schlag schwächer werden musste und die Angriffe an Wucht verlieren würden. Das ließ ihn zusätzlich hoffen, der erste Angriff werde durchdringen; es hat ihn aber auch nicht davon abgehalten, die Angriffe bis Juli 1918 weiterlaufen zu lassen. Seine unmittelbare Umgebung versuchte auch nicht, ihn davon abzubringen. Die Stimmung im Generalstab war in dieser Zeit erstaunlich sorglos, und man hielt offenbar den Gegner für unfähig, Deutschland die Initiative wieder zu entreißen.

In ein konkretes Stadium traten die Planungen im November 1917. Am 11. November reiste Ludendorff in das Hauptquartier von Kronprinz Rupprecht in Mons. Dort besprach er mit dem Chef der Operationsabteilung, Wetzell, Oberst Bauer, und den Stabschefs der Heeresgruppen im Westen, Kuhl und Schulenburg, die Grundzüge einer Westoffensive. Hier trafen mehrere Vorschläge aufeinander. Kronprinz Rupprecht und sein Stabschef, General v. Kuhl, schlugen einen Angriff im britischen Frontabschnitt in Richtung auf Bailleul-Hazebrouck vor. Er sollte dazu führen, dass die britischen Truppen ans Meer zurückgeworfen und im Erfolgsfall die Kanalküste in deutsche Hand fallen würde. Sie glaubten, dass der Angriff vierzig Divisionen erfordere und 400–500 schwere Batterien; beide Forderungen waren erfüllbar. Der Angriff – später bekam er den Decknamen «St. Georg» – sollte in einem Frontabschnitt erfolgen, der von portugiesischen Divisionen gehalten wurde; deren Moral und Durchhalteermögen wurden als niedrig eingeschätzt. Das Problem war aber, dass das Angriffsgelände schwierig war und trocken sein musste, was aber erst im April der Fall sein würde. Ludendorff wollte aber spätestens Ende Februar angreifen, bevor die amerikanischen Verstärkungen ankamen.[85]

Ein anderer Vorschlag wurde von Graf Schulenburg, dem Stabschef der Heeresgruppe Deutscher Kronprinz, gemacht, der wiederum mit einem vorhergehenden Plan Wetzells korrespondierte.[86] Er wollte im Abschnitt der Heeresgruppe Deutscher Kronprinz angreifen lassen, und zwar sollte die Festung Verdun das Ziel sein. Beim Nennen des Namens allein war eine unwillkürliche Abwehrreaktion unvermeidlich; reichte das Desaster von 1916 nicht aus? Der Plan war aber strategisch durchaus sinnvoll. Er hätte, ebenso wie der «St. Georg»-Angriff der Heeresgruppe Kronprinz Rupprecht, einen Vorteil gehabt: Nämlich dass auch bei begrenztem Vorrücken – und nur ein solches in Rechnung zu stellen, war in Anbetracht der eigenen Stärke und der verminderten Mobilität vernünftig – ein Angriffserfolg plausibel schien. Denn es kam bei diesem Vorschlag nicht auf einen Angriff gegen Verdun, sondern auf dessen rückwärtige Verbindungen an. Wetzell wollte von dem Frontvorsprung St. Michiel und den Argonnen in zwei Zangen angreifen lassen, um auf diese Weise die Festung Verdun einzukreisen und rückwärtig abzuschneiden. Damit wollte er zwei Dinge erreichen, nämlich erstens den Fall der Festung, was, gerade wegen der Schlacht von 1916, ein gewaltiger Prestigegewinn gewesen wäre, sowie die Einkesselung der elf französischen Divisionen in der Festung, was das französische Heer für das weitere Jahr 1918 als aktiven Gegner ausgeschaltet hätte. Außerdem wären dadurch fünfzehn deutsche Divisionen freigemacht worden, die derzeit vor Verdun gebunden waren.[87] Wetzell war im Übrigen ebenso wie Ludendorff der Ansicht, dass der Durchbruch sehr schwierig und die Kriegsentscheidung nicht in einer, sondern in mehreren Schlachten zu suchen sei.[88]

Doch Ludendorff hatte einen eigenen Plan. Er wollte die Briten angreifen, da sie als Gegner für taktisch unbeweglicher gehalten wurden als die Franzosen.[89] Ludendorff wollte bei St. Quentin angreifen, an der Nahtstelle zwischen dem französischen und dem britischen Frontabschnitt. Das Angriffsgelände bot taktische Vorteile und außerdem hatte er die Hoffnung, dass Koordinationsprobleme zwischen den Alliierten die Aufgabe erleichtern würden. Tatsächlich schien es, dass Franzosen und Engländer, dass Pétain und Haig bei der Verteidigung jeweils andere Prioritäten setzen würden. Wie Foch später schrieb, würde für die Franzosen immer der Schutz von Paris und für Haig die Sicherung der Kanalhäfen erste Priorität besitzen.[90] Ein weiterer Vorteil war, dass der Angriff frühzeitig erfolgen konnte und nicht etwa wegen der Witterung bis April oder Mai gewartet werden musste, wie im Fall des «St. Georg»-Angriffs. Der Plan Ludendorffs hatte zum Ziel, den rechten britischen Flügel anzugreifen und die Briten zum Meer abzudrängen. Einer der Vorteile des Angriffsortes war auch, dass der britische Abschnitt dort relativ dünn besetzt war. Der Nachteil war wiederum, dass ein erfolgreicher Angriff in das Gelände der Sommeschlacht käme und in die Gegenden, die von den deutschen Truppen in Vorbereitung des «Alberich»-Rückzugs planmäßig verheert worden waren. Daraus würden erhebliche Nachschubschwierigkeiten resultieren und damit auch Probleme, den Angriff weiter nach vorne zu tragen. Kritiker wandten außerdem ein, dass Deutschland die für diesen weitausholenden Angriff erforderlichen Kräfte nicht besaß.

Ludendorff selbst war von dem Erfolg des Angriffsplans nicht voll überzeugt. Den Erfolg hielt er nicht für sicher, den Versuch aber für alternativlos. Max von Baden fragte ihn nach Alternativen; Ludendorff antwortete, dass Deutschland entweder siegen oder untergehen werde.[91] Das lag vollkommen auf der Linie seiner bisherigen Einstellung, den Feinden einen kompromisslosen Siegeswillen zu unterstellen; und diese Annahme wurde auch von der zivilen Reichsleitung nicht in Frage gestellt.

Ein Angriff hätte wenigstens den Schwächen der eigenen Armee, vor allem der geringen Mobilität, Rechnung tragen und daher begrenzt sein müssen. Doch Ludendorff nahm darauf keine Rücksicht. Von allen Angriffsvarianten, die um die Jahreswende 1917/18 diskutiert wurden, entschied er sich für diejenige, die die meisten Kräfte erforderte und außerdem die größte Mobilität. Das erinnert an Hitlers Diskussion mit seinen Generälen im Herbst 1944, die dem Diktator für den geplanten Westangriff eine kleinere Lösung empfahlen, doch er entschied sich für den großen Schlag nach Antwerpen, den er politisch wie strategisch brauchte. Die Ardennenoffensive gelangte nicht an ihr Ziel und ebenso wenig Ludendorffs Märzoffensive, die unter den Namen «Große Schlacht von Frankreich» oder «Kaiserschlacht» in die Geschichte einging.

Zur Vorbereitung des Angriffs verstärkte Ludendorff die Westfront im vorgesehenen Angriffsgebiet. Im Dezember 1917 schob er zwischen der 2. und 7. Armee die neugebildete 18. Armee ein, die unter dem Befehl des Siegers von Riga, General v. Hutier, stehen sollte. Die ebenfalls neugebildete 17. Armee, die unter dem Befehl des Siegers von Caporetto, General v. Below, stand, wurde dann zwischen der 2. und 6. Armee eingeschoben. Diese Armeen – die 17., die 2. und die 18. – sollten die Hauptlast des Angriffs tragen.[92] Die 18. Armee wurde der Heeresgruppe Deutscher Kronprinz unterstellt, während die beiden anderen Armeen von der Heeresgruppe Kronprinz Rupprecht befehligt wurden. Diese eigenartige Gliederung sollte es der OHL ermöglichen, den Angriffsarmeen unter eventueller Umgehung der Heeresgruppenkommandos Befehle zu erteilen.

Nach wie vor waren viele Offiziere skeptisch, ob der Westangriff gelingen könne. Und niemand zweifelte mehr als Kronprinz Rupprecht, dessen Heeresgruppe den Angriff zu führen hatte. Nach einer Besprechung mit Ludendorff in Lille am 19. Januar 1918 hob er zwar hervor, dass Ludendorff «streng sachlich» geblieben sei, meinte aber auch, dass dieser die «Gefahr des Steckenbleibens des Angriffs» und die «vollwertigen Westgegner» unterschätze. Ludendorff sei halt «ein ausgesprochener Willensmensch, aber der Wille allein genügt nicht, wenn ein nüchterner Verstand ihn nicht zügelt».[93] Zwei Tage später erwog er, doch lieber in Italien anzugreifen,[94] und am 30. Januar 1918 notierte er in seinem Tagebuch: «Wenn nur unsere Kräfte für eine große Offensive ausreichen? Ich bezweifle es innerlich und fühle mich mit schwerer Sorge bedrückt. General Ludendorff äußerte heute am Telephon zu Generalleutnant v. Kuhl, er erachte eine möglichst sorgfältige Vorbereitung des Angriffs für nötiger, als dessen überraschende Durchführung. Ich bin der gegenteiligen Ansicht. Gelingt es uns nicht, mit unserem Angriff den Gegner zu überraschen, kommt es mit Bestimmtheit zu einer fruchtlosen Materialschlacht. Erringen wir aber nicht in diesem Frühjahr den entscheidenden Sieg, ist der Krieg für uns unweigerlich verloren.»[95] Diese Zweifel wurden von seinem Stabschef geteilt. Am 7. Februar 1918 «sprach Generalleutnant v. Kuhl unaufgefordert seine Bedenken aus, ob unsere Offensive gelingen werde, da die Kräfte knapp ausreichten. Seiner Überzeugung nach hätte man unbedingt im Osten Frieden machen müssen, um von dort alle Truppen nach dem Westen ziehen zu können.»[96] In den folgenden Wochen suchte der Prinz sich Mut zu machen[97] und schrieb einen Tag vor Angriffsbeginn: «Das Verhalten unserer Gegner deutete darauf hin, dass sie noch immer zu keinem Einlenken gesonnen sind, es sei denn nach einer Niederlage, und so müssen wir ihnen eine solche bereiten, und wir können es.»[98]

Die Offensive richtete sich gegen die britische 5. Armee, die am rechten Flügel der Briten stand. Sie hatte erst vor kurzer Zeit die Stellungen dort von den Franzosen übernommen, und sie waren nicht gut ausgebaut. Außerdem waren die Linien relativ schwach besetzt, ganz im Gegenteil zu der Front im Norden. Dort waren die britischen Stellungen, weil sie hier die strategisch wichtigen Häfen, Nachschublinien und die Kanalküste sichern mussten, sehr viel dichter besetzt als im Bereich der 5. Armee. Diese hatte im Schnitt pro Division 5,2 Kilometer Frontlinie zu verteidigen; die nördlich stehende 3. britische Armee hingegen nur 3,2 Kilometer, was nur etwa 60 Prozent im Vergleich zur 5. Armee waren.[99] Auch dieser Tatsache waren die Erfolge zu verdanken, die der deutsche Angriff zunächst erreichen sollte. Immerhin trat am 21. März 1918 eine gewaltige Streitmacht an: Die drei Angriffsarmeen hatten insgesamt 76 Divisionen, gegliedert in Angriffs- und Stellungsdivisionen, zu ihrer Verfügung. Dies waren, zusammengerechnet, deutlich über eine Million Mann. Die Truppen traten auf einer insgesamt 103 Kilometer langen Linie zum Angriff an.[100] Die Offensive wurde durch etwa die Hälfte der insgesamt verfügbaren deutschen Artillerie unterstützt.[101] Insgesamt verfügten die Angreifer über 6608 Geschütze, darunter waren 4010 leichte, 2533 schwere und 65 schwerste Geschütze, sowie 3534 Minenwerfer.[102] Im Angriffssektor erreichte die deutsche Überlegenheit bei der leichten Artillerie den Faktor 2,3, bei der schweren 2,6. Außerdem wurden 1070 Flugzeuge eingesetzt, die eine lokale Überlegenheit herstellten. Trotz dieser Zahlen war der Angriff ein gewaltiges Risiko und die deutsche Überlegenheit keinesfalls so groß, dass der Erfolg sicher war. Nicht nur Kronprinz Rupprecht, sondern auch Oberst v. Thaer sprachen daher von der «letzten Karte», die hier ausgespielt wurde.[103]

Am 21. März 1918 begann die Offensive mit einem fünfstündigen Artilleriefeuer, das bis nach London zu hören war.[104] 3,2 Millionen Schuss wurden am ersten Tag verfeuert, davon ein Drittel Gasmunition.[105] Viele deutsche Soldaten, unter ihnen auch Ernst Jünger, waren beeindruckt von dieser Kraftentfaltung und gleichzeitig auch froh, dass sie diesmal die Angreifer waren und nicht, wie in den Vorjahren, die unter schwerstem Beschuss liegenden Verteidiger.[106] Als der Angriff losbrach, lag Nebel über den Stellungen; dieser begünstigte das Überraschungsmoment und verlängerte auch die Wirkung des verschossenen Giftgases. Die Kämpfe waren sehr verlustreich – für beide Seiten. Die Deutschen verloren am 21. März 1918 fast 40 000 Mann, davon 10 851 Gefallene, 28 778 Verwundete und 300 Gefangene. Die britische Armee büßte insgesamt

38 512 Mann ein, davon 7512 Gefallene, 10 000 Verwundete und 21 000 Gefangene.[107] Obwohl am 1. Juli 1916 mehr Soldaten starben, sah der 21. März 1918 die höchsten Tagesverluste des gesamten Krieges.[108] Der Angriff entwickelte sich ungleichmäßig. Im Süden machte die von General von Hutier geführte 18. Armee sehr gute Fortschritte, was einerseits am Gegner lag, der in diesem Abschnitt schwächer war, andererseits auch daran, dass hier die neuen Artilleriemethoden von Bruchmüller und Pulkowski vollständig angewandt wurden. Die von General v. Marwitz geführte 2. Armee kam in der Mitte langsamer, aber immer noch gut voran. Die im Norden angreifende 17. Armee unter der Führung General v. Belows machte geringere Fortschritte und blieb weit hinter dem Zeitplan zurück. Damit geriet der Angriffsplan in eine Schieflage, denn eigentlich sollte die 18. Armee nur den südlichen Flankenschutz für die beiden anderen Armeen übernehmen, die dann nach Nordwesten vorstoßen und in den Rücken der Briten gelangen sollten. Entsprechend seinen vor der Schlacht geäußerten Überzeugungen setzte Ludendorff auf den taktischen Erfolg und befahl der 18. Armee, weiter vorzustoßen. Damit verschob er die Stoßrichtung, denn nun kämpfte er schwerpunktmäßig gegen den linken Flügel der Franzosen statt gegen den rechten der Briten. Während die 2. Armee auf Amiens vorrückte, kam die 17. Armee auch weiterhin nicht voran.

Der große und rasche Raumgewinn der Offensive stellte alles, was die Alliierten zwischen 1915 und 1917 an der Westfront erreicht hatten, weit in den Schatten. Immerhin machten die Angriffsarmeen am ersten Tag 21 000 Gefangene.[109] Selbst der skeptische Kronprinz Rupprecht glaubte für einen Augenblick, die Schlacht sei gewonnen. Er schrieb am Angriffstag: «Nun ist auch die dritte englische Stellung durch die 2. Armee durchbrochen. Der Sieg ist unser! Wer hätte vor 24 Stunden einen derartigen Erfolg sich verhofft!»[110] Doch bald wurde ihm klar, dass die Dinge doch nicht so liefen wie geplant. Der Angriff drohte zu «zerflattern»; statt den Engländern in den Rücken zu gelangen, kämpfte ein Teil der Angriffsarmeen mit den Franzosen, ein anderer Teil war steckengeblieben, ein dritter Teil wurde reichlich spät auf Amiens angesetzt. Am 26. März «polterte» Ludendorff am Telefon, dass die 17. Armee nichts leiste.[111] Der Angriff verlor zunehmend an Schwung. Der Kronprinz kehrte am 27. März zu seinem anfänglichen Pessimismus zurück und rief aus: «Nun haben wir den Krieg verloren!»[112] Ähnlich urteilte später Wilhelm Groener: «Betrachtet man den Verlauf der Kämpfe vom 21. März bis 4. April ohne Voreingenommenheit, so wird man nicht umhin können einzugestehen, dass der taktische Sieg, der in den ersten Tagen sich so glänzend angelassen hatte, in eine strategische Niederlage umgeschlagen war.»[113]

Letztlich hatte die Offensive, wie Ludendorff und Kronprinz Rupprecht befürchtet hatten, zu einer großen Einbuchtung der gegnerischen Stellungen, aber nicht zum Durchbruch geführt, der dann operativ hätte ausgenutzt werden können. Der strategische Erfolg war ausgeblieben, wenn auch die taktische Leistung beeindruckend war. Doch auch sie basierte teilweise auf Glück, auf dem Wetter und den Fehlern der Verteidiger.[114] Zu Beginn der Offensive hatte sich außerdem ausgewirkt, dass Briten und Franzosen sich nicht auf einen gemeinsamen Oberbefehl an der Westfront hatten einigen können. Damit schien es durch einen Angriff an der Nahtstelle dieser Front möglich, die Alliierten auseinanderzudividieren und das erwähnte Faktum auszunutzen, dass die Briten wahrscheinlich vorrangig ihre Nachschub- und Rückzugslinien und die Kanalhäfen und die Franzosen hingegen Paris verteidigen würden.[115] Der deutsche Angriff und die durch ihn erzwungene alliierte Ausweichbewegung machten es vorstellbar, dass die Briten und Franzosen in verschiedene Richtungen zurückgehen würden und dadurch der Zusammenhalt zwischen den Armeen zerreißen könnte. Dies hätte tatsächlich den Sieg im Westen zur Folge haben können. Doch diese Gefahr bannten die Alliierten, vor allem durch eine Intervention Haigs, indem General Foch am 26. März das effektive Oberkommando über die Westfront anvertraut wurde, das er am 14. Mai auch offiziell übernahm.[116] Damit war die alliierte Verteidigung koordiniert, der Einsatz der Reserven erfolgte unter einheitlichen Gesichtspunkten und nicht nach nationalen Vorgaben; die Chance, die britische und französische Armee zu spalten, war ganz erheblich herabgesetzt worden.

Der Geländegewinn erwies sich für die deutschen Armeen als Fluch, nicht als Segen, zumal der wichtige Eisenbahnknotenpunkt Amiens, dessen Verlust den Nachschub der British Expeditionary Force (BEF) in große Schwierigkeiten gebracht hätte, nicht eingenommen werden konnte. Amiens hatte schon während der Schlacht an der Somme 1916 für die Alliierten logistische Probleme aufgeworfen, da hier die Verbindung zwischen der Stadt und den südlichen Kanalhäfen sowie die einzige Nord-Süd-Verbindung zwischen den französischen Kohlenminen und

Paris verlief.[117] Dass Amiens nicht eingenommen wurde, bewerten Teile der Historiographie als einen der wichtigsten Fehlschläge der gesamten Offensive. Sie können sich dabei auf zeitgenössische Äußerungen von alliierter Seite stützen. General Foch hatte verlangt, Amiens um jeden Preis zu halten, denn das Schicksal des Krieges stehe auf dem Spiel.[118] Auch der Oberbefehlshaber der 4. britischen Armee, General Rawlinson, meinte, dass der Abschnitt von Amiens der einzige sei, wo ein Erfolg des Gegners die Alliierten zu Friedensverhandlungen zwingen könne.[119] Amiens war erst in der letzten Phase der «Michael»-Offensive, nach dem Scheitern des weitergefassten Plans, von Ludendorff zum Angriffsziel erklärt worden. Einige Historiker sehen hierin einen schweren Mangel des Plans; Amiens hätte von Anfang an als Angriffsziel benannt und ihm hätte größere Priorität gegeben werden müssen.[120] Aber es war nicht Ludendorffs Ziel gewesen, einen wichtigen Eisenbahnknotenpunkt einzunehmen, sondern er wollte den Feldzug durch die Trennung von Briten und Franzosen und durch das anschließende Abdrängen der Briten zur Küste entscheiden. Daran gemessen, war Amiens ein realistischeres, aber keinesfalls ausreichendes Ziel. Es war, wie auch die offizielle britische Geschichte des Weltkriegs urteilte, das Zusammenschrumpfen eines «grandiosen Schlachtplans» auf eine «lokale Operation».[121] Es ist fraglos, dass der Fall von Amiens den Nachschub der BEF ungeheuer verkompliziert hätte. Aber es ist doch unwahrscheinlich, dass er zum Zusammenbruch der Westmächte geführt hätte; um so mehr vor dem Hintergrund, dass sie den Zusammenbruch Russlands, Rumäniens und Serbiens überstanden hatten. Clemenceau hatte angekündigt, er werde vor Paris, in Paris und hinter Paris kämpfen;[122] war es da nicht zu erwarten, dass notfalls die Briten ihre Front unter Verlusten stark zurückgenommen, aber weitergekämpft hätten? Wegen eines wichtigen Bahnhofs verliert man keinen Weltkrieg. Auch General Groener, der sich als ehemaliger Feldeisenbahnchef mit dem Problem auskannte, meinte später, dass die Bedeutung der Eroberung von Amiens in der Rückschau übertrieben wurde. Er schrieb: «Aber auch die Inbesitznahme von Amiens hätte keineswegs unseren Sieg bedeutet. Die Querverbindungen hinter der feindlichen Front wären durch den Verlust dieses wichtigen Eisenbahnknotenpunktes zwar empfindlich gestört, aber keineswegs unterbunden worden, denn unterhalb Amiens gab es noch fünf Eisenbahn- und Straßenverbindungen über die Somme und außerdem die nicht auszuschaltende sichere Verbindung über das Meer. Binnen kurzem wäre der Verkehr hinter der französisch-englischen Front wieder in vollen Gang gekommen.»[123]

Die «Michael»-Offensive wurde, weil die Angriffstruppen hoffnungslos festgerannt und erschöpft waren, am 5. April 1918 eingestellt. Die deutsche Offensive hatte den Gegnern etwa 3100 Quadratkilometer entrissen, und es waren 90 000 Gefangene gemacht worden, darunter 75 000 Briten. Außerdem waren 1300 Geschütze erbeutet worden.[124] Diese Bilanz wurde noch günstiger dadurch, dass manche der deutschen Verwundeten wieder in den Einsatz zurückkehrten, während unter den alliierten Verlusten viele Soldaten waren, die kapituliert hatten und als Kriegsgefangene dauerhaft ausfielen. Dies war ein Zeichen abnehmender Moral und deutete, wie viele andere Kämpfe im Jahre 1918, darauf hin, dass auch britische und französische Soldaten nach vier Jahren Krieg sich dem Ende ihrer physischen und psychischen Kräfte näherten.[125]

Die Offensive war ein eindrucksvoller taktischer Erfolg, aber ein strategischer Fehlschlag, der zum großen Teil auf die schon vor dem Angriff offensichtlichen Schwächen der deutschen Armee zurückgeführt werden konnte. Die Angriffstruppen wurden überfordert, die Mobilität war nicht groß genug, die Artillerie und der Nachschub konnten nicht schnell genug folgen. Die ausgehungerten Soldaten blieben auch in den reichgefüllten alliierten Depots hängen; plastische Schilderungen dieser Plünderungszüge kann man in Ernst Jüngers Kriegstagebuch nachlesen.[126] Ein wesentlicher Teil des Misserfolgs lag aber in Ludendorffs unklarer, zu sehr auf die Ausnutzung taktischer Erfolge abzielender Führung begründet.

Der amerikanische Historiker Zabecki, der immerhin auch General war, hat sich mit den deutschen Westoffensiven 1918 aus historischer und militärischer Sicht intensiv auseinandergesetzt und hielt einen deutschen Erfolg von vornherein für unwahrscheinlich.[127] Immerhin wollte Zabecki ihn aus der Rückschau aber auch nicht ganz ausschließen. Schließlich waren nicht nur die deutschen, sondern auch die alliierten Truppen nach fast vier Jahren Krieg erschöpft, und es gibt viele Beispiele, dass erfolgreiche Angriffsarmeen mit erstaunlichen Schwächen und Ausrüstungsmängeln zu kämpfen hatten, wofür der deutsche Angriff von 1940 («Westfeldzug») als Paradebeispiel dienen kann.[128] Zabecki billigt Oberstleutnant Wetzells Idee von den aufeinander abgestimmten Angriffen einige Erfolgsaussichten zu. Die Alliierten hätten bei diesem Verfahren nicht gewusst, wo der deutsche Schwerpunkt lag, und wären beim Einsatz ihrer Reserven

Karte 10: Die deutschen Offensiven im Westen 1918
N
S
Nordsee
NIEDERLANDE
Zeebrügge
Ostende
Brügge
Nieuport
Antwerpen
dt. 4. Armee
Gent
Dünkirchen
Diksmuide
Schelde
Calais
belgische Armee
Roulers
brit. 2. Armee
Ypern
Courtrai
Brüssel
St.-Omer
Boulogne
BELGIEN
Hazebrouck
Armentières
Lille
dt. 6. Armee
Hauptquartier der Heeresgruppe Kronprinz Rupprecht
brit. 1. Armee
La Bassée
Montreuil
Brit. Generalhauptquartier
Béthune
Mons
Lens
Arras
Douai
Valenciennes
brit. 3. Armee
dt. 2. Armee
Maubeuge
Cambrai
Abbéville
Doullens
dt. 17. Armee
Avesnes
Bapaume
Le Cateau-Cambrésis
Somme
dt. 18. Armee
Amiens
Oise
Péronne
St. Quentin
Hauptquartier Heeresgruppe Dt. Kronprinz
brit. 5. Armee
Aumale
dt. 7. Armee
Mézières
Roye
La Fère
FRANKREICH
dt. 1. Armee
Laon
Rethel
Beauvais
Compiègne
Franz. Generalhauptquartier
Vailly
Soissons
Fismes
Chantilly
Villets Cotterêts
Reims
franz. 6. Armee
franz. 2. Armee
franz. 4. Armee
Seine
Épernay
Marne
Dormans
Paris
Châlons-sur-Marne
Deutsche Offensiven
Michael, 21. März–5. April
Georgette, 9.–11. April
Blücher-Yorck, 27. April
Gneisenau, 9. Juni
Marne-Reims, 15.–17. Juli
Grenzen der Armeeabschnitte
0 25 50 km

verunsichert worden. Aber anders als bei «Michael» und dem ihm folgenden Angriff «Georgette» hätte es nicht das deutsche Ziel sein dürfen, eine Vernichtungsschlacht gegen die gegnerischen Armeen zu führen, sondern in einer Reihe aufeinander abgestimmter und in ihrer Größe limitierter Offensiven planmäßig das ohnehin brüchige Transportsystem der British Expeditionary Force zu zerschlagen. Das Ziel hätte also zuerst sein sollen, in einer verkleinerten Version der «Michael»-Offensive Amiens einzunehmen; ein zweiter Angriff, eine kleinere Version von «Georgette», hätte sich dann gegen den zweiten Eisenbahnknotenpunkt von Hazebrouck gewendet. Der Verlust beider Knotenpunkte hätte für die BEF zu gewaltigen Nachschubschwierigkeiten geführt, und dies hätte es vielleicht möglich gemacht, in weiteren Schlägen die Kanalhäfen einzunehmen.[129] Die Idee hört sich plausibel an. Ob sie funktioniert hätte, bleibe dahingestellt.

Ähnliche Diskussionen über den richtigen taktischen Ansatz der Westoffensive 1918 führten Kronprinz Rupprecht und sein Stabschef, Generalleutnant v. Kuhl, bis an ihr Lebensende, ohne zu einem klaren Urteil zu gelangen.[130] Hier genügt die Feststellung, dass 1918 niemand in der deutschen militärischen Führung die von Zabecki entwickelte Idee hatte, auch Wetzell nicht, der zwar von aufeinander abgestimmten Angriffen sprach, aber damit nicht das Hauptziel verfolgte, die britische Versorgung lahmzulegen. Und General Groener, als Fachmann für logistische Fragen, schien, wie oben erwähnt, zu glauben, dass die Entente auch mit schweren Beeinträchtigungen ihres Transportsystems fertiggeworden wäre.

Von zentraler Bedeutung war nun, wie die OHL mit dem strategischen Fehlschlag umging. General Hoffmann schrieb, dass in dem Moment, in dem der Angriff gegen Amiens aufgegeben werden musste, die OHL sich an die Regierung hätte wenden und diese auffordern müssen, Friedensverhandlungen einzuleiten.[131] Das ist unbestreitbar richtig, schon allein, um der Missstimmung der Truppe vorzubeugen, deren Angriffsgeist seit dem Festlaufen der «Michael»-Offensive stark gelitten hatte und die «unter der Depression einer sehr großen Enttäuschung» stand.[132] Doch nichts lag Ludendorff ferner; stattdessen befahl er, wie er es schon zuvor beabsichtigt hatte, den Beginn des nächsten Angriffs – in Flandern. Aus dem als «Georg» bezeichneten Plan war nun die «Georgette» geworden, eine verkleinerte, aber immer noch große Offensive. Sie begann am 9. April und ihr Ziel war der Vormarsch zum Kanal. Sie hatte auch Erfolge, beispielsweise gelang es den Angriffstruppen, die portugiesischen Divisionen zu überrennen. Aber insgesamt war dieser Frontabschnitt sehr stark verteidigt, da die britische Führung hier, anders als auf ihrem rechten Flügel, vitale und strategisch bedeutsame Ziele schützte. Der Angriff blieb stecken und musste am 29. April abgebrochen werden, ohne dass wichtige Punkte, wie Hazebrouck, eingenommen werden konnten. Die Verluste der auf deutscher Seite eingesetzten 28 Divisionen betrugen 109 300 Mann. Die 25 beteiligten britischen Divisionen verloren 76 300 Mann und acht französische 35 000 Mann. Die Verluste waren also fast ausgeglichen.

Selbst ein voller Erfolg des Angriffs – die Einnahme der Kanalhäfen Calais und Dünkirchen – hätte den Krieg nicht entschieden, wie General Groener später ausführte.[133] Und auch diesmal hätte Ludendorff, wie Groener meinte, unbedingt Konsequenzen ziehen müssen. Er glaubte, dass die deutsche Armee nach dem Festlaufen des Angriffs Ende April 1918 die letzte Gelegenheit hatte, aus freiem Entschluss zur Defensive überzugehen.[134] Doch weder Ludendorff noch der ihn deckende Hindenburg dachten daran. Der Feldmarschall war optimistisch, meinte, die Stimmung an der Front sei doch allenthalben sehr gut, «fast überall glänzend», glaubte, die Angriffe würden irgendwann wirken, und sagte beruhigend, in Russland sei «das auch nicht mit einem Male gegangen, bis der Koloss umfiel». Hindenburg wollte die Angriffe fortsetzen und sagte: «Wir haben ja, Gott sei Dank, noch fünf Monate vor uns, ehe es Winter wird, da können wir noch eine ganze Reihe von Offensivstössen» machen.[135] Ähnlich optimistisch berichteten Hindenburg und Ludendorff im Mai 1918 dem Reichskanzler über Chancen und Fortgang der Operationen.[136]

Ludendorff ließ die nächsten Angriffe vorbereiten, die natürlich an Kraft immer schwächer wurden. Er folgte damit seinem Plan, wurde innerlich aber unsicher. Gleichzeitig wurde er zum Gefangenen der bisherigen taktischen Erfolge. Gerade weil die Westoffensive die «letzte Karte» war, konnte er nicht zugeben, dass dieser Trumpf nicht gestochen hatte. So wie Falkenhayn vor Verdun der Gefangene der frühen Erfolge wie der Eroberung von Douaumont wurde, konnte sich auch Ludendorff aus dieser Handlungsdynamik nicht befreien. Seine Nervosität wuchs; er telefonierte nächtelang mit Befehlshabern und Stabschefs und mischte sich überall ein, und zwar bei den Kommandos im Westen und im Osten; er warf Untergebenen vor, sich nicht voll einzusetzen, und der Regierung, politische Chancen nicht zu nutzen und im Inneren zu weich zu sein.[137]

Gleichzeitig zeigen seine Äußerungen, dass er hin und hergerissen war, dass er je nach Tagesmeldungen zwischen Hoffnung und Enttäuschung schwankte. Letzteres war natürlich auch bei anderen hohen Truppenführern wie Kronprinz Rupprecht zu beobachten und nur aus der Rückschau wirkt alles eindeutig. Gelegentlich mahnte Ludendorff an, militärische Siege zu politischen Initiativen zu nutzen, und ließ Friedensbereitschaft gegen Großbritannien und Frankreich erkennen.[138] Dann wieder setzte er auf Sieg. Die gesamte Zeit über konnte er aber einen bohrenden inneren Zweifel am Gelingen des Angriffs nicht überwinden. Von diesen Zweifeln berichtete Groener schon vor Angriffsbeginn;[139] diese stellte auch Oberstleutnant v. Thaer fest, der, von der Front kommend, Ludendorff am 2. Mai 1918 darauf hinwies, dass die wieder und wieder in die Schlacht geworfenen Truppen allmählich immer schlechter würden. Ludendorff, der ohnehin in diesen Monaten so aufgeregt und nervös war, dass er ärztliche Hilfe brauchte,[140] warf Thaer die fehlende Disziplin und die Schwäche der Kommandeure vor. Die Führer hätten die Truppen nicht straff genug in der Hand, Angriffstruppen hätten sich während der «Michael»- und «Georgette»-Offensiven in den feindlichen Depots «festgefressen» und «festgesoffen», statt den Angriff voranzubringen, und darin sah er den Grund des Scheiterns. In dem Gespräch brach schließlich der Zweifel ganz offen aus ihm hervor. Er rief, wie Thaer schrieb, «mit seiner in solchen Fällen dann ganz hohen Stimme» aus: «Was soll Ihr ganzes Geunke? Was wollen Sie von mir? Soll ich jetzt Frieden a tout prix machen?»[141]

Ludendorff drängelte, kommandierte, schimpfte, beschuldigte andere und kümmerte sich um zu viele Sachen gleichzeitig. Und doch konnte er seine Skepsis nicht wirklich unterdrücken, die, weil nur zu gut begründet, auch von anderen geteilt wurde. Kronprinz Rupprecht schrieb am 1. Juni 1918 an Hertling, um ihm mitzuteilen, dass Deutschland seine geringen Reserven nicht noch weiter verbrauchen dürfe und dass, auch nach Ansicht Ludendorffs, «aller Wahrscheinlichkeit nach ein entscheidender, den Gegner vernichtender Schlag sich nicht mehr wird erringen lassen». Ludendorff hoffe noch auf einen «deus ex machina», nämlich einen plötzlichen Zusammenbruch der Westmächte, so wie es in Russland geschehen war. Er, Kronprinz Rupprecht, glaube aber nicht daran, da die westlichen Staaten innerlich nicht so «morsch» seien wie das Zarenreich.[142] Deshalb solle jetzt verhandelt werden, solange Deutschland mit seiner verbliebenen Angriffsfähigkeit noch militärische Trümpfe in der Hand habe.

Ludendorff und Rupprecht waren besorgt, andere – wohl eine solide Mehrheit – waren hingegen viel optimistischer, unter ihnen der Reichskanzler, der, wie auch später ein parlamentarischer Untersuchungsausschuss feststellte, bis fast zum Ende seiner Amtszeit an einer Strategie des militärischen Sieges festhielt. Auch viele Mitarbeiter des Generalstabs glaubten, weiterhin dem Gegner die Initiative aufzwingen zu können. Ein grotesk wirkendes Detail mag den herrschenden Optimismus verdeutlichen: Am 5. April 1918 – da war die «Michael»-Offensive bereits gescheitert – kam Geheimrat Justi, der Direktor der Nationalgalerie, ins Hauptquartier, um «Hindenburg und Ludendorff die Pläne für ein beabsichtigtes deutsches Kriegsmuseum als Ehrenmal für das deutsche Heer im Weltkrieg vorlegen zu dürfen». Dieses Museum wurde vom Kriegsministerium geplant, und es waren 50 000 Mark für die Vorarbeiten bereitgestellt worden, die vor den politischen Kreisen streng geheim gehalten wurden. Im Detail wurde erörtert, wie der Kaiser, Hindenburg und Ludendorff in diesem Museum «abgewogen geehrt werden» sollten.[143] Die Optimisten hatten die Oberhand, nicht nur im Hauptquartier, sondern auch in der politischen Führung in Berlin.

Die Angriffe gingen weiter. Die nächste Operation – eine Offensive der 7. deutschen Armee, die den Decknamen «Blücher-Yorck» trug, begann am 27. Mai. Der Angriff hatte ursprünglich nur begrenzte Ziele und sollte von einem geplanten großen Schlag in Flandern ablenken, aber die Fehler des Befehlshabers der 6. französischen Armee, General Duchêne, der seine Reserven sehr weit vorne platziert hatte, machte nochmals einen großen Geländegewinn möglich. Der Vormarsch – 22 Kilometer am ersten Tag – war der größte aller Angriffe an der Westfront des Ersten Weltkriegs.[144] Seiner opportunistischen Strategie folgend, ließ Ludendorff den ursprünglich begrenzten Angriff sofort ausbauen, als er den taktischen Erfolg sah. Die Operation wurde am 6. Juni abgebrochen. Wenige Tage später begann die Operation «Gneisenau». Sie lief vom 9. bis 13. Juni im Raum Noyon-Montdidier. 23 deutsche Divisionen kamen kaum voran, weil sie am 11. Juni von einem französischen Gegenangriff gestoppt wurden. Die Deutschen verloren 30 000 und die Alliierten 35 000 Mann.

Die letzte deutsche Offensive («Marneschutz-Reims») begann am 15. Juli 1918. Auch an diesen Angriff knüpften sich große Hoffnungen, obwohl die Angriffsarmeen – die 3. und 7. Armee – vor französischen Abwehrmaßnahmen warnten und außerdem beklagten, dass wegen der wütenden Grippeepidemie die Einsatzstärke der Truppen auf ein kritisches Niveau gefallen sei. Ludendorff glaubte, bei Gelingen des Angriffs ein gutes Kriegsende versprechen zu können. Generaloberst v. Lyncker teilte den Optimismus, als er einen Tag vor Angriffsbeginn schrieb: «Es ist eine sehr schöne Operation, die heut Nacht beginnen soll; wenn sie ganz glückt, ist der Erfolg großartig›.»[145] Der Kaiser und sein Gefolge wohnten dem Angriff, der um ein Uhr nachts mit einem stundenlangen Artillerieüberfall begann, auf einem Aussichtsturm bei. Es waren 6400 Geschütze und 2200 Minenwerfer zusammengezogen worden.[146] Sie sahen die Feuerblitze über den Himmel zucken, hörten aber nur wenig Kanonendonner. Sie sahen auch nichts von dem Infanterieangriff, der um fünf Uhr morgens begann. Kaiser und Gefolge waren übermüdet und desorientiert, sahen vom Geschehen praktisch nichts – und hörten nur am nächsten Tag, dass der Erfolg des Angriffs hinter den Erwartungen zurückgeblieben war.

Der vierstündige Feuerüberfall war diesmal wirkungslos geblieben. Die Alliierten waren durch Überläufer und Luftaufklärung vorgewarnt worden und hatten ihre vorderen Linien geräumt, so dass das gewaltige Bombardement diesmal ins Leere ging. Auch waren die alliierten Kräfte weit stärker als berechnet. Der Entente standen zur Abwehr dieses deutschen Angriffs 45 Infanteriedivisionen zur Verfügung, davon 37 französische, vier britische, zwei amerikanische und zwei italienische,[147] während die OHL nur mit 23 gegnerischen Divisionen gerechnet hatte.[148] Die Offensive brachte nur wenige Kilometer an Raumgewinn, musste zuerst in ihren Zielen drastisch reduziert und drei Tage später ganz eingestellt werden. Die 47 am Angriff beteiligten deutschen Divisionen verloren rund 50 000, die alliierten Truppen 45 000 Mann.

Damit hatte Ludendorff das Spiel endgültig überreizt. Die weit überdehnten und schlecht ausgebauten deutschen Linien – sie waren ja nicht als permanente Verteidigungsstellungen, sondern als Ausgangsbasis für weitere Angriffe gedacht – luden förmlich zu Gegenangriffen ein. Die erste dieser Offensiven erfolgte am 18. Juli 1918 aus dem Waldgebiet bei Villers-Cotterêts. Die von Hunderten von Panzern unterstützte Offensive von 24 Divisionen brachte sofort einen tiefen Einbruch in die deutschen Linien und machte 17 000 Gefangene.[149] Zuerst wurde im deutschen Hauptquartier an einen begrenzten Rückschlag geglaubt. Hindenburg plädierte für eine Fortsetzung des Angriffs auf Reims, «sobald dieser Flankenstoß zum Stoppen gebracht und repariert sein würde».[150] Doch andere waren nachdenklicher, wie beispielsweise Lyncker, der am 20. Juli von schweren Rückschlägen an der Frankreichfront berichtete. Er schrieb: «Der Kaiser nennt es einen Sieg und phantasiert von ungeheuren Verlusten des Feindes. … Ich kann nicht leugnen, daß ich einige Sorge habe. Die hat der Kaiser auch; er ist sehr gedrückt, und phantasiert mehr, denn je; das ist bei ihm immer kein gutes Zeichen.»[151] Ludendorff glaubte zunächst aber, den Schaden eindämmen zu können, und Hindenburg erinnerte den angeschlagenen Kaiser «an die Lagen, die Friedrich der Große durchzumachen hatte und doch siegte».[152] Dieser Vergleich sollte dem Kaiser über die Rückschläge hinweghelfen; eine Argumentationsstrategie, mit der sich auch Hitler und Goebbels in der Endphase des Zweiten Weltkriegs zu trösten versuchten. Angesichts der Zuversicht des Feldherrnduos war es nicht verwunderlich, dass auch der ohnehin zum Hyperoptimismus neigende Generaloberst v. Plessen am 21. Juli 1918 glaubte, dass die Franzosen ihre gesamten Reserven verbraucht und die deutsche Seite wieder «freies Spiel zu neuem, entscheidenden Schlag» habe.[153]

Doch das war eine völlige Fehleinschätzung. Die deutsche Armee war in die Defensive geworfen und weitere Angriffe waren ausgeschlossen. In den Offensiven zwischen März und Juli 1918 hatten die deutschen Armeen etwa 973 000 Verluste zu beklagen gehabt.[154] Auch wenn ein Teil von ihnen, die Verwundeten und Wiedergenesenen, zurück in den Einsatz kamen, blieb doch ein Fehl von 300 000 Soldaten, das auch nicht durch den spärlich eingehenden Ersatz ausgeglichen werden konnte.[155] Durch amerikanische Verstärkungen drehte sich das Zahlenverhältnis an der Westfront ab Juni 1918 zugunsten der Alliierten und machte damit weitere deutsche Erfolge unmöglich.[156]

Nach dem Fehlschlag der letzten Offensive begriffen die Eingeweihten, dass es nun darum gehen müsse, die Truppen so schnell wie möglich auf eine gut zu verteidigende Linie zurückzunehmen. Ludendorff war nervös und vollkommen überarbeitet und machte vielen, auch seinem wichtigsten Mitarbeiter, Oberstleutnant Wetzell, schwere und ungerechte Vorwürfe. Er hatte auch am 20. Juli 1918 eine Unterredung mit dem Spezialisten des Generalstabs für Abwehrschlachten, mit Fritz v. Loßberg, dem sogenannten «Abwehrbullen». Dieser verlangte von ihm den sofortigen Rückzug der angegriffenen Armeen und die Rücknahme der Front in die Siegfriedstellung. Er wollte also, dass Ludendorff den gesamten, in den fünf Offensiven eroberten Raum wieder preisgab. Dieser antwortete, nach Loßbergs Angabe: «Ich halte ihre Vorschläge für zutreffend, aber ich kann sie nicht ausführen – aus politischen Gründen. Auf meine Frage: ‹Was sind das für politische Gründe?› Sagte Ludendorff: ‹Die Rücksicht auf die Eindrücke auf den Feind, auf unser Heer und auf die Heimat.› Ich antwortete betont scharf etwa mit den Worten: ‹Wenn man einen militärisch für richtig erkannten Entschluss in solcher Lage aus politischen Gründen nicht durchführt, so gerät man auf Abwege.›» Daraufhin rief Ludendorff aus, er werde Hindenburg um seinen Abschied bitten.[157] Ob er dies tatsächlich tat und Hindenburg ablehnte, muss dahingestellt bleiben. Loßberg jedenfalls erzwang am 25. Juli zumindest den Rückzug der 7. Armee, indem er Hindenburg einschaltete, der gerade mit Ludendorff die nächsten Operationen diskutierte. Der Feldmarschall befahl Ludendorff, offenbar missgestimmt: «So Ludendorff, jetzt geht dieser Befehl aber sofort heraus.»[158] Ludendorffs Stern war im Sinken, aber Hindenburg war nicht in der Lage, ihn als tatsächlichen Führer der Operationen zu ersetzen.

Doch diese Rücknahme der Front erwies sich sehr bald schon als unzureichend. Am 8. August 1918 griffen die Briten bei Amiens an, unter dem Einsatz von Hunderten von Panzern. Die deutschen Verteidiger wurden völlig überrascht. Durch Nebel begünstigt, stießen die Panzer vor und durchstießen die Front; viele Soldaten ließen sich gefangen nehmen. Den Generalstab beunruhigte weniger die Niederlage, so schmerzlich sie war, als vielmehr das Nachlassen des Kampfeswillens der deutschen Soldaten. Ludendorff war berichtet worden, dass die Truppen nicht mehr kämpfen wollten, dass neu eintreffende Einheiten als «Streikbrecher» beschimpft wurden. Die Erosion der Moral nahm endemische Züge an, auch was die Verluste an Gefangenen und Geschützen anging. Auf die Festigkeit der Truppen war nicht mehr zu bauen, so wie das bisher immer der Fall gewesen war. Natürlich handelte es sich hierbei um einen schleichenden Prozess; wie oben berichtet, waren erste Klagen über das Abnehmen des Kampfeswillens schon 1916 nach der Schlacht von Verdun zu hören gewesen.[159] Es war auch nicht so, dass ab Juli 1918 die Mehrheit der deutschen Soldaten nicht mehr oder schlecht kämpfte; bis zum Kriegsende blieb das Bild gespalten.[160]

Die Ursache des Verlusts an Kampfkraft und Zuversicht lag in der zunehmenden Erschöpfung und den sich schnell verschlechternden Kampfbedingungen. Die deutsche Kampfstärke ging seit April 1918 zurück; ein Infanteriebataillon hatte damals im Schnitt 766 Soldaten, im Juni noch 718, im September nur noch 570.[161] Parallel dazu explodierten die amerikanischen Truppenstärken an der Westfront. Am 18. März 1918 war nur eine einzige amerikanische Division einsatzbereit. Im Mai waren aber schon 667 119 Soldaten, im Juli 1 210 708, im September 1 783 955 und im November 2 057 675 in Frankreich. Bei Kriegsende waren 28 amerikanische Divisionen einsatzbereit oder im Kampf.[162] Schon den französischen Angriff am 18. Juli hatten acht amerikanische Divisionen unterstützt. Während die deutschen Armeen immer schwächer wurden, nahm der Gegner durch den amerikanischen Zustrom an Stärke immer weiter zu. Die Zahlen verdeutlichen die Entwicklung: Die deutschen Armeen verloren zwischen März und Juni 1918 etwa 973 000 Mann und gleichzeitig kamen 956 000 amerikanische Soldaten in Frankreich an.[163] Das bedeutete im Endeffekt, was die Kampfstärke anging, einen einseitigen Abnutzungsprozess von unerhörten Dimensionen, den die deutsche Armee unmöglich auf Dauer aushalten konnte.

Der britische Erfolg bei Amiens war jedenfalls ein Wendepunkt. Die Sieger meldeten die Gefangennahme von 17 000 Soldaten und die Erbeutung von 200–300 Geschützen. In der Folge verlor die deutsche Führung das Vertrauen in den Kampfwert ihrer Truppen, und Ludendorff bezeichnete den 8. August 1918 als den «schwarzen Tag des deutschen Heeres». Er war so erschüttert über diese Niederlage, dass er nun auch dem Kaiser und dem Kanzler den Ernst der Lage nicht mehr verheimlichte. Generaloberst v. Plessen notierte am 10. August 1918 in seinem Tagebuch: «Der Vortrag Ludendorffs in Gegenwart Hindenburgs mußte den großen Mißerfolg bei der 2. Armee zugeben, woran die Hauptschuld die Tanks des Gegners bei dichtem Nebel hatten … S.M. sprach die Ansicht aus, daß die Truppe überhaupt müde sei, der Ruhe bedürfe. Seitens Österreichs sei zwar die Zuversicht ausgesprochen, noch bis zum Frühjahr 1919 durchzuhalten, aber wenn man früher fertig würde, wäre es besser; es habe die Vermittlung des Königs von Spanien[164] erneut angeregt, wozu S.M. seine Zustimmung gab, Ludendorff und Hindenburg nichts dagegen einwandten!! Das war ein schwarzer Augenblick, dies stillschweigende Zugeständnis bezeichnete die Depression in unseren beiden Feldherren! Nachlassen von Energie und Frische!»[165] Der Kaiser kommentierte diese Mitteilungen mit Realismus und sagte nach Aussage von Admiral v. Müller: «Das kann natürlich so nicht bis ins Unendliche weitergehen, wir müssen einen Weg suchen, um zum Schluß zu kommen.»[166] Eine andere Quelle zitierte Wilhelm II. wie folgt: «Ich sehe ein, wir müssen die Bilanz ziehen. Wir sind an der Grenze unserer Leistungsfähigkeit. Der Krieg muß beendet werden.»[167]

Dass trotzdem bis Ende September nichts weiter unternommen wurde, lag auch daran, dass die OHL in den folgenden Tagen den negativen Eindruck zu relativieren versuchte. Vor allem Hindenburg war nach wie vor ruhig und optimistisch. Er bezeichnete am 14. August «unsere Lage trotz der letzten Mißerfolge als aussichtsvoll und befriedigend»[168] und äußerte die Hoffnung, die deutsche Armee könne in der strategischen Defensive den Kriegswillen des Feindes allmählich lähmen, während sie sich noch auf französischem Boden festklammere.[169] Politisch geschah daher in den folgenden Wochen nichts oder nicht genug. Die politischen Vertreter des Deutschen Reiches ahnten bis Ende September nicht, wie schlecht es um die deutsche Sache tatsächlich stand.

20

«Jetzt war der Krieg verloren»: Der militärische Zusammenbruch der Mittelmächte

> Wir müssen unbedingt Frieden schliessen, es ist nichts mehr zu machen!
>
> *Kronprinz Rupprecht von Bayern, 29. September 1918*

Der «schwarze Tag des deutschen Heeres» hatte die Krise, in der sich nicht nur die Westfront, sondern die gesamte deutsche Kriegführung befand, offensichtlich werden lassen, obwohl der alliierte Durchbruch bei Amiens noch einmal aufgefangen werden konnte. Die Niederlage war schwer, hätte aber wieder ausgeglichen werden können, wenn sie nicht das Symptom für zwei Hauptprobleme der deutschen Strategie gewesen wäre, für die es ab dem Juli 1918 keine Lösung mehr gab: Die nachlassende Kampfmoral der Armee und die wachsende zahlenmäßige Überlegenheit des Gegners; zwei Faktoren, die sich gegenseitig massiv beeinflussten.

Das Problem der wachsenden zahlenmäßigen Überlegenheit des Gegners wäre als Folge der amerikanischen Truppenentsendungen an die Westfront ohnehin aufgetreten, wenn auch nicht so früh und nicht in einem solch dramatischen Ausmaß. Die Amerikaner hatten den Transport ihrer Truppen nach Frankreich gerade als Antwort auf die deutschen Offensiven massiv beschleunigt, und die hohen Verluste, die die deutschen Armeen während der fünf großen Angriffe erlitten, ließen das Problem schnell akut werden. Die tiefe Erschöpfung und die rasch abfallende Kampfkraft waren ein direktes Resultat von Ludendorffs Strategie. Er hatte, wie Kronprinz Rupprecht im Oktober 1918 urteilte, «die heurigen Offensiven erbärmlich schlecht geleitet».[1] Der Erste Generalquartiermeister erwies sich 1918 endgültig als katastrophale Figur. Er hatte auf seinem militärischen Spezialgebiet versagt, trotz allgemein anerkannter, gewaltiger Leistungen in vielen Einzelfragen und trotz seiner überragenden Tüchtigkeit auf organisatorischem und taktischem Gebiet. Die Westoffensiven hatten sich in der strategischen Planung und in der praktischen Umsetzung als verfehlt erwiesen, und die Konsequenzen des Fehlschlags gingen über das Nichtgelingen des Entscheidungsschlags weit hinaus. Es sollte den deutschen Armeen diesmal, anders als nach dem Scheitern an der Marne 1914 oder vor Verdun 1916, nicht mehr gelingen, den Angriff abzubrechen, in die Defensive zu gehen und sich dann in ihren Stellungen zu behaupten.

Das fünfmalige Wiederanrennen hatte die Armee maßlos erschöpft und ausgeblutet, der gewonnene Raum hatte die Frontlinie ausgedünnt, und gleichzeitig hatte sich Ludendorff einem rechtzeitigen Rückzug verweigert. Damit war der massive Verlust der Kampfkraft und der Moral ganz wesentlich auf seine Fehler zurückzuführen, während er selbst die «spartakistische Verseuchung» der Truppen verantwortlich machte.[2] Hindenburg und Ludendorff zeigten sich in diesen Monaten von gewaltiger Selbstgerechtigkeit und gaben die Schuld für all die Fehlschläge der Politik, den Truppen, den Sozialisten, der Marine, den Heeresgruppenkommandos; alle hatten Fehler gemacht, nur sie selber nicht.[3] Ludendorff versäumte es, den Schaden durch einen rechtzeitigen energischen Rückzug zu minimieren, obwohl er die Gefahren durchaus sah. Ab dem Sommer 1918 wurde seine Ratlosigkeit offensichtlich, und gegen Ende seiner Amtszeit verfiel er zeitweise in eine Art Schockstarre. Im Oktober 1918 urteilte Kronprinz Rupprecht, dessen Heeresgruppe schwerste Kämpfe führen musste: «Die OHL erweist sich jetzt, wo es sich um wirklich wichtige Entscheidungen handelt, die von ihr zu treffen wären, völlig untätig, wo sie sich doch bisher in alle Kleinigkeiten mischte.»[4] Doch Ludendorff war auch diesmal nicht der Alleinschuldige. Untätig blieb auch Reichskanzler Hertling, der nicht viel unternahm – eigentlich gar nichts –, um dem drohenden Desaster politisch entgegenzuarbeiten. Eine polemische Interpretation der Verhältnisse stammte von Seeckt, der im Oktober 1918 über

Ludendorff schrieb: «Seine politische Haltung habe ich vielfach für verfehlt halten müssen; sie wäre nicht so unheilvoll und stark beeinflussend gewesen, hätten ihm auf der diplomatischen und innenpolitischen Seite nicht Nullen oder Schlimmeres gegenübergestanden.»[5]

Während die OHL nicht mehr wusste, was sie machen sollte, nutzten die Alliierten die deutsche Schwäche gekonnt aus. Der alliierte Oberbefehlshaber, Maréchal Foch, verfolgte eine Strategie mächtiger Schläge an allen Abschnitten der Westfront, die das deutsche Heer nicht mehr zur Ruhe kommen ließen und es überall zum verlustreichen Rückzug zwang. Die deutschen Divisionen wurden zuerst durch die Abfolge der fünf Angriffe, durch die andauernden Kämpfe ohne Pause, durch das Hin- und Herverlegen, durch die erforderliche Schwerpunktbildung bei der Verteidigung und schließlich auch durch die Rückzugsbewegung vollkommen erschöpft.[6] Hinzu kam die Grippeepidemie des Jahres 1918, die das deutsche Heer im Sommer gewaltig schwächte; 500 000 Soldaten waren erkrankt,[7] und die Seuche sollte bis zum Kriegsende immer weitere Opfer finden. Allerdings betraf die Epidemie alle Seiten. In Deutschland traf sie auf ein bereits wankendes System und hatte deshalb besonders gravierende Auswirkungen auf Stimmung und Moral. Vor allem von der zweiten Welle der Seuche wurden die Gegner aber rein zahlenmäßig noch stärker belastet.[8] Doch für die deutsche Armee, die aus der Heimat nicht mehr genug Ersatz bekam, um ihre Ausfälle decken zu können, war sie deutlich bedrohlicher. Das deutsche Heer war ab Juni 1918 dem Gegner an der Westfront zahlenmäßig unterlegen und geriet ab Juli, als der Gegner praktisch ununterbrochen angriff, in einen wahren Teufelskreis. Die erschöpften Divisionen wurden immer ruhebedürftiger und gleichzeitig konnte ihnen immer weniger Ruhe gegönnt werden, weil der überlegene Gegner an wechselnden Stellen immer wieder angriff. Außerdem wusste die deutsche Führung nie genau, wo der nächste Vorstoß erfolgen würde, so dass auch die Kräfteverteilung der Verteidiger nicht ideal war.[9]

Nach dem Zusammenbruch der Hoffnungen, den Krieg in einem letzten Schlag gewinnen zu können, setzte sich bei den Soldaten die Ansicht durch, dass alles umsonst gewesen und der Krieg verloren war. Das war nicht nur die Sicht der einfachen Soldaten, sondern auch die ihrer Kommandeure. In den Kampfwertberichten der im Westen eingesetzten Großeinheiten häuften sich seit dem Frühjahr 1918 die Klagen, dass die

Divisionen längere Ruhezeiten bräuchten, dass der Mannschaftsersatz zahlenmäßig unzureichend und außerdem schlecht in der Moral war; dass es an Pferden fehlte und oft die Artillerie und auch die Trains nur teilweise bespannt werden konnten. Eine wachsende Zahl von Divisionskommandeuren hielt den Gefechtswert ihrer Truppen für «äußerst gering», sie seien «erschöpft», «nicht vollkampffähig», weder zu Angriffen noch «zur Abwehr feindlicher Großangriffe» befähigt. In ihren Berichten an die Heeresgruppen verlangten sie «dringend Ruhe und Ausbildungszeit von 3–4 Wochen», was selten gewährt wurde. Ab dem Spätsommer 1918 gab es nur sehr wenige Divisionen an der Westfront, die von ihren Kommandeuren noch für kampfkräftig gehalten wurden. Das deutsche Westheer wurde von einem zunehmend überlegenen und geschickt operierenden Gegner aufgerieben. Charakteristisch für die Stimmung war die folgende Meldung der 8. Infanteriedivision vom 27. Oktober 1918: «Die Erschöpfung, Niedergedrücktheit, der Mangel an Zusammenhalt, die durch den langen Einsatz und die schweren Kämpfe erschütterte Disziplin haben den Kampfwert der früher hervorragend tüchtigen Infanterie-Regimenter derartig beeinflusst, dass ich sie zur Zeit für nicht einsatzfähig halte.» Von den Soldaten der 119. Infanteriedivision, die vom 8. September bis zum 9. Oktober 1918 mit nur dreitägiger Unterbrechung ständig im Großkampf stand, wurde berichtet, dass sie «den Führern völlig aus der Hand geraten [waren] und fluchtartig zurückgingen und dass viele Mannschaften sich, ohne Widerstand zu leisten, ergeben haben oder zum Feinde übergelaufen sind».[10] Der Armeeführer, General Quast, schlug dann auch am 2. November 1918 vor, die Division aufzulösen; und so geschah es mit dieser wie mit über zwanzig Divisionen des Westheeres, die aufgrund der erlittenen großen Verluste gestrichen werden mussten.

Auch die britischen und französischen Truppen waren tief erschöpft und ausgelaugt. Wären an der Westfront nur Briten und Franzosen gewesen, so wären Ludendorffs Offensiven zwar ebenfalls fehlgeschlagen, aber dann hätte sich die wechselseitige Erschöpfung möglicherweise die Waage gehalten, die Westmächte nicht mehr die Kraft zu ununterbrochenen Angriffen gehabt und sich das Westheer in rückwärtigen Stellungen vielleicht wieder behaupten können. Aber der ständige Zustrom der Amerikaner, die noch echten Kampfeswillen zeigten, ließ die Abwehrschlacht als hoffnungslos erscheinen und brach die Moral des deutschen Heeres. Ein deutlich sichtbares Zeichen des abnehmenden deutschen Kampfgeistes zeigte sich in ansteigenden Gefangenenzahlen. Zwischen dem 18. Juli und dem 11. November 1918 gingen etwa 340 000 deutsche Soldaten in britische, französische und belgische Gefangenschaft. Die Mehrzahl, etwa 230 000, kapitulierte bis Anfang Oktober 1918.[11] Das waren immerhin fast zehn Prozent des deutschen Westheeres des Juli 1918 (3 582 000 Mann),[12] aber eine deutlich kleinere Zahl als die Verluste der vorangegangenen deutschen Offensive in Höhe von fast einer Million Mann.[13] Die Gefangenenzahlen waren in den Augen der OHL ein extrem beunruhigendes Symptom. Zwar kämpften die Maschinengewehreinheiten nach wie vor, aber englische Einheiten berichteten, dass erschöpfte deutsche Soldaten in ihren Unterständen darauf warteten, sich dem Gegner gefangen zu geben, nicht selten sogar unter Führung ihrer Offiziere.[14] Mehr noch aber erfolgte die Flucht des Heeres nach innen. Der Freiburger Historiker Wilhelm Deist prägte die Formel vom «verdeckten Militärstreik»; 700 000, vielleicht sogar eine Million deutscher Soldaten soll sich im Herbst 1918 im Hinterland der Front und auf Bahnhöfen herumgedrückt haben, auf der Suche nach Möglichkeiten, sich in die Heimat abzusetzen. Sie nutzten die relativ milden Bestimmungen für «unerlaubtes Fernbleiben von der Truppe», da nur nachgewiesener Vorsatz als Fahnenflucht gewertet wurde und dieser schwer zu erbringen war. Die allgegenwärtige Entschuldigung war, sie seien versprengt und könnten ihre Einheit nicht finden.[15] Die Quellen sprechen von den «Versprengten» und «Marodeuren», die sich in der Etappe «herumdrückten». Außerdem gab es im Hinterland, wie etwa in Köln, Gruppen von Deserteuren, die so groß und gewalttätig waren, dass die Polizei sich nicht traute, energisch zuzugreifen.

Was bei der Frage nach Kapitulation im Feld oder «Militärstreik» wirklich strittig ist, sind die Zahlen, die exakt festzustellen unmöglich ist, und auch der Zeitpunkt beider Phänomene. Was die Größenordnung des «verdeckten Militärstreiks» angeht, sind denn auch Zweifel angebracht; Deists Zahlen, nach denen sich fast ein Drittel des Westheeres von der Truppe absentiert haben soll, dürften übertrieben sein. Wahrscheinlicher ist, dass die Disziplin erst in dem Augenblick entscheidend nachließ, als die Oberste Heeresleitung den Feind um Waffenstillstand bat und damit die Niederlage eingestand.[16] Letzteres wird durch Zeitgenossen wie Generaloberst v. Einem bestätigt, der am 15. Oktober 1918 schrieb: «Unsere Gefechtsstärken schmelzen dahin, und die Truppe hat durch Mitteilung über den nahen Frieden stark in ihrer Moral gelitten.»[17] Verständlicherweise wollte niemand der letzte gefallene Soldat eines verlorenen Krieges sein.

Während die Kampfkraft des deutschen Westheeres immer weiter abnahm, verschlechterte sich die militärische Lage an allen anderen Fronten ebenfalls rapide. Kritisch stand es an der zweiten Hauptfront des Krieges, nämlich in Italien. Die österreichisch-ungarische Armee hatte sich zwar im Westen nur mit relativ bescheidenen Kräften engagiert, aber auf Bitten der deutschen OHL eine Offensive an der Piave geplant, um alliierte Kräfte an der Italienfront zu binden. Die österreichisch-ungarischen Führer, Arz v. Straußenburg, als Generalstabschef Nachfolger Conrad v. Hötzendorfs, sowie der Oberbefehlshaber der Isonzofront, Boroevič, glaubten angesichts der tiefen Erschöpfung von Staat und Armee nicht mehr an eine wirkliche Offensivfähigkeit. Den k.u.k. Armeen fehlte es an Nachschub und Pferden, und die Situation im Inneren der Monarchie war katastrophal. Und doch wurde ein Angriff geplant. Die vorhandenen Kräfte wurden aber zwischen Boroevičs Heeresgruppe, die an der Piave stand, und einer von Conrad v. Hötzendorf befehligten Heeresgruppe in Tirol aufgespalten. Immerhin griffen am 15. Juni 1918 vier österreichisch-ungarische Armeen an; dies war die größte Offensivstreitmacht, die Österreich-Ungarn in diesem Krieg zum Einsatz brachte.[18] Dennoch war der Angriff, trotz örtlicher Erfolge, ein sofortiger und kompletter Fehlschlag. Die Italiener waren durch Überläufer gewarnt worden, weswegen auch der «Verrat» durch tschechische Überläufer in der innenpolitischen Aufarbeitung dieser Niederlage eine große Rolle spielen sollte.[19] Aber die Ursachen des Fehlschlags lagen woanders. Neben der fehlerhaften Planung der Offensive spielte vor allem die unzureichende Bevorratung eine Rolle; hier wurde ganz darauf gesetzt, den Erfolg von Caporetto wiederholen und den Angriff mit den gegnerischen Beständen versorgen zu können.[20] Dieses Faktum macht die letzte österreichisch-ungarische Offensive mit der Ardennenoffensive 1944 vergleichbar, die auch die Erbeutung gegnerischer Vorräte einplante und scheiterte, als dies nicht gelang. Verglichen werden könnte der Angriff an der Piave auch mit der Kerenski-Offensive von Juli 1917. Sie war die größte und gleichzeitig letzte Offensive Russlands gewesen, so wie der Angriff an der Piave die größte und letzte Offensive der Habsburgermonarchie sein sollte. Beide Operationen waren ein vollständiger Fehlschlag und läuteten den Zusammenbruch der beiden Staaten ein. Die militärische wie politische Schwäche der Habsburgermonarchie lag nun ganz offen zutage, zumal die Armee deutliche Auflösungserscheinungen zeigte. Über 100 000 Soldaten desertierten.[21] Allerdings schien für den Augenblick keine akute Gefahr zu drohen. Die italienische Armee war ebenfalls sehr mitgenommen, und ihre Führung plante größere Operationen erst für 1919.[22]

Auch auf dem Balkan zeichneten sich im Sommer 1918 große Schwierigkeiten ab. Vor dem Beginn der Westoffensiven 1918 waren etwa 90 000 deutsche Soldaten in Bulgarien stationiert, um die Front gegenüber dem alliierten Brückenkopf von Saloniki zu stärken. Aber der Generalstab versuchte, so viele Truppen wie überhaupt nur möglich vom Balkan abzuziehen und im Westen zu verwenden. Im Sommer 1918 befanden sich nur noch 33 000 deutsche Soldaten an der Salonikifront; auch die deutsche Artillerie war abgezogen worden, wenn sie auch ihre Geschütze und Ausrüstung den Bulgaren überlassen hatte und die Front nach wie vor unter dem Befehl von General v. Scholtz stand.[23] Die deutsche Stärke war nicht annähernd ausreichend angesichts der Tatsache, dass sich die Moral der Bulgaren dem Zusammenbruch näherte. Das deutsch-bulgarische Verhältnis hatte sich im Übrigen während der Friedensverhandlungen mit Rumänien sehr verschlechtert, weil Bulgarien Ansprüche auf die gesamte Dobrudscha erhoben und nur den südlichen Teil erhalten hatte. König Ferdinand hatte daraufhin den pro-deutschen Premier Radoslawow durch den pro-alliierten Malinow ersetzt, was wie ein Symbol wirkte und den Durchhaltewillen in Bulgarien weiter herabsetzte. Oberstleutnant Nicolai war Mitte Juli 1918 in Bulgarien und notierte, dass die Gegner mit dem Zusammenbruch des Landes für Mitte Oktober 1918 rechneten. Er war auch der Meinung, alles hinge nun von der deutschen Haltung ab.[24] Dies war zutreffend. Die bulgarische Armee lag an der Salonikifront zwar in guten Stellungen und war den alliierten Truppen zahlenmäßig nicht besorgniserregend unterlegen,[25] aber die Entente war stärker geworden. Es war vor allem der Zustrom griechischer Soldaten, der das Bild veränderte. Griechenland war, auf massiven alliierten Druck hin, 1917 in den Krieg gegen die Mittelmächte eingetreten, und die griechische Armee hatte eine geschätzte Stärke von 300 000 Mann.[26]

Das Desaster an der bulgarischen Front erfolgte mithin auf Ansage. Der bulgarische Generalstab warnte die OHL, dass seine Armee nicht in der Lage sein werde, einem massiven alliierten Angriff zu widerstehen, und bat deshalb dringend um deutsche Verstärkung. Aber Hindenburg und Ludendorff brauchten alle ihre Truppen im Westen und hofften, die bulgarischen Warnungen seien übertrieben; sie empfahlen den Bulgaren, doch ihre Truppen aus der Dobrudscha abzuziehen und mit ihnen die Front vor Saloniki zu verstärken.

Die auch von der Stimmung her brüchige Situation – Gerüchte, die bulgarische Regierung wolle einen Separatfrieden schließen, kursierten schon länger – entwickelte sich zur Katastrophe, als die deutsche Armee im Westen in die Defensive gezwungen wurde und damit die Hoffnung, ein deutscher Sieg dort werde auch auf dem Balkan alles noch zum Guten wenden, zusammenbrach. Am 14. September 1918 begann die von dem tüchtigen französischen General Franchet d'Esperey befehligte Orientarmee[27] einen Angriff, der zuerst auf starken Widerstand stieß.[28] Doch dann gelang den Allierten der Durchbruch und die Gefangennahme von etwa 70 000 bulgarischen Soldaten. Am 24. September warnte der bulgarische Generalstabschef die OHL vor der «sicheren Katastrophe», die seinen Truppen drohe.[29] Alle deutschen militärischen und diplomatischen Stellen versuchten hektisch, die bulgarische Führung zum Aushalten zu bewegen und gleichzeitig so schnell wie möglich Hilfe heranzubringen. Die OHL, die zuvor keine Truppen für den Balkan erübrigen wollte, sandte nun doch fünf Divisionen und auch die österreichische Führung schickte Truppen, doch sie kamen zu spät. Am 26. September entsandte die bulgarische Regierung eine Delegation zu Franchet d'Esperey und schloss drei Tage später mit der Entente einen Waffenstillstand. Ein amerikanischer Geheimdienstreport bezeichnete diesen als «unconditional surrender»; die Bulgaren seien in erster Linie darauf eingegangen, weil die Alliierten an allen Fronten vorrückten.[30] Tatsächlich hatte die bulgarische Führung sogar die Hoffnung, durch einen kompletten Seitenwechsel das Land retten zu können, doch dies scheiterte an der Haltung der Alliierten. Die bulgarische Armee wurde entwaffnet, und außerdem sollten alle Truppen der Mittelmächte innerhalb von vier Wochen das Land räumen. König Ferdinand trat am 3. Oktober 1918 zurück. Die fünf deutschen Divisionen bildeten, zusammen mit österreichisch-ungarischen Einheiten, eine provisorische Verteidigungslinie in Nordserbien, aber der Balkan war verloren. Die bulgarische Kapitulation und das Ausscheiden dieses Bundesgenossen bedeutete für die Mittelmächte einen Verlust von fast 500 000 Mann,[31] und die Entente konnte die bisher gegen Bulgarien eingesetzten Truppen anderweitig verwenden. Die Orientarmee bedrohte nun sowohl Konstantinopel als auch die Verbindungswege in die Türkei. Sie unterbrach am 12. Oktober den Landweg in die Türkei und die Donaulinie am 1. November 1918.[32] Außerdem drohte Rumänien, das wegen seiner Ölexporte für die Mittelmächte überlebenswichtig war, wieder in den Krieg einzutreten.[33]

Die osmanische Führung hatte aufgrund dieser neuen Bedrohung nun mit Problemen zu kämpfen, die endgültig über ihre militärischen Kräfte gingen. Ihre besten Truppen waren auf einem Eroberungszug im Kaukasus, eine exzentrische und der Lage nicht angemessene pantürkische Politik auf russische Kosten, die auch zu gewaltigen Reibungen mit der deutschen Führung geführt hatte.[34] Am 20. September 1918 kündigten die Bolschewisten wegen der türkischen Vertragsverletzungen den Frieden von Brest-Litowsk mit den Osmanen. Doch das zentrale Problem der türkischen Kriegführung war die Balkanfront. Die Orientarmee bedrohte Konstantinopel, und es waren nur vier schwache Divisionen verfügbar, um die Hauptstadt zu schützen.[35] Praktisch gleichzeitig war die osmanische Front in Syrien zusammengebrochen; die von General Allenby geführte britische Armee hatte am 19. September angegriffen und die 4. türkische Armee vollständig geschlagen.[36] Ein knappes Viertel der Truppen entging der Gefangennahme und versuchte, eine neue Verteidigungslinie in Nordsyrien aufzubauen. All dies zusammengenommen machte die Fortsetzung des Kampfes für die Osmanen unmöglich. Die jungtürkische Regierung trat am 7. Oktober 1918 zurück, und am 30. Oktober 1918 unterzeichneten die Osmanen in Mudros einen Waffenstillstand.

Das Auseinanderfallen der Balkanfront brach auch den letzten österreichisch-ungarischen Widerstandswillen. Die Ungarn fühlten sich bedroht und zogen ihre Truppen von der Italienfront ab, die dadurch immer brüchiger wurde. Schon seit dem Scheitern der Offensive an der Piave war die Gesamtlage der Donaumonarchie so bedrohlich, dass sich die Führung auch nicht von energischen deutschen Gegenvorstellungen zurückhalten ließ, am 14. September 1918 einen Friedensaufruf «An alle» zu erlassen, auf den aber keine der gegnerischen Mächte einging. Es war nun für jeden offensichtlich, dass die Habsburgermonarchie am Ende ihrer Kraft war.

Zwar war gewaltiger Druck an allen Fronten keine neue Situation in diesem Krieg. Auch im Sommer 1916 hatte es auf Messers Schneide gestanden, als die Entente an allen Fronten gleichzeitig angriff und dann auch noch Rumänien in den Krieg eintrat. Auch damals sah die Situation für einen Augenblick hoffnungslos aus, da Truppen zu fehlen schienen, um die Gefahr abzuwenden. Damals aber konnten doch die Armeen gebildet werden, die der neuen Bedrohung erfolgreich entgegentraten. Ähnliches wäre auch 1918 an der Bulgarienfront geschehen, wenn die Lage an der Westfront eine andere gewesen wäre. Zwar war auch 1916 die Lage im Westen infolge der schweren britisch-französischen Angriffe kritisch, und hinzu kamen noch die russischen Angriffe an der Ostfront. Damals hatte Falkenhayn dem Reichskanzler trotzdem zusichern können, dass die Westfront halten würde.[37] Dies war nun zwei Jahre her; zwei Jahre, die in ungeheurer Weise an der Substanz der europäischen Staaten und Armeen gezehrt hatten. Und daher war die Situation nicht vergleichbar.

Zwischen dem 8. August, dem «schwarzen Tag des deutschen Heeres», und Ende September 1918 schwankten Ludendorff, und mit ihm seine engsten Mitarbeiter im Generalstab, zwischen Hoffnung und Verzweiflung. Ludendorff selbst war so überarbeitet und daher unerträglich im Umgang mit anderen, dass seine Umgebung, wie Oberst Bauer oder Hindenburg, sich ernsthafte Sorgen machte, den General «eines Tages tot neben seinem Schreibtisch» zu finden. Sie ließen Ludendorff von zwei Ärzten untersuchen. Der erste stellte «Überarbeitung bei Fehlen eines sonstigen krankhaften Zustandes» fest, der zweite verordnete ihm Entspannungsübungen und tägliche Spaziergänge. Beide Ärzte meinten, Ludendorff, der nur vier Stunden pro Nacht schlief, brauche deutlich mehr Ablenkung. Unter den Ratschlägen war bezeichnenderweise, er müsse wieder «mit anderer Stimme sprechen lernen (jetzt angespannte hohe Kommandostimme)». Sie meinten auch, dass er durch die Überanstrengung Spannkraft und Kreativität verliere, und vielleicht gab dieses Argument den Ausschlag. Ludendorff erwies sich nämlich als überraschend folgsamer Patient («Herr Oberstabsarzt, Sie haben in allem recht, ich fühle es längst.») und folgte der Therapie, so dass sich sein seelischer Zustand im September 1918 sogar wieder besserte.[38]

Dies ist nicht nur ein persönliches Detail, sondern wichtig für die Gesamtbeurteilung der deutschen Entscheidungsfindung. Ludendorffs Entschlüsse im August und September 1918 waren nicht das Resultat seines krankhaft überreizten und schließlich panischen Zustands, sondern der klaren Erkenntnis der zunehmend kritischen und schließlich hoffnungslosen Lage. Am 1. September 1918 sagte Ludendorff zu Oberst Mertz v. Quirnheim, einem der Abteilungschefs der Operationsabteilung des Generalstabs, er wisse nicht, wie er einen Kampf in der jetzigen Größe auch nur noch 14 Tage weiterführen könne.[39] Ludendorff war realistischer als Hindenburg, der die Lage sehr viel ruhiger und optimistischer ansah als er selbst, und überzeugte ihn, dass es keine Aussicht mehr gebe, den Krieg zu gewinnen.[40] Beide planten nun den Rückzug des Westheeres in die Siegfriedlinie, in der sie hofften, den Gegner aufhalten zu können. In der Zwischenzeit wurde das Westheer immer weiter zurückgedrückt. Am 12. September unternahmen amerikanische und französische Einheiten einen Angriff auf St. Michiel, einen Frontvorsprung, der 1914 erobert und der nun zur Räumung vorbereitet worden war; der alliierte Angriff traf mitten in die deutsche Rückzugsbewegung und war daher besonders erfolgreich. Die deutsche Abwehrplanung wurde auch dadurch erschwert, dass, wie Major v. Stülpnagel aus der Operationsabteilung des Generalstabs am 23. September 1918 schrieb, «fast auf der ganzen Westfront starke Angriffe erwartet werden».[41] Der Generalstab wusste daher nicht, wo er zur Abwehr Schwerpunkte bilden sollte. Die gegnerische Stärke wurde von der Abteilung «Fremde Heere» mit etwa 82, meist kampfkräftigen Divisionen berechnet (in Wahrheit waren es 65 Infanterie- und 9 Kavalleriedivisionen).[42]

Ludendorff wurde zunehmend pessimistischer und befürchtete den feindlichen Durchbruch. «Fast allabendlich» rief er seinem Gehilfen zu: «Heye, jetzt sind sie durch!»[43] Am 25. September 1918 verbreitete er die Nachricht, im französischen Heer sei die Lungengrippe ausgebrochen.[44] Seine Umgebung zweifelte daran, und Generalarzt Schjerning widersprach ausdrücklich, was Ludendorff zu folgendem Eingeständnis brachte: «Ich habe mich an diese Nachricht geklammert wie ein Ertrinkender an einen Strohhalm.» Seine Mitarbeiter, Oberst Heye, Major v. Stülpnagel, Oberst Mertz v. Quirnheim und General v. Bartenwerffer, empfanden diese Äußerung ihres Chefs als dessen finale Bankrotterklärung («Die Wirkung dieser Worte auf uns alle war furchtbar.») und setzten deshalb am nächsten Tag über Freiherrn v. Lersner, den Verbindungsmann des Reichskanzlers im Großen Hauptquartier, die politische Führung über die katastrophale militärische Lage in Kenntnis.[45] Ludendorff billigte im Nachhinein diesen Schritt.

Ludendorffs Sorgen waren nicht nur durch die Ereignisse auf dem

Balkan, sondern vor allem durch die an der Westfront verursacht. In diesen Tagen griffen die Alliierten frontal die Siegfriedlinie an, die das am besten ausgebaute deutsche Verteidigungssystem an der Westfront war. Dies war die Linie, die Ludendorff auf jeden Fall halten wollte.[46] Am 29. September wurden die Stellungen am St. Quentin-Kanal angegriffen, und bis zum 5. Oktober 1918 war die Stellung auf breiter Front durchbrochen.[47] Nach Ansicht von General Rawlinson wurde dieser Erfolg nur deshalb möglich, weil die deutsche Kampfmoral so stark abgenommen hatte; wäre die Stellung von den «Deutschen von vor zwei Jahren» besetzt gewesen, wäre die Linie uneinnehmbar gewesen.[48] Ähnlich drückte sich Feldmarschall Haig aus, der am 15. Oktober 1918 die Siegfriedlinie besichtigte und meinte, dass die geschickte Anlage der Stellungen, der starke Stacheldraht und die betonierten Unterstände ein «undurchdringliches Hindernis» gebildet hätten, wenn die deutschen Verteidiger eine gute Kampfmoral besessen hätten.[49] Letztlich stimmten Ludendorff, Rawlinson und Haig in ihrer Einschätzung überein: Ein Hauptproblem der deutschen Kriegführung an der Westfront bestand darin, dass die deutsche Armee des September 1918 ausgelaugt und verzweifelt war und nicht mehr den alten Kampfgeist hatte. Wenn die deutschen Truppen den Gegner nicht in der stark befestigten Siegfriedlinie stoppen konnten, wo sollte das stattdessen gelingen? Im Hinterland wurden zwar neue Stellungen erkundet, aber keine von ihnen war hinreichend gut ausgebaut.[50] Die «Antwerpen-Maas-Stellung», die nach dem Durchbruch als neue Stellung ins Auge gefasst wurde, hätte zwar eine erhebliche Frontverkürzung bedeutet, war aber nicht ausgebaut und hätte weit schlechtere Eisenbahnverbindungen gehabt.[51] Auch wäre ein rasches Zurückgehen in diese Stellung dem zurückweichenden Westheer gar nicht möglich gewesen. Oberst Heye, der Chef der Operationsabteilung, meinte, würde das Westheer ohne Aufenthalt zurückgehen, käme es hinter der Maas nur mit Stäben und wenigen kampfkräftigen Truppen an. Ludendorff war daher der Ansicht, das Heer könne nur kämpfend und schrittweise zurückweichen.[52]

Aus all dem wurde Ende September 1918 offensichtlich, dass die deutschen Armeen, immerhin noch eine gewaltige Streitmacht von über 190 Divisionen, die überlegenen Gegner nicht mehr dauerhaft zum Stehen würden bringen können. Dies war ein Eindruck, den auch der amerikanische Oberbefehlshaber Pershing und sein Stabschef Marshall hatten: Sie glaubten den Gegner «on the run» und kurz vor dem Zusammenbruch.[53] Nicht nur Ludendorff und der Generalstab, sondern auch die Armeeführer der Westfront sahen sich Ende September am Ende ihrer Möglichkeiten. Kronprinz Rupprecht erwartete täglich, ja stündlich einen feindlichen Durchbruch an der Westfront. Er schrieb am 29. September 1918 in sein Tagebuch: «Sehr unangenehm ist der feindliche Einbruch in die Siegfried Stellung bei Bellicourt. General von Loßberg, der Stabschef der Heeresgruppe Boehn, sagte, diese stehe am Ende ihrer Kräfte, es fehle an Reserven und er wisse kein Mittel mehr! Dies sagte Loßberg, der mit den eisernen Nerven! – Wir müssen unbedingt Frieden schließen, es ist nichts mehr zu machen!»[54] Der Kampf war in ein kritisches und strategisch hoffnungsloses Stadium getreten, und deshalb schlug Ludendorff am Abend des 28. September 1918 Hindenburg vor, die Gegner um einen Waffenstillstand zu bitten. Dieser stimmte ihm zu, wenn er auch noch Tage später die Annexion von Longwy und Briey damit zu verbinden suchte, was Ludendorff aber für eine abwegige Idee hielt.[55] Beiden schwebte vor, die Räumung der besetzten Gebiete im Westen anzubieten und die deutschen Armeen innerhalb einer annehmbaren Frist, wie etwa zwei Monaten, auf die Landesgrenzen zurückzunehmen; dort sollten sie dann in der Lage sein, den Kampf gegebenenfalls wiederaufzunehmen.[56] Am nächsten Vormittag verlangte Ludendorff vom Staatssekretär des Auswärtigen Amts, Paul v. Hintze, der Kühlmann im Juni 1918 abgelöst hatte, den sofortigen Waffenstillstand und wurde dringend; es komme darauf an, «einer Katastrophe vorzubeugen».[57] In einer Denkschrift vom Oktober 1918 fasste Ludendorff im Rückblick seine Ansichten zusammen: «Jetzt war der Krieg verloren, daran war nichts mehr zu ändern. Hätten wir die Kraft gehabt, das Kriegsglück im Westen zu wenden, dann wäre naturgemäß noch nichts verloren gewesen. Hierzu fehlten die Mittel. … Unsere Lage konnte sich nur noch mehr und mehr verschlechtern, nicht mehr bessern.»[58]

Am 1. Oktober 1918 unterrichtete Ludendorff auch die Abteilungsleiter des Generalstabs über die neuen Entwicklungen. Bleich, aber gefasst und ruhig schilderte er die Lage so kritisch, wie er, und mit ihm praktisch alle anderen hohen Führer der Westfront, sie empfanden: «Er sei verpflichtet, uns zu sagen, dass unsere militärische Lage furchtbar ernst sei. Täglich könne unsere Westfront durchbrochen werden. … Die OHL und das deutsche Heer seien am Ende; der Krieg sei nicht nur nicht

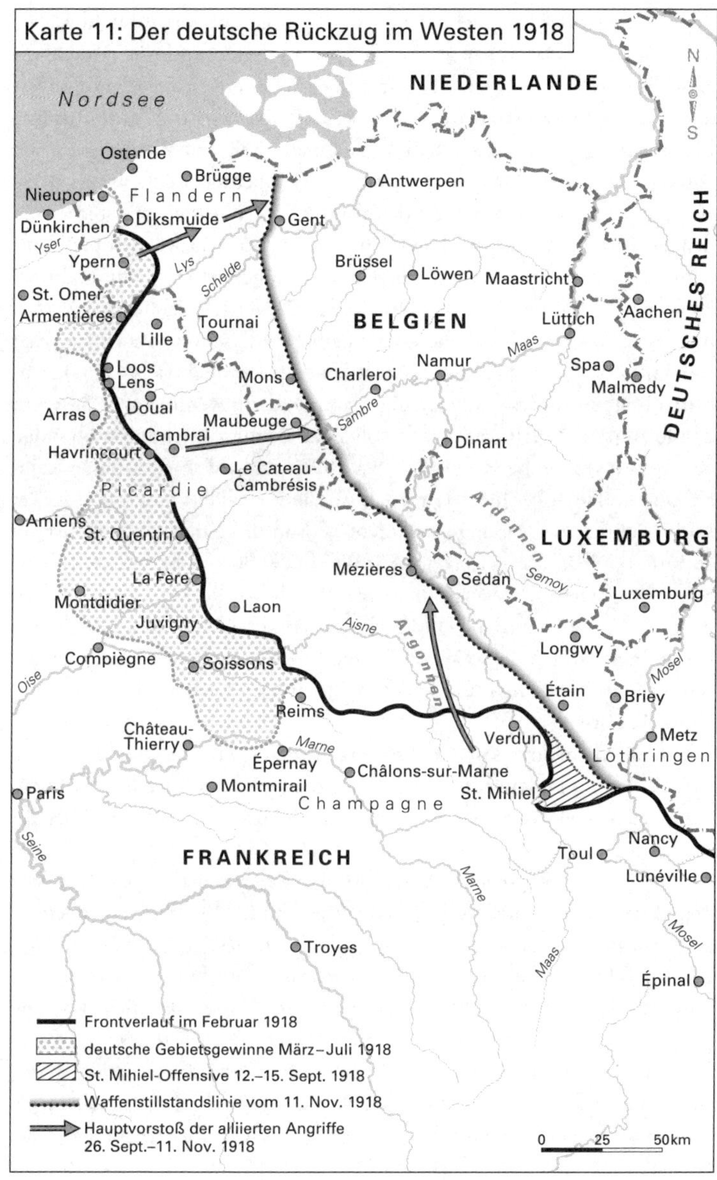
Karte 11: Der deutsche Rückzug im Westen 1918
NIEDERLANDE
Nordsee
N
S
Ostende
Brügge
Nieuport
Flandern
Dünkirchen
Diksmuide
Gent
Antwerpen
Yser
Ypern
Lys
Schelde
Brüssel
Löwen
Maastricht
DEUTSCHES REICH
St. Omer
Armentières
Lille
Tournai
BELGIEN
Lüttich
Aachen
Maas
Loos
Lens
Mons
Charleroi
Namur
Spa
Malmedy
Douai
Arras
Maubeuge
Sambre
Cambrai
Havrincourt
Dinant
Le Cateau-Cambrésis
Picardie
Ardennen
Amiens
St. Quentin
LUXEMBURG
La Fère
Mézières
Sedan
Semoy
Montdidier
Laon
Luxemburg
Juvigny
Aisne
Argonnen
Longwy
Compiègne
Soissons
Oise
Mosel
Étain
Briey
Reims
Château-Thierry
Verdun
Metz
Marne
Lothringen
Épernay
Châlons-sur-Marne
Paris
Montmirail
St. Mihiel
Champagne
Seine
Nancy
Toul
FRANKREICH
Marne
Lunéville
Mosel
Troyes
Maas
Épinal
Frontverlauf im Februar 1918
deutsche Gebietsgewinne März–Juli 1918
St. Mihiel-Offensive 12.–15. Sept. 1918
Waffenstillstandslinie vom 11. Nov. 1918
Hauptvorstoß der alliierten Angriffe 26. Sept.–11. Nov. 1918
0
25
50km

mehr zu gewinnen, vielmehr stehe die endgültige Niederlage wohl unvermeidbar bevor. Bulgarien sei abgefallen. Österreich und die Türkei, am Ende ihrer Kräfte, würden wohl bald folgen. Unsere eigene Armee sei leider schon schwer verseucht durch das Gift spartakistisch-sozialistischer Ideen. Auf die Truppen sei kein Verlass mehr. Seit dem 8.8. sei es rapide abwärts gegangen. Fortgesetzt erwiesen Truppenteile sich so unzuverlässig, dass sie beschleunigt aus der Front gezogen werden müssten. Würden sie von noch kampfwilligen Truppen abgelöst, so würden diese mit dem Ruf ‹Streikbrecher› empfangen und aufgefordert, nicht mehr zu kämpfen. Er könne nicht mit Divisionen operieren, auf die kein Verlass mehr sei. So sei vorauszusehen, dass dem Feinde schon in nächster Zeit mit Hilfe der kampffreudigen Amerikaner ein großer Sieg, ein Durchbruch in ganz großem Stile, gelingen werde; dann werde dieses Westheer den letzten Halt verlieren und in voller Auflösung zurückfluten über den Rhein und werde die Revolution nach Deutschland tragen. Diese Katastrophe müsse unbedingt vermieden werden.» Er habe daher vom Kaiser und Reichskanzler verlangt, Präsident Wilson um einen Waffenstillstand zu bitten auf Basis der vierzehn Punkte. Ludendorff fuhr fort: «Ich habe aber SM gebeten, jetzt auch diejenigen Kreise an die Regierung zu bringen, denen wir es in der Hauptsache zu danken haben, dass wir so weit gekommen sind. Die sollen nun den Frieden schließen, der jetzt geschlossen werden muss. Die sollen die Suppe jetzt essen, die sie uns eingebrockt haben!»

Diese Mitteilung löste unter den Offizieren fassungsloses Entsetzen aus: «Während Ludendorff sprach, hörte man leises Stöhnen und Schluchzen, vielen, wohl den meisten, liefen unwillkürlich die Tränen über die Backen.»[59]

Die Art und Weise, wie Ludendorff den Krieg zu beenden suchte, war charakteristisch für ihn und nicht überraschend.[60] Er hatte, wie oben erwähnt, nur zwei Wege zum Kriegsende gesehen: Sieg oder Niederlage; und «daß wir Frieden nur dann erhalten, wenn wir kraftvoll nach außen auftreten oder erklären, wir wären geschlagen. Da wir das nicht können, gibt es meines Erachtens nur den anderen Weg. Der Mittelweg hat bisher kein Ergebnis gehabt ...»[61] Ludendorff war ein Mann des Entweder-Oder, und nun, Ende September 1918, war der Augenblick gekommen, sich geschlagen zu erklären, wenn er auch die Ursachen für die Niederlage anderen in die Schuhe zu schieben suchte. Er hatte, darin typisch für die

Denkweise seiner militärischen Umgebung, kein Verständnis für Soldaten oder Politiker, die nicht alles für den Sieg zu geben bereit waren. Doch dass er nun vom «Gift spartakistisch-sozialistischer Ideen» sprach und von den «Kreisen», «denen wir es in der Hauptsache zu danken haben, dass wir so weit gekommen sind», ließ seinen Anteil, nämlich die gescheiterte Westoffensive, außer Acht. Auch später sollte sich zeigen, dass es Ludendorff mit der Wahrheit nicht genau nahm, wenn es um seine Stellung und seinen Ruhm ging. Nun hatte er die deutsche Armee, die sich vier Jahre siegreich behauptet hatte, in die Niederlage geführt und brachte es fertig, andere für diese Lage verantwortlich zu machen. Seine Umgebung war wohl nicht sehr überrascht, da er sie schon seit Monaten mit Vorwürfen traktiert hatte; das war auch einer der Gründe gewesen, weshalb Hindenburg und Bauer ihm die ärztliche Hilfe beschafft hatten. Es war unmöglich geworden, mit ihm vernünftig zusammenzuarbeiten. Gelegentlich richtete sich Ludendorffs Furor auch gegen sich selbst und dann gestand er, er sei «mit sich und der ganzen Welt» zerfallen.[62] In den kommenden Wochen sollte er immer wieder mit Politikern des Reichstags aneinandergeraten, und immer wieder drehte es sich um die Frage weiteren Widerstands. Hier zeichneten sich auch schon die Konturen der Dolchstoßlegende klar ab. Doch an diese zu glauben, war ein Akt bewusster Verdrängung der Tatsachen durch eine überspannte Persönlichkeit, an deren geistiger Gesundheit nicht wenige zweifelten.[63]

Die Offiziere im Generalstab waren durch die Eröffnungen Ludendorffs offenkundig schwer getroffen worden. Wenn aber selbst seine engen Mitarbeiter durch das Eingeständnis der Niederlage überrascht wurden, wundert es nicht, dass die deutsche Gesellschaft ebenfalls in Illusionen über die militärische Lage lebte. Die Regierung Hertling konzentrierte sich bis in den September 1918 hinein hauptsächlich darauf, die österreichisch-ungarische Regierung, die immer mehr auf ein Friedensangebot drängte, zum Abwarten zu bringen. Zuerst sollte sich die Lage im Westen wieder festigen, dann wollte das Auswärtige Amt einen neutralen Vermittler – hierbei wurde an die Königin der Niederlande gedacht – bitten, mit einem Friedensangebot und einer Einladung zu einer Friedenskonferenz an die kriegführenden Parteien heranzutreten.[64] Diese Aktion wäre mit Sicherheit zum Scheitern verurteilt gewesen, so wie alle bisherigen Versuche der Mittelmächte, mit den Gegnern ins Gespräch zu kommen. Bis Ende September 1918 betrieb die Regierung eine Außenpolitik, die den traditionellen Methoden folgte, ohne angesichts der Lage und der bisherigen Fehlschläge aller Friedensinitiativen eine neue Strategie zu entwickeln. Österreichische Diplomaten kritisierten diese Haltung schon im Frühjahr 1918; die Zeit des Versteckspielens und der diplomatischen Finessen sei vorbei.[65]

Doch in der Kernfrage des Krieges, nämlich dem Vertrauen in die militärische Lage, herrschte im Deutschen Reich noch immer Zuversicht. Die Regierung konnte hier auch auf die Mehrheit der Reichstagsparteien zählen. Vizekanzler v. Payer fasste die Stimmung im Sommer 1918 im Rückblick wie folgt zusammen: «Kein Mensch hat da gezweifelt, dass wir schließlich als Sieger aus dem Krieg herausgehen, aber der Krieg war dem Volke sehr verleidet, und die Stimmung war deshalb schlecht.»[66]

Im Jahr 1918 war die politische Entwicklung in Deutschland, die schon 1917 chaotische Züge angenommen hatte, endgültig in ein unentwirrbares Chaos abgeglitten. In diesem dominierte die OHL, weil Kanzler, Kaiser und Reichstag sich vollkommen auf den militärischen Sieg im Westen verließen. Der Kanzler führte nicht, war dazu aufgrund seines Alters, seiner reduzierten Arbeitskraft und eines schweren Augenleidens nicht befähigt. Die politischen Diskurse in Deutschland demonstrierten derweil bis in den September 1918 hinein die Realitätsblindheit fast aller, die sich an ihnen beteiligten. Die Rechtsparteien träumten von Annexionen und der Ausweitung deutscher Einflusszonen. Die Linksparteien kritisierten das Belagerungsrecht, das Ausbleiben der Wahlrechtsreform und die deutsche Willkürherrschaft im Osten. Die politische Situation in Osteuropa war in der Tat ein gewaltiges Problem, die polnische Frage ungelöst, die Ukraine und das Baltikum, wie auch Russland selbst, eine einzige Bürgerkriegszone. Die deutsche Politik schwankte zwischen der Zusammenarbeit mit den Bolschewiken gegen die Entente und deren Beseitigung durch einen militärischen Vorstoß, was angesichts der militärischen Machtlosigkeit der russischen Regierung möglich schien.[67] Hinzu kam die katastrophale Lage im Inneren, in Deutschland, vor allem aber in Österreich-Ungarn. Die immer weiter zunehmende Komplexität der politischen und militärischen Fragen überforderte viele, und sie wurden eingestandermaßen «ganz wirr».[68] Die deutsche Politik torkelte, wie Kurt Riezler klagte, zwischen «blutigstem Dilettantismus und schwankenden Gefühlen» und «machte das dümmste, was überhaupt möglich ist», vor allem im Zusammenhang mit den Ostfragen.[69] Dies mag als

Polemik erscheinen, aber das Gefühl, dass jede politische Direktive fehlte, zeigte sich bei praktisch jeder politischen Frage, die im Jahr 1918 in Deutschland debattiert wurde. Unter dem ungeheuren Druck der Verhältnisse gab es kein folgerichtiges politisches Handeln, denn die einzige Strategie war das Warten auf den entscheidenden Sieg im Westen, der aber nicht kam.

Natürlich erhielten die Politiker aller Lager auch Nachrichten von der Front, die ein bedenkliches Bild malten.[70] Die Frage muss sein, warum dies ihr «Gefühl einer relativen Sicherheit» nicht erschütterte.[71] Die Quellen zeigen, dass die negativen Nachrichten in den bestehenden Rahmen eingepasst wurden. So diskutierten die Linksliberalen Haußmann und Payer Anfang September 1918 die Mitteilung eines an der Westfront kämpfenden Majors, dass der Krieg «militärisch verloren» sei, «weil die Mannschaft nicht mehr stehe». Vizekanzler v. Payer hielt dies für die Schwarzseherei eines offenbar überforderten Offiziers: «Auch an der Front verlieren sie die Nerven.»[72] Ähnlich ging offenbar Graf Westarp mit solchen Nachrichten um. Der Führer der Konservativen blieb zuversichtlich und propagierte bis in den Herbst 1918 hinein eine Siegfriedenspolitik, obwohl auch ihm Warnungen über die sich verschlechternde Kriegslage zugingen. Er beschrieb seine Haltung im Rückblick wie folgt: «Ich bekenne mich dazu, daß ich die Niederlage nicht glauben konnte und wollte, bis sie wirklich da war. Auch im eigenen Lager wuchs im Sommer 1918 die Zahl der Zweifler, die meinen Glauben mit kluger Überlegenheit einer besseren Kenntnis der Dinge erschüttern wollten. Ihnen hielt ich entgegen, daß im Krieg bis zuletzt alles unsicher bleibe, und daß in der preußischen Geschichte nicht selten in schwerster Not die schwarzen Auffassungen schließlich widerlegt worden seien, wenn nur die Nerven und der Wille unerschüttert bleiben. Darauf allein kam es an.»[73]

Die Reden der Politiker des Reichstags waren bis in den Frühsommer 1918 hinein in Gedankenführung und Vokabular selbstbewusst und bellizistisch. Abgeordnete aller bürgerlichen Parteien – nicht nur solche, die der Vaterlandspartei zuneigten, sondern auch Zentrumsabgeordnete und Linksliberale – sprachen von dem «guten deutschen Schwert», das den Frieden erkämpfen und die Westgegner so zum Frieden zwingen müsse, wie es den «Ostfrieden» erkämpft habe.[74] Gustav Stresemann variierte Bismarcks Wort von «Blut und Eisen», als er im Reichstag sagte: «Wer hat den Frieden im Osten gebracht? Nicht diplomatische Noten, keine

Reichstagsresolution, sondern Ludendorffs Hammer!»[75] Eine große Gruppe von Abgeordneten hatte viel zu lange ein falsches Bild von den deutschen militärischen Möglichkeiten. Vielleicht glaubten sie irgendwann nicht mehr an den entscheidenden Sieg, aber keinesfalls rechneten sie mit einer drohenden und kriegsentscheidenden militärischen Niederlage, was sicher auch daran lag, dass die OHL sie über die tatsächliche Lage bewusst im Unklaren ließ.

Ähnlich sah dies in der Umgebung des Kaisers aus. Wilhelm II. selbst war ein nervöses Wrack, und seine Ansichten schwankten unter dem Eindruck der Tagesereignisse. Seine Umgebung war sich einig, ihn aus den Debatten herauszuhalten, zu denen er nichts beitragen konnte und bei denen nur die Gefahr bestand, er würde Fehler machen. Es ging ihr also darum, nicht mit, sondern trotz dieses Kaisers den Krieg zu gewinnen.[76] Im Übrigen war der eher gemäßigte Zivilkabinettschef v. Valentini im Januar 1918 durch v. Berg, einen ultrakonservativen Scharfmacher, ersetzt worden.[77] In der Lage des Jahres 1918 nützte aber die Quelle kaiserlicher Macht, nämlich der Hebel der Personalpolitik, ohnehin nicht viel; in einer Stimmung, die auf den militärischen Sieg setzte, war die OHL fast allmächtig. In der Umgebung Wilhelms II. gab es im ersten Halbjahr 1918 einige Hyperoptimisten wie den Generaladjutanten v. Plessen, aber auch Skeptiker wie Generaloberst v. Lyncker und Admiral v. Müller. Doch selbst der als Pessimist verrufene Lyncker nahm lange an, das Schlimmste, was passieren könne, werde der erzwungene Übergang zur Defensive sein. Auch das Tagebuch des Admirals v. Müller verdeutlicht, dass der Chef des Marinekabinetts erst Mitte September eine Niederlage für möglich hielt.[78] Dass Deutschland den Krieg nicht nur nicht gewinnen, sondern sogar verlieren würde, hat auch die kaiserliche Umgebung erst sehr spät begriffen.[79]

Der Glaube an die eigene militärische Überlegenheit, der in der Vorkriegszeit dominiert hatte, war immer noch da, mehr noch, durch die Siege im Osten und die Erfolge im Westen scheinbar bestätigt worden. Selbst der sozialdemokratische «Vorwärts» glaubte am 15. August 1918 noch an die Möglichkeit eines «triumphalen Sieges» im Westen, wenn er auch das blinde Vertrauen darauf für die falsche Politik hielt.[80] Pessimisten zweifelten am Sieg, glaubten aber nicht an die Niederlage, sondern daran, dass der Krieg dann einfach weitergehen würde. Das Eingeständnis der militärischen Niederlage traf die deutsche Öffentlichkeit also unvorbereitet, und die Frage war nicht nur, wie nun der Krieg zu Ende gebracht werden konnte, sondern auch, wie Staat und Gesellschaft diesen Schock überstehen würden.

21

«Als Sieger brutal, als Besiegte verächtlich»: Deutschlands Weg aus dem Krieg

> Wenn Deutschland geschlagen sei, würde es alle Bedingungen akzeptieren. Wenn es nicht geschlagen sei, würde er nicht mit ihm verhandeln wollen.
>
> *Woodrow Wilson, 15. Oktober 1918*

Die Einsicht, den Krieg militärisch verloren zu haben, war für alle Beteiligten eine furchtbare Überraschung. Noch im September 1918 war Oberstleutnant Nicolai durch Deutschland gereist und hatte in mehreren Bezirkspressebesprechungen «in starkem zuversichtlichem Ton» über die militärische Lage gesprochen. Zwar war es ihm, wie schon bisher, um die Einheit im Inneren gegangen, aber er handelte dabei auch in gutem Glauben, wenn man seinen Aufzeichnungen trauen darf.[1] Die Stimmung war zwar wegen der wirtschaftlichen Lage und vor allem aus Sorge um die Haltung Österreich-Ungarns und der anderen Bundesgenossen sehr schlecht, aber mit dem eigenen militärischen Zusammenbruch rechneten nur ganz wenige. Am ehesten taten dies noch die Kommandeure an der Westfront, denen die Entwicklung nicht verborgen bleiben konnte. Die Eröffnungen Ludendorffs Ende September 1918 trafen die politische Führung, sogar Teile des Generalstabs und noch mehr die Öffentlichkeit letztlich unvorbereitet. Die Regierung war zwar im August 1918 über die ungünstigen Entwicklungen halb informiert worden, hatte aber die Lage als weniger dringend angesehen, als sie war. Ihre Mitglieder glaubten, noch Zeit zu haben, um einen politischen Ausweg aus dem Krieg zu finden, nachdem der Versuch, den Sieg militärisch zu erzwingen, gescheitert war. Sie erwarteten ebenso wie Hindenburg und Ludendorff, dass das deutsche Heer sich im Westen immerhin noch erfolgreich verteidigen könne. Daher war Ludendorffs massives Drängen auf sofortigen Waffenstillstand vielleicht notwendig, um die deutschen Politiker und Diplomaten aus ihrer Lethargie und ihren Illusionen herauszureißen. Ludendorff schickte den Major v. d. Bussche nach Berlin, um die Parteiführer über die Lage zu informieren. Bussche, ein sehr ernster Mann, hielt die vorherigen militärischen Lagebeurteilungen Nicolais für einen Fehler – «wir hätten schon längst die Wahrheit sagen müssen»[2] – und gab den Politikern ein ungeschminktes Bild der Lage, was in der Äußerung gipfelte: «Nach menschlichem Ermessen besteht keine Aussicht mehr, dem Feinde den Frieden aufzuzwingen.» Zwar appellierte Bussche auch an die notwendige innere Geschlossenheit, doch die Forderung nach sofortigem Waffenstillstand überlagerte alles. «Ebert wurde totenblaß und konnte kein Wort herausbringen; der Abgeordnete Stresemann sah aus, als ob ihm etwas zustoßen würde.»[3] Das vorherige Gefühl der Sicherheit verwandelte sich in eine Panikstimmung, die bei den Parlamentariern in den nächsten Tagen «reißende Fortschritte» machte.[4]

Regierung und OHL mussten Ende September 1918 unter gewaltigem Zeitdruck einen Ausweg aus dem militärisch verlorenen Weltkrieg finden. Dabei setzten sie unterschiedliche Akzente. Hindenburg und Ludendorff ging es bei ihrer Initiative fast ausschließlich um einen sofortigen Waffenstillstand. Nach Wochen ununterbrochener und noch andauernder Großkämpfe befürchteten sie, dass dem Gegner ein Durchbruch an der Westfront gelingen könne; dieser hätte zum Zusammenbruch der geordneten Verteidigung im Westen führen und eine Kapitulation erzwingen können. Hinzu kamen die Ereignisse in Bulgarien und der befürchtete Zusammenbruch der Bundesgenossen. Ludendorffs Drängen auf Waffenstillstand hing damit zusammen, dass er eine Kapitulation vermeiden und die Armee intakt lassen wollte. Die Kapitulation würde die Armee wehrlos machen, der Waffenstillstand nicht, wenn auch offensichtlich war, dass die Gegner an einen Waffenstillstand zu diesem Zeitpunkt schwere Bedingungen knüpfen würden.[5]

Die Kapitulation war der vollständige Kontrollverlust, und diesen suchte Ludendorff zu verhindern. Er war bereit, dafür einen Preis zu zahlen, den er für groß genug hielt. Er wollte im Austausch für den Waffenstillstand anbieten, dass die deutschen Truppen im Westen die besetzten Gebiete in Nordfrankreich, Belgien und Luxemburg räumen und sich in zwei bis drei Monaten auf die Landesgrenzen zurückziehen würden; diese Frist war notwendig, um nicht nur das Heer, das teilweise auf Fußmärsche angewiesen war, zurückzuziehen, sondern auch das schwere Gerät abzutransportieren sowie einen Teil der Vorräte, die im Hinterland der Front gelagert waren. Die Preisgabe der besetzten Gebiete schien Ludendorff ein beträchtliches militärisches Opfer. Im Oktober 1918 wurde sehr lange zwischen verschiedenen Reichsämtern über die Folgen einer Aufgabe der besetzten Gebiete im Osten, auch der Ukraine, gesprochen, da ihre Ressourcen von der deutschen Kriegswirtschaft benötigt wurden; eine Räumung dieser Territorien wurde daher zunächst nicht geplant.

Der Rückzug des Westheeres auf die Landesgrenze sollte dem Generalstab die Möglichkeit geben, die Armee auf einer sehr viel kürzeren Front zu reorganisieren, aufzufrischen und dann den Kampf wiederaufzunehmen, sollten die Friedensbedingungen zu drückend sein. Hierfür gab es durchaus historische Präzedenzfälle. Die Waffenstillstände der Napoleonischen Kriege, wie etwa der von Pläswitz im Juni 1813, hatten die Gegner ebenso wenig entwaffnet wie die des Ersten Weltkriegs, etwa an der Ostfront im Jahre 1917 oder mit Rumänien.[6] Doch warum sollten die Alliierten im September 1918, nachdem sie gegenüber dem bis dahin militärisch sehr starken Gegner an allen Fronten endlich in der Vorhand waren, einem Waffenstillstand zustimmen und sich damit ihres gegenwärtigen Vorteils berauben? Diese Frage stellte Oberst v. Thaer an Ludendorff: «‹Glauben Exzellenz denn, dass die Feinde den Waffenstillstand gewähren werden? Würden Exzellenz es tun anstelle von Marschall Foch?› Darauf sagte er ‹Nein, sicher nicht, erst recht zufassen. Aber vielleicht kommt auch ihm und seinen Leuten dieser Antrag erwünscht. Im Kriege kann man so etwas nie wissen.›»[7]

Also hoffte Ludendorff, dass der Gegner selbst auch schon so geschwächt war, dass er der Idee eines Waffenstillstands vielleicht etwas abgewinnen würde. Auch das hatte Parallelen in der Vergangenheit wie etwa den erwähnten Waffenstillstand von 1813, der auch aufgrund wechselseitiger Erschöpfung zustande kam. Ludendorffs Annahme, so absurd sie schien, sollte sich bald schon als halbrichtig herausstellen.

Die historische Debatte über das Ende des Ersten Weltkriegs verengte sich nach 1918 auf die Frage, ob weiterer deutscher Widerstand möglich und sinnvoll gewesen wäre; ob die deutsche Führung den Fehler machte, zu früh aufzugeben, oder ob die Alliierten den Kampf nicht bis zum vollständigen militärischen Sieg hätten fortsetzen und den Sieg eindeutig machen sollen. Dies war, neben der Frage nach dem Zusammenbruch der Heimatfront, der Kern der Dolchstoßlegende. Allerdings können die Chancen weiteren Widerstandes nur kontrafaktisch beantwortet werden und viele Imponderabilien, wie etwa die Unterstützung weiteren Widerstands durch die Bevölkerung oder die Gefahr einer Revolution oder Massenmeuterei, entziehen sich jeder Berechnung. Auch sehr genaue Analysen der militärischen Möglichkeiten auf beiden Seiten der Front werden wahrscheinlich über die Ergebnisse informierter Zeitgenossen wie des schweizerischen Militärschriftstellers Hermann Stegemann und des britischen Generals Maurice nicht hinauskommen, die schon 1919 festgestellt hatten, dass das deutsche Westheer den Gegner letztlich nicht mehr zum Stehen bringen konnte, und sich also in einer hoffnungslosen Lage befand.[8] Gleichzeitig war der deutsche hinhaltende Widerstand geschickt, und die Soldaten des Westheeres vereitelten jeden Durchbruchsversuch.[9] Die europäischen Gegner waren zudem stark geschwächt und die alliierten Nachschubwege derart überdehnt, dass ein weiterer Vormarsch in der bisherigen Geschwindigkeit nicht mehr möglich gewesen wäre. Die Amerikaner waren noch frisch und angriffslustig, aber ihr Nachrichtendienst war Anfang Oktober 1918 der Ansicht, die eigenen militärischen Möglichkeiten, die lange unterschätzt worden waren, würden nun überschätzt.[10] Auf beiden Seiten der Front waren die Straßen hoffnungslos verstopft, durch zurückflutende Truppen und Transporte auf deutscher, durch vorrückende auf alliierter Seite. Außerdem wurde der alliierte Vormarsch durch die deutschen Zerstörungen von Straßen und Eisenbahnlinien stark behindert. Wären die Kämpfe weitergegangen, hätte sich die deutsche Rückzugsbewegung im Herbst 1918 wahrscheinlich bedeutend verlangsamt, unter der Voraussetzung, dass ein vollständiger innerer Zusammenbruch ausgeblieben wäre, was allerdings keinesfalls sicher war. Eine Notwendigkeit zur Kapitulation lag im Oktober 1918 noch nicht vor, und der hinhaltende Widerstand hätte wahrscheinlich noch für einige Monate fortgesetzt werden können.[11] Er hätte aber die deutsche Lage nicht verbessert. Hier kommt man nicht über Oberst Heye hinaus, der die militärische Lage als nicht katastrophal, wohl aber als «hoffnungslos» bezeichnet hatte. [12]

Weiterer deutscher Widerstand hätte den Krieg also noch verlängern, an der deutschen Niederlage aber nichts mehr ändern können.[13] Wichtiger als der Streit darum, ob er hätte fortgesetzt werden sollen, ist daher die Frage, ob die konkreten Schritte, die die deutsche Führung nach Einsicht in die Niederlage unternahm, um den Krieg zu beenden, den nun unvermeidlichen und gewaltigen politischen Schaden begrenzten und kontrollierten oder ob sie ihn noch vergrößerten, und ob es Alternativen gegeben hätte. Karl Helfferich beispielsweise behauptete 1919, «daß eine Politik, die uns vor dem Schlimmsten bewahrt hätte, damals noch möglich gewesen wäre».[14] Ist dem so? Tatsächlich hätten die Ereignisse sehr wohl auch anders verlaufen können. Denn es gab kein wirkliches Vorbild dafür, wie ein Weltkrieg beendet werden konnte, in dem Millionen gefallen waren, der Jahre gedauert und ganze Völker in den politischen und wirtschaftlichen Ruin geführt hatte. Wie erklärt man der eigenen Bevölkerung, den eigenen Soldaten, dass alle Anstrengungen umsonst waren und sich Hindenburgs Versprechen «Die Zeit ist hart, aber der Sieg ist sicher» als falsch herausgestellt hatte? Das letzte vergleichbare Ereignis, nämlich die Napoleonischen Kriege, lag über hundert Jahre zurück; sie hatten mit der erzwungenen Abdankung Napoleons und dem Waffenstillstand, dann dem Wiederaufflammen der Feindseligkeiten nach der Rückkehr des Korsen aus Elba, seiner erneuten Niederlage und dem Friedensschluss in Wien geendet. Die Schlussphase des Ersten Weltkriegs sollte Parallelen zeigen, vor allem in der Mischung aus militärischer Niederlage und dem Zusammenbruch des Regierungssystems der unterliegenden Seite. Dies war auch in Russland der Fall gewesen, wo Niederlage und bolschewistische Revolution Hand in Hand gingen. Diese Parallele war bei allen Protagonisten des Kriegsendes 1918 geradezu überpräsent und diente als warnendes Beispiel, bei den Besiegten ohnehin, aber auch bei den Siegern.

Letztlich gab es vier denkbare Szenarien für das Kriegsende in Deutschland. Erstens, das Szenario der Napoleonischen Kriege 1814/15, nämlich eine Kombination aus Niederlage und Zusammenbruch des bisherigen Herrschaftssystems; zweitens eine im Grundsatz ähnliche Entwicklung, die aber in einer Revolution und in einer kommunistischen Machtübernahme wie in Russland 1917 hätte enden können; drittens eine Weigerung aufzugeben und infolgedessen ein Endkampf, der sicher un-

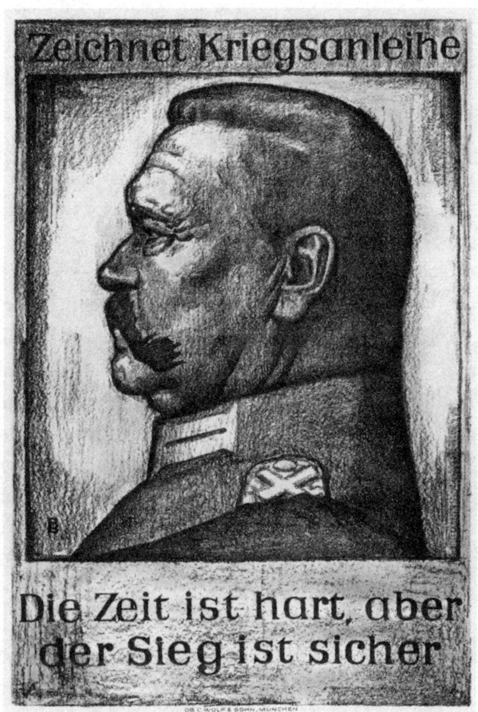

Abb. 38
Hindenburg wirbt für Kriegsanleihen und verspricht den Sieg.

günstig verlaufen und im schlimmsten Fall mit den Ereignissen 1945 zu vergleichen gewesen wäre, und viertens schließlich ein Versuch, das Desaster eines verlorenen Weltkriegs politisch kontrollierbar zu machen und vielleicht die schlimmsten Folgen der Niederlage zu umgehen. Der letzte Ansatz ist mit dem Namen Paul v. Hintze verbunden.

Ludendorff hatte mit seinem Eingeständnis der Niederlage und dem Drängen auf ein sofortiges Waffenstillstandsersuchen zwar die Entwicklung ausgelöst; aber der Nachfolger Kühlmanns als Staatssekretär im Auswärtigen Amt, Admiral v. Hintze, setzte sie um. Er dominierte für wenige, aber entscheidende Tage das Geschehen und hat wahrscheinlich mehr als jeder andere Beteiligte beeinflusst, wie das Deutsche Reich einen Ausweg aus dem militärisch verlorenen Krieg suchte.

Paul v. Hintze war im Juli 1918 Nachfolger Kühlmanns geworden, der nach einer missglückten Reichstagsrede in Ungnade gefallen und entlassen worden war.[15] Der Marineoffizier, der schon seit Jahren diplomatische Funktionen ausgeübt hatte, war bei Amtsantritt mehrheitlich mit Skepsis begrüßt worden. Lyncker beschrieb ihn am 8. Juli 1918 wie folgt: Kühlmanns «Nachfolger wird ... Konter-Admiral z. D. v[on] Hintze, bis jetzt Gesandter in Mexico, China und zuletzt in Christiania. ... Er war ehe er zur Diplomatie übertrat, Militärbevollmächtigter in Petersburg und stand mit dem Zaren Nikolaus in enger und guter Beziehung, ein kleiner schmächtiger Mann, äußerst gewandt, [mit] sehr vielen Kenntnissen, besonders historischen, und fabelhaftem Gedächtniß. Sehr kühle ehrgeizige Natur; angeblich sehr guter Redner. Aber welch furchtbare Aufgabe hat er nach Außen und nach Innen. Ob er es schaffen wird? Ob er festen Willen und Charakter hat, weiß man noch nicht. Glatt wie ein Aal ist er. Was sonst hinter ihm steckt, muß sich erst ausweisen.»[16] Sehr kritisch wurde Hintze vor allem von der politischen Linken gesehen, die in dem Admiral einen Kandidaten der OHL und sogar einen Alldeutschen vermutete.

Hintze blieb nicht einmal drei Monate im Amt und doch schrieb er in dieser Zeit Weltgeschichte. Er brachte für seine Aufgabe Erfahrungen mit, die sich als bedeutsam erweisen sollten. Er kannte sich in Russland gut aus und setzte dort, im Gegensatz etwa zu Ludendorff, auf die Zusammenarbeit mit den Bolschewisten. Als noch wichtiger sollte sich erweisen, dass er durch seine Zeit als Gesandter in Mexiko die amerikanische Politik und auch Wilson genauer einschätzen konnte als seine deutschen Zeitgenossen; er sah in ihm nicht nur einen weltfremden Heuchler, sondern wusste, dass er den brennenden Ehrgeiz hatte, ein Friedensstifter zu sein. Hintze wollte den idealistischen Zug in Wilsons Außenpolitik nutzen.[17]

Seine Stunde kam, als Ludendorffs Mitarbeiter ihn über die Lage informierten. Seine Hauptsorge war, in Deutschland würde bei Bekanntwerden der Niederlage eine Revolution ausbrechen, die es zu verhindern gelte, entweder durch eine Diktatur, die aber in diesem Moment nicht möglich war, oder durch ein weitgehendes Entgegenkommen gegenüber dem inneren Protest. Er setzte sofort, ohne die für die deutschen Politiker des Ersten Weltkriegs übliche innere Unsicherheit, ohne Schwanken und Lavieren, ein Programm durch, das er eine «Revolution von oben» nannte und mit dem er den deutschen Staat auf die zu erwartenden innen- wie außenpolitischen Erschütterungen vorzubereiten suchte.[18] Ob es eine Revolution war, könnte diskutiert werden; es war aber eine konsequente und unbeirrte Umsetzung von Erkenntnissen aus den politischen Entwicklungen und internen Diskussionen der Vormonate. Hintze sah, dass die Regierung Hertling hoffnungslos abgewirtschaftet und wegen ihrer Unfähigkeit, das Land dem Frieden näherzubringen oder innere Reformen durchzusetzen, ihren Kredit vollständig verspielt hatte.[19] Hertling hatte sich gegenüber den alten Gewalten als nicht durchsetzungsfähig erwiesen und war daran gescheitert, mit dem Gegner in Verhandlungen einzutreten. Aus alldem folgerte Hintze, der Kanzler müsse gehen, und so auch er selbst. Er war der seltene, vielleicht einzigartige Fall eines Revolutionärs, der sich selbst abschaffte, obwohl der Kaiser und auch Ludendorff ihn zu halten suchten; doch er meinte, er sei ein Symbol des alten Systems und könne nicht bleiben. Gleichzeitig wurde eine Reihe von tiefgreifenden Reformen angepackt – und auch durchgesetzt. Friedrich Ebert bezeichnete den 3. Oktober 1918, den Amtsantritt der neuen Regierung, daher auch als «Wendepunkt in der Geschichte Deutschlands», als «Systemwechsel von großer Tragweite» und sogar als «Geburtstag der deutschen Demokratie».[20]

Der Machtwechsel war nach Ansicht Hintzes innenpolitisch notwendig, um zu verhindern, dass der Staat im Augenblick der Niederlage durch eine Revolution hinweggespült werde. Zugleich aber sah er in ihm auch ein außenpolitisches Erfordernis. Eine neue Regierung sollte Verständigungsbereitschaft signalisieren und damit die sehr schwierigen Verhandlungen mit dem siegreichen Gegner erleichtern. Hintze hatte auch hier eine klare Vorstellung. Alle bisherigen Versuche, «Friedensfäden»[21] zu spinnen, also auf Erfolge der Geheimdiplomatie zu vertrauen, waren gescheitert.[22] Der österreichisch-ungarische Friedensaufruf «An alle» war ergebnislos verhallt. Hintze wollte sich stattdessen an Wilson wenden und mit ihm, gewissermaßen über die Köpfe der europäischen Gegner hinweg, einen für das Deutsche Reich akzeptablen Frieden auf der Basis seiner programmatischen Reden und vor allem seiner vierzehn Punkte aushandeln. Da Wilson in einer Rede am 27. September noch betont hatte, die deutschen Machthaber seien nicht vertrauenswürdig und «ohne Ehre», und daher könne mit ihnen nicht verhandelt werden, war der Machtwechsel die Voraussetzung für eine erfolgreiche Kontaktaufnahme mit dem amerikanischen Präsidenten.[23] Hintze setzte die seiner Ansicht nach notwendigen Schritte zur Friedensanbahnung mit großer Entschlossenheit durch. Die Radikalität, mit der er vorging, war das eigentlich Erstaunliche. Denn an prinzipiell richtigen Einsichten hatte es den deutschen Politikern im Ersten Weltkrieg, hatte es auch Bethmann Hollweg, Kühlmann und Hertling nicht gefehlt, wohl aber an der klaren Entschlossenheit, sie umzusetzen.

Wilsons Vorschläge für eine neue Friedensordnung basierten auf Prinzipien und nicht auf einzelstaatlichen Machterwägungen und Begehrlichkeiten. Das war im Augenblick der Niederlage der Grund, warum Hintze den Präsidenten mit der Vermittlung des Friedens beauftragen wollte. Der deutsche Appell an Wilson war natürlich überwiegend opportunistischer Natur, aber nicht nur. Die Ideen des Präsidenten waren inzwischen in Deutschland populär geworden und trafen in dem Augenblick, in dem sich die Waage zugunsten der Gegner neigte, den Nerv der Zeit.[24] Wilsons Idee eines Völkerbundes schien auch den Besiegten die Chance einer akzeptablen politischen Zukunft aufzuzeigen. Das sahen nicht nur die Deutschen so, sondern auch die Bulgaren, die im Augenblick der Niederlage Wilsons Beistand angerufen hatten, obwohl Bulgarien und die USA sich nicht im Kriegszustand befanden. Hintzes Forderung, eine neue Regierung zu bilden, die im In- und Ausland einen Neubeginn verkörperte, und dann den amerikanischen Präsidenten um Friedensvermittlung zu bitten, war demnach eine logische Konsequenz aus den Entwicklungen der Vormonate. Sie konnte nicht zum Tragen kommen, solange noch Hoffnung bestand, einen Frieden von gleich zu gleich zu erkämpfen oder gar zu siegen, denn Wilson wollte mit einem ungeschlagenen Deutschland keinesfalls verhandeln. Er fasste seine Ansichten am 15. Oktober 1918 in dem merkwürdigen Satz zusammen: «If Germany was beaten, she would accept any terms. If she was not beaten, he did not wish to make terms with her.» [25]

Hertling trat zurück, da er diese Entwicklung nicht mitmachen wollte. Er hatte den Kaiser, der sich mit Hintzes Plänen einverstanden erklärt hatte, schon wieder umgestimmt; doch Hintze setzte sich durch, und Hertling trat ab. In fliegender Hast wurde nun ein neuer Reichskanzler gesucht und schließlich Max von Baden ernannt, der schon seit einiger Zeit diese Position angestrebt hatte und von manchen Liberalen unterstützt wurde, da sie ihn für einen Mann des Ausgleichs und eine Stimme der Vernunft hielten. Der badische Thronfolger hatte sich unter dem Einfluss seines ideenreichen Beraters Kurt Hahn schon länger verständigungswillig geäußert.[26] Die Ernennung des Prinzen zum Reichskanzler wurde von den Versöhnungsbefürwortern in der deutschen Führung, so etwa von Kronprinz Rupprecht, freudig begrüßt. Aber war er der richtige Mann für diese Aufgabe? Er war persönlich liebenswürdig und hatte den Ruf, moderat zu sein und sich für eine Verständigung mit den Gegnern einzusetzen; auch war er bereit, sich für diese undankbare Aufgabe zu opfern. Ihm fehlten aber, nach übereinstimmendem Urteil, Durchsetzungsfähigkeit und Härte;[27] auch war er politisch weniger konsistent als erwartet. Direkt nach Amtsantritt wurde er durch die Veröffentlichung eines Briefes desavouiert, in dem er sich seinerzeit gegen die Friedensresolution des Reichstags ausgesprochen hatte und der seinen größten Vorteil, nämlich seine Ausgleichsbereitschaft und damit Vertrauenswürdigkeit, direkt wieder in Frage stellte.[28] Er war außerdem von kränklicher Konstitution und nicht wirklich arbeitsfähig, durch seine Homosexualität erpressbar und intellektuell von seinem Berater Kurt Hahn abhängig. Hinzu kam, dass er als Prinz und Thronfolger kein Mann des Volkes oder des Parlaments war und damit den beabsichtigten demokratischen Wandel weder nach innen noch nach außen plausibel vertreten konnte. Es sollte sich auch bald schon als extrem nachteilig erweisen, dass der Prinz sich Wilhelm II. gegenüber durch seine bundesfürstliche Loyalität gebunden fühlte und sich damit von dem kapriziösen und inkompetenten Kaiser allzu lange gängeln ließ.

Der Wechsel von Hertling, dessen Rücktritt wohl unvermeidlich war, zu dem wohlmeinenden, aber unerfahrenen und letztlich ungeeigneten Prinzen war die letzte falsche Personalentscheidung dieses Krieges; sie blieb aber folgenlos. Auch die Ernennung eines anderen Kandidaten, etwa eines Parlamentariers wie des Sozialdemokraten Friedrich Ebert, hätte die Lage wahrscheinlich nicht verändert. Dieser wurde einen Monat später Nachfolger des Prinzen, ohne dass dies die innenpolitische oder außenpolitische Lage des Deutschen Reiches erkennbar verbessert hätte. Auch die demokratischen Reformen, die eingeleitet und unter dem Druck der Niederlage in erstaunlicher Geschwindigkeit umgesetzt wurden, verfehlten letztlich ihre Wirkung. Das Deutsche Reich wurde eine parlamentarische Monarchie und die Macht des Kaisers beschnitten, unter anderem durch die Aufhebung der parlamentsunabhängigen Kommandogewalt und die Abschaffung der Personalpolitik der Kabinette

(26.10.). Zudem wurde das preußische Dreiklassenwahlrecht aufgehoben (24.10.).[29] Das waren aufsehenerregende Reformen, um die jahrzehntelang vergeblich gerungen worden war; doch im Oktober 1918 interessierte sich niemand dafür – außer den Parlamentariern. Die Bevölkerung hatte andere Sorgen, und das Ausland blieb skeptisch. Clemenceau spottete über den politischen Wandel in Deutschland, den er für reinen Opportunismus hielt, und auch Wilson blieb misstrauisch.[30] Es war reichlich optimistisch zu glauben, dass die Gegner den plötzlichen Reformeifer nicht als durchsichtiges deutsches Manöver ansehen würden, sich den Folgen der Niederlage zu entziehen.

Max von Baden wurde direkt nach Amtsantritt vom Kaiser und der OHL gezwungen, ein Waffenstillstandsersuchen abzuschicken, während er selbst diesen Schritt politisch besser vorbereiten wollte. Er wurde aber, nicht zuletzt vom Kaiser, dazu gebracht nachzugeben, und am 3. Oktober 1918 ging über die Schweiz eine Note an Wilson, in der er zur Vermittlung des Friedens aufgefordert wurde; gleichzeitig wurde ein Waffenstillstand vorgeschlagen. Max von Baden war klar, dass die Bitte um Waffenstillstand die deutsche Verhandlungsposition hoffnungslos schwächen musste, und so war es auch. Im Oktober kam es zum vierfachen Notenwechsel zwischen Wilson und der deutschen Regierung (Wilsons Noten datierten vom 8., 14., 23. Oktober und die letzte vom 5. November 1918). Die erste Antwort Wilsons war noch verhältnismäßig zurückhaltend und eher fragend; die zweite, der die unglückliche Versenkung des Passagierdampfers *Leinster* durch ein deutsches U-Boot vorausging, schon sehr viel schärfer, nicht zuletzt auch auf Druck der amerikanischen öffentlichen Meinung und der Alliierten. Spätestens ab der dritten Note wurde klar, dass Wilson zwar bereit war, einen Frieden auf Basis seiner Ideen zu vermitteln, dass Deutschland aber gezwungen werden sollte, sich vorher zu entwaffnen. Wilson wollte seinen Frieden, aber er musste seinen europäischen Verbündeten entgegenkommen und überließ ihnen die Ausarbeitung der Waffenstillstandsbedingungen. Die Alliierten nutzen dieses Privileg, um ihre politischen Kriegsziele durch extrem harsche Waffenstillstandsbedingungen festzuschreiben, die es den Deutschen unmöglich machen sollten, den Widerstand wiederaufzunehmen. Damit wollten sie garantieren, dass sich der Gegner auch strengen Friedensbedingungen militärisch nicht mehr würde widersetzen können.[31]

Im Oktober 1918 sollte sich zeigen, dass Hintzes Plan halb gelang und halb scheiterte. Einerseits glückte es der deutschen Führung, tatsächlich das Kriegsende herbeizuführen, die Kapitulation zu vermeiden und von den Alliierten ein Bekenntnis zu einem Frieden auf Basis von Wilsons Programm zu erhalten. Andererseits konnte sie einen sehr weitgehenden politischen wie militärischen Kontrollverlust nicht verhindern, und der Waffenstillstand sah, wie bereits die Zeitgenossen feststellten, einer Kapitulation verzweifelt ähnlich. Das Resultat wurde niemals offiziell so bezeichnet, kann aber am besten als «bedingte Kapitulation» («surrender on terms») bezeichnet werden: Der Besiegte entwaffnete sich, nachdem ihm bestimmte politische Konditionen zugebilligt wurden. Ein Erfolg dieser Verhandlungen zwischen Wilson und der deutschen Regierung war im Übrigen keinesfalls selbstverständlich. Sie führten zum Erfolg, weil der amerikanische Präsident die von der deutschen Führung gebotene Chance nutzen wollte, einen Frieden nach seinen Vorstellungen nicht nur bei den Besiegten, sondern auch bei den Alliierten durchzusetzen. Sie gelangen auch, weil die britische, die französische und die italienische Führung wussten, wie tief erschöpft auch ihre schwer geprüften Armeen und Nationen waren. Sie durften ihnen nicht, um den Sieg zu vervollständigen, den Frieden vorenthalten. All dies griff ineinander und wurde außerdem noch von der allseitigen Furcht vor einem Ausgreifen kommunistischer Umsturzversuche in Zentraleuropa beschleunigt.

Es hätte aber auch anders kommen können. Die Verhandlungen standen mehrfach auf Messers Schneide. Wären sie gescheitert, wäre der Krieg weitergegangen und es wäre zu einem Endkampf gekommen, der, wie das Jahr 1945 zeigen sollte, weitere katastrophale Opfer und Verwüstungen mit sich gebracht hätte. Im Herbst 1918 gab es auf deutscher und auf alliierter Seite einige, die weiterkämpfen wollten. Beim deutschen Westheer waren es nur wenige. Kronprinz Rupprecht, der allerdings die Dinge sehr viel realistischer sah und deutlich weniger von einem rein soldatischen Ehrverständnis beseelt war als viele seiner Generalskameraden, schrieb am 13. Oktober 1918: «Das ganze Heer hat den Krieg satt und ist erschöpft, jedermann, abgesehen von einigen Starrköpfen, sieht ein, daß es nutzlos wäre, den Krieg weiterzuführen.»[32] Die Stimmung der Soldaten sank weiter, als bekannt wurde, dass Deutschland um Waffenstillstand gebeten hatte. Generaloberst v. Einem, Chef der 3. Armee, schrieb am 15. Oktober 1918: «Es will keiner mehr sterben, sondern sie wollen ihre Kräfte für den Frieden erhalten.»[33] Dieses Bild wird durch eine Unzahl von gleichlautenden Quellen bestätigt. Eine Offiziersbefragung im Hauptquartier kurz vor Kriegsende ergab, dass die Soldaten nicht mehr kämpfen wollten, weder nach innen noch nach außen; sie wollten keine Revolution, auch keinen Umsturz und hatten auch nichts gegen den Kaiser, aber sie wollten einfach nur noch nach Hause.[34]

Andere sahen die Ereignisse in einem anderen Licht, so vor allem die Marineführung. Die Waffenstillstandsverhandlungen würden auch die Marine umfassen, und diese glaubte, keinen Waffenstillstand zu brauchen. Der Seekrieg war zwar opferreich und der U-Boot-Krieg bei weitem nicht mehr so erfolgreich wie Anfang 1917, aber es gab für sie keinen militärischen Grund zu kapitulieren. Daher verweigerte sie zuerst die Einstellung des U-Boot-Krieges; als diese erzwungen wurde, um die Waffenstillstandsverhandlungen nicht zu gefährden, befahl der Befehlshaber der Hochseeflotte, Admiral Hipper, einen Ausfall seiner Geschwader.[35] Die Stimmung an Bord der Schiffe war schon seit Längerem sehr schlecht, und die Vorbereitungen zur Schlacht ließen die Spannungen explodieren.[36] Die Matrosen vermuteten, dass ihre Offiziere aus verletztem Ehrgefühl eine Todesfahrt planten, um mit wehender Fahne unterzugehen, statt zu kapitulieren.[37] Sie verweigerten sich, und es kam zu Unruhen. Der Angriff wurde zwar abgesagt und die Flotte nach Kiel verlegt, aber dort brach am 4. November eine offene Meuterei aus, an der 20 000 Matrosen teilnahmen. Damit waren der verdeckte Militärstreik und die Massenkampfverweigerung in eine Art Revolution umgeschlagen, die von den Matrosen ins ganze Reich getragen wurde und wesentlich dazu beitrug, den Handlungsspielraum der Regierung weiter einzuengen.

Der Oktober 1918 zeigte im Übrigen, dass die bürgerliche Linke eher von einem Endkampf und vom Volkskrieg sprach als die Rechte, die letztlich den staatlichen Strukturen und damit herkömmlichen Methoden der Kriegführung verpflichtet blieb. Max von Baden redete im Reichstag vom «Endkampf auf Leben und Tod»[38], den er an die Frage eines Rechts- oder Gewaltfriedens koppelte. Der Sinn des Krieges habe darin gelegen, den Gedanken durchzusetzen, dass internationales Recht den nationalen Egoismus überwinde; das Deutsche Reich müsse diese Grundsätze nun auch auf sich selbst anwenden. Sollten die Gegner aber gegen diese Grundsätze verstoßen, würde Deutschland weiterkämpfen. «Wer sich ehrlich auf den Boden des Rechtsfriedens gestellt hat, der hat zugleich die Pflicht übernommen, sich nicht kampflos einem Gewaltfrieden zu beugen.»[39] Auch Friedrich Ebert bekannte sich, unter Beteuerung seines Friedenswunsches, gegen einen Unterwerfungsfrieden und zu der andauernden Notwendigkeit der Landesverteidigung.[40] Ähnlich äußerten sich Abgeordnete aller Fraktionen. Nur die USPD stemmte sich dagegen. Der Abgeordnete Haase verwies auf die Aussichtslosigkeit weiteren Widerstands, nachdem selbst die OHL einen Waffenstillstand verlangt habe.[41]

In den Diskussionen des Oktober 1918 lassen sich alternative Konzepte für das Kriegsende erkennen, die, wohl zum Glück, nicht zum Tragen kamen. Die Ideen, die politische Führer und auch unabhängige Persönlichkeiten wie Walther Rathenau vertraten, liefen in eine ähnliche Richtung und ergänzten sich. Zwischen der Eröffnung, dass das Deutsche Reich den Krieg verloren habe, und der wirklichen Einsicht in die Niederlage gab es eine Phase des Trotzes, die den ganzen Oktober 1918 hindurch andauerte. Manche, wie Max von Baden, glaubten, durch die Absage an die bisherige Politik, durch klare demokratische Akzentuierung, durch das Beharren auf Selbstbehauptung und durch den Appell an die Friedensfreunde im anderen Lager einen Frieden unter Gleichen ertrotzen zu können. Sie befürworteten eine Politik der Zugeständnisse und gleichzeitig des Beharrens auf den deutschen Rechten; dies implizierte immer auch, dass Deutschland, sollten seine «Lebensrechte» missachtet werden, auf Leben und Tod weiterkämpfen müsse. Hierbei handelte es sich vielleicht um den Ausklang des bisherigen militärischen Selbstbewusstseins des Kaiserreichs, das letztlich eine jahrzehntealte Grundüberzeugung der wilhelminischen Gesellschaft war. Sie glaubten daran, militärisch überlegen zu sein, und konnten die Realität nur zögernd akzeptieren; die demokratisch legitimierte Idee der «levée en masse», etwa wie 1813, sollte dieser Überlegenheit neues Leben einhauchen. Dies verband sich mit der optimistischen Annahme, die Gegenseite wäre zu einem fairen Frieden bereit und würde angesichts der Drohung mit einem Kampf «à outrance» keine ungerechten Forderungen stellen.

Sehr viel wurde im Oktober vom Kampf bis zum Tod gesprochen und vom Untergang mit wehender Fahne. Doch letztlich fehlte auf allen Ebenen der deutschen Gesellschaft, beim Kaiser angefangen, die Bereitschaft, den Ankündigungen Taten folgen zu lassen. Als Hindenburg vom Kampf bis zum letzten Mann sprach, antwortete Staatssekretär Graf Roedern, dass «bis zum letzten Mann wohl ein Bataillon auf vorgeschobenem Posten, nicht aber ein Volk von 65 Millionen Einwohnern, wohl auch kaum ein Millionenheer kämpfen könne».[42] Paul v. Hintze sprach später von der «Unwahrhaftigkeit» dieser Phrasen innerhalb und außerhalb des Reichstags und stellte fest, das deutsche Volk habe «einen Ekel vor solchen Reden» und wolle leben, «selbst um den Preis von Gebietsabtretungen und sogar politischer wie wirtschaftlicher Knechtschaft».[43] Hintze war realistischer und hatte die herrschende Stimmung besser erkannt als die geschlagenen Feldherren und die Parlamentarier, die vom heroischen Endkampf schwafelten. Die Untergangsphantasien waren die Ideen einer kleinen Elite, und doch bestand die Gefahr, dass sie sich durchsetzen würde, da sie in den Köpfen führender Politiker und Intellektueller wie Max von Baden, Walther Rathenau und Karl Helfferich, von Hindenburg und Ludendorff ohnehin, herumspukten.

Die einzige logische Rechtfertigung für diese fortgesetzten Drohungen mit dem Endkampf war die Hoffnung, den Gegner einschüchtern und zu milderen Friedensbedingungen bewegen zu können. Tatsächlich war das deutsche militärische Prestige hoch; bis Ende September 1918, und auch noch darüber hinaus, wurde das deutsche Heer als vollwertiger und reaktionsstarker Gegner eingeschätzt. In den interalliierten Verhandlungen war eine Scheu zu beobachten, den Gegner durch überzogene Forderungen zum Äußersten zu bringen. Doch der Spielraum, der sich aus diesem Respekt vor der deutschen militärischen Leistungsfähigkeit ergab, verringerte sich von Tag zu Tag, durch die militärische Lage im Westen, durch die Ereignisse auf dem Balkan und in Österreich-Ungarn, schließlich auch durch die Lage im Inneren. Die Drohung mit dem Kampf «à outrance» hätte nur bei einer ganz anderen Regie des Kriegsendes eine Chance auf Erfolg gehabt. Max von Baden wusste das. Er verlangte vor Amtsantritt, die Bitte um einen Waffenstillstand zu verschieben und ihm Gelegenheit zu geben, eine politische Offensive zu starten. Damit wiederum hätten die Ideen Walther Rathenaus kombiniert werden können, der in der «Vossischen Zeitung» am 7. Oktober in einem Artikel «Ein dunkler Tag» zur «levée en masse» aufforderte. Auch er wolle Frieden, aber nicht einen Frieden der Unterwerfung; bevor man verhandele, müsse man die Front befestigen, und wer die Nerven verloren habe (also Ludendorff), müsse ersetzt werden. Max von Baden und Rathenau wollten mit den Alliierten von gleich zu gleich verhandeln und sie vor die Alternative stellen, freiwillige deutsche Opfer zu akzeptieren oder einen fanatischen und verlustreichen Endkampf gegen das zu allem entschlossene deutsche Volk bestreiten zu müssen, das den Untergang der Knechtschaft vorziehe.[44] Beide glaubten, im deutschen Volk seien noch gewaltige Kräfte vorhanden, die durch die Verzweiflung geweckt werden könnten. Doch selbst Ludendorff meinte, die «levée en masse» würde nichts bringen, und militärisch fehlten zunehmend die Voraussetzungen für eine solche Strategie. Sie hätte, um den Gegner zum Einlenken zu zwingen, ein Minimum an militärischer Stärke vorausgesetzt, und diese schwand von Tag zu Tag. Doch bis in den späten Oktober 1918 hinein erwog die Regierung Max von Baden, die Verhandlungen mit Wilson abzubrechen; sie befragte Ludendorff wieder und wieder nach den Erfolgsaussichten weiteren Widerstands und ließ schließlich die Generäle v. Mudra und v. Gallwitz am 28. Oktober nach Berlin kommen, um von ihnen ein unabhängiges Votum über die militärische Lage zu erhalten.[45] Beide Generäle bestätigten zögerlich die Möglichkeit, den Krieg fortzusetzen, aber nur unter der Voraussetzung, dass Österreich-Ungarn mitgehe; sollte es zusammenbrechen, müssten «wohl die letzten Konsequenzen gezogen werden».[46] Da am gleichen Tag die Tschechen ihre Unabhängigkeit erklärten und damit den Zusammenbruch der Habsburgermonarchie besiegelten, erübrigte sich jede weitere Diskussion.

Der Krieg war militärisch verloren, das war Ende Oktober eindeutig klar geworden. Doch war der von Ludendorff erzwungene, aber von Hintze geplante Weg zum Kriegsende wirklich der aussichtsreichste, in Hinblick auf die Schadensbegrenzung? Er bestand aus den Elementen Regierungswechsel, Blitzdemokratisierung und Anrufung Wilsons; das politische Deutschland, und besonders die linke Hälfte des Reichstags, hoffte mit beträchtlicher Zuversicht darauf, dass ein demokratisches Deutschland beim Friedensschluss besser behandelt würde. Demselben Personenkreis waren auch die angestoßenen politischen Reformen ernst und sehr wichtig. Eine politische Alternative wäre hingegen gewesen, gar nicht erst zu versuchen, Wilson und der Welt die Tragikomödie politischen Wandels in kürzester Zeit vorzuführen, sondern authentisch zu bleiben und das zu sein, was das Deutsche Reich den ganzen Krieg über gewesen war, nämlich ein selbstbewusster Nationalstaat mit beträchtlichem, ja übertriebenem Stolz auf seine Institutionen und seine Leistungsfähigkeit, und dann, gewissermaßen von Nationalist zu Nationalist, mit den europäischen Gegnern zu verhandeln. Dies war eine Strategie, die

Helfferich, wie er in seinen Memoiren von 1919 schrieb, der Regierung vorgeschlagen hatte.[47] Er verwies, ebenso wie übrigens Max v. Baden bei Amtsantritt, warnend auf den Inhalt der vierzehn Punkte. Sie verlangten nicht nur die für das Deutsche Reich inzwischen unproblematische Wiederherstellung Belgiens, sondern auch die Abtretung Elsass-Lothringens (Punkt VIII). Auch die polnischsprachigen Gebiete Preußens drohten verlorenzugehen, hinzu kam auch noch die Forderung nach einem polnischen Zugang zum Meer, also Danzig (Punkt XIII); beides wurde von dem polnischen Abgeordneten des Reichstags Wladislaus Seyda bereits eingefordert. Wilson hatte allerdings im Januar 1918 die letzten Bedingungen vorsichtig formuliert («should», nicht «must»), und noch im Herbst 1918 hofften die deutschen Wilsonianer zu Unrecht auf weitgehendes Entgegenkommen. Doch wenn das Reich ohnehin schmerzliche Opfer bringen musste, dann solle man doch, so Helfferich, «diese Opfer unmittelbar gegenüber den an erster Stelle interessierten Kriegführenden möglichst wirksam ins Spiel ... setzen; das habe allerdings zur Voraussetzung, daß hinter das Angebot solcher Zugeständnisse von vornherein die unbeugsame Entschlossenheit gestellt werde, nötigenfalls auf jede Gefahr hin weiterzukämpfen und unsere Feinde für alles, was sie über unsere Zugeständnisse hinaus von uns erkämpfen wollten, einen Preis von Blut und Trümmern zahlen zu lassen, dessen Höhe ihren Völkern die Augen öffnen müsse».[48]

Dies hätte allerdings eine vollkommen andere Strategie vorausgesetzt, nämlich ein klares eigenes Angebot an die Gegner, und wäre innenpolitisch niemals durchsetzbar gewesen, da selbst die Wilsonianer in der Illusion lebten, um größere Opfer herumzukommen. Für die politische Rechte plädierte Graf Westarp gegen die Abtretung auch nur eines Fußbreit Bodens. Damit war Helfferichs Programm unrealistisch, zumal es auf der zunehmend fiktiven Annahme basierte, das deutsche Volk sei bereit, für sein gutes Recht notfalls bis zum Tode zu kämpfen. Und doch sollte die Idee, an den Reichsgrenzen eine zu allem entschlossene Verteidigung aufzubieten und damit die innere Festigkeit der Gegner zu testen, immer wieder hochkommen. Auch Ludendorff hoffte, dass im Fall zu harter Friedensbedingungen ein «furor teutonicus» ausbrechen und eine Wiederaufnahme des Kampfes erlauben würde.[49] Er hoffte sogar auf die Hilfe der Sozialdemokraten und sagte am 17. Oktober im Kabinett: «Packen Sie das Volk. Reißen Sie es hoch! Kann das nicht Herr Ebert tun?»[50]

Die gesamte Frage des Endkampfs erübrigte sich spätestens mit dem vollständigen politischen und militärischen Zusammenbruch Österreich-Ungarns Ende Oktober 1918 und dem Ausbruch der Revolte in der Flotte. Die politischen und militärischen Grundlagen für eine solche Strategie des entschlossenen Widerstands fehlten nun endgültig. Sie erinnert ohnehin an die Politik Kerenskis; wie jene hätte sie höchstwahrscheinlich mit dem militärischen Zusammenbruch und einer wirklichen Revolution in Deutschland geendet. Die sich verschlechternde militärische und innere Lage führte dazu, dass die Regierung zur Vernunft des Machtlosen kam, ihre Untergangsrhetorik zügelte und immer nachgiebiger wurde. Anfang November wurde die Lage als so kritisch angesehen, dass das Hauptquartier und der Kaiser Wilsons Antwort kaum abwarten konnten und erwogen, «direkte Waffenstillstandsverhandlungen von Armee zu Armee» zu beginnen. Groener wollte zwar noch einige Tage warten, meinte aber, wenn Wilsons Antwort nicht bis zum 11. November vorliege, müssten «wir mit der weißen Fahne hinübergehen».[51] Dies blieb den Militärs jedoch erspart, da Wilsons abschließende Note am 5. November eintraf.

Letztlich hatte die Regierung im Oktober 1918 aufgrund der militärischen Lage keinen Spielraum mehr, und dies wurde jeden Tag schlimmer. Im Geschäftsleben vergrößert normalerweise eine Konkursverschleppung das sich abzeichnende Desaster; in der Politik und im Krieg ist es nicht anders. Das Problem war aber, dass die deutsche Politik – und zwar alle, das gesamte Spektrum des Reichstags, die Regierung, der Kaiser, auch und vor allem die OHL – die Gefahr und den Umfang des militärischen Bankrotts viel zu spät erkannt hatten. Es könnte rückblickend nochmals gefragt werden, ob nicht ein voller Einstieg auf Wilsons vierzehn Punkte im Januar 1918 etwas hätte bewegen können. In viel zu zurückhaltender Form ist dies von Hertling ja versucht worden, aber eben von gleich zu gleich.[52] Es ist sehr wahrscheinlich, dass die Alliierten im Januar 1918 ein deutsches Angebot eines Friedens auf Basis der vierzehn Punkte abgelehnt hätten. Denn gerade Wilson war nicht bereit, mit einem ungeschlagenen Deutschland zu verhandeln.[53] Für das Deutsche Reich gab es schon im Frühjahr 1918 nur die Optionen Sieg oder Niederlage; ein politischer Kompromiss mit dem Gegner, der in Deutschland nicht als Niederlage empfunden worden wäre, war unwahrscheinlich, selbst wenn die deutsche Diplomatie mutiger und einfallsreicher gewesen wäre. Um so mehr galt dies für die Situation im Herbst 1918, als Deutschland tatsächlich militärisch geschlagen war.

Ein weiterer Grund lässt vermuten, dass auch eine sehr viel energischere Suche nach einem Kompromiss nicht zum Erfolg geführt hätte: Eines der Kardinalprobleme des Friedensschlusses war der Charakter des Ersten Weltkriegs als Koalitionskrieg. Man musste sich mit vielen Gegnern einigen, die alle unterschiedliche Interessen hatten. Es war zu erwarten, dass bei einem Entgegenkommen gegenüber einzelnen Mächten die anderen Einspruch einlegen würden und jeder Vorschlag eines Kompromisses in den Verhandlungen zwischen den Alliierten kontrovers diskutiert und dann fallengelassen worden wäre, aus Angst vor dem Auseinanderfallen der Kriegskoalition. So war es in den Vorjahren geschehen. Die Ablehnung des österreichischen Friedensangebots Mitte September 1918 hatte erneut gezeigt, dass ein Appell «An alle» zu nichts führte. Eine solche Befürchtung ist auch vom deutschen Gesandten in Bern, Romberg, der in den Vormonaten versucht hatte, in der Schweiz in Kontakt mit den Gegnern zu kommen, am 26. September 1918 geäußert worden: «Unsere Erklärungen würden von den verschiedenen Ententeregierungen in der bekannten Weise zerrieben werden, und das ganze Ergebnis werde nur eine weitere Schwächung unserer Position sein.»[54] Hintze meinte jedenfalls in der Rückschau, dass der letzte Moment, eine politische Lösung des Krieges zu akzeptablen Bedingungen zu erreichen, vor Beginn der Frühjahrsoffensive 1918 gewesen war.[55] Das war sicher zutreffend, wenn auch fraglich ist, ob bei einem solchen Versuch viel herausgekommen wäre.

Für jeden Kompromiss war es nun zu spät. Doch selbst das Kriegsende des Herbstes 1918 stand auf Messers Schneide – und zwar nicht nur, weil einige auf deutscher Seite nicht aufgeben wollten. Auch einige Gegner wollten weiterkämpfen. Viele Offiziere der amerikanischen Armee, ihr Oberbefehlshaber Pershing,[56] die öffentliche Meinung in den USA und die Republikaner, die sich außerdem im Wahlkampf gegen Wilson befanden, verlangten die deutsche Kapitulation, und die politischen Gegner drohten dem Präsidenten sogar ein Impeachment an, sollte er mit den Deutschen verhandeln. Die europäischen Verbündeten, und zwar Militärs und Politiker, sahen dies allerdings anders. Haig, Foch, die französische und britische Regierung waren der Ansicht, dass eine Chance zum Frieden genutzt werden müsse, sollte sie vorhanden sein und den vollen Sieg bringen. Wilson hatte Colonel House nach Europa geschickt, damit er über die Einzelheiten des Waffenstillstands verhandeln könne. Dieser bemerkte, dass die Bevölkerungen es ihren Führern nicht vergeben würden, wenn sie den Kampf unnötigerweise fortsetzten.[57] Die meisten Politiker sahen dies genauso. Als der französische Präsident Poincaré sich einem Waffenstillstand widersetzte, drohte Clemenceau seinen Rücktritt an.[58]

Um den Krieg zu seinen Bedingungen zu beenden, musste Wilson seinen europäischen Verbündeten aber eine wichtige Konzession machen: Der Frieden sollte zwar auf Basis der vierzehn Punkte verhandelt werden, die Bedingungen des Waffenstillstands sollten aber von den europäischen Verbündeten und vor allem von Maréchal Foch festgelegt werden. Diese verschärften sich daher fortlaufend, weil die deutsche Ohnmacht immer offensichtlicher wurde. Der Rückzug auf die Landesgrenzen allein war nicht genug; Foch wollte zum Rhein vorstoßen, rechtsrheinische Brückenköpfe einnehmen, die Deutschen zur Ablieferung von so vielen Lokomotiven und Waggons, Geschützen, Flugzeugen und Maschinengewehren zwingen, dass es dem deutschen Heer unmöglich sein würde, den Kampf wiederaufzunehmen.[59] Außerdem sollte der Rückzug des deutschen Heeres aus den besetzten Gebieten in zwei Wochen erfolgen, einer Frist, die bewusst zu knapp kalkuliert war, so dass die Deutschen gezwungen werden sollten, einen Großteil ihres Materials zurückzulassen. Feldmarschall Haig befürchtete, der Bogen werde damit überspannt und die Deutschen zum Verzweiflungskampf gebracht. Gleichzeitig bestand die britische Admiralität auf der Auslieferung eines Großteils der deutschen Hochseeflotte, was wiederum die Franzosen als unnötig empfanden.[60]

Die Verhandlungen verliefen einerseits zwischen der deutschen Regierung und Wilson, andererseits zwischen den USA und den alliierten Mächten, die natürlich nicht begeistert darüber waren, dass die USA nun die Führung übernahmen, nachdem sie selbst viereinhalb Jahre lang gekämpft und große Opfer gebracht hatten. Die Wilson-Administration betrachtete es dagegen als einen Fortschritt, ihre europäischen Verbündeten auf ihr Programm festlegen zu können. Als die britische und französische Regierung sich einverstanden erklärten, sprach House von einem «großen diplomatischen Erfolg». Und Lane, Staatssekretär des Inneren, schrieb am 5. November 1918, der Präsident sei «in glänzender Laune und guter Verfassung – und absolut sorgenfrei. Und warum sollte er Sorgen haben? Die Welt liegt ihm zu Füßen und frißt ihm aus der Hand! Kein Caesar hatte jemals solch einen Erfolg.»[61]

Ganz anders sah das aus der Perspektive der Besiegten aus. Als der deutschen Seite nach der dritten Wilson-Note klar wurde, dass die Bedingungen für einen Waffenstillstand einer militärischen Kapitulation gleichkommen würden, wollte Ludendorff die Verhandlungen lieber abbrechen und den Kampf fortsetzen. Das war, aus seiner Warte, folgerichtig, wenn auch alle seine Verhandlungspartner es für einen Beweis seiner unerklärlichen Wankelmütigkeit hielten. Doch Ludendorff hatte den Waffenstillstand gewollt, um die Kapitulation zu vermeiden; wenn aber der Waffenstillstand ohnehin einer Kapitulation gleichkam, dann konnte das Heer ebenso gut weiterkämpfen und dann, sollte es militärisch doch notwendig werden, formell kapitulieren.[62] Heer und Marine stimmten überein, dass «Wilsons neue Note, soweit sie die Waffenstillstandsbedingungen betrifft, unbedingter Kapitulation von Armee und Marine gleich käme».[63] Ludendorff versuchte daraufhin am 25. Oktober unter Rücktrittsdrohung den Kaiser zu bewegen, die Verhandlungen mit Wilson «forsch» abzubrechen.[64] Dieser verwies ihn an den Reichskanzler, doch Max v. Baden war an der Grippe erkrankt und nicht zu sprechen. So kam es, dass Hindenburg, Ludendorff, Admiral Scheer und der preußische Kriegsminister Scheuch abends Max v. Badens Vertreter, den Vizekanzler v. Payer, in seiner Wohnung aufsuchten. Zwischen Payer und den Militärs kam es zu einem heftigen Zusammenstoß. Hindenburg und Ludendorff verlangten, dass Wilsons Forderungen aus Gründen der nationalen und militärischen Ehre zurückgewiesen werden müssten; die Westfront werde den Winter über halten. Kaiser, Bundesfürsten, Reichsleitung, der Reichstag und die Führung von Heer und Marine sollten an das Volk appellieren «und den Krieg mit aller Entschiedenheit fortsetzen». Da war wieder der Plan des Endkampfes, der den gesamten Oktober über diskutiert worden war. Es ist bezeichnend für die politische Kultur im Deutschen Kaiserreich, dass Payer, wie er in seinen Erinnerungen schrieb, Sympathie für den selbstmörderischen soldatischen Trotz empfand: «Ich hatte schon auch Verständnis für das Männliche, Soldatische, was in ihm lag, und ich versprach mir gleichfalls nach der Behandlung, die unser Waffenstillstandsantrag bisher von Seiten Wilsons erfahren hatte, von diesen Verhandlungen nichts Gutes, aber ich hatte mich nicht nach Gefühlen zu richten, sondern ruhig die Sachlage zu prüfen.»[65] Und das Zweite war ausschlaggebend. Payer war, so berichtete der protokollierende Kapitän Levetzow, skeptisch; er hatte «jeden Glauben in die Widerstandskraft des Heeres und Volkes verloren». Auf Ludendorffs Wort von der Soldatenehre entgegnete Payer: «Ich kenne keine Soldatenehre, ich bin einfacher schlichter Bürger und Zivilist. Ich sehe nur das hungernde Volk.» Ludendorff erwiderte: «Dann, Exzellenz, werfe ich Ihnen und Ihren Collegen die ganze Schmach des Vaterlandes ins Gesicht.» Und er brach das Gespräch ab; «wir werden uns nie verstehen, nie zusammenkommen».[66] Er meinte zu den Offizieren, er gebe das Spiel verloren, und sagte auch die Abdankung des Kaisers voraus.

Der schlecht informierte Nachrichtendienst der OHL glaubte im Übrigen, die Regierung stimme mit Ludendorff überein, dass Wilsons Bedingungen unannehmbar seien. Er verfasste einen Armeebefehl, in dem mitgeteilt wurde, dass die Verhandlungen mit Wilson abgebrochen worden seien, und erklärte: «Diese Antwort Wilsons fordert die militärische Kapitulation. Sie ist deshalb für uns Soldaten unannehmbar. ... Wilsons Antwort kann daher für uns Soldaten nur die Aufforderung sein, den Widerstand mit äußersten Kräften fortzusetzen. Wenn die Feinde erkennen werden, dass die deutsche Front mit allen Opfern nicht zu durchbrechen ist, werden sie zu einem Frieden bereit sein, der Deutschlands Zukunft gerade für die breiten Schichten des Volkes sichert.»[67] Doch das war, was Ludendorff, nicht das, was die Regierung wollte. Als der Irrtum bemerkt und der Befehl widerrufen wurde, war es zu spät; Ludendorff wurde am nächsten Tag auf Druck des Kanzlers vom Kaiser entlassen. Sein Vorwurf an Nicolai war vergleichsweise milde, wenn die Größe dieses Fehlers in Rechnung gestellt wird: «Es hätte nicht vorkommen dürfen, dass IIIb falsch unterrichtet war über die Einstellung der Reichsregierung zur Wilson-Note.»[68] Ein letztes Mal in diesem Krieg hatte der Nachrichtendienst versagt; allerdings hatte Ludendorff recht, als er feststellte, dass der falsche Befehl ohnehin nur der Vorwand für seine längst beschlossene Entlassung gewesen sei. Das war zutreffend; Max von Baden hatte dem Kaiser gegenüber auf Ludendorffs Entlassung bestanden.

Die Szene beim Kaiser, die zu Ludendorffs Verabschiedung führte, war stürmisch. Ludendorff wurde laut und machte, so Hindenburg später, durch sein respektloses Auftreten seine Entlassung unausweichlich. Hindenburg hatte ebenfalls halbherzig seinen Rücktritt verlangt, den der Kaiser ablehnte («Sie bleiben!»). Der Feldmarschall fügte sich, was ihm Ludendorff wiederum als Verrat auslegte und so verübelte, dass er nicht einmal im selben Auto mit ihm zum Generalstab zurückfahren wollte.[69] Der ehemalige Generalquartiermeister weigerte sich auch, eine ihm angebotene Heeresgruppe zu übernehmen, und floh, als ausländischer Diplomat verkleidet, nach Schweden. Es ist eindeutig, was sich Hindenburg davon versprach, sich von Ludendorff zu trennen: Diesem wurde die militärische Niederlage nun angelastet, während er, Hindenburg, sie als politisch wichtige Figur der Kontinuität in dieser Zeit des Wandels überleben würde. Die Regierung, vor allem der neue Staatssekretär des Auswärtigen, Wilhelm Solf, glaubte ebenfalls, es sei notwendig, Hindenburg als Garant der neuen Ordnung an der Spitze des Heeres im Amt zu halten. Nachfolger Ludendorffs wurde nach einigen Tagen General Groener.[70]

Die Vorgänge in der deutschen Führung werden meist so interpretiert, als habe die zivile Reichsleitung die OHL entmachtet und damit endlich wieder die volle politische Kontrolle übernommen, die vorher ganz bei der OHL gelegen habe. Diese Ansicht ist in beiden Teilen falsch. Zwar konnte nun die militärische Führung nicht mehr dazwischenreden; das lag aber nur daran, dass der Krieg verloren und sie damit nicht mehr das unentbehrliche Mittel war, den Sieg zu erringen. Sie stand nicht mehr im Zentrum des Geschehens. Außerdem hatte die OHL mit einem gewaltigen Vertrauensverlust zu kämpfen. Bevor Hindenburg und Ludendorff in Berlin eintrafen, waren Warnungen aus dem Hauptquartier gekommen, «etwaigen Versprechungen der Obersten Heeresleitung Glauben zu schenken». Die militärische Lage sei «mindestens ebenso hoffnungslos wie vor drei Wochen» und auch große Teile der Armee hätten das Vertrauen in die OHL verloren.[71] Der Macht- und Ansehensverlust der OHL war enorm. Das nützte der Regierung aber wenig, denn sie übernahm nicht die Kontrolle, sondern verlor sie ebenfalls, und zwar innen- wie außenpolitisch. Das Zerbröckeln der militärischen Widerstandskraft war nun für die Gegner so offensichtlich, dass sie annahmen, die deutsche Führung werde jede Bedingung annehmen, die ihr vorgelegt würde. Dies wurde um so offensichtlicher nach dem Waffenstillstand und faktischen Zerfall Österreich-Ungarns Ende Oktober 1918.

Dazu kam auch noch die Frage nach der Zukunft der Monarchie. Der Abgeordnete Hugo Haase von der USPD war im Oktober 1918 der Einzige gewesen, der diese im Reichstag offen in Frage gestellt hatte.[72] Der Kaiser hatte, obwohl unter seiner Führung ein Weltkrieg verlorengegangen war, keine Neigung, zurückzutreten.[73] Er klammerte sich an seinem

Amt fest und verschanzte sich hinter dem Gottesgnadentum. Doch die Person gefährdete die Institution. Wilhelm II. weigerte sich, durch einen zeitigen und freiwilligen Rücktritt die Lage zu entschärfen, obwohl dies, wie der Sozialdemokrat David urteilte, «der republikanischen Bewegung das Rückgrat gebrochen» hätte;[74] die Monarchie wäre in Deutschland erhalten geblieben. Doch so erwuchs dem Kabinett Max v. Badens mit der Kaiserfrage ein immer drückenderes Problem. Die Stimmung wurde angesichts des Chaos und der zunehmenden Machtlosigkeit immer verzweifelter, und die deutschen Politiker waren schließlich bereit, jedes Opfer zu bringen, um ihre Lage zu verbessern. Sie fürchteten, der Matrosenaufstand würde in einer Revolution enden, und sie wollten Wilsons Forderungen entgegenkommen. Die Sozialdemokraten kooperierten mit den anderen Parteien und auch mit dem Reichskanzler, um den Umsturz alles Bestehenden wie in Russland zu verhindern, eine soziale Revolution, die Ebert «wie die Sünde» hasste.[75]

Das am leichtesten zu bringende Opfer war Wilhelm II. Wilson hatte in seiner dritten Note von den alten Gewalten gesprochen und geschrieben, dass Deutschland, sollten sie nicht entmachtet werden, keine guten Friedensbedingungen gewährt werden würden; allgemein wurde das auf Wilhelm II. und die OHL bezogen. Die deutsche Seite konnte nicht wissen, dass die Frage nach der Monarchie dem Präsidenten und seinen Beratern, wie etwa Lansing, letztlich zweitrangig erschien. Die Amerikaner hätten es vielleicht sogar bevorzugt, der Kaiser würde bleiben und durch eine parlamentarische Monarchie nach britischem Vorbild in seiner Macht glaubwürdig beschnitten werden. Denn sie befürchteten inzwischen, in Deutschland könne eine Revolution die Bolschewisten an die Macht bringen. Doch diese Gedanken blieben der deutschen Öffentlichkeit verborgen, da der Text der Wilson-Noten bewusst vieldeutig und feindselig gegen die alte Ordnung gehalten war, und so wurde Wilhelm II. zur Verfügungsmasse im Kampf um den Frieden. Der sozialdemokratische Journalist und preußische Landtagsabgeordnete Konrad Haenisch urteilte: «Und es wurde um so unerträglicher, je blitzartiger in den Oktobertagen von 1918 die Massen das Gefühl durchzuckte: Alle diese unsagbaren Opfer sind ja doch umsonst, völlig umsonst gewesen! Ein Ende mit diesen nutzlosen Blutopfern, ein sofortiges Ende, ein Ende um jeden Preis! … Nur Frieden! Ist der Kaiser, den wir dreissig Jahre angebetet haben, ein Hindernis des Friedens: Fort mit ihm! Wollen die Führer des Heeres und der Flotte uns noch einmal ‹einsetzen› zu einem letzten heroischen Wagnis, zum Kampfe auf Leben und Tod: Wir verweigern ihnen den Gehorsam!»[76]

Einige empfanden dies als würdelose Kriecherei vor dem Gegner. Scheidemann beklagte, dass die politischen Reformen «unter den Peitschenhieben der Entente» erfolgten und empfand dies als «schmachvoll».[77] Dies sollte aber nicht den Blick darauf verstellen, dass es in Deutschland echten Reformwillen gab und nicht alles nur wegen der Wirkung auf den Gegner geschah. Das alte System hatte auf seinem ureigensten Gebiet, nämlich dem Militärischen, versagt, und das erkannten nicht nur militärkritische Geister wie Albert Einstein, sondern selbst ein standhafter Parteigänger der OHL wie Gustav Stresemann, der nun bereit war, mit der Militärmonarchie aus Notwendigkeit und Überzeugung zu brechen.[78] Aber gleichzeitig gab es, selbst bei den Sozialdemokraten, keinen revolutionären Elan gegen die Institution der Monarchie, also einen Kampf um republikanische Überzeugungen. Insofern war die Preisgabe der Monarchie ein opportunistisches Manöver, mit dem günstigere Friedensbedingungen erkauft werden sollten. Doch die Gegner ließen sich nicht beeindrucken und glaubten nicht an die Aufrichtigkeit dieses Sinneswandels. Erzberger meinte, das deutsche Verhalten würde letztlich nur Abscheu erregen und das Ausland zu dem Schluss kommen, dass die Deutschen «als Sieger brutal, als Besiegte verächtlich» seien.[79]

Die zentrale Verantwortung für die Zukunft der Monarchie hatte aber Wilhelm II. selbst. Unter den Ideen, was mit ihm geschehen solle, war auch der Vorschlag, er solle bei einem arrangierten Spezialangriff an der Front den Tod suchen.[80] Doch der Mann, der an der wohl versorgten Abendtafel von einem «Kampf bis zum Untergang» schwadronierte, mochte diesem Gedanken nicht nähertreten. Der Kaiser konnte seine Krone nicht retten. Weder dankte er mit großer Geste ab noch suchte er den Tod an der Front; stattdessen dachte er daran, an der Spitze der Armee die Revolution im Inneren niederzuschlagen. Als klar wurde, dass die Truppen das Bürgerkriegsszenario nicht unterstützen würden, verkündete schließlich Max v. Baden aus eigener Initiative die Abdankung des Kaisers. Auf Anraten seiner Umgebung, auch Hindenburgs, floh Wilhelm II. am 9. November 1918 nach Holland und richtete durch seinen beschämenden Abgang nicht nur sich selbst, sondern auch die Monarchie in Deutschland.[81] Alle deutschen Monarchien brachen widerstandslos in-

Abb. 39 Wilhelm II. und sein Gefolge warten am Grenzbahnhof in Eisden auf die Erlaubnis, in die Niederlande einreisen zu dürfen. Das Asyl wurde großzügigerweise gewährt, obwohl die Niederlande unter schweren alliierten Druck gerieten.

nerhalb von Tagen zusammen.[82] Praktisch gleichzeitig machte sich die deutsche Waffenstillstandskommission, geleitet von Matthias Erzberger, auf den Weg nach Compiègne, wo sie in Maréchal Fochs Salonwagen über die alliierten Forderungen verhandelte. Der Waffenstillstand trat am 11. November 1918 in Kraft; nur in Ostafrika wurde noch einige Tage länger gekämpft, bis auch hier die Nachricht vom Kriegsende eintraf.

Das Deutsche Reich hatte den Krieg verloren, und es war nicht gelungen, die alliierten Forderungen wesentlich abzumildern. Das deutsche Heer musste einen Großteil seiner Waffen abliefern und bemühte sich, wie Akten der Heeresgruppe Kronprinz Rupprecht zeigen, die Bedingungen des Waffenstillstands buchstabengetreu zu erfüllen.[83] Die Schlachtflotte wurde in Scapa Flow interniert. In zwei Wochen mussten alle besetzten Gebiete im Westen geräumt werden; dies gelang, weitere Zerstörungen wurden untersagt,[84] und das Heer marschierte in guter Ordnung nach Hause zurück.

Unter dem Schock der unerwarteten Niederlage schien es im Herbst

Abb. 40 Deutsche Truppen marschieren nach Kriegsende über die Kölner Rheinbrücke zurück nach Hause.

1918, als habe die Strategie Hintzes in eine Sackgasse geführt. Niemand war mit der Entwicklung einverstanden: Das Militär glaubte, man hätte aus Gründen der Ehre weiterkämpfen sollen, weil die Waffenstillstandsbedingungen einer Kapitulation gleichkamen. Die deutschen Demokraten wiederum sahen sich schmerzlich getäuscht in ihrer Hoffnung auf einen Frieden der Versöhnung. Sie lebten einige Monate in der Illusion, ein Wilson-Frieden werde schon nicht so schlimm werden. Sie sollten erst im Mai 1919 in Versailles erkennen, dass die Siegermächte ihnen nicht entgegenkamen und sich letztlich nicht wirklich dafür interessierten, ob in Deutschland Demokraten oder Autokraten regierten; jetzt war die Stunde der Abrechnung gekommen, und dem Deutschen Reich wurde nichts geschenkt. Warum auch: Die Niederlage war die des gesamten deutschen Volkes, nicht nur die des Kaisers und der OHL. Die von Hintze gewählte Regie des Kriegsendes wurde daher allseitig als Fehlschlag angesehen. Dies wurde deutlich bei der Rede des Außenministers, Graf Brockdorff-Rantzau, bei der Friedenskonferenz in Versailles am 7. Mai 1919, in der sich die Erbitterung der deutschen Wilsonianer über den Fehlschlag des Appells an die internationale Solidarität der Demokraten und die Enttäuschung über Wilson zusammenballte. Dass die deutsche Haltung vielleicht unklug, aber nicht unberechtigt war, zeigen die Kommentare alliierter Staatsmänner wie Colonel House oder Harold Nicolson. Vor allem John Maynard Keynes' Schilderung der Versailler Verhandlungen ist eine bittere Satire; der britische Ökonom kritisierte die tiefe Unaufrichtigkeit der Verhandlungen, vor allem die Hartnäckigkeit, mit der Wilson behauptete, die vierzehn Punkte würden weiterhin gelten, obwohl fortgesetzt gegen sie verstoßen wurde. Keynes verglich Wilson mit einem steifen Geistlichen, dem es unbehaglich wurde, wenn er mit Kritik umgehen musste; er sei einfach nicht intelligent genug gewesen, um gegen seine geistig sehr viel beweglicheren Gegenspieler Lloyd George oder Clemenceau anzukommen.[85] Man könnte sagen, das historische Urteil über Wilson und den Versailler Vertrag wurde massiv durch Keynes' höhnische und bittere Verurteilung geprägt, die wiederum von den vehementen – und einleuchtenden – deutschen Protesten beeinflusst worden war.

Die deutsche Seite konnte sich nämlich mit einiger Berechtigung betrogen fühlen. In praktischer Hinsicht war der Waffenstillstand vom November 1918 eine Kapitulation mit Bedingungen gewesen, ein «conditional surrender». Deutschland entwaffnete sich und wurde wehrlos, im Vertrauen auf die Zusagen des Siegers. Die vierte Wilson-Note bestätigte, dass der Frieden sich nach Wilsons vierzehn Punkten und den anderen Programmreden richten sollte und dass deutscherseits Wiedergutmachung für Schäden in den Okkupationsgebieten zu leisten sei. Diese Bedingungen waren, wie es in den Aufzeichnungen von Colonel House hieß, «im moralischen oder rechtlichen Sinne» verpflichtend («in either the moral or legal sense»).[86] Sie wurden aber alliierterseits nicht eingehalten oder uminterpretiert, und gleichzeitig wurde so getan, als sei dies nicht der Fall. Die deutsche Delegation klagte diese Diskrepanz an und präsentierte am 29. Mai 1919 in Versailles ein über hundertseitiges Gutachten, in dessen Einleitung die Unterschiede zwischen dem Friedensvertragsentwurf und den vierzehn Punkten herausgearbeitet wurden.[87]

Die deutsche Haltung der rasenden Empörung war vielleicht verständlich; ob sie klug war, ist eine andere Frage. Colonel House meinte, es wäre für die Deutschen gescheiter gewesen, eine geschäftsmäßige Haltung einzunehmen und zu akzeptieren, dass sie nun einmal einen Weltkrieg verloren hatten und dies nicht ohne Folgen bleiben konnte. Er hätte an ihrer Stelle gesagt: «Mr. President, and gentlemen of the Congress: War is a great gamble; we have lost and are willing to submit to any reasonable terms.»[88] Eine solch kühle Herangehensweise hätte aber, angesichts der emotionalen Seite der Dinge und der alliierten Forderungen an die Besiegten, eine übermenschliche Selbstbeherrschung vorausgesetzt. Die gesamte Forschung zum Versailler Vertrag hebt allerdings zu Recht hervor, dass der Vertrag nicht das letzte Wort der Sieger war und die Verbitterung und Feindseligkeit der Deutschen sowie ihre fehlende Bereitschaft, den Vertrag zu erfüllen, ihrer Sache mehr schadete als nützte. Matthias Erzberger vertrat die Ansicht, Deutschland müsse unterzeichnen, um das Reich zu retten; in der Zukunft würden sich Revisionschancen ergeben, und es werde schon nicht so schlimm kommen. Er wurde daraufhin aber selbst von dem erzliberalen Theodor Wolff als «immer gut gelaunter Postillion auf unserer Unglücksfahrt» verhöhnt.[89] Und doch sollte Erzberger recht behalten. Ebenso wie das gesamte Jahr 1918 in Deutschland über Sinn und Unsinn des Vertrags von Brest-Litowsk gestritten und über notwendige Nachbesserungen und Korrekturen diskutiert worden war, sollte es auch mit dem Vertrag von Versailles gehen.

Die Vertreter der Siegernationen waren ziemlich einhellig der Ansicht, der Versailler Vertrag sei kein Frieden der Gerechtigkeit, sondern zu hart und voll mit schiefen Kompromissen, die schwerlich Bestand haben konnten und nachgebessert werden müssten. Langfristig boten sich gute Möglichkeiten für die deutsche Politik, das schlechte Gewissen der Sieger für eine Revision auszunutzen. Im Rückblick scheint es daher, dass Hintzes Weg aus dem Krieg wahrscheinlich die politisch vorteilhafteste der im Herbst 1918 noch vorhandenen Möglichkeiten war, den verlorenen Weltkrieg zu liquidieren. Die deutsche Taktik, den Kampf unter Vertrauen auf die vierzehn Punkte und die Selbstbindung der Sieger aufzugeben, hatte zwar kurzfristig nicht den gewünschten Erfolg, eröffnete aber langfristig Chancen. Deutschland konnte Revisionen einklagen und erhielt sie auch. Es ist jedoch eine historische Tragödie, dass viele der Nachbesserungen zu spät kamen und nicht der jungen deutschen Republik zufielen, sondern ihrem Totengräber Adolf Hitler.

Eine schreckliche Rechnung ist aufgelaufen und muss bezahlt werden

Krieg führt man nur
um der Ergebnisse willen.

Maréchal Foch, 1. November 1918

Georges Clemenceau hatte am 18. September 1918 das letzte österreichisch-ungarische Friedensangebot in einer emotionalen Rede abgelehnt und sich über Jahrzehnte der deutschen Drohungen und Erniedrigungen beklagt, die Frankreich habe ertragen müssen. Er sagte: «Die schrecklichste Rechnung, die jemals zwischen Völkern aufgelaufen ist, muss nun bezahlt werden. Sie wird bezahlt werden!»[1] Die Bilanz des Krieges war in der Tat schrecklich. Etwa zehn Millionen Soldaten und über sechs, vielleicht sogar über acht Millionen Zivilisten waren tot, Millionen an Leib oder Seele verkrüppelt, die europäische Ordnung zusammengebrochen, ungeheure Sachwerte zerstört. Die Gesellschaften trauerten. In Deutschland gab es 525 000 Kriegerwitwen. In Frankreich wurde der engste Familienkreis der 1 327 000 gefallenen Soldaten mit 2,5 Millionen Personen berechnet, der weitere Familienkreis jedoch mit eher 39 Millionen (bei knapp 40 Millionen Einwohnern). Praktisch jeder einzelne Franzose oder Deutsche trauerte über den Verlust eines Familienmitglieds oder eines engen Freundes.[2] Und wie in Frankreich und Deutschland sah es in ganz Europa aus. Die proportional schwersten Verluste hatte Serbien zu beklagen; die zahlenmäßig höchsten, zumindest was die Soldaten anging, aber das Deutsche Reich, wobei die militärischen Verluste (nur Gefallene) mit 2 037 000 berechnet und die zivilen Opfer auf bis zu 760 000 geschätzt werden.[3]

Das Lebensglück der an Leib und Seele Verkrüppelten und der Hinterbliebenen konnte nicht kompensiert und auch die immensen Sachschäden des Krieges und die Pensionen der Veteranen und Hinterbliebenen nicht von einer einzelnen Nation beglichen werden. Auch wollte niemand bezahlen, weil sich niemand allein verantwortlich fühlte, die Sieger ohnehin nicht, aber auch nicht die Verlierer.[4]

Die schreckliche Rechnung dieses Weltkriegs war die Konsequenz zweier katastrophaler politischer Entscheidungen. Die erste war, den Krieg nicht zu vermeiden; die zweite, ihn ohne Rücksicht auf die Schäden viereinhalb Jahre weiterlaufen zu lassen. Dass die erste Entscheidung ein ungeheurer Fehler, ja ein Verbrechen war, bestritt von Anfang an niemand, wenn auch die Frage nach der Kriegsschuld und der Verantwortlichkeit für Jahrzehnte die Politik dominierte, später die Fischer-Kontroverse prägte und sich erst um die Jahrtausendwende allmählich von einer tagespolitischen in eine historische Frage verwandelte.

Die zweite Entscheidung, den Krieg so lange weiterlaufen zu lassen, ist ebenso wichtig, wird aber zu Unrecht sehr viel weniger diskutiert. Lord Lansdowne brachte das Problem im Herbst 1917 öffentlich auf, und bis heute sind die Ansichten darüber extrem geteilt. Es wird von der gewaltigen Mehrheit der Historiographie eher indirekt dadurch beantwortet, dass es für die Alliierten notwendig gewesen sei, den Ersten Weltkrieg «auszukämpfen», um Europa und der Welt die Tyrannei des deutschen Siegers zu ersparen.

Die damaligen Gegner sahen in der preußisch-deutschen Militärmonarchie eine ernste Gefahr für die Freiheit Europas und die Herrschaft des Rechts. Die aktuelle Historiographie folgt ihnen darin.[5] Auch in diesem Buch wurden die Schwächen des Kaiserreichs, die im Kriege überdeutlich wurden, klar benannt: ein unpraktisches Regierungssystem mit einem Monarchen in einer Schlüsselstellung, der er nicht entfernt gewachsen war; ein ungerechtfertigtes, hybrides Vertrauen der gesamten Gesellschaft in ihre eigene militärische Stärke, das die deutschen Handlungen am Anfang des Krieges beseelte und sich, von Anfällen von Panik unterbrochen, immer wieder bemerkbar machte; eine militärische Führung, die durch dieses Vertrauen getragen wurde und sich in großer Arroganz immer wieder über die Politik hinwegzusetzen suchte; ein starker Friedenswunsch, der wiederum durch militärische Erfolge und nationales Vorteilsdenken korrumpierbar war und immer wieder Herrschaftsplänen Raum bot; ein

Tabelle 4: Die Kosten des Krieges

	Großbritannien	Frankreich	Deutsches Reich	Österreich-Ungarn	Russland
Bevölkerung 1910/11	40 460 000	39 192 000	64 296 000	51 356 000	160 700 000
Männliche Bevölkerung 1910/11	19 638 000	19 254 000	32 040 000	25 374 000	78 790 000
Mobilisierte	6 211 427	8 660 000	13 250 000	8 000 000	13 700 000
Mobilisierte in Prozent der männlichen Bevölkerung	31,6	45,0	41,4	31,5	17,4
Finanzielle Opfer (in US-Dollar)					
Direkte Kosten	44 029 011 868	25 812 782 800	40 150 000 000	20 622 960 600	24 383 960 000
Kosten pro Kopf	1.088	659	624	402	152
Finanz. Wert der verlorenen Leben	3 083 066 280	4 060 000 000	6 911 762 000	2 992 000 000	3 353 500 000
Verluste an Eigentum	1 750 000 000	10 000 000 000	1 750 000 000	?	1 250 000 000

Aus: Chickering, Imperial Germany and the Great War, S. 195; Stevenson, Cataclysm, S. 442.

durch die Isolation des Krieges geförderter Tunnelblick mit der Unfähigkeit, die Sicht der anderen zu verstehen und die eigene Lage richtig zu erkennen, und schließlich ein schockartiges Erwachen im Moment der Niederlage selbst.

Nicht besser waren die deutschen Verbündeten: Österreich-Ungarn, ein reformunfähiges multinationales Kaiserreich, das, wie jüngst in einem Buch von John Zametica behauptet wurde, von «folly and malice», von «Wahnwitz und Böswilligkeit», angetrieben wurde;[6] Bulgarien, ein nationalistischer Balkanstaat, der die Gelegenheit des Weltkriegs für einen Revanchekrieg nutzte und das Osmanische Reich, ein Vielvölkerstaat, der tapfer kämpfte, sich aber während des Krieges eines Völkermords schuldig machte.

Man könnte daher urteilen, dass der Sieg der Mittelmächte ein Verhängnis gewesen wäre und verhindert werden musste. Allerdings waren auch die Kriegsziele der Alliierten von einem scharfen imperialistischen Geist geprägt. Graf Hertling hatte ihnen am 25. Februar 1918 eine «durch und durch aggressive, auf Aneignung fremder Gebiete gerichtete Politik» vorgeworfen,[7] und seine Argumente waren nicht aus der Luft gegriffen, sondern stützten sich auf die sowjetischen Veröffentlichungen der geheimen Kriegszielvereinbarungen der Entente. Die Forschungen von Georges-Henri Soutou haben gezeigt, dass die alliierten Kriegsziele einen eindeutig aggressiven Charakter trugen.[8] Die französischen und italienischen Pläne waren offen expansionistisch und imperialistisch; beide Regierungen verfolgten Kriegsziele, die nationalistisch und in mehrfacher Hinsicht provinziell waren und keinen Blick für das europäische Ganze hatten. Diesen behauptete die britische Regierung zu besitzen. Sie gab an, für das Recht kleiner Nationen und das europäische Gleichgewicht zu kämpfen. In der Praxis lief das darauf hinaus, das Deutsche Reich besiegen und dann weitersehen zu wollen. Britische Nebenziele waren, im Nahen und Mittleren Osten auf osmanische Kosten große Gewinne zu machen und die deutschen Kolonien zu vereinnahmen.

Doch geht es nicht um die Frage, welche Seite die aggressiveren Ziele hatte, sondern darum, ob es wirklich notwendig war, den Krieg auszukämpfen und den Sieg zu erringen. Ab einem bestimmten Zeitpunkt konnte der Sieg das Unheil nicht mehr abwenden; im Gegenteil, ein Sieg, gleich welcher Seite, musste die Lage verschlimmern. Dies zeigte sich nach 1918. Die alte Ordnung war zerstört und die neue funktionierte

Tabelle 5: Die Toten und Verwundeten des Ersten Weltkriegs

	Gefallene Soldaten	Verwundete	Verstorbene Zivilisten
Russland:	1 997 500	ca. 4 950 000	1,5–2 Millionen
Frankreich:	1 327 000		40 000–600 000
Franz. Kolonien:	71 000		
Frankreich und Kolonien:	1 398 000	3,4–4,26 Mio.	
Großbritannien:	761 000	1 663 435	30 633–600 000
Australien:	60 000		
Kanada	61 000		
Indien:	54 000		
Neufundland:	---		
Neuseeland:	16 000		
Südafrika:	7000		
Dominions insgesamt:	198 000		
Britisches Empire insgesamt:	959 000	ca. 2 090 000	
Italien:	600 000	947 000–953 886	589 000–700 000
Vereinigte Staaten:	87 900	205 690–234 000	757
Japan:	300	415–907	
Rumänien:	250 700	120 000	275 000–430 000
Serbien:	278 000	133 000	300 000–650 000
Belgien:	38 000	44 686–45 000	30 000–68 000
Griechenland:	26 000	21 000	132 000–150 000
Portugal:	7200	13 751–14 000	82 000
Montenegro:	3000	10 000	
Alliierte insgesamt:	5 647 600	11 964 907–12 809 280	
Deutsches Reich:	2 037 000	4 216 000–4 247 243	426 000–760 000
Österreich-Ungarn:	1 513 500	3 620 000	300 000–460 000
Osmanisches Reich:	772 000	400 000	2–4,2 Millionen
Bulgarien:	87 500	152 000–153 390	100 000–300 000
Mittelmächte insgesamt:	4 410 000	8 388 000–8 419 533	
Gesamt:	10 057 600	20 352 907–21 228 813	

Aus: Antoine Proist, War Losses, in: 1914–1918–online.[9]

nicht. Der Sieg konnte die Folgen des Krieges weder bewältigen noch kontrollierbar machen. Als das große Ringen im Herbst 1918 mit dem Zusammenbruch der Mittelmächte endete, war der angerichtete Schaden bereits zu groß.

Der Beweis für diese Behauptung ist der weitere Verlauf des 20. Jahrhunderts. Die großen Katastrophen, wie Faschismus, Stalinismus, Nationalsozialismus, der Zweite Weltkrieg und der Holocaust, mögen nur mögliche, aber keine automatischen und zwangsläufigen Folgen des Ersten Weltkriegs gewesen sein. Ein Zufall waren sie aber auch nicht. Ein insgesamt negativer Verlauf des 20. Jahrhunderts war als Resultat dieses Krieges vorgezeichnet und wohl unvermeidlich.

Die Probleme, die dieser Weltkrieg erzeugte, wären in diesem letztlich nicht zu bewältigenden Umfang nicht entstanden, wenn eine der beiden Koalitionen rasch gewonnen hätte. Doch stattdessen rannten sich beide Seiten in einem Patt fest, und um zu gewinnen, wurde der Krieg immer mehr ausgeweitet und radikalisiert, durch neue Bundesgenossen und durch innere Mobilisierung aller Ressourcen. Der Kraftgewinn aber hatte einen ungeheuren Preis. Die Ausweitung machte den Krieg noch unkontrollierbarer und führte letztlich dazu, dass ein Kompromissfrieden immer unwahrscheinlicher wurde, infolge der Vielzahl der Interessen und auch durch die spezifischen Ziele der nachträglich in den Krieg eintretenden Staaten.

Der Erste Weltkrieg wurde auch deswegen so erbittert und ausdauernd geführt, weil er sehr lange «auf Messers Schneide» stand und auch anders hätte ausgehen können. Diese Feststellung widerspricht der weit verbreiteten Annahme, dass das Deutsche Reich nach dem Scheitern des Schlieffen-Plans im September 1914 nur noch den Zeitpunkt seiner Niederlage hinauszögern, diese selbst aber nicht mehr habe verhindern können. Da der Schlieffen-Plan nach praktisch einhelliger Ansicht der modernen Historiographie keine Erfolgsaussichten hatte, wäre demnach das Deutsche Reich, wären die Mittelmächte, von Anfang an zum Untergang verurteilt gewesen.

David Lloyd George und Winston Churchill waren, wie sie in ihren Memoiren schrieben, anderer Meinung gewesen.[10] Sie glaubten, dass der Krieg sehr wohl anders hätte ausgehen können. Und tatsächlich agierten die Mittelmächte lange erfolgreich gegen einen zahlenmäßig deutlich überlegenen Gegner. Dies kann als Beweis für ihre militärische Effizienz gewertet werden. Einen Maßstab, um diese messen zu können, wenn auch einen extrem zynischen, hat Niall Ferguson angeboten, der überschlägig berechnet hat, wieviel Geld die gegnerischen Parteien ausgeben mussten, um einen feindlichen Soldaten zu töten. Das Ergebnis seiner Berechnung lautet, dass die Zentralmächte 11 345 US-Dollar benötigten, um einen gegnerischen Soldaten zu töten, die Entente hingegen 36 485 US-Dollar;[11] mehr als das Dreifache. Diese Zahl könnte diskutiert und unterschiedlich gedeutet werden; es könnte beispielsweise eingewendet werden, dass die Mittelmächte meist in der strategischen Defensive waren und daher geringere Verluste erlitten. Dass sich im gesamten militärischen Kriegsverlauf eine größere militärische Effektivität der Mittelmächte und ganz besonders des Deutschen Reiches zeigte, scheint aber eindeutig. Das Deutsche Reich und seine Verbündeten konnten die zahlenmäßige Überlegenheit der Gegner durch den Vorteil der inneren Linie, durch die strategische Defensive, durch geschickte Teilangriffe und vor allem durch die Kampfkraft ihrer Truppen, die erst im Sommer 1918 nachließ, kompensieren. Es gelang ihnen sogar, Russland, die größte feindliche Macht, zu besiegen. Erst die Folgen des amerikanischen Kriegseintritts, dem die Kriegserklärungen weiterer Nationen folgten, überstiegen die Leistungsfähigkeit der Mittelmächte.

Allerdings heißt das nicht, das Deutsche Reich hätte den Krieg militärisch gewinnen können. Das wäre nur dann möglich gewesen, wenn es auf die Invasion Belgiens verzichtet und damit den britischen Kriegseintritt verhindert oder zumindest verzögert hätte, oder wenn die Gegner katastrophale Fehler begangen hätten. Auch ein Sieg in der Marneschlacht hätte den Schützengrabenkrieg nicht verhindern können. Allerdings wäre die eiserne Linie dann 50, vielleicht 60 Kilometer weiter südwestlich durch Frankreich verlaufen, was den Krieg für die Entente noch unerträglicher gemacht hätte. Was das Militärische anging, war dies, aus deutscher Perspektive, kein «Krieg der versäumten Gelegenheiten», wohl aber einer der katastrophalen strategischen Fehlentscheidungen, von denen hier nur die Invasion Belgiens und der U-Boot-Krieg noch einmal hervorgehoben werden sollen. Was den Schlachtverlauf anging, war zwar kein Wunder, aber das Maximum dessen erreicht worden, was seit dem 4. August 1914 noch möglich war. Es war für Deutschland unmöglich, den Krieg zu gewinnen; es bedurfte aber ganz gravierender Fehler, ihn zu verlieren.

Ein Unentschieden war während des längeren, des europäischen Teils des Krieges das vorgezeichnete und praktisch unausweichliche Ergebnis der strategischen Lage: Die Zentralmächte hatten durch die Eroberung eines großen militärischen Vorfelds in Belgien und Nordfrankreich, in Serbien und Russisch-Polen, dann auch in Rumänien, sehr beträchtliche militärische Vorteile errungen, die die Entente trotz ungeheurer Anstrengungen, wie dem Allfrontenangriff im Sommer 1916, nicht kompensieren konnte. Dafür waren die Zentralmächte ernährungsmäßig und industriell unterlegen. Sie konnten der Blockade nichts entgegensetzen, und der deutsche Kolonialbesitz war, bis auf Ostafrika, vom Gegner überrannt worden. Auch in Ostafrika hatte eher die Schutztruppe als die Kolonie selbst standgehalten.

Vieles spricht dafür, dass sich, wäre der Krieg in einem europäischen Rahmen geblieben, die wechselseitigen Vorteile am Ende neutralisiert und einen Kompromissfrieden erzwungen hätten. Dies war ein Kriegsende, das Intellektuelle wie Max Weber und Politiker wie Bethmann Hollweg oder Soldaten wie Falkenhayn für erreichbar hielten. «Wenn wir den Krieg nicht verlieren, haben wir ihn gewonnen», sagte Falkenhayn, und viele sprachen vom Hubertusburger Frieden, der den Siebenjährigen Krieg mit einem Remis beendete.[12] Für einen solchen Remisfrieden gab es deutlich mehr und entschiedenere Advokaten bei den Zentralmächten als bei der Entente, weil er auch auf alliierter Seite als deutscher Sieg interpretiert worden wäre. Allerdings tauchte spätestens mit Lord Lansdowne auf britischer Seite ein Kritiker auf, der die unbeschränkte Fortsetzung des Krieges, und damit auch das alliierte Streben nach einem Siegfrieden, für ein Verbrechen hielt.

Im Winter 1916/17 bot sich dem Deutschen Reich und seinen Verbündeten eine vollwertige Chance, den Krieg mit einem Remis zu beenden, und zwar in der von den Zeitgenossen verkannten Verschränkung zwischen amerikanischer Friedensvermittlung und prärevolutionärer Situation in Russland.[13] Die Erklärung des unbeschränkten U-Boot-Krieges zerstörte diese Möglichkeit und zwang die USA in den Krieg. Es hätte auch nach dem 6. April 1917 noch Möglichkeiten gegeben, das katastrophale Ende zu vermeiden oder zu mildern, aber nur solche, die man sich im Nachhinein zurechtlegen kann. Was die deutsche Gesellschaft akzeptieren und was die Westmächte und nun auch die USA erreichen wollten, war nicht kompatibel. Mit amerikanischer Unterstützung hatten die Regierungen in London,

Paris und Rom die Gewissheit, den Sieg erzwingen zu können, und waren bereit, so Lloyd George, den Krieg notfalls unbegrenzt lang fortzusetzen.[14] Das Ergebnis musste daher ausgekämpft werden.

Für das Deutsche Reich und seine Verbündeten bedeutete dies den Untergang. Aber auch für die Entente war es eine schlechte Entscheidung. Eines der Hauptprobleme war, dass sie ihre Ziele allein nicht realisieren konnte. Das wurde spätestens 1917 klar, als Russland zusammenbrach. Eine Kriegsentscheidung, die nur durch den Beitrag der USA erkämpft werden konnte, bedurfte aber, um dauerhafte Resultate zu gewährleisten, zwingend der amerikanischen Mithilfe nach Friedensschluss. Wenn Deutschland den Krieg im Wesentlichen intakt überstand, konnte es ohne die Amerikaner, durch deren Eingriff sich die Waage erst zugunsten der Alliierten geneigt hatte, nicht dauerhaft kontrolliert werden. Man hätte die Besiegten also dazu bringen müssen, in einer neuen Nachkriegsordnung freiwillig zu kooperieren.

Die Alternative wäre gewesen, die deutsche Großmacht nachhaltig zu zertrümmern. Dieser Gedanke wurde aber nirgends konsequent und ansatzweise nur von den Franzosen erwogen. Dieses Kriegsziel wäre im Herbst 1918 nicht durchsetzbar gewesen. Wenn es überhaupt erreichbar gewesen wäre, hätte es den Krieg um viele Monate, vielleicht Jahre verlängert und zusätzliche gewaltige Opfer gekostet. Es fragt sich auch, wie die Deutschen hinterher auf Dauer hätten niedergehalten werden können. Doch Deutschland wurde in Versailles nicht zertrümmert, sondern nur geschwächt. Die USA waren also erforderlich, um den Frieden zu garantieren, verweigerten aber ihre Mithilfe bei der Stabilisierung der Nachkriegsordnung und traten nicht einmal in Wilsons Völkerbund ein. Europa war auf sich selbst gestellt.

Die alternative Grundbedingung einer dauerhaften Nachkriegsordnung, die aufrichtige deutsche Kooperation, war infolge des Friedensschlusses und der Verletzung der bindenden Verabredungen bei Kriegsende – Waffenstillstand und deutsche Selbstentwaffnung gegen einen Wilson-Frieden – nicht zu erwarten. Die Alliierten konnten und wollten sich in Versailles nicht an die vierzehn Punkte halten. Durch den Versailler Frieden waren aber die deutschen «Wilsonianer» und mit ihnen alle Befürworter einer Verständigung innenpolitisch desavouiert.

All dies hätte niemanden überraschen dürfen. Die Unmöglichkeit, einen dauerhaften Frieden in Europa auf dem vollständigen Sieg einer

Seite aufzubauen, war bereits von Woodrow Wilson in seiner Rede «Peace without Victory» am 22. Januar 1917 formuliert worden: «Ein Sieg würde bedeuten, dass der Friede dem Verlierer aufgezwungen würde: dass die Bedingungen des Siegers dem Besiegten auferlegt würden. Er würde unter erniedrigenden Umständen akzeptiert werden, unter Zwang, als unerträgliches Opfer, und würde einen Stachel, ein Ressentiment, eine bittere Erinnerung hinterlassen. Auf solch einer Grundlage könnten die Friedensbedingungen nicht dauerhaft ruhen; sie wären auf Treibsand gebaut. Nur ein Frieden unter Gleichen hat Dauer; nur ein Frieden, dessen wahres Prinzip die Gleichheit ist und die gemeinsame Teilhabe am gemeinsamen Vorteil. Die richtige Geisteshaltung, das richtige Gefühl unter den Nationen, ist genauso wichtig für einen dauerhaften Frieden wie die gerechte Regelung leidiger Territorialfragen oder des schwierigen Problems der rassischen und nationalen Zugehörigkeit.»[15]

«Peace without victory», das wäre, so glaubte Woodrow Wilson im Januar 1917, das bestmögliche Resultat dieses Krieges gewesen. Es war auch das, was sich die europäischen Neutralen erhofften. Es ist eine historische Ironie, dass die durch amerikanische Parteilichkeit und große deutsche Fehler erzwungene Intervention der USA den «Peace without victory» unmöglich machte, der ansonsten mit großer Wahrscheinlichkeit am Ende des europäischen Krieges gestanden hätte. Denn hatten die Siegermächte des Ersten Weltkriegs eine wirkliche Chance zu Klugheit und Großzügigkeit?

Die Mittelmächte, als Sieger im Osten, zwangen Russland in Brest-Litowsk einen drakonischen Frieden auf, der teilweise aus Antikommunismus, teilweise aus Imperialismus, teilweise aus der eigenen Notlage zu erklären war; von diesen drei Motiven war das dritte das dominierende. Dieser Frieden war bereits ein vollkommenes Produkt dieses Krieges. Wilsons Warnung vor der Schädlichkeit eines Sieges galt natürlich auch für einen Sieg des kaiserlichen Deutschland. Die Äußerungen Westarps und Stresemanns im Reichstag, den Gegner zahlen lassen zu wollen, sprachen eine ebenso deutliche und unmissverständliche Sprache wie die Friedensschlüsse von Brest-Litowsk und Bukarest. Hätte der Krieg ein anderes Ergebnis gehabt, wären Deutschland und seine Verbündeten brutale Sieger gewesen, wenn auch zu einem guten Teil aus denselben Gründen, die 1919 in Versailles für die Entente galten, nämlich schiere Aussichts- und Ratlosigkeit.

Denn was hätten die Siegermächte von 1918 in Versailles anders machen können? Großzügigkeit konnte von ihnen nicht erwartet werden nach einem viereinhalbjährigen Krieg, der über zehn Millionen Soldaten das Leben gekostet und ungeheure Geldsummen verschlungen hatte. Große Teile der öffentlichen Meinung in den Siegerstaaten waren erbittert, viele wollten Rache, und sie wollten, dass der Verlierer für die Schäden aufkam. Auch klügere und weitsichtigere Zeitgenossen waren unter dem Eindruck ihrer eigenen Not und ihrer Opfer gar nicht in der Lage, Milde walten zu lassen, und es dauerte Jahre, bis die Emotionen der Vernunft Platz machten. Frankreich und Belgien mussten die vom Krieg verwüsteten Gebiete wieder aufbauen, was Milliardensummen erforderte; Millionen von Kriegsversehrten, Witwen und vaterlosen Kindern mussten versorgt werden; die U-Boote hatten der britischen Flotte enorme Schäden zugefügt, und außerdem waren alle europäischen Staaten bei Großbritannien, und Großbritannien bei den USA hoch verschuldet, und alle Seiten beharrten unbarmherzig auf der Rückzahlung.

All dies war durch einen Krieg angerichtet worden, der allzu lange auf Messers Schneide stand. Es muss offen bleiben, ob ein Kompromiss, bei dem beide Seiten für die enormen Schäden selbst hätten aufkommen müssen (was sie in Wahrheit ohnehin mussten), der die Akteure aber mehr oder weniger unverändert gelassen hätte, die Gewähr für eine dauerhaftere Nachkriegsordnung geboten hätte. Eines scheint aber sicher: Die ganz offenkundig sinnlosen Millionenopfer eines Krieges, der in einem Remis endete, wären eine bessere Barriere gegen einen neuen Krieg gewesen als die Idee, einen solchen Krieg «gewinnen» zu können.

Den hoffnungslos verfahrenen Krieg gewinnen zu wollen, war aber mehr alliierte als deutsche Politik. Die Zentralmächte machten drei offizielle Friedensangebote, und zwar im Dezember 1916, im Juli und im Dezember 1917. An diesen Friedensangeboten ist sehr viel Kritik geübt worden, von Zeitgenossen und auch in der historischen Rückschau. Sie wurden als unehrlich und als bloße Propaganda abgetan.[16] Zumindest die beiden ersten Angebote waren aber trotz vieler unverzeihlicher Halbherzigkeiten ernstgemeint, und das dritte, die Aufforderung, sich an den Verhandlungen mit Russland zu beteiligen, lädt immerhin zu interessanten kontrafaktischen Überlegungen ein. Es wirft die Frage auf, ob die Mittelmächte den Sieg im Osten gegen einen allgemeinen Frieden eingetauscht hätten. Wäre ein solcher zustande gekommen, hätte dies mindestens drei

Millionen Menschen das Leben gerettet. Ernstgemeint waren auch die zahllosen inoffiziellen Friedensfühler der Zentralmächte, die im Herbst 1914 begannen und sich durch den gesamten Krieg zogen.

Doch ein Remisfrieden kam für die Alliierten nicht in Frage; der Sieg aber hatte einen Preis. Zwar erwies sich die Ansicht, militärisch gewinnen zu können, am Ende als richtig. Das alliierte Siegfriedenskonzept brachte jedoch einen ungeheuren Kollateralschaden mit sich. Neben den schon erwähnten Argumenten muss noch ein weiterer Punkt genannt werden, der jede Nachkriegsordnung hoffnungslos belastete: die Folgen des russischen Zusammenbruchs. Das Land entglitt nach der Oktoberrevolution einer europäischen Nachkriegsordnung. Die bolschewistische Machtübernahme war einerseits das Ergebnis erfolgreicher deutscher Revolutionierungstaktik, zu einem sehr viel größeren Teil aber das Resultat der Politik der Westmächte, Russland auch jenseits seiner Leidensgrenze gewaltsam im Kriege zu halten. Sie weigerten sich, über einen Verhandlungsfrieden nachzudenken, der das Ziel hätte haben müssen, die russische Demokratie des Jahres 1917 zu retten. Dies versäumt zu haben, war ein katastrophaler Schlag für jede sinnvolle und funktionsfähige Nachkriegsordnung in Europa; nicht zu sprechen von der Zukunft und dem Unglück des russischen Volkes. Auch hier ist die Weitsicht des Nachgeborenen nicht erforderlich, um das zu erkennen. Oberst House hatte bereits im Sommer 1917 vergeblich eingewandt, es sei «wichtiger, dass Russland zu einer lebensfähigen Republik wird, als dass Deutschland auf die Knie gezwungen wird».[17]

Die verbissene und ungeheuer schädliche alliierte Siegfriedensstrategie, die letztlich diese «wahnsinnige Selbstzerfleischung» Europas zu verantworten hatte,[18] hätte ihre Berechtigung gehabt, wenn das kaiserliche Deutschland durch den Krieg einen kohärenten Eroberungsplan hätte durchsetzen wollen. Das geht in die Richtung, den Krieg im Sinne von Clausewitz als Fortsetzung der Politik mit anderen Mitteln zu deuten, oder, wie Maréchal Foch sagte, dass man den Krieg nun einmal wegen des Ergebnisses führt.[19]

Doch Clausewitz' Formel vom Krieg als der Fortsetzung der Politik mit anderen Mitteln unterstellt eine Steuerbarkeit und eine Rationalität, die in der Realität dieses Krieges nicht zu erkennen war. Der Erste Weltkrieg war, in der deutschen Innensicht, kein Eroberungsfeldzug, sondern eine chaotische Interaktion konkurrierender Entscheidungszentren, in der die Akteure von einer oft selbstverschuldeten Notlage zur nächsten hetzten. Dies beschreibt die Kriegswirklichkeit des kaiserlichen Deutschland weit besser als die Idee eines zwar gescheiterten, aber rationalen und planmäßigen «Griffs nach der Weltmacht». Die Vorstellung, das Deutsche Reich habe nach der kontinentalen Vorherrschaft gestrebt, ist eine krasse Vereinfachung der Wirklichkeit und im Kern falsch, obwohl es eine ganze Lawine deutscher Eroberungspläne gegeben hat. Doch sie waren nicht der Motor der deutschen Politik des Ersten Weltkrieges.

Wenn die deutschen Bestrebungen nach dem Überschwang der ersten Kriegsmonate auf einen Nenner reduziert werden können, dann wäre dieser ein möglichst baldiges Kriegsende; auf Basis des Status quo, sollte sich Besseres nicht erreichen lassen. In den chaotischen innerdeutschen Kämpfen, einen schnellen und guten Weg aus dem Krieg zu finden, fehlte den Befürwortern eines Verständigungsfriedens im Kampf gegen die Hardliner, allen voran die OHL, aber die zentrale Waffe: das alliierte Entgegenkommen. Dieses blieb aus, und das stärkte all jene, die Deutschlands einzige Chance auf ein gutes oder erträgliches Kriegsende im militärischen Sieg sahen. Der Erste Weltkrieg war weniger der Eroberungszug einer Macht, Deutschlands, der von den anderen mit Gewalt gestoppt werden musste, als vielmehr, nach dem Wort von Scheidemann, das Werk einer «Internationalen von Kriegsverlängerern», die einander in die Hände arbeiteten.

Von seinem Anfang bis zu seinem Ende herrschte in Deutschland eine chaotische, weitgehend konzeptlose Herangehensweise an den Krieg. Verschiedene Gruppen versuchten das Sinnvakuum mit ihren Vorstellungen zu füllen, aber es glückte nicht. Der Krieg, das «gewalttätige und herrschsüchtige Mittel», wie Helfferich ihn genannt hatte,[20] trat immer wieder in Erscheinung, oft in Form der OHL, aber diese wurde gestützt durch das Gefühl, es gebe keinen politischen Weg aus dem Krieg, und durch den ungeheuer stabilen Glauben an die eigene militärische Überlegenheit, der die gesamte deutsche Gesellschaft mit wenigen Ausnahmen bis in den September 1918 hinein in Bann hielt. Das Vertrauen in die eigene militärische Stärke war der einzige Konsensus zwischen den verschiedenen Machtzentren, der den ganzen Krieg hielt. Bis fast zum Ende glaubte die deutsche Gesellschaft, den Weg aus dem Krieg mit militärischen Mitteln finden zu müssen, aber auch zu können.

Eng damit verbunden war die Frage nach der Kriegführung. In der deutschen Strategie schlugen sich die Urteile und Vorurteile der deutschen Gesellschaft nieder. So bildete die Vorstellung, das französische Heer sei dem deutschen moralisch und mental unterlegen, etwa den Hintergrund für Falkenhayns Idee der «Blutpumpe» von Verdun. Am wichtigsten, und letztlich kriegsentscheidend, wurde die Feindschaft gegen Großbritannien. Deutsche Anglophobie war schon vor 1914 ein Massenphänomen gewesen.[21] Im Kriege drückte sie sich so aus, wie sich Vorurteile immer in der Strategie niederschlagen, nämlich in der Gestalt angeblicher militärischer Notwendigkeiten und Zwangsläufigkeiten. In der klaustrophobischen, von der Welt abgeschnittenen deutschen Gesellschaft, die unter dem Einfluss lebensbedrohlicher Verknappungen paranoid und bösartig wurde, dominierte die Vorstellung, dass Großbritannien das Deutsche Reich zu «erwürgen» suche und deutsche Zivilisten verhungern lasse. Die deutsche Gesellschaft weigerte sich zu erkennen, dass der Mangel nicht nur durch die Blockade, sondern auch durch den Krieg an sich hervorgerufen wurde. Das Resultat war der unbeschränkte U-Boot-Krieg, der praktisch durch eine inoffizielle Volksbewegung erzwungen wurde. Der unabhängige Sozialdemokrat Hugo Haase stellte im Oktober 1918 im Reichstag ohne Widerspruch zu ernten fest, dass letztlich alle Parteien außer der USPD mitschuldig waren.[22] Die Entscheidung, die dem Deutschen Reich das Genick brach, war nicht nur das Werk gewissenloser Agitatoren wie Tirpitz sowie hilflos-unfähiger und getriebener Marineoffiziere wie Holtzendorff. Sie war vielmehr von einer breiten, von Ressentiments erfüllten Öffentlichkeit verlangt und mitgetragen worden.

Die Einsichtsvolleren hatten nicht an den Sieg geglaubt, sondern versucht, durch Durchhalten den Gegner zur Einsicht zu bringen. Falkenhayn wollte den Gegnern «einhämmern», «wie wenig sie imstande seien, den Preis für unsere Überwältigung zu zahlen».[23] Aber auch er lag falsch, weil die Gegner den Preis des Sieges nicht richtig einschätzten oder er sie nicht interessierte.

Der Erste Weltkrieg war sinnlos und selbstzerstörerisch für das Deutsche Reich, das ihn mit seinem Verbündeten aus letztlich zweitrangigen Gründen in unentschuldbarer Leichtfertigkeit riskierte und ihn verlor; er war aber auch sinnlos für die Entente, die ganz wesentlich an seiner langen Ausdehnung Schuld war. Die Dauer des Krieges machte letztlich einen guten Frieden unmöglich, da die von ihm angerichteten materiellen und moralischen Schäden zu groß waren. Es gab einen «point of no return» und der war nicht erst 1918, sondern bereits deutlich früher erreicht, und zwar allerspätestens im Herbst 1917, der einmal nicht ohne Grund als Epochengrenze angesehen wurde.

Der Kriegsausbruch ging eher auf das Konto der Zentralmächte und Russlands; die überlange Kriegsdauer eindeutig auf das der Westmächte und Italiens. Kriegsschuld und Kriegsverlängerung waren zwei Verbrechen, die sich in ihrer Tragweite kaum unterschieden; dies meinte jedenfalls Lord Lansdowne im Herbst 1917.[24] Doch sollte nach hundert Jahren nicht die (nationale und individuelle) Anklage und Schuldzuweisung, sondern die Erklärung das Ziel sein; denn hier geht es um anscheinend ewige Mechanismen des Krieges, die auch in vielen anderen Auseinandersetzungen bis in die Gegenwart hinein zu finden sind. Wenn dieses Buch eine über seinen historischen Gegenstand, nämlich den Ersten Weltkrieg und Deutschland, hinausreichende Aussage hat, dann ist es die tiefe Skepsis gegenüber dem Konzept des militärischen Sieges und der in ihm liegenden politischen Möglichkeiten.[25] Die Internationale der Kriegsverlängerer lebte von einer Chimäre, einem Konzept des Sieges, von dem die Lösung politischer Probleme erwartet wurde, von denen viele erst durch den Krieg entstanden waren und die sich durch ihn fortlaufend verschärften. Doch dies ist nicht nur ein Element des Ersten Weltkriegs, sondern des Krieges generell, und auch in mancher Auseinandersetzung unserer eigenen Zeit zu beobachten.

Der Ausgang des Ersten Weltkriegs war lange offen. Er war auch deshalb eine so erbitterte Auseinandersetzung mit so weitreichenden Folgen, weil er lange «auf Messers Schneide» stand; weil er deshalb viel zu lange dauerte; weil er auch anders hätte enden können und die Sieger und Besiegten das wussten; und weil die Sieger schließlich, geschwächt wie sie waren, in der moralischen, sozialen und finanziellen Misere, die der Krieg erzeugt hatte, gar nicht mehr anders als unerbittlich sein konnten.

ANHANG

Danksagung

Der erste Dank geht an meinen Verlag, an C.H.Beck, und dort ganz besonders an meinen Lektor, Dr. Sebastian Ullrich. Er hat das Projekt von der ersten Idee bis zur Fertigstellung exzellent betreut. Ich könnte mir keinen besseren Verlag und Lektor wünschen. Danken möchte ich auch Carola Samlowsky und Dr. Daniel Bussenius für die hervorragende Bearbeitung der Korrekturfahnen.

Ein ganz besonderer Dank geht an meine Eltern, Horst und Virginia Afflerbach, die den Anfang des Projekts mit Interesse, konstruktiver Kritik und Ansporn begleitet haben.

Die Hauptarbeit an diesem Buch habe ich während zweier Sabbaticals geleistet, die mir die University of Leeds großzügigerweise gewährt hat. Ich war im akademischen Jahr 2012/13 Senior Fellow am Historischen Kolleg in München und möchte dem Kolleg für diese mich sehr ehrende Auszeichnung, und allen Mitarbeiterinnen und Mitarbeitern herzlich für Ihre Freundlichkeit, Hilfsbereitschaft und ihre Professionalität danken. Ich bin dem Kuratorium des Historischen Kollegs sehr verpflichtet und nenne hier stellvertretend die Vorsitzenden, Prof. Dr. Lothar Gall und seinen Nachfolger, Prof. Dr. Andreas Wirsching. Ich danke auch dem Geschäftsführer des Historischen Kollegs, Dr. Gelberg, stellvertretend für alle Mitarbeiterinnen und Mitarbeiter seines Hauses, ganz besonders aber Frau Dr. Elisabeth Hüls und Herrn Conrad Gminder.

Im Jahre 2014/15 war ich member des Institute for Advanced Study in Princeton. Dieses wunderbare Institut bot mir ideale Arbeitsbedingungen und die Firestone Library kam allen meinen Buchwünschen nach. Ich danke für diese vorbildliche Betreuung allen Mitarbeiterinnen und Mitarbeitern des Instituts.

Ich danke für Gespräche und Hinweise meinen Freunden und Kollegen, von denen ich hier nur wenige nennen kann. In Princeton hatte ich die Gelegenheit zu mehreren Gesprächen über den Ersten Weltkrieg mit Fritz Stern. Ich danke Roger Chickering und Volker Ullrich, die das Manuskript gelesen und mir noch eine Reihe von wichtigen Hinweisen und Verbesserungsvorschlägen gegeben haben. Ich danke meinen Kollegen und Freunden Roy Bridge, John Gooch, Gerd Krumeich, Lothar Machtan, John Röhl, Hew Strachan, David Stevenson und Alexander Watson, für anregende Gespräche, viele Hinweise und Einsichten.

Leeds, im Januar 2018

Holger Afflerbach

Abkürzungen

Allgemeine Hinweise zu den Abkürzungen in den Anmerkungen:

1. Archivmaterialien sind nur in den Fußnoten vermerkt, nicht in der Bibliographie.
2. Bandangaben bei mehrbändigen Werken erfolgen in römischen Ziffern.
3. Abkürzungen sind in der Bibliographie aufgelöst. Beispiel: RA V, siehe unter RA (= Reichsarchiv): Der Weltkrieg 1914–1918, Band 5.
4. Die Abkürzungen für die Archive bedeuten:

ASSME Archivio Storico dello Stato Maggiore dell'Esercito, Rom
BA/MA, Freiburg: Bundesarchiv/Militärarchiv, Freiburg i. Br.
BA, Koblenz: Bundesarchiv Koblenz
BHStA, Geh HA Bayerisches Hauptstaatsarchiv, Geheimes Hausarchiv, München
BHStA, KA Bayerisches Hauptstaatsarchiv, Kriegsarchiv, München
Sonderarchiv Moskau: «Zentrum zur Aufbewahrung historisch-dokumentarischer Sammlungen»

Anmerkungen

Einleitung

1 Aufzeichnung Nicolais zum 26.10.1918, in: Nachlass Nicolai, Sonderarchiv Moskau, 1414–1–16, S. 409 f.
2 Geyer, Insurrectionary Warfare, S. 459–527.
3 Zur Dolchstoßlegende umfassend und gründlich: Barth, Dolchstoßlegenden.
4 Dazu David Stevenson, With Our Backs to the Wall. Der Titel ist ein Zitat aus der «Special Order of the Day» Haigs vom 11.4.1918, ebd., S. 73.
5 Siehe unten, S. 345 f.
6 Jay Winter, The Breaking Point: Surrender 1918, in: Afflerbach/Strachan, How Fighting Ends, S. 299–309.
7 Lloyd George, Mein Anteil am Weltkrieg III, S. 576–585.
8 Wehler, Gesellschaftsgeschichte III, S. 849–889.
9 Winter, Cambridge History of the First World War; Strachan, To Arms; Stevenson, Cataclysm; Tooze, Deluge; Leonhard, Büchse der Pandora. Siehe auch Garon, National destruction of cities (Manuskript).
10 Nipperdey, Deutsche Geschichte 1866–1918 II, S. 696.
11 Habermas, Theorie des kommunikativen Handelns.
12 Geertz, Thick Description.
13 Soutou, L'Or et le sang.
14 Mombauer, Origins of the First World War, passim.
15 Thomas Etzemüller, Rezension zu: Cornelißen, Christoph, Gerhard Ritter. Geschichtswissenschaft und Politik im 20. Jahrhundert. Düsseldorf 2001, in: H-Soz-Kult, 24.5.2002.
16 Cornelißen, Gerhard Ritter, S. 618.
17 Dazu: Christoph Nübel, Neue Forschungen zur Kultur- und Sozialgeschichte des Ersten Weltkriegs. Themen, Tendenzen, Perspektiven, in: H-Soz-u-Kult, 14.6.2011; ders., Neuvermessungen der Gewaltgeschichte. Über den «langen Ersten Weltkrieg» (1900–1930). in: Mittelweg 36 24 (2015), S. 225–248.

1
Der Weg in den Krieg

1 Afflerbach, Falkenhayn, S. 161.
2 Max v. Mutius, Lebenserinnerungen, Band 2, S. 214, unveröffentlichtes Manuskript, in: BA/MA, N 195/2.
3 Verhey, Spirit of 1914; Becker, 1914. Comment les Français sont entrés dans la guerre; Ziemann, Front und Heimat; Afflerbach, Topos.
4 Georg Ledebour, 12.6.1913, Stenographische Protokolle des Reichstags, 13. LP, 160. Sitzung, S. 5489.
5 Ritter, Schlieffenplan, S. 38.
6 Storz, Kriegsbild und Rüstung vor 1914, passim; Strachan, To Arms, bes. S. 1005–1014; Förster, Vor dem Sprung, passim.
7 Afflerbach, Improbable War. Siehe auch Mueller, Retreat from Doomsday.
8 Bloch, Zukunft des Krieges.
9 Joll, Ursprünge, S. 244. Kühlmann gab das Buch zusammen mit dem Schriftsteller Hans Plehn heraus.
10 J. J. Ruedorffer (i. e. Kurt Riezler), Grundzüge der Weltpolitik.
11 Riezler, Grundzüge der Weltpolitik, S. 224, 229. Zeitgenössische Diskussion des Buches: Müller, Gärten, S. 541 f.
12 Vor einigen Jahren hat der Historiker Stig Förster die These präsentiert, dass der deutsche Generalstab wusste, dass Deutschland den nächsten Krieg verlieren würde, aber trotzdem, nicht zuletzt um sein hohes Prestige in der wilhelminischen Gesellschaft zu erhalten, auf Krieg insistiert habe. Siehe Förster, Generalstab; zugespitzt ders., Mit Hurra und vollem Bewußtsein in die Katastrophe. Der Erste Weltkrieg und das Kriegsbild des deutschen Generalstabs, in: Frankfurter Rundschau, Nr. 183, 9.8.1994; Förster, Im Reich des Absurden.
13 Waldersee, Denkwürdigkeiten 2, S. 208 f., Tagebucheintrag vom 23.5.1891.
14 Dazu Kennedy, Aufstieg, S. 313.
15 Ritter, Staatskunst II, S. 117–131, 123.
16 Vogel, Nationen im Gleichschritt, S. 275 f.
17 Rohkrämer, Militarismus, S. 27.
18 Friedrich Nietzsche, Unzeitgemäße Betrachtungen, Erstes Stück, Kapitel 1.
19 Martin Luther, Eine feste Burg ist unser Gott. Dazu auch Michael Fischer: Religion, Nation, Krieg. Der Lutherchoral «Ein feste Burg ist unser Gott» zwischen Befreiungskriegen und Erstem Weltkrieg (= Populäre Kultur und Musik 11), Münster 2014. Canis, Weg, S. 654, spricht vom deutschen «Optimismus, dank der eigenen Stärke einen Krieg bestehen zu können».
20 Foerster, Moltke, S. 111.
21 Ebd., S. 359 f.

22 Ritter, Schlieffenplan, S. 27.

23 Ebd., S. 39.

24 Siehe dazu Schlieffens Äusserung von 1901, zitiert in: Gerhard Groß: Der Schlieffen-Plan. Siegesrezept oder Notlösung, in: Christian Ortner und Hans-Hubertus Mack (Hrsg.): Die Mittelmächte und der Erste Weltkrieg, Wien 2016, S. 13–23, S. 16.

25 Jäschke, Zum Problem der Marneschlacht, S. 315.

26 Ritter, Schlieffenplan, S. 28; ebd., S. 25, mit einer Schilderung des unterkühlten Verhältnisses zu Beck.

27 Kuhl, Generalstab, S. 129.

28 Ebd., S. 127.

29 Groß, There was a Schlieffen Plan, in: Ehlerth/Epkenhans/Gross (Hrsg.), Schlieffenplan, S. 117–160; Foerster, Moltke, S. 357; Ritter, Schlieffenplan, S. 145–195.

30 Terence Zuber, Der Mythos vom Schlieffenplan, in: Ehlerth/Epkenhans/Groß, Schlieffenplan, S. 45–78, S. 56; Gerhard Groß, There was a Schlieffen Plan, in: ebd., S. 117–160, S. 144–146.

31 Van Crefeld, Supplying War, S. 109–141.

32 Zentral dazu: Ritter, Schlieffenplan. Im Jahre 2002 überraschte der amerikanische Historiker Terence Zuber die Welt mit seiner Behauptung, dass es keinen Schlieffen-Plan gegeben habe: Terence Zuber, Inventing the Schlieffen Plan: German war planning, 1871–1914, Oxford 2002. Eine Kontroverse folgte, die im Wesentlichen in der renommierten Fachzeitschrift «War in History» ausgefochten wurde (T. Zuber, The Schlieffen Plan Reconsidered, in: War in History 1999/3, S. 262–305; T. Holmes, A Reluctant March on Paris, in: War in History 2001/2, S. 208–32; T. Zuber, Terence Holmes Reinvents the Schlieffen Plan, in: War in History 2001/4, S. 468–76; T. Holmes, The Real Thing, in: War in History 2002/1, S. 111–20; T. Zuber, Terence Holmes Reinvents the Schlieffen Plan – Again, in: War in History 2003/1, S. 92–101; R. Foley, The Origins of the Schlieffen Plan, in: War in History 2003/2, S. 222–32; T. Holmes, Asking Schlieffen: A Further Reply to Terence Zuber, in: War in History 2003/4, S. 464–79; T. Zuber, The Schlieffen Plan was an Orphan, in: War in History 2004/2, S. 220–25; R. Foley, The Real Schlieffen Plan, in: War in History 2006/1, S. 91–115; T. Zuber, The ‹Schlieffen Plan› and German War Guilt, in: War in History 2007/1, S. 96–108; A. Mombauer, Of War Plans and War Guilt: The Debate Surrounding the Schlieffen Plan, in: Journal of Strategic Studies XXVIII, 2005; T. Zuber, Everybody Knows There Was a «Schlieffen Plan»: A Reply to Annika Mombauer, in: War in History 2008/1, S. 92–101; G. Gross, There Was a Schlieffen Plan: New Sources on the History of German War Planning, in: War in History 2008/4, S. 389–431; T. Zuber, There Never was a «Schlieffen Plan» (in preparation); T. Holmes, All Present and Correct: The Verifiable Army of the Schlieffen Plan, in: War in History 2009/16 (1), S. 98–115.

Im Jahre 2006 erschien ein umfangreicher Band des MGFA, der versuchte, die Debatte zu beenden: Ehlert/Epkenhans/Gross, Schlieffenplan.

33 Ritter, Staatskunst II, S. 242; Matthias Schulz, Did norms matter in Nineteenth-Century International Relations? Progress and decline in the «Culture of Peace» before World War I, in: Afflerbach/Stevenson, Improbable War, S. 43–60; Hull, Scrap of paper, S. 16 ff.

34 Ritter, Schlieffenplan, S. 20.

35 Stefan Schmidt, Frankreichs Plan XVII. Zur Interdependenz von Außenpolitik und militärischer Planung in den letzten Jahren vor Ausbruch des Großen Krieges, in: Ehlert/Epkenhans/Groß, Schlieffenplan, S. 221–256, S. 240 f.; ders., Frankreichs Außenpolitik, S. 158, 162.

36 Soutou, French War Aims and Strategy, in: Afflerbach, Purpose, S. 29–44, S. 30; Pedroncini, Stratégie, passim.

37 Ritter, Schlieffenplan, S. 21.

38 Foley, Easy target or invincible enemy, S. 7 f.

39 Krumeich, Aufrüstung und Innenpolitik, passim.

40 Foley, Easy target or invincible enemy, S. 9.

41 Ebd., S. 21.

42 Kuhl, Generalstab, S. 123.

43 Ebd., S. 125.

44 Canis, Weg, S. 448.

45 Ebd., S. 517.

46 Afflerbach, Dreibund, S. 829.

47 Zum Wettrüsten vor 1914: Stevenson, Armaments; Herrmann, Arming of Europe.

48 Afflerbach, Falkenhayn, S. 155.

49 Ebd., S. 159.

50 Ebd., S. 164; Kaiser Wilhelm II. als Oberster Kriegsherr, S. 133.

51 Afflerbach, Falkenhayn, S. 100.

52 Lyncker an seine Frau, 11.9.1914, in: Kaiser Wilhelm II. als Oberster Kriegsherr, Nr. L 46.

53 Afflerbach, Falkenhayn, S. 100.

54 Riezler, Tagebucheintrag vom 8.7.1914, in: Riezler, Tagebücher, S. 184.

55 Hillgruber, Kurt Riezlers Theorie des «kalkulierten Risikos».

56 Riezler, Tagebucheintrag vom 14.7.1914, in: Riezler, Tagebücher, S. 185.

57 Gerd Krumeich, Einkreisung, in: Hirschfeld/Krumbach/Renz, Enzyklopädie Erster Weltkrieg, S. 452–453, ders., Einkreisung, in: Sprache und Literatur in Wissenschaft und Unterricht *63.* (1989), S. 99–104.

58 Es gab in der deutschen Regierung des Kaiserreichs keine «Minister», sondern nur Staatssekretäre, die einem Reichsamt vorstanden. Jagow stand dem Auswärtigen Amt vor und könnte daher, in Verkürzung, als «Außenminister» des Deutschen Reiches bezeichnet werden.

59 Taylor, Struggle, S. 528; Canis, Weg, S. 650; Hénin, Le Plan Schlieffen, S. 534. Ein bedrohliches Bild der deutschen strategischen Situation vor 1914 entwirft Canis, Weg, S. 611–655.

60 Clark, Schlafwandler, S. 17.

61 Die Literatur zur Julikrise ist endlos. Hier sei, neben Clark, Schlafwandler, nur auf die autoritative dreibändige Darstellung von Albertini, Origins, verwiesen, sowie auf die jüngsten Darstellungen: Otte, July Crisis; Macmillan, The War that ended Peace, und Krumeich, Juli 1914.

62 Dazu Creveld, On Future War, S. IX; Keegan: A History of Warfare, S. 1; Strachan: On Total War and Modern War, S. 345, 365.

63 Afflerbach, Topos, S. 172.

64 Fritz Fischer und John Röhl werten den Kriegsrat als Ausgangspunkt für die Planung eines deutschen Hegemonialkrieges. (Fischer, Krieg der Illusionen; Röhl, An der Schwelle zum Weltkrieg; ders., Vorsätzlicher Krieg? Die Ziele der deutschen Politik im Juli 1914. Mommsen, Großmachtstellung, S. 253, und Hildebrand, Das vergangene Reich, S. 288–290, werten die Konferenz vom 8.12.1912 zwar als bedenkliches Krisenzeichen, aber nicht als Ausgangspunkt einer zielgerichteten Entfesselung des Ersten Weltkriegs. Mommsen, Topos, S. 393, Fußnote 27, mit einer direkten Kritik an Röhls These.

65 Michael Freund, Bethmann Hollweg, der Hitler des Jahres 1914? Zu einer Spätfrucht des Jahres 1914 in der Geschichtsschreibung, in: Lynar, Deutsche Kriegsziele, S. 175–182.

66 Riezler Tagebucheintrag vom 7.7.1914, in: Riezler, Tagebücher, S. 181: «Überall lastet noch der Tod der Frau». (gestorben am 11.5.1914).

67 Dazu Erdmann, Zur Beurteilung Bethmann Hollwegs.

68 Zu der Quelle: Holger Afflerbach, Einleitung zur Neuherausgabe von: Riezler, Tagebücher. Das Problem dieser Quelle sind weniger die vor allem von Bernd Sösemann beklagten Ungenauigkeiten in Erdmanns Edition oder eventuelle Fälschungen, als vielmehr das schon von Wilhelm Deist festgestellte Verschwimmen von eigener Reflektion und Bericht über das Geschehene. In Riezlers Aufzeichnungen ist oft unklar, ob es sich um einen Bericht oder um eigene Gedanken, um das Urteil etwa Bethmann Hollwegs oder aber seine eigene Reflexion handelte. Meist geht beides, Bericht und Reflexion, fast untrennbar ineinander über. Siehe auch Wilhelm Deist, Kurt Riezler. Tagebücher, Aufsätze, Dokumente, in: Militärgeschichtliche Mitteilungen 14 (1973), S. 236–241.

69 Riezler, Tagebucheintrag vom 7.7.1914, in: Riezler, Tagebücher, S. 181–184.

70 Afflerbach, Topos, S. 175.

71 Ullrich, Das deutsche Kalkül.

72 Afflerbach, Falkenhayn, S.147–171; Riezler, Tagebucheintrag vom 27.7.1914, in: Riezler, Tagebücher, S. 192.

73 Scheidemann, Zusammenbruch, S. 10; Seils, Weltmachtstreben, S. 132.

74 Afflerbach, Falkenhayn, S. 170.
75 Rogasch, Anstand, S.98.
76 Ebd., S.99.
77 Ebd., S.100.
78 Plessen, Tagebuchaufzeichnung vom 5.7.1914, in: Kaiser Wilhelm II. als Oberster Kriegsherr, Nr. P 4.
79 Afflerbach, Falkenhayn, S. 150.
80 Marginalie des Kaisers unter der Abschrift der serbischen Antwortnote, zitiert bei Krumeich, Juli 1914, S. 131.
81 Krumeich, Juli 1914, S. 131–135, mit einer Neubewertung der Frage, ob Bethmann die Anregung des Kaisers, Belgrad als Faustpfand zu besetzen, zu unterdrücken oder abzumildern versuchte.
82 Afflerbach, Falkenhayn, S. 154.
83 Dazu Otte, July Crisis, S. 472–486; Kaiser Wilhelm II. als Oberster Kriegsherr, S. 12–14.
84 Ebd., S. 39.
85 Ebd., S. 38–46.
86 Ebd., S. 35–38.
87 Lyncker an seine Frau, 19.5.1917, in: ebd., Nr. L 605.
88 Nachlass Walther Nicolai, Aufzeichnung vom 23.11.1916, Sonderarchiv Moskau, 1414–1–13.
89 Kaiser Wilhelm II. als Oberster Kriegsherr, S. 21–25.
90 Obst, Herr im Reiche, S. 347–359; ders., Die politischen Reden, darin sind die Reden des Kaisers im Wortlaut vom 31.7., 1.8. und 4.8.1915 enthalten, siehe Nr. 208–210.
91 Beispielhaft dafür: Bethmann Hollweg, 2.12.1914, Stenographische Protokolle des Reichstags, 13. LP, 3. Sitzung, S. 17–20.
92 Müller, Mars und Venus, S. 17 f.
93 Zur Haltung der SPD: Kruse, Krieg und nationale Integration.
94 Seils, Weltmachtstreben, S. 134.
95 Heuss, Erinnerungen, S. 199; Verhey, Spirit of 1914; Geinitz, Kriegsfurcht und Kampfbereitschaft; Ziemann, Front und Heimat.
96 Dazu grundlegend Bruendel, Volksgemeinschaft oder Volksstaat?; auch Flasch, Geistige Mobilmachung; Schwabe, Wissenschaft und Kriegsmoral; Mommsen, Kultur und Krieg; ders., Geist von 1914; Ungern-Sternberg, Der Aufruf: «An die Kulturwelt!».
97 Strategie kann, nach den Definitionen von Andreas Hillgruber, Wilhelm Deist oder Michael Howard, als politischer Plan verstanden werden, was durch einen Krieg erreicht werden soll und wie Politik und Militär gemeinsam darauf hinarbeiten können, dieses Ziel zu erreichen. Es handelt sich um «die Integration von Innen- und Außenpolitik, von militärischer und psychologischer Kriegsplanung

und Kriegführung, von Wehrwirtschaft und -rüstung durch die Führungsspitze eines Staates zur Verwirklichung einer ideologisch-politischen Gesamtkonzeption». Andreas Hillgruber, Der Faktor Amerika in Hitlers Strategie 1938–1941, in: Wolfgang Michalka (Hrsg.) Nationalsozialistische Außenpolitik, Darmstadt 1978, S. 493–525, hier S. 493. Siehe auch Deist, Strategy and unlimited warfare, passim; Michael Howard: Grand Strategy. Bd. 4: August 1942–September 1943, London 1972, definiert auf S. 1 «grand strategy» wie folgt: «Grand strategy in the first half of the twentieth century consisted basically in the mobilisation and deployment of national resources of wealth, manpower and industrial capacity, together with the enlistment of those of allied and, when feasible, of neutral powers, for the purpose of achieving the goals of national policy in wartime.»

98 Hew Strachan, Military Operations and National Policies, 1914–1918, in: Afflerbach, Purpose of The First World War, S. 7–28.

99 Burchardt, Friedenswirtschaft und Kriegsvorsorge, passim.

100 Zu den deutschen Kriegszielen im September 1914 («Septemberprogramm») siehe unten, S. 60 f.

101 Dazu Afflerbach, Falkenhayn, S. 49–110, S. 50.

102 Ebd., S. 100.

103 Bericht Calderaris, 25.7.1914, in: Archivio dell'Ufficio Storico dello Stato Maggiore dell'Esercito (AUSSME), G 29, R 13. («Si, ma quello era giustificato.»).

104 Afflerbach, Falkenhayn, S. 175.

105 Riezler, Tagebucheintrag vom 22.11.1914, in: Riezler, Tagebücher, S. 228; Afflerbach, Falkenhayn, S. 170.

106 Afflerbach, Kronprinz Rupprecht von Bayern, S. 33–37.

107 Anders und extrem verharmlosend Ritter, Anteil; dazu Afflerbach, Falkenhayn, S. 148. Rohkrämer, Krieg der kleinen Leute, mit einer dichten Studie über die Rolle soldatischer Ideale in der wilhelminischen Gesellschaft, des Generationenverhältnisses und des Wunsches jüngerer Soldaten, sich zu bewähren und mit den Soldaten der Einigungskriege gleichzuziehen.

108 Afflerbach, Falkenhayn, S. 167.

109 Bismarck sagte am 15. April 1895 über den Dreibund: «Ein Bündnis von dem Gewicht, wie es der heutige Dreibund repräsentiert, kann immer von sich sagen mit dem alten schottischen Spruch: ‹Nemo me impune lacessit.›» Afflerbach, Dreibund, S. 785.

110 Ebd., S. 781.

111 Dazu ebd., S.834–846; ders., Italy's Decision not to go to war in 1914.

112 Fischer, Krieg der Illusionen.

113 Parsons, Origins of the Morocco Question, S. 53.

114 Afflerbach, Dreibund, S. 780–785.

115 Zum Wettrüsten vor 1914: Stevenson, Armaments; Herrmann, Arming of Europe; Krumeich, Aufrüstung und Innenpolitik; Storz, Kriegsbild und Rüstung.

116 Dazu Afflerbach, Entschied Italien den Ersten Weltkrieg?

117 RA I, S. 71.

118 RA I, S. 106.

119 Bethmann Hollweg, 2.12.1914, Stenographische Protokolle des Reichstags, 13. LP, 3. Sitzung, S. 18.

120 Ullrich, Das deutsche Kalkül.

121 Taylor, War by timetable.

122 Afflerbach, Falkenhayn, S. 167.

123 Fischer, Griff, S. 91.

124 Siehe Hull, A Scrap of Paper.

125 Bethmann Hollweg, 2.12.1914, Stenographische Protokolle des Reichstags, 13. LP, 3. Sitzung, S. 18.

126 Afflerbach, Falkenhayn, S. 171 (»… the coming in of England had made all the difference in the world, both to the probable duration of the war and possibly even to its outcome.«).

127 Afflerbach, Dreibund, S. 89.

128 Clark, Schlafwandler, S. 699; BD 11, Nr. 101, S. 80 ff. Vermerk Crowe's.

129 Ferguson, Pity of War, S. 460.

130 Helfferich, Weltkrieg I, S. 225.

131 Ebd., S. 214.

132 Horne/Kramer, German Atrocities 1914; deutsche Ausgabe: Horne/Kramer, Deutsche Kriegsgreuel 1914. Dazu Spraul, Franktireurkrieg; siehe auch Peter Hoeres, Rezension zu Horne/Kramer, Deutsche Kriegsgreuel 1914, in: sehepunkte 4 (2004), Nr. 7/8 [15.7.2004], sowie die ebenfalls in Teilen kritischen Rezensionen von Markus Pöhlmann, in: Militärgeschichtliche Zeitschrift 64 (2002), S. 564–565, Christian Hartmann, in: Frankfurter Allgemeine Zeitung, Nr. 135, 14.6.2004, S. 12, und Martin Moll, in: Militärgeschichtliche Zeitschrift 65 (2006), S. 256–259. Die Problematik der Heckenschützen und der Uniformierung der *Garde civique* wurde auch bei Münkler, Der Große Krieg, S. 117–123, behandelt. Dazu im Detail Keller, Schuldfragen.

133 Afflerbach, Militärische Planung, S. 285.

2
«Es kann kaum noch schief gehen.» Der Schlieffen-Plan und sein Scheitern

1 Ein eher negatives Fazit über die offizielle deutsche Pressearbeit vor 1914 zieht Wroblewski, Moralische Eroberungen als Instrumente der Diplomatie.

2 RA, Kriegsrüstung und Kriegswirtschaft I, S. 217; zu Problemen mit den Zahlenangaben siehe Afflerbach, Falkenhayn, S. 174, Anm. 124.

3 Deutschland im ersten Weltkrieg I, S. 297; RA, Feldeisenbahnwesen I, S. 30 ff.
4 Afflerbach, Falkenhayn, S. 172.
5 RA, Kriegsrüstung und Kriegswirtschaft I, S. 219.
6 Das waren mehr Soldaten, als es 1914 an Wehrpflichtigen gab. Bei Kriegsausbruch waren 10 494 700 Mann dienstpflichtig, siehe RA, Kriegsrüstung und Kriegswirtschaft I, S. 219.
7 Ebd., S. 217.
8 Ebd.
9 Ebd., Anlagen, S. 423.
10 Ebd., S. 211 f. Dort auch weitere Aufschlüsselungen (Ersatz-Brigaden, etc.); siehe auch Deutschland im ersten Weltkrieg I, S. 297.
11 Storz, Landstreitkräfte des Deutschen Reiches, S. 80.
12 Afflerbach, Falkenhayn, S. 179.
13 Jäschke, Marne, S. 314, spricht von der «hervorragenden Qualität des deutschen Heeres im Allgemeinen und der deutschen Infanterie im Besonderen».
14 Strachan, To Arms, S. 228; Storz, Landstreitkräfte, S. 81–83.
15 Strachan, To Arms, S. 228 f., mit einer detaillierten Bewertung des 7,5 cm Geschützes.
16 Jäschke, Marne, S. 337; Strachan, To Arms, S. 228 f.
17 Ebd., S. 232.
18 Ebd., S. 234. Zu dem Eindruck, den der Einsatz neuer technischer Mittel bei Vorkriegsmanövern machte, Afflerbach, Falkenhayn, S. 82 f.
19 RA II, S. 358, andere Angaben in: Deutschland im ersten Weltkrieg I, S. 298, was aber durch die andere Zählung von 17,5 Landwehrbrigaden erklärt werden könnte.
20 Deutschland im ersten Weltkrieg I, S. 299.
21 Afflerbach, Kronprinz Rupprecht, S. 32.
22 Bülow, Denkwürdigkeiten II, S. 182 ff.
23 Zu Moltke und seiner Karriere: Mombauer, Moltke, passim.
24 Jäschke, Marne, S. 317.
25 Afflerbach, Falkenhayn, S. 159, 179; Ritter, Staatskunst III, S. 55; Strachan, To Arms, S. 248 («moodiness»).
26 Afflerbach, Falkenhayn, S. 179.
27 Dieter Storz, «Dieser Stellungs- und Festungskrieg ist scheußlich!» Zu den Kämpfen in Lothringen und in den Vogesen im Sommer 1914, in: Ehlert/Epkenhans/Groß, Schlieffenplan. S. 161–204, S. 200.
28 Ebd., S. 200 (Urteil Kraffts); auch Afflerbach, Falkenhayn, S. 233 (Falkenhayns Urteil: «vortrefflicher Registrator»).
29 Kuhl an Kronprinz Rupprecht, 2.9.1920, in: BayHStA, GHA, NL Rupprecht, Nr. 724: «Bei der Bearbeitung des Marnefeldzuges bin ich erschüttert worden durch die Feststellung, wie mangelhaft die OHL war. Tappen war nicht im-

stande zu leiten … und so haben alle möglichen jungen Leute das grosse Wort geführt.»

30 Kronprinz Rupprecht, Tagebucheintrag vom 25.10.1914, in: BayHStA, GHA, NL Rupprecht, Nr. 701.

31 Annika Mombauer, Der Moltkeplan: Eine Modifikation des Schlieffenplans bei gleichen Zielen?, in: Ehlert/Epkenhans/Groß, Schlieffenplan, S. 79–100.

32 Zu den Vorkriegsplanungen Frankreichs, mit starker Akzentuierung aggressiver Zielsetzungen: Stefan Schmidt, Frankreichs Plan XVII. Zur Interdependenz von Außenpolitik und militärischer Planung in den letzten Jahren vor Ausbruch des Großen Krieges, in: Ehlert/Epkenhans/Groß, Schlieffenplan, S. 221–256; Der amerikanische Historiker Robert Doughty wirft Joffre vor, zwar aggressive Pläne gehabt, aber die Armee falsch auf den kommenden Krieg vorbereitet zu haben; auf seinem Schuldenkonto standen, unter anderem, der Glaube an die Überlegenheit der Offensive und einen kurzen Krieg, siehe Robert A. Doughty, France, in: Hamilton/Herwig, War Planning 1914, S. 143–174. Zu Joffres Durchsetzungsfähigkeit dort S. 152.

33 Siehe oben, S. 25.

34 Daughty, France, S. 160.

35 Schmidt, Frankreichs Außenpolitik, S. 157.

36 Zu dem abgeschlagenen Angriff der französischen 1. und 2. Armee bei Saarburg und Mörchingen (20.-22.8.1914) siehe RA I, S. 441–452; Skizze 4, S. 442 f., sowie Karte 4; zu den Stärkeangaben: Deutschland im ersten Weltkrieg I, S. 313; siehe auch RA I, S.688.

37 Storz, Stellungs- und Festungskrieg, S. 179.

38 Stevenson, Cataclysm, S. 44.

39 Ebd., S. 45.

40 Strachan, To Arms, S. 230; Storz, Stellungs- und Festungskrieg, S. 204.

41 Ebd., S. 164.

42 Zu Krafft siehe die gut recherchierte Biographie von Müller, Krafft von Dellmensingen.

43 Jäschke, Marne, S. 320.

44 Ebd., S. 323.

45 RA III, S. 276–301.

46 Storz, Stellungs- und Festungskrieg, S. 195.

47 Rupprecht, Tagebucheinträge vom 8. und 9.9.1914, in: In Treue fest I, S. 103–107.

48 Afflerbach, Falkenhayn, S. 181.

49 Ebd., S. 183.

50 Strachan, To Arms, S. 231.

51 Seeckt, Leben, S. 69; Jäschke, Marne, S. 327.

52 Lyncker an seine Frau, 19.8.1914, in: Kaiser Wilhelm II. als Oberster Kriegsherr, Nr. L 12.

53 Groener, Lebenserinnerungen, S. 160.
54 Kronprinz Rupprecht befehligte die 6. und 7. Armee.
55 Kronprinz Wilhelm war Oberbefehlshaber der 5. Armee.
56 Lyncker an seine Frau, 23.8.1914, in: Kaiser Wilhelm II. als Oberster Kriegsherr, Nr. L 17.
57 Lyncker an seine Frau, 24.8.1914, in: ebd., Nr. L 18.
58 Lyncker an seine Frau, 25.8.1914, in: ebd., Nr. L 19.
59 Lyncker an seine Frau, 27.8.1914, in: ebd., Nr. L 21.
60 Lyncker an seine Frau, 28.8.1914, in: ebd., Nr. L 23.
61 Jäschke, Marne, S. 326, mit weiteren Belegen.
62 Ebd., S. 323.
63 Ebd., S. 322.
64 RA I, S.440.
65 Fischer, Griff, S. 113–119; Ritter, Staatskunst III, S. 15–54.
66 Ferguson, Pity of War, S. 458.
67 Ritter, Staatskunst III, S. 42.
68 Jäschke, Marne, S. 338.
69 Afflerbach, Falkenhayn, S. 183.
70 Stevenson, Cataclysm, S. 43.
71 Nebelin, Ludendorff, S. 116.
72 Uhle-Wettler, Ludendorff, S. 108.
73 Nebelin, Ludendorff, S. 114–120; Uhle-Wettler, Ludendorff, S. 102–113, mit kritischer Bewertung der Planung des Handstreichs.
74 Strachan, To Arms, S. 239.
75 Stevenson, Cataclysm, S. 44 f.
76 Van Crefeld, Supplying war, S. 128–134; Strachan, To Arms, S. 239.
77 Van Crefeld, Supplying war, S. 129; Stevenson, Cataclysm, S. 45.
78 Van Crefeld, Supplying war, S. 130–134, 138–140.
79 Strachan, To Arms, S. 240; van Crefeld, Supplying War, Kapitel 4.
80 Strachan, To Arms, S. 240.
81 Ebd., S. 240.
82 Ebd.
83 Jäschke, Marne, S. 319 f.
84 Ebd., S. 322.
85 Helfferich, Weltkrieg I, S. 17 f.
86 Strachan, To Arms, S. 250.
87 RA IV, S. 524. Zahlen zu den Stärken: Herwig, First World War, S. 99, 104; Strachan, To Arms, S. 243.
88 Stevenson, Cataclysm, S. 47.
89 Jäschke, Marne, S. 337.
90 Ebd., S. 330.

91 Ebd., S. 336.
92 Ebd.
93 Jäschke, Marne, S. 334.
94 RA IV, S. 328; Jäschke, Marne, S. 339.
95 Afflerbach, Falkenhayn, S. 186; Plessen, Tagebucheintrag vom 10.9.1914, in: Kaiser Wilhelm II. als Oberster Kriegsherr, Nr. P 30.
96 Plessen, Tagebucheintrag vom 12.9.1914, in: ebd., Nr. P. 33.
97 Zitiert bei Jäschke, Marne, S. 314. Moser, Plaudereien, S. 79.
98 Rupprecht, Tagebucheintrag vom 16.9.1914, in: BayHStA, GHA, NL Rupprecht, Nr. 699.
99 RA IV, S. 531.
100 Plessen, Tagebucheintrag vom 12.9.1914, in: Kaiser Wilhelm II. als Oberster Kriegsherr, Nr. P. 33.
101 Jäschke, Marne, S. 313.
102 RA IV, S. 508–543.
103 Bülow, S. 60; Jäschke, Marne, S. 345.
104 Ebd., S. 342.
105 RA IV, S. 255; Jäschke, Marne, S. 343.
106 Ebd., S. 343.
107 Strachan, To Arms, S. 251.
108 Jäschke, Marne, S. 344; Müller-Löbnitz, Führung, S. 96.
109 Strachan, To Arms, S. 256.
110 Ebd., S. 260 f.
111 Ebd., S. 257.
112 Ebd., S. 259.
113 Stevenson, Cataclysm, S. 49 f.
114 Dies ist auch das übereinstimmende Urteil der neueren Literatur, siehe Strachan, To Arms, S. 242–262; Stevenson, Cataclysm, S. 50; van Crefeld, Supplying war, S. 134–141, mit der Schlussfolgerung auf S. 140, ein weiterer Vormarsch wäre auch nach gewonnener Marneschlacht aus logistischen Gründen wohl unmöglich gewesen. Skeptisch auch Herwig, First World War, S. 96–106, und Herwig, Marne. Unklarer in der Bewertung: Friedrich, 14/18, S. 569–579; Münkler, Grosser Krieg, S. 158–176.
115 Jäschke, Marne, S. 341.
116 Rupprecht, Tagebucheintrag vom 16.9.1914, in: BayHStA, GHA, NL Rupprecht, Nr. 699.

3
Tannenberg und der Aufstieg Hindenburgs

1 Jäschke, Marne, S. 317; Conrad, Dienstzeit 3, S. 669 ff; RA II, S. 24.

2 Bruce W. Menning: War Planning and Initial Operations in the Russian Context, in: Hamilton/Herwig, War planning 1914, S. 80–142.

3 Storz, Landstreitkräfte, S. 83.

4 Conrad wurde in der Zwischenkriegszeit sehr viel positiver beurteilt als heute. Seine letzten Biographien sind kritisch und zeichnen ein negatives Bild: Dornik, Kaisers Falke; Sondhaus, Conrad von Hötzendorf.

5 Afflerbach, Falkenhayn, S. 253.

6 Dazu Pantenius, Angriffsgedanke; Kronenbitter, Krieg im Frieden, passim.

7 Zu Potiorek: Jeřábek, Potiorek; zu den ersten österreichisch-ungarischen Offensiven gegen Russland und auf dem Balkan: Rauchensteiner, Der Erste Weltkrieg, S. 179–200.

8 Deutschland im ersten Weltkrieg I, S. 327.

9 Stone, Eastern Front, S. 51.

10 Ebd.

11 Bruce W. Menning, War Planning and Initial Operations in the Russian Context, in: Hamilton/Herwig, War planning 1914, S. 80–142.

12 Deutschland im ersten Weltkrieg I, S. 321.

13 Deutschland im ersten Weltkrieg I, S. 322.

14 RA II, S. 238; Deutschland im ersten Weltkrieg I, S. 322.

15 Elze, Tannenberg, S. 112; Peter Jahn, «Zarendreck, Barbarendreck – Peitscht sie weg!» Die russische Besetzung Ostpreussens 1914 in der deutschen Öffentlichkeit, in: August 1914: Ein Volk zieht in den Krieg. Herausgegeben von der Berliner Geschichtswerkstatt, Berlin 1989, S. 147–155; RA II, S. 329; Watson, Ring of Steel, S. 180.

16 Watson, «Unheard of Brutality»; zu den «Belgian atrocities» siehe oben, S. 48.

17 Offiziöse Darstellung in: RA II, S. 102–108.

18 Pyta, Hindenburg; Nebelin, Ludendorff.

19 Pyta, Hindenburg, S. 45.

20 Hoffmann, Krieg der versäumten Gelegenheiten.

21 Zur Schlacht: RA II, S. 111–246.

22 Hoffmann, Krieg der versäumten Gelegenheiten, S. 40.

23 RA II, S. 240 f.; Hoffmann, Tannenberg wie es wirklich war.

24 Stone, Eastern Front, S. 51.

25 RA II, S. 239, mit der klaren Aussage, dass angesichts der deutlichen Überlegenheit russische Fehler für die Niederlage hauptverantwortlich waren; auch Stone, Eastern Front, S. 44–69.

26 RA II, S. 240.

27 Ebd.

28 Ebd., S. 243; Pyta, Hindenburg, S. 49 f.; Showalter, Tannenberg, S. 323; Rauscher, Hindenburg, S. 39.

29 RA II, S. 243.

30 Siehe ebd., S. 242 f.: «Nach Leipzig, Metz und Sedan steht Tannenberg als die größte Einkreisungsschlacht da, die die Weltgeschichte kennt. Sie wurde im Gegensatz zu diesen gegen einen an Zahl überlegenen Feind geschlagen, während gleichzeitig beide Flanken von weiterer Übermacht bedroht waren. Die Kriegsgeschichte hat kein Beispiel einer ähnlichen Leistung aufzuweisen, – bei Cannae fehlte die Rückenbedrohung.»

31 Ebd., S. 263–317.

32 Dazu zentral: Pyta, Hindenburg, passim.

33 Ruge, Hindenburg, S. 51; Pyta, Hindenburg, S. 54.

34 RA II, S 238, schreibt die Namensgebung einem Vorschlag Ludendorffs zu. Ruge, Hindenburg, S. 51, meint, Hoffmann sei der Urheber, aber Ludendorff habe sich den Vorschlag zu eigen gemacht. Pyta, Hindenburg, S. 54 f., sieht die Urheberschaft, ohne Quellenangabe außer Hindenburgs eigenen, späteren Äußerungen, ganz bei diesem.

35 Lyncker, Tagebucheintrag vom 30.8.1914, in: Kaiser Wilhelm II. als Oberster Kriegsherr, S. 148.

36 Maser, Hindenburg, S. 107.

37 Watson, Ring of Steel, S. 162; S. 162–181 mit einer Schilderung der Besetzung von Allenstein und «Russian atrocities».

38 Watson, «Unheard of brutality»; «Besichtigung der durch die Russeneinfälle beschädigten Teile der Provinz Ostpreußen durch die Minister [Staatsministerium]», April 1915. GStA, Berlin: I. HA Rep. 90A, 1064.

39 Pyta, Hindenburg, S. 49.

40 Janßen, Kanzler und General, S. 245; Pyta, Hindenburg, S. 53.

41 Siehe unten, S. 348, 399, 427.

42 Nachlass Nicolai, Sonderarchiv Moskau, 1414–1–13, S. 272.

43 Pyta, Hindenburg, S. 106 f.

44 BayHStA, GHA, NL Rupprecht Nr. 650, Abschrift Rupprecht an Max von Baden, 25.10.1918.

45 Nachlass Nicolai, Sonderarchiv Moskau, 1414–1–16, S. 413.

46 Groener, Tagebucheintrag vom 26.10.1915, in: Groener, Lebenserinnerungen, S. 54; Afflerbach, Falkenhayn, S. 248.

47 Moltke an General … [so im Original], 12.1.1915, in: Moltke, Erinnerungen, Briefe, Dokumente, S. 409.

48 Pyta, Hindenburg, S. 50 f.

49 Nachlass Nicolai, Sonderarchiv Moskau, 1414–1–16, S. 31 (Eintragung datiert zum 29.1.1918). Pyta, Hindenburg, und Nebelin, Ludendorff, stimmen über-

ein, dass Hindenburg bei der militärischen Planung lediglich als eine Art Aushängeschild fungierte. Uhle-Wettler, Ludendorff, S. 171–178, mit einer relativ positiven Bewertung von Hindenburgs Rolle.

50 Hillgruber, Deutsche Russland-Politik 1871–1918, S. 98 f.

51 Afflerbach, The Eastern Front, S. 244.

52 Fischer, Griff, S. 128–133 und passim.

4
Das europäische Patt

1 Afflerbach, Falkenhayn, S. 17–22.

2 Ebd., S. 17; Rupprecht, Tagebucheintrag vom 24.10.1915, in: BayHStA, GHA, NL Rupprecht, Nr. 703.

3 Kronprinz Rupprecht, Tagebucheintrag vom 9.7.1916, berichtet von dem Gerücht, Falkenhayn habe 17 Millionen Mark Schulden. «Ich hörte wohl schon früher, dass Falkenhayn, der seinerzeit sehr hoch gespielt haben soll, sehr verschuldet sei, aber 17 Millionen das klingt dann doch gar hoch!» in: BayHStA, GHA, NL Rupprecht, Nr. 704.

4 Afflerbach, Falkenhayn, S 211–217.

5 Ebd., S. 179; Zwehl, Falkenhayn, S. 61.

6 Rupprecht, Tagebucheintrag vom 19.10.1915, in: BayHStA, GHA, NL Rupprecht, Nr. 703.

7 Afflerbach, Falkenhayn, S. 230.

8 Rupprecht, Tagebucheinträge vom 2.3.1915, und ähnlich 19.10.1915, in: BayHStA, GHA, NL Rupprecht, Nr. 702 und 703.

9 Hoffmann, Krieg der versäumten Gelegenheiten, S. 41.

10 Lyncker an seine Frau, 11.10.1914, in: Kaiser Wilhelm II. als Oberster Kriegsherr, Nr. L 69.

11 Lyncker an seine Frau, 20.10.1914, in: ebd., Nr. L 75.

12 Zum Kampfgeschehen in Belgien, dem deutschen Versuch, die alliierten Truppen im Westen zu überflügeln und der Abwehr dieses Versuchs, siehe RA V, S. 272–401, sowie Strachan, To Arms, S. 262–280.

13 Zur Ausbildung, Ausrüstung und zum Einsatz der neuen, hastig aufgestellten Reservekorps siehe Unruh, Langemarck.

14 Plessen, Tagebuch vom 28.9.1914, in: Kaiser Wilhelm II. als Oberster Kriegsherr, Nr. P 50.

15 Lyncker an seine Frau, 11.11.1914, in: ebd., Nr. L 95. Von den Kämpfen in Flandern wird berichtet, dass deutsche Soldaten das «Deutschlandlied» gesungen hatten, um sich im Nebel wiederzuerkennen. Daraus wurde, schon während des Ereignisses selbst, die Version, deutsche Soldaten hätten beim Sturm auf

feindliche Stellungen das «Deutschlandlied» gesungen; dies passte in das Bild todesmutiger und hochmotivierter «Studenten-Regimenter». Eine Modifizierung dieser traditionellen Sicht findet sich bei Unruh, Langemarck.

16 Afflerbach, Vani e terribili olocausti, S. 85.

17 Gröner, Lebenserinnerungen, S. 178–185.

18 Adolf Hitler, Mein Kampf, München 1943, S. 181.

19 Zu den Verlusten bis Ende 1914: Stevenson, Cataclysm, S. 75 f.

20 Barth, Dolchstoß, S. 60; dort weitere Angaben.

21 Vietsch, Bethmann Hollweg, S. 210.

22 Janßen, Kanzler, S. 28.

23 Dazu Kap. 6.

24 Riezler, Tagebucheintrag vom 22.11.1914, in: Riezler, Tagebücher, S. 228. Bethmann Hollweg an Unterstaatssekretär Zimmermann, 19.11.1914, in: Scherer-Grunewald, L'Allemagne I, S. 15–19.

25 Stevenson, Cataclysm, S. 77.

26 Dazu Horne/Kramer, German atrocities; siehe auch unten, S. 146.

27 Peter Gatrell, Resettlement, in: 1914–1918-online (https://encyclopedia.1914–1918-online.net/article/resettlement).

28 Stevenson, Cataclysm, S. 76.

29 Dazu Höres, Krieg der Philosophen; von Ungern-Sternberg, Der Aufruf «An die Kulturwelt!; Watson, Ring of Steel, S. 228–241.

30 Plessen, Tagebuch vom 31.10. und 2.11.1914, in: Kaiser Wilhelm II. als Oberster Kriegsherr, Nr. P 83 und P 85.

31 Soutou, L'or et le sangue; Soutou, French War Aims and Strategy, passim.

32 Jeffery, British Strategy and War Aims.

33 Dazu Afflerbach, Internationale der Kriegsverschärfung.

34 Siehe unten, S. 408–410.

35 Doumergue, Absprachen, siehe dazu unten, S. 340.

36 Afflerbach, Purpose, S. 3.

37 Fischer, Griff, S. 113–119.

38 Lyncker an seine Frau, 12.11.1914, in: Kaiser Wilhelm II. als Oberster Kriegsherr, Nr. L 96.

39 Dazu Geiss, Polnischer Grenzstreifen.

40 Ritter, Staatskunst III, S. 66.

41 Riezler, Tagebucheintrag vom 26.11.1914, in: Riezler, Tagebücher, S. 230; dazu auch Winterhager, Mission.

42 Afflerbach, Falkenhayn, S. 296.

43 Zu den Separatfriedensfühlern 1914/15 siehe Winterhager, Mission; Ritter, Staatskunst III.

44 Lyncker an seine Frau, 24.9.1914, in: Kaiser Wilhelm II. als Oberster Kriegsherr, Nr. L 59.

45 Watson, Ring of Steel, S. 158 f.
46 Dazu S. 139, 174 f.
47 Rupprecht, Tagebucheintrag vom 2.3.1915, in: In Treue fest I, S. 306.
48 Taylor, War by Timetable.
49 Dazu zentral: Aksakal, Ottoman Road to War.
50 Zu den Teilungsplänen: Petricioli, L'Italia in Asia Minore, passim; Afflerbach, Dreibund, S. 755–764, besonders S. 757.
51 Zur osmanischen Perspektive siehe: Mustafa Aksakal: War as the Saviour? Hopes for War and Peace in Ottoman Politics before 1914, in: Afflerbach/Stevenson, An Improbable War?, S. 287–302; Stoddard, The Ottoman Government and the Arabs; Larcher, La guerre turque. Wichtige Einführungen zur Geschichte des Osmanischen Reiches im Ersten Weltkrieg sind: Ahmad, From Empire to Republic; Aksakal, The Ottoman Road to War; Shaw, Ottoman Empire in World War I; Moreau, La Turquie dans la Grande Guerre.
52 Strachan, To Arms, S. 671.
53 Egmont Zechlin, Friedensbestrebungen und Revolutionierungsversuche im Ersten Weltkrieg, in: Aus Politik und Zeitgeschichte, B 20/1961; B 24/1961; B 25/1961; B 20/1963; B 22/1963; Strachan, To Arms, S. 694–814.
54 Lyncker an seine Frau, 2.11.1914: in: Kaiser Wilhelm II. als Oberster Kriegsherr, Nr. L 86.
55 Lyncker an seine Frau, 6.11.1914, in: ebd., Nr. L 90 («Der Staatssekretär Jagow ist befriedigt von dem allmählich unruhig werdenden Islam.»).
56 Liman von Sanders, Fünf Jahre Türkei, S. 48 f.
57 Siehe dazu Mühlmann, Oberste Heeresleitung, S. 47.
58 Lyncker an seine Frau, 4.11.1914, in: Kaiser Wilhelm II. als Oberster Kriegsherr, Nr. L 88.
59 Mühlmann, Oberste Heeresleitung, S. 22 f.
60 Eyal Ginio, Mobilizing the Ottoman Nation during the Balkan Wars (1912–1913): Awakening from the Ottoman Dream, in: War in History 12 (2005) 2, S. 156–177.
61 Mühlmann, Oberste Heeresleitung, S. 22.
62 Lyncker an seine Frau, 10.11.1914, in: Kaiser Wilhelm II als Oberster Kriegsherr, Nr. L 94.
63 Zum strategischen Wert der Türkei als Verbündeter siehe Strachan, To Arms, S.680–693, der die militärische Leistungskraft des Osmanischen Reiches in der Defensive hoch bewertet und es als «a worthy ally of the Central Powers» bezeichnet (S. 693).
64 Erickson, The Strength of an Army, S. 1: «I did not know, to tell you the truth, that they were nearly as good as they turned out to be.»
65 Ebd.; Wallach, Militärhilfe; Wolf, Gallipoli, S. 201 f.
66 Boeckh, Von den Balkankriegen zum Weltkrieg, S. 35. Die osmanische Armee

hatte im Herbst 1912 mit 290 000 Soldaten gegen 474 000 serbische, bulgarische, griechische und montenegrinische Soldaten kämpfen müssen.

67 Hall, The Abortive Partnership, S. 349 ff.

68 Strachan, To Arms, S. 722–729.

69 Afflerbach, Falkenhayn, S. 421 f.

70 Stevenson, Cataclysm, S. 94.

71 Siehe unten, S. 118–128.

72 Es wäre möglich, die an den türkischen Fronten kämpfenden alliierten Soldaten zusammenzurechnen und mit denen zu vergleichen, die an den deutschen Fronten kämpften. Dies wäre eine komplexe Aufgabe, da diese Zahlen ständig schwankten und außerdem die alliierten Truppen an den türkischen Fronten nicht dieselbe Leistungsfähigkeit und Ausrüstung hatten wie die in Zentraleuropa. Einen Näherungswert könnten die Zahlen von Sommer 1916 ergeben: Die deutschen Armeen umfassten damals etwa 8,2 Millionen Mann, davon 5,3 Millionen Feldheer und Truppen in besetzten Gebieten. Zahlen nach: Deutschland im Ersten Weltkrieg II, S. 531 f. Die Osmanische Armee hatte 1916 eine nominelle Stärke von einer Million Mann, aber diese Zahl war wahrscheinlich eine Übertreibung (RA X, S. 604). Die offizielle deutsche Geschichte des Weltkriegs (RA X, S. 603–616) gibt zusätzliche Informationen über die türkische Kampfstärke 1916. Im direkten Zahlenvergleich (8,2 gegen 1 Million Mann) betrüge die türkische Stärke 12 Prozent der deutschen; aber RA X, S. 604 führt aus, dass die deutsche und türkische Kampfstärke wegen der türkischen Ausrüstungsmängel nicht 1:1 gewertet werden sollten. Daher scheint ein geringerer Wert von ca. zehn Prozent eine ungefähre, aber vielleicht realistische Schätzung des deutsch-türkischen Kräfteverhältnisses im Ersten Weltkrieg.

73 Siehe Lloyd George, Caxton Hall Rede am 5.1.1918, dazu unten S. 414 f.

5
Eine Strategie des Durchwurschtelns? Das Kriegsjahr 1915

1 Janßen, Kanzler, S. 26, 30.

2 Afflerbach, Falkenhayn, S. 174.

3 Guth, Gegensatz; auch Afflerbach, Falkenhayn, S. 218–232.

4 Ebd., S.225.

5 Afflerbach, Falkenhayn, S. 248.

6 Janßen, Kanzler, S. 90.

7 Falkenhayn, Oberste Heeresleitung, S. 54.

8 Afflerbach, Falkenhayn, S. 261; Szöllösi-Janße, Haber.

9 Haber, Cloud, S. 34.
10 Janßen, Kanzler, S. 90.
11 Kaiser Wilhelm II. als Oberster Kriegsherr, S. 103 f.
12 Afflerbach, Dreibund, Epilog; ders., Vom Bündnispartner zum Kriegsgegner; ders., Vani e terribili olocausti.
13 Afflerbach, Dreibund, S. 861.
14 Lyncker an seine Frau, 6.3.1915, in: Kaiser Wilhelm II. als Oberster Kriegsherr, Nr. L 127.
15 Zechlin, Angebot; Afflerbach, Falkenhayn, S. 269–273.
16 Das Steinkohlebecken von Sosnowice (im Original: «Sosnovize») lag in Russisch-Polen und war damit ein problematisches Angebot, das den Sieg im Krieg und eine russische Bereitschaft zur Abtretung voraussetzte.
17 Plessen, Tagebucheintrag vom 5.3.1915, in: Kaiser Wilhelm II. als Oberster Kriegsherr, Nr. P 215.
18 Afflerbach, Dreibund, S. 859.
19 Alessandro Salvador, Isonzo, Battles of, in: 1914–1918-online (https://encyclopedia.1914–1918-online.net/article/isonzo_battles_of).
20 Siehe unten, S. 369.
21 Siehe unten, S. 313.
22 Afflerbach, Entschied Italien den Ersten Weltkrieg?
23 Tunstall, Blood on the Snow; Forstner, Przemysl.
24 Dennis Showalter, By the book? Commanders surrendering in World War I, in: Afflerbach/Strachan, How Fighting ends, S. 279–297.
25 Washburn, On the Russian front.
26 Stevenson, Cataclysm, S. 192–194.
27 Ullrich, Entscheidung im Osten.
28 Afflerbach, Falkenhayn, S. 266–285.
29 Afflerbach, Falkenhayn, S. 286.
30 Seeckt an das Reichsarchiv, 13.11.1927, in: RA VII, S. 439.
31 Rauchensteiner, Tod des Doppeladlers, S. 212.
32 Tile v. Kalm, Gorlice, S. 13.
33 Afflerbach, Falkenhayn, S. 289.
34 Falkenhayn, Oberste Heeresleitung, S. 69.
35 Plessen, Tagebucheintrag vom 10.4.1915, in: Kaiser Wilhelm II. als Oberster Kriegsherr, Nr. P 252. Siehe auch RA VII, S. 345.
36 Falkenhayn, Heeresleitung, S. 247 f.
37 Deutschland im ersten Weltkrieg II, S. 75.
38 Washburn, Russian Front, passim.
39 Afflerbach, Najwieksze Zwysciestwo Panstw Centralnych Wi Wojnie, S. 92.
40 Cramon, Unser Oesterreichisch-Ungarischer Bundesgenosse im Weltkriege, S. 15.

41 Höbelt, Österreich-Ungarns Nordfront 1914/15, ist der Ansicht, die Italiener seien überschätzt und daher die von ihnen ausgehende Gefahr übertrieben worden. Meine Ansicht, dass die italienische Intervention sehr bedeutsam war, habe ich hier dargelegt: Afflerbach, Entschied Italien den Ersten Weltkrieg?
42 Vejus Gabriel Liulevicius, Von «Oberost» nach «Ostland», in: Gross, Vergessene Front, S. 295–311, S. 298. Zu dem Problem russischer Flüchtlinge siehe Gatrell, A Whole Empire Walking.
43 Deutschland im ersten Weltkrieg II, S. 81.
44 Zechlin, Krieg, S. 192–226; Afflerbach, Falkenhayn, S. 306.
45 Brockdorff-Rantzau an Auswärtiges Amt, 3.6.1915, in: Scherer-Grunewald, L'Allemagne I, S. 115 (Dok. 95).
46 Afflerbach, Falkenhayn, S. 301.
47 Clausewitz, Vom Kriege, 3. Teil, Achtes Buch, Neuntes Kapitel, S. 703.
48 Siehe dazu beispielsweise die Äußerungen russischer Politiker und Diplomaten: Kerensky, Kerensky Memoirs; Isvolski, Recollections.
49 Siehe unten, S. 256–263.
50 Liulevicius, War Land, passim.
51 Peter Hoeres, Die Slawen. Perzeptionen des Kriegsgegners bei den Mittelmächten. Selbst- und Feindbild, in: Gross, Vergessene Front, S. 179–200.
52 Winston Churchill, World Crisis, Kap. XXIII-XXXVII; siehe auch Travers, Gallipoli 1915, und Edward Spiers: Gallipoli, in: Brian Bond (Hrsg.): The First World War and British Military History, Oxford 1991, S. 165–188.
53 Dazu der Tagungsband von Ashley Ekins (Hrsg.), Gallipoli. Die darin versammelten Beiträge internationaler Spezialisten zeichnen das eindeutige Bild, dass die Dardanellenoperation niemals eine realistische Erfolgschance hatte.
54 Wolf, Gallipoli 1915.
55 Gust, Völkermord an den Armeniern.
56 Afflerbach, Falkenhayn, S. 483–485.
57 Strachan, To Arms, S. 495–643; Michels, Held von Deutsch-Ostafrika.
58 Siehe unten, S. 288 f., 410 f.

6

«Eine barbarische Rohheit ohne Gleichen»: Blockade, U-Boot-Krieg und der Kampf um die amerikanische Neutralität

1 Zu Tirpitz und dem Schlachtflottenbau grundlegend: Epkenhans, Wilhelminische Flottenrüstung 1908–1914.
2 Berghahn, Tirpitz-Plan; Roehl, Wilhelm II., Band II, S. 1109–1152; Steinberg, Yesterday's Deterrent.
3 Afflerbach, Mit wehender Fahne untergehen, S. 600.

4 Kramer, Blockade, S. 465.
5 Zur Terminologie siehe Kramer, Blockade.
6 Stevenson, Cataclysm, S. 202.
7 Ebd., S. 201.
8 Lambert, Planning Armageddon, S. 226; Kramer, Blockade, S. 466.
9 Stevenson, Cataclysm, S. 203.
10 Lambert, Planning Armageddon.
11 Kramer, Blockade, S. 468.
12 Stevenson, Cataclysm, S. 7, dort weitere Zahlen.
13 Lyncker, Tagebucheintrag vom 19.8.1914; Lyncker an Tirpitz, 20.12.1926, in: Kaiser Wilhelm II. als Oberster Kriegsherr, Nr. L 13, L 770.
14 Afflerbach, Mit wehender Fahne untergehen?, S. 604 f.
15 Epkenhans/Hillmann/Nägler, Skagerrakschlacht.
16 Stevenson, Cataclysm, S. 208; Münkler, Der große Krieg, S. 507 f.
17 Schröder, U-Boote, S. 98.
18 Ebd., S. 77 f.
19 Link, Wilson III, S. 315; Schröder, U-Boote, S. 85 f.
20 Link, Wilson III, S. 315.
21 Ebd., S. 312; Ritter, Staatskunst III, S. 146: 21 U-Boote, davon 9 dieselgetriebene; Schröder, U-Boote, S. 42 f., S. 422: 28 U-Boote insgesamt bei Kriegsausbruch; dort Tabelle auf S. 428 f. mit den Zahlen der Front-U-Boote für jeden Kriegsmonat.
22 Stevenson, Cataclysm, S. 70; Schröder, U-Boote, S. 422: 68 britische U-Boote.
23 Schröder, U-Boote, S. 60 f.
24 Ebd., S. 62.
25 Ebd., S. 87.
26 Ebd., S. 105.
27 Link, Wilson III, S. 357, mit Zitaten Falkenhayns und Bethmann Hollwegs.
28 Stevenson, Cataclysm, S. 202.
29 Link, Wilson III, S. 341.
30 Ebd., S. 341.
31 Ebd., S. 390.
32 Ebd., S. 31, 32, 36.
33 Ebd., S. 42.
34 Stevenson, Cataclysm, S. 203.
35 Link, Wilson III, S. 383.
36 Ebd., S. 372; nach Schröder, U-Boote, S. 132, waren es 127 amerikanische Opfer.
37 Schröder, U-Boote, S. 135, dort auf S. 134 eine Auflistung möglicher Ursachen für die zweite, große Explosion, die zum raschen Untergang des Schiffes führte. Auch KzS, Handelskrieg II, S. 86 ff., 159 ff., 176 ff.
38 v. Haniel an Treutler, 10.11.1916, in: UuF I, S. 77, 134.

39 Lyncker, Brief vom 9.5.1915, in: Kaiser Wilhelm II. als Oberster Kriegsherr, Nr. L 171.
40 Plessen, Tagebucheintrag vom 10.1.1916, in: Kaiser Wilhelm II. als Oberster Kriegsherr, Nr. P 462.
41 Müller, Regierte der Kaiser?, S.147 (Tagebucheintrag vom 15.1.1916).
42 Link, Wilson III, S. 44–49.
43 Siehe oben, S. 17.
44 Link, Wilson III, S. 51, zitiert House, Eintrag vom 30.8.1914.
45 Ebd., S. 53.
46 Ebd., S. 54.
47 Tooze, Deluge, S. 44.
48 Link, Wilson III, S. 56.
49 Ebd., S. 44.
50 Ebd., S. 414.
51 Ebd., S. 381.
52 Schleif, Luke: Bryan, William Jennings, in: 1914–1918-online (https://encyclopedia.1914–1918-online.net/article/bryan_william_jennings).
53 Link, Wilson III, S. 384.
54 Ebd., S. 43.
55 Das war auch die Ansicht des britischen Botschafters in Washington, Spring Rice. Die USA wollten sich aus dem Konflikt heraushalten, so wie auch Großbritannien im Jahre 1870 neutral geblieben war. Ebd., S. 377.
56 Ebd., S. 411.
57 Tooze, Deluge, S. 45.
58 Lansing, War Memoirs, S. 19–21; zu Lansing: Nicholas J. Steneck, Lansing, Robert, in: 1914–1918-online (https://encyclopedia.1914–1918-online.net/article/lansing_robert).
59 Zur deutschen Rechtsgutachten-Debatte siehe Schröder, U-Boote, S. 139 f.
60 Seils, Weltmachtstreben, S. 197; Westarp, Konservative Politik II, S. 126 ff.
61 Details: Ritter, Staatskunst III, S. 145–162.
62 Schröder, U-Boote, S. 143.
63 Helfferich, Weltkrieg II, S. 323.
64 Lansing, War memoirs, S. 356–358. Distanziert auch House, Intimate Papers II, S. 450.
65 Link, Wilson III, S. 311 f.
66 Ebd., S. 311.
67 House, Intimate Papers II, S. 331.
68 Helfferich, Weltkrieg II, S. 353–355.
69 Note Bethmann Hollwegs, 23.3.1916, in: Scherer-Grunewald, L'Allemagne 1, Nr. 212, mit Beispiel von massiven Missverständnissen zwischen Botschafter und Reichskanzler.

70 Lansing, War memoirs, besonders S. 33.
71 Weber, Gesammelte politische Schriften, S. 49.
72 Tooze, Deluge, S. 50.
73 Link, Wilson III, S. 310.
74 v. Haniel an Treutler, 10.11.1916, in: UuF I, S. 77, 134.
75 Aufzeichnung Nicolais, in: Nachlass Nicolai, Sonderarchiv Moskau, 1414–1–17, S. 401–404.
76 Helfferich, Weltkrieg II, S. 353.
77 Ebd., S. 313 f.
78 House, Intimate Papers II, S. 240 f.
79 Link, Wilson III, S. 309.
80 Census, Foreign Trade, S. 244, http://www2.census.gov/prod2/statcomp/documents/HistoricalStatisticsoftheUnitedStates1789–1945.pdf.
81 Tooze, Deluge, S. 39, mit Zahlen: What the Dollars bought.
82 Stevenson, Cataclysm, S. 184 f.
83 Afflerbach, Falkenhayn, S. 389
84 Ebd., S. 403.
85 Ebd., S. 384.
86 Ebd., S. 395–397.
87 Plessen, Tagebucheintrag vom 11.3.1916, in: Kaiser Wilhelm II. als Oberster Kriegsherr, Nr. P 479.
88 Plessen, Tagebucheintrag vom 12.3.1916, in: ebd., Nr. P 480. Zu der Fahrt Müllers nach Stenay zum Kronprinzen siehe Müller, Regierte der Kaiser?, S. 165 f. (Tagebucheintrag vom 12.3.1916).
89 Janssen, Exzellenz, S. 207.
90 Afflerbach, Falkenhayn, S. 393; Müller, Regierte der Kaiser? (Tagebucheintrag vom 21.4.1916).
91 Helfferich, Weltkrieg II, S. 379.
92 Afflerbach, Falkenhayn, S. 402.
93 Link, Wilson III, S. 434.
94 Riezler, Tagebucheintrag vom 29.4.1916, in: Riezler, Tagebücher, S. 351. Nebelin, Ludendorff, S. 286, schreibt die Aussage Bethmann zu.

7
Der «Potatobread-Spirit»: Die «Heimatfront» in den ersten zwei Kriegsjahren

1 Bloch, Zukunft des Krieges.
2 Zur Meinung der Militärexperten siehe Förster, Sprung ins Dunkle.
3 Helfferich, Weltkrieg II, S. 42–44.

4 Wehler, Gesellschaftsgeschichte IV, S. 93.

5 Chickering/Förster, Great War, Total War, passim, besonders aber dort Roger Chickering: World War I and the Theory of Total War. Reflections on the British and German Cases 1914–1915, S. 35–53; Roger Chickering, Militärgeschichte als Totalgeschichte im Zeitalter des totalen Krieges, in: Kühne/Ziemann, Was ist Militärgeschichte?, S. 301–312; Chickering, Great War and Urban Life in Germany, passim; Daniel Marc Segesser, Controversy: Total War, in: 1914–1918-online (https://encyclopedia.1914–1918-online.net/article/controversy_total_war). Dort findet sich auch eine nützliche Bibliographie.

6 Sanitätsbericht über das Deutsche Heer – Feld- und Besatzungsheer – im Weltkrieg 1914–1918, Bd. 3, Berlin 1935, S. 144–145, Tafel 152.

7 Dazu Chickering, Freiburg, passim.

8 Robert Weldon Whalen, War Losses (Germany), in: 1914–1918-online (https://encyclopedia.1914–1918-online.net/article/war_losses_germany), zitiert die deutsche amtliche Angabe von 763 000 verstorbenen deutschen Zivilisten infolge der Blockade. Hinzu kommen noch 150 000 Opfer der Spanischen Grippe (nach Vincent, The Politics of Hunger, S. 141). Das ist, vor allem in Hinblick auf die Blockade, wohl eine Übertreibung. Rüdiger Overmans, Kriegsverluste, in: Hirschfeld/Krumeich/Renz, Enzyklopädie Erster Weltkrieg, S. 663–666, schreibt von 700 000 toten Zivilisten. Chickering, Imperial Germany, S. 192, zitiert 624 000 Tote. Zweifel daran äußert Ferguson, Pity, S. 276–281, der von der «fantastic figure of 750 000» spricht, aber selbst leider keine bessere Zahl anbietet. Siehe auch unten, S. 509.

9 Kocka, Klassengesellschaft; Chickering, Freiburg.

10 Zur definitorischen Ungenauigkeit dieser Terminologie Barth, Dolchstoßlegenden, S. 26.

11 Wehler, Gesellschaftsgeschichte IV, S. 134 f.; Albrecht Ritschl, The pity of peace. Germany's economy at war, 1914–1918 and beyond, in: Broadberry/Harrison, Economics of World War I, S. 41–76, S. 57.

12 Ritschl, Pity of peace, S. S. 57.

13 Ferguson, Pity of War, S. 275.

14 Zur Kriegsfinanzierung siehe Strachan, To Arms, S. 815–992; siehe auch: Aufsatz Dr. Hermann Dantlen: Die Finanzierung der Mobilmachung, 1934, in: Sonderarchiv Moskau, 545–3–332; Helfferich, Weltkrieg II, S. 132.

15 Ebd., S. 30, 141.

16 Hans Peter Ullmann: Finance, in: Winter, Cambridge History of the First World War II, S. 408–433, S. 412.

17 Helfferich, Weltkrieg II, S. 33 f.

18 Ebd., S. 143.

19 Ebd., S. 132.

20 Ebd., S. 146.

21 Ebd., S. 147.
22 Ebd.
23 Ebd., S. 145.
24 Ebd.
25 Dazu Strachan, To Arms, S. 862–904; Kritik an Helfferich und der Kreditfinanzierung auf S. 904.
26 Ferguson, Pity of war, S. 322 f.
27 Ullmann, Finance, S. 415.
28 Helfferich, Weltkrieg II, S. 39.
29 Strachan, To Arms, S. 1019.
30 Kennedy, Rise and Fall, S. 199–202, 258–271; Chickering, Imperial Germany, S. 198.
31 Strachan, To Arms, S. 1037.
32 Wrisberg, Wehr und Waffen, S. 59, 99; Strachan, To Arms, S. 1033.
33 Helfferich, Weltkrieg II, S. 115 f.
34 Ebd., S. 116; Strachan, To Arms, S. 1026.
35 Helfferich, Weltkrieg II, S. 115–128, mit zahlreichen Details zu den riesigen neuerrichteten Fabrikanlagen und dem politischen und privatwirtschaftlichen Bewilligungsprozess. Zahlen S. 124.
36 Helfferich, Weltkrieg II, S. 124; Strachan, To Arms, S. 1027.
37 Ebd., S. 1020.
38 Ebd., S. 1029.
39 Ebd., S. 1027.
40 Ebd., S. 1028.
41 Afflerbach, Falkenhayn, S. 172–174; Feldman, Army, Industry and Labor, S. 45–52.
42 Ferguson, Pity of War, S. 267; Ritschl, Pity of peace, S. 46, spricht von «roughly 10 percent».
43 Strachan, To Arms, S. 1038.
44 Ritschl, Pity of peace, S. 47; Strachan, To Arms, S. 1038; Ferguson, Pity of War, S. 264.
45 Stephen Broadberry/Mark Harrison, The Economics of World War I: an Overview, in: dies. (Hrsg.): The Economics of World War I., S. 3–40, 12; Ritschl, Pity of peace, S. 46; Strachan, To Arms, S. 1037; Ferguson, Pity of War, S. 249–250.
46 Wehler, Gesellschaftsgeschichte IV, S. 70.
47 Ferguson, Pity of war, S. 272.
48 Wehler, Gesellschaftsgeschichte IV, S. 58.
49 Skalweit, Kriegsernährungswirtschaft, S. 15, schätzt, dass etwa 1/3 der deutschen Nahrungsmittel importiert wurden. Alan Kramer, Blockade and economic warfare, in: Winter, The Cambridge History of the First World War II, S. 460–489, S. 471, bietet unterschiedliche Schätzungen der deutschen Nah-

rungsmittelimporte vor 1914, die von 20 Prozent der Gesamtmenge bis etwa einem Drittel reichen.

50 Kramer, Blockade, S. 474 f.; die Zahlen sind aus dem Statistischen Jahrbuch für 1913.

51 Skalweit, Kriegsernährungswirtschaft, S. 7 f., 27.

52 Ebd., S. 9 f.

53 Ebd., S. 33 f.

54 Barth, Dolchstoßlegenden, S. 30.

55 Offer, First World War, S. 62; Kramer, Blockade, S. 473.

56 Ebd., S. 473.

57 Wehler, Gesellschaftsgeschichte IV, S. 59.

58 Westarp, Konservative Politik II, S. 365–430.

59 Skalweit, Kriegsernährungswirtschaft, S. 122–130, 218–229.

60 Westarp, Konservative Politik II, S. 386.

61 Wehler, Gesellschaftsgeschichte 4, S. 60.

62 Barth, Dolchstoßlegenden, S. 27; Offer, First World War, S. 64 f.; Skalweit, Kriegsernährungswirtschaft, S. 1–3.

63 Ebd., S. 2 f.

64 Liste ebd., S. 240–246.

65 Wehler, Gesellschaftsgeschichte IV, S. 60.

66 Skalweit, Kriegsernährungswirtschaft, S. 2.

67 Beispiel in: Chickering, Great War and Urban life, passim, besonders S. 160–179.

68 Wehler, Gesellschaftsgeschichte IV, S. 61.

69 Ebd., S. 70.

70 Barth, Dolchstoßlegenden, S. 29 f.

71 Wehler, Gesellschaftsgeschichte IV, S. 61. Skalweit, Kriegsernährungswirtschaft, S. 2 f.; Barth, Dolchstoßlegenden, S. 27.

72 Skalweit, Kriegsernährungswirtschaft, S. 22.

73 Marc Frey, Bullying the Neutrals: The case of the Netherlands, in: Chickering/Förster, Great War, Total War, S. 227–246, S. 231.

74 Ebd., S. 231 f.

75 Afflerbach, Falkenhayn, S. 161.

76 Ebd., S. 176–178.

77 Dazu insgesamt Barth, Dolchstoßlegenden, passim.

78 Grundlegend dazu: Lepsius, Parteiensystem und Sozialstruktur.

79 Siehe Zweig, Die Welt von gestern, S. 248–273, besonders S. 258.

80 Wilhelm II., Thronrede zur Eröffnung des Reichstags, 4.8.1914, in: Obst, Die politischen Reden Kaiser Wilhelms II., S. 364–366, Zitat S. 365.

81 Ebd., S. 365. Diese Aussage hatte er bereits am 1.8. vom Balkon des Berliner Schlosses getan, ebd., S. 362–364.

82 Zur fast uneingeschränkt positiven Aufnahme der kaiserlichen Reden in der deutschen Öffentlichkeit siehe Obst, Einer nur ist Herr im Reiche, S. 347–359.

83 Dazu Bruendel, Volksgemeinschaft oder Volksstaat, S. 93–142.

84 Kühne, Dreiklassenwahlrecht; ders., Handbuch der Wahlen zum Preußischen Abgeordnetenhaus.

85 Fischer, Griff, S. 109–137, 184–358; Nipperdey, Deutsche Geschichte II, S. 802–812.

86 Fischer, Griff, S. 112.

87 Bethmann Hollweg, Rede vom 2.12.1914, in: Stenographische Protokolle des Reichstags, 13. LP, 3. Sitzung, S. 20.

88 Fischer, Griff, S. 112.

89 Kielmannsegg, Deutschland und der Erste Weltkrieg, S. 243–264, bes. S. 264.

90 Bethmann Hollweg, Rede vom 5.4.1916, in: Stenographische Protokolle des Reichstags, 13. LP, 39. Sitzung, S. 852.

91 Nipperdey, Deutsche Geschichte II, S. 806; ein Beispiel wäre Bethmann Hollweg, 28.5.1915, der von «allen nur möglichen realen Garantien und Sicherungen» sprach, in: Stenographische Protokolle des Reichstags, 13. LP, 11. Sitzung, S. 143.

92 Dazu Janßen, Macht und Verblendung; Fischer, Griff, S. 217–222.

93 Nipperdey, Deutsche Geschichte II, S. 806 f.

94 Ritter, Staatskunst III, S. 113–144; Fischer, Griff, S. 310–321 (über die Mitteleuropapläne der Regierung und Verbände); Afflerbach, Falkenhayn, S. 321–335.

95 Soutou, L'or et le sang, besonders S. 847 f.

96 Fischer, Weltmacht, S. 109–137, 184–222; Ritter, Staatskunst III, S. 15–54.

97 Skalweit, Kriegsernährungswirtschaft, S. 32.

98 Rupprecht, Tagebucheintrag vom 28.2.1916, in: In Treue fest I, S. 433: «Es besteht in der Heimat zwar eine Knappheit, aber noch kein eigentlicher Mangel an Lebensmitteln. … Überhaupt macht sich die Industrie von der fremden Zufuhr immer unabhängiger.»

8
Die Quadratur des Kreises: Falkenhayn und Verdun 1916

1 Das folgende Kapitel basiert auf einem unveröffentlichten Manuskript, das wiederum auf die entsprechenden Kapitel aus Afflerbach, Falkenhayn, zurückging. Teile davon sind auf Englisch (Afflerbach, Planning Total War, in: Chickering/Förster: Great War, Total War) erschienen. Zur Forschungsdebatte siehe unten Anm. 36.

2 Afflerbach, Falkenhayn, S. 341–350; Rauchensteiner, Der Erste Weltkrieg, S. 487–496, 504–513; Fried, Life and Death Question, S. 124–130.
3 Afflerbach, Falkenhayn, S. 349; Fried, Life and Death Question, S. 128 f.
4 Rauchensteiner, Der Erste Weltkrieg, S. 509 f.
5 Afflerbach, Falkenhayn, S. 343 ff.
6 Broucek, General I, S. 364.
7 Afflerbach, Dreibund, S. 599–607. Dort auf S. 599, Fußnote 14, weitere Literatur.
8 Zur italienischen Haltung: Riccardi, Alleati non amici.
9 Rupprecht, Tagebucheintrag vom 13.10.1915, in: In Treue fest I, S. 394 («Ermattungsstrategie … Armutszeugnis»), 409 (Eintrag vom 25.10.1915).
10 Siehe oben, S. 95.
11 Afflerbach, Falkenhayn, S. 260; Gallwitz, Meine Führertätigkeit, S. 145.
12 RA V, S. 585; Afflerbach, Falkenhayn, S. 210.
13 Groener an das Reichsarchiv, 5.3.1934, in: BA/MA Freiburg, W-10/50705.
14 Afflerbach, Vani e terribili olocausti, S. 90 f.
15 RA X, S. 48.
16 Rathenau an Falkenhayn, Entwurf, November 1915, in: Sonderarchiv Moskau, 634–1–255; siehe auch Afflerbach, Planning total war, S. 119 f.
17 Afflerbach, Falkenhayn, S. 100.
18 Ebd., S. 70.
19 Der umfangreiche Nachlass Nicolais befindet sich im Sonderarchiv in Moskau.
20 Aus der Werkstatt der Reichsverderber. Wie Major Nicolai die Wahrheit hintertrieb, in: Vorwärts, 26.5.1920.
21 Siehe oben, S. 90, Plessen Tagebucheintrag vom 28.9.1914, in: Kaiser Wilhelm II. als Oberster Kriegsherr, Nr. P 50.
22 Siehe oben, S. 17.
23 Wild v. Hohenborn, Briefe, S. 120 (Tagebucheintrag vom 11.12.1915).
24 Afflerbach, Falkenhayn, S. 357.
25 Interview Tappen mit dem Reichsarchiv, in: Nachlass Tappen, BA/MA Freiburg.
26 Falkenhayn, Oberste Heeresleitung, S. 54.
27 Ebd., S. 180.
28 Plessen, Tagebucheintrag vom 3.12.1915, in: Kaiser Wilhelm II. als Oberster Kriegsherr, Nr. P 456.
29 Zur Entwicklung der Pläne der OHL zum Angriff auf Verdun siehe RA X, S.1–16, 22–41; Falkenhayn, Oberste Heeresleitung, S.183; Afflerbach, Falkenhayn, S. 360 ff.
30 Beschreibung der Front und der französischen Befestigungen vor Verdun bei Jessen, Verdun, S. 42–46.
31 Rupprecht, Tagebucheintrag vom 13.1.1916, in: In Treue fest I, S. 414.

32 Groener, Lebenserinnerungen, S. 247 (Tagebucheintrag vom 20.8.1915).

33 Plessen, Tagebucheintrag vom 7.1.1916, in: Kaiser Wilhelm II. als Oberster Kriegsherr, Nr. P 460.

34 Dieses Angriffsziel wird vielfach nachgewiesen, siehe Afflerbach, Falkenhayn, S. 362, 367; Solger, Falkenhayn, S. 93; RA X, S. 121.

35 Afflerbach, Falkenhayn, S. 361.

36 Die Frage nach Falkenhayns letzten Absichten vor Verdun hat eine sehr umfangreiche Forschungsdebatte ausgelöst, die mit seinen eigenen Schriften unmittelbar nach dem Krieg begann: Erich v. Falkenhayn, Verdun, Militär-Wochenblatt Nr. 6, 12. Juli 1919, S. 98–108; Falkenhayn, Oberste Heeresleitung, S. 176–184, in der er die sogenannte «Weihnachtsdenkschrift» abdruckte. Diese wurde in der Zwischenkriegszeit trotz erheblicher Zweifel an ihrem Quellenwert als Grundlage der Falkenhayn'schen Pläne akzeptiert und in mehreren Studien untersucht (Hermann Ziese-Behringer, Der einsame Feldherr. Die Wahrheit über Verdun. 2 Bde., Berlin 1934; Hermann Wendt, Verdun 1916. Die Angriffe Falkenhayns im Maasgebiet mit Richtung auf Verdun als strategisches Problem, Berlin 1931). Wendts Buch ist, wegen der Feststellung der deutschen und französischen Verluste vor Verdun, bis heute unverzichtbar. Wolfgang Foerster, Falkenhayns Plan für 1916. Ein Beitrag zu der Frage: Wie gelangt man aus dem Stellungskriege zu entscheidungssuchender Operation?, in: Militärwissenschaftliche Rundschau 3/1937; Ernst Kabisch, Verdun. Wende des Weltkrieges, Berlin 1935. Dann die Werke des Reichsarchivs: Schlachten des Weltkrieges 1914–1918. In Einzeldarstellungen bearbeitet und herausgegeben im Auftrag des Reichsarchivs, Bd. 1: Douaumont (verfasst von Werner Beumelburg), 2. Aufl. Berlin 1926; Bd. 13: Die Tragödie von Verdun. 1. Teil: Die deutsche Offensivschlacht, Berlin 1928; Bd. 14: 2. Teil: Das Ringen um Fort Vaux, Berlin 1928; Bd. 15: 3. und 4. Teil: Die Zermürbungsschlacht, Berlin 1929. Die amtliche Geschichte: Der Weltkrieg 1914 bis 1918. Die militärischen Operationen zu Lande, im Auftrag des Reichskriegsministeriums bearbeitet und herausgegeben von der Forschungsanstalt für Kriegs- und Heeresgeschichte. Bd. 10: Die Operationen des Jahres 1916 bis zum Wechsel in der Obersten Heeresleitung, Berlin 1936; Bd. 11 Die Operationen im Herbst 1916 und im Winter 1916/17, Berlin 1938. Wichtige Primärquelle: Kronprinz Wilhelm, Meine Erinnerungen aus Deutschlands Heldenkampf, Berlin 1923. Nach 1945: German Werth, Verdun. Die Schlacht und der Mythos, Bergisch Gladbach 1979; das Buch basiert auf Veteranenbefragungen. Afflerbach, Falkenhayn, stellte die Diskussion dauerhaft auf eine neue Basis durch eine Fundamentalkritik am Quellenwert der «Weihnachtsdenkschrift», hielt aber Falkenhayns Konzept einer Zermürbungsschlacht für authentisch: Afflerbach, Falkenhayn, S. 543–545, sowie S. 360–375. Diese Zweifel haben auch weitere Werke zum Thema beeinflusst (Robert T. Foley, German Strategy And The Path To Verdun. Erich

von Falkenhayn and The Development Of Attrition, 1870 – 1916, Cambridge 2005). Gerd Krumeich, Verdun, in: Hirschfeld, Gerhard u. a.: Enzyklopädie Erster Weltkrieg, S. 942–948; ders.,: Saigner la France? Mythes et réalité de la stratégie allemande de la bataille de Verdun, in: Verdun. 80e anniversaire. Guerres mondiales et conflits contemporains, Nr. 182 (1996), S. 17–29; Gerd Krumeich/Antoine Prost, Verdun 1916, Essen 2016; sowie Olaf Jessen, Verdun 1916. Urschlacht des Jahrhunderts, München 2014. Krumeich, Saigner la France, S. 21, 25, und Jessen, passim, besonders S. 381, werten Falkenhayns Konzept der «Ausblutungsschlacht» als reine Vernebelungstaktik. Jessen vertritt die These, Verdun sei als Durchbruchssschlacht geplant gewesen und die Ausblutungsidee sei eine nachträgliche Fabrikation, um das Scheitern der ursprünglichen Konzeption zu vernebeln. Diese Analyse ist, was den Rechtfertigungscharakter angeht, absolut zutreffend, lässt aber außer Acht, dass Falkenhayn Verdun von Anfang an als Artillerieschlacht plante, die den Franzosen sehr viel höhere Verluste zufügen sollte als den Deutschen und die Vorteile des Verteidigers im Stellungskrieg nutzen wollte. Das war die Grundidee der «Maasmühle», die quellenmäßig seit Anfang Dezember 1915 sehr gut dokumentiert ist, wenn Falkenhayn und seine Umgebung auch das makabre und abstoßende Vokabular zur Ausblutungsschlacht erst während der Schlacht voll ausgestaltet haben. Das von Falkenhayn später behauptete günstige Verlustverhältnis war der Versuch, argumentativ seinen Plan an die Realität des Schlachtverlaufs anzupassen; anfänglich scheint er deutsche Verluste überhaupt nicht berücksichtigt zu haben, später rechnete er sie mit ein und von da an entgleiste seine Argumentation mathematisch wie moralisch vollkommen (2:5 Verlustverhältnis etc.). Jessen behauptet, in Anlehnung an Untersuchungen des «Reichsarchivs», dass Falkenhayn ursprünglich «Durchbruchspläne» hatte (Jessen, Verdun, S. 381). Damit ist wahrscheinlich gemeint, dass Falkenhayn als Resultat einer erfolgreichen Operation vor Verdun auf einen britischen Entlastungsangriff hoffte, den er dann zurückschlagen wollte und für den er einen größeren Teil der Heeresreserve aufsparte. Ob dieser Gegenstoß ein «Durchbruch» gewesen wäre, muss Spekulation bleiben. Hier wäre einzuwenden, dass Falkenhayn, wie vielfach dokumentiert werden kann, die Idee des Durchbruchs an der Westfront abgelehnt hat. Nicht, weil er nicht durchbrechen wollte; hätte sich wider Erwarten plötzlich die Gelegenheit zum Durchbruch an der Westfront angeboten, hätte er sie sicher so freudig akzeptiert wie jemand, der kein Los gekauft hat und trotzdem in der Lotterie gewinnt. Aus prinzipiellen Gründen hielt Falkenhayn den Durchbruch im Westen aber für praktisch unmöglich und glaubte, Deutschland habe nicht die Kräfte, um ihn auch nur zu versuchen. Es ist sehr wahrscheinlich, dass er auch im Fall des erhofften britischen Angriffs darauf setzte, die Vorteile des Verteidigers im Stellungskrieg nutzen zu können, wie vor Verdun; denn sonst hätte er ja von sich aus einen aktiven Angriff auf die britische Front befehlen können. Die Debatte ist aber rein hypothetisch und voller «hätte», «könnte», und «würde». Was die historische Analyse erschwert, ist, dass Falkenhayns Pläne nach dem erhofften Erfolg vor Verdun so offen waren, dass eine detaillierte Beschreibung der nächsten Schritte, die über die Abwehr des erhofften britischen Entlastungsangriffs hinausgehen, fehlgehen und reine Spekulation des Historikers bleiben muss. Krumreich hebt hingegen stark auf das Ausschalten der Festung Verdun ab.

37 Afflerbach, Falkenhayn, S. 357.
38 RA X, S. 17 f.
39 Rupprecht, Tagebucheintrag vom 12.2.1916, in: In Treue fest I, S. 426.
40 Ebd., S. 365.
41 RA X, S. 27.
42 Tappen an das Reichsarchiv, 9.2.1934, in: RA X, S. 365.
43 Falkenhayn zu Mertz v. Quirnheim, 23.3.1919, in: Afflerbach, Falkenhayn, S. 365.
44 Dazu Afflerbach, Falkenhayn, S. 367 f., Fußnote 975.
45 Denkschrift abgedruckt bei Wendt, Verdun, S. 228–230.
46 Zitiert bei Afflerbach, Falkenhayn, S. 367.
47 Zwehl, Falkenhayn, S. 189.
48 Wild v. Hohenborn, Briefe, S. 138 (Tagebucheintrag vom 29.2.1916).
49 Bethmann Hollweg, 5.4.1916, in: Stenographische Protokolle des Reichstags, 13. LP, 39. Sitzung, S. 850.
50 Luckwald an Bethmann Hollweg, 15.3.1916, zitiert bei Afflerbach, Falkenhayn, S. 373.
51 Wendt, Verdun, S. 243.
52 Ebd., S. 115.
53 Ebd., S. 118 f.
54 Plessen, Tagebucheintrag vom 8.5.1916, in: Kaiser Wilhelm II. als Oberster Kriegsherr, Nr. P 488.
55 Rupprecht, Tagebucheintrag vom 20.3.1916, in: In Treue fest I, S. 438 f.
56 Afflerbach, Manuskript Verdun 1916.
57 Klepsch-Kloth an Conrad, 25.5.1916, in: Afflerbach, Falkenhayn, S. 405.
58 Nachlass Tappen, BA/MA Freiburg.
59 v. Kempis an Bethmann Hollweg, 1.6.1916, in: Afflerbach, Falkenhayn, S. 409.
60 Ebd., S. 405.
61 Wild v. Hohenborn, Briefe, S. 169 (Tagebucheintrag vom 26.6.1916).
62 Müller, Regierte der Kaiser?, S. 185 (Tagebucheintrag vom 28.5.1916).
63 Afflerbach, Falkenhayn, S. 407.

9
Von allen Seiten: Der alliierte Allfrontenangriff im Sommer 1916 und sein Scheitern

1 Zahlen: Watson, Ring of Steel, S. 392; zur kriegswirtschaftlichen Ausbeutung dieser Gebiete ebd., S. 394.
2 Das Memorandum ist in englischer Übersetzung online: http://www.firstworldwar.com/source/chantillymemo.htm.
3 Afflerbach, Falkenhayn, S. 411.
4 RA X, S. 442; Stone, Eastern Front, S. 239, spricht von 600 000 russischen und etwa 500 000 österreichisch-ungarischen Soldaten.
5 RA X, S. 442.
6 Zum österreichischen Aspekt der Schlacht: Rauchensteiner, Weltkrieg, S. 541–574.
7 So etwa ebd. S. 543–546.
8 RA X, S. 442 f.; Rauchensteiner, Weltkrieg, S. 543.
9 Stone, Eastern Front, S. 242.
10 Ebd., S. 241.
11 Jerabek, Brussilowoffensive.
12 Stone, Eastern Front, S. 241.
13 Ashworth, Trench Warfare.
14 Afflerbach, Falkenhayn, S. 412.
15 Conrad an Bolfras, 21.5.1916, zitiert bei Afflerbach, Falkenhayn, S. 412.
16 Ebd., S. 413.
17 Ebd., S. 414.
18 RA X, S. 460 f.
19 Afflerbach, Falkenhayn, S. 416.
20 Ebd., S. 414 f.
21 Luckwald an Bethmann Hollweg, 13.6.1916, zitiert ebd., S. 416.
22 Ebd. Siehe auch Lyncker, Briefe vom 17.6., 18.6., 19.6., 21.6., 22.6., 26.6., 27.6., 29.6., 2.7.1916, in: Kaiser Wilhelm II. als Oberster Kriegsherr, Nr. L 384-L 408.
23 Lyncker an seine Frau, 26.6.1916, ebd., L 404.
24 Kempis an Bethmann Hollweg, 1.6.1916, zitiert bei Afflerbach, Falkenhayn, S. 409.
25 Zahlen: RA X, S. 349; Herwig, First World War, S. 199; Watson, Ring of Steel, S. 313, 316.
26 Dazu Keegan, Antlitz des Krieges, S. 241–338. Zahlen: Watson, Ring of Steel, S. 321.
27 Ebd., S. 321.
28 BayHstA, KA, HGr Kronprinz Rupprecht, Nr. 242: Erfahrungen der 1. Armee in der Sommeschlacht.

29 RA X, S. 363 f.; Watson, Ring, S. 322.
30 Wild v. Hohenborn an seine Frau, 3.7.1916, in: Wild, Briefe, S. 174.
31 Thaer an seine Frau, 2.8.1916, zitiert bei Afflerbach, Bis zum letzten Mann, S. 80 f.
32 Jünger, Kriegstagebuch, Eintrag vom 28.8.1916, S. 177.
33 Afflerbach, Falkenhayn, S. 419, Anm. 1166.
34 Tappen, Tagebucheintrag vom 11.7.1916, in: BA/MA Freiburg, Nachlass Tappen.
35 Zitiert bei Wendt, Verdun, S. 174–176.
36 Wild v. Hohenborn an seine Frau, 15.7.1916, in: Wild, Briefe, S. 178.
37 Gallwitz, Führertätigkeit, S. 60.
38 Afflerbach, Falkenhayn, S. 423.
39 BayHstA, KA, HGr Kronprinz Rupprecht, Nr. 242: Erfahrungen der 1. Armee in der Sommeschlacht.
40 RA X, S. 349.
41 Deutschland im ersten Weltkrieg II, S. 344.
42 Sanitätsbericht III, S. 50 ff.; War Office, Statistics of the Military Effort, S. 324.
43 Wendt, Verdun, S. 243–246.
44 Anders Watson, Ring of Steel, S. 326, der die Somme eine «missed opportunity» nennt und darüber spekuliert, dass die deutschen Armeen einen alliierten Einbruch kaum hätten stoppen können, aber nicht sagt, wie dieser hätte gelingen können.
45 Afflerbach, Bis zum letzten Mann, S. 85.
46 Lyncker an seine Frau, 17.7.1916, in: Kaiser Wilhelm II. als Oberster Kriegsherr, Nr. L 422; Müller, Regierte der Kaiser?, S. 203.
47 Lyncker an seine Frau, 27.7.1916, in: Kaiser Wilhelm II. als Oberster Kriegsherr, Nr. L 432.
48 Am 17.8.1916 unterzeichnete die rumänische Regierung den Bündnisvertrag mit der Entente, in dem sie sich verpflichtete, bis zum 28.8. in den Krieg einzutreten. Das deutsche AA war durch aufgefangene italienische Funksprüche über die Verhandlungen informiert.
49 Zu der demoralisierenden Wirkung der Kriegserklärungen auf Wilhelm II. siehe Müller, Regierte der Kaiser?, S. 216 (27.8.1916): «Der Kaiser war ganz resigniert. Man hatte den Eindruck: Nur Frieden – alles andere ist ihm gleichgültig.»
50 RA X, S. 601 f.
51 Afflerbach, Eastern Front, S. 261.
52 Stevenson, Cataclysm, S. 136.
53 ÖULK V, S. 218; RA X, S. 566.

10
«Eigentlich kann nur ein Wunder uns retten»: Die deutsche Führung und die Kriegsaussichten im Herbst 1916

1 Link, Wilson V, S. 231; Hankey, Supreme Command II, S. 557.
2 Lyncker an seine Frau, 15.5.1916, in: Kaiser Wilhelm II. als Oberster Kriegsherr, Nr. L 389.
3 Chickering, Imperial Germany, S. 141 f.
4 N. P. Howard, Social and Political Consequences, S. 163 f.
5 Siehe unten S. 254 f.
6 Chickering, Imperial Germany, S. 143.
7 Howard, Social and Political Consequences, S. 163 f.
8 Watson, Ring of Steel, S. 397.
9 Riezler, Tagebucheintrag vom 18.2.1917, in: Riezler, Tagebücher, S. 407.
10 Chickering, Imperial Germany, S. 195: 624 000 zivile Verluste; Howard, Social and Political Consequences, S. 166, sowie Meerwarth, Einwirkung des Krieges, S. 20 f., 55: 474 085 zivile Verluste. Zu den Zahlen siehe Tabelle auf S. 508–509.
11 Ritter, Staatskunst III, S. 264 f.
12 Protokoll der Sitzung des Preußischen Staatsministeriums, 8.10.1916, in: Scherer-Grunewald, L'Allemagne I, Nr. 341, S. 498.
13 Lyncker an seine Frau, 2.10.1916, in: Kaiser Wilhelm II. als Oberster Kriegsherr, Nr. L 492.
14 Ritter, Staatskunst, vor allem Bd. III und IV.
15 Nachlass Nicolai, Sonderarchiv Moskau, 1414–1–13, S. 55.
16 Dazu zentral: Janßen, Wechsel.
17 Afflerbach, Falkenhayn, S. 216 f., 248.
18 Aufzeichnung Rathenaus über eine Unterredung mit Ludendorff, 10.7.1917, in: Nachlass Rathenau, Sonderarchiv Moskau, 634–1–286.
19 Erzberger, Erlebnisse im Weltkrieg, S. 264.
20 Ausgewogen dazu: Kielmannsegg, Deutschland; apologetisch: Ritter, Staatskunst III und IV.
21 Schreiben Bethmann Hollweg an Weizsäcker, 10.11.1914, zitiert nach Janßen, Macht und Verblendung, S. 237, Anm. 121.
22 Bethmann Hollweg, 28.9.1916, in: Stenographische Protokolle des Reichstags, 13. LP, 63. Sitzung, S. 1691.
23 Reichstagsrede Bethmann Hollwegs, 5.4.1916, in: UuF I, Nr. 193, S. 367.
24 Afflerbach, Falkenhayn, S. 247.
25 Wild v. Hohenborn an seine Frau, 22.8.1916, in: Wild, Briefe, S. 195.
26 Thomas Mann, Friedrich und die grosse Koalition.
27 Denkschrift Drews, 13.2.1918, in: UuF I, Nr. 141; besonders S. 265 f. über die Abnahme der Friedensbereitschaft nach Caporetto, und S. 268 über die An-

fälligkeit der Sozialdemokratie für die Verlockungen eines «guten Friedens», sollte dieser ohne Kriegsverlängerung erreichbar sein.

28 Vgl. Schreiben Vitzthum an Stieglitz, Abschrift, 4.12.1914, Sächsisches Hauptstaatsarchiv Dresden (SHStA), Sächs. Gesandt. Berlin, Nr. 285, Bl. 1–3. Dank an John Röhl.

29 Nicolai, Aufzeichnung vom 5.4.1918, in: Sonderarchiv Moskau, Nachlass Nicolai, 1414–1–16, S. 107.

30 Kronprinz Rupprecht an Hertling, 19.7.1917, in: UuF I, S. 398.

31 Handelskrieg mit U-Booten III, S. 367.

32 Nicolai, Aufzeichnung vom 3.9.1916, in: Sonderarchiv Moskau, Nachlass Nicolai, 1414–1–13, S. 71.

33 Nicolai, Aufzeichnung vom 4.9.1916, ebd., S. 72.

34 Nicolai, Aufzeichnung vom 4.9.1916, ebd., S. 71.

35 Ritter, Staatskunst III, S. 418.

36 Nicolai. Aufzeichnung vom 22.7.1917, in: Sonderarchiv Moskau, Nachlass Nicolai, 1414–1–13, S. 416.

37 Aufzeichnungen Rathenaus über eine Unterredung mit Ludendorff vom 16.2.1917, in: Sonderarchiv Moskau, Rathenau-Nachlass, 634–1–286.

38 Ebd., 10.7.1917.

39 Weiss, Kronprinz Rupprecht, S. 144.

40 Kaiser Wilhelm II. als Oberster Kriegsherr, S. 618–621.

41 Afflerbach, Kronprinz Rupprecht, S. 38.

42 Nebelin, Ludendorff, S. 259.

43 Daniel Marc Segesser, Controversy: Total War, in: 1914–1918-online (https://encyclopedia.1914–1918-online.net/article/controversy_total_war); Nebelin, Ludendorff, S. 243 ff.

44 Kaiser Wilhelm II. als Oberster Kriegsherr, S. 1–62, besonders S. 20–23.

45 Nicolai, Aufzeichnung zu Falkenhayn, in: Sonderarchiv Moskau, Nachlass Nicolai, 1414–1–13, S. 52.

46 Siehe unten, S. 419.

47 Drews, 13.2.1918, in: UuF I, S. 259.

48 Ritter von Storck an Czernin, 31.7.1917, in: Steglich, Friedensversuche der kriegführenden Mächte im Sommer und Herbst 1917, S. 384.

49 Nicolai, Aufzeichnung zum 31.1.1918, in: Sonderarchiv Moskau, Nachlass Nicolai, 1414–1–16, S. 34 f.

50 Helfferich, Weltkrieg III, S. 150.

51 Peter Gatrell, Poor Russia, poor show: mobilizing a backward economy for war, 1914–1917, in: Broadberry/Harrison, Economics of World War I, S. 235–275, S. 239.

52 Ebd., S. 241.

53 Ebd., S. 242, Table 8.3.

54 Ebd., S. 253.
55 Ebd., S. 258.
56 Gatrell, Poor Russia, S. 250: Der Anteil der Flüchtlinge an der Gesamtbevölkerung betrug 1918 über 7 Prozent. Sie war von 3,3 Prozent (1916) über 6,1 Prozent (1917) auf 7,4 Prozent (1918) angestiegen. Die städtische Bevölkerung war dadurch von 20,5 Millionen (1914) auf 25,6 Millionen Menschen (1918) angewachsen, die nicht hinreichend versorgt werden konnten, ebd., S. 259.
57 Pierre-Cyrille Hautcoeur, Was the Great War a watershed? The economics of World War I in France, in: Broadberry/Harrison, Economics of World War I, S. 169–205, S. 171.
58 Ebd., S. 173.
59 Stevenson, French War Aims, S. 29.
60 Ritter, Staatskunst III, S. 301–304.
61 Ebd., S. 305.
62 Ritter, Staatskunst III, S. 309 f.
63 «He [Robertson] told me of the Peace Party in the Cabinet, and showed me a memorandum by Lord Lansdowne advocating coming to terms with the Enemy!» Haig, Tagebuchaufzeichnungen vom 22.11.1916, in: Sheffield/Bourne, Douglas Haig, S. 258.
64 «He [Lloyd George] told me that he considered the political situation serious. Lord Lansdowne had written a terrible paper urging that we should make peace now, if Naval, Military, Financial and other heads of Department could not be certain of victory by next autumn», in: ebd., 25.11.1916, S. 259.
65 Ritter, Staatskunst III, S. 316.
66 Ebd., S. 318.
67 Ebd., S. 311. «Britain is prepared until the Prussian military despotism is broken beyond repair.»
68 Ebd., S. 312.
69 Ebd., S. 312.
70 Lloyd George, Lincoln Day Message, 12.2.1918, in: NYT: Current History: The European War, S. 50.

11
Panischer Aktivismus: Die Radikalisierung der Kriegführung unter der dritten Obersten Heeresleitung

1 Nicolai, Aufzeichung zum 28.8.1916, in: Sonderarchiv Moskau, Nachlass Nicolai, 1414–1–13, S. 32.
2 Riezler, Tagebucheintrag zum 22.11.1916, in: Riezler, Tagebücher, S. 383 f.

3 Nicolai, Aufzeichung, in: Sonderarchiv Moskau, Nachlass Nicolai, 1414–1–13, S. 152 f.
4 Nicolai, Aufzeichnung zum 29.1.1918, in: Sonderarchiv Moskau, Nachlass Nicolai, 1414–1–16, S. 31; siehe auch Riezler, Tagebucheintrag vom 22.11.1916, in: Riezler, Tagebücher, S. 384: «Hindenburg unterschreibt alles.»
5 Ritter, Staatskunst III, S. 419.
6 Ebd.; siehe dazu auch unten, S. 430 f.
7 Feldman, Army, S. 155 f.; Helfferich, Weltkrieg II, S. 251 ff.; Wild, Briefe, S. 202.
8 Feldman, Army, S. 149–196.
9 Ebd., S. 159; Nebelin, Ludendorff, S. 245.
10 Groener, Lebenserinnerungen, S. 339.
11 Nebelin, Ludendorff, S. 248.
12 Helfferich, Weltkrieg II, S. 281. Zu einer – kritischen – Bewertung Helfferichs als Ökonom siehe Williamson, Helfferich.
13 Wild v. Hohenborn, Brief vom 1.1.1917, in: Wild, Briefe, S. 211; Afflerbach, Falkenhayn, S. 470.
14 Feldman, Army, S. 156 f.; zur Vorkriegspolitik siehe Stein, Heeresrüstungspolitik.
15 Helfferich, Weltkrieg II, S. 256.
16 Schreiben Hindenburgs an Wild v. Hohenborn 31.8.1916, zitiert bei Nebelin, Ludendorff, S. 245 f.
17 Militär und Innenpolitik I, S. 489 Anm. 13; Nebelin, Ludendorff, S. 253; Ritter, Staatskunst III, S. 441.
18 Ebd., S. 436.
19 Ebd., S. 437.
20 Ebd., S. 438.
21 Ebd., S. 439.
22 Ebd., S. 441.
23 Branden Little, Commission for Relief in Belgium (CRB), in: 1914–1918-online (https://encyclopedia.1914–1918-online.net/article/commission_for_relief_in_belgium_crb).
24 Ritter, Staatskunst III, S. 442.
25 Nebelin, Ludendorff, S. 254; Ritter, Staatskunst III, S. 445.
26 Ebd., S. 446; Bryce an House sprach von «slave raiding and other cruelties in Belgium».
27 Ritter, Staatskunst III, S. 447.
28 Ebd., S. 20 f.
29 Afflerbach, Falkenhayn, S. 316–320.
30 Ritter, Staatskunst III, S. 421.
31 Ebd., S. 422.
32 Tooze, Ökonomie der Zerstörung.

33 Helfferich, Weltkrieg II, S. 261.
34 Feldman, Army, S. 175 f., mit einer Charakterisierung von Helfferichs Position gegen Zwang in der Wirtschaft; Ritter, Staatskunst III, S. 423.
35 Helfferich, Weltkrieg II, S. 257; Feldman, Army, S. 175.
36 Helfferich, Weltkrieg II, S. 262.
37 Zur Debatte über das Hilfsdienstgesetz: Feldman, Army, S. 197–249.
38 Feldman, Army, S. 241. Siehe ebd., S. 247, Feldmans Bewertung des Gesetzes als Schritt hin zur Integration der Arbeitnehmer in den Staat.
39 Text des Gesetzes: http://www.zaar.uni-muenchen.de/download/doku/historische_gesetze/mo-nr_30_vaterlaend.pdf; Helfferich, Weltkrieg II, S. 267.
40 Wild v. Hohenborn an seine Frau, 18./19.12.1916, in: Wild, Briefe, S. 208: «Die meisten gucken mehr auf ihre Vorgesetzten und Ludendorff als auf den Feind. Jeder hat nur Angst, daß er abgesägt wird.»
41 Nebelin, Ludendorff, S. 257 f.
42 Helfferich, Weltkrieg II, S. 279.
43 Ebd., S. 277.
44 Ebd., S. 281.
45 Nebelin, Ludendorff, S. 251.
46 Ebd., S. 248.
47 Ebd., S. 251.
48 Ebd., S. 248.
49 Helfferich, Weltkrieg II, S. 281 f.
50 Hutten-Czapski, Sechzig Jahre Politik II, S. 145, sowie Conze, Polnische Nation, S. 61.
51 Geiss, Polnischer Grenzstreifen.
52 Afflerbach, Falkenhayn, S. 314.
53 Watson, Ring of Steel, S. 405.
54 Stevensen, Cataclysm, S. 111 f.
55 Conze, Polnische Nation; Lemke, Allianz und Rivalität; Ritter, Staatskunst III, S. 253–284.
56 Afflerbach, Falkenhayn, S. 321–335; Ritter, Staatskunst III, S. 113–144.
57 Watson, Ring of Steel, S. 392.
58 Lemke, Allianz, S. 341.
59 Afflerbach, Falkenhayn, S. 313–315.
60 Zu den Umständen im besetzten Polen sehr innovativ und dicht: Watson, Ring of Steel, der ein plastisches Bild der repressiven Besatzungsherrschaft entwirft. Siehe auch Liulevicius, War Land, passim; Conze, Polnische Nation, passim; Lehnstaedt, Militärgouvernement Lublin. Lehnstaedt wendet sich hier gegen die Vorstellung von einer «wohlwollenderen» österreichisch-ungarischen Haltung, im Vergleich zur deutschen Besatzungsherrschaft.
61 Watson, Ring of Steel, S. 410.

62 Ebd., S. 411.
63 Ebd., S. 409.
64 Siehe oben, S. 236.
65 Lemke, Allianz, S. 339.
66 Ritter, Staatskunst III, S. 261.
67 Ebd., S. 260.
68 Afflerbach, Dreibund, S. 851–873.
69 Watson, Ring of Steel, S. 412.
70 Ritter, Staatskunst III, S. 266.
71 Watson, Ring of Steel, S. 413.
72 Ebd.
73 Ebd.
74 Siehe unten, S. 415, 417.
75 Conze, Polnische Nation, S. 255 ff.; Riezler, Tagebucheintrag vom 21.1.1917, in: Riezler, Tagebücher, S. 400 f.
76 Helfferich, Weltkrieg II, S. 383.
77 Schröder, U-Boote, S. 275.
78 Ebd., S. 276.
79 Bethmann Hollweg, 28.9.1916, in: Stenographische Protokolle des Reichstags, 13. LP, 63. Sitzung, S. 1693.
80 Ritter, Staatskunst III, S. 328.
81 Ballin, zitiert bei Müller, Tagebucheintrag vom 20.6.1917, in: Müller, Regierte der Kaiser?, S. 295; Ritter, Staatskunst III, S. 369.
82 Kennedy, Rise of Anglo-German Antagonism; Seils, Weltmachtstreben, S. 47 (mit einem Zitat Erzbergers von 1912).
83 Afflerbach, Falkenhayn, S. 388.
84 Nebelin, Ludendorff, S. 290.
85 Münkler, Der Große Krieg, S. 241–247.
86 Zu Lissauer: Zweig, Welt von Gestern, S. 266–269, Zitat S. 268.
87 Seils, Weltmachtstreben, S. 198.
88 Watson, Ring of Steel, S. 443, 659.
89 Afflerbach, Falkenhayn, S. 388.
90 Helfferich, Weltkrieg II, S. 362.
91 Seils, Weltmachtstreben, S. 204.
92 Ebd., S. 201.
93 Epstein, Erzberger, S. 173–183; Seils, Weltmachtstreben, S. 203 f.; Hauptausschuss II, S. 732.
94 Schröder, U-Boote, S. 265; Seils, Weltmachtstreben, S. 206.
95 Ebd., S. 200.
96 Aufruf zur Gründung der Deutschen Vaterlands-Partei, 2.9.1917, in UuF II, Nr. 248, S. 49.

97 Nebelin, Ludendorff, S. 291.
98 Afflerbach, Falkenhayn, S. 392.
99 Helfferich, Weltkrieg II, S. 386 f.
100 Seils, Weltmachtstreben, S. 201: «Nachdem sich das Unterseeboot als eine wirksame Waffe gegen die englische, auf Aushungerung Deutschlands berechnete Kriegsführung erwiesen hat, gibt der Reichstag seiner Überzeugung Ausdruck, dass es geboten ist, wie von allen unsern militärischen Machtmitteln so auch von den Unterseebooten denjenigen Gebrauch zu machen, der die Erringung eines die Zukunft Deutschlands sichernden Friedens verbürgt und bei Verhandlungen mit auswärtigen Staaten die für die Seegeltung Deutschlands erforderliche Freiheit im Gebrauch dieser Waffe unter Beachtung der berechtigten Interessen der neutralen Staaten zu wahren.»
101 Offer, First World War, S. 28; Ullrich, Kriegsalltag, S. 40–43.
102 Kronprinz Rupprecht, Tagebucheintrag vom 11.2.1917, in: In Treue fest II, S. 97.
103 Max Weber, Gesammelte politische Schriften, München 1921, S. 66.
104 Ritter, Staatskunst III, S. 414.
105 Fischer, Griff, S. 400.
106 Nebelin, Ludendorff, S. 236.
107 Ebd., S. 300.
108 Afflerbach, Falkenhayn, S. 378.
109 Sehr ähnliche Argumente verwendete Helfferich im Oktober 1916 vor dem Hauptausschuss des Reichstags, siehe Helfferich, Weltkrieg II, S. 383–389.
110 Weber, Schriften, S. 70.
111 Ebd.
112 Ebd.
113 Nebelin, Ludendorff, S. 297.
114 Lyncker an seine Frau, 26.1.1917, in: Kaiser Wilhelm II. als Oberster Kriegsherr, L 550.
115 Ritter, Staatskunst III, S. 319.
116 FdU an U-Flottillen, 10.5.1917, zitiert bei Schröder, U-Boote, S. 479.
117 Ebd., S. 219 f.
118 Ebd., S. 399.
119 Ebd., S. 150.
120 Ritter, Staatskunst III, S. 327.
121 Stevenson, Cataclysm, S. 213; Helfferich, Weltkrieg II, S. 395, mit Zahlen.
122 Seils, Weltmachtstreben, S. 203.
123 Ebd., S. 211.
124 Nach Stevenson, Cataclysm, S. 209, betrug die Zahl der U-Boote Ende 1915: 54; Ende 1916: 133. Auf S. 213 wird die Zahl von 108 Booten im Jahre 1916 erwähnt.

125 Helfferich, Weltkrieg II, S. 383.
126 Ebd., S. 387.
127 Ebd., S. 389.
128 Ebd., S. 390; Epstein, Erzberger, S. 180 f., zu den Gründen Erzbergers, dieser Resolution zuzustimmen.
129 Protokoll der Beratung über die Aufnahme des rücksichtslosen U-Boot-Kriegs vom 31.9.1916, in: UuF I, Nr. 70, S. 128.
130 Helfferich, Weltkrieg II, S. 394.
131 Riezler, Tagebucheintrag vom 11.11.1916, in: Riezler, Tagebücher, S. 379.

12
«Ein meisterhafter Coup»: Die Friedensfühler des Dezember 1916

1 Vietsch, Wilhelm Solf, S. 371.
2 Wild v. Hohenborn, Brief an Zorn, 1.1.1917, in: Wild, Briefe, S. 215.
3 House, Intimate Papers II, S. 141. Der Bericht Bethmanns über diese Unterredung (Aufzeichnung Bethmanns vom 28.1.1916, in: Scherer-Grunewald, L'Allemagne I, Nr. 196, S. 264 f.) weicht in Tenor und Bewertungen extrem von den Schilderungen von House ab, und doch handelt es sich, wie an mehreren Argumenten festgemacht werden kann, um die gleiche Unterredung.
4 House, Papers II, S. 141.
5 Ritter, Staatskunst III, S. 186.
6 Ebd., S. 183–191, 288.
7 Stevenson, Cataclysm, S. 120.
8 Janßen, Kanzler, S. 253.
9 Helfferich, Weltkrieg II, S. 351.
10 Rauchensteiner, Der Erste Weltkrieg, S. 606, spricht von einem «point of no return» der Habsburgermonarchie im Herbst 1916. Zur Gesamtsituation, vor allem der inneren, siehe Herwig, First World War, S. 272–283; zur inneren Situation in Deutschland und Österreich-Ungarn siehe Watson, Ring of Steel, S. 330–374.
11 Steglich, Bündnissicherung, S. 23.
12 Ebd., S. 26.
13 Marvin Fried, «A Life and Death Question»: Austro-Hungarian War Aims in the First World War, in: Afflerbach, Purpose, S. 117–140, S. 132.
14 Steglich, Bündnissicherung, S. 31, mit einer Auflistung des konkreten Friedensangebots, das durch eine neutrale Macht übermittelt werden sollte: 1. Volle territoriale Integrität, 2. Rückgabe der deutschen Kolonien; volle territoriale Integrität Frankreichs; Souveränität Belgiens, Garantien für Deutschland; König-

reich Polen; Grenzberichtigung im Osten; Lovcen und Albanien; bulgarische und österreichisch-ungarische Gewinne in Serbien; bulgarische und österreichisch-ungarische Gewinne in Rumänien; für Russland: Durchfahrt durch die Dardanellen.

15 Steglich, Bündnissicherung, S. 37; Wilhelm II. an Franz Joseph, 1.11.1916, in: Scherer-Grunewald, L'Allemagne I, Nr. 357, S. 537 f.

16 Ritter, Staatskunst III, S. 339.

17 Helfferich, Weltkrieg II, S. 366 f.

18 Franz Joseph an Wilhelm II., 5.11.1916, in: Scherer-Grunewald, L'Allemagne I, Nr. 364, S. 547.

19 Romberg an Bethmann Hollweg, 27.11.1916, in: Scherer-Grunewald, L'Allemagne I, Nr. 397, S. 582–586; Ritter, Staatskunst III, S. 338; Seils, Weltmachtstreben, S. 194.

20 Helfferich, Weltkrieg II, S. 356.

21 Zustimmende Note des Kaisers vom 31.10.1916 bei Helfferich, Weltkrieg II, S. 358.

22 Helfferich, Weltkrieg II, S. 357; RA XI, S. 453; Ludendorff, Kriegserinnerungen, S. 243.

23 Bethmann Hollweg an Hindenburg, 4.11.1916, Scherer-Grunewald, L'Allemagne I, Nr. 361; dessen Antwort, 5.11.1916, ebd., Nr. 365.

24 Ritter, Staatskunst III, S. 354.

25 Protokoll der Sitzung des Staatsministeriums am 27.10.1916, in: Kocka/Neugebauer, Protokolle des Preußischen Staatsministeriums X (1909–1918), Nr. 180, S. 173 f.; Steglich, Bündnissicherung, S. 39–58; Ritter, Staatskunst III, S. 334.

26 Ebd., S. 335.

27 Zum Imperialismus der Einzelstaaten siehe Janßen, Macht und Verblendung, passim.

28 Ritter, Staatskunst III, S. 337.

29 Steglich, Bündnissicherung, S. 40.

30 Afflerbach, Rupprecht, S. 43.

31 Protokoll der Sitzung des Preußischen Staatsministeriums, 8.10.1916, Scherer-Grunewald, L'Allemagne I, Nr. 341, Zitat S. 499.

32 Steglich, Bündnissicherung, S. 51.

33 Ebd., S 46.

34 Wilhelm II. an Franz Joseph, 1.11.1916, in: Scherer-Grunewald, L'Allemagne I, Nr. 357, Zitat S. 537.

35 Steglich, Bündnissicherung, S. 83–93.

36 Ebd., S. 93.

37 Helfferich, Weltkrieg II, S. 359.

38 Bethmann Hollweg, 12.12.1916, in: Stenographische Protokolle des Reichstags, 13. LP, 80. Sitzung, S. 2332.

39 Steglich, Bündnissicherung, S. 142.
40 Riezler, Tagebucheintrag vom 13.12.1916, in: Riezler, Tagebücher, S. 387.
41 Ebd., 23.12.1916, S. 387.
42 RA XI, S. 171 f.
43 Ritter, Staatskunst III, S. 349.
44 Steglich, Bündnissicherung, S. 162.
45 Ebd., S. 165.
46 Protokoll der Sitzung des Staatsministeriums am 27.10.1916, in: Kocka/Neugebauer, Protokolle des Preußischen Staatsministeriums X (1909–1918), Nr. 180, S. 173 f.
47 Helfferich, Weltkrieg II, S. 368.
48 Ebd., S. 374 f.
49 Ritter, Staatskunst III, S. 361.
50 Ebd., S. 361.
51 Foreign Relations 1916, Suppl., S. 124 f.; Ritter, Staatskunst III, S. 359.
52 Wilhelm II, 5.1.1917, in: UuF II, S. 85.
53 Grünau an Auswärtiges Amt, 4.1.1917, in: Scherer-Grunewald, L'Allemagne I, Nr. 459, S. 660 f.
54 Kaiser Karl an Wilhelm II., 2.1.1917, in: Scherer-Grunewald, L'Allemagne I, Nr. 456, S. 656; Konferenzprotokoll, 6.1.1917, ebd., Nr. 460, S. 662.
55 Riezler, Tagebucheintrag vom 6.1.1917, in: Riezler, Tagebücher, S. 391.
56 Helfferich, Weltkrieg II, S. 369.
57 Steglich, Bündnissicherung, S. 166, 168 f.
58 Zelikow, The road less travelled.
59 Siehe den Bericht des amerikanischen Geschäftsträgers in Berlin, Joseph Grew, an Lansing vom 7.11.1916, in dem er eine Verbindung zwischen der Kampagne für den U-Boot-Krieg, den zunehmenden Lebensmittelverknappungen und dem wachsenden Friedenswunsch in Deutschland zog. Wilson sah den Bericht und bezeichnete ihn am 5.12.1916 als «indeed most interesting». In: Woodrow Wilson Papers XL, S. 141–146, S. 163.
60 Baker, Wilson VI, S. 376.
61 Zum Problem der britisch-amerikanischen Finanzbeziehungen grundlegend: Burk, Britain.
62 Baker, Wilson VI, S. 378 f.; Tooze, Deluge, S. 52, spricht von 75 Millionen Dollar pro Woche, denen 215 Millionen Dollar in Werten in New York und Goldreserven, die etwa sechs Wochen abdecken würden, gegenüberstanden.
63 Tooze, Deluge, S. 48; Burk, Britain, S. 356 f.
64 Dazu Tooze, Deluge, S. 46–55; Stevenson, Cataclysm, S. 120; Burk, Britain, S. 358 f.
65 Tooze, Deluge, S. 54 f.
66 Steglich, Bündnissicherung, S. 97.

67 Zimmermann an Botschaft Washington, 28.12.1916, in: Scherer-Grunewald, L'Allemagne I, Nr. 441, S. 640 f.; dito., 7.1.1917, in: ebd., Nr. 463, S. 668 f.

68 Helfferich, Weltkrieg II, S. 375 f.; Schröder, U-Boote, S. 294.

69 So auch Balfour zu Andersen, nach Riezler, Tagebucheintrag vom 18.2.1917, in: Riezler, Tagebücher, S. 406; dazu auch Ritter, Staatskunst III, S. 300 (zu Briand).

70 Ritter, Staatskunst III, S. 389 f.

71 Dazu Tooze, Deluge, S. 53–57.

72 «They imply, first of all, that it must be a peace without victory. It is not pleasant to say this. I beg that I may be permitted to put my own interpretation upon it and that it may be understood that no other interpretation was in my thought. I am seeking only to face realities and to face them without soft concealments. Victory would mean peace forced upon the loser, a victor's terms imposed upon the vanquished. It would be accepted in humiliation, under duress, at an intolerable sacrifice, and would leave a sting, a resentment, a bitter memory upon which terms of peace would rest, not permanently, but only as upon quicksand. Only a peace between equals can last. Only a peace the very principle of which is equality and a common participation in a common benefit. The right state of mind, the right feeling between nations, is as necessary for a lasting peace as is the just settlement of vexed questions of territory or of racial and national allegiance.» In: http://www.firstworldwar.com/source/peacewithoutvictory.htm.

73 Ritter, Staatskunst III, S. 388.

74 Wilson an House, 24.1.1917, in: Link, Wilson V, S. 277.

13
Das verspielte Remis: Der unbeschränkte U-Boot-Krieg und der Kriegseintritt der USA

1 Ähnlich Ritter, Staatskunst III, S. 393.

2 Dazu interessante Erwägungen bei Höbelt, Stehen oder Fallen, S. 146 f.; siehe auch Ritter, Staatskunst III, S. 375.

3 Schröder, U-Boote, S. 296. UuF I, Nr. 78, S. 136.

4 Schröder, U-Boote, S. 297.

5 Schon am 3.8.1914 hatte Hampe geklagt: «Es fehlt an Nachrichten vom Auslande.» Hampe, Kriegstagebuch, S. 99.

6 Helfferich, Weltkrieg II, S. 414 f., besonders S. 417.

7 Müller, Tagebucheintrag vom 29.1.1917, in: Müller, Regierte der Kaiser?, S. 254.

8 Grünau an Auswärtiges Amt, 2.1.1917, in: Scherer-Grunewald, L'Allemagne I, Nr. 455, S. 655; Ritter, Staatskunst III, S. 374 f.
9 Riezler, Tagebucheintrag vom 9.1.1917, in: Riezler, Tagebücher, S. 393.
10 Müller, Tagebucheintrag vom 21.12.1916, in: Müller, Regiert der Kaiser? S. 244.
11 Holtzendorff an Hindenburg, 22.12.1916, in: UuF I, Nr. 79; Schröder, U-Boote, S. 297 f.; Watson, Ring of Steel, S. 417 f.; Ritter, Staatskunst III, S. 370 f.
12 Watson, Ring of Steel, S. 417.
13 Seils, Weltmachtstreben, S. 206; Westarp, Konservative Politik II, S. 107.
14 Schröder, U-Boote, S. 298.
15 Müller, Tagebucheintrag vom 8.1.1917, in: Müller, Regierte der Kaiser?, S. 247.
16 Afflerbach, Falkenhayn, S. 376–403; Kaiser Wilhelm II. als Oberster Kriegsherr, S. 23–25.
17 Lyncker an seine Frau, 29.11.1916, in: Kaiser Wilhelm II. als Oberster Kriegsherr, Nr. L 525.
18 Hindenburg an Bethmann Hollweg, 26.12.1916, in: UuF I, Nr. 82, S. 144 f.
19 Ritter, Staatskunst III, S. 373 f., 378.
20 Ebd., S. 376.
21 UuF I, Nr. 83, S. 146. Siehe auch Churchill, World Crisis, S. 675, mit Spekulationen von Tirpitz über U-Boot-Krieg und russische Revolution. Ludendorff behauptete später fälschlich, ein Zusammenbruch Russlands sei am 9.1.1917 «von niemandem in Betracht gezogen» worden, hätte aber die «Anschauungen naturgemäß stark beeinflußt». Handelskrieg mit U-Booten III, S. 377.
22 Müller, Tagebucheintrag vom 8.1.1917, in: Müller, Regierte der Kaiser?, S. 247.
23 Ritter, Staatskunst III, S. 372 f.
24 Erzberger, Erlebnisse, S. 256.
25 Ebd., S. 218.
26 Epstein, Erzberger, S. 183.
27 Helfferich, Weltkrieg II, S. 405 f.; Ritter, Staatskunst III, S. 379.
28 Zu Helfferich und der Marinedenkschrift vom 22.12.1916, Helfferich, Weltkrieg II, S. 404, 406.
29 Aufzeichnung Bartenwerffers, 9.1.1917, in: UuF I, Nr. 84, S. 146–147.
30 Lyncker an seine Frau, 9.1.1917, in: Kaiser Wilhelm II. als Oberster Kriegsherr, Nr. L 541.
31 Aufzeichnung Valentinis, 9.1.1917, in: UuF I, Nr. 85, S. 148.
32 Zu dieser Besprechung: Müller, Tagebucheintrag vom 9.1.1917, in: Müller, Regierte der Kaiser?, S. 248 f.; Bethmann Hollweg, Betrachtungen II, S. 137 f.; Riezler, Tagebücher, S. 393; Janßen, Exzellenz, S. 248; Schwertfeger, Kaiser, S. 145 f.; Ritter, Staatskunst III, S. 368 ff.; Stegemann, Marinepolitik, S. 47 ff.
33 Müller, Tagebucheintrag vom 9.1.1917, in: Müller, Regierte der Kaiser?, S. 248 f.
34 Plessen, Tagebucheintrag vom 26.1.1917, in: Kaiser Wilhelm II. als Oberster Kriegsherr, Nr. P 589.

35 Seils, Weltmachtstreben, S. 211, zitiert Hans Peter Hansen. Ritter, Staatskunst III, S. 561; Bethmann behauptete, für den U-Boot-Krieg gewesen zu sein.
36 Seils, Weltmachtstreben, S. 211, glaubt, Helfferichs Ausführungen hätten dessen wahre Meinung wiedergegeben. Siehe auch Ritter, Staatskunst III, S. 404.
37 UuF I, Nr. 85, S. 148 f.
38 Müller, Tagebucheintrag vom 9.1.1917, in: Müller, Regierte der Kaiser?, S. 249.
39 UuF I, Nr. 85, S. 148.
40 Anders Leonhard, Büchse der Pandora, S. 615 f.
41 Ritter, Staatskunst III, S. 396, mit Bethmanns Begründung für den U-Boot-Krieg vor dem Bundesratsausschuss am 16.1.1917; er begründete ihn damit, dass ohne ihn die Westfront nicht stabil zu halten sei.
42 Lyncker an seine Frau, 1.2.1917, in: Kaiser Wilhelm II. als Oberster Kriegsherr, Nr. L 554.
43 Ritter, Staatskunst III, S. 395 f.
44 Ebd., S. 404.
45 Riezler, Tagebucheintrag vom 30.8.1916, in: Riezler, Tagebücher, S. 372.
46 Handelskrieg mit U-Booten III, S. 376 f. Ludendorff, Kriegserinnerungen, S. 249, behauptete, die Zahlenangaben der Marine nicht «buchstäblich» genommen zu haben.
47 Seils, Weltmachtstreben, S. 209
48 Fischer, Griff, S. 400.
49 Holtzendorff am 8.1.1917, Gesprächsprotokoll, in: UuF I, Nr. 83, Zitat S. 146.
50 Riezler, Tagebucheintrag vom 10.1.1917, in: Riezler, Tagebücher, S. 395.
51 Helfferich, Weltkrieg II, S. 417 f.
52 Ebd., S. 418.
53 Ebd., S. 419 f.; Scherer-Grunewald, L'Allemagne I, Nr. 476.
54 Lansing, War memoirs, S. 210–212.
55 Boghardt, Zimmermann Telegram (schon zuvor als working paper, 2003); bietet eine gründliche und überzeugende Analyse; Tuchman, Zimmermann Telegram; Katz, Deutschland, Diaz und die mexikanische Revolution, S. 337–473; Link, Wilson III, S. 433–436.
56 Siehe oben, S. 102–109.
57 Lansing, War memoirs, S. 208; siehe auch Ritter, Staatskunst III, S. 401.
58 Helfferich, Weltkrieg II, S. 408.
59 Tooze, Deluge, S. 60–62.
60 Link, Wilson V, S. 398 f., im Gespräch mit Frank Cobb von der «New York World». Ritter, Staatskunst III, S. 415 f.
61 Link, Wilson V., S. 425.
62 Anders Stevenson, With our Backs, S. 15, der der Ansicht ist, das Friedensangebot habe «primarily a public relations purpose» gehabt.
63 Tooze, Deluge, S. 39.

64 House, siehe oben, S. 278, 291; Stevenson, Cataclysm, S. 255.
65 Watson, Ring of Steel, S. 424.
66 Woodrow Wilson, Rede am 10.5.1915 in the Philadelphia Convention Hall; die Rede war offiziell betitelt als «Americanism and the Foreign Born», aber wurde inoffiziell «too proud to fight» genannt.
67 RA XI, S. 449.
68 Churchill, World Crisis, S. 670 f.
69 Beispiel: die Lyncker-Kriegsbriefe, in: Kaiser Wilhelm II. als Oberster Kriegsherr, z. B. Nr. L 564.
70 Ähnlich Churchill, World Crisis, S. 671.
71 Siehe unten, S. 421.
72 Ledebour, 28.2.1917, in: Stenographische Protokolle des Reichstags, 13. LP, 84. Sitzung, S. 2435.
73 Ebd.
74 Scheidemann, 27.2.1917, in: Stenographische Protokolle des Reichstags, 13. LP, 83. Sitzung, S. 2389.
75 Westarp, 27.2.1917, in: Stenographische Protokolle des Reichstags, 13. LP, 83. Sitzung, S. 2407.
76 Ebd., S. 2408.
77 Scheidemann, 27.2.1917, in: Stenographische Protokolle des Reichstags, 13. LP, 83. Sitzung, S. 2387.
78 Theodor Wolff, Tagebucheintrag vom 12.1.1917, in: Wolff, Tagebücher I, Nr. 497.
79 Siehe Stevenson, With our Backs, passim.
80 Georges-Henri Soutou, Die Kriegsziele des Deutschen Reiches, Frankreichs, Großbritanniens und der Vereinigten Staaten während des Ersten Weltkrieges: ein Vergleich», in: Michalka, Der Erste Weltkrieg, S. 28–53, S. 33.
81 Ritter, Staatskunst IV, S. 169. Ebd., S. 163–182, zu dem Problem der Rolle Elsass-Lothringens im Ersten Weltkrieg.
82 Zum französischen «Geheimbericht Nr. 7» siehe Riezler, Tagebucheintrag vom 1.5.1917, in: Riezler, Tagebücher, S. 430.
83 Riezler, Tagebucheintrag vom 16.4.1917, in: Riezler, Tagebuch, S. 427. Dort ist auch ein Verweis auf die Frankfurter Zeitung Nr 105, 1. Morgenblatt, 17.4.1917: «Aus dem Lager der Alldeutschen».
84 Siehe auch Leonhard, Büchse der Pandora, S. 612 f.
85 Afflerbach, Internationale, S. 248.
86 Tosi, La propaganda italiana; Tooze, Deluge, besonders S. 119 f.
87 http://www.zeit.de/2007/50/SM-Kleist-Biografie
88 Steglich, Friedensversuche 1917, Frontseite.
89 Nicolai, Aufzeichnung zu Falkenhayn, in: Sonderarchiv Moskau, Nachlass Nicolai, 1414–1–13, S. 52.
90 Snyder, Bloodlands.

91 Kronprinz Rupprecht, der Befehlshaber der nach ihm benannten Heeresgruppe an der Westfront, notierte am 4. Mai 1918 in seinem Kriegstagebuch, dass französische Soldaten erst durch einen Maueranschlag vom Friedensangebot vom Dezember 1916 erfahren hätten. BaBHStA, Abt III Geh Hausarchiv, Nachlass Kronprinz Rupprecht, Nr. 708.
92 Tooze, Deluge, S. 40.
93 Afflerbach, Eastern Front, S.234–265, besonders S. 255.
94 Kennan, The fateful alliance.
95 Riezler, Tagebucheintrag vom 10.1.1917, in: Riezler, Tagebücher, S. 396.
96 Ferguson, Pity of War, S. 433–463 und besonders S. 443 f.
97 Larsen, Plotting for Peace; Zelikow, Road less travelled.
98 Clausewitz, Vom Kriege, 8. Buch, Zweites Kapitel: Absoluter und wirklicher Krieg.
99 Kielmansegg, Deutschland, S. 293; Afflerbach, Falkenhayn, S. 456; Falkenhayn, Oberste Heeresleitung, S. 245; RA X, S. 651.
100 Afflerbach, Internationale, S. 248.
101 Beispiel: Wiseman, zitiert bei House, Intimate Papers II, S. 423 f.

14
Die militärischen Entwicklungen im ersten Halbjahr 1917

1 RA XI, S. 18.
2 Ludendorff, Kriegserinnerungen, S. 209 ff.; RA XI, S. 17; Nebelin, Ludendorff, S. 226.
3 Kronprinz Wilhelm, 2.1.1917, in: BHStA, KA, Hgr KPR 243: Erfahrungen vor Verdun 1916/17.
4 Kronprinz Wilhelm, 6.3.1917, in: ebd.
5 RA XI, S. 171.
6 Kronprinz Wilhelm, 23.12.1916, in: BHStA, KA, Heeresgruppe Kronprinz Rupprecht, Nr. 243: Erfahrungen vor Verdun 1916/17.
7 Kronprinz Wilhelm, 2.1.1917, in: ebd.
8 Wendt, Verdun, S. 147.
9 Schlachten des Weltkrieges 14/2: Die Tragödie von Verdun 1916, S. 62.
10 Zitiert bei Afflerbach, Bis zum letzten Mann, S. 81.
11 Bericht Postüberwachungsstelle der 6. Armee, 4.9.1918, in: UuF II, S. 301.
12 Kronprinz Wilhelm, 2.1.1917, in: BHStA, KA, Heeresgruppe Kronprinz Rupprecht, Nr. 243: Erfahrungen vor Verdun 1916/17.
13 Ebd.
14 Kronprinz Wilhelm, 6.3.1917, in: BHStA, KA, Heeresgruppe Kronprinz Rupprecht, Nr. 243: Erfahrungen vor Verdun 1916/17.

15 Nicolai, Aufzeichnungen zu 1918, in: Sonderarchiv Moskau, Nachlass Nicolai, 1414–1–16, S. 245 ff.

16 Afflerbach, Falkenhayn, S. 210.

17 RA XI, S. 17.

18 Nebelin, Ludendorff, S. 232. Kronprinz Rupprecht war allerdings froh, als diese Vorfeldtaktik 1918 wieder aufgegeben wurde, und schrieb: «Nichts ist gefährlicher wie schematisches Verfahren: dies tötet den Geist. … muss man bedenken, dass die Vielgestaltigkeit der einzelnen Fälle und Verhältnisse im Kriege sich nur meistern lässt, wenn man von jedem Schema sich loslöst und der jeweils gegebenen Lage entsprechend verfährt, den Eingebungen des gesunden Menschenverstandes folgend.» Rupprecht, Tagebucheintrag vom 21.9.1918, in: Bayerisches HStA, Abt III Geh Hausarchiv, Nachlass Kronprinz Rupprecht, Nr. 708, S. 4067.

19 RA XI, S. 509; zum Entschluss ebd., S. 509–516.

20 RA XII, S. 119–155.

21 Ebd. Die Zahl, wie viele Divisionen eingespart werden konnten, ist nicht einfach zu ermitteln. Ebd., S. 120: geplant Einsparung von 10 Divisionen; S. 128: Einsparung von 13 plus eventuell 2 Divisionen; S. 132: 10–13 Divisionen. S. 138: unmittelbar vor dem Rückzug standen an dieser Front 29 Divisionen, nach dem Rückzug in der neuen Stellung 21 Divisionen (S. 150); davon konnten aber einige später verlegt werden (S. 154), und außerdem konnten in der neuen Stellung abgekämpfte Einheiten verwendet werden. Die Zahl bei Leonhard, Büchse der Pandora, S. 617, von 20 Divisionen scheint zu hoch gegriffen.

22 Zu «Alberich» siehe: Michael Geyer, Rückzug und Zerstörung 1917, in: Hirschfeld/Krumeich/Renz (Hrsg.), Die Deutschen an der Somme, S. 163–202; März, Wittelsbach, S. 336.

23 Dazu grundlegend: Pedroncini, Mutineries de 1917.

24 General Sixt v. Armin war Führer der 4. Armee, Kronprinz Rupprecht Chef der nach ihm benannten Heeresgruppe, General Otto v. Below Führer der 6. Armee und General Fritz v. Below der 1. Armee, General v. Marwitz Führer der 2. Armee, General v. Boehn der 7. Armee, Generaloberst v. Einem Führer der 3. Armee, Kronprinz Wilhelm Führer der nach ihm benannten Heeresgruppe, General v. Gallwitz der 5. Armee.

25 Lyncker an seine Frau, 24.5.1917, in: Kaiser Wilhelm II. als Oberster Kriegsherr, Nr. L 610.

26 Schröder, U-Boote, S. 307.

27 Ebd., S. 320.

28 Ebd.

29 Ebd., S. 319.

30 Watson, Ring of Steel, S. 426 f.

31 Ebd., S. 432.

32 Schröder, U-Boote, S. 341; Stevenson, Cataclysm, S. 264, mit anderen Zahlen.

33 Helfferich, Weltkrieg III, S. 35.
34 Stevenson, Cataclysm, S. 265.
35 Jürgen Mirow, Der Seekrieg 1914–1918, S. 142.
36 Bericht des Chefs der U-Flotille Flandern, Juni 1917, über Abwehr in feindlichen Gewässern, in: UuF I, Nr. 106; Watson, Ring of Steel, S. 440.
37 Schröder, U-Boote, S. 437, Tabelle 14; Watson, Ring of Steel, S. 440.
38 Ebd., S. 441.
39 Erzberger, Erlebnisse, S. 256.
40 Watson, Ring of Steel, S. 439.
41 Ebd., S. 440 f.
42 Schröder, U-Boote, S. 399.
43 Siehe unten, S. 402.
44 Leonhard, Büchse der Pandora, S. 561 f.

15
Die erste russische Revolution und die Chancen auf Frieden mit der russischen Demokratie

1 Leonhard, Büchse der Pandora, S. 675.
2 Stevenson, Cataclysm, S. 254.
3 Stevenson, French War Aims, S. 52–55; Ritter, Staatskunst III, S. 299.
4 Clausewitz, Vom Kriege, VIII, 9
5 Leonhard, Büchse der Pandora, S. 661–688.
6 Ebd., S. 661–688.
7 Gatrell, Refugees.
8 Stevenson, Cataclysm, S.249, mit Zahlen.
9 Lyandres, Fall of Tsarism.
10 Tooze, Deluge, S. 68–87.
11 Wheeler Bennett, Brest, S. 31.
12 Helfferich, Weltkrieg III, S. 23.
13 Riezler, Tagebucheintrag vom 10.4.1917, in: Riezler, Tagebucher, S. 426; Helfferich, Weltkrieg III, S. 25.
14 Ebd., S. 25; Fischer, Griff, S. 428; Scheidemann, 15.5.1917, in: Stenographische Protokolle des Reichstags, 13. LP, 109. Sitzung, S. 3390.
15 George Kennan an Lansing, 23.5.1917, in: Robert Lansing, Official Papers, Mudd Library, Princeton University.
16 Helfferich, Weltkrieg III, S. 26.
17 Stevenson, Cataclysm, S. 267. Riezler, Tagebucheintrag vom 16.4.1917, in: Riezler, Tagebücher, S. 427.
18 Stevenson, Cataclysm, S. 267.

19 Grünau an AA, 20.4.1917, in: Scherer-Grunewald, L'Allemagne II, Nr. 83.
20 Riezler, Tagebucheintrag vom 1917, in: Riezler, Tagebücher, S. 428.
21 Helfferich, Weltkrieg III, S. 26.
22 Fischer, Griff, S. 452.
23 Bethmann Hollweg, 15.5.1917, in: Stenographische Protokolle des Reichstags, 13 LP, 109. Sitzung, S. 3397; Helfferich, Weltkrieg III, S. 26.
24 Grünau an Bethmann Hollweg, 14.4.1917, in: Scherer-Grunewald, L'Allemagne II, Nr. 67; Memorandum Czernins an Kaiser Karl, und dessen Weitersendung an Wilhelm II.; Fischer, Griff, S. 459 ff.
25 Bethmann Hollweg an Grünau, 18.4.1917, in: Scherer-Grunewald, L'Allemagne II, S. 125 f.
26 Riezler, Tagebucheinträge vom 13.4.1917, 16.4.1917, in: Riezler, Tagebücher, S. 426 f.
27 Scheidemann, 15.5.1917, in: Stenographische Protokolle des Reichstags, 13. LP, 109. Sitzung, S. 3395; Riezler (13.4.1917), in: Riezler, Tagebücher, S. 426.
28 Ritter, Staatskunst III, S. 495.
29 Grünau an Bethmann Hollweg, 24.4.1917, in: Scherer-Grunewald II, Nr. 87; Lyncker an seine Frau, 23.4.1917, in: Kaiser Wilhelm II. als Oberster Kriegsherr, Nr. L 584; Müller, Tagebucheintrag vom 23.4.1917, in: Müller, Regierte der Kaiser?, S. 278 f.; Plessen, Tagebucheintrag vom 23.4.1917, in: Kaiser Wilhelm II. als Oberster Kriegsherr, Nr. P 622; Fischer, Griff, S. 453 ff.
30 Czernin, Im Weltkriege, S. 334, berichtet, dass er sich am 5. Februar 1918 mit Ludendorff über deutsche Kriegsziele gestritten habe, bis ihm Hertling zuflüsterte: «Lassen Sie ihn, wir zwei werden das zusammen machen ohne Ludendorff.» Das blieb nicht unbemerkt, siehe Hindenburg an Wilhelm II., 7.1.1918, in: Lutz, Causes, S. 26 f., mit Hindenburgs Eindruck, die Diplomaten würden ihn und Ludendorff reden lassen und dann doch machen, was ihnen richtig scheine.
31 Fischer, Griff, S. 425.
32 Bethmann Hollweg, 15.5.1917, in: Stenographische Protokolle des Reichstags, 13. LP, 109. Sitzung, S. 3397. Sehr positive Wertung der Rede bei Ritter, Staatskunst III, S. 526 f.
33 Bethmann Hollweg, Betrachtungen II, S. 35; Interfraktioneller Ausschuss I, S. XV.
34 Interfraktioneller Ausschuss I, S. XV.
35 Fischer, Griff, S. 435.
36 Scheidemann, 7.7.1917, UuF II, S. 12; Interfraktioneller Ausschuss I, S. XIII; Helfferich, Weltkrieg III, S. 75 f.
37 Interfraktioneller Ausschuss I, S. XI; Fischer, Griff, S. 437.
38 Fischer, Griff, S. 439; Interfraktioneller Ausschuss I, S. XVII; Bergsträsser, Preußische Wahlrechtsfrage im Kriege, S. 130 ff.

39 Fischer, Griff, S. 440.
40 Bethmann Hollweg, 15.5.1917, in: Stenographische Protokolle des Reichstags, 13. LP, 109. Sitzung, S. 3396.
41 Grünau an AA, 19.4.1917, in: Scherer-Grunewald, L'Allemagne II, Nr. 80, S. 130 f.
42 Siehe unten, S. 399, 427.
43 Siehe hierzu besonders Riezler, Tagebucheintrag vom 12.1.1917, in: Riezler, Tagebücher, S. 398. Siehe auch Afflerbach: Einleitung zur Neuauflage von: Riezler, Tagebücher, S. XVI f.
44 Leonhard, Büchse der Pandora, S. 651–655.
45 Ebd., S. 675.
46 Tooze, Deluge, S. 86; House an Wilson, 15.8.1917, in: House, Intimate Papers III, S. 153.
47 House an Wilson, 17.8.1917, in: House, Intimate Papers III, S. 156 f.
48 Tooze, Deluge, S. 86 f.
49 House an Balfour, 18.8.1917, in: House, Intimate Papers III, S. 154–155.

16
«Kriegspsychose»? Das Friedensangebot des Deutschen Reichstags und die Ablösung Bethmann Hollwegs

1 v. Hellingrath, zitiert bei Ritter, Staatskunst III, S. 551.
2 Müller, Tagebucheintrag vom 14.3.1917, in: Regierte der Kaiser?, S. 265; Lyncker an seine Frau, 17.3.1915, in: Kaiser Wilhelm II. als Oberster Kriegsherr, Nr. L 135; dito 20.3.1916, Nr. L 361; 15.5.1917, Nr. L 601. Ähnlich Helfferich, Weltkrieg III, S. 439: «nervenzerrüttenden Einfluß der allgemeinen Hochspannung».
3 Ritter, Staatskunst III, S. 561.
4 Ebd., S. 554. Dazu kurz und eindringlich: Interfraktioneller Aussschuß I, S. XXV f.
5 Scheidemann, Zusammenbruch, S. 82 f.; Ritter, Staatskunst III, S. 558.
6 David, Tagebucheintrag vom 2.7.1917, zitiert in: Interfraktioneller Ausschuss I, S. XXVI; Ritter, Staatskunst III, S. 560.
7 Erzberger, Januar 1918, in: UuF II, Nr. 247, S. 47; Interfraktioneller Auschuß I, S. XXIII f.
8 Ebd., S. XXIX.
9 Seils, Weltmachtstreben, S. 370; zur Bewertung der Stimmung in der SPD: Interfraktioneller Auschuß I, S. XXIV f.
10 Seils, Weltmachtstreben, S. 332.
11 Rede Erzbergers in Bredt, Reichstag, S. 108 ff; Schiffers, Hauptausschuß.

12 Ritter, Staatskunst III, S. 568 f.
13 Interfraktioneller Ausschuß I, S. XXXIV.
14 Payer, Von Bethmann Hollweg bis Ebert, S. 29 f.
15 Dokumente in: Interfraktioneller Ausschuß, I und II, passim; einleitend zur Arbeit des Interfraktionellen Ausschusses: S. XXXV-LII.
16 Ritter, Staatskunst III, S. 562 f.
17 Am 9.7.1917 im Hauptausschuss, zitiert ebd., S. 564.
18 Ebd., S. 566.
19 Ebd., S. 575.
20 Ebd., S. 576.
21 Ebd.
22 Interfraktioneller Ausschuss I, S. 26; Ritter, Staatskunst III, S. 547.
23 Seils, Weltmachtstreben, S. 368.
24 Ebd., S. 346, 370.
25 Ebd., S. 341.
26 Bericht des Kronprinzen, in: UuF I, Nr. 228, S. 446–449.
27 Ritter, Staatskunst III, S. 577.
28 Schilderung der Vorgänge auch bei Schwertfeger, Kaiser, S.168; Berg, Erinnerungen, S.120 f., mit ähnlichen Interpretationen; Berg auf einer Erzählung Plessens basierend. Bülow, Denkwürdigkeiten III, S. 267 f., gehässige und in den Details ungenaue, aber in den großen Linien zutreffende Version der Vorgänge.
29 Zu Michaelis die umfangreiche Untersuchung von Becker, Michaelis, die versucht, Michaelis gerecht zu werden.
30 Den Eindruck grotesker Hilflosigkeit machte Michaelis in der – satirisch zugespitzten – Gesprächsaufzeichnung Theodor Wolffs von einer Zusammenkunft am 27.7.1916, dazu Wolff, Tagebücher I, Nr. 581, S. 524 f.
31 Zitiert nach Afflerbach, Falkenhayn, S. 233.
32 Text der Friedensresolution des Deutschen Reichstags vom 19.7.1917 in: UuF II, Nr. 241, S. 37.
33 Ebd., S. 46. Die Nationalliberalen stimmten gegen die Resolution.
34 Stellungnahme Michaelis zur Friedensresolution, 19.7.1917, in: ebd., Nr. 244, S. 42.
35 Haase, 19.7.1917, in: Stenographische Protokolle des Reichstags, 13. LP, 116. Sitzung, S. 3585–3596.
36 Michaelis an Kronprinz Wilhelm, 25.7.1917, in: UuF II, Nr. 246.
37 Ritter, Staatskunst III, S. 551–587.
38 Falkenhayn an Wild, 5.2.1917, in: Wild, Briefe, Nr. 155, S. 223.
39 Kühlmann, Erinnerungen, S. 577.
40 Czernin, Im Weltkriege, S. 270.
41 Afflerbach, Internationale, S. 252.

42 Aufruf zur Gründung der Deutschen Vaterlands-Partei, in: UuF II, Nr. 248.
43 Hagenlücke, Deutsche Vaterlandspartei.
44 Erzberger, Erlebnisse, S. 256.
45 Bruendel, Volksgemeinschaft oder Volksstaat, S. 143–290; siehe zusammenfassend dazu: Holger Afflerbach, Rezension zu: Steffen Bruendel: Volksgemeinschaft oder Volksstaat. Die «Ideen von 1914» und die Neuordnung Deutschlands im Ersten Weltkrieg. Berlin 2003, in: H-Soz-Kult, 2.12.2003.
46 Die Friedensofferte Papst Benedikts ist dicht erforscht. Siehe Steglich, Friedensappell Papst Benedikts XV.; ders., Verhandlungen des 2. Unterausschusses; Ritter, Staatskunst IV, S. 26–40.
47 Stevenson, With Our Backs, S. 535.

17
«Die Entlarvung der Mittelmächte»? Sieg und Friedensschluss im Osten

1 Zu Bruchmüller: Zabecki, Steel Wind. Zu Riga dort, S. 21–26. «Durchbruchmüller» stand sogar auf seinem Grabstein, ebd., Illustrationen.
2 Czernin, Im Weltkriege, S. 304, fasste die bolschewistischen Hoffnungen, wie sie beispielsweise von Adolf Joffe, einem der führenden Bolschewiki der ersten Stunde, vertreten wurden, ironisch so zusammen: «Seine ganze Theorie basiert darauf, das Selbstbestimmungsrecht der Völker auf breitester Basis in der ganzen Welt einzuführen und diese befreiten Völker zu veranlassen, sich dauernd gegenseitig zu lieben.»
3 Zur dritten Flandernschlacht (Passchendaele) siehe Stevenson, Cataclysm, S. 271–277; RA XIII, S. 53–147.
4 Kuhl an Rupprecht, 31.5.1921, BayHStA, GHA, NL Rupprecht, Nr. 724.
5 Hier folge ich Stevenson, Cataclysm, S. 272 («The concept was bold and imaginative.»).
6 RA XIII, S. 146.
7 Ebd., S. 146.
8 Siehe die Bewertung bei Stevenson, Cataclysm, S. 276 («wasteful failure»).
9 RA XIII, S. 427.
10 Rauchensteiner, Der Erste Weltkrieg, S. 799–831; RA XIII, S. 208–308.
11 Ebd., S. 308; andere Zahlen bei Lupfer, Dynamics of doctrine, S. 38.
12 Lyncker an seine Frau, 14.11.1917, in: Kaiser Wilhelm II. als Oberster Kriegsherr, Nr. L 678. Siehe auch Corni/Bucicol/Schwarz, Inediti della Grande Guerra.
13 Hindenburg, Aus meinem Leben, S. 206 f.
14 Rocca, Cadorna, S. 261–311.

15 Rauchensteiner, Der Erste Weltkrieg, S. 827.
16 Ebd., S. 797.
17 Selbst Lloyd George dachte Ende 1917 an eine Kompromisslösung, obwohl Kabinett und Foreign Office dagegen waren, siehe Cassar, Lloyd George, S. 167.
18 Czernin, Im Weltkriege, S. 323. Ebd., S. 329, mit seinen dem ungarischen Ministerpräsidenten Wekerle gegenüber geäußerten Zweifeln, dass Ungarn tatsächlich nichts liefern könne.
19 Czernin, Im Weltkriege, S. 326.
20 Vergleich bei Stevenson, With our Backs, passim, besonders S. 350–508.
21 Wheeler-Bennett, Brest-Litovsk, S. 75 f.
22 Ebd., 76 f.
23 Tooze, Deluge, S. 129.
24 Zentrale These von Höbelt, Stehen oder Fallen.
25 Hertling, 25.2.1918, in: Stenographische Protokolle des Reichstags, 13. LP, 133. Sitzung, S. 4142.
26 French, Strategy of the Lloyd George Coalition, S. 43.
27 Fischer, Griff, unter anderem S. 346–358, 491–504, 592–626; das Riezler-Tagebuch gibt auch zahlreiche Hinweise auf die Versuche, Osteuropa in eine deutsche Einflusszone zu verwandeln.
28 Hertling, 29.11.1917, in: Stenographische Protokolle des Reichstags, 13. LP, 127. Sitzung, S. 3947.
29 Fischer, Griff, S. 632; Kühlmann, Erinnerungen, S. 523 f., siehe auch Trotzkis Erinnerungen, https://www.marxists.org/deutsch/archiv/trotzki/1929/leben/31-brest.htm
30 Fischer, Griff, S. 632.
31 https://www.marxists.org/deutsch/archiv/trotzki/1929/leben/31-brest.htm
32 Czernin, Im Weltkriege, S. 335; Rosenberg an AA,; 15.1.1918, in: Hahlweg, Brest-Litowk, Nr. 199.
33 Zahlreiche Randbemerkungen des Kaisers in Hahlweg, Brest-Litowsk.
34 Protokoll des Preußischen Staatsministeriums, 4.2.1918, in: Scherer-Grunewald, L'Allemagne III, Nr. 225; Geiss, Polnischer Grenzstreifen.
35 Hoffmann, Krieg der versäumten Gelegenheiten, S. 204.
36 Czernin, Im Weltkriege, S. 314.
37 Ebd.
38 Hoffmann, Krieg der versäumten Gelegenheiten, S. 207 f.; Hahlweg, Brest-Litowsk. Dort unter anderem: Hoffmann an OHL, 5.12.1917, Nr. 34; 18.12.1917, Nr. 91; Schüler an AA, 3.1.1918, Nr. 139.
39 Hoffmanns Rede vom 12.1.1918, in: Hahlweg, Brest-Litowsk, S. 299 f.; Hoffmann, Krieg der versäumten Gelegenheiten, S. 209. Österreichische Pressestimmen über den «Faustschlag» des Generals Hoffmann, 15.1.1918, in: Hahlweg, Brest-Litowsk, Nr. 200.

40 Helfferich, Weltkrieg III, S. 259 f.; Kühlmann an Lersner, 4.12.1917, in: Scherer-Grunewald, L'Allemagne III, Nr. 49.
41 https://www.marxists.org/deutsch/archiv/trotzki/1929/leben/31-brest.htm. Schilderung der Szene in: Protokoll vom 12.1.1918, in: Hahlweg, Brest-Litowsk, Nr. 181.
42 Ritter, Staatskunst IV, S. 117.
43 Ebd., S. 107, 117.
44 https://www.marxists.org/deutsch/archiv/trotzki/1929/leben/31-brest.htm.
45 Hoffmann, Krieg der versäumten Gelegenheiten, S. 207; https://www.marxists.org/deutsch/archiv/trotzki/1929/leben/31-brest.htm.
46 Hoffmann, Krieg der versäumten Gelegenheiten, S. 206.
47 Leo Trotzki,: Mein Leben, Kapitel: Verhandlungen in Brest.
48 Bussche an Rosenberg, 25.12.1917, in: Hahlweg, Brest-Litowsk, Nr. 105.
49 Ritter, Staatskunst IV, S. 93.
50 Ebd., S. 96.
51 Ebd., S. 94.
52 Hoffmann, Krieg der versäumten Gelegenheiten, S. 213; Watson, Ring of Steel, S. 496.
53 Tooze, Deluge, S. 124.
54 Ebd., S. 125.
55 Czernin, Im Weltkriege, S. 312; Stevenson, Cataclysm, S. 315.
56 Hahlweg, Brest-Litowsk, S. 144 ff.
57 Ebd., S. 144; Ritter, Staatskunst IV, S. 112; Stevenson, Cataclysm, S. 315.
58 Hoffmann, Krieg der versäumten Gelegenheiten, S. 199 f.
59 Ritter, Staatskunst IV, S. 118.
60 Ebd., S. 124.
61 Ebd., S. 124 f.
62 Czernin, Im Weltkriege, S. 308.
63 Hertling an Hindenburg, Ritter, Staatskunst IV, S. 125–129. Stevenson, Cataclysm, S. 315.
64 Lersner an AA, 1.1.1918, in: Scherer-Grunewald, L'Allemagne III, Nr. 134; Ritter, Staatskunst IV, S. 113.
65 Hoffmann, Krieg der versäumten Gelegenheiten, S. 198 f.
66 Stevenson, Cataclysm, S. 315 (»… dropped the mask«).
67 Tooze, Deluge, S. 85. Die Wahlen waren am 12./25. November (julianischer/gregorianischer Kalender).
68 Ritter, Staatskunst IV, S. 111.
69 Helfferich, Weltkrieg III, S.257.
70 Hoffmann, Krieg der versäumten Gelegenheiten, S. 212 f.
71 Ebd., S. 213; Watson, Ring of Steel, S. 496 f.
72 Ebd., S. 496–506.

73 Ritter, Staatskunst IV, S. 145.
74 Czernin, Im Weltkriege, S. 346.
75 Ebd., S. 340.
76 Ebd., S. 345 f.
77 Hoffmann, Krieg der versäumten Gelegenheiten, S. 210–213.
78 Ritter, Staatskunst IV, S. 115.
79 Der finnische Landtag hatte am 4.12.1917 die Unabhängigkeit der Republik Finnland erklärt. Obwohl die bolschewistische Regierung diese Erklärung am 3.1.1918 anerkannt hatte, kam es am 27.1. zum Staatsstreich der von Russland unterstützten Sozialisten und einem monatelangen Bürgerkrieg.
80 Wheeler-Bennett, Brest-Litovsk, S. 226 f.
81 Ebd., S. 227.
82 Zu dieser Beratung siehe Müller, Regierte der Kaiser?, S. 353 ff. (13.2.1918); Ludendorff, Kriegserinnerungen, S. 446ff.; Fischer, Griff, S. 663 ff.; Ritter, Staatskunst IV, S. 137–140; dort sind auf S. 497 Anm. 66 die Quellen aufgelistet. Es ging um den Friedensschluss und das weitere militärische Engagement im Osten. Ritter (ebd., S. 139) bewertet Wilhelms II. Stellungnahme als «erschütternd primitiv», was für alle seine Randbemerkungen im Zusammenhang mit dem Ostfrieden gelten muss; siehe Hahlweg, Brest Litowsk, passim. Der Kaiser versuchte, dem Reichstag ein Mitspracherecht in dieser Angelegenheit zu verwehren und schwadronierte von einer antideutschen Verschwörung von Juden, Freimaurern, Bolschewisten und Wilson. Siehe auch RA XIII, S. 354 f.
83 Seils, Weltmachtstreben, S. 514 f.
84 Zum Entscheidungsprozess zur Wiederaufnahme des Krieges im Osten RA XIII, S. 354 f.; Ritter, Staatskunst IV, S. 141.
85 Dazu RA XIII, S. 354 f.; Ritter, Staatskunst IV, S. 141; Wheeler-Bennett, Brest-Litovsk, S. 245.
86 Lyncker an seine Frau, 18.2.1918, in: Kaiser Wilhelm II. als Oberster Kriegsherr, Nr. L 725.
87 Wheeler-Bennett, Brest-Litovsk, S. 239, 247 f.
88 Ebd., S. 246; siehe auch Lyncker an seine Frau, 20.2.1918, in: Kaiser Wilhelm II. als Oberster Kriegsherr, Nr. L 726; Müller, Regierte der Kaiser?, S. 357 (Tagebucheintrag vom 19.2.1918).
89 Wheeler-Bennett, Brest-Litovsk, S. 245. Die wesentlichen Bedingungen des auf 48 Stunden befristeten Ultimatums waren: Räumung Estlands, Livlands, Finnlands, der Åland-Inseln und der Ukraine; Besetzung Estlands und Livlands durch deutsche Polizeieinheiten; Verpflichtung zu sofortigem Friedensschluss mit der Ukraine; Räumung der besetzten türkischen Gebiete in Kleinasien und der 1878 von der Türkei an Russland abgetretenen Gebiete an der kaukasischen Grenze; Demobilisierung von Heer und Flotte; Unterlassung jeder Agitation und Propaganda in den Ländern der Mittelmächte.

90 Lyncker an seine Frau, 24.2.1918, in: Kaiser Wilhelm II. als Oberster Kriegsherr, Nr. L 728.
91 Ritter, Staatskunst IV, S. 144.
92 Watson, Ring of Steel, S. 494: Ritter, Staatskunst IV, S. 145.
93 Seils, Weltmachtstreben, S. 519.
94 Liebknecht, Politische Aufzeichnungen, S. 51.
95 Ledebour, 19.3.1918, in: Stenographische Protokolle des Reichstags, 13. LP, 143. Sitzung, S. 4473.
96 Seils, Weltmachtstreben, S. 530.
97 David, 18.3.1918, in: Stenographische Protokolle des Reichstags, 13. LP, 142. Sitzung, S. 4431.
98 David, ebd.; siehe auch Seils, Weltmachtstreben, S. 530.
99 Ebd., S. 523.
100 Westarp, 19.3.1918, in: Stenographische Protokolle des Reichstags, 13. LP, 142. Sitzung, S. 4472.
101 Westarp, ebd., S. 4464.
102 Seils, Weltmachtstreben, S. 516 f., 521 f.
103 Stresemann, 19.3.1918, in: Stenographische Protokolle des Reichstags, 13. LP, 143. Sitzung, S. 4461.
104 Ritter, Staatskunst IV, S. 147.
105 Seils, Weltmachtstreben, S. 517.
106 Am 27.2.1918 hatte Graf Czernin, der bis Herbst 1916 österreichisch-ungarischer Gesandter in Bukarest gewesen war, eine längere Aussprache mit dem rumänischen König Ferdinand gehabt, dem er ein auf 48 Stunden befristetes Ultimatum zur Annahme der Friedensbedingungen der Mittelmächte gestellt hatte (RA XIII, S.359). Bei Ablauf der 48-stündigen Frist zur Annahme der Friedensbedingungen traf ein Schreiben Averescus ein, das jedoch als ungenügend betrachtet wurde. Auf Initiative Czernins kam es zu einem Aufschub von 24 Stunden, aber am 2.3.1918 wurde der Waffenstillstand durch die Mittelmächte aufgekündigt; die Operationen sollten am 5.3. beginnen. Am 2.3. nachmittags akzeptierte die rumänische Regierung die Friedenbedingungen. Diese umfassten u. a.: Einsetzung einer den Mittelmächten genehmen Regierung; Abtretung der gesamten Dobrudscha; Grenzberichtigungen in den Karpaten zugunsten Österreich-Ungarns; rumänische Gebietserwerbungen in Bessarabien auf Kosten Russlands; Fortdauer der Besetzung Rumäniens; Bestimmungen über Wirtschaftsfragen, Donau-Schifffahrt und Gefangenenaustausch; Durchmarschrechte für Truppen der Mittelmächte nach Odessa; Demobilisierung von mindestens acht Divisionen (der Rest sollte eventuell gegen die Bolschewisten zur Verfügung bleiben). Zu den Spannungen zwischen den Verbündeten auf dem Balkan siehe Mühlmann, Oberste Heeresleitung, S. 190 ff.; Ritter, Staatskunst IV, S. 220 ff.

107 Ritter, Staatskunst IV, S. 148.
108 Seils, Weltmachtstreben, S. 515; Scheidemann, 26.2.1918, in: Stenographische Protokolle des Reichstags, 13. LP, 134. Sitzung, S. 4162 ff.
109 Relativ wohlwollende Bewertung bei Watson, Ring of Steel, S. 492–513, bes. S. 494 f.; Tooze, Deluge, S. 108–123, bes. S. 108.
110 Ritter, Staatskunst IV, S. 107.
111 Ebd., S. 99.
112 Ebd., S. 100.
113 Ledebour, 19.3.1918, in: Stenographische Protokolle des Reichstags, 13. LP, 143. Sitzung, S. 4474.
114 Siehe Lehnstaedt, Militärgouvernement Lublin; Ritter, Staatskunst IV, S. 145.
115 Stevenson, Cataclysm, S. 316.
116 Siehe unten, S. 420.
117 Siehe die Randbemerkungen Wilhelms II., in: Hahlweg, Brest-Litowsk, passim.
118 Westarp, 19.3.1918, in: Stenographische Protokolle des Reichstags, 13. LP, 143. Sitzung, S. 4466.
119 Cassar, Lloyd George, S. 167. Lloyd George sagte: Germany «will fight on for years and, with access to the cornfields of Russia, she can do it».
120 Hans Delbrück: Koreferat zu den Gutachten des Generals d. Inf. a. D. v. Kuhl und des Obersten a. D. Schwertfeger, in: Das Werk des Untersuchungsausschusses der Verfassunggebenden Deutschen Nationalversammlung und des Deutschen Reichstages 1919–1930, 4. Reihe: Die Ursachen des Deutschen Zusammenbruchs im Jahre 1918, Band 3, Berlin 1925, S. 239–373. S. 334 f., S. 252, mit den Mengen an Lebensmitteln und Pferden aus der Ukraine.
121 Baumgart, Unternehmen Schlußstein.

18
«Glänzend, aber hoffnungslos»: Die Lage des Deutschen Reiches um die Jahreswende 1917/18

1 Zu den Kämpfen in den Kolonien siehe Strachan, To War, S. 495–643.
2 Hertling, 29.11.1917, in: Stenographische Protokolle des Reichstags, 13. LP, 127. Sitzung, S. 3944–3947.
3 Ebd, S. 3947.
4 Ebd., S. 3945.
5 Riezler, Tagebucheintrag vom 15.4.1918, in: Riezler, Tagebücher, S. 460.
6 Stresemann an Ludendorff, 29.4.1918, in: UuF 1, Nr. 181, S. 336 f.
7 Scheidemann, 27.2.1917, in: Stenographische Protokolle des Reichstags, 13. LP, 83. Sitzung, S. 2388.

8 Stevenson, Cataclysm, S. 313.
9 Scheidemann, 29.11.1917, in: Stenographische Protokolle des Reichstags, 13. LP, 127. Sitzung, S. 3950.
10 Ebert, 1.12.1917, in: Stenographische Protokolle des Reichstags, 13. LP, 128. Sitzung, S. 3972.
11 Siehe oben, S. 399.
12 Ritschl, Pity of peace, S. 57.
13 Siehe Ritter, Staatskunst IV, S. 157 ff.; Interfraktioneller Ausschuß II, Nr. 155; Huber, Verfassungsgeschichte IV, S. 433 ff.
14 Skalweit, Kriegsernährungswirtschaft, S. 235–239; Ritschl, Pity of peace, S. 58.
15 Ebd., S. 64.
16 Ebd., S. 44.
17 Ebd.
18 Chickering, Freiburg im Ersten Weltkrieg, passim.
19 Siehe dazu die Ergebnisse von aufschlussreichen Regionalstudien: Chickering, Freiburg im Ersten Weltkrieg; Ullrich, Kriegsalltag; Davis, Home Fires Burning, Healy, Vienna and the Fall of the Habsburg Empire.
20 Siehe oben, S. 163.
21 Seils, Weltmachtstreben, S. 571.
22 Lyncker an seine Frau, Briefe 1917/18, in: Kaiser Wilhelm II. als Oberster Kriegsherr, Nr. L 561-L 703.
23 Clausewitz, Vom Kriege, 1. Teil, 1. Kapitel, S. 19.
24 Lloyd George, War Memoirs IV, S. 162 f.
25 Ebd., S. 264; Woodward, Origins and Intent.
26 Rumpler, Kaiser Karl.
27 Höbelt, Stehen oder Fallen, S. 154.
28 Lloyd George, War Memoirs IV, S. 234, 238.
29 Ebd., S. 239, 246.
30 Ebd., S. 253 («on crushing the German military power»).
31 Ebd., S. 259, 260.
32 Czernin, Im Weltkriege, S. 199.
33 Ebd., S. 197 f., 269; Höbelt, Stehen oder Fallen, S. 154 f.; Ritter, Staatskunst IV, S. 47 ff.
34 Woodward, Origins and Intent, S. 33 f.
35 Lloyd George, War Memoirs IV, S. 256.
36 Afflerbach, Rupprecht, S. 43.
37 Woodward, Origins and intent, S. 30.
38 Ebd., S. 39.
39 Ebd., S. 38 f.
40 Stevenson, With our backs, S. 535.
41 Lloyd George's Caxton Hall Rede, siehe unten, S. 414 f.

42 Czernin, Im Weltkriege, S. 219 f.
43 Rupprecht, Tagebucheintrag vom 19.2.1917, in: In Treue fest II, S. 331.
44 Lloyd George, War Memoirs IV, S. 267 f.
45 Ebd., S. 233.
46 Czernin, Im Weltkriege, S. 226 f., 235 f.
47 Woodward, Origins and intent, S. 31 f.
48 Lloyd George, War Memoirs IV, S. 240 («I pointed out … that we were now in the position, with America's backing, of being able to carry on indefinitely till we won a victory that would enable us to dictate terms.»).
49 Ebd., S. 253 f.
50 Dazu Helfferich, Weltkrieg III, S. 355–357; Ritter, Staatskunst IV, S. 237–240.
51 «But those who look forward with horror to the prolongation of the war, who believe that its wanton prolongation would be a crime differing only in degree from that of the criminals who provoked it.»
52 Ritter, Staatskunst IV, S. 240.
53 Woodward, Origins and Intent, passim.
54 Tooze, Deluge, S. 87 (Wilson, August 1917); Ritter, Staatskunst IV, S. 240 (Lloyd George, Dezember 1917).
55 Woodward, Origins and intent, S. 37 f.
56 Helfferich, Weltkrieg III, S. 366.
57 Fischer, Griff, S. 831. Dazu ganz zentral: Soutou, L'Or et le sang, passim.
58 Schwabe, Revolution, S. 50 f. Die Punkte lauteten: «VII. Belgium, the whole world will agree, *must* be evacuated and restored, without any attempt to limit the sovereignty which she enjoys in common with all other free nations. No other single act will serve as this will serve to restore confidence among the nations in the laws which they have themselves set and determined for the government of their relations with one another. Without this healing act the whole structure and validity of international law is forever impaired. VIII. All French territory *should* be freed and the invaded portions restored, and the wrong done to France by Prussia in 1871 in the matter of Alsace Lorraine, which has unsettled the peace of the world for nearly fifty years, should be righted, in order that peace may once more be made secure in the interest of all.» Siehe die Interpretation Helfferichs, Weltkrieg II, S. 369, 370, 372, der auf die Unterschiede in den Formulierungen hinwies, ohne sie entsprechend zu kommentieren.
59 Schwabe, Revolution, S. 57–59.
60 Ebd., S. 75–77.
61 Tooze, Deluge, S. 221.
62 Storz, Aber was hätte anders geschehen sollen?; Schwabe, Revolution, S. 77 f.
63 Siehe oben, S. 409.
64 Ritter, Staatskunst IV, S. 87.

65 Ebd., S. 89.
66 Ebd., S. 173.
67 Ebd., S. 163–182.
68 Scheidemann am 25.9.1918 im Interfraktionellen Ausschuß, in: Interfraktioneller Ausschuß II, S. 700: «Bei einer Abstimmung wäre Elsaß-Lothringen auch verloren.»
69 Wilson, Punkt XIII: «should include the territories inhabited by an indisputably Polish population which should be assured a free and sure access to the sea».
70 Ritter, Staatskunst IV, S. 251.
71 Ebd., S. 251.
72 Riezler, Tagebucheintrag vom 15.4.1918, in: Riezler, Tagebücher, S. 461.
73 Fischer, Griff, S. 831 f.
74 Ritter, Staatskunst IV, S. 86 f.
75 Steglich, Friedensversuche 1917, S. 384; siehe oben, S. 243.
76 Lancken an den Parlamentarischen Untersuchungsausschuss, 9.11.1922, zitiert bei Steglich, Friedensversuche 1917, S. 441.
77 Rupprecht, Tagebucheintrag vom 20.12.1917, in: In Treue fest II, S. 303; Storz, Aber was hätte anders geschehen sollen?, S. 54 f.; siehe auch Stevenson, With our backs, S. 33.
78 Delbrück, S. 254.
79 Siehe dazu: Marvin Fried, Austro-Hungarian War Aims in the Balkans during World War I., London 2014; ders.: ‹A Life and Death Question›: Austro-Hungarian War Aims in the First World War, in: Afflerbach, Purpose.
80 Ludendorff an Friedrich Naumann, 22.2.1918, UuF II, Nr. 329a, S. 250.

19
«Ludendorffs Hammer»: Der Angriff im Westen 1918

1 Hagenlücke, Vaterlandspartei.
2 Watson, Ring of Steel, S. 515, auch Anm. 3 auf S. 675; Feldman, Army, S. 459.
3 UuF II, Nr. 327, S. 244 f.
4 Czernin, Eintrag zum 17.11.1917, in: ders., Im Weltkriege, S. 300.
5 Ebd., S. 297.
6 Ebd.
7 Ebd., S. 243.
8 Ebd., S. 242.
9 Ebd., S. 243.
10 Stresemann, 19.3.1918, in: Stenographische Protokolle des Reichstags, 13. LP, 143. Sitzung, S. 4461; siehe auch Seils, Weltmachtstreben, S. 527.

11 Lyncker an seine Frau, 16.2.1918, in: Kaiser Wilhelm II. als Oberster Kriegsherr, Nr. L 723.
12 Zabecki, German 1918 offensives, S. 66.
13 Lyncker an seine Frau, 24.5.1917, in: Kaiser Wilhelm II. als Oberster Kriegsherr, Nr. L 610.
14 Hauptausschuß IV, S. 2100, 2109; Seils, Weltmachtstreben, S. 548; nach Angaben des Sanitätsberichts waren bereits 1 212 178 Soldaten tot und 664 104 Soldaten vermisst; 103 661 an Krankheit verstorben und 3 244 356 verwundet worden.
15 Kuhl, Entstehung, Durchführung und Zusammenbruch der Offensive von 1918, S. 130; Zabecki, German 1918 offensives, S. 166.
16 Dies ist eine Frage, die Dieter Storz in seinem sehr gut informierten Artikel über die Westoffensive 1918 stellt (Storz, Aber was hätte anders geschehen sollen?) und die von David Stevenson in seiner Geschichte des Jahres 1918 aufgegriffen wurde; Stevenson, With our Backs, S. 30–111.
17 Storz, Aber was hätte anders geschehen sollen?, S. 56.
18 Groener, Brief vom 20.1.1918, in: Groener, Lebenserinnerungen, S. 565.
19 Ziemann, War Experiences, S. 95–97, zur positiven Stimmung der Soldaten.
20 Groener, Lebenserinnerungen, S. 425.
21 Müller, Tagebucheintrag vom 26.3.1918, in: Müller, Regierte der Kaiser?, S. 366.
22 Groener, Lebenserinnerungen, S. 425.
23 Ebd.
24 Müller, Tagebucheintrag vom 20.8.1917, in: Müller, Regierte der Kaiser?, S. 314.
25 Ludendorff, Kriegserinnerungen, S. 216.
26 Siehe oben, S. 420.
27 Rupprecht, Tagebucheintrag vom 20.2.1918, in: In Treue fest II, S. 332.
28 Hertling, 25.2.1918, in: Stenographische Protokolle des Reichstags, 13. LP, 133. Sitzung, S. 4143.
29 Kronprinz Rupprecht, Tagebuchaufzeichnung vom 19.2.1918, in: In Treue fest II, S. 331–332.
30 Kronprinz Rupprecht, Tagebuchaufzeichnung vom 21.1.1918, in: ebd., S. 323.
31 Groener, Tagebucheintrag vom 20.2.1918, in: Groener, Lebenserinnerungen, S. 565.
32 Kuhl, Entstehung, Durchführung und Zusammenbruch der Offensive von 1918, S. 97.
33 Storz, Aber was hätte anders geschehen sollen?, S. 62; Kuhl, Entstehung, Durchführung und Zusammenbruch der Offensive von 1918, S. 10–43.
34 RA XIV/1, S. 37.
35 Kuhl, Entstehung, Durchführung und Zusammenbruch der Offensive von 1918, S. 27; Ludendorff, Kriegserinnerungen, S. 500; Zabecki, German 1918 offensives, S. 93.

36 Dazu: Holger Afflerbach, A comfortable excuse? The Bulgarian surrender and the German decision to ask for terms in October 1918, in: Ioannis Mourelos, The Salonika Front in World War I, im Druck.

37 Dazu: RA XIV/1, S. 39 f.; Cramon, Unser österreichisch-ungarischer Bundesgenosse im Weltkriege, S. 148, spricht von zehn österreichisch-ungarischen Divisionen, die man für den Westen hätte haben können.

38 Kuhl, Entstehung, Durchführung und Zusammenbruch der Offensive von 1918, S. 43–52.

39 Am 19.6.1918 und noch einmal am 21.6.1918 hatte die deutsche OHL bei der österreichisch-ungarischen Armeeführung dringend um die Entsendung von Unterstützung für die Westfront nachgesucht. Erst am 24.6. sagte deren Oberbefehlshaber Arz sechs Divisionen zu, von denen jedoch zunächst nur zwei, die anderen nach Maßgabe der Kampflage abbefördert werden sollten (RA XIV, S. 734 f.; ÖULK VII, S. 321 und 336). Wolfgang Etschmann, Österreich-Ungarn zwischen Engagement und Zurückhaltung. K.u.k. Truppen an der Westfront, in: Duppler/Groß, Kriegsende 1918, S. 97–105, behandelt den faktischen Einsatz österreichisch-ungarischer Truppen an der Westfront im Jahre 1918.

40 Bewertung: Zabecki, German 1918 offensives, S. 65 («flexible and innovative tactician»).

41 Lupfer, Dynamics of Doctrine, S. 41; Zabecki, German 1918 offensives, S. 69; Ludendorff, Urkunden, S. 641–666.

42 Lupfer, Dynamics of doctrine, S. 42 f.

43 Linnenkohl, Vom Einzelschuss zur Feuerwalze; Zabecki, Steel Wind; Ernst Demmler, Georg Heinrich Bruchmüller, in: Neue Deutsche Biographie (NDB). Band 2, Berlin 1955; Stevenson, With our backs, S. 171 f.

44 Lupfer, Dynamics of Doctrine, S. 47 f.

45 Zabecki, German 1918 offensives, S. 65; Stevenson, With our backs, S. 35 und 38.

46 Nicolai, Brief vom 24.5.1918, in: Sonderarchiv Moskau, Nachlass Nicolai, 1414–1–16, S. 146.

47 Marshall, Memoirs, S. 126.

48 Storz, Aber was hätte anders geschehen sollen?, S. 58; Hans Delbrück: Koreferat zu den Gutachten des Generals d. Inf. a. D. v. Kuhl und des Obersten a. D. Schwertfeger, in: Das Werk des Untersuchungsauschusses der Verfassunggebenden Deutschen Nationalversammlung und des Deutschen Reichstages 1919–1930, 4. Reihe: Die Ursachen des Deutschen Zusammenbruchs im Jahre 1918, Band 3, Berlin 1925, S. 239–373, S. 334 f., S. 301.

49 Groener, Lebenserinnerungen, S. 427. Vgl. auch Zabecki, German 1918 offensives, S. 96; Storz, Aber was hätte anders geschehen sollen?, passim, Fazit S. 93; Stevenson, With our backs, S. 30–111; so auch RA XIV/1, S. 31 f.

50 RA XIV/1, S. 31 f.

51 Storz, Aber was hätte anders geschehen sollen?, S. 68; nach RA XIV/1, S. 41,

hatte das deutsche Heer 240 Divisionen, von denen am 21.3.1918 200 Divisionen (plus 3 Brigaden und 2 unberittene Kavalleriedivisionen) im Westen waren (S. 37).

52 Zabecki, German 1918 offensives, S. 59 f.

53 Ebd., S. 60.

54 Anders Kuhl, Entstehung, Durchführung und Zusammenbruch der Offensive von 1918, S. 70, der behauptet, 600 Panzer hättern der deutschen Offensive zum Erfolg verhelfen können; berechtigte Skepsis äußert Zabecki, German 1918 offensives, S. 60.

55 RA XIV/1, S. 34.

56 Kuhl, Entstehung, Durchführung und Zusammenbruch der Offensive von 1918, S. 85.

57 Ebd. Kuhl spricht von 75 reparierten Beutepanzern und 15 A7V, die im Frühjahr 1918 verfügbar waren. Siehe auch Zabecki, The German 1918 offensives, S. 60.

58 Kuhl, Entstehung, Durchführung und Zusammenbruch der Offensive von 1918, S. 80–86.

59 v. d. Bussche, 2.10.1918, erwähnt die alliierten Panzer als Ursache der großen Gefangenenzahlen, in: Ludendorff, Urkunden, S. 536 f.

60 RA XIV/1, S. 35: 35 500 Kraftwagen, davon 12 500 PKW; dies wurde als 1/5–1/6 der Motorisierung der Westgegner beziffert. Auch Zabecki, German 1918 offensives, S. 86 (30 000 LKW).

61 RA XIV/1, S. 35 f.; Zabecki, German 1918 offensives, S. 88.

62 BHStA, KA, Heeresgruppe Kronprinz Rupprecht, Nr. 65, 66; Zabecki, German 1918 offensives, S. 59.

63 Ebd.

64 Diese sehr unhandlichen Gewehre hatten ein Kaliber von 13 mm und konnten die Panzerung britischer Tanks durchschlagen; allerdings war ein Treffer meist nicht ausreichend, um einen Panzer außer Gefecht zu setzen.

65 RA XIV/1, S. 33 f., 35.

66 Hindenburg, Aus meinem Leben, S. 243 f.; zu der Frage siehe auch Zabecki, The German 1918 offensives, S. 95.

67 Groener, Lebenserinnerungen, S. 422.

68 Ebd., S. 438 f.

69 Ebd.

70 Zabecki, German 1918 offensives, S. 83, mit Zahlen.

71 Ebd., S. 84.

72 Afflerbach, Falkenhayn, S. 480.

73 Zabecki, German 1918 offensives, S. 89.

74 Groener, Lebenserinnerungen, S. 422.

75 Stevenson, With our backs, S. 42 f.

76 Aus dem Nachlass Nicolai geht hervor, dass Nicolai sich erst Ende Juni 1918 mit Propagandamaßnahmen gegen amerikanische Truppen zu beschäftigen begann und dass nichts vorbereitet war, in: Sonderarchiv Moskau, Nachlass Nicolai, 1414–1–16, S. 192–200.

77 Viel Material dazu im Nachlass Nicolai im Sonderarchiv Moskau.

78 Zabecki, German 1918 offensives, S. 94.

79 Storz, Aber was hätte anders geschehen sollen?, S. 58.

80 Zabecki, German 1918 offensives, S. 73.

81 Ebd., S. 109.

82 Hoffmann, Krieg der versäumten Gelegenheiten, S. 172; Storz, Aber was hätte anders geschehen sollen?, S. 58.

83 Nebelin, Ludendorff, S. 403.

84 Zu den Operationsplänen und Angriffsstudien für 1918 (Michael, Georg I, Georg II, Mars, Achilles, Hektor, Castor, Pollux, Straßburg, Belfort) siehe RA XIV, passim, plus Anlagenband; darauf fußend Zabecki, German 1918 offensives, S. 107. Kuhl, Entstehung, Durchführung und Zusammenbruch der Offensive von 1918, S. 226 f., behauptet hingegen, Ludendorff habe den Märzangriff als «große, entscheidende Offensive» geplant, und nicht als Serie von Angriffen. Dazu versuchte er, die Quellen umzudeuten. Sein Argument stimmt nur unter einer Prämisse: Es war natürlich erstrebenswert, direkt zum Erfolg zu kommen, und nicht mehrfach erneut angreifen zu müssen.

85 Kuhl, Entstehung, Durchführung und Zusammenbruch der Offensive von 1918, S. 100, 103 f.

86 Zabecki, German 1918 offensives S. 95, 98.

87 Kuhl, Entstehung, Durchführung und Zusammenbruch der Offensive von 1918, S. 101.

88 Zabecki, German 1918 offensives, S. 104 f.

89 Wetzell, Denkschrift 12.12.1917: taktisch ungelenker Engländer, wendiger Franzose, das Westheer sei nach Vorbereitung «allen Gegnern überlegen»; Kuhl, Entstehung, Durchführung und Zusammenbruch der Offensive von 1918, S. 108; siehe auch Nebelin, Ludendorff, S. 405.

90 Zabecki, German 1918 offensives, S. 149.

91 Stevenson, With our backs, S. 33.

92 Storz, Aber was hätte anders geschehen sollen?, S. 61.

93 Kronprinz Rupprecht, Tagebucheintrag vom 19.1.1918, in: In Treue fest II, S. 320.

94 Ebd., 21.1.1918, S. 323.

95 Ebd., 30.1.1918, S. 326.

96 Ebd., 7.2.1918, S. 326.

97 Ebd., 8.3.1918, S. 337. Rupprecht hoffte, er sei «durch drei Jahre in der Defensive zum Pessimisten geworden» und dass der Angriff doch gelingen möge.

98 Ebd., 20.3.1918, S. 343.

99 Zabecki, German 1918 offensives, S. 138; Zahlen nach Edmonds, Military Operations 1918 I, S. 114 f.

100 Zabecki, German 1918 offensives, S. 135; RA XIV, Anlagenband, Anlage 38a: Gliederungen an der Kampffront, Große Schlacht in Frankreich, 21. März, morgens; RA XIV, S. 104: 39 Divisionen im 1. Treffen, 22 im 2. Treffen und 10 im 3. Treffen sowie 5 Divisionen Reserve, insgesamt also 76 Divisionen.

101 Zabecki, German 1918 offensives, S. 134 f.

102 RA XIV, Anlagenband, Anlage 38a; Anlage 39a: Gegenüberstellung deutscher und feindlicher Artilleriestärken März–August 1918, Beginn der Großen Schlacht in Frankreich am 21. März 1918; Zabecki, German 1918 offensives, S. 136. Leicht andere Zahlen bei Watson, Ring of Steel, S. 518.

103 Zabecki, German 1918 offensives, S. 113.

104 Zu «Michael»: RA XIV, S. 100–259.

105 RA XIV, Anlagenband, Anlage 39a: Beginn der Großen Schlacht in Frankreich am 21. März 1918.

106 Jünger, Eintrag vom 21.3.1918, Kriegstagebuch, S. 375–387; auch Kriegstagebuch v. Heydekampf, März 1918, in: UuF II, Nr. 331.

107 Stevenson, With our backs, S. 55.

108 Ebd. Allerdings war die Zahl der gefallenen Soldaten am 1.7.1916 höher, da am 21.3.1918 viele (deutsche) Soldaten verwundet oder (britische) gefangen genommen wurden.

109 Watson, Ring of Steel, S. 519.

110 Rupprecht, Tagebucheintrag vom 22.3.1918, in: In Treue fest II, S. 350.

111 Ebd., Tagebucheintrag vom 26.3.1918, S. 357.

112 Bemerkung Rupprechts, aus der Erinnerung niedergeschrieben, in: ebd., S. 359.

113 Groener, Lebenserinnerungen, S. 431.

114 Stevenson, With our backs, S. 48–53; Middlebrook, Kaiser's battle, S. 71; Zabecki, German 1918 offensives, S. 111.

115 Ebd., S. 149.

116 Ebd., S. 152.

117 Christopher Phillips, Facing Armageddon, unveröffentlichte Leeds PhD thesis, S. 166.

118 Zabecki, German 1918 offensives, S. 152.

119 Ebd., S. 168.

120 Watson, Ring of Steel, S. 516 f.; Zabecki, The German 1918 offensives, S. 86; ihm folgend Stevenson, With our backs, S. 63f., 67, 229, 237.

121 Edmonds, Military Operations: Belgium and France 1918 II, S. 86. Dagegen Zabecki, The German 1918 offensives, S. 156.

122 Uhle-Wettler, Ludendorff, S. 340; Groener, Lebenserinnerungen, S. 436.

123 Ebd., S. 431.

124 Zabecki, German 1918 offensives, S. 160; Watson, Ring of Steel, S. 520; Kit-

chen, German offensive, S. 94. Die Verlustzahlen waren, laut RA XIV/1, S. 255: 239 000 deutsche gegen 212 000 britische und französische Verluste.

125 RA XIV/1, S. 255; Zabecki, German 1918 offensives, S. 160; Watson, Enduring the Great War, S. 174–182, zeigt die Grenzen, aber auch die Stärken des britischen Durchhaltevermögens auf.

126 Jünger, Eintrag vom 21.3.1918, Kriegstagebuch, S. 375–387.

127 Storz, Aber was hätte anders geschehen sollen?, passim; Uhle-Wettler, Ludendorff, S. 324 f.; Zabecki, The German 1918 offensives, passim.

128 Frieser, Blitzkrieg-Legende.

129 Zabecki, The German 1918 offensives, S. 172.

130 Briefe Kuhls an Kronprinz Rupprecht, 1919–1955, in: BHstA, Geh HA, Nachlass Kronprinz Rupprecht, Nr. 724, 1038.

131 Hoffmann, Krieg der versäumten Gelegenheiten, S. 226.

132 Thaer, 26./27.4.1918, in: UuF II, Nr. 334, S. 256.

133 Groener, Lebenserinnerungen, S. 433.

134 Ebd., S. 433.

135 Thaer, 2.5.1918, in: UuF II, Nr. 334, S. 256.

136 Hertling, 11.5.1918, in: UuF II, Nr. 335, S. 258 f.

137 Nebelin, Ludendorff, S. 441.

138 Ebd., S. 433.

139 Groener, Lebenserinnerungen, S. 385.

140 Nebelin, Ludendorff, S. 454–456.

141 Thaer, 26./27.4. und 2.5.1918, in: UuF II, Nr. 334, S. 257.

142 Rupprecht an Hertling, 1.6.1918, in: UuF II, Nr. 337, S. 260 f.; Nebelin, Ludendorff, S. 428 f.

143 Aufzeichnung Nicolais, in: Sonderarchiv Moskau, Nachlass Nicolai, 1414–1-16, S. 109–110.

144 Watson, Ring of Steel, S. 522.

145 Lyncker an seine Frau, 14.7.1918, in: Kaiser Wilhelm II. als Oberster Kriegsherr, Nr. L 759.

146 Lyncker (15.7.1918, in: ebd., Nr. L 760) und auch Müller, Regierte der Kaiser?, S. 393 (15.7.1918), erwähnten die Zahl von 8000 Geschützen, was dafür spricht, dass die Umgebung des Kaisers mit aufgeblähten Zahlen versorgt wurde. Die Kriegsgeschichtliche Forschungsanstalt bezifferte die vor Reims eingesetzte Artillerie auf etwa 6400 Geschütze und 2200 Minenwerfer (RA XIV, S. 447).

147 RA XIV, S. 460.

148 Ebd., S. 453.

149 Watson, Ring of Steel, S. 523.

150 Plessen, Tagebucheintrag vom 18.7.1918, in: Kaiser Wilhelm II. als Oberster Kriegsherr, Nr. P 692.

151 Lyncker an seine Frau, 20.7.1918, in: ebd, Nr. L 765. Vgl. dazu die Kommentare Müllers, Regierte der Kaiser?, S. 395 (21.7.1918): «Bei uns spricht man nur von den ungeheuren Verlusten des Feindes bei seinen rücksichtslosen Angriffen, wodurch er seine Reserven aufbrauchte. Als ob unsere viel schwächeren Reserven nicht auch aufgebraucht würden.»
152 Nebelin, Ludendorff, S. 440.
153 Plessen, Tagebucheintrag vom 21.7.1918, in: Kaiser Wilhelm II. als Oberster Kriegsherr, Nr. P 693.
154 RA XIV, Anlagenband, Beilage 42, Zahlen nach Sanitätsbericht III, S. 143; Watson, Ring of Steel, S. 524: 977 555 Verluste.
155 Ebd.
156 Ebd.
157 Nebelin, Ludendorff, S. 438 f.
158 Ebd., S. 442.
159 Siehe oben, S. 324–328; siehe auch Watson, Enduring the Great War, passim; Barth, Dolchstoßlegenden, S. 55–75.
160 Ebd.; Altrichter, Die seelischen Kräfte des Deutschen Heeres, S. 168 f.
161 Zabecki, German 1918 offensives, S. 89.
162 Ebd., S. 91.
163 Ebd., S. 92.
164 Alfons XIII., König von Spanien 1886–1931.
165 Plessen, Tagebucheintrag vom 10.8.1918, in: Kaiser Wilhelm II. als Oberster Kriegsherr, Nr. P 698.
166 Müller, Tagebucheintrag vom 11.8.1918, in: Regierte der Kaiser?, S. 401.
167 Niemann, Kaiser, S.43 (Zitat des Kaisers vom 10.8.1918).
168 Plessen, Tagebucheintrag vom 14.8.1918, in: Kaiser Wilhelm II. als Oberster Kriegsherr, Nr. P 699.
169 RA XIV, S. 624; Watson, Ring of Steel, S. 533.

20
«Jetzt war der Krieg verloren»: Der militärische Zusammenbruch der Mittelmächte

1 Rupprecht an Max von Baden, 25.10. 1918, in: BayHStA, GHA, NL Rupprecht Nr. 650. Siehe dazu auch Machtan, Baden, S. 422.
2 Nach dem Urteil Thaers, siehe unten, S. 470–472.
3 Nebelin, Ludendorff, S. 453; Pyta, Hindenburg, S. 334.
4 Kronprinz Rupprecht, Tagebucheintrag vom 3.10.1918, in: Nachlass Kronprinz Rupprecht, HStA München, Abt. III, Nachlass Rupprecht, Nr. 708.
5 Uhle-Wettler, Ludendorff, S. 366. Vgl. Interpretation Uhle-Wettlers.

6 Seils, Weltmachtstreben, S. 566.
7 Watson, Ring of Steel, S. 528.
8 Michels, Die «Spanische Grippe» 1918/19, S. 1–34, besonders S. 32 f.
9 Bericht Bussches, 2.10.1918, in: Ludendorff, Dokumente, S. 536: «Vom Meere bis zur Schweiz zeigten sich Angriffsvorbereitungen.»
10 BHStA, KA, Heeresgruppe Kronprinz Rupprecht, Nr. 188.
11 Watson, Enduring the Great War, S. 209; RA XIV/1, S. 621, bringt folgende Verlustzahlen für August und September 1918: 233 200 deutsche Gefangene und 3–4000 Geschütze.
12 Ebd.
13 Watson, Enduring the Great War, S. 187.
14 Alan Kramer, Surrender of Soldiers in World War I, in: Afflerbach/Strachan, How Fighting Ends, S. 265–278, S. 273.
15 Deist, Militärstreik; diesem folgend Ziemann, Front, S. 212.
16 Watson, Enduring the Great War, S. 210.
17 Einem, Armeeführer, S. 450 f.
18 Rauchensteiner, Erste Weltkrieg, S. 954.
19 Siehe dazu die Stenographischen Protokolle des Hauses der Abgeordneten, 22. Session, 1918, 80. Sitzung v. 23. Juli 1918.
20 Rauchensteiner, Erste Weltkrieg, S. 945–961.
21 Ebd., S. 1021.
22 Ebd., S. 1039.
23 RA XIII, S. 403, 405.
24 Nicolai, Aufzeichnung vom 13.7.1918, in: Sonderarchiv Moskau, Nachlass Nicolai, 1414–1–16, S. 209.
25 Stevenson, With our backs, S. 145.
26 RA XIII, S. 400.
27 Schlachten des Weltkrieges XI, S. 7, gibt die Stärke der Orientarmee unter Franchet d'Esperey mit 30 Divisionen an: 8 französische, 6 serbische, 4 britische, 11 griechische und 1 italienische Division.
28 Dazu: RA XIII, S. 409–417; Stevenson, With our backs, S. 142–148; Friedrich, 14/18, S. 952–956.
29 Nebelin, Ludendorff, S. 461.
30 Weekly Intelligence Summary, 5.10.1918, in: United States Military Intelligence V, S. 15 f.
31 Stevenson, With our backs, S. 148.
32 Ebd., S. 510.
33 Nebelin, Ludendorff, S. 462; RA XIV/1, S. 634, mit Ludendorffs Einschätzung, dass ohne Rumänien das Fliegerbenzin nur für zwei Monate reichen würde.
34 Bihl, Kaukasus-Politik der Mittelmächte.
35 Stevenson, With our backs, S. 529.

36 RA XIII, S. 438–441; Stevenson, With our backs, S. 153; Weekly Intelligence Summary, 5.10.1918, in: United States Military Intelligence V, S. 7 f.
37 Afflerbach, Falkenhayn, S. 423; Janßen, Kanzler, S. 296–298.
38 Nebelin, Ludendorff, S. 454 f.; Foerster, Der Feldherr Ludendorff im Unglück, bes. S. 74 f.; Kaehler, Zur Beurteilung Ludendorffs im Sommer 1918, S. 241–258.
39 Nebelin, Ludendorff, S. 452.
40 Ebd. (2.9.1918).
41 RA XIV/1, S. 606.
42 Ebd., S. 610.
43 Die Ursachen des Deutschen Zusammenbruchs im Jahre 1918. 4. Reihe im Werk des Untersuchungsausschusses, hg. von Albrecht Philipp, Band 2, Berlin 1925, S. 262.
44 Im RA XIV/1, S. 629 f., wird von der «Lungenpest» gesprochen.
45 Nebelin, Ludendorff, S. 458.
46 RA XIV/1, S. 627: Ludendorff zu Hintze, 9.9.1918, auf Hintzes Frage nach der endgültigen Widerstandslinie.
47 Harris/Barr, Amiens to the Armistice; Boff, Winning and losing on the Western Front; Sheffield, Changing War; konzise Zusammenfassung des Geschehens mit guten Illustrationen: Jonathan Boff: The Battles for the Hindenburg Line (27 September–9 October 1918), in: Melvin, First World War Battlefield Guide, S. 136–141.
48 Barth, Dolchstoßlegenden, S. 66.
49 Stevenson, With our backs, S. 141.
50 RA XIV/1, S. 610 f.
51 Ebd., S. 642. Loßberg behauptet, die Linie bereits am 20.7.1918 vorgeschlagen zu haben; Beck (Hgr. Deutscher Kronprinz), Anfang September 1918; doch erst am 30.9. wurde der Befehl gegeben, die Stellung auszubauen.
52 RA XIV/1, S. 645.
53 Marshall, Memoirs, S. 188 f. Siehe auch Barth, Dolchstoßlegenden, S. 66: «Anfang November 1918 befand sich die deutsche Armee in einer Extremsituation: Sie war nicht mehr in der Lage, eine Schlacht durchzukämpfen, konnte aber auch nicht mehr schnell genug zurückgehen, um eine Schlacht zu vermeiden.» Dieser Zustand bestand aber nicht erst im November 1918, sondern spätestens ab Ende September, vielleicht sogar schon ab Ende Juli/Anfang August 1918.
54 Tagebucheintrag Kronprinz Rupprechts, 29.9.1918, in: Nachlass Kronprinz Rupprecht, BHStA, Abt. III, Nachlass Rupprecht, Nr. 708; teilweise zitiert in: Kronprinz Rupprecht, In Treue fest II, S. 452.
55 Ursachen des deutschen Zusammenbruchs 4/2, S. 405.
56 RA XIV/1, S. 632; v. Stülpnagel meinte, Ludendorff habe dabei an einen Waffenstillstand wie 1871 oder im Russisch-Japanischen Krieg gedacht.

57 Ebd.; Nebelin, Ludendorff, S. 462.
58 RA XIV/1, S. 634.
59 UuF II, Nr. 368.
60 So auch Heye, in: RA XIV/1, S. 631 (März 1937).
61 Ritter von Storck an Czernin, 31. 7. 1917, in: Steglich, Friedensversuche 1917, S. 384.
62 Nebelin, Ludendorff, S. 507.
63 Z. B. Falkenhayn, siehe oben und Afflerbach, Falkenhayn, S. 248.
64 Ritter, Staatskunst IV, S. 236–256; Ludendorff, Urkunden, S. 514.
65 Ritter, Staatskunst IV, S. 255 f.
66 Payer, 17.10.1918, in: Ludendorff, Urkunden, S. 563.
67 Baumgart, Unternehmen Schlußstein.
68 Lyncker an seine Frau, 3.7.1918, in: Kaiser Wilhelm II. als Oberster Kriegsherr, Nr. L 749.
69 Riezler, Tagebucheintrag vom 15.4.1918, in: Riezler, Tagebücher, S. 460.
70 Dies zeigt sich z. B. bei Scheidemann, der sich am 6.7.1918 im Interfraktionellen Ausschuss über die Einmischungen der OHL und Ludendorffs in die Politik beklagte und feststellte, «daß über 1 Million Amerikaner in Frankreich sich befinde». Interfraktioneller Ausschuß II, Nr. 194a.b., S. 427.
71 Payer, Von Bethmann Hollweg bis Ebert, S. 96.
72 Siehe dazu den Briefwechsel Haußmann–Payer, 9.9. und 10.9.1918, in: Interfraktioneller Ausschuß II, Nr. 214 und 215.
73 Westarp, Konservative Politik II, S. 564.
74 Zur oft benutzten Metapher vom «Deutschen Schwert»: Vaterlandspartei, 25.6.1918, in UuF II, Nr. 340 b, S. 274. Es verwunderte nicht, dass die Vaterlandspartei von dem «deutschen Schwert» sprach; doch auch ein Linksliberaler wie Fischbeck meinte, «die Entscheidung jetzt beim Schwert» suchen zu müssen, siehe Seils, Weltmachtstreben, S. 575. Der Zentrumsabgeordnete Gröber kritisierte, ebenfalls am 24. Juni 1918, die kriegshetzerischen und blutrünstigen Gegner, die jedes Friedensangebot der Zentralmächte abgelehnt hätten, und folgerte: «Das scharfe deutsche Schwert wird uns den Weltfrieden erkämpfen müssen, es wird uns den Weltfrieden erkämpfen, wie es uns den Ostfrieden gebracht hat.» Gröber, 24.6.1918, in: Stenographische Protokolle des Reichstags, 13. LP, 179. Sitzung, S. 5616.
75 Stresemann, 25.6.1918, in: Stenographische Protokolle des Reichstags, 13. LP, 180. Sitzung, S. 5648–5660, Zitat S. 5648.
76 Kaiser Wilhelm II. als Oberster Kriegsherr, S. 39.
77 Ebd., S. 94 f.
78 Müller, Tagebuchaufzeichnung vom 16.9.1918, in: Müller, Regierte der Kaiser?, S. 414.
79 Müller, Tagebucheintrag vom 4.7.1918, in: Müller, Regierte der Kaiser?, S, 390:

«Er [der Bankier Max Warburg] sah sehr schwarz gegenüber einer uferlosen Fortsetzung des Krieges, den wir verlieren würden.»

80 Vorwärts, 15.8.1918; Seeberg, Wilsons Botschaft, S. 72.

21
«Als Sieger brutal, als Besiegte verächtlich»: Deutschlands Weg aus dem Krieg

1 Sonderarchiv Moskau, Nachlass Nicolai, 1414–1–16, S. 309 ff., 326 f., 329; Zitat S. 309. Einem, 16.8.1918, in: Einem, Armeeführer, S. 425 f.

2 Nicolai, Aufzeichnung zum 29.9.1918, in: Sonderarchiv Moskau, Nachlass Nicolai, 1414–1–16, S. 329.

3 UuF III, S. 330. Geyer, Insurrectionary Warfare, S. 469, führt aus, dass Bussche ein immer noch geschöntes Lagebild vermittelte.

4 Herrmann, Zusammenbruch 1918, S. 56.

5 In Artikel 36 der Haager Landkriegsordnung von 1907 wurde der Waffenstillstand wie folgt definiert: «Der Waffenstillstand unterbricht die Kriegsunternehmungen kraft eines wechselseitigen Übereinkommens der Kriegsparteien. Ist eine bestimmte Dauer nicht vereinbart worden, so können die Kriegsparteien jederzeit die Feindseligkeiten wieder aufnehmen.»

6 Siehe oben, S. 367, 387, 392.

7 Nebelin, Ludendorff, S. 467.

8 Hindenburg hatte am 23.10.1918 festgestellt, die Kräfte des Feldheeres reichten nicht aus, um den Feind an einer festen Linie zum Stehen zu bringen, in: Amtliche Urkunden zur Vorgeschichte des Waffenstillstandes 1918, Berlin 1924, S. 191–92.

9 Frederick Maurice, The Last Four Months, 1919, http://www.firstworldwar.com/source/armistice_maurice.htm. Stegemann, Geschichte des Krieges IV, S. 640, sprach von «750 000 Kämpfern in der Front»; nach Kuhl, Causes of German Collapse, S. 84, betrug die Zahl der Frontsoldaten zu diesen Zeitpunkt wohl etwa 220 000 Mann («Gewehre»). Geyer, Insurrectionary Warfare, S. 471, mit der Feststellung, dass Moral und Zusammenhalt bei den Einheiten in der Front noch vorhanden waren.

10 Weekly Intelligence Summary for the week ending October 5, 1918, in: United States Military Intelligence V, S. 15 f.

11 Dazu die Ausarbeitung des Reichsarchiv-Mitarbeiters Herrmann Cron: Konnte das deutsche Heer im November 1918 weiterkämpfen?, in: BA/MA Freiburg, W-10/52095; siehe auch Stevenson, Cataclysm, S. 392, mit einer ähnlichen Einschätzung.

12 Afflerbach, Kunst der Niederlage, S. 205.

13 Selbst der im Dritten Reich erschienene Band XIV der offiziellen deutschen Geschichte des Ersten Weltkriegs kommt zu einem ähnlichen Ergebnis, und das zu einer Zeit, wo der Glaube an den «Dolchstoß» praktisch Staatsideologie war.
14 Helfferich, Weltkrieg III, S. 535.
15 Zur Person und Politik Hintzes siehe die Edition von Hürter, Hintze.
16 Lyncker an seine Frau, 8.7.1918, in: Kaiser Wilhelm II. als Oberster Kriegsherr, Nr. L 753.
17 Hürter, Hintze, S. 104.
18 Ebd., S. 105; Ritter, Staatskunst IV, S. 418.
19 Helfferich, Weltkrieg III, S. 515.
20 Friedrich Ebert, 22.10.1918, Stenographische Protokolle des Reichstags, 13. LP, 193. Sitzung, S. 6161.
21 Zu diesem von Hertling und Hintze gern benutzten Ausdruck siehe Hürter, Hintze, bes. S. 99 f.
22 Dazu beispielsweise Schwabe, Amerikanische und deutsche Geheimdiplomatie.
23 Ritter, Staatskunst IV, S. 414.
24 Hoeres, Krieg der Philosophen, S. 484.
25 Snell, Wilson on Germany and the Fourteen Points. Colonel House behauptete, die Formulierung sei von ihm, siehe Lowry, Armistice 1918, S. 36.
26 Dazu: Machtan, Baden, S. 308–320.
27 Helfferich, Weltkrieg III, S. 529.
28 Machtan, Baden, S. 410–414.
29 Deutschland im ersten Weltkrieg III, S. 478.
30 Tooze, Deluge, S. 223.
31 Rudin, Armistice, 1918; Renouvin, L'armistice de Rethondes; UuF III; Lowry, Armistice 1918.
32 Rupprecht, Tagebucheintrag vom 13.10.1918, in: BHStA, Geh HA, NL Rupprecht, Nr. 708.
33 Einem, Armeeführer, S. 450 f. Ähnlich Wild v. Hohenborn, 16.10.1918, in: Deist, Militär und Innenpolitik II, S. 1315–17.
34 Wilhelm II. als Oberster Kriegsherr, S.59 f.
35 Deist, Politik der Seekriegsleitung.
36 Zur Stimmung auf den Schiffen und der Rebellion der Flotte kurz, aber prägnant: Deutschland im ersten Weltkrieg III, S. 503 ff.
37 Afflerbach, Mit wehender Fahne untergehen?, S. 595–612; Gerhard Groß, Eine Frage der Ehre? Die Marineführung und der letzte Flottenvorstoß 1918, in: Duppler/Groß, Kriegsende 1918, S. 349–366.
38 Max von Baden, 5.10.1918, Stenographische Protokolle des Reichstags, 13. LP, 192. Sitzung, S. 6153.
39 Max von Baden, 22.10.1918, Stenographische Protokolle des Reichstags, 13. LP, 193. Sitzung, S. 6157.

40 Friedrich Ebert, 22.10.1918, Stenographische Protokolle des Reichstags, 13. LP, 193. Sitzung, S. 6165.
41 Haase, 23.10.1918, in: Stenographische Protokolle des Reichstags, 13. LP, 194. Sitzung, S. 6183.
42 Aufzeichnung Roederns vom 20.12.1923, in: Ursachen des deutschen Zusammenbruchs 4/2, Anlage Nr. 16, Zitat S. 425.
43 Hürter, Hintze, S. 666.
44 Geyer, Insurrectionary Warfare; Ritter, Staatskunst IV, S. 417 f.; Kielmannsegg, Deutschland, S. 671.
45 Rudin, Armistice, S. 77 f., 99 f., 141 f. UuF III, S. 301.
46 Payer, Von Bethmann Hollweg bis Ebert, S. 145 f.
47 Helfferich, Weltkrieg III, S. 536 f.
48 Ebd., S. 537.
49 Geyer, Insurrectionary warfare, S. 474.
50 Deutschland im ersten Weltkrieg III, S. 514.
51 Ebd.
52 Siehe oben, S. 416.
53 Siehe oben, S. 351, 486.
54 Romberg an Hertling, 26.9.1918, in: Scherer-Grunewald, L'Allemagne IV, Nr. 274, S. 377.
55 Hürter, Hintze, S. 107.
56 House, Intimate Papers IV, S. 95.
57 Ebd., S. 96.
58 Ebd., S. 94.
59 Rudin, Armistice, Appendix G, mit der Auflistung der abzuliefernden Waffen.
60 Ebd., S. 286.
61 Ebd., S. 283 f.
62 Payer, Von Bethmann Hollweg bis Ebert, S. 136.
63 Aufzeichnung Levetzow, in: Deist, Militär und Innenpolitik II, Nr. 495, S. 1338. Die beiden Aufzeichnungen des Gesprächs – durch Levetzow und durch Payer – weichen in zahlreichen Details und vor allem in der Beurteilung der Gesprächsatmosphäre erheblich voneinander ab.
64 Ritter, Staatskunst IV, S. 447.
65 Payer, Von Bethmann Hollweg bis Ebert, S. 142. Der wohlwollende Kommentar Payers zu Ludendorff erinnert fast schon an den Spruch «Unsere Leutnants macht uns keiner nach», den man im «Hauptmann von Köpenick» und in Heinrich Manns «Der Untertan» findet.
66 Aufzeichnung Levetzow, in: Deist, Militär und Innenpolitik II, Nr. 495, S. 1339 f.
67 Dazu Aufzeichnungen Nicolais zum 24.10.1918, in: Sonderarchiv Moskau, Nachlass Nicolai, 1414–1–16, S. 405.

68 Ebd., S. 411. Dazu Deist, Militär und Innenpolitik II, S. 1334, Fußnote 6.
69 Dazu Pyta, Hindenburg, S. 338–359.
70 Rakenius, Wilhelm Groener, S. 15 f.
71 Deutschland im ersten Weltkrieg III, S. 480.
72 Haase, 23.10.1918, in: Stenographische Protokolle des Reichstags, 13. LP, 194. Sitzung, S. 6185.
73 Dazu: Wilhelm II. als Oberster Kriegsherr, S. 54–62.
74 Deutschland im ersten Weltkrieg III, S. 485.
75 Ebd., S. 523. Nach der Untersuchung dieses Werks, das den Kommunismus positiv bewertete, war die Furcht vor einer Revolution weit übertrieben.
76 UuF III, Nr. 645a, S. 227–232.
77 Schwabe, Revolution, S. 135.
78 Deutschland im ersten Weltkrieg III, S. 526 f.; Stresemann, 22.10.1918, in: Stenographische Protokolle des Reichstags, 13. LP, 193. Sitzung, S. 6172–6177.
79 Ritter, Staatskunst IV, S. 454.
80 Kaiser Wilhelm II. als Oberster Kriegsherr, S. 58 f.
81 Ebd., S. 54–62.
82 Machtan, Abdankung.
83 BHStA, KA, Heeresgruppe Kronprinz Rupprecht, Nr. 323.
84 Ebd., Nr. 324.
85 Keynes, Economic consequences of the peace.
86 House, Intimate Papers IV, S. 152; ähnlich Rudin, Armistice, S. 283.
87 Steiner, The lights that failed, S. 63.
88 House, Intimate Papers IV, S. 473.
89 Theodor Wolff, Erzberger contra Brockdorff-Rantzau, Berliner Tageblatt Nr. 262, 10.6.1919, in: Wolff, Tagebücher II, S. 845.

Eine schreckliche Rechnung ist aufgelaufen und muss bezahlt werden

1 Helfferich, Weltkrieg III, S. 517; siehe auch NYT, 20.9.1918, S. 3.
2 Joy Damusi, Mourning practices, in: Winter, Cambridge History of the First World War III, S. 358–384, S. 361 f.
3 Overmans, Kriegsverluste, in: Hirschfeld/Krumeich/Renz, Enzyklopädie Erster Weltkrieg, S. 663–666.
4 House, Intimate Papers IV, S. 182, mit einer Diskussion über «indemnities» seitens der Siegermächte im Moment des Waffenstillstands.
5 Hier wären stellvertretend etwa Albertini, Origins; Fischer, Griff; Röhl, Wilhelm II, Bd. III; Hull, Scrap of Paper, Horne/Kramer, German Atrocities, zu nennen.

6 Zametica, Folly and Malice; zur Reformunfähigkeit: Afflerbach, Die Deutschösterreicher zwischen Staatsräson und «Nibelungentreue», S. 677 f.
7 Hertling, 25.2.1918, in: Stenographische Protokolle des Reichstags, 13. LP, 133. Sitzung, S. 4142.
8 Soutou, L'or et le sang.
9 Antoine Prost, War Losses, in: 1914–1918-online (https://encyclopedia.1914–1918-online.net/article/war_losses).
Proist gibt keine exakten Zahlen an, wenn sich diese in der ausgewerteten Literatur zu sehr widersprechen. Das ist eine sehr viel ehrlichere Herangehensweise, als einfach die oft merkwürdig exakten und gleichzeitig höchst fragwürdigen und unüberprüfbaren Zahlenangaben absolut zu setzen.
10 Lloyd George, Mein Anteil am Weltkrieg. Kriegsmemoiren III, S. 576–585 (Einige Betrachtungen über den Krieg); Churchill, World Crisis, S: 671.
11 Ferguson, Pity of War, S. 427.
12 Afflerbach, Falkenhayn, S. 198.
13 Zelikow, The Road less traveled.
14 Siehe oben, S. 412.
15 Siehe oben, S. 291.
16 Stevenson, With our backs, S. 15.
17 Siehe oben, S. 349.
18 Hertling, 29.11.1917, in: Stenographische Protokolle des Reichstags, 13. LP, 127. Sitzung, S. 3944–3947.
19 House IV, S. 91.
20 Helfferich, Weltkrieg II, S. 391.
21 Kennedy, Rise of Anglo-German Antagonism.
22 Haase, 23.10.1818, in: Stenographische Protokolle des Reichstags, 13. LP, 194. Sitzung, S. 6182 f.
23 Kielmansegg, Deutschland, S. 293; Afflerbach, Falkenhayn, S. 456. Falkenhayn, Oberste Heeresleitung, S. 245: RA X, S. 651.
24 Siehe oben, S. 412.
25 Dazu Afflerbach/Strachan, How fighting ends, sowie Afflerbach, Kunst der Niederlage.

Bibliographie

1914–1918-online. International Encyclopedia of the First World War, hg. von Ute Daniel, Peter Gatrell, Oliver Janz, Heather Jones, Jennifer Keene, Alan Kramer und Bill Nasson, Berlin 2014.

Holger Afflerbach/David Stevenson (Hg.): An Improbable War? The Outbreak of World War I and European Political Culture before 1914, New York 2007.

Holger Afflerbach: Der Dreibund. Europäische Großmacht- und Allianzpolitik vor dem Ersten Weltkrieg, Wien 2002.

Holger Afflerbach: Der letzte Mann, in: DIE ZEIT Nr. 51, 17.12.1993.

Holger Afflerbach: Die Deutschösterreicher zwischen Staatsräson und «Nibelungentreue», in: Helmut Rumpler (Hg.): Die Habsburgermonarchie 1848–1918, Bd. XI: Die Habsburgermonarchie und der Erste Weltkrieg, Teilbd. 1.2: Wien 2016, S. 651–678.

Holger Afflerbach: «… eine Internationale der Kriegsverschärfung und der Kriegsverlängerung …» War Aims and the Chances for a Compromise Peace during the First World War, in: Holger Afflerbach (Hg.): The Purpose of The First World War. War Aims and Military Strategies, München 2015, S. 237–254.

Holger Afflerbach: Entschied Italien den Ersten Weltkrieg?, in: Rainer F. Schmidt (Hg.): Deutschland und Europa. Außenpolitische Grundlinien zwischen Reichsgründung und Erstem Weltkrieg, Stuttgart 2004, S. 135–143.

Holger Afflerbach: Falkenhayn. Politisches Denken und Handeln im Kaiserreich, München 1994 (Beiträge zur Militärgeschichte, Bd. 42).

Holger Afflerbach/Hew Strachan (Hg.): How Fighting ends – A History of Surrender, Oxford 2012.

Holger Afflerbach: Italy's Decision not to go to war in 1914, in: Dragoljub R. Živojinović (Hg.): The Serbs and the First World War 1914–1918, Belgrad 2015, S. 175–186.

Holger Afflerbach (Hg.): Kaiser Wilhelm II. als Oberster Kriegsherr während des Ersten Weltkrieges – Quellen aus der militärischen Umgebung des Kaisers 1914–1918, München: Oldenbourg 2005 (Deutsche Geschichtsquellen des 19. und 20. Jahrhunderts).

Holger Afflerbach: Kronprinz Rupprecht von Bayern im Ersten Weltkrieg, in: MGZ 75/1 (2016), S. 21–54.

Holger Afflerbach: Mit wehender Fahne untergehen? Kapitulationsverweigerungen in der deutschen Marine 1885–1945, Vierteljahrshefte für Zeitgeschichte 49 (2001), S. 595–612.

Holger Afflerbach: Planning total war? Falkenhayn and the Battle of Verdun, 1916, in: Roger Chickering/Stig Förster (Hg.): Great War, Total War. Combat and mobilization on the Western Front, 1914–1918, Cambridge 2000, S. 113–131.

Holger Afflerbach: The Eastern Front, in: Jay Winter (Hg): Cambridge History of the First World War, Cambridge 2014, Bd. 1, Chapter 9, S. 234–265.

Holger Afflerbach (Hg.): The Purpose of The First World War. War Aims and Military Strategies, München 2015.

Holger Afflerbach: «… vani e terribili olocausti di vite umane …». Luigi Bongiovannis Warnungen vor dem Kriegseintritt Italiens im Jahre 1915, in: Johannes Hürter/Gian Enrico Rusconi (Hg.): Der Kriegseintritt Italiens im Mai 1915, München 2007 (Schriftenreihe der Vierteljahrshefte für Zeitgeschichte), S. 85–98.

Feroz Ahmad: From Empire to Republic. Essays on the Late Ottoman Empire and Modern Turkey, 2 Bände, Istanbul 2008.

Mustafa Aksakal: The Ottoman Road to War in 1914. The Ottoman Empire and the First World War, Cambridge 2008.

Adriano Alberti: General Falkenhayn. Die Beziehungen zwischen den Generalstabschefs des Dreibundes, Rom-Berlin 1924.

Luigi Albertini: The Origins of the War of 1914, 3 Bände, Oxford 1953 (ital. Originalausgabe 1942/1943).

L'Allemagne et les problèmes de la paix pendant la première guerre mondiale. Documents extraits des archives de l'Office allemand des Affaires étrangères. Publiés par André Scherer et Jacques Grunewald, 4 Bände, Paris 1962 –1978.

Friedrich Altrichter: Die seelischen Kräfte des Deutschen Heeres im Frieden und im Weltkriege, Berlin 1933.

Jürgen Angelow: Der Weg in die Urkatastrophe. Der Zerfall des alten Europa 1900–1914, Berlin 2010.

Wilhelm Appens: Charleville: dunkle Punkte aus dem Etappenleben, Dortmund 1925.

Wilhelm Appens: Charleville. Ein trübes Kapitel aus der Etappengeschichte des Weltkrieges 1914/1918, Dortmund o. J.

Tony Ashworth: Trench Warfare 1914–1918. The Live and Let Live System, London 2000.

August 1914. Ein Volk zieht in den Krieg, hg. von der Berliner Geschichtswerkstatt, Berlin 1989.

August Bach (Hg.): Deutsche Gesandtschaftsberichte zum Kriegsausbruch 1914. Berichte und Telegramme der badischen, sächsischen und württembergischen Gesandtschaften in Berlin aus dem Juli und August 1914, Berlin 1937.

Gilbert Badia: Rosa Luxemburg. Journaliste Polemiste Revolutionaire, Paris 1975.

Casimir H. Baer (Hg.): Der Völkerkrieg: eine Chronik der Ereignisse seit dem 1. Juli 1914 / mit sämtlichen amtlichen Kundgebungen der Mittelmächte, ergänzt durch alle wichtigeren Meldungen der Entente-Staaten und die wertvollsten zeitgenössischen Berichte, Stuttgart 1914 ff.

Ray Stannard Baker: Woodrow Wilson: life and letters, New York 1946.

Michael Balfour: The Kaiser and his times, London 1964 (dt.: Der Kaiser. Wilhelm II. und seine Zeit, Berlin 1967).

Henri Barbusse: Das Feuer, Zürich 1918.

Corelli Barnett: The Swordbearers. Studies in Supreme Command in the First World War, London 1963.

Geoffrey Barraclough: From Agadir to Armageddon. Anatomy of a Crisis, London 1982.

Boris Barth: Dolchstoßlegenden und politische Desintegration. Das Trauma der deutschen Niederlage im Ersten Weltkrieg, 1914–1933, Düsseldorf 2003.

Max Bauer: Der große Krieg in Feld und Heimat. Erinnerungen und Betrachtungen, Tübingen 1921.

Max Bauer: Konnten wir den Krieg vermeiden, gewinnen, abbrechen? Drei Fragen beantwortet von Oberst Bauer, Berlin 1919.

Winfried Baumgart/Konrad Repgen (Hg.): Brest-Litovsk, Göttingen 1969 (Historische Texte / Neuzeit 6).

Winfried Baumgart: Deutsche Ostpolitik 1918. Von Brest-Litowsk bis zum Ende des Ersten Weltkrieges, Wien u. a. 1966.

Winfried Baumgart: Die Mission des Grafen Mirbach in Moskau April–Juni 1918, in: VjhZG 16 (1968), S. 66 ff.

Winfried Baumgart: Unternehmen Schlußstein. Zur militärisch-politischen Geschichte des Ersten Weltkriegs, Frankfurt/M. 1969 (Wehrwissenschaftliche Rundschau 19/1–7).

Winfried Baumgart (Hg.): Von Brest-Litovsk zur Deutschen Novemberrevolution. Aus den Tagebüchern von Alfons Paquet, Wilhelm Groener und Albert Hopman März bis November 1918, Göttingen 1971.

Kronprinz Rupprecht von Bayern: In Treue fest. Mein Kriegstagebuch, 3 Bände, hg. von Eugen von Frauenholz, München 1929.

Bert Becker: Georg Michaelis. Preußischer Beamter, Reichskanzler, Christlicher Reformer 1857–1936, Paderborn u. a. 2007.

Jean Jacques Becker: 1914. Comment les Français sont entrés dans la guerre, Paris 1977.

Ian Beckett: The First World War. The Essential Guide to Sources in the UK National Archives, Richmond 2002.

Archibald C. Bell: A history of The Blockade of Germany and the countries associated with her in the Great War Austria-Hungary, Bulgaria, and Turkey 1914–1918, London 1937.

Friedrich von Berg als Chef des Geheimen Zivilkabinetts 1918. Erinnerungen aus seinem Nachlaß, bearb. von Heinrich Potthoff, Düsseldorf 1971 (Quellen zur Geschichte des Parlamentarismus und der politischen Parteien. Erste Reihe, Bd. 7).

Ludwig Berg: «Pro Fide et Patria!» Die Kriegstagebücher von Ludwig Berg 1914–1918, hg. von Frank Betker und Almut Kriele, Köln, Wien 1998.

Volker R. Berghahn: Der Stahlhelm. Bund der Frontsoldaten 1918–1935, Düsseldorf 1966.

Volker R. Berghahn: Der Tirpitz-Plan, Düsseldorf 1971.

Friedrich von Bernhardi: Denkwürdigkeiten aus meinem Leben. Nach gleichzeitigen Aufzeichnungen und im Lichte der Erinnerung, Berlin 1927.

Theobald von Bethmann Hollweg: Betrachtungen zum Weltkriege, hg. von Jost Dülffer, Essen 1989 (zuerst in 2 Bänden, Berlin 1919–1921).

Wolfdieter Bihl: Die Kaukasus-Politik der Mittelmächte, 2 Bände, Teil 1: Ihre Basis in der Orient-Politik und ihre Aktionen 1914–1917, Wien, Köln, Graz 1975; Teil 2: Die Zeit der versuchten kaukasischen Staatlichkeit 1917–1918, Wien, Köln, Weimar 1992.

Karl E. Birnbaum: Peace moves and U-Boat-Warfare, Stockholm 1958.

Robert Blake (Hg.): The Private Papers of Douglas Haig, London 1952.

Ivan (Jan) Bloch: Die Zukunft des Krieges, 6 Bände, Berlin 1899.

Katrin Boeckh: Von den Balkankriegen zum Weltkrieg. Kleinstaatenpolitik und ethnische Selbstbestimmung auf dem Balkan, München 1996 (Südosteuropäische Arbeiten, 96).

Manfred Boemeke/Roger Chickering/Stig Förster (Hg.): Anticipating Total War. The German and American Experiences, 1871–1914, Cambridge 1999.

Jonathan Boff: Crown Prince Rupprecht of Bavaria and Germany's War on the Western Front, 1914–1918, Oxford 2018 (voraussichtlich).

Jonathan Boff: Winning and Losing on the Western Front: The British Third Army and the Defeat of Germany, 1918, Cambridge 2012.

Thomas Boghardt: The Zimmermann telegram. Intelligence, diplomacy, and America's entry into World War I, Annapolis, Maryland 2012.

von Börris: Verdun 1916, in: Deutsches Offiziersblatt 1926.

Karl Freiherr von Bothmer: Moskauer Tagebuch 1918, hg. von Gernot Bohme, bearb. von Winfried Baumgart, München 2010.

John Bourne/Gary Sheffield (Hg.): Douglas Haig. War Diaries and Letters 1914–1918, London 2005.

Magnus von Braun: Von Ostpreußen bis Texas: Erlebnisse und Zeitgeschichtliche Betrachtungen eines Ostpreußen, Stollhamm 1955.

Johannes Victor Bredt u. a.: Der Deutsche Reichstag im Weltkrieg Gutachten des Sachverständigen, Berlin 1926.

Gotthard Breit: Das Staats- und Gesellschaftsbild deutscher Generale beider Weltkriege im Spiegel ihrer Memoiren, Boppard a.Rh. 1973.

Klaus-Jürgen Bremm: Propaganda im Ersten Weltkrieg, Stuttgart 2013.

Briefwechsel Hertling-Lerchenfeld. 1912–1917. Dienstliche Privatkorrespondenz zwischen dem bayerischen Minsterpräsidenten Georg Graf von Hertling und dem bayrischen Gesandten in Berlin, Hugo Graf von und zu Lerchenfeld, hg. von Ernst Deuerlein. 2 Bände, Boppard a.Rh. 1973 (Deutsche Geschichtsquellen des 19. und 20. Jahrhunderts, Bd. 50).

Stephen Broadberry/Mark Harrison (Hg.): The Economics of World War I, Cambridge 2005.

Hans Joachim Brockhusen-Justin: Der Weltkrieg und ein schlichtes Menschenleben, Greifswald 1928.

Peter Broucek: Der k. u. k. Delegierte im Deutschen Großen Hauptquartier Generalmajor Alois Klepsch-Kloth von Roden und seine Berichterstattung 1915/16, in: MGM 1 (1974), S. 109–126.

Peter Broucek: Ein General im Zwielicht. Die Erinnerungen Edmund Glaises von Horstenau, 2 Bände, Wien, Köln, Graz 1980.

Steffen Bruendel: Volksgemeinschaft oder Volksstaat. Die «Ideen von 1914» und die Neuordnung Deutschlands im Ersten Weltkrieg, Berlin 2003.

Alexej Alexejewitsch Brussilow: Meine Errinerungen, Berlin 1988.

David L. Bullock: Allenby's War. The Palestine Arabian Campaigns 1916–1918, London 1988.

Bernhard Fürst von Bülow: Denkwürdigkeiten, hg. von Franz von Stockhammern, 4 Bände, Berlin 1930 f.

Karl von Bülow: Mein Bericht zur Marneschlacht, Berlin 1919.

Lothar Burchardt: Friedenswirtschaft und Kriegsvorsorge. Deutschlands wirtschaftliche Rüstungsbestrebungen vor 1914, Boppard am Rhein 1968 (Wehrwissenschaftliche Forschungen. Abteilung Militärgeschichtliche Studien, 6).

Lothar Burchardt: Walther Rathenau und die Anfänge der deutschen Rohstoffbewirtschaftung im Ersten Weltkrieg, in: Tradition 15 (1970), S. 169–196.

Kathleen Burk: Britain, America, and the Sinews of War, 1914–1918, Boston u. a. 1985.

Johannes Burkhardt: Kriegsgrund Geschichte? 1870, 1813, 1756 – historische Argumente und Orientierungen bei Ausbruch des Ersten Weltkriegs, in: Lange und kurze Wege in den Ersten Weltkrieg. Vier Augsburger Beiträge zur Kriegsursachenforschung, hg. von Johannes Burkhardt, Josef Becker, Stig Förster und Günther Kronenbitter, München 1996 (Schriften der Philosophischen Fakultäten der Universität Augsburg, Bd. 49), S. 9–86.

BD = British Documents on the Origins of the War 1898–1914 (BD), hg. von George P. Gooch und Harold Temperley, 11 Bände, London 1926–1936.

F. Bumm: Deutschlands Gesundheitsverhältnisse unter dem Einfluß des Weltkrieges, 2 Bände, Stuttgart, Berlin, Leipzig 1928.

Robert E. Bunselmeyer: The Cost of War 1914–1919: British Economic War Aims and the Origins of Reparation, Hamden, Connecticut 1975.

Eckart Busch: Der Oberbefehl. Seine rechtliche Struktur in Preußen und Deutschland seit 1848 (bis 1966), Boppard a.Rh. 1967.

Prit Buttar: Collision of Empires: The War on the Eastern Front in 1914, New York 2014.

Giorgio Candeloro: Storia dell'Italia moderna, Bd. 8: La prima guerra mondiale. Il Dopoguerra. L'avvento del fascismo, Mailand 1995.

Gerard Canini: Combattre a Verdun. Vie et souffrance quotidiennes du soldat, 1916–1917, Nancy 1988.

Konrad Canis: Der Weg in den Abgrund. Deutsche Außenpolitik 1902–1914, Paderborn 2011.

Thomas Carlyle: Friedrich der Grosse, Berlin 1924.

Joyce Cary: Memoir of the Bobotes, London 2000.

George H. Cassar: Lloyd George at War 1916–1918, London, New York 2009.

Joachim Castan: Der Rote Baron. Die ganze Geschichte des Manfred von Richthofen, Stuttgart 2007.

Lamar Cecil: Wilhelm II., Bd. 1: Prince and Emperor, 1859–1900; Bd. 2: Emperor and Exile, 1900–1941, Chapel Hill, London 1989.

Houston Stewart Chamberlain: Briefe 1882–1924 und Briefwechsel mit Kaiser Wilhelm II., 2 Bände, München 1928.

Daniel Chamier: Wilhelm II. Der Deutsche Kaiser, München, Berlin 1989 (Neuauflage von: Ein Fabeltier unserer Zeit, Zürich, Leipzig, Wien 1938; engl.: A Fabulous Monster, London 1934).

Roger Chickering: Der «deutsche Wehrverein» und die Reform der deutschen Armee 1912–1914, in: Militärgeschichtliche Mitteilungen 1 (1979), S. 7–33.

Roger Chickering: Freiburg im Ersten Weltkrieg. Totaler Krieg und städtischer Alltag 1914–1918, Paderborn u. a. 2009.

Roger Chickering/Stig Förster (Hg.): Great War, Total War. Combat and mobilization on the Western Front, 1914–1918, Cambridge 2000.

Roger Chickering: Imperial Germany and the Great War, 1914–1918, Cambridge 1998.

Winston Churchill: The Unknown War: The Eastern Front, New York 1931.

Winston Churchill: The World Crisis, London 1927.

Christopher Clark: Kaiser Wilhelm II. Profiles in Power, London u. a. 2000.

Christopher Clark: Preußen. Aufstieg und Niedergang 1600–1947, München 2008.

Christopher Clark: The Sleepwalkers. How Europe went to War in 1914, London 2012.

Christopher Clark: Wilhelm II. Die Herrschaft des letzten Deutschen Kaisers, München 2008.

Carl von Clausewitz: Vom Kriege. Hinterlassenes Werk. Ungekürzter Text, Frankfurt/M., Berlin, Wien 1980.

Werner Conze (Hg.): Das Ende der Monarchie am 9. November 1918. Abschließender Bericht nach den Aussagen der Beteiligten, Berlin 1952.

Werner Conze: Polnische Nation und Deutsche Politik im Ersten Weltkrieg, Köln, Graz 1958.

Arthur Corbett-Smith: The Retreat from Mons, London u. a. 1916.

Christoph Cornelißen: Die Frontgeneration deutscher Historiker und der Erste Weltkrieg, in: Jost Dülffer/Gerd Krumeich: Der verlorene Frieden. Politik und Kriegskultur nach 1918, Essen 2002.

Christoph Cornelißen: Gerhard Ritter. Geschichtswissenschaft und Politik im 20. Jahrhundert, Düsseldorf 2001.

Gustavo Corni/Eugenio Bucicol/Angelo Schwarz: Inediti della Grande Guerra. Immagini dell'Invasione Austro-Germanica in Friuli e nel Veneto orientale, Trieste 1990.

Victoria Cowles: Wilhelm II. Der letzte deutsche Kaiser, München 1976 (engl. The Kaiser. London 1963).

Gordon A. Craig: Deutsche Geschichte 1866–1945. Vom Norddeutschen Bund bis zum Ende des Dritten Reiches, 3. Auflage, München 1980.

Gordon A. Craig: The Politics of the Prussian Army 1640–1945, Oxford 1955.

August von Cramon: Unser Österreichisch-Ungarischer Bundesgenosse im Weltkriege. Erinnerungen aus meiner vierjährigen Tätigkeit als bevollmächtigter General beim k. u. k. Armeeoberkommando, Berlin 1920.

Martin Creutz: Die Pressepolitik der kaiserlichen Regierung während des Ersten Weltkriegs. Die Exekutive, die Journalisten und der Teufelskreis der Berichterstattung, Frankfurt/M. u. a. 1996 (Europäische Hochschulschriften: Reihe 3, Geschichte und ihre Hilfswissenschaften, Bd. 704).

Martin van Creveld: Die deutsche Wehrmacht. Eine militärgeschichtliche Einschätzung, in: Dietrich Papenfuß/Wolfgang Schieder (Hg.): Deutsche Umbrüche im 20. Jahrhundert, Köln, Weimar, Wien 2000, S. 363–379.

Martin van Creveld: Kampfkraft. Militärische Organisation und militärische Leistung 1939–1945, Freiburg 1989.

Martin van Creveld: On Future War, London 1991.

Martin van Creveld: Supplying War. Logistics from Wallenstein to Patton, Cambridge 2004.

Wilhelm Crone: Achtung! Hier großes Hauptquartier! Erschautes und Erlauschtes aus der deutschen Kriegszentrale, Lübeck 1934.

C. R. Cruttwell: A History of the Great War 1914–1918, Oxford 1940.

Ottokar Graf Czernin: Im Weltkriege, Berlin 1919.

Ute Daniel: The War from within. German Working-Class Women in the First World War, Oxford, New York 1997.

Jurij Nikiforowitsch Daniloff: Rußland im Weltkriege, Jena 1925.

Eduard David: Das Kriegstagebuch des Reichstagsabgeordneten Eduard David 1914 bis 1918, Düsseldorf 1966 (Quellen zur Geschichte des Parlamentarismus und der politischen Parteien. Erste Reihe, Bd. 4).

John Davies: The legend of Hobey Baker, Boston, Toronto 1966.

Belinda J. Davis: Home Fires Burning. Food, Politics, and Everyday Life in World War I Berlin, Chapel Hill, London 2000.

DDI = Documenti diplomatici italiani. Quarta Serie (1908–1914) e Quinta Serie (1914–1918), hg. vom Ministero degli Affari Esteri, Commissione per la pubblicazione dei documenti diplomatici, Rom 1954–1986.

Wilhelm Deist: Der militärische Zusammenbruch des Kaiserreichs. Zur Realität der «Dolchstoßlegende», in: Wilhelm Deist: Militär, Staat und Gesellschaft. Studien zur preußisch-deutschen Militärgeschichte, München 1991 (Beiträge zur Militärgeschichte, Bd. 34), S. 212 ff.

Wilhelm Deist/Annika Mombauer: The Kaiser. New Research on Wilhelm II's Role in Imperial Germany, Cambridge 2003.

Wilhelm Deist: Kaiser Wilhelm II. als Oberster Kriegsherr, in: John C. G. Röhl (Hg.): Der Ort Kaiser Wilhelms II. in der deutschen Geschichte, München 1991, S. 25–42.

Wilhelm Deist (Hg.): Militär und Innenpolitik im Weltkrieg 1914–1918, 2 Bände, Düsseldorf 1970 (Quellen zur Geschichte des Parlamentarismus und der politischen Parteien. 2. Reihe, Bd. 1).

Wilhelm Deist: Strategy and unlimited Warfare in Germany: Moltke, Falkenhayn, and Ludendorff, in: Roger Chickering/Stig Förster (Hg.): Great War, Total War. Combat and Mobilization on the Western Front, 1914–1918, Cambridge 2000, S. 263–281.

Wilhelm Deist: Verdeckter Militärstreik im Kriegsjahr 1918?, in: Wolfram Wette (Hg.): Der Krieg des kleinen Mannes. Eine Militärgeschichte von unten, München, Zürich 1992, S. 146–167.

Hans Delbrück: Ludendorff, Tirpitz, Falkenhayn, Berlin 1920.

Hans Delbrück: Ludendorffs Selbstporträt, mit einer Widerlegung der Foerster'schen Denkschrift, Berlin 1922.

Karl Demeter: Das deutsche Offizierskorps in Gesellschaft und Staat, 1650–1945, 2. Auflage, Frankfurt/M. 1962.

Peter Dennis/Jeffrey Grey: 1911 Preliminary moves. The 2011 Chief of Army History Conference, Newport 2011.

Der Weltkrieg 1914–1918, URL: http://digi.landesbibliothek.at/viewer/image/AC03617607/18/.

Der Weltkrieg im Bild. Originalaufnahmen des Kriegs- Bild- und Filmamtes aus der modernen Materialschlacht, Oldenburg, Berlin 1926.

Der Weltkrieg in seiner rauhen Wirklichkeit, Oberammergau 1926.

Deutscher Geschichtskalender, hg. von Friedrich Purlitz und Sigfried H. Steinberg, Bd. 30 (1914) – Bd. 34 (1918).

Deutschland im ersten Weltkrieg, hg. von einem Autorenkollektiv des Zentralinstituts für Geschichte der DDR, 3 Bände, 2. Auflage, Berlin 1970.

Die Deutschen Dokumente zum Kriegsausbruch. Vollständige Sammlung der von Karl Kautsky zusammengestellten amtlichen Aktenstücke mit einigen Ergänzungen. Im Auftrage des Auswärtigen Amtes nach gemeinsamer Durchsicht mit Karl Kautsky hg. von Graf Max Montgelas und Walter Schücking, 4 Bände, Charlottenburg 1919.

Diesem System keinen Mann und keinen Groschen. Militärpolitik der revolutionären deutschen Arbeiterbewegung 1830 bis 1917, hg. von einem Autorenkollektiv des Militärgeschichtlichen Instituts der DDR, Berlin 1990.

Alfred Dieterich: Weltkriegsende an der mazedonischen Front, Berlin 1926.

Martin Doerry: Übergangsmenschen. Die Mentalität der Wilhelminer und die Krise des Kaiserreichs, 2 Bände, Weinheim 1985.

Wolfgang Dornik: Des Kaisers Falke. Wirken und Nach-Wirken von Frau Conrad von Hötzendorf, Innsbruck 2013.

Klaus Dorst/Wolfgang Wünsche: Der erste Weltkrieg. Erscheinung und Wesen, Berlin 1989.

Robert A. Doughty: France, in: Richard F. Hamilton/Holger H. Herwig: War Planning 1914, Cambridge 2010, S. 143–174.

Robert A. Doughty: Phyrrhic Victory. French Strategy and Operations in the Great War, Cambridge, Mass. 2005.

Jost Dülffer/Karl Holl (Hg.): Bereit zum Krieg. Kriegsmentalität im wilhelminischen Deutschland 1890–1914, Göttingen 1986.

Jost Dülffer: Chances and limits of armament control 1898–1914, in: Holger Afflerbach/David Stevenson (Hg.): An Improbable War? The Outbreak of World War I and European Political Culture before 1914, New York 2007, S. 95–112.

Jost Dülffer: Regeln gegen den Krieg? Die Haager Friedenskonferenzen 1899 und 1907 in der internationalen Politik, Berlin 1981.

Charles Dupont: Le haut commandement allemand en 1914, Paris 1922.

Jörg Duppler/Gerhard P. Groß (Hg.): Kriegsende 1918. Ereignis, Wirkung, Nachwirkung, München 1999 (Beiträge zur Militärgeschichte, Bd. 53).

Friedrich Ebert 1871–1925. Vom Arbeiterführer zum Reichspräsidenten, Bonn 1995.

Wolfgang U. Eckart: Medizin und Krieg. Deutschland 1914–1924, Paderborn 2014.

James Edmonds: Military Operations: France and Belgium, 1914–1918, London 1933–1948 (Official History of the Great War).

Hans Ehlert/Michael Epkenhans/Gerhard Groß: Der Schlieffenplan. Analysen und Dokumente, Paderborn u. a. 2006.

Ehren-Rangliste des ehemaligen Deutschen Heeres auf Grund der Ranglisten von 1914 mit den inzwischen eingetretenen Veränderungen, hg. vom Deutschen Offizier-Bund, Berlin 1926.

Karl von Einem: Ein Armeeführer erlebt den Weltkrieg. Persönliche Aufzeichnungen, hg. von Junius Alter (d. i. Franz Sontag), Leipzig 1938.

Ashley Ekins (Hg.): Gallipoli. A ridge too far, Wollombi 2013.

Walter Elze: Tannenberg. Das deutsche Heer von 1914. Seine Grundzüge und deren Auswirkungen im Sieg an der Ostfront, Breslau 1928.

Michael Epkenhans: Die wilhelminische Flottenrüstung 1908–1914. Weltmachtstreben, industrieller Fortschritt, soziale Integration, München 1991.

Michael Epkenhans/Jörg Hillmann/Frank Nagler: Skagerrakschlacht: Vorgeschichte – Ereignis – Verarbeitung, München 2009.

Klaus Epstein: Matthias Erzberger und das Dilemma der deutschen Demokratie, Berlin 1976.

Karl Dietrich Erdmann: Der Erste Weltkrieg, 5. Auflage, München 1985.

Karl Dietrich Erdmann: Zur Beurteilung Bethmann Hollwegs, in: Geschichte in Wissenschaft und Unterricht 15 (1964), S. 525–540.

Edward J. Erickson: The Strength of an Army. Ottoman Military Effectiveness in the First World War, Dissertation University of Leeds, 2005.

Matthias Erzberger: Erlebnisse im Weltkrieg, Stuttgart, Berlin 1920.

Paul C. Ettighofer: Sturm 1918, Gütersloh 1938.

Erich Eyck: Das persönliche Regiment Wilhelms II. Politische Geschichte des deutschen Kaiserreiches von 1890 bis 1919, Erlenbach, Zürich 1948.

Erich von Falkenhayn: Der Feldzug der 9. Armee gegen die Rumänen und Russen 1916/17, Berlin 1921.

Erich von Falkenhayn: Die Oberste Heeresleitung 1914–1916 in ihren wichtigsten Entschließungen, Berlin 1920.

Erich von Falkenhayn: Verdun, in Militär-Wochenblatt vom 12.7.1919 [Der Aufsatz erschien anonym].

Erich von Falkenhayn: Zur Beurteilung der Kriegslage 1916, in: Militär-Wochenblatt vom 22.3.1919.

Lancelot L. Farrar: Divide and Conquer. German efforts to conclude a seperate peace, 1914–1918, New York 1978.

Lancelot L. Farrar: The Short-War illusion. German Policy, Strategy & Domestic Affairs, August–December 1914, Santa Barbara, Kalifornien 1973.

Elisabeth Fehrenbach: Images of Kaiserdom: German attitudes to Kaiser Wilhelm II, in: John C. G. Röhl/Nikolaus Sombart (Hg.): Kaiser Wilhelm II. New Interpretations. The Corfu Papers, Cambridge u. a. 1982, S. 269–285.

Elisabeth Fehrenbach: Wandlungen des deutschen Kaisergedankens 1871–1918, München, Wien 1969.

Gerald D. Feldman: Army Industry and Labor in Germany 1914–1918, Princeton 1966 (dt.: Armee, Industrie und Arbeiterschaft in Deutschland 1914–1918, Berlin 1985).

Gerald D. Feldman: The great disorder. Politics, economics and society in the German inflation, 1914–1924, New York u. a. 1993.

Fritz Fellner: Die «Mission Hoyos», in: Wilhelm Alff (Hg.): Deutschlands Sonderung von Europa, 1862–1945, Frankfurt/M. 1984, S. 283–316.

Fritz Fellner: Vom Dreibund zum Völkerbund, München, Wien 1994.

Anton Fendrich: Der Krieg und die Sozialdemokratie, Stuttgart 1915.

Niall Ferguson: Prisoner Taking and Prisoner Killing in the Age of Total War: Towards a Political Economy of Military Defeat, in: War in History 11/2 (2004), S. 148–192.

Niall Ferguson: The Pity of War, London 1999.

Marc Ferro: Der Grosse Krieg 1914–1918, Frankfurt/M. 1988.

Fritz Fischer: Bündnis der Eliten. Zur Kontinuität der Machteliten in Deutschland 1871–1945, Düsseldorf 1979.

Eugen Fischer u. a. (Hg.): Das Werk des Untersuchungsausschusses der Deutschen verfassunggebenden Nationalversammlung und des Deutschen Reiches, Berlin 1919–1928, Reihe 1: Die Vorgeschichte des Weltkrieges. Im Auftrage des Ersten Untersuchungsausschusses unter Mitwirkung von Eugen Fischer, hg. von Georg Gradnauer und Rudolf Breitscheid, Bd. 5; Bd. 10, 11 hg. von Clara Bohm-Schuch; Reihe 2: Friedensmöglichkeiten während des Weltkrieges: Die Deutsche Nationalversammlung im Jahre 1919/20, 2 Bände, Berlin 1920; Reihe 3: Das Völkerrecht im Weltkrieg. Im Auftrage des Dritten Untersuchungsausschusses unter Mitwirkung von Eugen Fischer und Berthold Widmann hg. von Johannes Bell, 4 Bände, Berlin 1927; Reihe 4: Die Ursachen des deutschen Zusammenbruchs im Jahre 1918, Bd. 3, Berlin 1928 (Vierte Reihe im Werk des Untersuchungsausschusses. Unter Mitwirkung von Eugen Fischer, Walter Bloch im Auftrage des Vierten Unterausschusses hg. von Albrecht Philipp, 12 Bände, Berlin 1925–1929).

Fritz Fischer: Der Erste Weltkrieg und das deutsche Geschichtsbild. Beiträge zur Bewältigung eines Tabus, Düsseldorf 1977.

Fritz Fischer: Griff nach der Weltmacht. Die Kriegszielpolitik des kaiserlichen Deutschland 1914–1918, Düsseldorf 1961.

Fritz Fischer: Krieg der Illusionen. Die deutsche Politik 1911–1914, 2. Auflage, Düsseldorf 1969.

Jörg-Uwe Fischer: Admiral des Kaisers. Georg Alexander von Müller als Chef des Marinekabinetts Wilhelms II., Frankfurt/M. u. a. 1992.

Kurt Flasch: Die geistige Mobilmachung. Die deutschen Intellektuellen und der Erste Weltkrieg, Berlin 2000.

Ferdinand Foch: Erinnerungen von der Marneschlacht bis zur Ruhr, niedergeschrieben unter der persönlichen Redaktion von Raymound Recouly, Leipzig o. J. (1929?).

Robert T. Foley: Easy target or invincible enemy? German Intelligence Assessments of France before the Great War, in: The Journal of Intelligence History 5 (Winter 2005), S. 1–24.

Robert T. Foley: German Strategy and the Path to Verdun. Erich von Falkenhayn and the Development of Attrition, 1870–1916, Cambridge 2005.

Roland G. Foerster (Hg.): Generalfeldmarschall von Moltke. Bedeutung und Wirkung, München 1991.

Wolfgang Foerster: Falkenhayns Plan für 1916. Ein Beitrag zur Frage: Wie gelangt man aus dem Stellungskriege zu entscheidungsuchender Operation?, in: Militärwissenschaftliche Rundschau 3 (1937).

Stig Förster: Der deutsche Generalstab und die Illusion des kurzen Krieges, 1871–1914. Metakritik eines Mythos, in: Militärgeschichtliche Mitteilungen 54 (1995), S. 61–95; erneut publiziert in: Johannes Burkhardt/Josef Becker/Stig Förster/Günther Kronenbitter: Lange und kurze Wege in den ersten Weltkrieg. Vier Augsburger Beiträge zur Kriegsursachenforschung, München 1996, S. 115–158.

Stig Förster: Der doppelte Militarismus. Die deutsche Heeresrüstungspolitik zwischen Status-quo-Sicherung und Aggression 1890–1913, Stuttgart 1985 (Veröffentlichungen des Instituts für Europäische Geschichte, Mainz, Bd. 118).

Stig Förster: Helmuth von Moltke und das Problem des industrialisierten Volkskriegs im 19. Jahrhundert, in: Roland G. Foerster (Hg.): Generalfeldmarschall von Moltke. Bedeutung und Wirkung, München 1991, S. 103–115.

Stig Förster: Im Reich des Absurden: die Ursachen des Ersten Weltkriegs, in: Bernd Wegner (Hg.): Wie Kriege entstehen: Zum historischen Hintergrund von Staatenkonflikten, Paderborn u. a. 2000, S. 211 ff.

Stig Förster (Hg.): Vor dem Sprung ins Dunkle. Die militärische Debatte um den Krieg der Zukunft 1880–1914, Paderborn 2016 (Krieg in der Geschichte, Bd. 92).

Franz Forstner: Przemysl. Österreich-Ungarns bedeutendste Festung, Wien 1987.

Hermann von François: Der deutsche Kronprinz. Der Soldat und Heerführer, Leipzig 1926.

Allen J. Frantzen: Bloody Good. Chivalry, Sacrifice, and the Great War, Chicago 2004.

David French: British Strategy and War Aims 1914–1916, London 1986.

David French: The Strategy of the Lloyd George Coalition 1916–1918, Oxford 1995.

Gustav von Freytag-Loringhoven: Menschen und Dinge, wie ich sie in meinem Leben sah, Berlin 1923.

Marvin Fried: ‹A Life and Death Question›: Austro-Hungarian War Aims in the First World War, in Holger Afflerbach (Hg.): The Purpose of First World War – War Aims and Strategy during the Great War 1914–18, München 2015.

Marvin Fried: Austro-Hungarian War Aims in the Balkans during World War I, London 2014.

Iesaiah Friedman: Germany, Turkey and Zionism 1897–1918, Oxford 1977.

Ernst Friedrich: Krieg dem Kriege, Frankfurt/M. 1982.

Jörg Friedrich: 14/18. Der Weg nach Versailles, Berlin 2014.
Wolfgang Uwe Friedrich: Bulgarien und die Mächte 1913–1915, Wiesbaden, Stuttgart 1985.
Karl-Heinz Frieser: Blitzkrieg-Legende. Der Westfeldzug 1940, 4. Auflage, München, 2012.
J. F. C. Fuller: The conduct of war 1789–1961, London 1961.
Paul Fussel: The Great War and Modern Memory, Oxford 2000.
Max von Gallwitz: Meine Führertätigkeit im Weltkrieg 1914–1916, Berlin 1929.
Garland Series: United States Military Intelligence 1917–1927, Vol. 5: Weekly Summaries August 10–October 26, 1918: Introduction by Richard D. Challener, New York 1978.
Sheldon Garon: On the national destruction of cities. What Japan and the US learned from the bombing of Britain and Germany in World War II, Manuskript, 2015.
Peter Gatrell: A Whole Empire Walking. Refugees in Russia during World War I, Bloomington 2000.
Peter Gatrell: Poor Russia, poor show: mobilizing a backward economy for war, 1914–1917, in: Stephen Broadberry/Mark Harrison (Hg.): The Economics of World War I, Cambridge 2005, S 235–275.
Peter Gatrell: Refugees, in: 1914–1918-online, International Encyclopedia of the First World War, hg. von Ute Daniel/Peter Gatrell/Oliver Janz/Heather Jones/Jennifer Keene/Alan Kramer/Bill Nasson, Berlin 2014.
Peter Gatrell: Tsarist Russia at War: The View from Above, 1914–February 1917, in: The Journal of Modern History 87/3 (September 2015), S. 668–700.
Angelo Gatti: Un Italiano a Versailles (Dicembre 1917–Febbraio 1918). Con una premessa del generale Raffaele Cadorna, Mailand 1958.
Charles de Gaulle: La Discorde chez l'ennemi, Paris 1924.
Clifford Geertz: Thick Description: Toward an Interpretive Theory of Culture, in: Clifford Geertz: The Interpretation of Cultures, New York 1973, S. 3–32
Ulrich Gehrke: Persien in der deutschen Orientpolitik während des Ersten Weltkrieges, Stuttgart o. J. (Diss. Hamburg 1960).
Christian Geinitz: Kriegsfurcht und Kampfbereitschaft: Das Augusterlebnis in Freiburg. Eine Studie zum Kriegsbeginn 1914, Essen 1998 (Schriften der Bibliothek für Zeitgeschichte, N. F. 7).
Imanuel Geiss: Das Deutsche Reich und die Vorgeschichte des Ersten Weltkrieges, München 1978.
Imanuel Geiss: Der polnische Grenzstreifen. 1914–1918. Ein Beitrag zur deutschen Kriegszielpolitik im Ersten Weltkrieg, Lübeck 1960 (Historische Studien, 378).
Imanuel Geiss (Hg.): Julikrise und Kriegsausbruch 1914, 2 Bände, Hannover 1963–1964.
Maurice Genevoix (Hg.): Actes du Congrès sur la bataille de Verdun, Nancy 1975.

Michael Geyer: Insurrectionary Warfare: The German Debate about a «Levée en Masse» in October 1918, in: The Journal of Modern History 73/3 (September 2001), S. 459–527.

Dorothea Geyer-Groener: General Groener. Soldat und Staatsmann, Frankfurt/M. 1955.

Antonio Gibelli: La prima guerra mondiale, Turin 1987.

D. J. Goodspeed: Ludendorff. Soldier, Dictator, Revolutionary, London 1966.

Walter Goetz (Hg.): Briefe Wilhelms II. an den Zaren 1894–1914, Berlin 1920.

Erik Goldstein: Winning the Peace: British Diplomatic Strategy, Peace Planning, and the Paris Peace Conference, 1916–1920, Oxford 1991.

Anna von der Goltz: Hindenburg. Power, Myth, and the Rise of the Nazis, Oxford 2009.

Colmar Freiherr von der Goltz: Denkwürdigkeiten, Berlin 1929.

Walter Görlitz: Der deutsche Generalstab, Frankfurt/M. 1955.

John Gooch: Army, State and Society in Italy 1870–1915, London 1989.

Thor Goote: Wir fahren den Tod, Gütersloh 1942.

Jürgen Gottschlich: Beihilfe zum Völkermord. Deutschlands Rolle bei der Vernichtung der Armenier, Berlin 2015.

Olaf Groehler: Der lautlose Tod. Einsatz und Entwicklung deutscher Giftgase von 1914 bis 1945, 2. Auflage, Reinbek 1989.

Wilhelm Groener: Lebenserinnerungen. Jugend, Generalstab, Weltkrieg, hg. von Friedrich Freiherr von Gaertringen, Göttingen 1957 (Deutsche Geschichtsquellen des 19. und 20 Jahrhunderts, Bd. 41).

Gerhard Groß (Hg.): Die Vergessene Front. Der Osten 1914/15: Ereignis, Wirkung, Nachwirkung, Paderborn 2006.

Gerhard Groß: Eine Frage der Ehre? Die Marineführung und der letzte Flottenvorstoß 1918, in: Jörg Duppler/Gerhard Groß (Hg.), Kriegsende 1918. Ereignis, Wirkung, Nachwirkung, München 1999.

Die Große Politik der europäischen Kabinette von 1871–1914. Sammlung der diplomatischen Akten des Auswärtigen Amtes. Im Auftrage des Auswärtigen Amtes hg. von Ludwig Lepsius, Albrecht Mendelssohn-Bartholdy und Friedrich Thimme, 40 Bände, Berlin 1922–1927.

Bruce I. Gudmundsson: Stormtroop Tactics: Innovation in the German Army, 1914–1918, New York, London 1989.

Hans Guhr: Als türkischer Divisionskommandeur in Kleinasien und Palästina, Berlin 1937.

Erich von Gündell: Aus seinen Tagebüchern, hg. von Walter Obkircher, Hamburg 1939.

Wolfgang Gust: Der Völkermord an den Armeniern. Die Tragödie des ältesten Christenvolkes der Welt, München u. a. 1993.

Ekkehard P. Guth: Der Gegensatz zwischen dem Oberbefehlshaber Ost und dem

Chef des Generalstabes des Feldheeres 1914/15. Die Rolle des Majors von Haeften im Spannungsfeld zwischen Hindenburg, Ludendorff und Falkenhayn, in: Militärgeschichtliche Mitteilungen 35 (1984), S. 75–111.

Willibald Gutsche: Aufstieg und Fall eines kaiserlichen Reichskanzlers. Theobald von Bethmann Hollweg 1856–1921, Ein politisches Lebensbild, Berlin 1973.

Willibald Gutsche: Ein Kaiser im Exil. Der letzte deutsche Kaiser Wilhelm II. in Holland. Eine kritische Biographie, Marburg 1991.

Willibald Gutsche: Wilhelm II. Der letzte Kaiser des deutschen Reiches, Berlin 1991.

L. F. Haber: The Poisonous Cloud. Chemical Warfare in the First World War, Oxford 1986.

Jürgen Habermas: Theorie des kommunikativen Handelns, Bd. 1: Handlungsrationalität und gesellschaftliche Rationalisierung; Bd. 2: Zur Kritik der funktionalistischen Vernunft, Frankfurt/M. 1981.

Sebastian Haffner: Die sieben Todsünden des Deutschen Reiches, Bergisch Gladbach 1981.

Sebastian Haffner: Im Schatten der Geschichte. Historisch-politische Variationen aus zwanzig Jahren, Stuttgart 1985.

Karen Hagemann/Stefanie Schüler-Springorum (Hg.): Home/Front. The Military, War and Gender in Twentieth-Century Germany, Oxford, New York 2002.

Werner Hahlweg: Der Friede von Brest-Litowsk: Ein unveröffentlichter Band aus dem Werk des Untersuchungsausschusses der deutschen verfassunggebenden Nationalversammlung und des deutschen Reichstages, Düsseldorf 1971.

Douglas Haig: War Diaries and Letters 1914–1918, hg. von Gary Sheffield/John Bourne, London 2005.

Edward Albert Hall: The Abortive Partnership: Britain and Greece in World War I 1914–1915, PhD Thesis Lancaster 1996.

Johannes Haller (Hg.): Aus dem Leben des Fürsten zu Eulenburg, Berlin 1924.

George W. F. Hallgarten: Imperialismus vor 1914. Die soziologische Grundlage der Außenpolitik der europäischen Großmächte vor dem Ersten Weltkrieg, 2 Bände, 2. Auflage, München 1963.

Richard F. Hamilton/Holger H. Herwig: Decisions for War, 1914–1917, Cambridge 2004.

Richard F. Hamilton/Holger H. Herwig: War Planning 1914, Cambridge 2010.

Karl Hampe: Kriegstagebuch 1914–1919, hg. von Folker Reichert und Eike Wolgast, München 2004 (Deutsche Geschichtsquellen des 19. und 20. Jahrhunderts. Bd. 63).

Handelskrieg mit U-Booten: siehe KzS.

Maurice Hankey: The Supreme Command, London 1961

J. P. Harris/Niall Barr: Amiens to the Armistice: The BEF in the Hundred Days' Campaign, 8 August–11 November, 1918, London 1998.

Ulrich von Hassell: Tirpitz. Sein Leben und Wirken mit Berücksichtigung seiner Beziehungen zu Albrecht von Stosch, Stuttgart 1920.

Der Hauptausschuß des Deutschen Reichstages 1915–1918, bearb. von Reinhard Schiffers, Manfred Koch, Hans Bold, 4 Bände, Düsseldorf 1981–1983.

Pierre-Cyrille Hautcoeur: Was the Great War a watershed? The economics of World War I in France, in: Stephen Broadberry/Mark Harrison (Hg.): The Economics of World War I, Cambridge 2005, S. 169–205.

Akira Hayashima: Die Illusion des Sonderfriedens. Deutsche Verständigungspolitik mit Japan im Ersten Weltkrieg, München, Wien 1982.

Maureen Healy: Vienna and the Fall of the Habsburg Empire: Total War and Everyday Life in World War I, Cambridge 2004.

Günther Hebert: Das Alpenkorps. Aufbau, Organisation und Einsatz einer Gebirgstruppe im Ersten Weltkrieg, Boppard 1988 (Wehrwissenschaftliche Forschungen: Abteilung militärgeschichtliche Studien, Bd. 33).

Heerführer des Weltkrieges, hg. von der Deutschen Gesellschaft für Wehrpolitik und Wehrwissenschaft, Berlin 1939.

Hermann Heiden: Bollwerk am San. Schicksal der Festung Przemysl, Oldenburg i. O. u. a. 1940.

Karl Helfferich: Der Weltkrieg, 3 Bände, Karlsruhe 1925.

Hellenic Army General Staff: A Concise History of the Participation of the Hellenic Army in the First World War, Athen 1999.

Paul C. Helmreich: From Paris to Sèvres. The Partition of the Ottoman Empire at the Peace Conference of 1919–1920, Columbus, Ohio, 1974.

Pierre-Yves Hénin: Le plan Schlieffen – Un mois de guerre, deux siècles de controverse, Paris 2012.

Paul Herre: Kronprinz Wilhelm. Seine Rolle in der deutschen Politik, München 1954.

David G. Herrmann: The Arming of Europe and the First World War, Princeton 1996.

Karin Herrmann: Der Zusammenbruch 1918 in der deutschen Tagespresse. Politische Ziele, Reaktion auf die Ereignisse und die Versuche der Meinungsführung in der deutschen Tagespresse während der Zeit vom 23. September bis 11. November 1918, Diss. Münster 1958.

Holger Herwig/Neil Hyman: Biographical dictionary of World War I, London 1982.

Holger Herwig: The First World War: Germany and Austria-Hungary 1914–1918, 3. Auflage, London 1998.

Holger Herwig: The Marne, 1914. The Opening of World War I and the Battle that Changed the World, New York 2009.

Hans Herzfeld: Der Erste Weltkrieg, 3. Auflage, München 1974.

Hans Herzfeld: Der Militarismus als Problem der Neueren Geschichte, in: Volker R. Berghahn: Militarismus, Köln 1973, S. 107–114.

Hans Herzfeld: Die deutsche Rüstungspolitik vor dem Kriege, Bonn 1923.

Theodor Heuss: Erinnerungen 1905–1933, Tübingen 1963.

Lothar Hilbert: Falkenhayn. L'homme et sa conception de l'offensive de Verdun, in: Verdun 1916. Actes du colloque international sur la bataille de Verdun 6–7–8 juin 1975, hg. von Maurice Genevoix, Verdun 1976, S. 41–56.

Klaus Hildebrand: Das vergangene Reich: deutsche Außenpolitik von Bismarck bis Hitler, 1871–1945, Stuttgart 1995.

Friedrich Frhr. Hiller von Gaertringen: Erich von Falkenhayn, in: Neue Deutsche Bibliographie, Bd. 5, Berlin 1961, S. 11–15.

Andreas Hillgruber: Deutsche Rußland-Politik 1871–1918: Grundlagen – Grundmuster – Grundprobleme, in: Saeculum 27 (1976); Neuabdruck in: Andreas Hillgruber: Deutsche Großmacht- und Weltpolitik im 19. und 20. Jahrhundert, 2. Auflage, Düsseldorf 1979, S. 70–90.

Andreas Hillgruber: Die Erwägungen der Generalstäbe für den Fall eines Kriegseintritts Italiens 1914/1915, in: Quellen und Forschungen aus italienischen Archiven und Bibliotheken 48 (1968), S. 346–364.

Andreas Hillgruber: Kurt Riezlers Theorie des «kalkulierten Risikos» und Bethmann Hollwegs politische Konzeption in der Julikrise 1914, in: Historische Zeitschrift 202 (1966), S. 333–351.

Paul von Hindenburg: Aus meinem Leben, Leipzig 1920.

Hintze, Dokumente, siehe Johannes Hürter.

Gerhard Hirschfeld/Gerd Krumeich/Irina Renz (Hg.): Die Deutschen an der Somme 1914–1918. Krieg, Besatzung, Verbrannte Erde, Essen 2006.

Gerhard Hirschfeld/Gerd Krumeich/Irina Renz (Hg.): Enzyklopädie Erster Weltkrieg, Paderborn 2003.

Gerhard Hirschfeld/Gerd Krumeich/Irina Renz (Hg.): Keiner fühlt sich hier mehr als Mensch … Erlebnis und Wirkung des Ersten Weltkrieges, Essen 1993.

Lothar Höbelt: «So wie wir haben nicht einmal die Japaner angegriffen». Österreich-Ungarns Nordfront 1914/15, in: Gerhard Groß (Hg.): Die Vergessene Front. Der Osten 1914/15: Ereignis, Wirkung, Nachwirkung, Paderborn 2006, S. 87–119.

Lothar Höbelt: Stehen oder Fallen? Österreichische Politik im Ersten Weltkreig, Wien 2015.

Rolf Hochhuth/H. Koch: Die Kaiserzeit, Zivil und Militär. Bilder einer Epoche. Aus dem Archiv der Hofphotographen Oscar und Gustav Tengelmann, München, Berlin 1972.

Peter Hoeres: Der Krieg der Philosophen. Die deutsche und britische Philosophie im Ersten Weltkrieg, Paderborn 2004.

Max Hoffmann: Der Krieg der versäumten Gelegenheiten, München 1923.

Max Hoffmann: Die Aufzeichnungen des Generalmajors Max Hoffmann, hg. von Karl-Friedrich Nowak, 2 Bände, Berlin 1929.

Max Hoffmann: Tannenberg wie es wirklich war, Berlin 1926.

Carl-Ludwig Holtfrerich: Die deutsche Inflation 1914–1923, Berlin 1980.

Erwin Hölzle: Die Selbstentmachtung Europas. Das Experiment des Friedens vor und im Ersten Weltkrieg, Göttingen 1975.

Albert Hopmann: Das ereignisreiche Leben eines Wilhelminers. Tagebücher, Briefe und Aufzeichnungen 1901–1920. Im Auftrag des Militärgeschichtlichen Forschungsamtes hg. von Michael Epkenhans, München 2004.

Albert Hopmann: Das Kriegstagebuch eines deutschen Seeoffiziers, Berlin 1925.

Albert Hopmann: Das Logbuch eines deutschen Seeoffiziers, Berlin 1924.

Alistair Horne: Des Ruhmes Lohn, Verdun 1916, Minden 1964 (engl. Originalausgabe 1962).

John Horne/Alan Kramer: German Atrocities, 1914: A History of Denial. New Haven, 2001 (dt.: Deutsche Kriegsgreuel 1914. Die umstrittene Wahrheit, Hamburg 2004).

Rolf Hosfeld: Operation Nemesis. Die Türkei, Deutschland und der Völkermord an den Armeniern, Köln 2005.

Rolf Hosfeld: Tod in der Wüste. Der Völkermord an den Armeniern, München 2015.

Volker Höttl: Die Beziehungen Conrads von Hötzendorf zu den deutschen Generalstabschefs 1914–1917 auf politischem Gebiet, Diss. Wien 1967.

Franz Freiherr Conrad von Hötzendorf: Aus meiner Dienstzeit, 5 Bände, Wien 1921–1925.

Edward M. House: The intimate papers of Colonel House. Arranged as a narrative by Charles Seymour, 4 Bände, Boston u. a. 1926.

Michael Howard: Kurze Geschichte des Ersten Weltkrieges, München 2007.

N. P. Howard: The Social and Political Consequences of the Allied Food Blockade of Germany, 1918–19, URL: https://libcom.org/files/blockade%20Germany_0.pdf.

Walther Hubatsch: Großes Hauptquartier 1914–1918. Zur Geschichte einer deutschen Führungseinrichtung, in: Ostdeutsche Wissenschaft 5 (1958), S. 422–461.

Walther Hubatsch (Hg.): Hindenburg und der Staat. Aus den Papieren des Generalfeldmarschalls und Reichspräsidenten von 1878 bis 1934, Göttingen u. a. 1966.

Ernst-Rudolf Huber: Deutsche Verfassungsgeschichte seit 1789, Bd. 5: Weltkrieg, Revolution und Reichserneuerung 1914–1919, Stuttgart 1978.

Isabel Hull: Absolute Destruction: Military Culture and the Practices of War in Imperial Germany, Ithaca, New York 2006.

Isabel Hull: A Scrap of Paper: Breaking and Making International Law during the Great War, Ithaca, London 2014.

Isabel Hull: Persönliches Regiment, in: John C. G. Röhl (Hg.): Der Ort Kaiser Wilhelms II. in der deutschen Geschichte, München 1991, S. 3–23.

Isabel Hull: The Entourage of Kaiser Wilhelm II 1888–1918, Cambridge u. a. 1982.

Johannes Hürter/Gian Enrico Rusconi (Hg.): Der Kriegseintritt Italiens im Mai 1915, München 2007 (Schriftenreihe der Vierteljahrshefte für Zeitgeschichte).

Johannes Hürter: Die Staatssekretäre des Auswärtigen Amtes im Ersten Weltkrieg, in: Wolfgang Michalka (Hg.): Der Erste Weltkrieg. Wirkung, Wahrnehmung, Analyse, München 1994, S. 216–251.

Johannes Hürter (Hg.): Paul von Hintze: Marineoffizier, Diplomat, Staatssekretär. Dokumente einer Karriere zwischen Militär und Politik, 1903–1918, eingeleitet und hg. von Johannes Hürter, München 1998 (Deutsche Geschichtsquellen des 19. und 20. Jahrhunderts, Bd. 60).

Bogdan Graf von Hutten-Czapski: Sechzig Jahre Politik und Gesellschaft, 2 Bände, Berlin 1936.

Sigurd von Ilsemann: Der Kaiser in Holland. Aufzeichnungen des letzten Flügeladjutanten Kaiser Wilhelms II., hg. von Harald von Koenigswald, 2 Bände, München 1968.

Der Interfraktionelle Ausschuß 1917/18, bearb. von Erich Matthias, 2 Bände, Düsseldorf 1959 (Quellen zur Geschichte des Parlamentarismus und der politischen Parteien. Erste Reihe, Bd. 1).

Alexander Isvolski: Recollections of a Foreign Minister, New York, Toronto 1921.

Gottlieb von Jagow: Ursachen und Ausbruch des Weltkrieges, Berlin 1919.

Christoph Jahr: Gewöhnliche Soldaten. Desertion und Deserteure im deutschen und britischen Heer 1914–1918, Göttingen 1998 (Kritische Studien zur Geschichtswissenschaft, Bd. 123).

Anscar Jansen: Der Weg in den Ersten Weltkrieg. Das deutsche Militär in der Julikrise 1914, Marburg 2005.

Karl-Heinz Janßen: Der Kanzler und der General. Die Führungskrise um Bethmann Hollweg und Falkenhayn, 1914–1918, Göttingen 1967.

Karl-Heinz Janßen: Der Wechsel in der Obersten Heeresleitung 1916, in: Vierteljahreshefte für Zeitgeschichte 7 (1959), S. 337–371.

Karl-Heinz Janßen (Hg.): Die graue Exzellenz. Zwischen Staatsräson und Vasallentreue. Aus den Papieren des kaiserlichen Gesandten Karl Georg von Treutler, Frankfurt/M., Berlin, Wien 1971.

Karl-Heinz Janßen: Macht und Verblendung. Kriegszielpolitik der deutschen Bundesstaaten 1914/18, Göttingen 1963.

Konrad H. Jarausch: The Enigmatic Chancellor. Bethmann Hollweg and the Hubris of Imperial Germany, London, New Haven 1973.

Gotthard Jäschke: Zum Problem der Marneschlacht von 1914, in: HZ 190 (1960), S. 311–348.

Keith Jeffery: British Strategy and War Aims in the First World War, in: Holger Afflerbach (Hg.): The Purpose of The First World War. War Aims and Military Strategies, München 2015, S. 45–60.

Rudolf Jeřábek: Die Brussilowoffensive 1916. Ein Wendepunkt der Koalitionskriegführung der Mittelmächte, 2 Bände, Diss. Wien 1982.

Rudolf Jeřábek: Militär und Politik in der ersten Jahreshälfte 1916, mit einem Anhang über die Überlieferung in Gabelsberger Stenographie. Hausarbeit am Institut für österreichische Geschichtsforschung, 56. Ausbildungslehrgang, Wien 1983.

Rudolf Jeřábek: Potiorek. General im Schatten von Sarajevo, Graz, Köln 1991.

James Joll: Die Ursprünge des Ersten Weltkrieges. Aus dem Englischen von Volkhard Matyssek, München 1988.

Klaus W. Jonas: Der Kronprinz Wilhelm, Frankfurt/M. 1962.

Ernst Jünger: In Stahlgewittern, Hamburg 1926.

Ernst Jünger: Kriegstagebuch 1914–1918, hg. von Helmuth Kiesel, Stuttgart 2010.

Michael Jürgs: Der kleine Frieden im Großen Krieg. Westfront 1914: Als Deutsche, Franzosen und Briten gemeinsam Weihnachten feierten, München 2003.

Ernst Kabisch: Der Rumänienkrieg 1916, Berlin 1938.

Ernst Kabisch: Falkenhayn und Joffre. Die Schlacht von Verdun in französischem Lichte, in: Königsberger Zeitung, 12.2.1936.

Ernst Kabisch: Streitfragen des Weltkrieges 1914–1918, Stuttgart 1924.

Ernst Kabisch: Verdun. Wende des Weltkrieges, Berlin 1935.

Siegfried A. Kaehler: Zur Beurteilung Ludendorffs im Sommer 1918, in: Siegfried A. Kaehler (Hg.): Studien zur deutschen Geschichte des 19. und 20. Jahrhunderts. Aufsätze und Vorträge, Göttingen 1961, S. 241–258.

Kaiser Wilhelm II. als Oberster Kriegsherr: siehe Holger Afflerbach (Hg.): Kaiser Wilhelm II. als Oberster Kriegsherr.

Friedrich Katz: Deutschland, Diaz und die mexikanische Revolution, die deutsche Politik in Mexiko 1870–1920, Berlin 1964.

John Keegan: A History of Warfare, London 1993.

John Keegan: Das Antlitz des Krieges, Düsseldorf 1978.

John Keegan: Der Erste Weltkrieg. Eine europäische Tragödie, Reinbek 2000.

John Keegan: Opening Moves. August 1914, London 1973.

Ulrich Keller: Schuldfragen. Belgischer Untergrundkrieg und deutsche Vergeltung im August 1914, Paderborn 2017.

Bernhard Kellermann: Der 9. November, Berlin, München 1980.

George Frost Kennan: The fateful alliance: France, Russia and the coming of the First World War, New York 1984.

Paul Kennedy: Aufstrieg und Fall der großen Mächte. Ökonomischer Wandel und militärischer Konflikt von 1500–2000, Frankfurt/M. 1989.

Paul Kennedy: The Kaiser and German Weltpolitik: Reflections on Wilhelm II's Place in the Making of German Foreign Policy, in: John C. G. Röhl/Nikolaus Sombart (Hg.): Kaiser Wilhelm II. New Interpretations. The Corfu Papers, Cambridge u. a. 1982, S. 143–168.

Paul Kennedy: The Rise of Anglo-German Antagonism 1860–1914, London 1980.

Alexander Kerensky: The Kerensky Memoirs. Russia and History's Turning Point, London 1966.

Ian Kershaw: To hell and back. Europe 1914–1949, London 2015.

John Maynard Keynes: The economic consequences of the peace, New York 1920.

Peter Graf von Kielmannsegg: Deutschland und der Erste Weltkrieg, 2. Auflage, Stuttgart 1980.

Rudolf Kieszling: Die hohe Führung der Heere Habsburg im Ersten Weltkrieg, Wien o. J.

Martin Kitchen: The German Officier Corps 1890–1914, Oxford 1968.

Ed Klekowski/Libby Klekowski: Americans in Occupied Belgium 1914–1918: Accounts of the War from Journalists, Tourists, Troops and Medical staff, Jefferson, North Carolina 2014.

Hansjoachim W. Koch: Der Sozialdarwinismus. Seine Genese und sein Einfluss auf das imperialistische Denken, München 1973.

Jürgen Kocka: Klassengesellschaft im Krieg, Deutsche Sozialgeschichte 1914–1918, 2. Auflage, Göttingen 1978.

Jürgen Kocka/Wolfgang Neugebauer (Hg.): Die Protokolle des Preußischen Staatsministeriums, 1817–1934/38, Bd. 10: 1909–1918, Hildesheim 1999, URL: http://preussenprotokolle.bbaw.de/bilder/Band%2010.pdf.

Thomas A. Kohut: Wilhelm II and the Germans. A Study in Leadership, New York, Oxford 1991.

Rudolf König/Hartmut Soell/Hermann Weber (Hg.): Friedrich Ebert und seine Zeit. Bilanz und Perspektiven der Forschung, München 1990.

Heinz Kraft: Das Problem Falkenhayn. Eine Würdigung der Kriegsführung des Generalstabschefs, in: Die Welt als Geschichte 22 (1962), S. 49–78.

Heinz Kraft: Das Problem von Staatsräson und Kriegsführung in Deutschland bis zum Jahr 1917, in: Zeitschrift für Religions- und Geistesgeschichte 1971/4, S. 289–318.

Heinz Kraft: Staatsräson und Kriegsführung im kaiserlichen Deutschland 1914–1916. Der Gegensatz zwischen dem Generalstabschef von Falkenhayn und dem Oberbefehlshaber Ost im Rahmen des Bündniskrieges der Mittelmächte, Göttingen 1980.

Alan Kramer, Blockade and Economic Warfare, in: Jay Winter (Hg.): The Cambridge History of the First World War, Bd. 2, S. 460–492.

Karl Kraus: Die letzten Tage der Menschheit, Frankfurt/M. 1986.

Friedrich Frhr. Kreß von Kressenstein: Mit den Türken zum Suezkanal, Berlin 1938.

Bogdan Krieger: Der Kaiser im Felde, Berlin 1916.

Kriegskalender und Kriegsdepeschen, Bd. 2. Nach den amtlichen Berichten, Beilage zu «Der Krieg 1914/1915 in Wort und Bild», Berlin o. J.

Kriegsrüstung und Kriegswirtschaft, hg. vom Reichsarchiv, Bd. 1: Die militärische, wirtschaftliche und finanzielle Rüstung Deutschlands von der Reichsgründung bis zum Ausbruch des Weltkrieges, Berlin 1930.

Günther Kronenbitter: «Krieg im Frieden». Die Führung der k. u. k. Armee und die Großmachtpolitik Österreich-Ungarns 1906–1914, München 2003.

Dieter Krüger: Rezension Gunther Mai, Das Ende des Kaiserreiches. Politik und Kriegsführung im Ersten Weltkrieg. München 1987, in: Militärgeschichtliche Mitteilungen 45 (1989), S. 259–261.

Gerd Krumeich: Aufrüstung und Innenpolitik in Frankreich vor dem Ersten Weltkrieg. Die Einführung der dreijährigen Dienstpflicht 1913–1914, Wiesbaden 1980.

Gerd Krumeich: Einkreisung, in: Enzyklopädie Erster Weltkrieg, 2. Auflage, Paderborn 2004, S. 452–453.

Gerd Krumeich: Einkreisung, in: Sprache und Literatur in Wissenschaft und Unterricht 63 (1989), S. 99–104.

Gerd Krumeich: Juli 1914. Eine Bilanz, Paderborn 2014.

Gerd Krumeich: Le déclin de la France dans la pensée politique et militaire allemande avant la Premiere Guerre Mondiale, in: Institut d'Histoire Conflits Contemporaines (Hg.): La Moyenne Puissance au XX. Siècle, Paris 1988, S. 101–115.

Gerd Krumeich/Silke Fehlemann (Hg.): Versailles 1919. Ziele – Wirkung – Wahrnehmung, Essen 2001.

Wolfgang Kruse: Krieg und nationale Integration. Eine Neuinterpretation des sozialdemokratischen Burgfriedensschlusses 1914/15, Essen 1993.

Friedrich Krutmann: Die Außenpolitik in der Tageszeitung «Die Post» von 1890 bis 1914, Leipzig 1933.

Peter Kübler/Hugo Reider: Guerre fra le Tre Cime 1915–1917. Il cuore delle Dolomiti di Sesto-Sexten nel 1915–1917 e oggi., 2. Auflage, Bozen 1992.

Hermann von Kuhl: Der deutsche Generalstab in Vorbereitung und Durchführung des Weltkrieges, Berlin 1920, URL: https://archive.org/details/derdeutschegenerookuhluoft.

Hermann von Kuhl: Der Weltkrieg 1914–1918. Dem deutschen Volke dargestellt, Berlin 1933.

Hermann von Kuhl: Entstehung, Durchführung und Zusammenbruch der Offensive von 1918, in: Eugen Fischer u. a. (Hg.): Das Werk des Untersuchungsausschusses der Deutschen verfassunggebenden Nationalversammlung und des Deutschen Reiches 1919–1928, Vierte Reihe: Die Ursachen des Zusammenbruchs im Jahre 1918, 3. Bd., Berlin 1928, S. 1–238.

Richard von Kühlmann: Erinnerungen, Heidelberg 1948.

Joachim von Kürenberg: War alles falsch? Das Leben Kaiser Wilhelms II., Bonn 1951.

Hans-Jürgen Küsters/Ulrich Lappenküper (Hg.): Kanzler der Einheit. Bismarck – Adenauer – Kohl Herausforderungen und Perspektiven, Berlin 2012.

KzS = Der Krieg zur See 1914–1918. Abt. 1: Der Krieg in der Nordsee, 7 Bände,

Bd. 1–6, Berlin 1920–1937; Bd. 7, Frankfurt/M. 1965. Abt. 2: Der Krieg in der Ostsee, 3 Bände, Bd. 1–2, Berlin 1921–1929; Bd. 3, Frankfurt/M. 1964. Abt. 3: Der Handelskrieg mit U-Booten, 5 Bände, Bd. 1–4, Berlin 1932–1941; Bd. 5, Frankfurt/M. 1966. Abt. 4: Der Kreuzerkrieg in den ausländischen Gewässern, 3 Bände, Berlin 1922–1937. Abt. 5: Der Krieg in den türkischen Gewässern, 2 Bände, Berlin 1928–1938. Abt. 6: Die Kämpfe der Kaiserlichen Marine in den deutschen Kolonien, Berlin 1935. Abt. 7: Die Überwasserstreitkräfte und ihre Technik, Berlin 1930.

Andree Lambers: Die Schlacht von Verdun in der militärgeschichtlichen Rezeption, 1919–1945, Dissertation Osnabrück, 2006, URL: https://repositorium.uni-osnabrueck.de/bitstream/urn:nbn:de:gbv:700-2007060812/2/E-Diss675_thesis.pdf.

Nicholas A. Lambert: Planning Armageddon: British Economic Warfare and the First World War, London 2012.

Gustav von Lambsdorff: Die Militärbevollmächtigten Kaiser Wilhelms II. am Zarenhofe 1904–1914, Berlin 1937.

Robert Lansing: War Memoirs, New York 1935.

Pinchas E. Lapide: Rom und die Juden, Freiburg, Basel, Wien 1967.

Maurice Larcher: La guerre turque dans la guerre mondiale, Paris 1926.

Daniel Larsen: Plotting for Peace. American Peacemakers, British Codebreakers, and Britain at War, 1914-1917, Cambridge 2021.

Klausel Latzel: Vom Kriegserlebnis zur Kriegserfahrung: theoretische und methodische Überlegungen zur erfahrungsgeschichtlichen Untersuchung von Feldpostbriefen, in: Militärgeschichtliche Mitteilungen 56/1 (1997), S. 1–30.

J. H. Lefebvre: Images de Battaile de Verdun, Verdun 1986.

Stephan Lehnstaedt: Das Militärgouvernement Lublin. Die «Nutzbarmachung» Polens durch Österreich-Ungarn im Ersten Weltkrieg, in: Zeitschrift für Ostmitteleuropa-Forschung 61/1 (2012).

Heinz Lemke: Allianz und Rivalität. Die Mittelmächte und Polen im ersten Weltkrieg (Bis zur Februarrevolution), Berlin 1977.

Jörn Leonhard: Die Büchse der Pandora. Geschichte des Ersten Weltkriegs, München 2014.

Mario Reiner Lepsius: Parteiensystem und Sozialstruktur. Zum Problem der Demokratisierung der deutschen Gesellschaft, in: Gerhard A. Ritter (Hg.): Deutsche Parteien vor 1918, Köln 1973, S. 56–80.

Hugo Graf Lerchenfeld-Köfering: Kaiser Wilhelm II. als Persönlichkeit und Herrscher, hg. von Dieter Albrecht, Kallmünz 1985 (Regensburger Historische Forschungen, Bd. 11).

Mark Levene/Penny Roberts (Hg.): The Massacre in History, New York, Oxford 1999.

Heinz von Lichem: Der einsame Krieg. Erste Gesamtdokumentation des Gebirgskrieges 1915–1918 von den Julischen Alpen bis zum Stilfser Joch, 5. Auflage, Bozen 1990.

Basil Liddle Hart: History of the World War, 3. Auflage, London 1970.

Karl Liebknecht: Politische Aufzeichnungen aus seinem Nachlaß, Berlin 1921.

Arthur S. Link: The Papers of Woodrow Wilson: Vol. 40: November 20, 1916 – January 23, 1917, Princeton 1982.

Arthur S. Link: Wilson, 3. Band: The Struggle for Neutrality 1914–1915, Princeton 1960.

Arthur S. Link: Wilson, 4. Band: Confusions and Crises 1915–1916, Princeton 1964.

Arthur S. Link: Wilson, 5. Band: Campaigns for Progressivism and Peace 1916–1917, Princeton 1965.

Horst Günther Linke: Das zaristische Rußland und der Erste Weltkrieg. Diplomatie und Kriegsziele 1914–1917, München 1982.

Hans Linnenkohl: Alternativen und Möglichkeiten deutscher Seemacht 1898–1918, Viernheim 1978.

Hans Linnenkohl: Vom Einzelschuß zur Feuerwalze. Der Wettlauf zwischen Technik und Taktik im Ersten Weltkrieg, Koblenz 1990.

Vejas Gabriel Liulevicius: War land on the eastern front. Culture, national identity, and German occupation in World War I, Cambridge 2000 (Studies in the social and cultural history of modern warfare, Bd. 9; dt.: Kriegsland im Osten. Kolonisierung und Militärherrschaft im Ersten Weltkrieg, Hamburg 2002).

David Lloyd George: War Memoirs. 4 Bände, London 1933–1934 (dt.: David Lloyd George: Mein Anteil am Weltkrieg. Kriegsmemoiren, Berlin 1936).

Fritz von Lossberg: Meine Tätigkeit im Weltkriege 1914–1918, Berlin 1939.

Bullit Lowry: Armistice 1918, Kent, Ohio 1996

Erich Ludendorff: Kriegsführung und Politik, Berlin 1922.

Erich Ludendorff: Meine Kriegserinnerungen 1914–1918, Berlin 1919.

Erich Ludendorff Mein militärischer Werdegang, München 1933.

Erich Ludendorff: Urkunden der Obersten Heeresleitung über ihre Tätigkeit 1916/1918, 2. Auflage, Berlin 1921.

Emil Ludwig: An den Generaloberst a. D. von Plessen. Offener Brief Emil Ludwigs, in: Vossische Zeitung, 22.11.1925.

Emil Ludwig: Ein Rückblick auf die Munitionsversorgung des Feldheeres im Weltkrieg, in: Militärwissenschaftliche Rundschau 6 (1941/1942), S. 296 ff.

Emil Ludwig: Juli 14, Berlin 1929.

Emil Ludwig: Wilhelm II., Berlin 1925.

Timothy Lupfer: The Dynamics of Doctrine. The changes in German tactical doctrine during the First World War, Fort Levenworth, Kansas 1981, URL: http://usacac.army.mil/cac2/cgsc/carl/download/csipubs/lupfer.pdf.

Hermann Lutz: Die europäische Politik in der Julikrise 1914, in: Das Werk des Untersuchungsausschusses der Nationalversammlung und des Reichstages, 1. Reihe, Bd. 11, Berlin 1930.

Ralph Lutz: The Causes of the German Collapse in 1918, Stanford 1934.

Semion Lyandres: The Fall of Tsarism. Untold Stories of the February 1917 Revolution, Oxford 2013.

Ernst W. Graf Lynar (Hg.): Deutsche Kriegsziele 1914–1918, Frankfurt/M., Berlin 1964.

Maxwell H. H. Maccartney/Paul Cremona: Italy's Foreign and Colonial Policy 1914–1937, New York 1938 (Reprint 1972).

Lothar Machtan: Die Abdankung. Wie Deutschlands gekrönte Häupter aus der Geschichte fielen, Berlin 2008.

Lothar Machtan: Prinz Max von Baden Der letzte Kanzler des Kaisers. Eine Biographie, Berlin 2013.

Margaret Macmillan: The War that ended peace. How Europe abandoned Peace for the First World War, London 2013.

Thomas Mann, Friedrich und die grosse Koalition. Ein Abriß für den Tag und die Stunde, in: Der neue Merkur, Januar/Februar 1915.

Sally Marks: Mistakes and Myths: The Allies, Germany, and the Versailles Treaty, 1918–1921, in: The Journal of Modern History 85 (September 2013), S. 632–659.

Friedrich Freiherr Marschall von Bieberstein: Verantwortlichkeit und Gegenzeichnung bei Anordnungen des Obersten Feldherrn. Studie zum deutschen Staatsrecht, Berlin 1911.

George C. Marshall: Memories of my services in the World War, 1917–1918, Boston 1976.

W. Marx: Wertleistung und Werturteil. Ketzerische Gedanken über die Weltkriegsgeschichtsschreibung, Potsdam 1938.

Stefan März: Das Haus Wittelsbach im Ersten Weltkrieg: Chance und Zusammenbruch monarchischer Herrschaft, Regensburg 2013.

Werner Maser: Hindenburg. Eine politische Biographie, Rastatt 1989.

Frederic Maurice: The Last Four Months, 1919.

Max Prinz von Baden: Erinnerungen und Dokumente, Berlin, Leipzig 1927.

Ernest R. May: Knowing one's enemy, intelligence assessment before the two world wars, Princeton 1984.

Rudolf Meerwarth/Adolf Günther/Waldemar Zimmermann: Die Einwirkung des Krieges auf Bevölkerungsbewegung, Einkommen und Lebenshaltung in Deutschland, Stuttgart 1932.

Piero Melograni: Storia politica della grande guerra 1915–1918 (Storia e società), Bari 1972.

Mungo Melvin (Hg.): The First World War Battlefield Guide: The Western Front, Andover 2014.

Richard Merton: Erinnernswertes aus meinem Leben, das über das Persönliche hinausgeht, Frankfurt/M. 1955.

Hermann von Mertz: Der Führerwille in Entstehung und Durchführung erläutert an den Vorgängen beim gemeinsamen Oberbefehl in den Reichslanden August–September 1914, Oldenburg i. O. 1932.

Manfred Messerschmidt: Militär und Schule in der wilhelminischen Zeit, in: Militärgeschichtliche Mitteilungen 23 (1978), S. 51–76.

Alexander Meurer: Seekriegsgeschichte in Umrissen. Seemacht und Seekriege vornehmlich vom 16. Jahrhundert ab, 4. Auflage, Leipzig 1943.

Lüder Meyer-Arndt: Die Julikrise 1914: Wie Deutschland in den Ersten Weltkrieg stolperte, Köln, Weimar, Wien 2006.

Wolfgang Michalka (Hg.): Der Erste Weltkrieg. Wirkung, Wahrnehmung, Analyse, München 1994.

Eckard Michels: «Der Held von Deutsch-Ostafrika»: Paul von Lettow-Vorbeck. Ein preußischer Kolonialoffizier, Paderborn 2008.

Eckard Michels: Die «Spanische Grippe» 1918/19. Verlauf, Folgen und Deutungen in Deutschland im Kontext des Ersten Weltkriegs, in: Vierteljahreshefte für Zeitgeschichte 1 (2010), S. 1–34.

Martin Middlebrook: The Kaiser's battle, London 2000.

Militär und Innenpolitik im Weltkrieg 1914–1918: siehe Wilhelm Deist (Hg.): Militär und Innenpolitik im Weltkrieg 1914–1918.

Militärgeschichte = Deutsche Militärgeschichte in sechs Bänden 1648–1939, hg. vom Militärgeschichtlichen Forschungsamt, München 1983.

Jürgen Mirow: Der Seekrieg 1914–1918 in Umrissen, Göttingen 1976.

David Mitrany: The Effect of the War in Southeastern Europe, New Haven 1936.

Helmuth von Moltke 1848–1916. Dokumente zu seinem Leben und Wirken, hg. von Andreas Bracher und Thomas Meyer, Bd. 1: Briefe Helmuth von Moltkes an seine Frau (1877–1915), Briefe und Dokumente zu Kriegsausbruch und Kriegsschuldfrage, Moltke im Ersten Weltkrieg, Basel 2005.

Helmuth von Moltke: Erinnerungen, Briefe, Dokumente 1877–1916, hg. von Eliza von Moltke, Stuttgart 1922.

Annika Mombauer: Helmuth von Moltke and the Origins of the First World War, Cambridge u. a. 2001.

Annika Mombauer: The Origins of the First World War. Controversies and Consensus, London 2002.

Wolfgang J. Mommsen: Das Zeitalter des Imperialismus, Frankfurt/M. 1969.

Wolfgang J. Mommsen: Der Erste Weltkrieg. Anfang vom Ende des bürgerlichen Zeitalters, Frankfurt/M. 2004.

Wolfgang J. Mommsen: Der Geist von 1914. Das Programm eines politischen Sonderweges der Deutschen, in: Wolfgang J. Mommsen: Der autoritäre Nationalstaat. Verfassung, Gesellschaft und Kultur des deutschen Kaiserreiches, Frankfurt/M. 1992, S. 407–421.

Wolfgang J. Mommsen: Der Grosse Krieg und die Historiker. Neue Wege der Geschichtsschreibung über den Ersten Weltkrieg, Essen 2002.

Wolfgang J. Mommsen: Der Topos vom unvermeidlichen Krieg. Außenpolitik und öffentliche Meinung im Deutschen Reich im letzten Jahrzehnt vor 1914, in: Jost Dülffer/Karl Holl (Hg.): Bereit zum Krieg. Kriegsmentalität im wilhelminischen Deutschland 1890–1914, Göttingen 1986, S. 194–224.

Wolfgang J. Mommsen: Die italienische Frage in der Politik des Reichskanzlers Bethmann Hollweg 1914/1915, in: Quellen und Forschungen aus italienischen Archiven und Bibliotheken 48 (1968), S. 282–303.

Wolfgang J. Mommsen: Die latente Krise des deutschen Reiches 1909–1914, in: Handbuch der deutschen Geschichte, hg. von Leo Just, Bd. 4.1: Deutsche Geschichte der Neuesten Zeit von Bismarcks Entlassung bis zur Gegenwart, 1. Teil: 1890–1933, Frankfurt/M. 1973.

Wolfgang J. Mommsen: Die Urkatastrophe Deutschlands. Der Erste Weltkrieg 1914–1918, Stuttgart 2002 (Gebhardt Handbuch der deutschen Geschichte, Bd. 17).

Wolfgang J. Mommsen: Domestic Factors in German Foreign Policy before 1914, in: James J. Sheenan: Imperial Germany, New York 1976, S. 223–268.

Wolfgang J. Mommsen: Großmachtstellung und Weltpolitik 1870–1914. Die Außenpolitik des Deutschen Reiches, Frankfurt/M., Berlin 1993.

Wolfgang J. Mommsen (Hg.): Kultur und Krieg. Die Rolle der Intellektuellen, Künstler und Schriftsteller im Ersten Weltkrieg, München 1996 (Schriften des Historischen Kollegs, Kolloquien 34).

Wolfgang J. Mommsen: War der Kaiser an allem schuld? Wilhelm II. und die preußisch-deutschen Machteliten, München 2002.

Alberto Monticone: Deutschland und die Neutralität Italiens 1914–1915, Wiesbaden 1982.

Odile Moreau: La Turquie dans la Grande Guerre. De l'Empire ottoman à la république de Turquie, Saint-Cloud, 2016

Carl Mühlmann: Das deutsch-türkische Waffenbündnis im Weltkrieg, Leipzig 1940.

Carl Mühlmann: Der Kampf um die Dardanellen. Schlachten des Weltkrieges in Einzeldarstellungen. Bd. 16, Berlin 1927.

Carl Mühlmann: Enver Pascha, in: Heerführer des Weltkrieges, hg. von Deutsche Gesellschaft für Wehrpolitik und Wehrwissenschaft, Berlin 1939, S. 142–169.

Carl Mühlmann: Oberste Heeresleitung und Balkan im Weltkrieg 1914–1918, Berlin 1942.

Josef Muhr: Die deutsch-italienischen Beziehungen in der Ära des Ersten Weltkrieges (1914–1922), Göttingen, Frankfurt/M., Zürich 1977.

Georg Alexander von Müller: Der Kaiser … Aufzeichnungen des Chefs des Marinekabinetts Admiral Georg Alexander von Müller über die Ära Wilhelms II., hg. von Walter Görlitz, Göttingen 1965.

Georg Alexander von Müller: Regierte der Kaiser? Kriegstagebücher, Aufzeichnun-

gen und Briefe des Chefs des Marine-Kabinetts Admiral Georg Alexander von Müller 1914–1918, hg. von Walter Görlitz, Göttingen 1959.
Guido Müller (Hg.): Deutschland und der Westen. Festschrift für Klaus Schwabe zum 65. Geburtstag, Stuttgart 1998.
John Mueller: Retreat from Doomsday: The Obsolescence of Major War, New York 1990.
Jürgen Müller: Die spanische Influenza 1918/19. Der Einfuß des Ersten Weltkriegs auf Ausbreitung, Krankheitsverlauf und Perzeption einer Pandemie, in: W. U. Eckart/C. Gradmann (Hg.): Die Medizin und der Erste Weltkrieg. Pfaffenweiler 1996.
Karl Alexander von Müller: Aus Gärten der Vergangenheit. Erinnerungen 1882–1914, Stuttgart 1952.
Karl Alexander von Müller: Mars und Venus. Erinnerungen 1914–1919, Stuttgart 1954.
Thomas Müller: Konrad Krafft von Dellmensingen (1862–1953). Porträt eines bayerischen Offiziers, München 2002.
Wilhelm Müller-Loebnitz: Die Führung im Marne-Feldzug 1914, Berlin 1939.
William Mulligan: The Origins of the First World War, Cambridge 2010.
Ronald A. Münch: Von Heidelberg nach Berlin: Friedrich Ebert 1871–1905, München 1991.
Herfried Münkler: Der Große Krieg. Die Welt 1914 bis 1918, Berlin 2013.
Friedrich Naumann: Demokratie und Kaisertum, Köln, Opladen 1964.
NDB = Neue Deutsche Biographie, hg. von der Historischen Kommission der Wissenschaften, Berlin 1953 ff.
Manfred Nebelin: Ludendorff. Diktator im Ersten Weltkrieg, München 2010
Hans-Werner Neulen: Feldgrau in Jerusalem. Das Levantekorps des Kaiserlichen Deutschland. München 1990.
Karl-Volker Neugebauer (Hg.): Die Zeit bis 1914. Vom Kriegshaufen zum Massenheer, München 2016 (Grundkurs deutsche Militärgeschichte, Bd. 1).
Alfred Niemann: Kaiser und Revolution. Die entscheidenden Ereignisse im Großen Hauptquartier, Berlin 1922.
Alfred Niemann: Revolution von oben – Umsturz von unten. Entwicklung und Verlauf der Staatsumwälzung in Deutschland 1914–1918, 1.–3. Auflage, Berlin 1927.
Thomas Nipperdey: Deutsche Geschichte 1866–1918, 2 Bände, München 1992.
Otfried Nippold: «Die Wahrheit über die Ursachen des Europäischen Krieges». Japan, der Beginn des Ersten Weltkrieges und die völkerrechtliche Friedenswahrnehmung, hg. von Harald Kleinschmidt und eingeleitet von Akio Nakai, München 2005.
Karl-Friedrich Nowak: Der Weg zur Katastrophe, Berlin 1919.
Michael A. Obst (Hg.): Die politischen Reden Kaiser Wilhelms II. Eine Auswahl, Paderborn u. a. 2011.

Michael A. Obst: Einer nur ist Herr im Reiche. Kaiser Wilhelm II. als politischer Redner, Paderborn 2010.

Michael A. Obst: Reaktionen auf die öffentlichen Kundgebungen Wilhelms II., 1914–1918, Magisterarbeit Heinrich-Heine-Universität Düsseldorf 2001.

Avner Offer: The First World War. An Agrarian Interpretation, Oxford 1989.

Elard von Oldenburg-Januschau: Erinnerungen. Leipzig 1936.

Torsten Oppelland: Reichstag und Aussenpolitik im Ersten Weltkrieg. Die deutschen Parteien und die Politik der USA 1914–1918, Düsseldorf 1995.

Österreich-Ungarns Seekrieg 1914–1918, hg. von Hans Hugo Sokol, 3 Bände, Zürich 1933.

Thomas Otte: July Crisis. The World's Descent into War, Summer 1914, Cambridge 2014.

Helmut Otto: Der Bestand Kriegsgeschichtliche Forschungsanstalt des Heeres im Bundesarchiv, Militärisches Zwischenarchiv Potsdam, in: Militärgeschichtliche Mitteilungen 51 (1992), S. 429–441.

ÖUA = Österreich-Ungarns Außenpolitik von der Bosnischen Krise 1908 bis zum Kriegsausbruch 1914. Diplomatische Aktenstücke des österreichisch-ungarischen Ministeriums des Äußeren, 9 Bände, Wien, Leipzig 1930 (Veröffentlichungen der Kommission für neuere Geschichte Österreichs, Bd. 19–27).

ÖULK = Österreich-Ungarns letzter Krieg, 1914–1918, hg. vom österreichischen Bundesministerium für Landesverteidigung und vom Kriegsarchiv, 7 Text-, 7 Karten- und 1 Ergänzungsband, Wien 1931–1938.

Alan Palmer: The Kaiser. Warlord of the Second Reich, London 1978.

Hans Jürgen Pantenius: Der Angriffsgedanke gegen Italien bei Conrad von Hötzendorf. Ein Beitrag zur Koalitionskriegsführung im Ersten Weltkrieg, 2 Bände, Köln, Wien 1984.

Frederick V. Parsons: The Origins of the Morocco Question 1880–1900, London 1976.

Friedrich Payer (1847–1931). Autobiographische Aufzeichnungen und Dokumente, bearb. von Günther Bradler, Göppingen 1974.

Friedrich Payer: Von Bethmann Hollweg bis Ebert. Erinnerungen und Bilder, Frankfurt/M. 1923.

Guy Pedroncini: Les mutineries de 1917, Paris 1983.

Guy Pedroncini: Stratégie et relations internationales. La séance du 9 janvier 1912 du Conseil Supérieur de la Défense nationale, in: RHDipl 91 (1977), S. 143–158.

Hans Henning von Pentz: Nachruf auf General von Falkenhayn, in: Mitteilungen für die Angehörigen des ehemaligen kgl. preußischen Garderegiments z. F. 2/4 (1922).

Henri-Philippe Petain: La bataille de Verdun, Paris 1929.

Marta Petricioli: L'Italia in Asia Minore. Equilibrio mediterraneo e ambizioni imperialiste alla vigilia della prima guerra mondiale, Firenze 1987

William Philpott: Bloody Victory: The Sacrifice on the Somme and the making of the Twentieth Century, London 2009.

Gianni Pieropan: 1914–1918. Storia della Grande Guerra sul Fronte Italiano, Mailand 1991.

Daisy Fürstin von Pless: Tanz auf dem Vulkan. Erinnerungen an Deutschlands u. Englands Schicksalswende, 2 Bände, Dresden 1929.

Daisy Fürstin von Pless: Was ich lieber verschwiegen hätte ... Aus der europäischen Geschichte vor dem Kriege, 2. Auflage, Dresden 1932.

Hartmut Pogge von Standmann: Warum die Deutschen den Krieg wollten. Die Position vom «Verteidigungskrieg» hat sich unhaltbar erwiesen, in: Die Zeit Nr. 10, 4.3.1988.

Hugo von Pohl: Aus Aufzeichnungen und Briefen während der Kriegszeit, Berlin 1920.

Klaus-D. Pohl: Der Kaiser im Zeitalter seiner technischen Reproduzierbarkeit, in: Hans Wilderotter/Klaus-D. Pohl (Hg.): Der letzte Kaiser. Wilhelm II. im Exil, Gütersloh 1991, S. 9–18.

Markus Pöhlmann: Kriegsgeschichte und Geschichtspolitik. Die amtliche deutsche Militärgeschichtsschreibung 1914–1956, Paderborn u. a. 2002.

Raymond Poincaré: Au service de la France. Neuf années de souvenirs, 10 Bände, Paris 1926–1933.

Joseph Pomiankowski: Der Zusammenbruch des Ottomanischen Reiches. Erinnerungen an die Türkei aus der Zeit des Weltkrieges, Zürich, Leipzig, Wien 1928.

Herbert Pönicke: Die Hedschas- und Bagdadbahn, erbaut von Heinrich August Meißner-Pascha, Düsseldorf 1958.

Douglas Porch: The March to the Marne. The French Army 1871–1914, Cambridge 1981.

Bernhard Poten: Geschichte des Militär-Erziehungs- und Bildungswesens, 5 Bände, Berlin 1894–1897.

Elmar B. Potter/Chester W. Nimitz: Seemacht. Eine Seekriegsgeschichte von der Antike bis zur Gegenwart, dt. Fassung hg. von Jürgen Rohwer, Herrsching 1982.

Anthony Preston: Großkampfschiffe des Ersten Weltkrieges, Graz 1976.

Robin Prior/Trevor Wilson: The First World War, Washington 2004 (Smithsonian History of Warfare).

Wolfram Pyta: Hindenburg. Herrschaft zwischen Hohenzollern und Hitler, München 2007.

Quellen zur Entstehung des Weltkrieges, internationale Dokumente 1901–1914, hg. von Erwin Hölzle, Darmstadt 1978.

RA = Der Weltkrieg 1914–1918. Die militärischen Operationen zu Lande, bearb. im Reichsarchiv, 14 Bände, Berlin 1925–1944 (Bd. 13–14: ND Koblenz 1956).

Friedrich Rabenau (Hg.): Seeckt. Aus meinem Leben 1866–1917. Unter Verwendung des schriftlichen Nachlasses im Auftr. von Dorothee von Seeckt hg. von Friedrich Rabenau, Leipzig 1938.

Martin Raschke: Der politisierende Generalstab. Die friderizianischen Kriege in der amtlichen deutschen Militärgeschichtsschreibung 1890–1914, Freiburg 1993.

Walther Rathenau: Hauptwerke und Gespräche, hg. von Ernst Schulin, München 1977 (Walther-Rathenau-Gesamtausgabe, Bd. 2).

Walther Rathenau: Tagebuch 1907–1922, hg. von Hartmut Pogge von Strandmann, Düsseldorf 1967.

Manfried Rauchensteiner: Der Erste Weltkrieg und das Ende der Habsburgermonarchie, Wien 2013.

Manfried Rauchensteiner: Der Tod des Doppeladlers. Österreich-Ungarn und der Erste Weltkrieg, 2 Auflage, Graz 1994.

Manfred Rauh: Die britisch-russische Marinekonvention von 1914 und der Ausbruch des Ersten Weltkrieges, in: Militärgeschichtliche Mitteilungen 41 (1987), S. 37–62.

Die Reden Kaiser Wilhelms II., hg. von J. Penzler, Teil 3: Reden 1901–1905, Leipzig 1906.

Oskar Regele: Feldmarschall Conrad. Auftrag und Erfüllung 1906–1918, Wien, München 1955.

Die Regierung des Prinzen Max von Baden, bearb. von Erich Matthias und Rudolf Morsey, Düsseldorf 1962 (Quellen zur Geschichte des Parlamentarismus und der politischen Parteien. Erste Reihe, Bd. 2).

Die Reichstagsfraktion der deutschen Sozialdemokratie 1898 bis 1918, 2. Teil, bearb. von Erich Matthias und Eberhard Pikart, Düsseldorf 1966 (Quellen zur Geschichte des Parlamentarismus und der politischen Parteien. Erste Reihe, Bd. 3, 2).

Hugo Freiherr von Reischach: Unter drei Kaisern, 2. Auflage, Berlin 1925.

Ludwig Renn: Nachkrieg, Königstein 1979.

Pierre Renouvin, L'Armistice de Rethondes: 11 Novembre 1918, Trente journées qui ont fait la France, Paris 1968

William S. Renzi: In the shadow of the sword. Italy's Neutrality and Entrance into the Great War 1914–1915, New York 1987.

Antonio Répaci: Da Sarajevo al «maggio radioso». L'Italia verso la prima guerre mondiale, Mailand 1985.

Generalmajor Rethe: General von Falkenhayn. Als Generalstabsoffizier im Fernen Osten 1900–1903, in: Militär-Wochenblatt Nr. 29, 1938, Sp. 1819–1820.

Ernst Graf zu Reventlow: Von Potsdam nach Doorn, Berlin 1940.

Martin Reymann: Erich von Falkenhayn, in: Deutsches Biographisches Jahrbuch 1922, Stuttgart, Berlin, Leipzig 1929.

Wilhelm Ribhegge: Frieden für Europa. Die Politik der deutschen Reichstagsmehrheit 1917/18, Essen 1988

Luca Riccardi: Alleati non amici. Le relazioni politiche tra l'Italia e l'Intesa nella prima guerra mondiale, Brescia 1992

Dominik Richert: Beste Gelegenheit zum Sterben. Meine Erlebnisse im Kriege 1914–1918, München 1989.

Isolde Rieger: Die wilhelminische Presse im Überblick 1888–1918, München 1957.

Helmut Ries: Kronprinz Wilhelm, Hamburg 2001.

Kurt Riezler: siehe auch J. J. Ruedorffer.

Kurt Riezler: Tagebücher, Aufsätze, Dokumente, hg. von Karl-Dietrich Erdmann. Göttingen 1972 (Deutsche Geschichtsquellen des 19. und 20. Jahrhunderts, Bd. 48).

Albrecht Ritschl: The pity of peace. Germany's economy at war, 1914–1918 and beyond, in: Stephen Broadberry/Mark Harrison (Hg.): The Economics of World War I, Cambridge 2005, S. 41–76.

Gerhard A. Ritter/Klaus Tenfelde: Arbeiter im Deutschen Kaiserreich 1871–1914, Bonn 1992.

Gerhard Ritter: Das Problem des Militarismus in Deutschland, in: Historische Zeitschrift 177 (1954), S. 21–48.

Gerhard Ritter: Der Anteil der Militärs an der Kriegskatastrophe von 1914, in: Historische Zeitschrift 193 (1961), S. 72–91.

Gerhard Ritter: Der Schlieffenplan. Kritik eines Mythos, München 1956.

Gerhard Ritter: Staatskunst und Kriegshandwerk. Das Problem des «Militarismus» in Deutschland, 4 Bände, München 1954–1968.

Douglas H. Robinson: The Zeppelin in Combat. A History of the German Naval Airship Division 1912–1918, London 1966.

Gianni Rocca: Cadorna, Mailand 1985.

Horst Rode/Robert Ostrovsky: Militärgeschichtlicher Reiseführer Verdun, Bonn 1992.

Wilfried Rogasch: «Mit Anstand untergehen ...» Wilhelm II. als «Oberster Kriegsherr», in: Hans Wilderotter/Klaus-D. Pohl (Hg.): Der letzte Kaiser. Wilhelm II. im Exil, Gütersloh 1991, S. 95–104.

John C. G. Röhl: An der Schwelle zum Weltkrieg. Eine Dokumentation über den «Kriegsrat» vom 8. Dezember 1912, in: Militärgeschichtliche Mitteilungen 21 (1977), S. 77–134.

John C. G. Röhl (Hg.): Der Ort Kaiser Wilhelms II. in der deutschen Geschichte, München 1991.

John C. G. Röhl: Kaiser, Hof und Staat. Wilhelm II. und die deutsche Politik, 4. Auflage, München 1995.

John C. G. Röhl: Kaiser Wilhelm II: «Eine Studie über Cäsarenwahnsinn», München 1989.

John C. G. Röhl/Nikolaus Sombart (Hg.): Kaiser Wilhelm II. New Interpretations. The Corfu Papers, Cambridge u. a. 1982.

John C. G. Röhl/Martin Warren/David Hunt: Purple Secret. Genes, Madness and the Royal Houses of Europe, London 1998.

John C. G. Röhl: Vorsätzlicher Krieg? Die Ziele der deutschen Politik im Juli 1914, in: Wolfgang Michalka (Hg.): Der Erste Weltkrieg. Wirkung, Wahrnehmung, Analyse, München, Zürich 1994, S. 193–215.

John C. G. Röhl: Wilhelm II.: Die Jugend des Kaisers 1859–1888, München 1993.

John C. G. Röhl: Wilhelm II.: Der Aufbau der persönlichen Monarchie 1888–1900, München 2001.

John C. G. Röhl: Wilhelm II.: Der Weg in den Abgrund 1900–1941, München 2008.

Thomas Rohkrämer: Der Militarismus der «kleinen Leute». Die Kriegervereine im Deutschen Kaiserreich 1870–1914, München 1990.

Jürgen Rohwer (Hg.): Neue Forschungen zum Ersten Weltkrieg. Literaturberichte und Bibliographien von 30 Mitgliedstaaten der «Commision Internationale d'Histoire Militaire Comparée», Koblenz 1985.

E. R. Rosen: Italiens Kriegseintritt im Jahre 1915 als innenpolitisches Problem der Giolitti-Ära. Ein Beitrag zur Vorgeschichte des Faschismus, in: HZ 187 (1959), S. 289 ff.

Aviel Roshwald: Ethnic Nationalism and The Fall of Empires. Central Europe, Russia and the Middle East 1914–1923, London, New York 2001.

Herbert Rosinski: Die Deutsche Armee. Düsseldorf, Wien 1970.

V. H. Rothwell: British War Aims and Peace Diplomacy 1914–1918, Oxford 1971.

Harry R. Rudin: Armistice, 1918, New Haven, 1944

J. J. Ruedorffer (i. e. Kurt Riezler): Grundzüge der Weltpolitik in der Gegenwart, Stuttgart, Berlin 1914; unveränderte Neuauflage 1916.

Wolfgang Ruge: Hindenburg. Portät eines Militaristen, Berlin 1977.

Helmut Rumpler/Jan Niederkorn (Hg.): Der «Zweibund» 1879. Das deutsch-österreichisch-ungarische Bündnis und die europäische Diplomatie, Wien 1996 (Zentraleuropa-Studien, Bd. 2), S. 87–118.

Gian Enrico Rusconi: Rischio 1914. Come si decide una guerra, Bologna 1987.

Sanitätsbericht über das deutsche Heer im Weltkriege 1914/1918, Bd. III, Berlin 1934.

Theobald von Schäfer: Tannenberg, Oldenburg, Berlin 1927 (Nachdruck der Originalausgabe Wolfenbüttel 2006).

Philipp Scheidemann: Der Zusammenbruch, Berlin 1921,

Philipp Scheidemann: Memoiren eines Sozialdemokraten, 2 Bände, Dresden 1928.

Scherer-Grunewald, L'Allemagne = L'Allemagne et les problèmes de la paix pendant la première guerre mondiale. Documents extraits des archives de l'Office allemand des Affaires ètrangéres, hg. von André Scherer und Jacques Grunewald, Paris 1962–1978 (Publications de la Faculté des Lettres et Sciences Humaines de Paris. Série «Textes et Documents», Bände 3, 14, 26, 27).

Eugen Schiffer: Ein Leben für den Liberalismus, Berlin 1951.

Reinhard Schiffers: Der Hauptausschuß des Deutschen Reichstags 1915–1918, Düsseldorf 1981–1983.

Theodor Schieder: Friedrich der Große. Ein Königtum der Widersprüche, 2. Aufl., Frankfurt a. M. 1984.

Theodor Schieder: Imperialismus in alter und neuer Sicht, in: Moderne Welt 2 (1960), S. 3–18.

Theodor Schieder: Staatensystem als Vormacht der Welt 1848–1918, Frankfurt/M. 1977 (Propyläen Geschichte Europas, Bd. 5).

Wolfgang Schieder (Hg.): Erster Weltkrieg. Ursachen, Entstehung und Kriegsziele, Köln, Berlin 1969.

Eugen Schiffer: Um Bassermann und Bethmann, in: Historisch-Politisches Archiv zur Deutschen Geschichte des 19. und 20. Jahrhunderts, hg. von Ludwig Dehio, Bd. 1, Leipzig 1930, S. 193–203.

Die Schlacht in Lothringen und in den Vogesen 1914. Die Feuertaufe der Bayerischen Armee, 2 Bände, hg. vom Bayerischen Kriegsarchiv, München 1929.

Schlachten des Weltkriegs, Bd. 14: Die Tragödie von Verdun 1916, 4 Teile, Oldenburg 1928.

F. Schmerfeld: Moltkes ausgewählte Werke, Berlin 1925.

Ernst-Heinrich Schmidt: Heimatheer und Revolution 1918: die militärischen Gewalten im Heimatgebiet zwischen Oktoberreform und Novemberrevolution, Stuttgart 1981 (Beiträge zur Militär- und Kriegsgeschichte, Bd. 23).

Rudolf Schmidt-Bückeburg: Das Militärkabinett der preußischen Könige und deutschen Kaiser. Seine geschichtliche Entwicklung und staatsrechtliche Stellung 1787–1918, Berlin 1933.

Stefan Schmidt: Frankreichs Außenpolitik in der Julikrise 1914. Ein Beitrag zur Geschichte des Ausbruchs des Ersten Weltkrieges, München 2009 (Pariser Historische Studien, Bd. 90).

Ulrike Schmidt: Die Beziehungen Österreich-Ungarns zu Rumänien vom 1. September 1914 bis zum Kriegseintritt Rumäniens, Diss. Wien 1965.

Wiegand Schmidt-Richberg: Die Generalstäbe in Deutschland 1871–1945. Aufgaben in der Armee und Stellung im Staate, hg. vom Militärgeschichtlichen Forschungsamt, s. l. 1962.

Wiegand Schmidt-Richberg: Die Regierungszeit Wilhelms II., in: Deutsche Militärgeschichte in sechs Bänden 1648–1939, hg. von Militärgeschichtlichen Forschungsamt, Bd. 3, Abschnitt 5: Von der Entlassung Bismarcks bis zum Ende des Ersten Weltkrieges, 1890–1918, München 1983, S. 9–155.

David S. Schoenbaum: Zabern 1913, London 1982.

Heinrich Prinz von Schönburg-Waldenburg: Erinnerungen aus kaiserlicher Zeit. Leipzig 1929.

John E. Schrecker: Imperialism and Chinese Nationalism. Germany in Shantung, Cambridge, Mass. 1971.

Joachim Schröder: Die U-Boote des Kaisers. Die Geschichte des deutschen U-Boot-Krieges gegen Großbritannien im Ersten Weltkrieg, Bonn 2003.

Bernd Felix Schulte: Die deutsche Armee 1900–1914. Zwischen Beharren und Verändern, Düsseldorf 1977.

Bernd Felix Schulte: Neue Dokumente zu Kriegsausbruch und Kriegsverlauf 1914, in: Militärgeschichtliche Mitteilungen 25 (1979), S. 123–185.

Bernd Felix Schulte: Vor dem Kriegsausbruch 1914. Deutschland, die Türkei und der Balkan, Düsseldorf 1980.

Schulthess' Europäischer Geschichtskalender 55 (1914) – 59 (1918).

Klaus Schwabe: Deutsche Revolution und Wilson-Frieden. Die amerikanische und deutsche Friedensstrategie zwischen Ideologie und Machtpolitik 1918/19, Düsseldorf 1971.

Klaus Schwabe: Die amerikanische und die deutsche Geheimdiplomatie und das Problem eines Verständigungsfriedens im Jahre 1918, in: Vierteljahreshefte für Zeitgeschichte 19/1 (1971), S. 1–32.

Klaus Schwabe: Wissenschaft und Kriegsmoral. Die deutschen Hochschullehrer und die politischen Grundfragen des Ersten Weltkrieges, Göttingen, Zürich, Frankfurt/M. 1969.

Klaus Schwabe: Woodrow Wilson, Revolutionary Germany, and Peacemaking, 1918–1919: Missionary diplomacy and the realities of power, Chapel Hill, London 1985.

Theo Schwarzmüller: Zwischen Kaiser und «Führer». Generalfeldmarschall August von Mackensen. Eine politische Biographie, Paderborn u. a. 1996.

Paul Schweder: Im Kaiserlichen Hauptquartier, Bd. 3, Leipzig 1916.

Walter Schwengler: Völkerrecht, Versailler Vertrag und Auslieferungsfrage. Die Strafverfolgung wegen Kriegsverbrechen als Problem des Friedensschlusses 1919/20, Stuttgart 1982.

Bernhard Schwertfeger (Hg.): Kaiser und Kabinettschef. Nach eigenen Aufzeichnungen und dem Briefwechsel des Wirklichen Geheimen Rats Rudolf von Valentini dargestellt von Bernhard Schwertfeger, Oldenburg 1931.

Alexander Sedlmaier: Deutschlandbilder und Deutschlandpolitik – Studien zur Wilson-Administration (1913–1921), Stuttgart 2003.

Joachim Seeberg; Wilsons Botschaft Wilsons Botschaft der 14 Punkte vom 8. Januar 1918 im Urteil der grossen deutschen Tagespresse vom Januar bis zum Oktober 1918, Diss. Berlin 1936.

Hans von Seeckt: Aus meinem Leben 1866–1917. Unter Verwendung des schriftlichen Nachlasses im Auftrage von Frau Dorothee von Seeckt hg. von Friedrich von Rabenau, Leipzig 1938.

Lu Seegers: «Vati blieb im Krieg». Vaterlosigkeit als generationelle Erfahrung im 20. Jahrhundert – Deutschland und Polen, Göttingen 2013.

Ernst-Albert Seils: Weltmachtstreben und Kampf für den Frieden: Der deutsche Reichstag im Ersten Weltkrieg, Frankfurt/M. 2011.

Kurt Sendtner: Rupprecht von Wittelsbach. Kronprinz von Bayern, München 1954.

Charles Seymour: siehe Edward M. House.

Gary W. Shanafeld: The secret enemy. Austria-Hungary and the German Alliance, 1914–1918, New York 1985.

Stanford J. Shaw/Ezel Kural Shaw: History of the Ottoman Empire and Modern Turkey, Bd. 2: Reform, Revolution, and Republic: The Rise of Modern Turkey, 1808–1975, Cambridge u. a. 1977.

Stanford J. Shaw: Ottoman Empire in World War I. Prelude to War, Ankara 2006.

Stanford J. Shaw: Ottoman Empire in World War I. Triumph and Tragedy, November 1914–July 1916, Ankara 2008.

Gary Sheffield: siehe Douglas Haig.

Gary Sheffield/Peter Gray (Hg.): Changing War: The British Army, the Hundred Days Campaign and the Birth of the Royal Air Force, 1918, London 2013.

Dennis Showalter: By the book? Commanders surrendering in World War I, in: Holger Afflerbach/Hew Strachan (Hg.): How Fighting ends – A History of Surrender, Oxford 2012, S. 279–297.

Stephen A. Shuker: Woodrow Wilson vs. American Public Opinion: The Unconditional Surrender Movement of 1918, in: Guido Müller (Hg.): Deutschland und der Westen, internationale Beziehungen im 20. Jahrhundert. Festschrift für Klaus Schwabe zum 65. Geburtstag, Stuttgart 1998, S. 101 ff.

Colin Simpson: Lusitania, London 1972.

August Skalweit: Die deutsche Kriegsernährungswirtschaft, Stuttgart, Berlin, Leipzig 1927.

John N. Snell: Wilson on Germany and the Fourteen Points, in: The Journal of Modern History 26/4 (Dezember 1954), S. 364–369.

Wilhelm Solger: Falkenhayn, in: Heerführer des Weltkrieges, hg. von der Deutschen Gesellschaft für Wehrpolitik und Wehrwissenschaft, Berlin 1939, S. 72–101.

Alexander Solzhenitsyn: August 1914, Harmondsworth 1974.

Lawrence Sondhaus: Franz Conrad von Hötzendorf. Architect of the apocalypse, Boston 2000.

Bernd Sösemann: Die sog. Hunnenrede Wilhelms II. Textkritische und interpretatorische Bemerkungen zur Ansprache des Kaisers vom 27. Juli 1900 in Bremerhaven, in: HZ 222 (1976), S. 342–358.

Georges-Henri Soutou: French War Aims and Strategy, in: Holger Afflerbach (Hg.): The Purpose of The First World War. War Aims and Military Strategies, München 2015, S. 29–44.

Georges-Henri Soutou: L'Or et le Sang: Les buts de guerre économiques de la Première Guerre Mondiale, Paris 1989.

Timothy Snyder: Bloodlands. Europe between Hitler and Stalin, New York 2010.

Edward Spiers: Gallipoli, in: Brian Bond (Hg.): The First World War and British Military History, Oxford 1991, S. 165–188.

Spindler, Handelskrieg: siehe auch KzS.

Arno Spindler: Der Handelskrieg mit den U-Booten, 3 Bände, Berlin 1932–1934.

[Hildegard von Spitzemberg:] Am Hof der Hohenzollern. Aus dem Tagebuch der Baronin Spitzemberg 1865–1914, hg. von Rudolf Vierhaus, Göttingen 1960 (Deutsche Geschichtsquellen des 19. und 20. Jahrhunderts, Bd. 43).

Gunter Spraul: Der Franktireur-Krieg 1914, Berlin 2016.

Ein Stabsoffizier (anonym): Das alte Heer, Teil VI: Falkenhayn, in: Die Weltbühne 15 (1919), Bd. 2, S. 485–545.

Statistics of the Military Effort of the British Empire, URL: http://www.vlib.us/wwi/resources/britishwwi.html.

Bernd Stegemann: Die deutsche Marinepolitik 1916–1918, Berlin 1970.

Hermann Stegemann: Geschichte des Krieges.

Wolfgang Steglich: Bündnissicherung oder Verständigungsfrieden. Untersuchungen zu dem Friedensangebot der Mittelmächte vom 12. Dezember 1916, Göttingen 1958.

Wolfgang Steglich (Hg.): Der Friedensappell Papst Benedikts XV. vom 1. August 1917 und die Mittelmächte, Wiesbaden 1970.

Wolfgang Steglich: Die Friedenspolitik der Mittelmächte 1917/18, Bd. 1, Wiesbaden 1964.

Wolfgang Steglich (Hg.): Die Friedensversuche der kriegsführenden Mächte im Sommer und Herbst 1917. Quellenkritische Untersuchungen, Akten, und Vernehmungsprotokolle, Stuttgart 1984.

Wolfgang Steglich/Wilhelm Ernst Winterhager: Die Polenproklamation vom 4. November 1916, in: Militärgeschichtliche Mitteilungen 23 (1978), S. 105–146.

Wolfgang Steglich (Hg.): Die Verhandlungen des 2. Unterausschusses des Parlamentarischen Untersuchungsausschusses über die päpstliche Friedensaktion von 1917, Wiesbaden 1974.

Hermann von Stein: Erlebnisse und Betrachtungen aus der Zeit des Weltkrieges, Leipzig 1919.

Oliver Stein: Die deutsche Heeresrüstungspolitik 1890–1914. Das Militär und der Primat der Politik, Paderborn u. a. 2007.

Jonathan Steinberg: Yesterday's Deterrent. Tirpitz and the Birth of the German Battle Fleet, London 1966.

Zara Steiner: The lights that failed. European International History 1919–1933, Oxford 2005.

Carola Stern/Heinrich August Winkler (Hg.): Wendepunkte deutscher Geschichte 1848–1990, Frankfurt 1994.

Dr. Steuber: Jildirim. Deutsche Streiter auf heiligem Boden, Berlin 1922 (Schlachten des Weltkrieges, Heft 5).

David Stevenson: 1917. War, Peace and Revolution, Oxford 2017.

David Stevenson: Armaments and the coming of War: Europe, 1904–1914, Oxford 1996.

David Stevenson: Cataclysm. The First World War as Political Tragedy, New York 2004.

David Stevenson: French War Aims Against Germany 1914–1919, Oxford 1982.

David Stevenson: With Our Backs to the Wall: Victory and Defeat in 1918, London 2011.

Philip H. Stoddard: The Ottoman Government and the Arabs, 1911–1918. A Preliminary Study of the Teşkilât-ı Mahsusa, Princeton 1963.

Helmut Stoecker: Walter Stoecker. Die Frühzeit 1891–1920, Berlin 1970.

Otto Graf zu Stolberg-Wernigerode: Die unentschiedene Generation. Deutschlands konservative Führungsschichten am Vorabend des Ersten Weltkrieges, München, Wien 1968.

Norman Stone: The Eastern Front 1914–1917, London 1975.

Dieter Storz: «Aber was hätte anders geschehen sollen?» Die deutschen Offensiven an der Westfront 1918, in: Jörg Duppler/Gerhard P. Groß (Hg.): Kriegsende 1918. Ereignis, Wirkung, Nachwirkung, München 1999 (Beiträge zur Militärgeschichte, Bd. 53), S. 51–95.

Dieter Storz: Die Landstreitkräfte des Deutschen Reiches und Österreich-Ungarns 1914 – ein Vergleich, in: Heeresgeschichtliches Museum Wien (Hg.): Die Mittelmächte und der Erste Weltkrieg, Wien 2016, S. 76–90.

Dieter Storz: Kriegsbild und Rüstung vor 1914. Europäische Landstreitkräfte vor dem Ersten Weltkrieg, Herford, Berlin, Bonn 1992.

Hew Strachan: On Total War and Modern War, in: The International History Review 22/2 (Juni 2000), S. 341–370.

Hew Strachan: The First World War, Bd. 1: To Arms, Oxford 2001.

Hew Strachan: The First World War. A new illustrated history, London 2006.

Hew Strachan (Hg.): The Oxford Illustrated History of the First World War, Oxford 2000.

Eberhard Straub: Der letzte Kaiser. Der Untergang der großen europäischen Dynastien, Berlin 1998.

Georg Strutz: Herbstschlacht in Macedonien. Cernabogen 1916, Berlin 1928.

Josef Graf Stürgkh: Im Deutschen Großen Hauptquartier, Leipzig 1921.

Michael Stürmer (Hg.): Das kaiserliche Deutschland. Politik und Gesellschaft 1870–1918, Düsseldorf 1970.

Ronald Grigor Suny: «They Can Live in the Desert but Nowhere Else». A History of the Armenian Genocide, Princeton, Oxford 2015.

Paul R. Sweet: Germany, Hungary and Mitteleuropa, August 1915–April 1916, in: Festschrift für Heinrich Benedikt, hg. von Hugo Hantsch und Alexander Novotny, Wien 1957, S. 180–212.

Margit Szöllösi-Janze: Fritz Haber 1868–1934. Eine Biographie, München 1998.
Semper Talis: Das Erste Garderegiment im Weltkrieg 1914–1918, Berlin 1934.
A. J. P. Taylor: The Struggle for Mastery in Europe, 1848–1918, Oxford 1954.
A. J. P. Taylor: War by timetable. How the First World War began, London 1969.
John Terraine: Douglas Haig. The educated Soldier. London 1963.
Albrecht von Thaer: Generalstabsdienst an der Front und in der OHL, hg. von Siegfried Kaehler, in: Abhandlungen der Akademie der Wissenschaften in Göttingen. Phil.-hist. Klasse. 3. Folge, Bd. 40, Göttingen 1958.
Oskar Tile von Kalm: Gorlice, Berlin 1930 (Schlachten des Weltkriegs in Einzeldarstellungen, Bd. 30).
Alfred von Tirpitz: Erinnerungen, Leipzig 1919.
Alfred von Tirpitz: Politische Dokumente. Der Aufbau der deutschen Weltmacht, Stuttgart, Berlin 1924.
Alfred von Tirpitz: Politische Dokumente. Deutsche Ohnmachtspolitik im Weltkriege, Berlin 1926.
John Toland: No Man's Land. 1918, The Last Year of the Great War, New York 1980.
Adam Tooze: Ökonomie der Zerstörung. Die Geschichte der Wirtschaft im Nationalsozialismus, München 2007.
Adam Tooze: The Deluge. The Great War, America and the Remaking of the Global Order, 1916–1931, London 2014.
Luciano Tosi: La propaganda italiana all'estero nella Prima Guerra Mondiale. Rivendicazioni territoriali e politica della nazionalità, Udine 1977.
Nicola Tranfaglia: La prima guerre mondiale e il fascism, Mailand 1996.
Tim Travers: The Killing Ground: The British Army, the Western Front and the Emergence of Modern Warfare 1900–1918, London 2009.
Leo Trotzki: Mein Leben. Versuch einer Autobiographie. Autorisierte Übersetzung nach dem Manuskript von Alexandra Ramm, Berlin 1929.
Dalton Trumbo: Johnny got his Gun, New York 1989.
Ulrich Trumpener: Germany and the Ottoman Empire 1914 to 1918, Princeton, New Jersey 1968.
Ulrich Trumpener: The Road to Ypres: the Beginnings of Gas Warfare in World War I, in: Journal of Modern History 47 (1975), S. 460–480.
Barbara Tuchman: August 1914. Der Ausbruch des Ersten Weltkrieges, Bergisch Gladbach 1981.
Barbara Tuchman: The Zimmermann Telegram, New York 1958.
Kurt Tucholsky: Gesammelte Werke, hg. von Mary Gerold-Tucholsky und Fritz J. Raddatz, Bd. 1, Hamburg 1960.
Graydon A. Tunstall, Jr.: Planning for war against Serbia and Russia. Austro-Hungarian and German Military Strategies 1871–1914, New York 1993.
Jack Tunstall: Blood on the Snow: The Carpathian Winter War of 1915, Lawrence, Kansas, 2010.

Franz Uhle-Wettler: Alfred von Tirpitz in seiner Zeit, Hamburg u. a. 1998.

Franz Uhle-Wettler: Erich Ludendorff in seiner Zeit: Soldat, Stratege, Revolutionär. Eine Neubewertung, 2. Auflage, Berg 1996.

Volker Ullrich: Das deutsche Kalkül in der Julikrise 1914 und die Frage der englischen Neutralität, in: Geschichte in Wissenschaft und Unterricht 34 (1983), S. 79–97.

Volker Ullrich: Die nervöse Grossmacht 1871–1918. Aufstieg und Untergang des deutschen Kaiserreichs, Frankfurt/M. 1997.

Volker Ullrich: Die polnische Frage und die deutschen Mitteleuropa-Pläne im Herbst 1915, in: Historisches Jahrbuch 104 (1984), S. 348–371.

Volker Ullrich: Entscheidung im Osten oder Sicherung der Dardanellen. Das Ringen um den Serbienfeldzug 1915, in: Militärgeschichtliche Mitteilungen 32 (1982), S. 45–63.

Volker Ullrich: Kriegsalltag. Hamburg im ersten Weltkrieg, Köln 1987.

Volker Ullrich: Zwischen Verhandlungsfrieden und Erschöpfungskrieg. Die Friedensfrage in der deutschen Reichsleitung Ende 1915, in: Geschichte in Wissenschaft und Unterricht 37 (1986), S. 397–419.

Bernd Ulrich: Die Augenzeugen: deutsche Feldpostbriefe in Kriegs- und Nachkriegszeit 1914–1933, Essen 1997 (Schriften der Bibliothek für Zeitgeschichte N. F., Bd. 8).

Bernd Ulrich: Feldpostbriefe des Ersten Weltkrieges: Möglichkeiten und Grenzen einer alltagsgeschichtlichen Quelle, in: Militärgeschichtliche Mitteilungen 53/1 (1994), S. 73–83.

Bernd Ulrich/Benjamin Ziemann (Hg.): Frontalltag im Ersten Weltkrieg. Wahn und Wirklichkeit, Frankfurt/M. 1994.

Jürgen von Ungern Sternberg/Wolfgang von Ungern Sternberg: Der Aufruf: «An die Kulturwelt!». Das Manifest der 93 und die Anfänge der Kriegspropaganda im Ersten Weltkrieg, Stuttgart 1996.

United States Military Intelligence 1917–1927, Vol. 5: Weekly Summaries August 10–October 26, 1918: Introduction by Richard D. Challener, New York 1978.

Fritz von Unruh: Opfergang, Frankfurt/M. 1966.

Karl Unruh: Langemarck. Legende und Wirklichkeit, Koblenz 1986.

Die Ursachen des Deutschen Zusammenbruchs in Jahre 1918: siehe Das Werk des Untersuchungsausschusses der Deutschen Verfassungsgebenden Nationalversammlung und des Deutschen Reichstages 1919–1926.

UuF = Ursachen und Folgen. Vom deutschen Zusammenbruch 1918 und 1945 bis zur staatlichen Neuordnung Deutschlands in der Gegenwart. Eine Urkunden- und Dokumentensammlung zur Zeitgeschichte, hg. von Herbert Michaelis und Ernst Schraepel, 26 Bände, Berlin 1958–1980, 1. Band: Die Wende des ersten Weltkrieges und der Beginn der innerpolitischen Wandlung 1916/1917; 2. Band: Der militärische Zusammenbruch und das Ende des Kaiserreichs.

Rudolf von Valentini: Kaiser und Kabinettschef, nach eigenen Aufzeichnungen und dem Briefwechsel des Wirklichen Geheimen Rates Rudolf von Valentini, hg. von Bernhard Schwertfeger, Oldenburg 1931.

Verhandlungen des Reichstags. XIII. Legislaturperiode, Stenographische Berichte.

Jeffrey Verhey: The Spirit of 1914: Militarism, Myth and Mobilization in Germany, New York 2000 (dt.: Der «Geist von 1914» und die Erfindung der Volksgemeinschaft, Hamburg 2000).

George Sylvester Viereck: The Strangest Friendship in History: Woodrow Wilson and Colonel House, New York 1932.

Eberhard von Vietsch: Bethmann Hollweg. Staatsmann zwischen Macht und Ethos, Boppard a. R. 1969.

Eberhard von Vietsch: Der Kriegsausbruch 1914 im Lichte der neuesten Forschung, in: Geschichte in Wissenschaft und Unterricht 15 (1964), S. 472–486.

Brunello Vigezzi: L'Italia di fronte alla prima guerra mondiale, Bd. 1, Mailand 1966.

Roberto Vivarelli: Storia delle origini del fascismo, 2 Bände, Bologna 1991.

Hugo Vogel: Als ich Hindenburg malte, Berlin 1927.

Jakob Vogel: Nationen im Gleichschritt: der Kult der «Nation in Waffen» in Deutschland und Frankreich, 1871–1914, Göttingen 1997.

Rolf Vogel: Ein Stück von uns. Deutsche Juden in deutschen Armeen 1813–1976. Eine Dokumentation, Mainz 1977.

Ernst Volkmann: Die Annexionsfrage des Weltkrieges, in: Die Ursachen des deutschen Zusammenbruches im Jahre 1918, 2. Abteilung, 4. Unterausschuß, 12. Band, 1. Halbband, Berlin 1929.

Alfred von Waldersee: Denkwürdigkeiten, hg. von Heinrich Otto Meisner, 3 Bände, Stuttgart 1922–1923.

Jehuda Wallach: Anatomie einer Militärhilfe. Die preußisch-deutschen Militärmissionen in der Türkei 1835–1919, Düsseldorf 1976.

Jehuda Wallach: Das Dogma der Vernichtungsschlacht. Die Lehren von Clausewitz und Schlieffen und ihre Wirkungen in zwei Weltkriegen, Frankfurt/M. 1967.

War Office: Statistics of the Military Effort of the British Empire During the Great War 1914–1920, London 1922.

Stanley Washburn: On the Russian front in World War I: memoirs of an American war correspondent, New York 1982.

Alexander Watson: Enduring the Great War. Combat, Morale and Collapse in the German and British Armies, 1914–1918, Cambridge 2008.

Alexander Watson: Ring of Steel. Germany and Austria-Hungary in World War I, New York 2014.

Alexander Watson: «Unheard of Brutality.» Russian Atrocities against Civilians in East Prussia, 1914–15, in: The Journal of Modern History 86/4 (Dezember 2014), S. 780–825.

Max Weber: Gesammelte politische Schriften, München 1921.

Max Weber: Grundriß der Nationalökonomik. III. Abteilung: Wirtschaft und Gesellschaft, Tübingen 1922.

Weekly Summaries = Weekly Summaries United States. War Dept. General Staff. United States military intelligence [1917–1927], eingel. von Richard D. Challener.

Alfred von Wegerer: Der Ausbruch des Weltkrieges 1914, 2 Bände, Hamburg 1939.

Bernd Wegner (Hg.): Wie Kriege entstehen. Zum historischen Hintergrund von Staatenkonflikten. Paderborn u. a. 2000.

Hans-Ulrich Wehler: Das deutsche Kaiserreich 1871–1918, Göttingen 1973.

Hans-Ulrich Wehler: Der Fall Zabern. Rückblick auf eine Verfassungskrise des wilhelminischen Kaiserreiches, in: Die Welt als Geschichte 23 (1963), S. 27–46.

Hans-Ulrich Wehler (Hg.): Der Verfall der deutschen Kriegstheorie. Vom «Absoluten» zum «Totalen» Krieg oder von Clausewitz zu Ludendorff, in: Krisenherde des Kaiserreichs 1871–1918, Göttingen 1970.

Hans-Ulrich Wehler: Deutsche Gesellschaftsgeschichte, Bd 3: Von der «Deutschen Doppelrevolution» bis zum Beginn des Ersten Weltkrieges 1849–1914, München 1995.

Hans-Ulrich Wehler: Deutsche Gesellschaftsgeschichte, Bd 4: Vom Beginn des Ersten Weltkrieges bis zur Gründung der beiden deutschen Staaten 1914–1949, München 2003.

Hans-Ulrich Wehler (Hg.): Imperialismus. Köln 1972.

Dieter J. Weiß: Kronprinz Rupprecht von Bayern. Eine politische Biografie. Regensburg 2007.

Weltherrschaft im Visier. Dokumente zu den Europa- und Weltherrschaftsplänen des deutschen Imperialismus von der Jahrhundertwende bis Mai 1945, hg. von Wolfgang Schumann und Ludwig Nestler, Berlin 1975.

Der Weltkrieg 1914–1918, bearb. im Reichsarchiv, später in der Forschungsanstalt für Kriegs- und Heeresgeschichte im Auftrage des Reichskriegsministeriums, 14 Bände, Berlin 1925–1944.

Frank Wende: Die belgische Politik in der deutschen Politik des Ersten Weltkrieges, Hamburg 1969.

Hermann Wendt: Der italienische Kriegsschauplatz in europäischen Konflikten. Seine Bedeutung für die Kriegführung an Frankreichs Nordostgrenze, Berlin 1936.

Hermann Wendt: Verdun 1916. Die Angriffe Falkenhayns im Maasgebiet mit Richtung auf Verdun als strategisches Problem, Berlin 1931.

Das Werk des Untersuchungsausschusses der Deutschen Verfassungsgebenden Nationalversammlung und des Deutschen Reichstages 1919–1926. Verhandlungen / Gutachten / Urkunden. Vierte Reihe: Die Ursachen des Deutschen Zusammenbruchs in Jahre 1918, 12 Bände, Berlin 1925–1929.

Klaus Werneke: Der Wille zur Weltgeltung. Außenpolitik und Öffentlichkeit im Kaiserreich am Vorabend des Ersten Weltkrieges, 2. Auflage, Düsseldorf 1970.
German Werth: 1916, Schlachtfeld Verdun. Europas Trauma, Berlin 1994.
German Werth: Verdun. Die Schlacht und der Mythos, Bergisch Gladbach 1979.
Kuno von Westarp: Das Ende der Monarchie am 9. November 1918: abschließender Bericht nach den Aussagen der Beteiligten, hg. von Werner Conze, Stollhamm 1952.
Kuno Graf Westarp: Konservative Politik im letzten Jahrzehnt des Kaiserreiches, Erster Band: Von 1908 bis 1914; Zweiter Band: Von 1914 bis 1918, Berlin 1935.
Christian Westerhoff: Zwangsarbeit im Ersten Weltkrieg. Deutsche Arbeitskräftepolitik im besetzten Polen und Litauen 1914–1918, Paderborn u. a. 2012.
Wolfram Wette (Hg.): Aus den Geburtsstunden der Weimarer Republik. Das Tagebuch des Obersten Ernst van den Bergh, Düsseldorf 1991.
Wolfram Wette (Hg.): Der Krieg des kleinen Mannes. Eine Militärgeschichte von unten, München 1995.
Wolfram Wette: Gustav Noske. Eine politische Biographie, Düsseldorf 1987.
John Wheeler-Bennett: Brest-Litovsk. The Forgotten Peace March 1918, London 1938.
Tyler Whittle: Kaiser Wilhelm II., München 1977.
Bernd Widdig: Culture and Inflation in Weimar Germany, Berkeley u. a. 2001.
Hartmut Wiedner: Soldatenmißhandlungen im Wilhelminischen Kaiserreich (1890–1914), in: Archiv für Sozialgeschichte 22 (1982), S. 159–199.
Wienkowski: Falkenhayn, Berlin 1937.
Adolf Wild von Hohenborn: Briefe und Tagebuchaufzeichnungen des preußischen Generals als Kriegsminister und Truppenführer im Ersten Weltkrieg, hg. von Helmut Reichold und Gerhard Granier, Boppard a.Rh. 1986.
Hans Wilderotter/Klaus-D. Pohl (Hg.): Der letzte Kaiser. Wilhelm II. im Exil, Gütersloh 1991.
Wilhelm II.: Aus meinem Leben 1859–1888, 8. Auflage, Leipzig 1928.
Wilhelm II.: Ereignisse und Gestalten aus den Jahren 1878–1918, Leipzig, Berlin 1922.
Wilhelm (Kronprinz): Erinnerungen. Aus den Aufzeichnungen, Dokumenten, Tagebüchern und Gesprächen, hg. von Karl Rosner, Berlin 1922.
Wilhelm (Kronprinz): Meine Erinnerungen an Deutschlands Heldenkampf, Berlin 1923.
John G. A. Williamson: Karl Helfferich. Princeton, NJ, 1971.
Klaus Wilsberg: «Terrible ami – aimable ennemi»: Kooperation und Konflikt in den deutsch-französischen Beziehungen 1911–1914, Bonn 1998.
Keith Wilson (Hg.): Decisions for War, 1914, London 1995.
Jay Winter (Hg.): Cambridge History of the First World War, 3 Bände, Cambridge 2014.

Jay Winter: Sites of Memory, Sites of Mourning. The Great War in European cultural history, Cambridge 1996.

Jay Winter: The Great War and the British People, New York 2003.

Wilhelm Ernst Winterhager: Mission für den Frieden. Europäische Mächtepolitik und dänische Friedensvermittlung im Ersten Weltkrieg, Stuttgart 1984.

Philipp Witkop (Hg.): Kriegsbriefe gefallener Studenten, München 1928.

Peter-Christian Witt: Friedrich Ebert. Parteiführer, Reichskanzler, Volksbeauftragter, Reichspräsident, Bonn 1987.

Klaus Wolf: Gallipoli 1915. Das deutsche-türkische Militärbündnis im Ersten Weltkrieg, Sulzbach/Ts., Bonn, 2008.

Theodor Wolff: Tagebücher 1914–1919. Der Erste Weltkrieg und die Entstehung der Weimarer Republik in Tagebüchern, Leitartikeln und Briefen des Chefredakteurs des «Berliner Tageblatt» und Mitbegründers der «Deutschen Demokratischen Partei», hg. von Bernd Sösemann, 2 Bände, Boppard a.Rh. 1984 (Deutsche Geschichtsquellen des 19. und 20. Jahrhunderts, Bd. 54).

David Woodward: The Origins and Intent of David Lloyd George's January 5 War Aims Speech, in: The Historian 34/1, 1.11.1971, S. 22–39.

Ernst von Wrisberg: Die Versorgung des Feldheeres mit Munition, in: Ernst von Wrisberg: Wehr und Waffen 1914–1918, Leipzig 1922, S. 81 ff.

Ernst von Wrisberg: Der Weg zur Revolution 1914–1918, Leipzig 1921.

Ernst von Wrisberg: Heer und Heimat 1914–1918, Leipzig 1921.

Martin Wroblewski: Moralische Eroberungen als Instrumente der Diplomatie. Die Informations- und Pressepolitik des Auswärtigen Amts 1902–1914, Göttingen 2016 (Internationale Beziehungen. Theorie und Geschichte, 12).

Rudolf Ritter von Xylander: Deutsche Führung in Lothringen 1914. Wahrheit und Kriegsgeschichte. Berlin 1935.

Desmond Young: Rommel, London 1950.

David Zabecki: Steel Wind. Colonel Georg Bruchmüller and the birth of modern artillery, Westport, London 1994.

David T. Zabecki: The German 1918 offensives: A case study in the operational level of war, Abington, New York 2006.

John Zametica: Folly and Malice. The Habsburg Empire, the Balkans and the Start of World War One, London 2017.

Wolfgang Zank: Der Sturm auf Langemarck, mit dem Deutschlandlied in den Tod? Eine absurde, aber immer noch lebendige Legende, in: Die Zeit Nr. 46, 10.11.1989.

Egmont Zechlin: Das schlesische Angebot und die italienische Kriegsgefahr, in: Egmont Zechlin: Krieg und Kriegsrisiko. Zur deutschen Politik im Ersten Weltkrieg. Aufsätze, Düsseldorf 1979, S. 234–263.

Egmont Zechlin: Friedensbestrebungen und Revolutionierungsversuche im Ersten Weltkrieg, in: Aus Politik und Zeitgeschichte, B 20/1961, B 24/1961, B 25/1961, B 20/1963, B 22/1963.

Egmont Zechlin: Österreich-Ungarn und die Bemühungen um einen russischen Sonderfrieden 1915, in: Alexander Fischer/Günter Moltmann/Klaus Schwabe: Russland-Deutschland-Amerika. Festschrift für Fritz T. Epstein zum 80. Geburtstag, Wiesbaden 1978, S. 163–183.

Robert Graf von Zedlitz-Trütschler: Zwölf Jahre am deutschen Kaiserhof, Stuttgart 1924.

Philip Zelikow: The Road less traveled. The secret battle to end the Great War, 1916– 1917. New York, 2021.

Benjamin Ziemann: Enttäuschte Erwartung und kollektive Erschöpfung. Die deutschen Soldaten an der Westfront 1918 auf dem Weg zur Revolution, in: Jörg Duppler/Gerhard P. Groß (Hg.): Kriegsende 1918. Ereignis, Wirkung, Nachwirkung, München 1999 (Beiträge zur Militärgeschichte, Bd. 53), S. 165–182.

Benjamin Ziemann: Front und Heimat. Ländliche Kriegserfahrungen im südlichen Bayern 1914–1923, Essen 1997 (engl.: War Experiences in Rural Germany, London 2006).

Benjamin Ziemann: Violence and the German Soldier in the Great War. Killing, dying, surviving, London 2017.

Hermann Ziese-Behringer: Der einsame Feldherr. Die Wahrheit über Verdun, 2 Bände, Berlin 1934.

Kirsten Zirkel: Vom Militaristen zum Pazifisten. General Berthold von Deimling – eine politische Biographie, Essen 2008.

Hans Günther Zmarzlik: Bethmann Hollweg als Reichskanzler 1909–1914. Studien zu Möglichkeiten und Grenzen seiner innerpolitischen Machtstellung, Düsseldorf 1957.

Hans Günther Zmarzlik: Der Sozialdarwinismus in Deutschland als geschichtliches Problem, in: Vierteljahreshefte für Zeitgeschichte 11 (1963), S. 246–275.

Hans von Zwehl: Falkenhayn, Berlin 1926.

Stefan Zweig: Die Welt von gestern. Einnerungen eines Europäers, Frankfurt/M. 1992 (Original: Stockholm 1944).

Kartenverzeichnis

Bildnachweis

akg-images	S. 32, 143, 211, 381, 384
bpk	S. 264
Bridgeman	S. 140
Bundesarchiv	S. 113 (183-F0313-0208-007, Zentralbild / Tass), 239 (183-R06898, Fotograf: Robert Sennecke), 333 (102-00159, Fotograf: ohne Angabe), 504 (183-S37352, Fotograf: ohne Angabe)
Bundesarchiv Freiburg	S. 87 (N56 / 7 (Nachlass Tappen)), 206 (MSG 2 / 8987)
DHM	S. 94
getty images	S. 10, 329
HarpWeek images	S. 157
Herzogin Anna Amalia Bibliothek Weimar / Projekt «Simplicissimus»	S. 262, 270, 286,335, 432
Museum Charlottenburg-Wilmersdorf, Foto: Sebastian Ahlers	S. 163, 404
SZ-Photo	S. 435
Ullsteinbild	S. 37, 66, 142, 147, 324, 330, 332, 357, 368, 433, 483, 503
Uni Heidelberg, Digitalisierungszentrum	S. 104
wikipedia	S. 76, 82

Personenregister

Ortsregister

Aus dem Verlagsprogramm